LE GUIDE VERT

Maroc

Covid-19

Toutes les adresses et informations pratiques de ce guide ont été vérifiées avant impression. L'étendue des répercussions de la pandémie de Covid-19 sur le secteur touristique n'étant encore pas connue au moment de la rédaction, il est néanmoins possible que certaines informations ne soient plus exactes à parution de ce guide.

DÉCOUPAGE GÉOGRAPHIQUE DU GUIDE SUR LA CARTE CI-CONTRE

L'équipe du Guide Vert Michelin, de gauche à droite : Camille Bouvet, Denis Rasse, Marie Simonet, Natacha Brumard, Amaury de Valroger, Lucie Fontaine, Philippe Orain, Florence Dyan, Catherine Guégan, Hervé Dubois, Fiona Lale, Hélène Payelle, Marie-Pierre Renier, Françoise Rault, Charlotte Oehler, Véronique Aissani, Carole Diascorn, Éric Boucher, Maura Marca, Jérôme Lévêque, Marion Capéra, Pascal Grougon, Dominique Auclair.

Sommaire

Pour chaque site, retrouvez nos dresses

Édito

Redonner du sens au voyage en prenant son temps et dans un plus grand respect de l'environnement, voilà ce à quoi devraient ressembler nos déplacements de demain.

Alors, profitons de cette tendance pour ralentir le pas et nous imprégner en profondeur de la richesse des lieux que nous traversons et des gens que nous rencontrons. Laissons-nous surprendre et réapprenons à nous étonner de tout ce qui se trouve sous nos yeux, en ville ou à la campagne, sur un chemin de traverse, loin de chez nous ou juste au bout de la rue.

Le Maroc est une destination magnifique, riche de milliers de sites naturels, villes impériales, villages... sans oublier les femmes et les hommes qui font vivre ces patrimoines et leurs traditions d'exception. Autant de lieux incontournables ou insolites, connus ou plus confidentiels, que l'équipe du Guide Vert Michelin a cherchés et dénichés pour vous au cours de ses innombrables tournées sur le terrain.

Dans cette nouvelle formule du Guide Vert Michelin, en complément des sites étoilés ★★★, nos auteurs ont également souhaité partager avec vous leurs itinéraires, leurs infos pratiques, leurs plus belles expériences. J'espère que chaque jour vous rendra plus riche et heureux de tout ce que vous découvrirez avec le Guide Vert Michelin !

À votre tour de faire le plein de beau, de bon et de rencontres.

Bon voyage au Maroc !

Philippe Orain, Directeur du Guide Vert Michelin

Nos incontournables

★★★

Tafraoute

Un époustouflant cirque de montagnes à découvrir en voiture ou équipé de bonnes chaussures. **Voir p. 445**.

J. Sierpinski/hemis.fr/ADAGP, Paris 2021

★★

Tanger

La ville mythique a pris un sacré coup de jeune. C'est devenu une destination tendance, idéale pour un week-end prolongé. **Voir p. 33**.

A. Leiva/age fotostock

Pavliha/iStock

★★★

Marrakech

La plus envoûtante des villes impériales avec ses souks et sa fameuse place Jemâa el-Fna. **Voir p. 299**.

★★★

Route du Tizi-n-Test

Une somptueuse transition entre les plaines côtières et le Haut Atlas. Faites halte à Asni pour arpenter les sentiers de montagnes. **Voir p. 348**.

T. Dressler/age fotostock

sharrocks/iStock

★★★

Rabat

Une cité à double visage : la médina historique et les quartiers modernes construits à l'époque du protectorat. Sans oublier le Rabat du 21e s. en pleine mutation. **Voir p. 92**.

Nos incontournables

★★★

Fès

Plongez dans la médina pour en explorer les inépuisables mystères : souks bruissants d'animation, faïences d'une fontaine au détour d'une ruelle, passages voûtés qui ouvrent sur des ateliers d'artisans. **Voir p. 213**.

xavierarnau/iStock

K. Levit/Design Pics RM/age fotostock

★★★

Route du Tizi-n-Tichka

Le chemin vers le Grand Sud ; passé le col, un autre monde s'ouvre. Ne manquez pas de visiter la kasbah de Telouèt. **Voir p. 356**.

COMPRENDRE LE MAROC

yavuzsariyildiz/iStock

D. H. Wells/age fotostock

ORGANISER SON VOYAGE

StreetFlash/iStock

J.-A. Moreno/age fotostock

Fabian Plock/iStock

★★★

Vallée du Drâa

Partez à la rencontre des dizaines de ksour qui ponctuent le paysage entre vergers et palmeraies. **Voir p. 376**.

★★

Essaouira

Une étape immanquable pour la douceur à nulle autre pareille qui émane de la ville. À consommer sans modération mais au pas du flâneur. **Voir p. 190**.

L. Real/age fotostock

★★

Chefchaouèn

Inoubliable étape dans le Rif. Vue de loin d'abord : une large tache bleue au milieu des collines. Puis de près en se perdant dans le dédale des ruelles de sa médina. **Voir p. 68**.

Nos coups de cœur

Les rues bleues de la médina de Chefchaouèn.
Olena Z/age fotostock

TOP 5 Médinas

1. **Fès** (p. 213)
2. **Marrakech** (p. 299)
3. **Chefchaouèn** (p. 68)
4. **Tetouan** (p. 54)
5. **Meknès** (p. 244)

La médina de Fès.
L. Real/age fotostock

❤ Dénicher l'objet rare. À Marrakech, vous pourrez passer des heures dans les souks, étourdis par le prodigieux amoncellement de produits artisanaux et les talents de bonimenteurs des marchands. **Voir p. 311**.

❤ Se mettre au bleu. À Chefchaouèn, ô combien séduisante petite cité du Rif, les maisons ont assorti leurs murs aux couleurs du ciel. **Voir p. 68**.

❤ Se fondre dans la foule. Moins courue que celles des cités impériales, la médina de Tetouan est l'une des mieux conservées du Maroc. Et ses marchés et boutiques sont encore destinés aux habitants. **Voir p. 54**.

❤ S'offrir des fruits de mer. Ses bassins d'huîtres ont fait la renommée de Oualidia. À déguster en terrasse au bord de la superbe lagune. Vous pourrez aussi profiter de la plage ou vous initier au surf sur les vagues toutes proches. **Voir p. 179**.

❤ Rencontrer les artisans. Les traditions sont encore vivaces dans la médina de Meknès, la plus petite des villes impériales. L'occasion de découvrir le travail des ébénistes, cardeurs, peaussiers, tailleurs... **Voir p. 254**.

La lagune de Oualidia.
Hope Production-Arthus-Bertrand/hemis.fr

Nos coups de cœur

La vallée du Drâa.
J. -A. Moreno/age fotostock

❤ **Flâner dans le palais d'un pacha.** Le musée de la Kasbah de Tanger s'abrite dans l'ancienne demeure des gouverneurs de la ville. Voir en particulier la salle des coffres et le jardin arabo-andalou. **Voir p. 35**.

Alcoves dans la kasbah de Tanger.
CSP_christinegates/Fotosearch LBRF/age fotostock

❤ **Musarder de ksour en kasbahs.** La vallée du Drâa en regorge. À ne pas manquer les ksour d'Amazraou et de Tissergate ou encore le village de Tamegroute et ses rues percées sous les maisons. L'occasion aussi de belles rencontres avec les habitants. **Voir p. 376**.

❤ **Découvrir la scène artistique marocaine.** Si vous aimez l'art contemporain, ne manquez pas le musée Mohammed VI d'Art moderne et contemporain à Rabat : une vitrine exhaustive sur l'art marocain d'aujourd'hui. **Voir p. 102**.

Village de Telouèt.
miskani/iStock

Aït Benhaddou.
Pavliha/iStock

TOP 5
Ksour et kasbahs

1. Aït Benhaddou (p. 360)
2. Tinerhir, vallée du Dadès (p. 406)
3. Vallée du Drâa (p. 376)
4. Nekob (p. 390)
5. Kasbah de Boulâouane (p. 176)

❤ **Sortir des sentiers battus**. Au pied du jbel Sarhro, sur la route reliant la vallée du Drâa au Tafilalt, Nekob est loin de faire le plein de touristes. Pourtant, on peut y voir une quarantaine de kasbahs, très bien entretenues, le tout au milieu d'un splendide paysage de palmeraies et de montagne. **Voir p. 390**.

❤ **Explorer un palais fantôme.** Une étape hors des sentiers battus. La kasbah du Glaoui se niche à Telouèt, au milieu de paysages d'une âpre beauté. Elle conserve de somptueux appartements décorés, au cœur des ruines romantiques d'une véritable citadelle. **Voir p. 357**.

Nos coups de cœur

El-jadida.
Ph. Michel/age fotostock

❤ **Prendre le vent.** Il règne à Essaouira une atmosphère unique. La faute aux embruns qui éclaboussent la cité, mais aussi à l'omniprésence de la spiritualité gnaoua. À découvrir aussi dans les nombreuses galeries d'art qui exposent les œuvres inspirées par cette tradition. Pendant le festival de la culture gnaoua en juin, la réservation est impérative. **Voir p. 190**.

❤ **Partager le quotidien des pêcheurs.** Larache n'est peut-être pas le port le plus connu du Maroc, mais on est vite pris dans

Une porte décorée dans le village d'Asilah.
jaouad.K/iStock

TOP 5
Ports de l'Atlantique

Le port d'Essaouira.
jon chica parada/iStock

l'ambiance de cette active petite cité, entre souvenirs de l'époque espagnole et méandre du souk. Avec la promesse d'un excellent repas de poisson sur le port de pêche. **Voir p. 123**.

❤ **Flâner entre bleu et blanc.** La petite médina d'Asilah, en surplomb de l'Océan, s'apprécie à petits pas, l'œil disponible et le nez au vent. Les rues, d'un blanc éclatant au soleil, sont un enchantement. Passez-y la nuit pour profiter du coucher du soleil. **Voir p. 129**.

❤ **Toiser l'Océan du haut des murailles.** L'ancienne cité portugaise de Mogador s'appelle aujourd'hui El-Jadida. Mais elle a conservé sa fière allure et ses murailles semblent toujours prêtes à affronter les pirates. Elle cache aussi dans ses entrailles une singulière et merveilleuse citerne portugaise : multiples colonnes, jeux de lumière et surprenant effet de miroir.**Voir p. 166**.

❤ **Plonger dans mille ans d'histoire**. La médina de Fès est inépuisable : souks, fontaines ouvragées, étourdissantes décorations des medersas, caravansérails occupés par des ateliers d'artisans... Même si les touristes y sont nombreux, ils passent presque inaperçus : l'activité et l'esprit de la médina l'emportent. **Voir p. 217**.

Quartier des teinturiers, Fès.
Clickalps SRLs/age fotostock

Nos coups de cœur

La Villa Majorelle chère à Yves Saint-Laurent à Marrakech.
R.T. Nowitz/age fotostock/ADAGP, Paris 2021

❤ **Retrouver un créateur de génie.** Le musée Yves Saint Laurent de Marrakech est une pure merveille ; une cinquantaine de créations du célèbre couturier y sont exposées sous de savantes lumières. **Voir p. 317**.

❤ **Rêver à une belle de jadis**. Boulâouane est connu pour ses vins, gris et rouges, mais aussi pour son imposante kasbah qu'un sultan construisit pour sa favorite sur le sommet d'un mont rocheux. **Voir p. 178**.

❤ **Admirer les bronzes antiques.** Le Maroc romain a laissé des chefs-d'œuvre. Des bronzes notamment, joliment présentés dans le musée de l'Histoire et des Civilisations de Rabat. **Voir p. 102**.

❤ **Jouer les figurants.** En surplomb d'un oued, la chaîne de l'Atlas en toile de fond, Aït Benhaddou est une véritable vedette. De cinéma aussi : le ksar en pisé brun-rouge a servi de décor à de très nombreux fiilms. **Voir p. 360**.

❤ **S'imprégner de l'esprit gnaoua.** Le musée Sidi Mohammed ben Abdallah d'Essaouira est une excellente introduction aux traditions mystiques de cette confrérie. **Voir p. 194**.

Le Musée Mohammed VI d'Art moderne et contemporain.
J. Arnold Images/hemis.fr

TOP 5
Musées

1. Musée berbère, Marrakech (p. 317)
2. Musée de la Kasbah, Tanger (p. 35)
3. Musée Yves Saint Laurent, Marrakech (p. 317)
4. Musée Mohammed VI d'Art moderne et contemporain, Rabat (p. 102)
5. Musée Sidi Mohammed ben Abdallah, Essaouira (p. 194)

Atlas Studios Ouarzazate.
GoodLifeStudio/iStock

Nos spots en famille

Pavliha/iStock

Tinerhir.

Tout au long du guide, ce symbole vous aidera à repérer les sites ou activités qui intéresseront les enfants.

▸ La plage d'Agadir. Rouleaux, courants violents : les plages du Maroc ne sont pas toutes adaptées aux enfants. Pour des baignades sans danger, cap sur Agadir et son long ruban de sable ouvrant sur une baie tranquille. La destination famille par excellence. **Voir p. 421**.

Certains hôtels proposent un service de baby-sitting : les petits couchés, vous pourrez profiter du Agadir by night.

▸ Le désert sous la tente à Mhamid. Dîner autour d'un feu de camp, dormir sous une tente bédouine, se réveiller au milieu des dunes : l'expérience est inoubliable. **Voir p. 383.**

Pimentez l'expérience d'une randonnée à dos de chameaux.

▸ La vie de château à Telouèt. L'ancien palais du Glaoui est un véritable dédale de couloirs et d'escaliers : un bon terrain d'exercice pour une partie de cache-cache... sous la surveillance du gardien. **Voir p. 357.**

Marché de chameaux à Guelmim.

RuslanKaln/iStock

Passez la nuit dans un hôtel de la vallée d'Ounila. Beaucoup proposent randonnées à dos d'âne ou promenades à la rencontre des habitants du village où ils sont implantés.

▸ Les studios de cinéma de Ouarzazate. Pour se plonger dans les décors de *Mission Cléopâtre* ou *Kingdom of Heaven*. **Voir p. 369.**

Filez ensuite à Aït Benhaddou où les ados retrouveront la cité de Yunkai de Game of Thrones.

▸ Archéologie à Lixus. Avec ses thermes, son forum, ses rues dallées, ce site romain inspirera les « Indiana Jones » en herbe. **Voir p. 126.**

Pour vous remettre, profitez de la plage en contrebas du site.

▸ La forêt au pied du Toubkal. Si l'ascension du point culminant du Maroc ne convient pas aux tribus, le sentier au départ de l'écomusée du Toubkal permet de découvrir de splendides paysages de forêts d'altitude. Parcours balisé de 6 km A/R sans difficulté. **Voir p. 350.**

▸ **Les dunes de sable de Merzouga.** L'erg Chebbi est le seul champ de dunes du Sahara marocain. À gravir à pied ou juché sur un chameau, de préférence au coucher du soleil. **Voir p. 397**

Beaucoup d'hôtels au pied des dunes possèdent également un campement de tentes dans le désert.

▸ **La place Jemâa el-Fna à Marrakech.** Jongleurs, funambules, charmeurs de serpents.... : une affiche gagnante pour une soirée inoubliable. **Voir p. 310.**

Embarquez votre famille dans une calèche pour faire le tour de la vieille ville. Le plus aventureux pourra se hisser à côté du cocher.

▸ **Un parc aquatique à Marrakech.** Piscine à vagues, toboggans, jeux aquatiques.... Parce que les vacances, c'est aussi le farniente. **Voir p. 331.**

Le parc propose une navette gratuite depuis le centre-ville.

▸ **Le souk aux chameaux de Guelmim.** Parmi les centaines de bêtes proposées aux acheteurs, les mignons chamelons tiennent la vedette. **Voir p. 468.**

Découvrez la vie des Hommes bleus en visitant le musée de la Mémoire nomade à 20 km de Guelmim.

▸ **Promenade dans la palmeraie de Tinerhir.** Une balade rafraîchissante entre champs cultivés et vieilles kasbahs aux murs ocres, à la rencontre des activités des villageois. **Voir p. 406.**

Préférez la fin de journée pour bénéficier de la meilleure lumière.

▸ **La glisse à Oualidia.** La côte atlantique marocaine offre des spots réputés pour les amateurs de sensations fortes. Les clubs de Oualidia proposent des stages découverte pour les jeunes. **Voir p. 180.**

Pendant que vos ados s'initient à la glisse, vous pourrez profiter de la plage abritée avec les tout-petits.

▸ **Les dunes d'Essaouira à dos de mulet.** Flâner juché sur un compagnon sympathique et docile : voilà de quoi forger des souvenirs inoubliables. Vous pourrez aussi partir en tribu à la découverte des forêts d'arganiers avec à la clé un déjeuner dans une famille marocaine. **Voir p. 204.**

Terminez la journée sur la plage d'Essaouira, équipée de jeux pour les enfants.

Balade à dos de chameau du côté de Mhamid.
StreetFlash/iStock

Nos itinéraires

7 jours

Marrakech et le Haut Atlas

En bref : boucle d'env. 640 km.

carloscastilla/iStock

Le village de Setti-Fatma dans la vallée de l'Ourika.
P. Phipp/age fotostock

La mosquée de Tinmel.
maria miam/iStock

Marrakech J-1 à 3

Visite de la ville impériale (**p. 299**).

Ourika J-4

Visite et randonnée dans la vallée. Découvrez la safranière de l'Ourika et les cascades de Setti-Fatma (**p. 338**).

Asni J-5 & 6

Traversée des montagnes par l'Oukaïmeden. Le lendemain, découverte de la région d'Asni et journée de randonnée (**p. 349**).

Retour à Marrakech J-7

D'Asni, faites le détour par le col du Tizi-n-Test et visitez la mosquée de Tinmel (**p. 352**).

Conseils : prévoyez de confortables chaussures de marche et un lainage, même en plein été. Si vous souhaitez entreprendre une excursion en montagne depuis Asni, faites-vous accompagner par un guide de montagne.

7 jours

Casablanca et la côte atlantique

En bref : itinéraire d'env. 515 km le long de la côte.

nevereverro/iStock

Casablanca J-1

Découverte de la capitale économique du royaume (**p. 139**).

El-Jadida J-2 à 3

Depuis Casablanca faites halte à Azemmour (**p. 170**) avant d'arriver à El-Jadida. Le lendemain, visite de la cité portugaise (**p. 166**).

Oualidia J-4

Découverte des bassins d'huîtres et baignade sur la plage. Dîner de fruits de mer impératif (**p. 179**).

Essaouira J-5 à 6

Deux jours pour se laisser prendre au charme délicat de la ville (**p. 190**).

Agadir J-7

Vous arriverez suffisamment tôt pour lézarder sur la plage (**p. 421**).

Conseils : entre Essaouira et Agadir, vous pourrez faire un détour par Taroudant (p. 436).

Le port d'Essaouira.
Zzvet/iStock

8 jours

Tanger et le Nord

En bref : boucle d'env. 360 km entre le Rif et la côte méditerranéenne.

Naeblys/iStock

Tanger J-1 à 3

Deux jours pour parcourir cette ville fascinante et tellement tendance. (**p. 33**).

Tetouan J-4

Visite d'une des plus belles médinas du Maroc (**p. 54**).

Chefchaouèn J-5

Découverte de la ville bleue aux ruelles pentues (**p. 68**).

Les rues bleues de Larache.
R. Carbonell/age fotostock

Larache J-6

Entre le Zoco, la place de la Libération typiquement espagnole et son front de mer, Larache ne manque pas de charme (**p. 123**). Profitez-en pour découvrir le site antique de Lixus, à 4 km (**p. 126**).

Asilah J-7

Symphonie de couleurs dans la médina, blanc et bleu des maisons, peintures murales qui ont fait la célébrité d'Asilah (**p. 129**).

Tanger J-8

Sur la route du retour, ne manquez pas les grottes d'Hercule et le cap Spartel (**p. 44**).

Conseils : pour une étape de grand luxe au bord de la plage, choisissez le Lixus Beach Resort à Larache.

10 jours

Les villes impériales

En bref : itinéraire d'env. 530 km.

Elena Odareeva/iStock

Fès — J-1 à 3

Deux jours complets pour parcourir la plus fascinante des villes impériales (**p. 213**).

Meknès — J-4 & 5

Entre Fès et Meknès, ne manquez pas les visites de Moulay Idriss (**p. 261**) et du site antique de Volubilis (**p. 264**). Le lendemain, visite de Meknès (**p. 244**).

Rabat — J-6 & 7

Découverte de la ville au double visage : la médina et les témoignages du passé, et la ville moderne où il fait bon flâner (**p. 92**).

Marrakech — J-7 à 10

Plongée dans les souks, promenade en calèche, visite de musées, exploration de la médina : un programme chargé (**p. 299**).

Conseils : effectuez ce circuit en train (la voiture sera peu utile, voire encombrante dans les grandes villes).

La mosquée de Rabat.
Index Fototeca/Heritage Image/age fotostock

La vieille médina de Marrakech.
J. Arnold Images/hemis.fr

Nos itinéraires

12 jours

Vallées du Sud et désert

En bref : circuit d'env. 1 000 km.

Leonid Andronov/iStock

Marrakech (p. 299). J-1

Aït Benhaddou J-2

Splendide route de montagne par le col du Tizi-n-Tichka (**p. 356**), puis par la kasbah de Telouèt, étape à Aït Benhaddou (**p. 360**).

Ouarzazate J-3

Visite des studios de cinéma (**p. 369**).

Dunes dans le désert.
EMBorque/iStock

Vallée du Dadès J-4 & 5

Skoura, gorges du Dadès (**p. 411**), palmeraie de Tinerhir (**p. 406**) et gorges du Todra (**p. 407**).

Le Tafilalt J-6 & 7

Palmeraie (**p. 494**), Merzouga et erg Chebbi (**p. 397**).

Zagora J-8

Entre le Tafilalt et Zagora, faire une halte à Nekob (**p. 390**).

Mhamid J-9 & 10

Randonnées chamelières et bivouac dans le désert (**p. 383**).

Vallée du Drâa J-11

Ne pas manquer Tamnougalt (**p. 378**) et Igdâoun (**p. 379**).

Marrakech J-12

Conseils : organisez votre bivouac dans le désert avec un professionnel reconnu.

6 jours

Agadir et l'Anti-Atlas

En bref : circuit d'env. 450 km entre Océan et montagne.

DZarzycka/iStock

Agadir J-1

Profitez des plages (**p. 421**).

Taroudant J-2 & 3

Séjour relaxant dans une ville où il fait bon flâner ; grimper sur les remparts (**p. 436**). Avant de prendre la route de Tafraoute, faire un arrêt à la palmeraie de Tioute dominée par une kasbah et visiter la coopérative féminine (**p. 438**).

Tafraoute J-4 à 6

Trois jours pour explorer cette splendide région au cœur de l'Anti-Atlas, en voiture et avec de bonnes chaussures aux pieds (**p. 445**) : la vallée des Ameln (**p. 446**), la palmeraie et les gorges d'Aït Mansour (**p. 450**).

En repartant vers Agadir, visiter le ksar de Tizourgane (**p. 447**).

Jour 7 Agadir

Farniente pour le dernier jour.

Conseils : venez en février ou en mars lorsque les amandiers sont en fleurs.

La vieille cité de Taroudant.
J. Arnold Images/hemis.fr

Les remparts d'Essaouira.
Johnny Greig/iStock

DÉCOUVRIR LE MAROC

Chefchaouèn.
T. et B. Morandi/hemis.fr

1

Tanger, la côte méditerranéenne et le Rif

CARTE 2e RABAT DE COUV. D2, E2 – CARTE MICHELIN 742, PLIS 9-12

A
B
ESPAGNE
Détroit de Gibraltar
Ceuta
Cap Spartel
Cap Malabata
N 16
Monte Hacho
Hercule
Ksar-es-Seghir
Smir-Restinga
Cotta
Tanger
TANGER CIRCUITS
Cabo Negro
M'diq
Martil
Tetouan
A 4
MER
1
A 1
R 417
N 2
Côte du pays Rhomara
Oued Lalou
O. Laou
Targha
Bou Ahmed
N 16
El-Jebha
Chefchaouèn
Badès
Cala Iris
Torres-de-Alcalá
N 16
O. Loukos
N 1
R 410
N 13
N 2
Ketama
N 2
Targuist
R
I
F
Ouazzane
609
Jbel Bou Hellal
R 509
R 510
R 408
N 13
O. Ouerrha
O. Ouerrha
R 409
RABAT
KÉNITRA
2
FES
TANGER CIRCUITS Voir la carte détaillée du circuit
La corniche rifaine, de Tanger à Ceuta
Côte du pays Rhomara
Les monts des Beni-Snassen

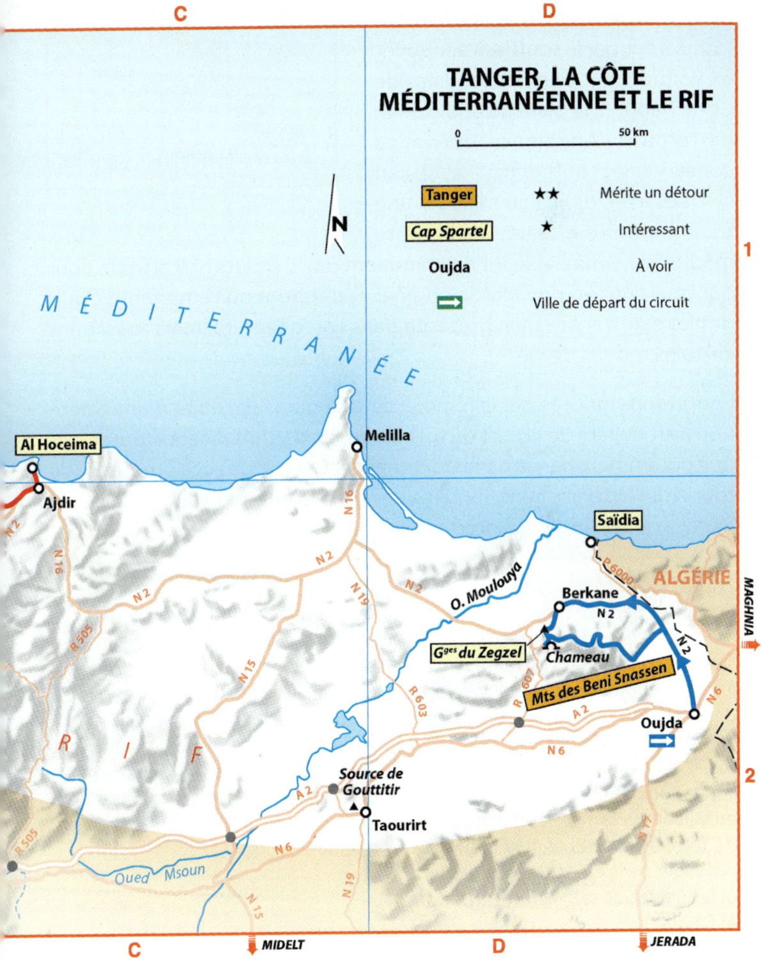
C
D
TANGER, LA CÔTE MÉDITERRANÉENNE ET LE RIF
0
50 km
N
Tanger
★★
Mérite un détour
Cap Spartel
★
Intéressant
Oujda
À voir
Ville de départ du circuit
1
MÉDITERRANÉE
Al Hoceima
Melilla
Ajdir
N 16
N 2
Saïdia
P 6000
ALGÉRIE
O. Moulouya
N 19
Berkane
MAGHNIA
Gges du Zegzel
Chameau
Mts des Beni Snassen
N 15
R 505
R 603
R 607
A 2
N 6
Oujda
RIF
Source de Gouttitir
Taourirt
2
Oued Msoun
N 17
MIDELT
JERADA

Tanger, la côte méditerranéenne et le Rif

Tanger… ville mythique au rythme jadis frénétique, a désormais le vent en poupe et connaît un véritable renouveau ; des plages de sable fin à perte de vue ; des paysages de montagne à couper le souffle, à découvrir en voiture ou à pied ; les médinas de Chefchaouèn, la blanche et bleue, et de Tetouan l'Andalouse, qui ont su conserver leur authenticité et où l'on se perd avec délice au milieu d'une foule bigarrée et animée… La côte méditerranéenne et le Rif ne manquent pas d'atouts ni d'attraits pour qui veut entrevoir un Maroc originel et différent où l'empreinte espagnole reste encore bien présente dans l'architecture, mais aussi dans certains modes de vie.

Longtemps ignorée par le régime, cette région fait l'objet d'une attention particulière de la part du roi Mohammed VI, implication qui se traduit notamment par un développement économique accéléré autour du tourisme. Actuellement, Tanger a un regain d'énergie, tout en jouissant encore de son prestige international passé.

Se repérer

Desservie par la rocade méditerranéenne, cette région se situe au nord du pays et s'étend jusqu'à la frontière algérienne, fermée depuis 1994.

À ne pas manquer

Tanger pour le charme de sa médina en balcon sur la mer ; les médinas de Tetouan et de Chefchaouèn, les paysages de la côte du pays Rhomara et les plages de sable fin entre Nador et Saïdia.

Organiser son temps

Une semaine permet de se faire une bonne idée de la richesse de cette région si vous décidez de ne pas aller jusqu'à l'Oriental, la région d'Oujda. Mais cette dernière offre le visage d'un Maroc authentique et varié, encore préservé du tourisme de masse. À elle seule, elle peut être une destination intéressante pour quelques jours.

Tanger ★★

Tanger offre à qui la découvre par la voie des airs ou l'aborde par la mer le tableau d'une ville blanche bâtie en amphithéâtre au bord d'une baie admirable. Au centre se pressent, sur les pentes d'un piton rocheux, les maisons blanches et bleutées et les minarets de la vieille ville ; à gauche c'est l'étagement harmonieux et plus lâche de la ville moderne ; à droite, ce sont les hauteurs boisées du quartier résidentiel de « la Montagne ». Un vaste programme de rénovation et de construction donne à la ville des airs de mégalopole, s'étirant de plus en plus le long de sa baie, où se mêlent les eaux de l'Atlantique et de la Méditerranée. Tanger a renoncé depuis l'indépendance à sa réputation sulfureuse et prend aujourd'hui des airs de station balnéaire à la mode.

Se repérer

730 849 habitants

CARTE P. 30 (A1) – *carte Michelin 742, plis 5 et 9* – Commandant la rive sud du détroit de Gibraltar, Tanger n'est qu'à 14 km de l'Europe… Enveloppant la vieille médina juchée sur un éperon rocheux, la ville moderne a pour axe principal, parallèlement à la mer, le boulevard Pasteur, partant de la place de France, et que poursuit l'avenue Mohammed-V.

À ne pas manquer

La médina et la kasbah…

Organiser son temps

La ville est une destination très agréable pour un week-end ou plusieurs jours.

En famille

Profitez des joies de la plage.

Carnet pratique p. 46

Nos adresses p. 47

Se promener

Dans le centre de Tanger PLAN II P. 40-41

Compter une demi-journée. Laisser la voiture place du Grand Socco, rebaptisée « place du 9 avril 1947 », en commémoration de la visite historique du roi Mohammed V en 1947.

Grand Socco PLAN II C2

Cette grande place aux contours irréguliers marque la transition entre la médina et la ville nouvelle. Avant le développement des quartiers européens à partir des années 1920, la campagne arrivait jusque-là et, avec elle, les paysans des alentours venus vendre leurs produits. La tradition est restée avec les deux grands **marchés hebdomadaires** du jeudi et du dimanche, et l'extraordinaire amoncellement de victuailles, poissons, volailles, viandes, fruits et légumes qui s'exposent dans un capharnaüm joyeux et odorant. Le Grand Socco est dominé par la façade Art déco du **cinéma Rif**, qui abrite aujourd'hui la très active Cinémathèque de Tanger (*« Nos adresses »*). Se dresse aussi le minaret de la **mosquée de Sidi Bou Abib** (1917), décoré de faïences multicolores, au pied duquel s'est installé un petit marché d'objets d'occasion. On l'appelle parfois « marché aux voleurs » : si vous vous êtes fait subtiliser votre portable, vous aurez peut-être la chance de le retrouver ici.

Autour du Grand Socco PLAN II C2

Les abords de la place méritent une petite promenade. Derrière la mosquée Sidi Bou Abib, se dresse l'imposant façade du **Grand Hôtel Villa de France**, le palace tangérois du début du 20e s. où séjourna **Matisse** en 1912. C'est depuis sa chambre (la 35) qu'il peignit son célèbre *Paysage vu de la fenêtre*, aujourd'hui au musée Pouchkine de Moscou. L'**église St Andrew's** toute proche dresse toujours son clocher carré en bas de la rue d'Angleterre. Entourée d'un luxuriant jardin, cette église de la fin du 19e s. allie curieusement sobriété anglicaine et profusion décorative marocaine *(9h30-12h30, 14h30-18h)*. Au nord de la place, s'étendent les **jardins de la Mendoubia**, un lieu de détente apprécié des Tangérois. Au temps du « statut », le *mendoub* y avait sa résidence. Remarquez, à droite en entrant, un beau spécimen de *Ficus elastica*, arbre vieux de 8 siècles, dit-on. Au fond du parc, sur une terrasse, à côté de canons de bronze du 18e s., le discours prononcé par Mohammed V le 9 avril 1947 a été gravé sur une stèle commémorative.

Rue d'Italie et rue de la Kasbah PLAN II C2

Appuyée sur le mur de la médina qu'elle dissimule au regard, la rue d'Italie est un véritable maelström. Tout au long de la journée, le flot continu des promeneurs descendus de la médina ou venus du Grand Socco, tente de se frayer un chemin entre les étals de marchands ambulants et les charrettes de livraison qui fendent la foule sans autre forme de procès. Levez les yeux pour découvrir les hautes façades des immeubles, typiques du Tanger du début du 20e s. avec leurs opulentes décorations de stuc aujourd'hui bien fanées. Vous pourrez faire halte à la terrasse du **café Colon**, en face du cube de béton de l'ancien cinéma Alcazar. Le lieu a servi de cadre à une scène du film *Un thé au Sahara*. Après avoir empoché le dédommagement payé par la production, le propriétaire n'a eu qu'une hâte : remplacer l'aspect traditionnel qui avait séduit Bertolucci par une décoration moderne des plus banales.

Pour atteindre le point le plus haut de la médina, il vous reste à gravir la **rue de la Kasbah**, plus paisible et bordée de restaurants de qualité *(« Nos adresses »)*. En haut de la rue, franchissez à droite la porte de la Kasbah : elle ouvre sur la **place du Tabor**, un des coins les plus huppés de la vieille ville avec ses riads de luxe et le *fashionable* Morocco Club. Traversez la place et prenez à gauche la rue Riad Sultan, en grande partie recouverte de voûtes.

Place de la Kasbah PLAN II C2

À gauche de cette place, un passage donne accès à la splendide promenade de Bouknadel qui offre des **vues★★★** spectaculaires sur le détroit et l'Espagne toute proche. Inoubliable au coucher du soleil. Sur la place s'élève la blanche façade crénelée du Dar el-Makhzen – le musée de la Kasbah –, qui se termine par

Tanger, carrefour des rêves

Si nombre de touristes occidentaux viennent à Tanger en quête d'un passé aujourd'hui révolu, ce rêve qu'ils poursuivent ne fait que côtoyer un autre rêve, bien actuel celui-ci, celui de ces jeunes Marocains contemplant des heures durant les côtes européennes depuis les remparts de la vieille ville. *Fantômes de Tanger*, film d'Edgardo Cozarinsky, montre comment ces deux rêves, celui d'un passé mythifié et celui d'un futur espéré et idéalisé cohabitent en un même lieu et au même instant, ne faisant que se croiser, sans jamais se rencontrer.

Grand Socco à Tanger.
saiko3p/iStock

un charmant pavillon s'ouvrant par une triple baie à colonnes : c'est le Bit el-Mâl, l'ancienne trésorerie. Au fond de la place, un portique soutenu par des colonnes de marbre blanc ouvre sur l'ancien tribunal du pacha : ce « petit *méchouar* » est aujourd'hui occupé par la galerie de Laure Welfling, designer et créatrice de mode. À gauche de l'ancien tribunal, dans l'angle de la place, **Bab el-Assa** donne accès à la médina. C'est sous cette « porte de la bastonnade » que les malfaiteurs condamnés par le cadi recevaient leur châtiment. Contournant le Bit el-Mâl, on franchit les degrés du **grand méchouar**, long et large couloir à ciel ouvert où jadis les pachas donnaient leurs audiences. Il est dominé par le minaret octogonal de la mosquée de la Kasbah, face à laquelle se trouve l'entrée du Dar el-Makhzen.

★★Musée de la Kasbah (Dar el-Makhzen) PLAN II C2

05 39 33 44 81 - 10h-18h, fermé mar. - 20 DH.

Ce « musée des cultures méditerranéennes » s'abrite dans l'ancien palais du sultan, fondé sous le règne de Moulay Ismaïl, peu après l'évacuation de Tanger par les Anglais (1684), mais considérablement agrandi au milieu du 18e s. et encore à deux reprises au cours du 19e s. Seuls deux sultans y firent de brefs séjours, et le palais fut la résidence des pachas de la ville. Après l'entrée, prenez la galerie à droite.

★ **Bit el-Mâl** – Cette vaste salle (Koubbat Nacr) est un chef-d'œuvre d'élégance : plafond de cèdre peint, moucharabiehs filtrant la lumière, coupole en étoile rehaussée d'or. Plusieurs gros coffres de cèdre renforcés de ferrures rappellent l'ancienne destination des lieux, la chambre du trésor du sultan.

Dar el-Boukharil – Le patio principal de la demeure date du 18e s. : une élégante rencontre entre les zelliges, les mosaïques de Tetouan du bassin central et le marbre blanc des colonnes à l'antique dans le goût italien en vigueur à l'époque. Les salles tout autour présentent l'**histoire du Maroc** depuis les temps préhistoriques *(suivre le sens inverse des aiguilles d'une montre)*. De copieux panneaux explicatifs accompagnent quelques pièces archéologiques soigneusement sélectionnées. Voyez notamment les figurines de terre cuite de l'époque punique et

La porte du Maroc

Un climat doux, une vaste plage, une végétation qui rappelle celle de la Côte d'Azur et un équipement hôtelier important font de Tanger, véritable carrefour maritime, une station très fréquentée en toute saison par des touristes attirés tant par le vieux Tanger, qui semble avoir retenu quelque chose de la légende sulfureuse de la cité, que par la beauté des environs.

Le pays d'Antée disputé

Si la légende attribue à Antée, fils de Poséidon, la fondation de Tanger, l'histoire, en tout cas, nous apprend que le site fut fréquenté par les Phéniciens et les Carthaginois avant de tomber sous la dépendance de Rome. Tôt promue au rang de « colonie », Tingis succéda à Volubilis comme capitale de la Maurétanie Tingitane à la fin du 3e s.
Conquise par les Arabes au début du 8e s., Tanger servit de tremplin à la conquête de l'Espagne par les troupes du Berbère Tarik. Au cours des siècles suivants, musulmans d'Espagne et d'Afrique se disputent la ville. Prise en 1471 par les Portugais, elle devient anglaise au 17e s. à la suite du mariage de Catherine de Bragance avec Charles II d'Angleterre. Assiégée par Moulay Ismaïl, elle repasse en 1681 aux mains des Marocains.

Un émule de Marco Polo

À Tanger naquit en 1304 l'un des plus grands voyageurs du 14e s., l'explorateur et géographe Abou Abdallah Mohamed, connu sous le nom de **Ibn Battouta**. Ce personnage hors du commun a laissé des chroniques et des récits fabuleux de ses voyages, qui durèrent près de trente ans et le menèrent au Moyen-Orient, en Asie Mineure, en Chine et en Afrique. Géographe avant l'heure, mais aussi homme de lettres, juriste et poète, il décrivit avec un luxe de détails et une précision surprenante les paysages naturels et les hommes rencontrés par lui, mettant son savoir au service d'une seule et unique idée : parcourir le monde, découvrir les autres...
Toutes ses aventures – racontées oralement – furent consignées par écrit sous le nom de **« Rihla »** (relation de voyage) et traduites au 19e s. en français par C. Defrémery et B.-R. Sanguinetti (*Les Voyages,* éd. Maspero/La Découverte ; *Voyages et périples choisis,* éd. Gallimard, coll. Connaissance de l'Orient).
Aujourd'hui, dans la médina de Tanger, on peut encore voir son marabout, humble bâtiment blanc dépourvu de coupole, au bout d'une ruelle en escaliers portant son nom *(dans la rue d'Italie, prendre la 2e rue à droite, puis à gauche, après quelques marches, rue Gzenaya).*

Une ville internationale

Aux 18e et 19e s., Tanger devient une importante place de négoce. Pénétrer plus avant dans le Maroc est difficile, et c'est là que résident la plupart des commerçants et représentants diplomatiques européens. La ville commence alors à attirer les voyageurs et les artistes. **Delacroix**, vivement impressionné, écrit : « J'arrive maintenant à Tanger. Je viens de parcourir la ville. Je suis dans ce moment comme un homme qui rêve et qui voit des choses qu'il craint de voir lui échapper... » Il y crayonne une partie de ses dessins africains et y conçoit plusieurs tableaux *(La Noce juive, Les Convulsionnaires de Tanger).*
En 1923, la ville et ses abords avaient été dotés d'un régime particulier. Amendé plusieurs fois, le **statut international** de Tanger est resté en vigueur jusqu'en 1956 : un ensemble

complexe d'administrateurs internationaux et de délégués marocains assurait la gestion du territoire sous la présidence d'un *mendoub* représentant le sultan. Il en résultait pour les ressortissants une grande liberté d'action que la franchise du port permettait de mettre largement à profit. D'où la solide réputation de repaire de trafiquants acquise par Tanger à cette époque. On retrouve l'atmosphère de cette période dans le livre de J. Kessel *Le Grand Socco*. Le discours prononcé par le sultan Mohammed V à Tanger en 1947 pose pour la première fois publiquement le problème de l'avenir du Maroc. La situation particulière de Tanger, ville internationale en territoire marocain, donne à ces déclarations une audience mondiale. Le processus qui mènera le pays à l'indépendance est amorcé.

Tanger aujourd'hui

Tanger n'en a pas fini d'avoir les yeux rivés sur le large. Après les années folles de l'époque du statut, la ville continue d'attirer les étrangers comme un aimant : les grandes fortunes – vedettes, industriels – investissent les riads de la médina, écrivains et artistes viennent y puiser l'inspiration, à la suite de Genet ou de Matisse, tandis que dans les pensions miteuses autour du Petit Socco, des Africains attendent l'occasion de traverser les 14 km de mer qui les séparent de l'Eldorado européen. Tanger a misé aussi sur la mondialisation des échanges avec l'ouverture en 2009, de Tanger Med, un gigantesque port à 40 km à l'est de la ville. En 2019, sur ses quais ont transité plus de 65 millions de tonnes de fret, 4,8 millions de conteneurs et près de 3 millions de passagers. Tanger Med ambitionne de devenir le premier port méditerranéen. Le port se double d'une zone franche où se sont établies près de 750 entreprises représentant un bassin de 70 000 emplois. Parmi elles, le groupe Renault et son usine de construction ultramoderne. En 2017, on a célébré le millionnième véhicule sorti de ses chaînes depuis l'ouverture de l'usine en 2012. Comme un symbole de la vocation internationale de Tanger Med, la voiture, une Dacia Lodgy, était destinée à un client turc.

Une source d'inspiration

En attendant, la magie opère encore lorsqu'on retrouve des lieux si souvent décrits : l'hôtel Continental surplombant Dar el-Baroud et dont le charme est demeuré intact, l'hôtel Villa de France, où des artistes comme **Matisse** (*Vue sur la baie de Tanger* et *La Porte de la kasbah*) séjournèrent, l'hôtel Rembrandt, où **Tennessee Williams** vécut en 1948-1949 *(Soudain l'été dernier)*, ou le luxueux hôtel El Minzah, qui a su garder au fil des ans son cachet particulier ; le Café de Paris, où s'attablèrent les écrivains **Samuel Beckett**, **Jean Genet**, Truman Capote, **William Burroughs** – venu à Tanger en 1953, et qui fut rejoint dans les années 1960 par deux autres écrivains de la Beat Generation, **Allen Ginsberg** et **Jack Kerouac** – et bien sûr **Mohamed Choukri** (*Le Pain nu* et *Le Temps des erreurs*) ; ou encore les azulejos bleu et jaune de l'étonnante façade Art déco du **Gran Teatro Cervantes**, dont la restauration a été décidée en 2019.

les manuscrits des premiers temps du Moyen Âge musulman. La dernière section rappelle les occupations étrangères : portugaise à partir de 1471 – la Kasbah d'aujourd'hui doit l'essentiel de ses remparts aux Portugais –, et anglaise. Le palais du sultan a été construit au-dessus de l'ancien *Upper Castle*, résidence des gouverneurs britanniques de 1662 à 1684. On prétend qu'à ce même emplacement, existait déjà un temple dédié à Hercule construit par les Romains.

Riad as-Sultan – Du patio, un escalier donne accès à ce jardin arabo-andalou avec ses parterres d'essences odorantes autour d'une fontaine. Le harem du palais donnait sur ce jardin réservé à l'usage exclusif du sultan.

Tanger, un foyer d'échanges – Cette dernière section *(accès par le patio principal)* évoque les routes commerciales qui sillonnaient la Méditerranée depuis l'Antiquité et permettaient le brassage des cultures. En témoignent la belle mosaïque de la **Navigation de Vénus**★ provenant de Volubilis et la copie de l'Éphèbe de bronze provenant du même site et conservé aujour'hui au musée archéologique de Rabat. La mezzanine présente les différents types de rites funéraires pratiqués depuis l'Antiquité dans le nord du Maroc.

Balade dans la médina PLAN II C2

Dans le haut de la place de la Kasbah, Bab Haha ouvre sur la rue Amrah qui dévale vers la médina. Une mosaïque d'ambiance emblématique de la vieille ville : boutiques branchées, ambiance populaire de la place Amrah, mais aussi souvenirs des années folles de Tanger. En haut d'une rampe qui prend à droite de la rue, voici l'iconique **café Baba** où se sont attablés Paul Bowles, les écrivains de la Beat Generation, ou encore les Rolling Stones. Presqu'en face de la rampe, un jaillissement de bougainvillées signale **Sidi Hosni**, l'ancienne demeure de Barbara Hutton *(☞ encadré)*. Plus bas, la rue prend le nom de Sidi ben Raissoul et débouche sur la rue des Almohades plus connue sous le nom de **rue des Chrétiens**. Cette longue allée est l'une des Mecques du shopping dans la médina avec ses boutiques d'articles de cuir, mais aussi ses magasins d'artisanat de luxe et ses antiquaires. La rue des Chrétiens débouche sur le mythique Petit Socco.

Le Petit Socco PLAN II C2

Cette modeste place aux contours irréguliers a été le cœur du Tanger international. Aux terrasses de ses cafés, se côtoyaient affairistes et espions, femmes du monde et courtisanes, aventuriers de tout poil, artistes et écrivains. Jean Genet avait ses habitudes à la terrasse du café Tingit tandis que le café Fuentes était l'un des restaurants les plus luxueux de la ville. L'animation est toujours là, mais dans un registre plus populaire avec ses échoppes d'où s'exhalent des odeurs de

« Ici c'est un paradis sur terre, ce paradis est ici, ici ! »

C'est en ces termes – que l'on retrouve gravés sur une plaque apposée à côté de la porte d'entrée de ce qui fut sa demeure – que **Barbara Hutton**, fantasque milliardaire américaine, héritière des magasins Woolworth, vécut son séjour à Tanger. Amoureuse de la ville, elle s'installa dans la médina, dont on raconte qu'elle fit élargir certaines ruelles pour permettre à sa Rolls de passer ! Personnage adulé de l'après-guerre, elle organisa des fêtes somptueuses, dignes des *Mille et Une Nuits*, dans un cosmopolitisme où se côtoyaient tout à la fois la liberté d'esprit, l'élégance raffinée et une certaine originalité, dans sa demeure de Sidi Hosni, véritable palais dont on découvre l'extérieur en contrebas de Bab el-Assa, près de la rue Sidi ben Raissoul.

friture. La rue de la Marine qui descend vers le rempart longe la façade de l'ancienne Banque du Maroc, aujourd'hui un hôtel de luxe *(« Nos adresses »)*, puis celle de la **Grande Mosquée de la médina**, construite par Moulay Ismaïl au 18ᵉ s. La rue aboutit à une terrasse offrant une belle vue sur le port. À gauche, se dresse la façade du mythique Hôtel Continental, ouvert en 1870 et où a séjourné Degas. Revenez au Petit Socco et grimpez dans la direction opposée la **rue des Siaghines** (des Orfèvres), bordée de boutiques de bijoutiers. Elle ramène au Grand Socco. Avant de l'atteindre, prenez à gauche la **rue Touahine** dont l'entrée est marquée par une jolie fontaine ornée de zelliges. Elle a servi de modèle à Delacroix. Tout à côté, une modeste échoppe propose depuis les années 1950 le meilleur nougat de la ville à en croire les amateurs.

L'ancien quartier juif PLAN II C2

La **rue Touahine** est l'allée principale de ce quartier, aujourd'hui vidé de ses occupants traditionnels mais qui a abrité jusqu'à la fin des années 1950 une communauté

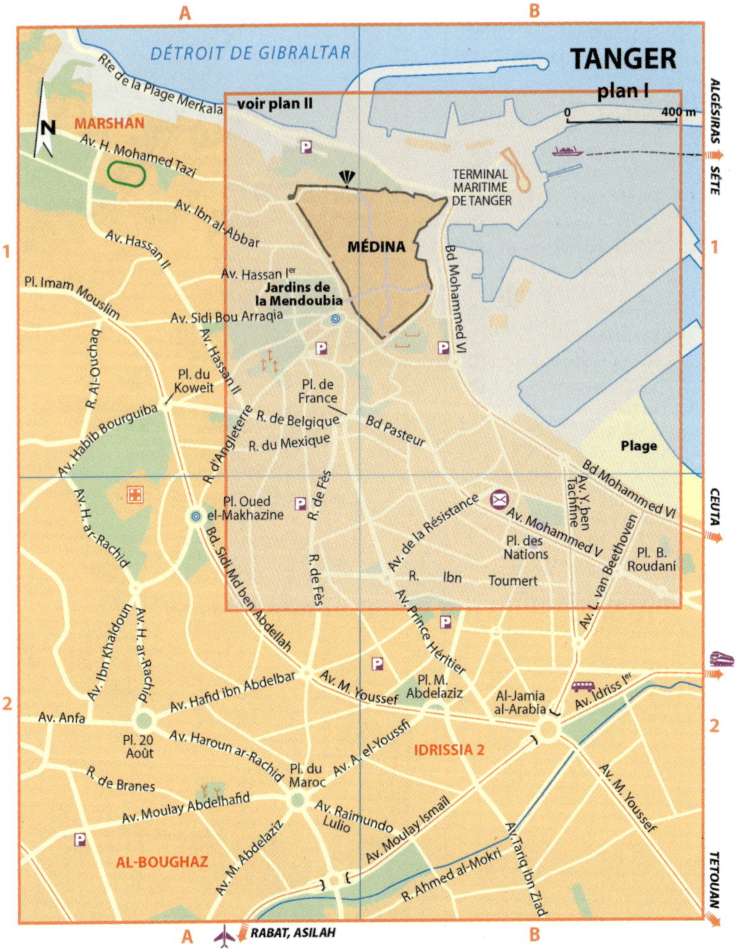

SE RESTAURER

- Anna e Paolo.............. 1
- El Dorado.................. 2
- Rif Kebdani................ 3
- Hamadi..................... 5
- Café à l'Anglaise........... 6
- La Pagode.................. 7
- La Terrasse de Dal el Kasbahe............ 8
- El Morocco Club............ 9
- Maison communautaire des femmes. Restaurant associatife.... 13
- Saveur de Poisson......... 19
- Le Salon Bleu.............. 21
- Le Nabab.................. 23

SE LOGER

- Dar Nakhla Naciria......... 3
- Hôtel Nord-Pinus........... 4
- Palais Zahia................ 5
- Le Balcon de Tanger....... 6
- Hôtel Kenzi Solazur........ 8
- Grand Hôtel Villa de France............ 9
- Dar Nour.................. 10
- Dar Sultan................. 13
- Hôtel Continental......... 25
- Hôtel El Minzah........... 28
- La Tangerina.............. 46

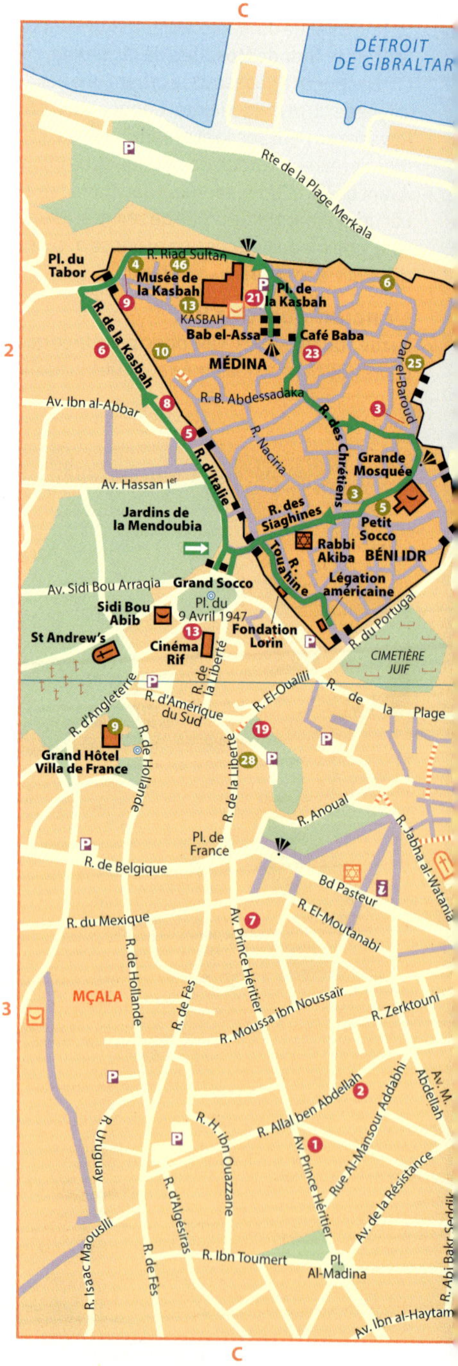

D
E
TANGER
plan II
0
200 m
N
2
3
TERMINAL MARITIME DE TANGER
PORT DE TANGER VILLE
Plage
Bd Mohammed VI
R. Magellan
R. Magellan
R. Tarik
R. Antaki
R. Sidiya
R. Al-Farabi
R. M. ben Abbad
Av. Mohammed V
Rue Abou Alaâ el-Mâarri
JARDIN DES NATIONS UNIES
Pl. des Nations
Place Al-Ouman
Av. Youssef ben Tachfine
R. Offenbach
R. Méditerranée
R. la Sena
Av. L. van Beethoven
R. Nobel
R. de Berkane
R. Imam El-Ghazali
R. Saïd ibn Abou Wakass
R. Lafayette
R. Téhran
R. Abi Dardae
R. El-Hariri
Av. Abou Bakr Errazi
Rue Ibn Okail
R. Ibn Toumert
R. Ibn Toumert
Pl. Brahim Roudan
R. de Floride
Bd New York
R. Nouvelle
R. Rachid Rida
R. d'Iraq
Av. Oujda
8

forte de 8 000 individus. On y comptait également 17 synagogues. C'est dans l'une d'entre elles, au nº 44, que s'est installée la **Fondation Lorin** : la salle de prière et l'étage, jadis réservé aux femmes, conservent une intéressante collection de photographies et de documents évoquant la ville du « statut » *(✆ 05 39 93 03 06 - tlj sf sam. 11h-13h, 15h30-19h30 ; entrée libre, donation appréciée).* Presque en face de la Fondation, la rue de la Synagogue permet de s'enfoncer dans les étroites venelles du quartier. Vous pourrez y visiter la **synagogue rabbi Akiba**, construite en 1902. C'est la seule à accueillir encore des cérémonies lors de certaines fêtes *(✆ 05 39 93 16 33 - tlj sf sam. 9h-18h ; entrée libre).* Revenez à la rue Touahine puis prenez la rue Kadi Temsamani pour rejoindre la rue d'Amérique, où se trouve la légation des États-Unis.

★ Légation américaine PLAN II C2

8 r. d'Amérique ✆ 05 39 93 53 17 - www.legation.org - lun.-vend. 10h-17h, sam. 10h-15h ; fermé dim. - 20 DH.

Ce **quartier de Béni Idr** a été le dernier construit à l'intérieur de la médina. Conséquence visible, les rues y sont relativement plus larges et plus droites. C'est ici qu'en 1821, le sultan fit don d'une maison aux États-Unis pour y abriter leur représentation diplomatique. Depuis 1787, les deux pays étaient liés par un traité qui garantissait notamment la sécurité des navires de commerce américains. Jusqu'à l'indépendance du Maroc, la légation américaine de Tanger a été le principal poste diplomatique américain auprès du sultan. Les bâtiments ont abrité aussi des activités plus discrètes : en 1942, une équipe de l'OSS, la future CIA, y a préparé le débarquement américain en Afrique du Nord, l'opération Torch, au nez et à la barbe des autorités françaises fidèles à Vichy. Toujours propriété américaine, l'ancienne légation est restée dans son jus des années 1940 : vous visiterez le bureau du consul, les salles de réunion et de réception, richement ornées de peintures, de cartes anciennes et de photos d'époque. Par une passerelle, vous gagnerez le pavillon arabe, de l'autre côté de la rue. Il

Paul Bowles, légende de Tanger

Né à New York en 1910, Paul Bowles quitte l'Amérique en 1929 pour Paris. Dès 1931, il découvre Tanger, sans toutefois s'y installer. En 1938, il épouse Jane Auer à New York. Un couple bien singulier, tous deux affichant leur homosexualité. Paul Bowles se consacre à cette époque exclusivement à la musique : il compose plusieurs pièces, tandis que Jane se fait un nom dans le monde des lettres. En 1947, ils s'installent à Tanger. Paul Bowles s'est désormais tourné vers l'écriture. Rapidement, le couple devient une des vedettes des dernières années du Tanger international. Il reçoit les grands écrivains américains, Truman Capote, Tennessee Williams, Gore Vidal, puis dans les années 1950, les auteurs de la Beat Generation, Kerouac, Burroughs, Ginsberg... Bowles cultive ses amitiés marocaines et joue un grand rôle dans la découverte d'auteurs tels que Mohammed Mrabet ou Mohamed Choukri dont il traduit en anglais *Le Pain nu*. Bowles est aujourd'hui connu du grand public après la mise en image de son roman *Un thé au Sahara* par Bernardo Bertolucci. Paul Bowles meurt à Tanger en 1999. Loin d'être un auteur exotique, Bowles a composé une œuvre singulière, toute de noirceur, où la catastrophe est toujours prête à surgir au détour d'une page.

est consacré à la mémoire de **Paul Bowles**, photographies, documents, objets personnels, tandis qu'en fond sonore sont diffusés les enregistrements de musique traditionnelle marocaine que l'écrivain avait captés à travers le pays en 1959. La légation américaine possède également une riche bibliothèque et accueille des chercheurs en résidence.

★ Plage PLAN II E3

Une belle plage de sable fin s'étend au pied de la ville et le long de la baie sur 6 km. La température agréable de l'eau permet de s'y baigner à peu près en toute saison. En fin d'après-midi, de nombreux Marocains profitent de la fraîcheur du bord de mer et se promènent à l'ombre des palmiers et aux pieds des hôtels de luxe.

Circuits conseillés

★★ Le cap Spartel CARTE CI-DESSOUS

▶ *38 km en voiture plus 45mn de visite - itinéraire tracé en violet sur la carte ci-dessous - promenade à effectuer de préférence en fin de journée pour profiter de la plus belle lumière - partir de la place de France par la rue de Belgique, et prendre à gauche, sur la place du Koweit, l'avenue Habib Bourguiba (circuit jalonné par des plaques indicatrices : « La Montagne, cap Spartel »).*

Laissant à gauche la route de l'aéroport, on franchit bientôt l'oued El-Ihoud ; la route s'infléchit pour contourner le cimetière catholique, puis s'élève en direction de la Montagne, dégageant de belles **vues** sur Tanger.

La Montagne

Au 17e s., la Montagne était couverte d'une épaisse forêt où les Maures se retranchaient pour organiser leurs opérations de harcèlement contre les Européens maîtres de Tanger. C'est aujourd'hui la banlieue aristocratique de la ville, et ses collines sont couvertes de riches propriétés dans un cadre luxuriant où se mélangent les essences méditerranéennes et océaniques. Après avoir dessiné vers la gauche un coude très fermé, la route passe devant l'ancienne résidence des sultans Moulay Abdelaziz et Moulay Hafid *(à droite)*, aujourd'hui le palais d'été du roi Mohammed VI. 2 km plus loin, une route se détache à droite, qui mène *(à 500 m)* au mirador de Perdicaris, d'où l'on jouit d'une **vue**★ étendue sur le détroit de Gibraltar et la côte espagnole, en bordure d'un bois de pins magnifiques.

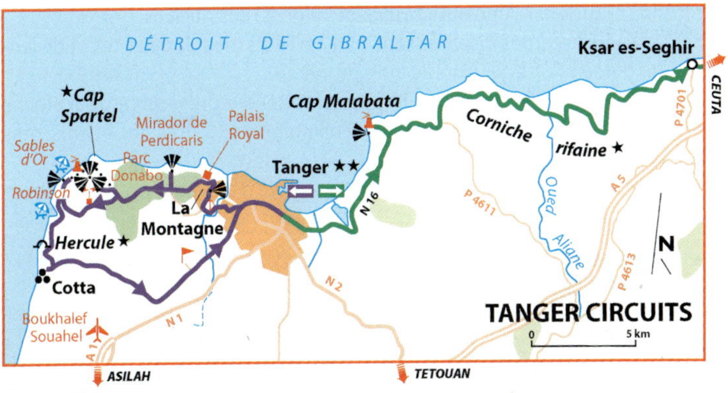

Sur Tanger, ils ont écrit...

« J'arrive maintenant à Tanger. Je viens de parcourir la ville. Je suis dans ce moment comme un homme qui rêve et qui voit des choses qu'il craint de voir lui échapper... » Eugène Delacroix.

« Elle est tout près de notre Europe, cette première ville marocaine, posée comme en vedette sur la pointe la plus au nord de l'Afrique... Vue du large, elle semble presque riante, avec ses villas alentour bâties à l'européenne dans des jardins : un peu étrange cependant, avec ses murs d'une neigeuse blancheur, sa haute casbah crénelée, et ses minarets plaqués de vieilles faïences. » Pierre Loti, *Voyages (Au Maroc)*, 1889.

« La mer, par la perspective, semblait suspendue au-dessus de la ville. D'un seul regard, on embrassait l'Europe et l'Afrique, l'Atlantique et la Méditerranée, avec, les joignant, pâle dans le crépuscule, le détroit comme un bras nu de femme. » Henry de Montherlant, *Un Noël à Tanger*, 1930.

« [...] cette ville pour moi représentait si bien, si magnifiquement la Trahison que c'est là, me semblait-il, que je ne pourrais qu'aborder. » Jean Genet, *Journal du voleur*, 1959.

« On dit que Tanger pleure celui qui ne la connaît pas, et qu'on la pleure quand on l'a vue. Celui qui en tombe amoureux souffre à en mourir [...]. » Mohamed Choukri, *Le Pain nu*, 1981.

Reprendre la route du cap Spartel qui offre de jolies vues sur les collines de la région de Tanger et les sommets du Rif; 1 km après l'entrée du parc Donabo, prendre à droite. À 500 m, nouvelle fourche : prendre à gauche en direction du relais radio, puis à droite.

On découvre alors, sur quelques centaines de mètres, un splendide **panorama★★** sur le détroit, le cap Malabata et la chaîne du Rif; par temps clair, la vue porte jusqu'aux abords de Ceuta et découvre les côtes d'Espagne du cap Trafalgar à Gibraltar.

Revenir sur ses pas jusqu'à la route du cap Spartel.

Celle-ci descend rapidement vers l'Atlantique – qui ménage, en fin d'après-midi, de beaux effets de contre-jour – et oblique à droite vers le cap Spartel.

Quitter la voiture près du phare sur le rond-point.

★ Cap Spartel

Ce promontoire marque l'extrême pointe nord-ouest du continent africain. On a reconnu en lui le cap Ampelusium (cap des vignes) des Anciens.

Ses versants escarpés disparaissent sous un épais maquis de cistes et de lentisques qui se couvre de fleurs au mois de mars.

En allant jusqu'au pied du phare, on a une **vue★** étendue qui va du cap tout proche au grand large de l'Atlantique, sillonné de nombreux vaisseaux, et aux côtes espagnoles.

Faire demi-tour. À 300 m, laisser à gauche la route d'arrivée et prendre la direction des grottes d'Hercule.

★ Grottes d'Hercule

10h-20h - 60 DH.

La falaise offre ici de curieuses cavités, avec de nombreuses ramifications, parfois envahies par les eaux. Elles sont en partie naturelles : l'Océan a creusé et déchiqueté ces voûtes béantes sur la mer. Mais l'homme est pour quelque chose

Vue panoramique sur Tanger.
Vladislav Mavrin/iStock

dans ce travail : depuis longtemps – on a trouvé ici des vestiges d'occupation préhistorique – et jusqu'à une époque toute récente, il a exploité le dur calcaire pour en faire des meules.

Reprendre la voiture et continuer sur la même route.

On aperçoit en contrebas, près du rivage, le quadrillage de pierre d'une cité antique exhumée : ce sont les ruines de Cotta.

Prendre la piste à droite, à 500 m des grottes d'Hercule.

Cotta

De cet ancien comptoir punique, occupé ensuite par les Romains, on distingue les fondations d'un petit temple et de thermes. Une série de cuves profondes et cimentées atteste qu'il y avait ici, comme à Lixus, une « usine » de conserve de poisson et de fabrication de *garum*.

Retourner à la route. 7 km plus loin, prendre à gauche la route pour Tanger.

★ La corniche rifaine, de Tanger à Ceuta TANGER CIRCUITS P. 43

63 km par la route côtière - itinéraire tracé en vert sur la carte p. 30. Excursion à faire de préférence le matin, la ville de Tanger, éclatante de blancheur sous le soleil, étant alors mieux éclairée.

Cette route, en grande partie refaite dans le cadre de l'aménagement de la « rocade méditerranéenne », relie Tanger à Fnideq (poste-frontière pour Ceuta) en longeant la côte, après avoir contourné la baie de Tanger. À 6 km environ, près du phare *(entrée interdite)* du **cap Malabata**, là où océan Atlantique et Méditerranée se confondent, une terrasse offre de belles **vues★** sur Tanger, la Montagne, le détroit de Gibraltar et les côtes d'Espagne, qui disparaissent parfois sous une brume de chaleur. Après avoir traversé l'oued Alian, la route grimpe à travers l'arrière-pays composé de collines boisées au bas desquelles fleurissent des lauriers-roses, avant de redescendre vers la côte découpée de criques sablonneuses et parsemée de villas blanches, parfois luxueuses.

À **Ksar es-Seghir**, petit port de pêche doté d'une plage en pente douce, très appréciée des Tangérois, qui s'y pressent le dimanche et y envahissent les restaurants de poisson (Laachiri ou Dakhla), on peut voir, au bord de l'oued, les restes d'une forteresse, souvenir de l'occupation portugaise au 15e s., et quelques vestiges archéologiques faisant l'objet de fouilles. Un centre d'interprétation retrace l'importance historique du site (*60 DH*).
À 5 km de Ksar es-Seghir, on aperçoit le gigantesque **port Tanger Med**.
Au-delà, la route, plus étroite, se poursuit en longeant la côte, superbe dans ce secteur où le Rif plonge dans la mer. Une forêt d'éoliennes suit la ligne des crêtes jusqu'à ce que l'on découvre **Ceuta**, étalée en contrebas telle une presqu'île.

Carnet pratique

S'informer

Délégation régionale du tourisme – *29 bd Pasteur - ✆ 05 39 94 80 50 - www.visittanger.com.*
Association des guides de tourisme – *54 bd Pasteur - ✆ 05 39 93 13 72.* Comptez 250 DH pour une visite guidée de 3h en ville.

Arriver/Partir

Avion

Aéroport Ibn Battouta – *Rte de Rabat, à 15 km - ✆ 080 1000 224 - www.onda.ma.* Vols pour Paris, Lyon, Marseille, Bruxelles. Vols intérieurs pour Casablanca.
Royal Air Maroc – *1 pl. de France - ✆ 05 39 37 95 10 - www.royalairmaroc.com.*
De l'aéroport au centre-ville – En taxi, comptez 100 DH pour le centre-ville (150 DH, tarif de nuit).

Train

Gare ONCF de Tanger-Ville – *Av. Abi Jarir Inbari (dans une rue parallèle au front de mer) - centre d'appel ✆ 2255 - www.oncf-voyages.ma.* Liaisons quotidiennes pour Asilah, Oujda, Fès et Meknès, Kénitra, Rabat et Marrakech *via* Casablanca. Un train de nuit quotidien relie Marrakech à Tanger (9h50 de trajet). La ligne à grande vitesse « el Boraq », mise en service en 2018, relie Tanger à Casablanca en 2h10 (via Kenitra et Rabat Agdal ; 7 liaisons/j.).

Car et grand taxi

Gare routière – *Rocade 9 Sud (10 km au sud-ouest) - ✆ 05 39 34 25 40.* Cars quotidiens pour toutes les grandes villes du Maroc.
Centre d'appel CTM *✆ 0800 0900 30.*
Grands taxis – À la gare routière. Principales destinations : Chefchaouèn, Asilah, Tetouan.

Bateau

Le port des ferries se trouve à Tanger Med, à 40 km à l'est du centre-ville : liaisons quotidiennes avec Algésiras et régulières avec Malaga, Barcelone, Sète et Gênes. Également liaisons quotidiennes, (nombreux départs, piétons uniquement) entre le port de Tanger-Ville (au pied de la Kasbah) et Tarifa (1h de traversée). Le site www.directferries.fr permet de réserver en ligne pour tous les trajets et toutes les compagnies. De nombreuses agences sur le front de mer au pied de la médina proposent également les billets au départ de Tanger-Ville.

De Tanger Med à Tanger Ville – Bus 13 (compagnie Alsa), toutes les 45mn entre 6h et 22h15; arrivée à la gare de chemin de fer.

Voiture

Se garer – Pas facile en l'absence de parkings dans le centre. De très nombreux axes sont équipés de parcmètres. Attention aux sabots!

Avis – *À l'aéroport - ✆ 05 39 39 30 33 - www.avis.ma.*

Europcar – *97 av. Mohammed V - ✆ 05 39 94 19 38; à l'aéroport - ✆ 05 39 39 32 73 - www.europcar.ma.*

Hertz – *36 av. Mohammed V et à l'aéroport- ✆ 08 02 00 77 78 - www.hertz.ma.*

Budget – *7 av. Moulay Abdellah - ✆ 05 31 06 09 50; à l'aéroport ✆ 06 60 17 41 19- www.budget.ma.*

Adresses utiles

Service médical d'urgence (Samu) – *✆ 06 79 00 22 22 - 24h/24.*

Consulat de France – *Pl. de France - ✆ 05 39 33 96 00 - www.ma.consulfrance.org - lun.-vend. 8h30-12h30, 14h-16h30; urgences : ✆ 06 61 16 23 37.*

Agenda

Tanjazz – *www.tanjazz.org - sept. - billet de concert sur place 200/400 DH - forfait 1000 DH.* Les concerts ont lieu au palais des Institutions italiennes; une scène gratuite est installée sur le port.

Festival national du film – *www.ccm.ma - mars.* Ce festival, lancé en 1982 et itinérant au départ, s'est fixé à Tanger depuis 2005. On peut y voir concourir les films marocains de l'année.

Printemps du Livre et des Arts – *www.printempsdulivretanger.org - avril - co-organisé par l'Institut français du Nord et l'Association Tanger région action culturelle.* Débats, lectures, musique autour du thème proposé chaque année.

Festival du court métrage méditerranéen – *www.ccm.ma - sept.-oct.* Festival ouvert aux courts-métrages réalisés par des cinéastes méditerranéens, tables rondes et nombreux débats.

1

Nos adresses

Restauration

Premier prix, moins de 100 DH

13 **Maison communautaire des femmes. Restaurant associatif** – C2 - *R. Jules Cot - à proximité de la pl. du 9 avril 1947 (Grand Socco) - ✆ 05 39 94 70 65 - www.darnamaroc.com - 🚭 - tlj sf dim. 12h-15h, menu entrée-plat 60 DH.* La Maison communautaire des femmes est l'une des nombreuses structures mises en place à travers Tanger par l'association Darna en vue de venir en aide aux plus fragiles (centre communautaire des jeunes, ferme pédagogique, centre pour les filles, théâtre Darna). Cuisine maison à déguster dans une courette arborée. Le plat varie chaque jour (couscous le vendredi).

3 **Rif Kebdani** – C2 - *R. Dar el-Baroud - ✆ 06 53 83 80 94 - 🚭 - 11h-23h - plats 60/80 DH.* Un petit restaurant tout simple très prisé des visiteurs étrangers qui viennent se régaler d'une cuisine traditionnelle goûteuse à petit prix. Service et ambiance très sympathiques.

6 **Café à l'Anglaise** – C2 - *37 r. de la Kasbah - ✆ 06 17 60 18 15 - 🚭 - tjf sf lun. 10h-22h - plats autour de 80 DH.* Non, vous ne trouverez pas ici scones ou sandwiches au

concombre. C'est la charmante décoration de bonbonnière qui a inspiré son nom à ce sympathique établissement. Pour le reste, vous piocherez dans une carte typiquement marocaine des plats du jour goûteux et tout juste sortis de cuisine. Micro terrasse sur la rue.

2 **El Dorado** – C3 - *21 r. Allal ben Abdellah - ✆ 06 95 09 85 71 - 🍷 - plats 60/80 DH.* Un restaurant sans prétention où l'on sert principalement du poisson. Pour déguster une sole grillée toute fraîche. Couscous le vendredi et paella le dim.

Budget moyen, 100 à 200 DH

8 **La Terrasse de Dal el Kasbah** – C2 - *12 r. de la Kasbah - ✆ 06 61 88 24 08 - tlj sf lun. -12h-15h, 19h-22h - 100/150 DH.* Très agréable terrasse installée dans la cour de ce qui fut, à la fin du 19e s., le siège d'une compagnie britannique de télégraphe. Vous trouverez là une excellente cuisine marocaine familiale, à choisir sur l'ardoise des plats du jour ; les tajines de poisson sont particulièrement recommandables. Le vend. couscous d'anthologie. Accueil sympathique et service impeccable.

5 **Hamadi** – C2 - *2 r. de la Kasbah - ✆ 05 39 93 45 14 - tlj midi et soir - 100/150 DH.* Bien sûr, on y voit davantage de touristes que de locaux. Mais on y déguste l'un des meilleurs couscous de la ville, confortablement installé sur des sofas à la mode marocaine. Un orchestre accompagne le repas.

7 **La Pagode** – C3 - *3 r. Al-Boussairi - ✆ 05 39 93 80 86 - 🍷 - tlj sf lun. 12h-14h, 19h30-23h.* Cuisine asiatique à un prix très abordable.

19 **Saveur de Poisson** – C3 - *Escalier Waller - accès par la rue de la Liberté ou la rue El-Oualili - ✆ 05 39 33 63 26 - tlj sf vend. 12h-16h, 19h-22h - 200 DH.* Une adresse simplissime qui fait courir les gastronomes de Tanger. Pas de carte mais un menu unique composé selon les arrivages. On vous servira tout d'abord une rafraîchissante décoction d'herbes maison, puis une soupe, deux plats de poisson et deux desserts. Une table à ne pas manquer !

21 **Le Salon Bleu** – C2 - *Pl. de la Kasbah - ✆ 06 54 32 76 18 - 10h-22h - plats 80/100 DH.* Une bien belle terrasse pour admirer le détroit et, au loin, les côtes espagnoles. Dans l'assiette, une savoureuse cuisine locale composée de produits frais. Le poisson est en vedette. Vous pourrez aussi vous y installer pour prendre un verre dans la journée.

23 **Le Nabab** – C2 - *4 r. Al-Kaldiria - ✆ 06 84 06 33 19 - 🍷 - tlj sf dim. 12h-14h, 20h-23h - menu 200 DH.* Ce joli riad au cœur de la médina a été entièrement redécoré dans un esprit moderne dans des tons gris et chocolat. Une adresse différente dont la carte reste cependant très classique : salades marocaines, tajines, couscous... Service inégal.

Pour se faire plaisir, 200 à 400 DH

1 **Anna e Paolo** – C3 - *77 av. du Prince Héritier - ✆ 05 39 94 46 17 - 🍷 - tlj sf dim. - 200 DH.* Les plats de pâtes et les pizzas se défendent, mais c'est surtout pour le carpaccio de bœuf et les poissons grillés que l'on se précipite dans ce restaurant à l'accueil souriant. Réservation indispensable le week-end.

9 **El Morocco Club** – C2 - *Pl. du Tabor - ✆ 05 39 94 81 39 - www.elmoroccoclub.ma - 🍷 - 19h30-23h30 - env. 300 DH.* Une vraie réussite, tant pour l'atmosphère que pour la qualité du service et de la restauration. Vous vous attablerez dans un des recoins douillets aménagés dans les étages de la maison ou, mieux, sur la sublime terrasse (pensez à réserver). À la carte, une cuisine inventive où dialoguent les saveurs du monde : ceviche de dorade, seiches à la plancha, poulet farci

aux épices marocaines... Excellents cocktails que vous pourrez siroter au piano-bar. El Morocco possède également une délicieuse terrasse extérieure (9h-19h), pour prendre le café du matin ou un plat du jour à l'heure du déjeuner.

Aux alentours

Pour se faire plaisir, 200 à 400 DH

Le Mirage – HORS PLAN - *Aux grottes d'Hercule, l'un des deux restaurants de l'hôtel-club Le Mirage - ✆ 05 39 33 33 32.* Cuisine savoureuse, à dominante méditerranéenne. Ne pas manquer d'y déguster un poisson dans sa croûte de sel, avec, en prime, une vue superbe sur la mer et la plage immense.

Petite pause

Pâtisseries

L'Italienne – *8 r. Al-Moutanabi - ✆ 05 39 93 19 91.* Peut-être le meilleur pain de Tanger! Pâtisseries marocaines et européennes.

Pâtisserie Matisse – *53 Av. Allal ben Abdellah - ✆ 05 39 34 00 50 - 8h30-21h30.* Délicieuses pâtisseries occidentales et marocaines. Service en salle. Idéal pour une pause gourmande.

Prendre un verre

Grand Café de Paris – *Pl. de France.* Un des cafés mythiques de Tanger : le Café de Flore et les Deux-Magots réunis dont les artistes et les écrivains avaient fait leur repaire. La terrasse donne sur l'animation de la place de France, tandis que l'intérieur est resté dans son jus avec ses fauteuils et ses banquettes de cuir.

Café Fuentès – *Petit Socco - (accès par la pension du même nom en retrait de la place).* Une légende! Le balcon est le point d'observation par excellence de l'animation de la place.

Hôtel Continental – Sa terrasse est l'endroit idéal pour se poser dans la journée, face à la baie *(voir « Hébergement »).*

Café Hafa – *Quartier du Marshan, près de l'ancien palais du Mendoub (dans l'av. Hadj Mohammed Tazi, prendre la ruelle à droite du lycée Khansa) - 8h-22h.* Dans des jardins en terrasses surplombant la mer, une installation rudimentaire mais une vue superbe sur le détroit et l'Espagne, un peu gâchée par les constructions voisines.

Café Baba – *R. Zaitoun.* Au pied de la Kasbah, le café Baba est resté ce qu'il a toujours été ; un petit café populaire où les habitués viennent siroter leur café – à la turque – en tirant sur leur pipe de kif face à un panorama sur la médina et la baie. La café a accueilli des consommateurs plus illustres : Barbara Hutton, dont le palais était tout à côté, l'avait lancé auprès de la communauté internationale. On y a vu les Rolling Stones au complet tirer sur leur joint lors de leur séjour à Tanger en 1989 lorsqu'ils enregistraient *Continental Drift* avec des musiciens marocains dans un palais voisin.

Les Fils du Détroit – *1 r. Ibn Abbou - pl. de la Kasbah.* Tous les soirs à 18h30, un groupe de musiciens prend possession de cette salle microscopique pour bercer de musique arabo-andalouse les quelques chanceux qui ont réussi à s'installer sur un coin de banquette. Un moment de grâce pour le prix d'un thé à la menthe. Venez tôt.

Shopping

Las Chicas – *R. Guennoun - Porte de la Kasbah - ✆ 05 39 37 45 10 - tlj sf dim. 10h30-19h.* Ce concept-store fait fureur à Tanger : prêt-à-porter de créateurs, déco, accessoires.... le tout réalisé dans un esprit contemporain. Salon de thé.

Majid – *66 r. des Almohades - ✆ 05 39 93 88 92 - www.boutiquemajid.com - 10h-20h30.* Visite indispensable, au moins pour le coup d'œil. Depuis des lustres, cet antiquaire fournit décorateurs et riches occupants de belles demeures de la médina. On y trouve tapis, tissus anciens, statues africaines, mobiliers..., toujours des pièces splendides sélectionnées avec soin. Beau mais cher.

Madini – *14 r. Sebou - (autre boutique 5 bd Pasteur) - ✆ 05 39 93 43 88.* Le parfumeur vedette de Tanger (on prétend que les secrets de fabrication se transmettent depuis 14 générations) : pour faire le plein d'essences et d'huiles essentielles. Madini compose également des assemblages dans l'esprit des parfums des grandes marques internationales (flacon à partir de 50 DH).

Le Beau Bizarre – *35 r. Amrah - ✆ 06 19 08 48 41.* Une fascinante collection toujours renouvelée d'objets d'art venus du monde entier.

Rumi 1436 – *43 r. Amrah - ✆ 05 39 94 70 14.* Au choix, 28 parfums de bougies artisanales, 100 % naturelles et présentées dans de jolis verres soufflés. Tester la bougie à la figue.

Bleu de Fès – *R. des Almohades - ✆ 05 39 33 60 67 - www.bleudefes.com.* Splendide collection de tapis berbères de toutes origines. Maison sérieuse et reconnue.

Bazar Tindouf – *64 r. de la Liberté - ✆ 05 39 93 86 00.* Un amoncellement de tapis, lampes, céramiques, couvertures... Difficile de ressortir les mains vides.

Librairie des Colonnes – *54 bd Pasteur - ✆ 05 39 93 69 55 - tlj sf dim. 10h-20h.* Cette librairie légendaire propose un choix de livres consacrés à Tanger et ses écrivains.

Culture

Institut français – *41 r. Hassan Ibn Ouazzane - ✆ 05 39 94 10 54 - www.if-maroc.org.* Manifestations culturelles, expositions (à la galerie Delacroix), conférences, rencontres, théâtre, concerts et projection de films.

Cinémathèque de Tanger – *Cinéma Rif - pl. du 9 Avril 1947 - ✆ 05 39 93 46 83 - www.cinemathequedetanger.com.* La Cinémathèque de Tanger a pris ses quartiers au cœur historique de la ville, au Grand Socco et au cinéma Rif. Au programme : patrimoine cinématographique marocain, grands classiques du cinéma et films récents en version originale.

Galerie Delacroix – *86 r. de la Liberté - ✆ 05 39 94 10 54 - tlj sf lun. 11h-13h, 16h-21h - entrée gratuite.* Œuvres d'artistes représentatifs de la peinture marocaine contemporaine, tel Cherkaoui.

Galerie Conil – *35 r. des Almohades - ✆ 05 39 37 20 54 - 10h30-12h30, 16h-19h30.* Une passionnante fenêtre sur la création marocaine la plus contemporaine.

Activités

El Minzah Wellness – *À côté de l'hôtel El Minzah - ✆ 05393-33444.* Sauna, hammam, massage dans un cadre luxueux.

Serenity Day Spa – *R. Adolfo Fesser - ✆ 05 39 37 28 28 - tlj sf dim.* Tout pour le bien-être au féminin. Hammam Shéhérazade tout de marbre digne des 1001 Nuits, massage, balnéo...

Royal Country Club de Tanger – *Rte de Boubana - ✆ 05 39 93 89 25 - www.royalgolfdetanger.com - 18 trous sur un parcours de 6200 m.* Ce parcours créé en 1914 est l'un des plus anciens d'Afrique. Il est aménagé sur un terrain vallonné couvert de forêts. Green fee 400 DH.

Royal Yacht Club de Tanger – *Port de Tanger - ✆ 05 39 93 85 75 - www.ryct.ma.* Cours de voile, plongée, sorties de pêche...

En soirée

Casino de Tanger – *Av. Mohammed VI - Hôtel Mövenpick - ✆ 05 39 32 99 33 - www.casinotanger.com - salle des jeux, 20h-8h - machines à sous 6h45-4h.* Plus de 200 machines à sous et 30 tables de jeux.

Hébergement

Un certain nombre d'hôtels situés sur l'avenue Mohammed VI peuvent se révéler bruyants la nuit du fait de la circulation automobile intense. En conséquence, mieux vaut s'assurer que les chambres donnant sur le front de mer soient suffisamment insonorisées.

Dans la médina

Budget moyen, 400 à 700 DH

25 **Hôtel Continental** – C2 - *36 r. Dar el-Baroud - accès en voiture par Bab Marsa depuis le port - ✆ 05 39 93 10 24 - P - 64 ch. - à partir de 550 DH ☕ - ✕ menu 120 DH.* Le charme absolu. L'Hôtel Continental a été le premier palace de Tanger, construit en surplomb du port à la fin du 19e s. La décoration à l'orientale des parties communes est restée dans son jus tandis que les chambres, rénovées à l'économie, sont simplissimes. Vous prendrez votre petit-déjeuner sur la terrasse du pavillon adjacent qui n'est autre que l'ancienne résidence tangeroise des chérifs de Ouazzane : un véritable dédale de cours, d'alcôves, de salles intimes où crépitent les zelliges. Le tout pour un prix très modeste. Demandez impérativement une chambre avec vue sur le port.

3 **Dar Nakhla Naciria** – C2 - *12 r. Naciria - ✆ 06 07 21 69 56 - 5 ch. - 550/660 DH ☕.* Au fond d'une ruelle à deux pas du Petit Socco, c'est l'occasion de séjourner au cœur de la médina. Le confort est simple mais satisfaisant et l'accueil cordial. Préférez les chambres de l'étage. Bon petit-déjeuner servi sur la terrasse.

Pour se faire plaisir, 700 à 1 200 DH

10 **Dar Nour** – C2 - *20 r. Gourna - ✆ 06 62 11 27 24 - www.darnour.com - 10 ch. - 720/1300 DH ☕.* Un petit coin de paradis dans la Kasbah ; accueil cordial, chambres joliment décorées, toutes différentes, sanitaires impeccables. De la terrasse, vue magnifique sur la ville et la baie : à 18h30, la maison y installe un bar pour admirer le coucher du soleil un *sundowner* à la main.

6 **Le Balcon de Tanger** – C2 - *28 r. Bouhachem - ✆ 05 39 94 82 13 - www.lebalcondetanger.com - 7 ch. dont 2 suites - à partir de 980 DH - ☕ 80 DH (gratuit si réservation par Internet).* Un refuge de calme et de raffinement en haut de la Kasbah : la déco mêle avec bonheur les influences marocaines et européennes – avec une prédilection pour le style Art déco. Préférez une des chambres ou suites donnant sur la mer. Élégante salle à manger où vous pourrez dîner (sur commande avant 12h). Hammam.

13 **Dar Sultan** – C2 - *49 r. Touila - ✆ 05 39 33 60 61 - www.darsultan.com - 7 ch. - 100-140 € ☕ - dîner sur commande pour les hôtes 27 €/pers. (menu tout poisson 30 €) - licence d'alcool - possibilité de louer l'ens. du riad (12 pers. max. 600 €/nuit, 3 nuits mini.).* Des chambres – chacune porte le nom d'un quartier de Tanger – richement décorées pour vous plonger dans une ambiance orientale. Le tout dans une maison intime au cœur de la Kasbah.

46 **La Tangerina** – C2 - *19 Riad Sultan - ✆ 05 39 94 77 31 - www.latangerina.com - 10 ch. dont 6 suites - 660/1 815 DH ☕ - dîner sur commande 220 DH.* Maison d'hôte à la décoration sobre et raffinée, à dominante de blanc et beige. Chambres décorées

1

simplement, certaines avec vue sur la mer… et l'Espagne par beau temps. Terrasses cosy aménagées sur le toit. Hammam à la demande. Le tout dans une ambiance très agréable et sereine.

5 **Palais Zahia** – C2 - *76 r. de la Marine - ✆ 05 39 93 40 00 - www.palais-zahia.com - 16 ch. et suites - à partir de 980 DH ☕ - ✕.* Ouvert en 2018, cet établissement de luxe occupe un des bâtiments emblématiques du Petit Socco : le siège de l'ancienne Banque d'État du Maroc ouvert en 1912. Les meilleurs artisans du pays ont concocté une somptueuse décoration à l'orientale dans les parties communes, tandis que les chambres ont toutes un cachet original inspiré de l'histoire de la ville et de ses habitants les plus célèbres (Paul Bowles, Delacroix, Matisse….). Belle terrasse pour profiter du coucher de soleil sur la ville et Spa luxueux. Idéal pour qui veut séjourner en plein centre de la médina dans des conditions de confort optimales.

Une folie, plus de 1 200 DH

4 **Hôtel Nord-Pinus** – C2 - *11 r. Riad Sultan - ✆ 06 61 22 81 40 - www.nordpinustanger.com - 1 double et 4 suites - à partir de 2 300 DH ☕ - repas sur commande 380 DH.* Une adresse raffinée au point le plus haut de la Kasbah. Dans les chambres, les bois précieux dialoguent avec les tissus anciens devant un panorama magique sur le détroit. L'établissement dispose également d'une maison indépendante avec deux chambres, deux salles de bains et deux terrasses sur la mer : 3 600 DH/nuit.

Dans le centre-ville

Pour se faire plaisir, 700 à 1 200 DH

8 **Hôtel Kenzi Solazur** – E3 - *Av. Mohammed VI - ✆ 05 39 34 83 83 - www.kenzi-hotels.com - P 🏊 - 348 ch. - à partir de 800 DH ☕ - ✕.* Un point de chute commode ; l'hôtel est très facile d'accès et dispose d'un parking. Chambres assez vastes et modernes. Vous aurez le choix entre une vue mer et une vue piscine. Pour un confort standard sans histoire. Et vous n'aurez qu'à traverser l'avenue pour rejoindre la plage.

Une folie, plus de 1 200 DH

9 **Grand Hôtel Villa de France** – C3 - *R. d'Angleterre - ✆ 05 39 33 31 11 - www.leroyal.com - 🍷 P 🏊 - 58 ch. et suites - à partir de 1 400 DH ☕ - ✕.* Un hôtel mythique de Tanger (voir texte « Se promener »). Construit en 1880, il a fait l'objet d'un rénovation totale pour offrir tout le confort et les services d'un hôtel de grand luxe. Parties communes décorées dans un style 1900, chambres parfaites, les unes ouvrant sur la médina et la baie, les autres sur la piscine à l'arrière du bâtiment principal. Le must ? La chambre 35 et sa vue qu'immortalisa Matisse dans son Paysage vu de la fenêtre.

28 **Hôtel El Minzah** – C3 - *85 r. de la Liberté - ✆ 05 39 33 34 44 - www.leroyal.com - 🍷 P 🏊 - 140 ch. - à partir de 1 300 DH ☕.* Bien des célébrités fréquentèrent ce légendaire palais marocain de style hispano-mauresque qui surplombe la médina. Cadre très agréable. Vous pourrez également profiter des services du centre de remise en forme, El Minzah Wellness, voisin de l'hôtel.

Villa Joséphine – HORS PLAN - *231 r. Sidi Mesmoudi - ✆ 05 39 33 45 35 - www.villajosephine-tanger.com - 🍷 P 🏊 - 10 ch. et suites - à partir de 3 700 DH et 5 400 DH pour une ch. avec balcon sur mer - ☕ 240 DH - ✕.* Étape de charme et de grand luxe dans la quartier huppé de la Montagne. Une demeure toute blanche du début du 20e s., dans un style colonial qui ne déparerait pas aux Caraïbes. Jardins foisonnants, piscine divine et chambres aménagées dans le goût de l'époque de la construction, avec oreillers moelleux, tentures, meubles anciens... La Villa possède aussi un restaurant de grande gastronomie française avec service à l'avenant (ouvert aux non-résidents).

Au cap Malabata

À 5 km à l'est, à l'embouchure de l'oued Melaleh, s'étend « la **baie de Tanger** », où fleurissent les hôtels de luxe et les complexes touristiques.

Une folie, plus de 1 200 DH

Mövenpick – HORS PLAN - *Rte de Malabata - à 4 km du centre-ville, en bord de mer - ✆ 05 39 32 93 00 - www.movenpick.com - P - 239 ch. - à partir de 1300 DH* - . Cette adresse de luxe à proximité de Tanger offre une très large gamme de services de qualité : du casino au centre de remise en forme, en passant par les deux restaurants. Le tout dans un cadre raffiné et à deux pas de la plage. Une aile de l'hôtel est non-fumeur.

Aux grottes d'Hercule

Une folie, plus de 1 200 DH

Le Mirage – HORS PLAN - *Aux grottes d'Hercule - ✆ 05 39 33 33 32 - www.lemirage.com - P - 45 ch. et suites - à partir de 2 400 DH - 240 DH - à la carte.* Cet hôtel de grand luxe, constitué de bungalows-suites dispersés dans un vaste jardin ou posés sur la falaise, offre une vue superbe sur le détroit.

1

Tetouan ★★

Toute blanche, s'étirant en arc de cercle autour des dernières pentes du jbel Dersa, Tetouan l'Andalouse domine, face à un très beau décor de montagnes, la fertile vallée de l'oued Martil, à l'endroit où celle-ci se resserre entre deux massifs. Certains voient à l'origine du nom de Tetouan le mot berbère « Tit'ta'ouin », « les sources », auxquelles la ville doit son cadre de verdure, ses nombreuses fontaines et ses jardins fleuris.

Se repérer

341689 habitants

CARTE P. 30 A1 – *carte Michelin 742, plis 5 et 10* – La médina est bordée à l'ouest et au sud-ouest par l'Ensanche, l'« extension » laissée par les Espagnols qui s'ordonne en un quadrillage régulier autour de la belle place Moulay el-Mehdi.

À ne pas manquer

La médina, inscrite depuis 1997 sur la liste du Patrimoine mondial de l'Unesco. Le musée ethnographique, qui vaut autant pour ses collections, notamment au premier étage, que pour son cadre.

Organiser son temps

Prévoir au moins 2h pour la visite de la médina.

En famille

Les activités balnéaires le long du Croissant rifain.

Carnet pratique p. 62

Nos adresses p. 63

Se promener

PLAN P. 56

★★ La Médina

Visite 2h. Partir de la place Hassan II, située à la jonction de la médina, du mellah et de la ville moderne.

Autour de cette place, au fond de laquelle se dresse le **palais royal** *(ne se visite pas)*, et dans la rue Mohammed V, piétonne, règne toujours en fin de journée une grande animation. C'est l'heure du *paseo*, où, comme en Espagne, toute la ville se donne rendez-vous sur la place et dans la rue principale, envahissant les terrasses des cafés ou déambulant dans la rue, en dégustant parfois des *churros* (beignets espagnols).

Mellah (quartier Kouds) C2

Prendre la rue Al-Qods, dans l'angle est de la place Hassan II, à droite de la porte qui donne accès à la médina.

Les rues rectilignes de ce quartier passent, par endroits, sous des arceaux tendus entre de hautes maisons dont les fenêtres s'abritent derrière des grilles en fer forgé. C'était le « Nouveau Mellah » établi au début du 19e s. ; jusque-là, les Juifs, descendants d'exilés venus d'Espagne, résidaient au cœur de la médina, dans un quartier voué à la destruction pour laisser place à la nouvelle Grande Mosquée. Depuis le 16e s., Tetouan abritait une importante communauté juive, avec ses commerces, ses artisans mais aussi ses synagogues et ses centres d'étude qui valurent à la cité le surnom de « Petite Jérusalem ». Pour explorer les quartiers, prenez à gauche dans la rue Al-Qods, la rue Bait Lahm (de Bethléem), puis à droite la rue Aakka. Sur cette dernière s'ouvrent d'étroites venelles desservant les unités d'habitation. Le

Médina de Tetouan.
A. Leiva/age fotostock

Mellah a compté plus de 4 000 habitants jusqu'au milieu du 20e s. Aujourd'hui la rue Al-Qods est bordée par les appétissants étals des marchands de fruits secs.
Revenir à la place Hassan II et franchir Bab er-Rouah, une des sept portes qui donnent accès à la médina.
La médina de Tetouan a conservé des réminiscences andalouses qui font d'elle la plus hispano-mauresque des villes du Maroc.
De cette influence de l'Espagne, on trouve encore de nombreux témoignages, au hasard des ruelles, notamment dans l'ornementation en fer forgé qui donne un relief à la blancheur lisse des façades, sur les enseignes en espagnol de bon nombre de boutiques, ou bien encore dans les ferrures décorant l'encadrement de certaines portes. Le motif de ces ferrures indiquait autrefois que les propriétaires de ces demeures venaient de Séville (une sorte de main) ou de Grenade (une grenade stylisée). Certaines de ces maisons sont occupées encore aujourd'hui par des descendants de familles espagnoles.

Souk el-Hut al-Kadim C1-2

La médina est semée d'espaces ouverts comme celui-ci : ils servaient de lieux d'échanges aux habitants du quartier. Cette charmante placette ombragée est dominée par deux tours de guet. Elles appartiennent à la muraille de l'ancienne kasbah du 13e s. Franchissez la muraille par un passage et vous déboucherez dans une ruelle tortueuse, bordée ici de belles maisons médiévales, plongeant là dans l'obscurité mystérieuse de passages voûtés. Un passage à gauche, lui même en partie recouvert, mène à la Guersa el-Kebira.

Guersa el-Kebira C1

Cette place est le domaine des marchands de tissus et de vêtements. Dans les minuscules boutiques qui l'entourent s'entassent les pièces d'étoffes et les djellabas. Le soir venu, la place se garnit de terrasses où les plus anciens viennent siroter leur thé en devisant ou en poussant les pièces d'un domino.
Revenir sur ses pas, puis tourner à gauche.

Place de l'Usáa C1

Avec son sol pavé, ses maisons blanches à créneaux, ses portes peintes surmontées d'auvents, sa fontaine ornée de mosaïques et son rosier en treille, elle compose un des tableaux les plus séduisants de la médina.

En empruntant le passage sous voûte à l'autre extrémité de la place, et en tournant ensuite à gauche, on parvient à la rue El-Jarrazin, quartier des souks.

★★ Souks C1

Ils rivalisent d'intérêt avec ceux de Meknès et de Fès. Le quartier des fabricants de djellabas, celui des artisans du cuir, celui des tanneurs et surtout celui des menuisiers (tout égayé de coffres en bois peint, très colorés et à dominante rouge, spécialité de Tetouan), sont les plus pittoresques.

Zaouïa des Derkaoua C1

(Entrée interdite aux non-musulmans.) Arrivé sous la porte Bab M'Kabar, en vous retournant, admirez, dans l'encadrement de son arc outrepassé, le joli tableau formé par la porte sculptée de la *zaouïa* des Derkaoua.

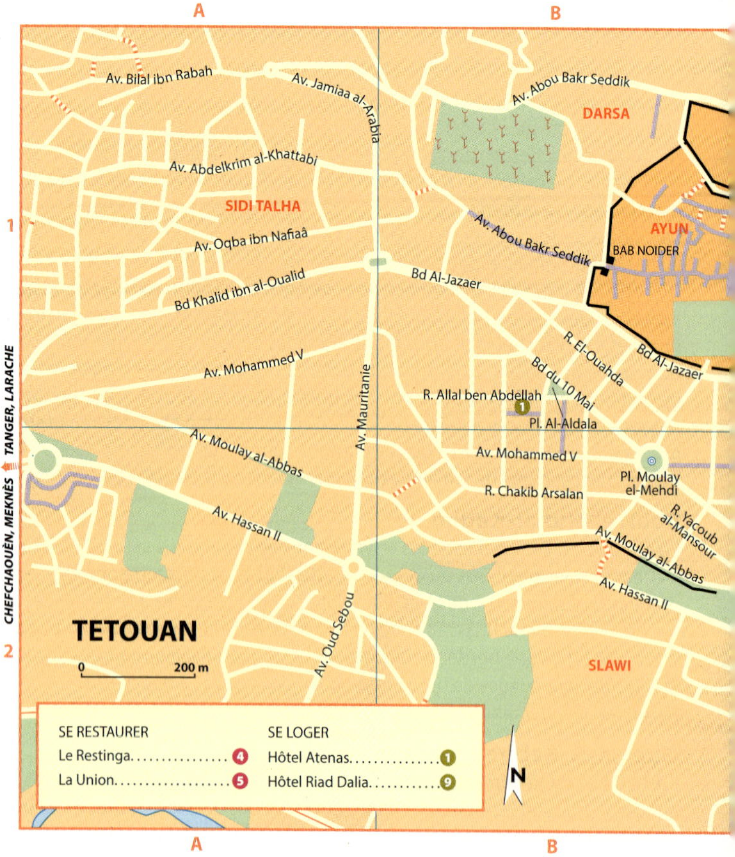

Revenir sur ses pas et, à une fourche, prendre à droite.

Souk el-Foki C1

Cette place longue et étroite est bordée de nombreuses boutiques qu'abritent de rudimentaires auvents. C'est aussi la « place au pain » ; en son milieu sont dressés les étals où s'entassent les miches rondes et plates qui y font flotter tout le jour une odeur délicieuse. Assises devant des coupelles et des flacons remplis de poudres colorées, des femmes proposent à la coquetterie des citadines de mystérieux produits de beauté.
Au fond de la place, tourner à gauche pour revenir vers la place Hassan II.

Point de vue sur la ville

Accès en voiture par une rue en montée qui s'embranche sur la rue Al-Jazaer, à l'ouest de la gendarmerie : d'une esplanade située au nord de l'agglomération, on découvre une belle **vue**★ sur la médina, la ville nouvelle, la vallée de l'oued Martil et les montagnes du Rif.

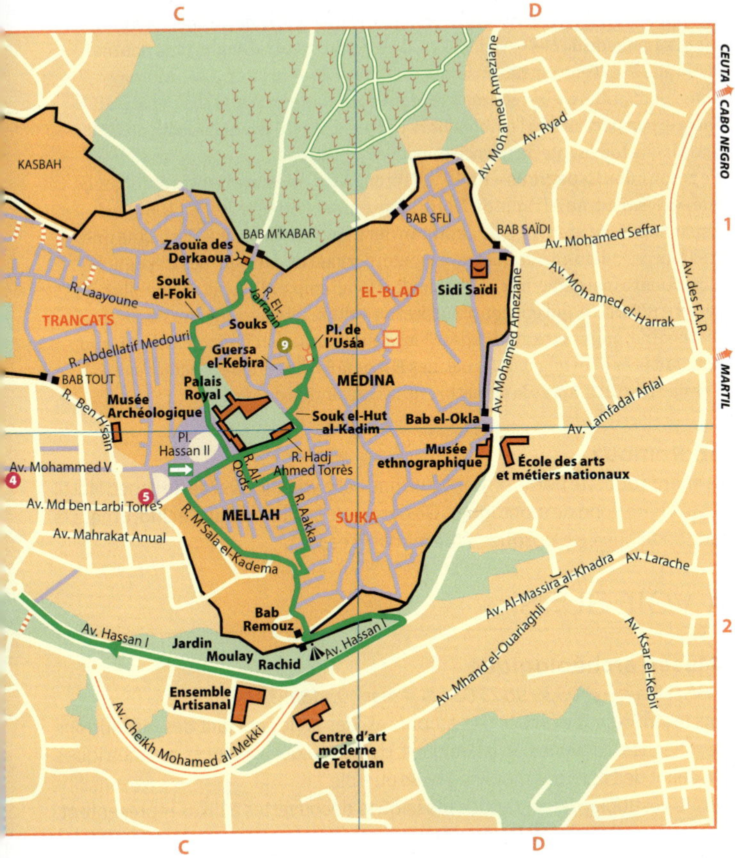

Une histoire liée à l'Espagne

Après avoir été la capitale du Maroc espagnol, Tetouan est restée le centre administratif du Rif occidental. Comme Fès, Rabat et Salé, c'est une ville **hadriya**, c'est-à-dire une ville de bourgeoisie à longue tradition urbaine, et un foyer culturel et artistique, grâce notamment à la renommée dont jouit son école des beaux-arts.

La première Tetouan – En 1307, un sultan mérinide entreprit de faire édifier une ville forte sur l'emplacement de l'actuelle Tetouan. D'abord peuplée de soldats, la ville se transforma rapidement en un nid de corsaires rivalisant d'audace avec leurs collègues d'Alger et de Bougie, au point d'irriter les Espagnols ; en 1399, une escadre envoyée par le roi Henri III de Castille détruisit Tetouan de fond en comble, tuant la moitié de la population et emmenant le reste en captivité.

Résurrection – Un siècle plus tard, Tetouan renaît de ses cendres. La chute de Grenade qui, en 1492, marque la fin de la reconquête de l'Espagne par les Rois Catholiques, chasse vers le Maroc des milliers d'émigrés, juifs et musulmans, qui s'installent sur les ruines de l'ancienne cité mérinide. C'est ainsi que, sous le commandement d'un capitaine venu de Grenade, la nouvelle ville s'entoure de remparts, redevient un centre prospère et un repaire de pirates. Dès lors, sous l'impulsion de ces « Andalous », dont l'afflux vers le Maghreb se poursuit jusqu'au 17e s., Tetouan ne cesse de s'étendre et de s'enrichir. Avec Moulay Ismaïl, qui préfère à la « course » les échanges commerciaux, elle s'épanouit encore ; son port situé à l'embouchure de l'oued Martil devient à la fin du 17e s. une plaque tournante du négoce tourné vers l'Europe.

Le retour des Espagnols – Au 19e s., Tetouan fut l'enjeu de la lutte d'influence que se livraient, en Afrique du Nord, l'Espagne et l'Angleterre. En 1860, les Espagnols enlevèrent la ville ; le sultan dut s'engager à verser à l'Espagne une très lourde indemnité de guerre, Tetouan servant de caution. Les Espagnols espéraient ainsi demeurer à Tetouan fort longtemps. Mais c'était compter sans l'Angleterre, qui consentit un prêt au sultan. La ville redevint donc marocaine, mais cette affaire pesa lourd sur la situation financière du Maroc pendant près d'un quart de siècle. Les Espagnols s'installèrent à nouveau à Tetouan en 1913, après la signature de la convention de Madrid.

Bab Remouz C2

Des abords de cette porte, on découvre une belle **vue** sur la vallée de l'oued Martil et son arrière-fond de montagnes. On domine le **jardin Moulay Rachid**, orné, à la mode andalouse, de kiosques et de miroirs d'eau.

À voir aussi

★ Musée archéologique C1-2

2 r. Ben H'saïn - ✆ 05 39 96 73 03 - tlj sf mar. 10h-18h - 10 DH.

Dans le jardin sont exposés des amphores, des stèles portant des inscriptions phéniciennes, romaines ou islamiques, des mosaïques à motifs géométriques provenant de Lixus, des moulins à huile ou à blé.

Dans le vestibule, deux grandes mosaïques découvertes à Lixus représentent, l'une les trois Grâces, l'autre Bacchus enfant.

Au rez-de-chaussée (première salle à droite), vitrine contenant des objets d'époque néolithique retrouvés dans la région d'Asilah ; la salle suivante est consacrée à la

préhistoire : on remarque une maquette du cromlech de M'Soura *(voir p. 132)*. La salle qui s'ouvre sur le côté gauche du vestibule renferme des mosaïques provenant de Lixus : Vénus et Adonis, et le dieu Mars avec Rhea Silvia (mère de Remus et de Romulus) ; dans les vitrines sont présentés des vases romains en argent ou en verre et des objets servant à la toilette, des aiguilles à coudre, des boutons, des céramiques d'époque islamique.
Au 1er étage sont rassemblés des fragments de céramique de type ibérique, des brûle-parfums d'époque gréco-punique (4e au 1er s. av. J.-C.), une collection de poids romains ; deux vitrines contiennent des bijoux et de nombreuses lampes à huile. Remarquable collection de pièces de monnaie datant en majorité du Bas-Empire ; quelques-unes remontent à l'époque de la République et du Haut-Empire (Claude, Domitien).
La plupart de ces objets proviennent des fouilles de Tamuda ou d'Ad Mercuri *(voir carte du Maroc antique à Larache p. 517)*.

École des arts et métiers nationaux D2

Rue Lamfaddal Afaïlal - Bab el-Okla - ✆ 05 39 97 27 21 - tlj sf w.-end et j. fériés 9h-16h - ateliers fermés août et sept. - 10 DH.
Fondée en 1916, elle occupe depuis 1928 ce bâtiment de style arabo-andalou et accueille aujourd'hui près de 250 élèves répartis en 14 ateliers, bordant le magnifique jardin andalou conçu par **Mariano Bertuchi**, couvrant différentes disciplines : tapis, broderie, zellige et céramique, mosaïque, gravure sur métaux, dinanderie, ciselure des armes, « broderie » sur cuir, plâtre, etc. Les ateliers de tissage de tentures occupent une place importante. L'une des sections les plus intéressantes est celle où l'on travaille le bois : menuiserie, peinture sur bois selon des dessins géométriques extrêmement compliqués aux couleurs très vives, et surtout sculpture de pièces remarquables, comme les stalactites.
L'école participe à des actions de restauration de monuments historiques dans la région de Tanger-Tetouan mais aussi à l'étranger.
Au rez-de-chaussée, dans un salon qui s'ouvre face à la porte d'entrée, sont exposées les plus belles réalisations des élèves.

★ Musée ethnographique D2

Accès par **Bab el-Okla**, belle porte flanquée d'un bassin à plusieurs pans couronné de merlons. *Tourner aussitôt à gauche dans une rue en escaliers. L'entrée du musée se trouve un peu plus haut à gauche, dans un recoin.*
Zankat Skala – 65 Bab el-Okla - ✆ 05 39 97 05 05 - tlj sf mar. 9h-16h - 10 DH.
Dès le hall, des instruments de musique (castagnettes, tambours, harpe et guitares anciennes) rappellent qu'à Tetouan se perpétue la tradition de la musique « andalouse ». Remarquez des vases de Tetouan, aux beaux tons de vert, de jaune et de bleu, et aussi des poteries de Fès et de Safi (décoration représentant des bateaux).
Autour du jardin court une jolie galerie à arcades sur laquelle s'ouvrent plusieurs salles. Dans la première salle à droite a été reconstitué un coin de cuisine, avec sa cheminée, ses ustensiles, utilisés dans la confection du couscous ou dans la préparation du thé, et ses grands plats à couscous en poterie vernissée de Tetouan, aux merveilleux tons de vert. Dans une autre salle sont exposés des poignards fabriqués à Tetouan, des fusils de fantasia et des selles de chevaux brodées de fils d'argent et or. Une partie du musée est consacrée aux costumes et à la vie des montagnards ; on peut voir de beaux sacs en cuir frangé avec des incrustations de cuirs multicolores, d'énormes bijoux en argent, en cuivre, en bronze, et la reconstitution d'une chambre nuptiale.

Les peintres de Tetouan

Né à Grenade en 1884, **Mariano Bertuchi** jouissait déjà d'une certaine renommée lorsqu'il s'installa à Ceuta en 1918. Il fut nommé en 1930 directeur de l'École des beaux-arts indigènes de Tetouan, ce qui marqua le début d'une histoire d'amour entre le peintre, fasciné par la vie marocaine, et la vieille cité arabo-andalouse où il devait s'éteindre en 1955. Dans son œuvre, Bertuchi s'attacha avec bonheur à rendre, au-delà du folklore, les jeux de lumière et la vie quotidienne à Tetouan. Mais son souvenir demeure vivant dans la cité pour son rôle de conservateur du patrimoine (les collections qu'il réunit forment le fonds du Musée ethnographique), comme pour son action à la tête de l'**École des métiers d'arts traditionnels** (où il installa son bureau et son atelier), et de l'**École préparatoire des beaux-arts de Tetouan**, qu'il fonda en 1946. Celle-ci a permis l'éclosion de trois générations de peintres marocains, connus depuis les années 1960 comme les **« peintres de l'école de Tetouan »**. Parmi ces artistes, **Mohammed Serghini** (1923-1991) fut considéré comme le maître de plusieurs générations de peintres tetouanais. Premier étudiant arabe d'une école des beaux-arts espagnole (à Madrid en 1942), il revint à l'école de Tetouan, dont il fut nommé directeur en 1956. D'autres artistes suivront son exemple, tout en choisissant différentes voies et formes d'expression : **Saad Cheffaj**, **Meriem Mezian**, **Mekki Meghara**, **Ahmed ben Yessef**, **Abdelkrim Ouazzani** ou encore **Ahmed Amrani**, dont les toiles, où figurent de larges signes plastiques, traduisent à la fois l'intensité du geste et la retenue du sentiment exprimé, tout en tendant vers une simplification extrême du message visuel. Le **Centre d'art moderne de Tetouan (CAMT)** rend compte de la production des peintres tetouanais et propose également d'intéressantes expositions temporaires. Il est installé dans l'ancienne gare de chemin de fer construite par les Espagnols en 1918 et qui à elle seule vaut le coup d'œil il (*av. Al-Massira al-Khadra* C2 *- mar.-sam. 10h-14h et 15h-18h; dim. 10h-16h -60 DH*).

Au 1er étage, on admire des tissus brodés ; dans un couloir sont exposés de très beaux costumes de mariées (costume andalou à droite en entrant ; au milieu costume de mariée juive). Dans une vaste salle ont été reconstituées les principales pièces d'un riche intérieur tetouanais.
En sortant du musée, prendre au-delà de Bab el-Okla la petite rue qui longe les remparts.

Mosquée de Sidi Saïdi D1

Elle abrite le tombeau du patron de Tetouan. Ses portes ouvragées et ses deux coupoles blanches sont dominées par un charmant **minaret★** décoré de faïences émaillées.

À proximité

CARTE DE RÉGION P. 30

★ Le croissant Rifain

Martil A1

11 km à l'est. C'est la plage traditionnellement fréquentée par les habitants de Tetouan. De la route qui y conduit, on a une bonne **vue** d'ensemble sur la ville (où les constructions se multiplient) et son site.

Du Cabo Negro à Smir-Restinga A1

Au nord du Cabo Negro, sur une quinzaine de kilomètres, clubs de vacances, établissements dépendant de grandes chaînes hôtelières et villages touristiques se succèdent de façon presque ininterrompue, offrant l'agrément de leur confort, de leurs installations sportives et de leurs distractions.

La douceur du climat, la beauté des longues plages de sable doré et le souci esthétique qui a présidé à la plupart de ces réalisations font de cette côte l'un des pôles d'attraction du tourisme marocain international.

Le **Cabo Negro** (situé un peu à l'écart de la route Tetouan-Ceuta) a gardé sa beauté sauvage, malgré l'implantation d'ensembles touristiques.

M'diq étage joliment ses bungalows modernes au-dessus d'un petit port de pêche abritant barcasses et chalutiers. Cette petite ville a fait l'objet d'un important plan d'aménagement comprenant notamment l'extension du port, la restructuration de l'ancienne agglomération et l'aménagement du front de mer.

Smir et **Restinga** forment désormais une seule station, dotée de plusieurs complexes touristiques et de deux ports de plaisance, **Marinasmir** et **Marinarestinga**.

1

Escapade en terre espagnole : ★ Ceuta (Sebta)

CARTE DE RÉGION A1 P. 30

Le port de Ceuta, enclave espagnole sur la côte africaine, occupe face à Gibraltar une position exceptionnelle, au seuil du détroit. La ville, bâtie dans un site remarquable, étage ses immeubles d'aspect européen sur l'isthme très étroit qui rattache le monte Hacho au continent. On y accède en bateau depuis l'Espagne (Algésiras)... et par la route, en franchissant la frontière à Fnideq/Castillejos et en s'armant de beaucoup de patience !

Port de Ceuta

Ceuta, port franc, est pour l'Espagne une base commerciale importante et la proximité de la côte européenne lui attire la clientèle de nombreux passagers. Sa rade très abritée la fait toujours rechercher comme escale. La nuit venue, Ceuta, actif port de pêche, voit s'animer toute une flottille d'embarcations équipées pour la pêche au lamparo. La ville elle-même est une cité européenne moderne offrant peu de curiosités touristiques, si ce n'est son **Musée municipal** (amphores puniques et romaines, collection de monnaies romaines et d'armes anciennes), le **Foso de San Felipe**, ancien fort portugais formant un ensemble de murailles crénelées et de fossés qui coupe à sa racine l'isthme de

Un géographe ceutí

C'est à Ceuta que serait né **Idrîssî** (1099-1166), descendant du fondateur du royaume idrisside, qui, à ses talents de médecin, de botaniste et de pharmacologue, joignit ceux de géographe et de cartographe. Formé à Cordoue, ce voyageur impénitent est appelé à Palerme par le roi Roger II de Sicile, qui lui passe commande d'un atlas (Christophe Colomb, dit-on, n'aurait eu confiance qu'en ses cartes !) et d'un livre de géographie d'une précision presque maniaque, connu comme le *Livre de Roger* et dont de larges extraits ont été réédités chez Flammarion sous le titre de *La Première Géographie de l'Occident*.

Ceuta, faisant communiquer les eaux du détroit avec celles de la Méditerranée ; l'**église de Nuestra Señora de Ãfrica**, à l'origine un petit ermitage construit par les Portugais en 1415 et agrandi à la fin du 17e s., et le **Parque marítimo del Mediterráneo** *(www.parquemaritimo.es - oct.-avril, tlj sf jeu. 10h-19h ; mai et sept., 11h-20h et tlj sf lun. et jeu. de 21h à 0h ; juin-oct., tlj 11h-20h30 et tlj sf lun. et jeu. 21h30-1h30 - 5,50 €),* véritable complexe touristique s'étalant en front de mer sur 56 ha, dont 16 ha de plans d'eau.

★ Monte Hacho

Circuit de 10 km - à faire de préférence le matin.

La calle Independencia et la calle del Recintor Sur conduisent, en suivant le front de mer, au pied du monte Hacho, qui avance vers le large sa masse arrondie couronnée d'une citadelle. La route tracée en corniche fait le tour de la presqu'île, procurant de très belles **vues**, au sud sur la côte du Rif occidental, au nord sur le littoral espagnol et le rocher de Gibraltar.

Carnet pratique

S'informer

Délégation du tourisme – *30 av. Mohammed V - ✆ 05 39 96 19 15.*

Arriver/Partir

Avion

Aéroport de Tetouan Saniat R'mel – *Rte de Martil (à 5 km de Tetouan) - ✆ 05 39 97 12 33.* Deux vols/sem. pour Casablanca et Al Hoceima assurés par Royal Air Maroc.

Car, grand taxi

Gare routière – DIR. C2 *-Rte principale (Meknès-Ceuta).* Cars pour Tanger, Chefchaouèn et Nador, Meknès et Fès, Casablanca, Al Hoceima et Oujda, Ceuta (poste-frontière de Fnideq).

Grands taxis – Pour Chefchaouèn et Tanger, près de la rotonde Al-Hamana, à la sortie de Tetouan en direction de Tanger ; pour Fnideq (Ceuta), avenue Hassan II.

Supratours – *18 bd du 10 Mai - ✆ 05 39 96 75 59.* Les cars de cette compagnie assurent les correspondances ferroviaires avec la gare d'Asilah.

Bateau

Ferries Algesiras-Ceuta. Une vingtaine de traversées/j (1h) ; voir le site de réservation en ligne *www.directferries.fr.*

Voiture

Se garer – Pour découvrir la médina, le mieux est de laisser son véhicule au Feddan Park, l'immense parking souterrain près de Bab Tout.

Informations utiles

À Ceuta

En territoire marocain, l'enclave espagnole de Ceuta figure le plus souvent sur les panneaux sous son nom arabe de Sebta. Notez aussi que Ceuta est à la même heure que Paris et Madrid, soit un décalage horaire d'une heure avec le Maroc. Si vous venez du Maroc, sachez que les formalités douanières peuvent être assez longues : nombre de Marocains profitent en effet du statut de port franc de **Ceuta** pour y effectuer leurs emplettes et faire le plein d'essence à un tarif des plus intéressants. Les taxis, autobus marocains et voitures de location ne peuvent entrer en territoire espagnol. Laissez le véhicule sur le parking avant le poste-frontière – avec le risque toujours possible de retrouver sa voiture bloquée en cas d'affluence excessive – ou dans un garage gardé à Fnideq (Castillejos), et prendre ensuite un taxi jusqu'à la frontière. Côté espagnol, des bus assurent la navette entre la frontière et le centre-ville.

Passage de la frontière – Venant du Maroc : poste d'El-Tarajal.

Servicios turísticos de Ceuta – *Calle Edrissis - edificio Baluarte de los Mallorquines - ✆ (34) 856 200 560 - www.ceuta.si - bureau d'information à la gare maritime ✆ (34) 956 506 275.*

Formalités – Il faut se procurer au premier guichet une fiche d'émigration (une par personne), à remettre, complétée, au contrôle de police marocain avec son passeport. Remplir également une fiche pour la voiture. À noter que ce document est gratuit, contrairement à ce que voudraient faire croire certains jeunes gens prétendant pouvoir, moyennant finances, accélérer la procédure grâce à l'excellence de leurs relations avec les douaniers ! Rejoindre ensuite la frontière espagnole. Pour pénétrer sur le territoire espagnol, une carte d'identité suffira pour les ressortissants de l'Union européenne. Passeport en cours de validité et visa d'entrée en Espagne pour les ressortissants des pays qui n'en sont pas exemptés.

Mêmes formalités au retour pour pénétrer au Maroc... et toujours autant d'attente.

Titres de circulation – Ne pas oublier carte grise, permis de conduire et carte internationale d'assurance automobile dite « carte verte ».

Agenda

Festival international de la bande dessinée – *INBA - av. Mohammed V - ✆ 05 39 96 15 45 - mai.* Un prix annuel national est consacré aux jeunes créateurs de BD des deux rives de la Méditerranée.

Festival international de luth – *mai.* Ce festival, organisé au théâtre espagnol de Tetouan, rend hommage à un artiste marocain.

Festival international du cinéma méditerranéen de Tetouan – *✆ 05 39 70 02 10 - www.festivaltetouan.org - mars-avr.* Créé en 1985 sous la forme de rencontres cinématographiques entre le Maroc, la France et l'Espagne, ce festival a acquis une dimension internationale et s'impose comme un rendez-vous majeur.

1

Nos adresses

Restauration

À Tetouan

Premier prix, moins de 100 DH

5 **La Union** – C2 - *R. Mohamed ben Larbi Torrès - passer sous les arcades à côté de la pharmacie centrale - ✆ 05 39 96 63 34 - plat 30/50 DH.* Donnant sur une cour intérieure, ce petit restaurant populaire et animé sert des poissons (bonne assiette de friture) et des fruits de mer. Propose aussi paellas et omelettes.

4 **Le Restinga** – C2 - *21 av. Mohammed V - ✆ 05 39 96 35 76 -* 🍷. Dans le patio, à l'ombre d'un superbe ficus, ou dans l'une des salles intérieures, on savoure tajines,

grillades de poissons et couscous dans une atmosphère détendue.

Budget moyen, 100 à 200 DH

Sachez que lorsque les Tetouanais veulent dîner dehors, ils vont de préférence à *El Rincón* (autrement dit **M'diq**), où plusieurs établissements proposent des grillades de poissons... et du vin.

À Ceuta

Pour se faire plaisir

Aux alentours du Parque et dans le centre-ville, nombreux établissements où l'on pourra accompagner quelques *tapas* et *raciones accompagnés* d'un verre de jerez.

La Peña – *Dans le Parque Marítimo - ✆ (34) 956 510 174 - tlj sf lun.* Restaurant de poissons et fruits de mer. Comptez 30 € pour un repas.

Petite pause

Pâtisseries

Café-pâtisserie Smir – *17 bd Mohammed VI - ✆ 05 39 96 17 34.* Idéal pour une escale aux saveurs de miel et d'amande. On s'installe sur la terrasse ou dans la salle du 1er étage, saturée de miroirs.

Shopping

Ensemble artisanal – *Entrée av. Hassan II - à côté de la manufacture de tabacs - tlj sf w.-end et j. fériés 9h30-12h, 15h-18h.*

À Ceuta

Ceuta est un port franc. La vente de produits de consommation détaxés fait de Ceuta un immense centre commercial, d'où l'affluence à la frontière les jours de semaine.

Culture

Maison de la culture de Tetouan – *Av. Moulay al-Abbas - ✆ 05 39 96 24 38.* Expositions, concerts, festivals.

Institut national des beaux-arts (INBA) – *Av. Mohammed V - ✆ 05 39 96 15V45 - www.minculture.gov.ma.* Cet établissement supérieur de formation dans le domaine des arts plastiques et appliqués organise le Festival international de la bande dessinée. L'INBA dispose de l'unique département universitaire dédié à l'enseignement de la bande dessinée en pays arabes et africains.

Institut français de Tetouan – *13 r. Chakib Arsalane - ✆ 05 39 96 12 12 - www.if-maroc.org.* Expositions, films, concerts, spectacles et conférences.

Librairie Al Anwar – *17 r. Yacoub al-Mansour - dans une galerie - ✆ 05 39 96 32 19* Livres en français, anglais et espagnol. Service compétent et chaleureux.

Activités

Golf

Royal Golf de Cabo Negro – *Rte de Martil - Cabo Negro - ✆ 05 39 97 81 41.* 18 trous. Situé au bord de la mer dans un environnement sauvage. Green fee 500 DH.

Équitation

Centre équestre La Ferma – *Cabo Negro - ✆ 05 39 97 84 81 - 7 ch. - à partir de 1100 DH ☕ - restaurant à la carte - 1h de cheval : 100/150 DH suivant la saison.* La Ferma offre un cadre agréable et rustique avec des chambres bien aménagées et propres. Accueil convivial. Le restaurant propose une cuisine marocaine et de poisson.

Hébergement

À Tetouan

Premier prix, moins de 400 DH

9 **Hôtel Riad Dalia** – C1 - *Pl. El-Ouessaa - ✆ 05 39 96 43 18 - www.riad-dalia-tetouan-ma.book.direct - 9 ch. - 250 DH (sans*

sdb)/400 DH - suite 600 DH. Nichée au cœur de la médina, cette belle demeure remonterait à la fin du 15e s. pour les parties les plus anciennes. Aménagée en maison d'hôte, elle dispose de chambres agréables meublées dans le style traditionnel. La suite dotée d'une terrasse privée est incontestablement la plus agréable et la plus lumineuse. Agréable terrasse sur le toit offrant une vue sur la médina : c'est le point le plus haut de la vieille ville. Restaurant marocain dans le patio au rez-de-chaussée (110 DH), fréquenté par une clientèle locale.

Budget moyen, 400 à 700 DH

Hôtel Al Yacouta – HORS PLAN - *Rte principale Tetouan-Ceuta - à 3 km de la ville et 5 km de Martil - 05 39 99 69 79 - www.hotelyacouta.com - 63 ch. - à partir de 350 DH* - . Hôtel moderne sans charme mais confortable disposant d'un restaurant. En dépannage.

1 **Hôtel Atenas** – B1 - *7 av. Allal Ben Abdellah - à deux pas de la pl. Al-Aldala - 05 39 70 00 65 - www.hotelatenas.ma - 80 ch. - 600 DH* - . Cet hôtel est aménagé dans un quartier sympathique de la ville nouvelle. Préférez les chambres dans les étages supérieurs pour profiter de la belle vue sur les environs. Confort standard et accueil souriant.

Pour se faire plaisir, 700 à 1 200 DH

Hôtel Chams – HORS PLAN - *Av. Abdelkhalak Torres - sur la route de Martil, à 4 km de Bab El-Okla - 05 39 99 09 01 - www.hotel-chams.com - - 77 ch. - à partir de 830 DH* - . Hôtel moderne qui nécessite d'être motorisé en raison de son éloignement du centre. Vous y trouverez un confort standard, suffisant pour une étape. Belle piscine.

À Martil

Premier prix, moins de 400 DH

Camping Al Boustane – *Corniche de Martil - 05 39 68 88 22 - - camping-car 130 DH* - . Bien ombragé mais situé derrière une barre d'immeubles. Il possède une piscine (juin-sept.) et un restaurant ouvert toute l'année. Pour une étape, pas plus.

À Smir-Restinga

Une folie, plus de 1 200 DH

Marina Smir Hôtel Spa – *Rte de Ceuta - 05 39 97 12 34 - www.marinasmirhotel.com - - 119 ch. - à partir de 1500 DH* - . Posé sur la plage, il propose des chambres de grand confort dans un environnement séduisant. Vous pourrez participer à des activités (plongée, randonnée à cheval) et profiter du hammam. Sushis bar au bord de la piscine. Bon point de chute pour quelques jours de détente.

À Ceuta

Pour se faire plaisir, 700 à 1 200 DH

Hôtel Ceuta Puerta de África – *Paseo Alcalde Sánchez Prados, 3 - (34) 956 511 200 - www.ceutapuertadeafrica.com/fr - - 120 ch. - à partir de 80 €* - . Excellent confort à quelques encablures du port et à proximité des commerces et restaurants.

Parador La Muralla – *Plaza Ntra. Sra. de África 15 - www.parador.es - (34) 956 514 940 - - 106 ch. - à partir de 120 €* - . Cet hôtel moderne est adossé aux murailles de la vieille ville. Grand confort comme il est d'usage dans les établissements de cette chaîne, service parfait, belle piscine.

1

Côte du pays Rhomara ★★

De Tetouan à Al Hoceima, vous emprunterez un tronçon de la rocade méditerranéenne. Cette belle route moderne entre Tanger et Saïdia à la frontière algérienne a permis de désenclaver cette partie du littoral longtemps restée à l'écart du pays. Une aubaine pour les visiteurs ; au fil des kilomètres, la route dévoile les échancrures de cette côte sauvage bordée de collines ocre piquetées de cèdres et d'eucalyptus, de petits villages de pêcheurs et des plages où la fréquentation touristique reste encore très modeste.

Se repérer

CARTE P. 30 (B1) – *carte Michelin 742, plis 10 et 29* – La côte du pays Rhomara s'étend entre Tetouan et Al Hoceima.

À ne pas manquer

El-Jebha, la baie de Badès.

Carnet pratique p. 67

Nos adresses p. 67

De Tetouan à Al Hoceima

230 km - itinéraire tracé en rouge sur la carte p. 30. Compter 4h.
De Tetouan suivez la direction d'**Oued Laou** *(plan Tetouan D2)*. Après 1 km, la route rejoint le bord de mer dévoilant de splendides vues sur les **paysages★★** de la côte.

Oued Laou

À environ 40 km au sud-est de Tetouan, au débouché d'une région agricole irriguée par l'oued Laou, le village de pêcheurs d'**Oued Laou** étale ses maisons blanches en bord de mer. Un important souk se tient le samedi, approvisionnant les populations berbères isolées des hautes vallées en grains, bétail, fruits et légumes, articles de ménage et autres objets d'artisanat, telles ces fameuses poteries en terre cuite tournées à la main, sans vernis, et ornées parfois de motifs géométriques peints en brun. Grâce à l'aménagement de la rocade méditerranéenne, Oued Laou est devenu une modeste station balnéaire avec sa longue plage aménagée (sanitaires, parasols...). De petits restaurants permettent de déguster le poisson tout frais pêché, en grillade ou en tajine. Vous pourrez y passer la nuit, à l'hôtel ou en chambres d'hôtes.
Après le village de Kaa Asras, la route grimpe à nouveau dans la montagne, offrant de belles échappées sur les longues grèves solitaires en contrebas, avant de redescendre sur **Targha**, petit village de pêcheurs qui s'étire le long d'une belle plage. Sur le rivage, les restes d'un fort portugais se dressent spectaculairement sur un piton rocheux.

El-Jebha

Après avoir dépassé **Bou Ahmed**, village en retrait de la côte, et traversé l'oued Ouringa, on arrive à **El-Jebha** *(à 88 km d'Oued Laou)* niché au fond d'une pittoresque baie. Sur le quai, s'amarrent quelques bateaux de pêche, l'activité traditionnelle du village. Des restaurants permettent de déguster les prises du jour.
Poursuivez sur la N 16 en direction d'Al Hoceima. Un peu avant **Targuist** *(souk le*

samedi), une petite route à gauche mène à **Torres-de-Alcalá**, village de pêcheurs situé à l'embouchure de l'oued Bou Frah, et 3 km plus loin à gauche, à la belle crique de **Cala Iris**.

Baie de Badès

De l'autre côté de Torres-de-Alcalá, une piste roulante conduit à la baie de Badès où se niche un petit village, héritier d'un port florissant du 14e au 16e s. lorsqu'il était le débouché maritime de Fès. Une longue plage avec quelques restaurants s'offrent pour une agréable pause. À quelques encablures de la baie et reliée à elle par un langue de sable, se dresse les fortifications du Peñón de Velez de la Gomera au dessus desquelles flotte...le drapeau espagnol depuis 1564. C'est l'un des sept îlots que posséde l'Espagne le long de la côte marocaine. La poignée de militaires espagnols qui y sont stationnés sont ravitaillés par hélicoptère : la frontière avec le Maroc reste hermétiquement fermée. Elle n'est pourtant matérialisée que par une corde bleue en travers de l'isthme.

Reprenez la N 16 vers Al Hoceima (voir p. 77).

Carnet pratique

Informations utiles

Faites le **plein d'essence** à Tetouan ou à Mdiq (stations-service toutefois à Oued Laou et entre Bou Ahmed et El-Jebha). Évitez de prendre des photos aux abords d'un poste militaire.

Nos adresses

Petite pause

Épiceries au village de **Kaa Asras**. Petits restaurants à Oued Laou.

Shopping

Souk – Targuist - *sam.* Authentique et haut en couleur. Oued Laou - *sam.* Le plus beau souk de la région.

Hébergement

À Oued Laou

Premier prix, moins de 400 DH

Hôtel Rama - *av. Hassan II* - *05 39 67 09 12* - - 36 ch - *350 DH* . Simple et bien tenu.

À El-Jebha

Budget moyen, 400 à 700 DH

Hôtel El Mamoun - *r. Mohammed V* - *06 23 81 67 04* - - *16 ch.- 550 DH (ou 900 DH en pension complète pour 2 pers.).* Simple mais la gentillesse de l'accueil fait passer les petites imperfections. Agréable terrasse avec vue sur le port.

Chefchaouèn ★★

Si vous venez du sud, vous découvrirez soudain à un détour de la route cette petite ville (dont le nom transcrit aussi en chaouèn, Chechaouèn, Xauèn, vient d'un mot berbère signifiant « les cornes », surnom donné à la montagne qui la domine) avec ses maisons étagées, blanc et ocre, ses innombrables petites fenêtres encadrées de clair, ses toits de tuiles rondes et rousses, qui en font un lieu apprécié par les peintres. La beauté de son site est liée au contraste entre la nudité de la paroi calcaire qui se dresse au-dessus de la ville et la campagne verdoyante qu'irrigue l'oued Laou, bordé de lauriers-roses. C'est avant tout un lieu idéal pour se livrer à une flânerie des plus agréables dans les ruelles accidentées de la médina aux murs chaulés d'un blanc éblouissant tirant sur le bleu.

Se repérer

37 202 habitants (les Chaounis)

CARTE P. 30 (A1) – *carte Michelin 742, plis 5, 10 et 28* – Située légèrement en retrait de la route du Rif, Chefchaouèn se trouve à 64 km au sud de Tetouan et à 121 km au sud-est de Tanger.

À ne pas manquer

La médina de Chefchaouèn pour son charme et son animation

Organiser son temps

Chefchaouèn peut être le lieu idéal pour découvrir pendant quelques jours les campagnes environnantes. Comptez une demi-journée pour visiter la vieille ville.

Carnet pratique p. 73

Nos adresses p. 74

Se promener

PLAN DE VILLE

★★ La médina

Compter 3h.

Place Al-Makhzen★ – C'est à cette place qu'aboutit la longue avenue Hassan II, qui contourne la vieille ville par le sud. Avec son fond tapissé de minuscules boutiques que surmonte tout un étagement de murs en pierre ocre, ses marches et ses arbrisseaux plantés très droit ou recourbés en arceaux, elle fait penser à quelque décor de théâtre. La sobre masse carrée d'un minaret, auquel des créneaux et un haut lanternon font une fine couronne blanche, vient structurer ce joli paysage urbain.

Laisser la voiture place Al-Makhzen ; en longeant les arcades peintes au fond de la place, à gauche, on gagne la place Uta el-Hammam.

Place Uta el-Hammam★ – Allongée, de forme irrégulière, cette place ombragée de platanes, dominée par un imposant décor de montagnes, est bordée d'un côté par de minuscules boutiques, de l'autre par la Grande Mosquée – qui possède un remarquable **minaret** octogonal finement décoré – et les vieilles murailles rongées de la kasbah.

Dans une ruelle qui dévale vers l'entrée de la place (la rue Al-Andalous), un arc brisé outrepassé s'ouvre sur un **caravansérail** : remarquez la cour carrée entourée d'arcades et les petites cellules du 1er étage.

Place à Chefchaouèn.
Elena-studio/iStock

Kasbah – *Entrée place Uta el-Hammam - ✆ 05 39 98 63 43 - tlj sf mar. 9h-13h, 15h-18h30. 60 DH.* À l'intérieur de cette forteresse d'aspect européen, des jardins plantés d'immenses palmiers, de figuiers, de rosiers et de fleurs offrent au sortir de la place une oasis de tranquillité. Un petit musée, où sont exposés des chaises à mariées et des instruments de musique andalouse, et une bibliothèque sont installés dans l'aile gauche du bâtiment.
Dans le premier jardin, sous la tour à droite, s'ouvre l'entrée des anciennes prisons; on voit encore, suspendus à une chaîne qui court le long du mur, les colliers que l'on passait au cou des détenus. Montez la volée de marches pour profiter du **panorama** sur la médina.
Cœur de la médina★★ – *En sortant de la kasbah, prendre à gauche pour gagner le fond de la place Uta el-Hammam; descendre la ruelle qui longe le flanc droit de la*

Un bastion de la foi

Conçue comme une place forte, Chefchaouèn, fondée à la fin du 15e s. par le chérif Moulay Ali ibn Rachid, défendait l'intérieur du pays contre les Portugais et les Espagnols qui avaient pris pied sur la côte. Refuge des musulmans qui quittaient l'Espagne pour fuir la reconquête des Rois Catholiques, elle accueillit, dès l'époque de sa création, de nombreux réfugiés andalous, ce qui lui valut son surnom de « Petite Grenade »; d'autres musulmans, expulsés d'Andalousie, de Catalogne et de Murcie, vinrent au début du 17e s. grossir cette colonie d'ardents défenseurs de l'islam. Très longtemps, la cité, parsemée de nombreuses mosquées, resta fermée aux Européens. Seul **Charles de Foucauld** réussit à y pénétrer en 1883, au cours de sa fameuse « Reconnaissance » à travers le Maroc; encore dut-il se faire passer pour juif et n'y fit-il étape qu'une nuit.
En octobre 1920, les Espagnols faisaient leur entrée à Chefchaouèn, comprise dans leur zone d'influence. Ils en furent provisoirement chassés par le chef du soulèvement rifain, Abd el-Krim, lorsque celui-ci soumit le pays Jebala. En 1956, la ville fut rendue au royaume chérifien.

mosquée. En prenant à droite en bas de la ruelle, vous pénétrez dans la rue principale d'**al-Souika**, l'un des sept quartiers qui composent la ville ancienne. C'est aussi le plus ancien : les passages voûtés sous lesquels s'abrite la rue, les belles fenêtres géminées qui ornent les façades, les fontaines, remontent à la fin du 15e s. De part et d'autre, des passages encore plus étroits se terminent en impasses : ce sont les derb, quartiers d'habitation, bordés de maisons plus ou moins alignées. Ici, les habitants se connaissaient tous, et tout étranger pénétrant dans le derb était rapidement repéré. Al-Souika était le premier souk de la ville. C'est toujours un quartier commerçant avec ses nombreuses boutiques d'artisanat et de souvenirs. En bas de la rue, prenez à gauche, puis l'avenue Arbi Derkaoui, à droite juste avant Bab el-Ain, la porte de la Source, une des dix entrées fortifiées qui gardaient la ville.

Le quartier de **Bab Souk** est la partie la plus récente de la vieille ville. Il a été construit au début du 17e s. par des Arabes chassés d'Espagne. Après l'achèvement de la

Reconquista en 1492, les Rois Catholiques avaient en effet autorisé les arabo-andalous qui le souhaitaient à rester en Espagne. Ces « Morisques » furent expulsés en 1609 sur l'ordre du roi Philippe III. C'est ici que l'influence andalouse est la plus forte : arcs polylobés enjambant les ruelles, arcades devenant de véritables porches plaquées sur les façades des maisons ; portes souvent cloutées, surmontées d'un auvent hissé sur une corniche ; grilles de fer forgé aux fenêtres… Prenez le temps d'explorer les ruelles qui partent de la rue principale et laissez-vous prendre par le charme de cette médina qui ne ressemble à aucune autre. Les murs des maisons, d'un ocre soutenu, sont peints à la chaux jusqu'à hauteur d'homme : le blanc, les verts, les bleus et les mauves se marient en un extraordinaire fondu de couleurs qui, de loin, donne à la ville son reflet bleuté. Cet enduit, renouvelé plusieurs fois dans l'année, a pour but d'éloigner les mouches et de servir de protection contre la chaleur et la luminosité. Avant d'entamer une courbe à droite, la rue principale est bordée par Bab Souk, la

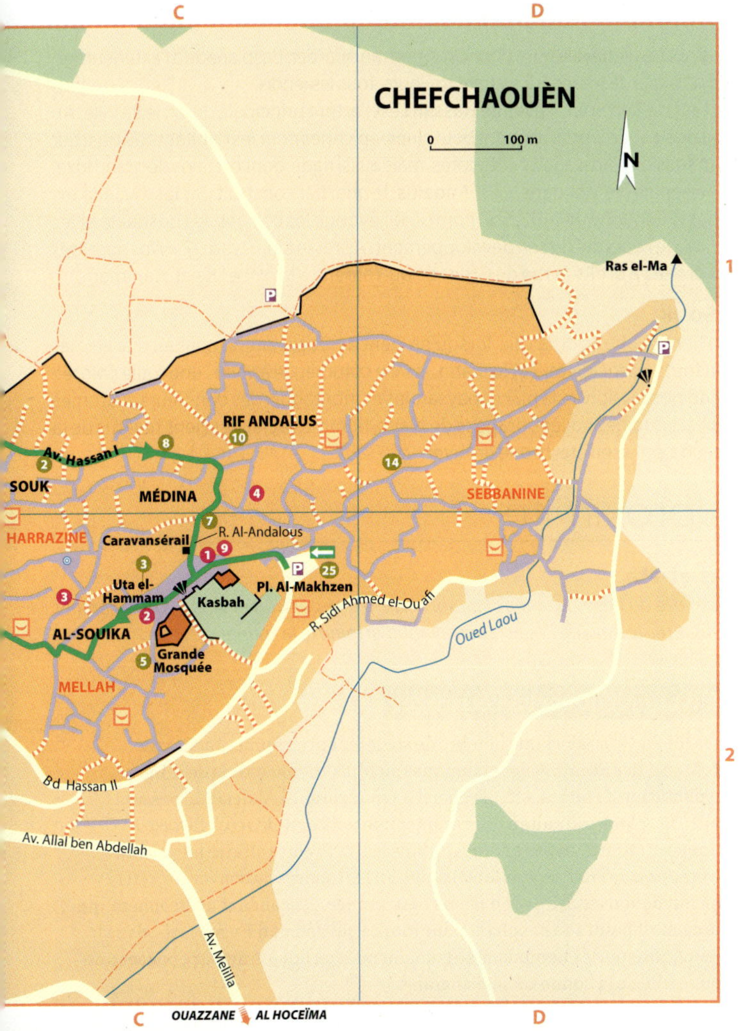

La ville bleue se met au vert

En 2010, la municipalité de Chefchaouèn a pris la résolution de se tourner résolument vers le développement durable. Avec l'aide de financements européens, un programme d'énergies renouvelables a été mis en place avec notamment l'installation de panneaux photovoltaïques dans certains bâtiments publics. Une campagne de sensibilisation a été engagée auprès des habitants et des commerçants en matière de gestion des déchets et notamment des plastiques. Parallèlement, l'agriculture locale a été valorisée : le fromage de chèvre de Chefchaouèn bénéficie aujourd'hui d'un label d'origine certifié. La ville est également l'une des huit localités choisies autour de la Méditerranée par l'Unesco comme emblème de la diète méditerranéenne inscrite au Patrimoine immatériel de l'humanité en 2010. Reste que pour les producteurs locaux, la culture du kif s'avère encore beaucoup plus rentable que celle des légumes de saison.

belle porte médiévale qui a donné son nom au quartier. L'esplanade à l'extérieur servait de place de marché. Il s'y tient toujours, tous les jeudis.
Partant de Bab Souk, l'**avenue Hassan I** est l'artère principale de la vieille ville. Au long de son parcours s'alignent boutiques, épiceries pour les habitants du quartier ou magasins d'artisanat, petits cafés, mais aussi riads, dont certains de grand luxe. L'allée entre bientôt dans le **Rif Andalus**, le quartier construit par les musulmans venus d'Espagne en 1492. Son nom de Rif évoque les collines, les bosquets et les jardins de l'époque de son développement. Après le Lina Ryad (*« Nos adresses à »*) prenez à droite la rue de Grenade qui ramène à la place Uta el-Hammam.

★ Souk

Il se tient à l'entrée de la ville, lorsqu'on vient de Ouazzane, et connaît une animation toute particulière. Tôt le matin, la ville commence à vivre ; une foule colorée prend possession de la place : paysannes et montagnardes dans leurs costumes rifains, citadines voilées drapées de blanc, hommes et jeunes gens revêtus de la djellaba écrue en été, brune en hiver.

À proximité

Ras el-Ma

Se rendre au nord de la médina, sortir de la cité par Bab el-Ansar, puis marcher 10 minutes le long de l'oued Laou avant d'atteindre la source.

Un chérif ouvert à l'étranger

À la fin du 19e s., alors que nombre de sociétés européennes tâchaient d'obtenir des avantages économiques au Maroc (concession de mines, exploitation de terres, etc.), le chérif d'**Ouazzane**, Si Abdeslam, passant outre la volonté du sultan de pratiquer une politique de repli, favorisa l'implantation d'intérêts français dans le Rif. Si cette affaire lui valut la protection de la France, elle attira sur lui les foudres du souverain, qui le déchut de son autorité. Ce curieux personnage, descendant du Prophète, qui ne cachait point son penchant pour tout ce qui venait d'Europe, et « dans la bouche duquel le champagne se transformait en lait », finit par épouser une jeune fille de la bonne société anglaise.

C'est à cette source vauclusienne que les jardins de Chefchaouèn doivent leur fertilité. À sa résurgence, le torrent dévale en cascade sur d'énormes rochers. De petits cafés **(les terrasses étagées du Ras el-Ma offrent un point de vue idéal)** se sont installés dans ce site charmant, fréquenté par les habitants de la ville, qui viennent s'y rafraîchir aux beaux jours.

★ Point de vue

À 3 km au nord. Sortir de Chefchaouèn par la place Mohammed V et la rue Allal al-Fassi, puis suivre les panneaux.

Au terminus de la route en forte montée se dresse l'hôtel **Atlas Chaouen**, construit au bord de la plate-forme surplombant la ville, et de la terrasse duquel on découvre une large **vue★** sur Chefchaouèn et le pays Jebala.

Aux environs

PLAN DE RÉGION P. 30

★Ouazzane A2

80 km au sud-ouest de Chefchaouèn, par la route de Meknès et de Fès.

Au cœur d'une région verdoyante, en vue des hauteurs du Rif, Ouazzane possède une pittoresque **médina** de maisons blanches qui justifie un arrêt d'une ou deux heures. Depuis la place de l'Indépendance, la rue Abdellah ben Lamlih grimpe vers les souks, avec ses boutiques et ses ateliers de menuisiers, de tailleurs ou de tisserands.

Carnet pratique

S'informer

www.chefchaouen.ma (site Internet de la municipalité). Le bouton « français » est écrit… en arabe. Il se trouve en haut à gauche.

Arriver/Partir

Car

On peut accéder en car à Chefchaouèn depuis Tetouan *(un peu plus d'1h de trajet)* et Tanger *(3h en moyenne)*. Cars également en provenance de Fès, Meknès, Ceuta et Nador. Ils vous déposent à environ 20mn à pied du centre-ville *(comptez 20 DH pour une course en petit taxi vers la médina)*.

Voiture

Se garer – Petit parking ombragé, mais très vite complet en saison, devant l'hôtel Parador. D'autres parkings sont disponibles dans la montée vers la vieille ville.

La route des crêtes – Déjà difficile en elle-même, la route du Rif de Chefchaouèn à Al Hoceima devient difficilement praticable lorsqu'un épais brouillard envahit les sommets et les forêts. C'est en outre un lieu privilégié pour le trafic de cannabis : abstenez-vous de vous arrêter, notamment à Ketama. Un minimum de prudence reste de mise.

Agenda

Festival de la musique andalouse – *Juin ou juil.* Ce festival réunit des troupes musicales venues de tout le pays.

Nos adresses

Restauration

Premier prix, moins de 100 DH

3 **Bab Ssour** - C2 - *5 r. El-Kharrazin - ✆ 05 39 88 21 65- www.babssour.com-*. Dans ce petit bistrot qui ne paye pas de mine, vous aurez l'occasion de déguster une authentique cuisine locale. C'est même l'un des rares établissements de la ville à honorer la décision de l'Unesco d'inscrire la diète méditerranéenne au Patrimoine immatériel mondial. Ici, tous les produits sont issus des exploitations des environs et vous pourrez déguster les plats et spécialités emblématiques de la région, comme le tajine de veau aux pois chiches, le fameux fromage de chèvre ou les olives de Chefchaouèn. Le tout pour une addition très modeste (plats autour de 30 DH). La maison propose également trois chambres (160/280 DH) ainsi que des cours de cuisine (500 DH avec 3h de cours et le dîner en musique). Une adresse sympathique.

4 **Chez Fouad** - C1 - *R. Targui - ✆ 06 65 11 86 87.* Un lavabo et deux tables emplissent l'espace de ce restaurant de poupée, où le patron sert couscous et tajines (40 DH) avec le sourire.

1 **Restaurant Aladin** - C2 - *Pl. Uta el- Hammam - ✆ 05 39 98 90 71 - plats 50 DH.* Un restaurant qui vaut surtout pour sa terrasse avec vue sur la kasbah, féerique la nuit. Côté nourriture, ne vous attendez pas à un festin inoubliable.

9 **Restaurant Hicham** - C2 - *Pl. Uta el-Hammam - ✆ 0642-881370.* Une adresse charmante, où l'on déguste à la lueur des bougies une cuisine simple et parfumée : harira, tajine et couscous ; un carte classique avec des plats autour de 65 DH.

2 **Restaurant Paloma** - C2 - *Pl. Uta el-Hammam - ✆ 0663-077460.* Au bout de la place principale, légèrement en retrait des restaurants les plus touristiques, le Paloma propose une carte qui sort un peu de l'ordinaire avec des plats typiques de la région comme le pigeon farci aux amandes (55 DH) ou le lapin aux figues (60 DH). Laissez-vous tenter par les jus de fruits pressés à la demande.

Petite pause

Choisissez la terrasse de l'hôtel **Parador** pour profiter de la vue. Et, bien sûr, vous ne manquerez pas de prendre un thé à la menthe à la terrasse de l'un des cafés bordant la place Uta el-Hammam.

Shopping

Dar Moulay Idriss - *15 r. Baine Souaki - en contrebas du Lina Ryad - ✆ 05 39 98 85 10.* Une boutique un peu spéciale : ici, les prix sont affichés et ne se discutent pas. Tapis et couvertures sont confectionnés par des artisans de la région. Vous trouverez notamment de sublimes couvertures du Rif pour seulement 300 DH. Un tableau des prix « normaux » des tapis selon leur qualité est même affiché. Pratique pour avoir une idée précise du prix d'une pièce quand vous aurez à la négocier ailleurs dans le pays.

Activités

Pays d'accueil touristique (PAT) de Chefchaouèn - *✆ 05 39 98 93 30 - www.chaouenrural.org.* Ce programme vise à développer l'activité touristique en milieu rural pour la région de Chefchaouèn. Des randonnées pédestres de plusieurs jours sont proposées avec étapes dans des gîtes ruraux.

Guides et accompagnateurs en montagne – *www.chefchaouen.ma.* Le site Internet de la municipalité de Chefchaouèn propose une liste de guides de montagne pour des randonnées d'un à plusieurs jours. Prix à négocier directement avec le guide (onglet « organiser votre voyage », « s'organiser », puis « visites guidées ».

Hébergement

Premier prix, moins de 400 DH

4 **Camping** – B1 - *R. Abdel Hamid - ✆ 05 39 98 69 79 - env. 100 DH pour un emplacement et deux pers. - douches chaudes 10 DH - ✕ ouvert les 3 mois d'été.* Très ombragé. Bien que propres, les sanitaires sont un peu minimalistes. Sur une hauteur à l'extérieur de la ville.

14 **Hostal Gernika** – D1 - *49 Onssar - ✆ 05 39 98 74 34 - -10 ch. - 300 DH* Un hôtel à la décoration sobre et à la propreté impeccable. De la terrasse, superbe vue sur les montagnes. Accueil en espagnol.

1 **Dar Touija** – D2 - *R. Moulay Ali Derkaoui - ✆ 05 39 88 22 25 -www. touijar-fathia-ma.book.direct - - 10 ch. - 300/450 DH.* Une belle maison au cœur de la médina, à deux pas de Bab Souk. Joli patio sur lequel donne une partie des chambres. Préférez celles à l'étage et celle ouvrant sur la terrasse, plus lumineuses. Confort simple mais suffisant pour un séjour agréable. Accueil sympathique.

10 **Dar Terrae** – C1 - *Av. Hassan I - Quartier andalou - ✆ 05 39 98 75 98 - www.darterrae.com - - 420/550 DH.* Les chambres sont petites mais décorées avec originalité et goût, certaines disposent d'une cheminée, d'autres de radiateurs. Coin salle de bains privatif impeccable. Ambiance calme et agréable.

Budget moyen, 400 à 700 DH

2 **Casa Perleta** – C1 - *Bab Souk - ✆ 05 39 98 89 79 - www. casaperleta.com - - 11 ch. - 500/930 DH.* À l'entrée de l'avenue Hassan I, ce petit hôtel de charme est une bonne opportunité pour séjourner au cœur de la medina, dans un quartier égayé par ses commerces. Les chambres présentent tout le confort moderne allié à une décoration de style traditionnel. La suite ouvrant sur sa terrasse privée, tout en haut de la maison, est bien séduisante.

25 **Hôtel Parador** – C2 - *Pl. Al-Makhzen - ✆ 05 39 98 61 36 - www.hotel-parador.com - P - 55 ch. - à partir de 600 DH - ✕ menu 150 DH.* Une bonne option si vous recherchez un hôtel moderne, commode et confortable. Côté pratique, le parking réservé à la clientèle qui permet de se hisser en voiture jusqu'à l'entrée de la vieille ville. Côté chambres, pas très grandes, vous aurez le choix entre une vue sur la médina (et le parking) ou sur les montagnes environnantes (et la terrasse de l'établissement). Restaurant assez quelconque (mais bon petit-déjeuner). Le Parador est le seul établissement servant de l'alcool dans la vieille ville. Même si vous n'y résidez pas, l'occasion de venir siroter une bière sur l'agréable terrasse.

3 **Riad Hicham** – C2 - *Pl. Uta el-Hammam - ✆ 05 39 88 21 25 - www.riadhicham.com - 14 ch. et suites - 550/1050 DH.* Le restaurant du même nom *(voir « Restauration »)* a créé un maison d'hôte de luxe avec des chambres modernes et de tout confort. Préférez une des cinq chambres avec vue.

Pour se faire plaisir, 700 à 1 200 DH

5 **Riad Assilah** – C2 - *19 r. Imam Chadli al-Souika - ✆ 05 39 88 30 00 - www.riadassilah.org*

1

- 7 ch. - à partir de 720 DH ☕. La décoration est une réussite : la tradition marocaine est là, mais déclinée dans un esprit contemporain. Les chambres, de bon confort, sont à l'avenant. La maison d'hôte est idéalement située en contrebas de place principale, dans la partie la plus ancienne de la médina. Bonne adresse pour sentir battre le pouls de la ville.

7 **Casa Hassan et Dar Baibou** - C2 - *22 r. Targui - dans la médina, une rue donnant sur la place Uta el-Hammam - ✆ 05 39 98 61 53 - www.casahassan.com - 8 ch. dans la Casa Hassan et 14 à Dar Baibou - à partir de 900 DH ☕.* Toutes les chambres sont décorées de manière différente et avec charme. Certaines de la Casa Hassan peuvent être assez bruyantes à l'heure du dîner car elles donnent sur la salle du restaurant. Le petit-déjeuner pris dans l'annexe est des plus copieux, mêlant traditions culinaires marocaine et internationale. Honnête restaurant.

Une folie, plus de 1 200 DH

8 **Lina Ryad et Spa** - C1 - *Av. HassanI - ✆ 06 45 06 99 03 - www.linaryad.com - 🏊 - 17 suites - à partir de 1750 DH ☕ - dîner sur commande 270 DH - ✕.* Charme et grand luxe au centre de la médina. Le bâtiment est récent mais s'intègre parfaitement au style de la ville. À l'intérieur, les architectes ont ménagé de vastes espaces communs décorés dans un esprit contemporain, une piscine intérieure, un Spa... Les suites ont toutes leur coin salon et ouvrent soit sur l'espace central par une large baie vitrée – prière de fermer les rideaux pour dormir – ou sur de spectaculaires terrasses privées d'où vous pourrez voir dévaler les rues de la médina en contrebas. Accueil professionnel et prévenant. Des garçons se chargeront de hisser vos bagages jusqu'à l'hôtel : il suffit de téléphoner lorsque vous arrivez.

Aux alentours

Premier prix, moins de 400 DH

Motel Rif - HORS PLAN - *Rte de Fès - à 4 km de Ouazzane - ✆ 05 37 90 71 72 - www.motelrif.com - 🚭 P 🏊 - 20 ch. - 320 DH - ✕.* Pour se loger près de Ouazzane. Si l'ensemble, au bord de la route mais entouré d'un jardin, n'a pas de charme particulier, il est bien entretenu, propre et plutôt sympathique.

Pour se faire plaisir, 700 à 1 200 DH

Auberge Dardara - HORS PLAN - *Rte nationale 2 - à 12 km de Chefchaouèn - ✆ 06 61 15 05 03 - www.dardara.ma - P 🏊 - 21 ch. - à partir de 780 DH ☕ - plats 90/120 DH - ✕.* À 10mn de route de Chefchaouèn, cette auberge s'offre pour une halte campagnarde de tout confort. Les chambres sont décorées dans des tons frais et lumineux, rehaussés par le chatoiement des tapis et tissus locaux. Le restaurant fait l'objet de toutes les attentions des maîtres des lieux : produits frais et locaux mis au service de plats goûteux comme le lapin aux coings ou le chevreau, cuisiné aux figues ou rôti au four. La maison peut également vous mettre en contact avec des guides locaux si vous voulez vous offrir un trek d'une heure ou de la journée.

Al Hoceima ★

Coincée au bord de la Méditerranée par les montagnes du Rif, Al Hoceima est longtemps restée à l'écart de la vie marocaine. Au Moyen Âge, il y avait là un petit royaume pratiquement indépendant, l'émirat de Nekor (du nom de l'oued qui avoisine la ville). Au début du 20e s., cette région, peuplée par les Beni Ouriaguel, fut le berceau de la puissance éphémère d'Abd el-Krim : le chef de la révolte du Rif avait sa capitale à Ajdir, à 10 km au sud-est d'Al Hoceima. Aujourd'hui, l'aménagement touristique de la baie et la mise en service de la « rocade méditerranéenne » ouvrent de nouveaux horizons.

Al Hoceima.
A. Leiva/age fotostock

Se repérer

57 281 habitants. CARTE P. 31 (C1) – *carte Michelin 742, plis 5 et 11* – Al Hoceima est à 159 km à l'ouest de Melilla, à 205 km à l'est de Chefchaouèn, et à 160 km au nord de Taza.

À ne pas manquer

La baie d'Al Hoceima et la plage de Quemado. Accessibles par Ajdir, les plages de Souani et d'Asfiha, face au Peñón de Alhucemas.

Organiser son temps

Quelques heures pour profiter des plages d'Al Hoceima et de ses alentours.

En famille

Activités balnéaires.

Carnet pratique p. 79

Nos adresses p. 80

Se promener

Ville et port

Juchée sur une falaise, la ville est agréable avec sa cascade de maisons qui dégringolent, de terrasse en terrasse, vers la mer. Elle est animée le soir, à la belle saison, aux abords de la place du Rif.
Le port en eaux profondes est abrité par de hautes falaises. Une petite flottille y pratique la pêche au lamparo. De la jetée, **vue★** remarquable sur la ville et la baie.

★ Baie

Entre la pointe orientale du massif calcaire des Bokkoyas et le bloc volcanique des Beni bou Idiz, la baie d'Al Hoceima déploie son demi-cercle à peu près parfait. L'un des trois îlots est le **Peñón de Alhucemas**, forteresse espagnole qui, la nuit, ressemble à un grand vaisseau illuminé. Pour le voir, il faut s'engager sur la route d'**Ajdir**, qui escalade la montagne en dégageant d'admirables vues sur la mer.
Au carrefour d'Aït Youssef, ou Ali, prendre la direction de Melilla et dépasser Ajdir.
La petite route offre le plus beau **point de vue★** sur la baie, le *peñón* et la petite plaine irriguée où débouche le Nekor.

À proximité

CARTE DE RÉGION P. 31

Melilla C1

Melilla, l'une des deux enclaves espagnoles sur la côte méditerranéenne marocaine, est une cité vivante, mais calme, presque exclusivement européenne, dont le centre, percé de larges artères, présente un aspect cossu. La zone maraîchère et les vergers qui, à l'ouest et au sud, entourent l'agglomération, la présence de deux parcs au cœur de celle-ci, les barques de pêche et les voiliers font un peu oublier les installations portuaires.
La **plaza de España**, qui fait face au port, est le centre de la ville moderne.
Bâtie sur une presqu'île rocheuse, ceinte de fortifications construites aux 16e et 17e s., la **vieille ville★**, qui domine le port, constitua, jusqu'au début du 20e s., le cœur de la cité. Un petit **musée municipal** y été aménagé dans le Baluarte de la Concepción : poteries, vases, monnaies et bijoux trouvés dans la région de Melilla évoquent les civilisations phénicienne, carthaginoise et romaine. De la terrasse du musée, on découvre un **panorama★** sur la vieille ville, le port, la ville nouvelle et, au nord, sur le cap des Trois Fourches.

Et la terre a tremblé...

Dans la nuit du 23 au 24 février 2004, un séisme a frappé la région d'Al Hoceima. L'épicentre de la secousse, d'une magnitude de 6,4 sur l'échelle ouverte de Richter, a été localisé à Aït Kamara, commune située à 19 km d'Al Hoceima. Ce séisme a fait plus de 600 victimes et 900 blessés. Quelques jours après, le roi Mohammed VI s'est rendu sur place, « sous la tente » auprès des rescapés, preuve de l'attention nouvelle du pouvoir central pour cette région...

Carnet pratique

S'informer

Office du tourisme de Melilla – *Fortuny 21 - ☎ (034) 952 97 61 51 - www.melillaturismo.com.*
Délégation du tourisme d'Al Hoceima – *Av. de Marrakech - ☎ 05 39 98 11 85.*

Arriver/Partir

Avion

Aéroport Al Hoceima - Al-Charif al-Idrissi – *Sur la rte de Melilla, entre Ajdir et Imzouren (17 km) - ☎ 05 39 98 20 05 - www.onda.ma.* Liaisons quotidiennes avec Casablanca et en saison avec Amsterdam et Bruxelles.
Aéroport Nador - El-Aroui – *Situé à 25 km de Nador et à 3 km d'El-Aroui - ☎ 05 36 36 10 77 - www.onda.ma.* Vols internationaux réguliers de la Royal Air Maroc de et vers Bruxelles et Amsterdam, Vols intérieurs sur Casablanca.
Royal Air Maroc – *Aéroport Al Hoceima - Al-Charif al -Idrissi - ☎ 05 39 98 25 60; Aéroport Nador - El-Aroui - ☎ 05 36 36 60 57 76.*

Car et grand taxi

Gare routière – *Sortie sud de la ville.* Liaisons quotidiennes pour Fès, Nador, Oujda, Tetouan et Tanger depuis Nador.
Les grands taxis partent de la place du Rif.

Se déplacer

Des bus locaux parcourent la ville. Ceux indiqués « Aforos » circulent entre la plaza de España et le poste-frontière de Beni Enzar, de 7h30 à 22h.

Voiture

Se garer – Stationnement sur l'avenue Mohammed V, et autour de la place de la Marche Verte. Quelques places au niveau de la plage de Quemado.

Informations utiles

Saison – Al Hoceima est avant tout une station balnéaire estivale : de fin octobre à début juin, la plupart des hôtels et restaurants sont fermés.
Agences – Les principales agences de voyages se situent toutes sur l'avenue Mohammed V.

Passage de la frontière vers Melilla

Bon à savoir – L'horaire légal est celui de l'Espagne, soit un décalage horaire avec le Maroc de + 1h.
Formalités – Pour pénétrer sur le territoire espagnol, une carte d'identité suffit pour les ressortissants de l'Union européenne. Passeport en cours de validité et visa d'entrée en Espagne pour les ressortissants des pays qui n'en sont pas exemptés.
Mêmes formalités au retour pour pénétrer au Maroc.
Titres de circulation – Si vous voyagez avec votre propre véhicule, n'oubliez ni votre carte grise ni votre permis de conduire et présentez la carte internationale d'assurance automobile dite « carte verte ». Les taxis et autobus marocains ainsi que les voitures de location ne peuvent entrer en territoire espagnol.

Nos adresses

Restauration

En ville

Premier prix, moins de 100 DH

Sur le quai du port de pêche, de nombreux petits cafés servent la pêche du jour (sardines, rougets, crevettes, anchois, servis grillés et accompagnés de la traditionnelle *charmila*, mélange de sauce tomate et d'omelette, et de pain d'orge).

Restaurant La Belle Vue – *130 bd Mohammed V - ✆ 05 39 84 15 28.* Durant les mois d'été, vous pourrez déjeuner ici d'une friture de poissons. Avec, en prime, la terrasse qui domine la baie d'Al Hoceima.

Club Nautico – *À l'entrée du port de plaisance - ✆ 05 39 98 14 61.* Dispose d'une salle panoramique à l'étage et propose des poissons grillés ou en friture servis simplement mais bien préparés.

À Melilla

Budget moyen, 100 à 200 dh

La Posada de Paco Benitez – *Av. Alférez Guerrero Romero - ✆ 952 68 16 29 - www.laposadadepacobenitez.com - fermé dim. soir et lun.* Une table classique réputée pour la qualité de ses viandes.

Shopping

Souks – *À Al Hoceima (mar.).* Souks très animés et colorés à Imzouren, à 18 km au sud-est d'Al Hoceima (sam.), et à Rouadi (dim.), qui attirent de très nombreux villageois de toute la région.

Agenda

Festival international du film d'Al Hoceima – *Oct.*

Foire régionale de l'artisanat – *Fin juil.-déb. août.*

Hébergement

En ville

Pour se faire plaisir, 700 à 1200 DH

Suites Hôtel Mohammed V – *Pl. de la Marche Verte - ✆ 05 39 98 22 33 - P - 21 ch. - à partir de 1000 DH ☕ - ✕.* Moderne et de tout confort, l'hôtel surplombe la plage. Demandez une chambre avec vue sur mer.

À Melilla

Pour se faire plaisir

Hôtel Rusadir – *Pablo Vallescá, 5 - ✆ 952 68 12 40 - www.hotel-rusadir.es - 100 € ☕ - ✕.* Bon confort moderne en plein centre-ville.

Parador de Melilla – *Av. Cándido Lobera - ✆ 952 68 49 40 - www.parador.es/fr - P 🏊 - 43 ch. - 100 € - ☕ - ✕ menu à partir de 22 €.* Situé sur les hauteurs, il offre de belles vues sur la ville. Chambres confortables ; belle salle à manger panoramique.

Oujda

À l'extrême est du Maroc, Oujda, capitale de la région de l'Oriental, est une ville importante bâtie dans la plaine des Angad, au sein d'une zone aride, fermée aux influences océaniques par la barrière du Rif et du Moyen Atlas, et à celles de la Méditerranée par les monts des Beni Snassen.

Se repérer

419154 habitants

CARTE P. 31 (D2) – *carte Michelin 742, plis 6 et 12* – Oujda est située à 343 km de Fès et à 13 km de la frontière algérienne.

Organiser son temps

Si Oudja présente en elle-même un intérêt touristique limité – sa médina mérite tout de même au moins 1h de visite –, la ville est un point de départ idéal pour découvrir la région, des monts des Beni Snassen à la côte méditerranéenne avec la station balnéaire de Saïdia.

Carnet pratique p. 86

Nos adresses p. 87

Se promener dans la médina PLAN II P. 83

Partir de la place du 16 Août. Le boulevard Mohammed V, puis à gauche la rue Driss ben Bouchaïb et enfin la rue El-Mazouzi conduisent aux souks.

Kissaria PLAN II D3-4

Sur une petite place bordée d'arcades sont installées des boutiques de velours, de vêtements traditionnels, d'habits typiquement marocains. Au fond de cette place, à droite, un porche s'ouvre sur une cour : là on verra, parmi les écheveaux de laine multicolores, fonctionner des métiers à tisser.
Au sortir de la kissaria, prendre à droite la rue El-Khayattine.

Place El-Attarine PLAN II D4

Ombragée de quelques arbres, c'est le carrefour central de la médina.
Arrivé sur la place, tourner immédiatement à gauche.
La rue Chadli traverse le souk el-Kenadsa, où les boutiques de tissus et de vêtements sont – là encore – nombreuses. On parvient à une vaste place sur laquelle se tient le marché.

Bab Sidi Abd el-Ouahab PLAN II D3-4

La célèbre « porte des têtes » permet depuis le 13e s. de franchir la muraille. Sous ses créneaux, le pacha suspendait la tête des criminels et des rebelles suppliciés. Aux abords de cette porte règne une grande animation. *Franchir la muraille.*
En tournant à gauche, on atteint la place du Maroc, sur laquelle on prend à gauche la rue de Marrakech pour regagner la place du 16 Août.

★★ Monts des Beni Snassen CARTE P. 85

Circuit de 170 km, au nord-ouest tracé en bleu sur la carte p. 85. Compter une journée (prévoir un pique-nique). Sortir d'Oujda par la route N 2 vers le nord (A1 direction Melilla sur le plan I).

Les monts des Beni Snassen constituent le relief principal de la région côtière comprise entre la Moulouya et la frontière algérienne. Ce massif calcaire sépare deux plaines agricoles : au nord la riche région des Triffa, bien irriguée grâce à l'aménagement de l'oued Moulouya, où l'on cultive les céréales, le coton, les agrumes, la vigne ; au sud la fertile plaine des Angad.
Il doit son nom à une importante tribu de Berbères zénètes, qui vivaient déjà dans ces montagnes lorsque l'islam apparut dans l'ouest du Maghreb. La population, sédentaire, y est, comme dans le Rif, assez dense, sur le versant nord surtout, où des jardins et des vergers révèlent la présence des sources.

★ Traversée du massif

À 24 km d'Oujda **(a)**, *prenez à gauche la route d'Aïn Sfa, tracée à la limite de la plaine et des premiers contreforts des Beni Snassen. Les kilométrages indiqués ci-dessous sont comptés à partir de cet embranchement.*

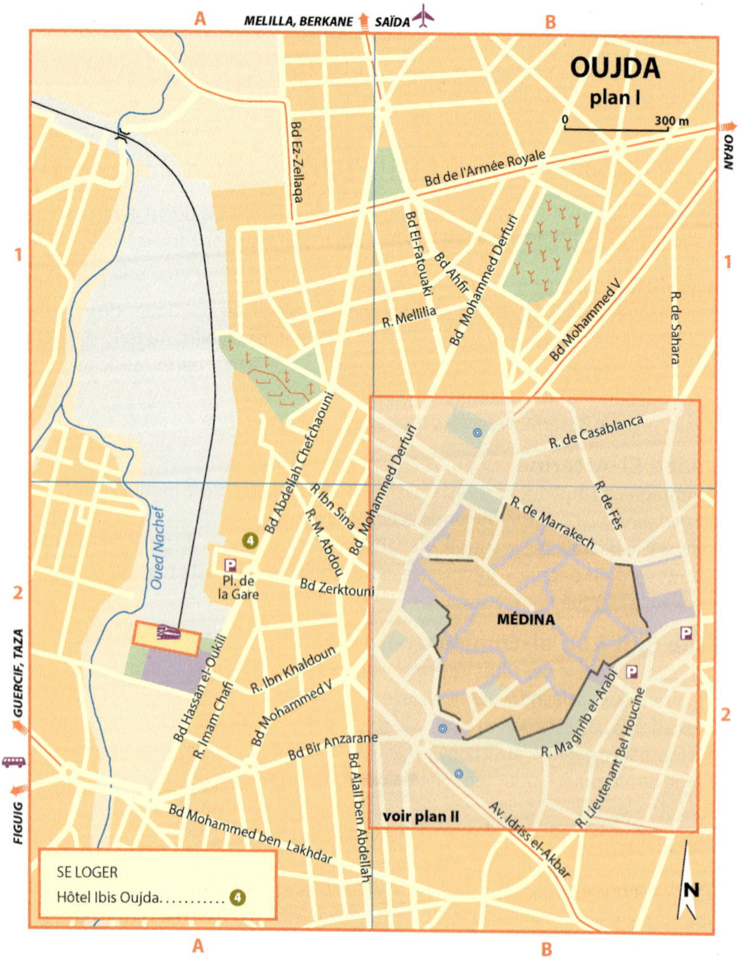

Km 12 **(b)** – *Tournez à droite. La route s'élevant en corniche pénètre rapidement dans le massif. Soyez prudent : par endroits l'étroitesse de la route ne permet pas à deux voitures de se croiser.*
Un peu avant un petit col **(c)**, vue en arrière et à gauche sur Oujda. Vers les sommets affleurent des bancs calcaires qui, à certains endroits, forment des arêtes déchiquetées par l'érosion. Sur les pentes, des vergers en terrasses, où dominent les amandiers, et, çà et là, des villages et quelques marabouts isolés rappellent que cette zone montagneuse est l'une des plus peuplées du Maroc.
Km 22 **(d)** – *La route se divise en deux branches ; prenez à gauche.*
Après Oulad Jabeur Fouaga *(km 24 –* **e***)*, hameau composé d'une petite mosquée et de maisons basses à toit de terre et de chaume, entouré d'amandiers, on traverse une zone de forêts rabougries et un paysage d'éboulis calcaires. Puis la route passe au pied du point culminant du massif, le **Ras Fourhal** (1532 m), à droite, qui offre des **vues★** superbes sur la chaîne de montagnes.

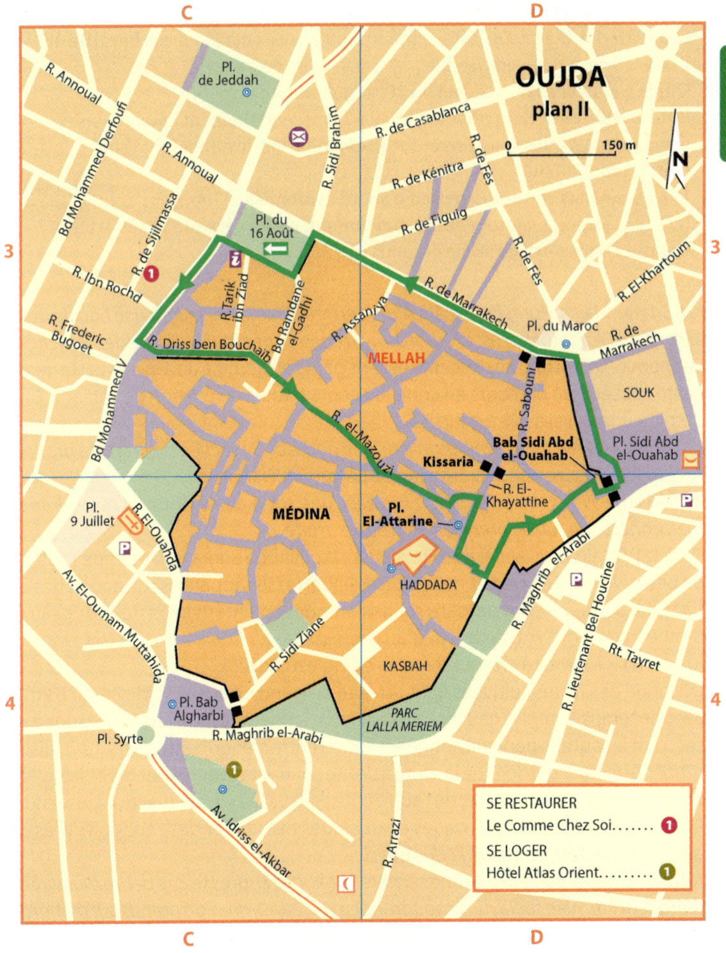

Une ville frontière sous la menace

Peu de villes marocaines furent autant disputées qu'**Oujda**. Fondée en 994 par des nomades du Maghreb central gagnés à la cause de l'islam et dont l'importance allait croissant dans tout le nord du Maroc, elle fut ensuite ballottée entre les maîtres de ce pays et ceux de l'Algérie.

Un siècle plus tard, ayant fondé Marrakech, d'où il allait partir à la conquête du Maghreb, l'Almoravide Youssef ben Tachfine s'empara d'Oujda.

Prise, reprise, ruinée et inlassablement reconstruite, la ville connut des années de prospérité relative et des périodes de déchéance. Au cours de ces alternatives heureuses et malheureuses, toujours la crainte d'une contre-attaque et des habituelles représailles fit trembler ses habitants, à tel point qu'elle fut surnommée « *medinat el-haïra* », la « cité de la peur ».

Oujda n'est qu'à 13 km de la frontière algérienne. Cette situation lui valut d'être, en 1844, la première ville marocaine à connaître l'occupation des troupes françaises lancées à la poursuite d'Abd el-Kader, qui s'était réfugié au Maroc, ralliant le sultan à sa cause. Une tentative d'entente pacifique ayant échoué, la France déclara la guerre au Maroc. Oujda fut prise par les Français qui, le 14 août, remportaient sur l'armée chérifienne la **bataille de l'Isly**, à 5 km à l'ouest de la ville.

Oujda n'était encore, au début du 20e s., qu'une cité d'à peine 20 000 habitants. Sa tardive expansion fut essentiellement liée au développement des voies ferrées et à l'exploitation de mines (charbon, plomb, zinc), au sud.

Les Européens, qui s'étaient tout d'abord cantonnés à l'intérieur de la médina, édifièrent autour de celle-ci une autre ville aérée de larges artères. Depuis, Oujda s'est agrandie de quartiers industriels.

Km 34 (f) *– Maison forestière d'Aïn Âmou en retrait de la route dans une boucle très accentuée. Aussitôt après, on aborde un tronçon difficile (rouler très lentement).* Le chemin, très étroit, en descente et sans parapet, domine un à-pic. À cette descente succède un parcours en crête, au cours duquel on change de versant. On domine un nouvel à-pic à gauche.

Km 40 **(g)** *– Bifurcation avec, au milieu, une petite butte rocheuse : prenez à droite.* Au fur et à mesure que l'on descend, le paysage s'élargit.

Km 44 **(h)** *– Nouvelle bifurcation formant une sorte de rond-point devant une maisonnette en ruine : prenez à nouveau à droite.*

Dans le lointain, en avant et à droite, s'ouvre la plaine de Berkane. De temps à autre, de petits villages en pisé et des cultures en terrasses apparaissent, accrochés à flanc de montagne ; des paysans sur leur âne, des enfants menant des troupeaux de chèvres surgissent au détour d'un chemin.

Km 48 **(i)** *– Tournez à droite, virage en épingle à cheveux.*

On longe des terres cultivées, puis la route descend. Descente difficile sur 6 km, avec de temps à autre, à gauche, quelques maisons en pisé. Traversée d'un oued à sec, puis la route se poursuit, longeant l'oued entre d'énormes rochers. La falaise du *jbel* Tamejout qui domine la route à droite contraste avec les pentes boisées et moins abruptes du *jbel* Arhil, de l'autre côté de la vallée vers laquelle on descend.

Km 56 – On passe entre les ruines de quelques maisons et des zones cultivées à gauche de l'oued ; on suit le lit de l'oued.

Km 57 – On aperçoit à droite une carrière ; à gauche se dresse une petite mosquée marquant l'arrivée sur la route goudronnée (57,7 km), que l'on prend tout d'abord à gauche en direction de Taforalt, pour remonter la vallée du Zegzel.

★ Gorges du Zegzel

La route que l'on suit jusqu'à son intersection avec la R 607 traverse le torrent en maints endroits.

Le fond de la vallée est planté d'orangers. Les versants, dans la partie moyenne du Zegzel, portent des cultures en terrasses de céréales, d'oliviers, d'arbres fruitiers. Puis la haute vallée se resserre entre des parois boisées ou des falaises creusées de grottes.

À un carrefour important et bien signalé, prenez à droite la route vers Berkane.

Presque aussitôt, sur la gauche, on découvre un beau **point de vue★** sur la vallée de la Moulouya, les monts Kebdana, la plaine des Triffa et, par temps clair, la Méditerranée.

Là, rebroussez chemin et reprenez la petite route goudronnée qui longe le Zegzel. À 7 km à droite, à la bifurcation (Berkane à gauche, Zegzel à droite), suivez Zegzel, sur la route conduisant à la grotte du Chameau et se terminant face à un chaos de rochers. Parking payant pour accéder à la grotte (site très apprécié pour les pique-niques).

Grotte du Chameau

Au flanc de la muraille rocheuse, légèrement au-dessus de l'oued, se trouve l'orifice d'une source vauclusienne. Un sentier en pente très raide (escalier) donne accès à plusieurs salles ornées de concrétions calcaires. L'accès à la grotte est pour l'heure réservée aux groupes sur réservation.

Reprendre la route à droite, vers Berkane.

On longe toujours le torrent, dont le lit occupé, en période d'étiage, par des cultures offre le spectacle d'un véritable jardin. Les pentes sont également couvertes d'arbres fruitiers et de vignes. À mesure que l'on descend, la vallée s'encaisse entre des parois rougeâtres. Au sortir des gorges, la route débouche dans la plaine industrialisée de **Berkane**, important centre agricole et vinicole dont la cave coopérative est réputée. La route longe le pied des monts des Beni Snassen, franchit leur extrémité est au col de Guerbouss (belle **vue**) et descend dans la plaine des Angad pour rejoindre Oujda.

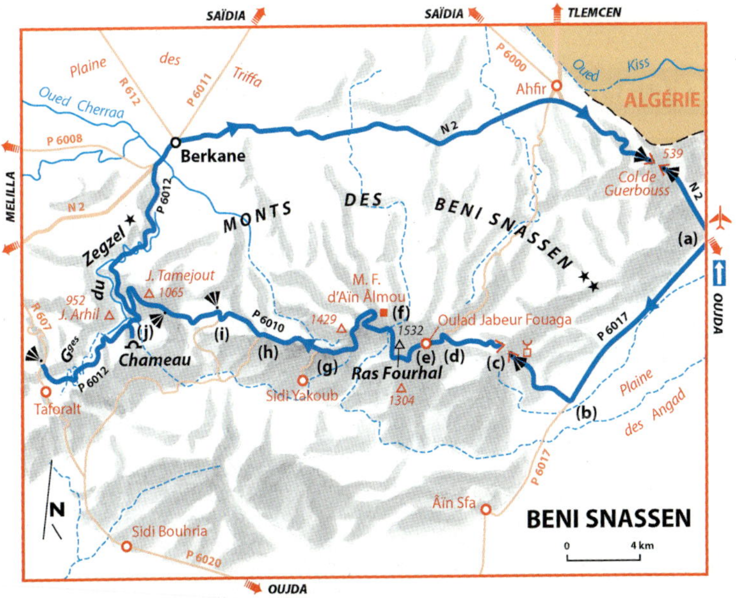

Au nord des monts : la mer Méditerranée

★ Saïdia PLAN DE RÉGION P. 31, D2

À 60 km au nord d'Oujda et à 2 km de la frontière algérienne.

Située à proximité de la frontière avec l'Algérie, aux confins d'une large zone de cultures, la petite station balnéaire de Saïdia, surnommée « la perle bleue », draine entre mi-juillet et mi-août de nombreux estivants attirés par sa longue **plage** de sable fin bordée de bosquets d'eucalyptus et de mimosas et descendant en pente douce dans la Méditerranée. Elle ne manque pas de charme, hors saison, lorsque seuls les pêcheurs et quelques promeneurs la parcourent.

Le **palais du Festival**, situé sur le boulevard Mohammed V, en bordure de la plage, et dont le jardin intérieur est décoré de larges fresques évoquant le folklore de l'Oriental marocain réalisées par des artistes locaux.

Le complexe touristique **Mediterrania-Saïdia**, situé aux portes de la ville, du côté ouest, a été inauguré en 2009 par le roi Mohammed VI, dans le cadre d'un plan de développement de la région. On a misé ici sur le luxe avec des hôtels de grand standing, des golfs, une marina de plus de 800 anneaux. Une zone touristique sans âme, qui a le mérite de générer un dynamisme économique d'envergure dans la région.

À l'ouest de Saïdia, une route pittoresque longe le bord de mer sur 11 km, avant d'atteindre l'embouchure de l'**oued Moulouya,** environnée de marais, où paissent quelques bovins. Ces zones marécageuses envahies de phragmites, de joncs et de touffes de salicorne, déclarées **« site d'intérêt biologique et écologique »**, sont aussi le foyer d'hivernage de différentes espèces d'oiseaux d'eau, comme les poules sultanes, les canards colverts, les sarcelles marbrées et les oies cendrées.

Carnet pratique

S'informer

Délégation du tourisme – *Angle bd Mohammed V et pl. du 16 Août - ☎ 05 36 68 56 31*

Bureau de tourisme– *Gare ferroviaire.*

Adresses utiles

Institut français du Maroc – *Lotissement Chabab 9 et 11, al-Qods - ☎ 05 36 68 44 04 - www. if-maroc.org.* Expositions, films, concerts, spectacles et conférences.

Arriver/Partir

Avion

Aéroport Oujda - Angads – *15 km du centre-ville, sur la rte de Nador - ☎ 05 36 68 36 36 - www.onda.ma.* Vols réguliers pour, Casablanca, Paris et Bruxelles. Grands taxis pour se rendre de l'aéroport à Oujda *(150 DH)* ; à Saïdia *(250 DH).*

Royal Air Maroc – *45 bd Mohammed V, rdc de l'Hôtel Oujda - ☎ 05 36 71 07 40.*

Train, car

Gare ferroviaire – *Pl. de l'Unité Africaine (extrémité ouest du bd Zerktouni) - ☎ 05 36 68 31 33 - www.oncf.ma.* Trains pour Casablanca, Fès.

Gare routière – *Au sud de la gare ferroviaire, au-delà de l'oued Nachef.* Cars pour Casablanca, Fès, Taza, Figuig, Nador.

À Saïdia

Grands taxis – *R. Laâyoune.* Pour Oujda et Nador.

Voiture

Se garer – Stationnez bd Mohammed V, très central.

Avis - *Aéroport - ✆ 05 36 70 16 16.*

Europcar – *Aéroport- ✆ 05 36 70 44 16.*

Hertz - *Aéroport ✆ 0802 00 77 78.*

Nos adresses

Restauration

Budget moyen, 100 à 200 DH

1 **Le Comme Chez Soi** – C3 - *8 r. de Sijilmassa - ✆ 05 36 68 60 79 - 🍷 - ouvert midi et soir toute l'année - 100/150 DH.* Spécialités de poissons : loups, daurades, mérous grillé ou au four ; tajines de poisson.

Petite pause

Plusieurs salons de thé, pâtisseries et glaciers sur le bd Mohammed V.

À Saïdia

Vous pourrez prendre un verre dans l'un des nombreux **beach clubs** situés le long de la plage (plusieurs proposent en saison une restauration rapide) ou à l'une des terrasses qui jalonnent le bd Mohammed V, face à la mer.

Boulangerie-pâtisserie Rimal – *Bd Zerktouni.* Grande boulangerie-pâtisserie moderne. Pâtisseries européennes ou marocaines à emporter ou à déguster sur place.

Shopping

Souk – *Merc. et dim.*

Activités

Randonnée

Association nature et patrimoine (Anap) – *Bd Mohammed VI - bibliothèque municipale Essaoura, Al-Qods - ✆ 06 62 20 50 00 - www.naturepatrimoine.org.* Ayant pour objet la protection et la mise en valeur du patrimoine naturel et culturel de la région orientale du Maroc, elle œuvre pour l'essor de l'écotourisme et le développement durable. Elle a publié le guide, *Promenades dans l'Oriental marocain (téléchargeable sur le site internet)*, qui propose 11 circuits pédestres, de la médina d'Oujda à la palmeraie de Figuig, ainsi qu'un topoguide de 20 circuits-découverte dans la région.

Pêche

Lac du barrage Mechrâa Hammadi, à 80 km d'Oujda, vers Nador.

Sports nautiques

Station balnéaire de **Saïdia**.

Hébergement

Budget moyen, 400 à 700 DH

4 **Hôtel Ibis Oujda** – A2 - *Bd Abdellah Chefchaouni - place de la Gare - ✆ 05 36 68 82 02 - www.all.accor.com - P - 81 ch. - 625 DH - .* Établissement propre et confortable, dans la tradition de qualité de cette chaîne hôtelière.

Pour se faire plaisir, 700 à 1 200 DH

1 **Hôtel Atlas Orient** – C4 - *Pl. Syrte - av. Idriss al-Akbar - ✆ 05 36 70 06 06 - www.hotelsatlas.com - P - 98 ch. - 800 DH - .* Cet hôtel de la chaîne Atlas propose des prestations de qualité avec centre de remise en forme, restaurants et bar.

1

Kasbah des Oudaïas à Rabat.
Natalia Babok/iStock

2

Rabat et la côte atlantique Nord

CARTE MICHELIN 742, PLIS 6-9

Rabat et la côte atlantique Nord

Immersion urbaine au cœur de l'une des plus belles villes impériales du royaume, plaisirs balnéaires et découverte des réserves d'oiseaux migrateurs, cette portion nord de la côte atlantique ravira les amateurs de culture, à la recherche de calme et de nature.

Capitale politique et administrative, Rabat a pris un nouveau souffle : aménagement de la rive du Bou Regreb en agréable lieu de promenade et de sortie, théâtre futuriste au bord du fleuve, sans oublier le projet d'une tour de 250 m de haut qui sera la plus haute d'Afrique.

En remontant la côte, vous vous promènerez dans les jardins exotiques de Bouknadel, observerez les oiseaux sur la lagune de Merja Zerga, et profiterez de la fraîcheur des ruelles de la médina d'Asilah aux remparts frappés par les embruns.

Se repérer

Rabat et sa côte Nord constituent la dernière portion de la côte atlantique Nord avant d'arriver à Tanger et au détroit de Gibraltar.

Organiser son temps

Prenez le temps de flâner, prévoyez une demi-journée de battement pour une balade à pied ou un après-midi en barque.

À ne pas manquer

La médina de Rabat et la kasbah des Oudaïas, la lagune de Merja Zerga à Moulay Bousselham et les plages tout le long de la côte…

En famille

Toutes les activités liées à la mer et la découverte des oiseaux migrateurs qui peuplent la lagune de Merja Zerga, ainsi que le parcours pédagogique des jardins exotiques de Bouknadel.

RABAT ET
LA CÔTE ATLANTIQUE NORD
0
25 km
RABAT ★★★ Vaut le voyage
Salé ★★ Mérite un détour
Asilah ★ Intéressant
Arbaoua À voir
OCÉAN ATLANTIQUE
N
TANGER
TETOUAN
OUAZZANE
MEKNES
MEKNES
CASABLANCA
ROMMANI
A
B
1
2
3
Asilah
Cromlech de M'Soura
Lixus
Larache
O. Loukos
Moulay Bousselham
Arbaoua
Banasa
O. Sebrou
O. Beth
Thamusida
Sidi Yahya du Rharb
Mehdiya
Mehdiya-Plage
Kénitra
Musée Dar Belghazi
Jardins exotiques
Salé
RABAT
Forêt de la Maâmora
Oued Grou
O. Bou Regreg
N1
A5
R417
R410
P 4208
R408
P 4234
P 4232
R 413
R 409
N4
R705
A1
R 405
N 6
A2
R401
P 3331

Rabat ★★★

Rabat est une capitale moderne, verte et attrayante. Elle l'était déjà, avec son centre datant de l'époque du protectorat, un ensemble clair et ordonné où abondent les témoignages des audaces architecturales des années 1930-1950. Descendez la majestueuse avenue Mohammed V pour vous en convaincre. Et perdez-vous ensuite dans la médina pour découvrir que Rabat n'est pas née d'hier : ses plus anciens édifices remontent au 12e s. C'est l'ensemble de ce patrimoine qui a convaincu l'Unesco d'inscrire la ville au Patrimoine mondial en 2012. La capitale marocaine ne s'est pourtant pas endormie sur ses lauriers. Depuis les années 2010, Rabat est un chantier permanent : chaque année apporte son lot d'aménagements nouveaux, voies de circulation, zones de loisirs et espaces verts, installations sportives, institutions culturelles. Parmi ces dernières, un audacieux théâtre planté sur le bord du fleuve, et l'imposant musée Mohammed VI d'Art moderne et contemporain. Jusqu'à certains quartiers de la médina qui font peau neuve avec la réhabilitation des anciennes demeures bourgeoises en somptueux riads.

Se repérer

627 932 habitants (les R'batis)

CARTE P. 91 (A3) – *carte Michelin 742, plis 5 et 8* – Posée sur la côte atlantique à l'embouchure du Bou Regreg, à 60 km au nord-est de Casablanca, Rabat se présente comme une ville moderne organisée autour du boulevard Mohammed V, où se concentrent la plupart des immeubles administratifs. C'est à la périphérie de cette cité que se trouvent les principaux points d'intérêt de la ville : l'ensemble constitué par la tour Hassan et le mausolée de Mohammed V est situé sur un plateau dominant le fleuve ; la médina et la kasbah des Oudaïas sont posées aux abords de l'estuaire du fleuve (on y accède par l'avenue Tarik al-Marsa). Enfin, l'ensemble du Chellah se trouve hors les murs, à proximité de Bab Zaers.

À ne pas manquer

La kasbah des Oudaïas et la médina, sans oublier le Chellah.

Organiser son temps

Rester un ou deux jours est un minimum pour découvrir les richesses. D'autant plus que la visite de Salé, toute proche, s'impose aussi.

En famille

Les activités balnéaires et la visite des sites historiques très nombreux que compte Rabat.

Carnet pratique p. 108

Nos adresses p. 109

Se promener

★ La médina et ★★ La kasbah des Oudaïas PLAN II P. 101

Promenade à pied, circuit 1 tracé sur le plan II : env. 3h.

L'**avenue Hassan** II longe le « mur des Andalous », élevé au 17e s., qui sépare la médina de la ville nouvelle.

Prendre, à droite du marché couvert, l'avenue Mohammed V, qui pénètre dans la médina ; tourner aussitôt à droite.

La médina de Rabat.
saiko3p/iStock

Rue Souika PLAN II D3

C'est l'artère principale de la médina : une immersion dans la foule du petit peuple r'bati, à la recherche de vêtements et d'articles bon marché. Le plastique et la contrefaçon sont rois. Elle mène à la Grande Mosquée, dont on aperçoit le minaret au fond à droite de la rue : ce sanctuaire a été reconstruit à la fin du 19e s. À l'approche de la mosquée, la rue s'est couverte de lattes de bois toute neuves : c'est le **souk es-Sebat**, où dominent marchands de babouches et maroquiniers. *Tourner à gauche.*

★ La rue des Consuls et ses abords PLAN II D3

Jusqu'au début du 20e s., cette rue abritait les résidences des diplomates européens. C'est là aujourd'hui que vous trouverez le meilleur de l'**artisanat** r'bati : épais tapis, tentures de Salé, broderies de soie, cuivres martelé, cuirs...
Sur la droite (nos 109 et 93) s'ouvrent deux anciens **fondouks** répartis autour de tours carrées où les voyageurs de passage laissaient leurs mules. Remarquez à droite, l'impasse du Consulat de France. Le père du poète André Chénier, représentant du roi de France au Maroc, vécut, de 1768 à 1782, au no 62 de la rue des Consuls. Les boutiques de la rue des Consuls masquent un quartier bien différent. Pour s'en faire une idée, prenez à gauche, entre les nos 32 et 30, dans une ruelle qui s'amorce sous une maison : à deux pas de l'agitation et du bruit, voici le calme et le silence d'une vieille cité bourgeoise. Les étroites venelles se faufilent entre de hautes façades d'une blancheur éblouissante. C'est dans ce quartier que s'installèrent au début du 17e s., les réfugiés musulmans chassés d'Espagne. Ils apportèrent avec eux l'esprit de la Renaissance bien visible dans l'encadrement des portes de leurs somptueuses **demeures** : d'imposantes entrées soulignées par un encadrement de pierre de taille, avec leurs arcs en plein cintre soutenus par des pilastres posés sur un linteau lui-même hissé par des colonettes ouvragées. Un ensemble qui aurait pu annoncer la demeure d'un noble hidalgo. Çà et là, une décoration de stuc vient apporter une touche hispano-andalouse. Les travaux de réhabilitation

Un long passé

Sala Colonia

C'est au sud-est de la ville actuelle, à l'emplacement du Chellah, que l'on trouve les origines de Rabat. Dès le 8e s. av. J.-C. y apparaît un établissement maurétanien, colonisé ensuite par les Phéniciens. Puis viennent les Romains. Le mot *Chellah* est, en effet, la déformation du latin *Sala*, nom donné alors au Bou Regreg, dont les méandres ont divagué depuis, mais qui baignait à cette époque la ville même de **Sala Colonia**. Le port fluvial, que sa distance de la mer mettait à l'abri de toute surprise, était aussi l'un des postes avancés de l'occupation romaine *(voir « Larache »)* en Maurétanie Tingitane.

La ville berbère

L'Empire romain disparu, subsiste une petite cité, qui sera peu à peu islamisée puis déclinera, après l'ensablement de son port. Au 10e s., les Zénètes dominent une vaste région au nord du Bou Regreg. Maîtres du Chellah, ils édifient Salé et fortifient sur la rive gauche l'éperon rocheux où s'élève aujourd'hui la kasbah des Oudaïas : une garnison de moines-soldats y est installée pour tenir en respect les populations hérétiques qui occupent le pays au sud du fleuve. Ce *ribat* (couvent fortifié) a donné son nom à la ville. La position gagne encore en importance lorsque les Almohades entreprennent la guerre sainte en Espagne. Le sultan **Abd el-Moumen** fait de la kasbah une véritable place forte comportant un palais et une mosquée. L'ambition de son petit-fils, Yacoub al-Mansour, est plus grande encore.

Le grand dessein du sultan

Yacoub al-Mansour a-t-il voulu, comme on l'a dit, créer à l'embouchure du Bou Regreg une nouvelle Alexandrie ? Toujours est-il que son règne (1184-1199) est marqué par un essor sans précédent de Rabat. Il s'emploie à faire de la ville une vaste et somptueuse capitale, mais tout entière tournée vers la lutte contre l'infidèle, immense camp où se rassemblent les troupes destinées à l'Espagne. Les réalisations sont grandioses. Deux longues murailles se coupant à angle aigu courent sur 6 km de l'Atlantique au Bou Regreg, flanquées de cinq portes monumentales. Les travaux reprennent à la kasbah, où s'édifie la grande porte des Oudaïas, tandis que, plus au sud, commence à s'élever la colossale mosquée de Hassan, qui doit dépasser en majesté la Giralda de Séville et la Koutoubia de Marrakech. Pour couronner le tout, un nom prestigieux : **Ribat al-Fath**, le *ribat* de la victoire. C'est ainsi qu'on appellera la ville après la bataille d'Alarcos (1195) gagnée sur les Castillans par l'armée d'al-Mansour.

Mais le glorieux sultan disparu, les travaux sont abandonnés. L'effondrement des Almohades entraîne le déclin de Rabat. Si la piété des Mérinides redonne vie quelque temps au Chellah, seule la kasbah est encore habitée au 16e s. et Rabat s'étiole dans sa grande enceinte vide.

Une république de pirates

Le 17e s. voit affluer une population d'un genre nouveau. Il y a de tout parmi ces immigrants, mais la plupart viennent d'Espagne, où les Rois Catholiques leur rendent la vie difficile. Les premiers arrivés se sont solidement installés dans la vieille kasbah, dont ils ont relevé les murs. Par milliers, des **Andalous** les rejoignent, après le décret de Philippe III chassant les derniers

Maures d'Espagne (1609). Fortement hispanisés, beaucoup de ceux-ci ont oublié l'arabe et certains sont chrétiens. Au sud de la kasbah, ils construisent une ville nouvelle ; ils la ferment par le « mur des Andalous », muraille ouest-est qui limite encore aujourd'hui la médina.
Entre-temps, des groupes nombreux d'individus peu recommandables sont venus grossir ces flots d'immigrants : pirates mauresques de la côte, chrétiens renégats, forbans de toutes nationalités. Tout ce monde éprouve quelque difficulté à s'entendre. Mais très vite, une activité commune galvanise les énergies et suscite la richesse : la **piraterie**. Redoutés de l'Europe sous le nom de « corsaires de Salé », les pirates de Rabat ont pris goût à cette occupation dangereuse mais rémunératrice (Robinson Crusoé aurait été, selon Daniel Defoe, esclave à Salé avant d'échouer sur son île déserte). La vieille ville de Salé, subjuguée et désormais complice, est une république indépendante qui, de 1621 à 1647, étend son pouvoir sur les deux rives du Bou Regreg, s'enrichit du trafic des pirates, traite d'égal à égal avec les puissances étrangères.

La ville alaouite

L'autorité des Alaouites s'étend cependant sur la ville. Maîtres de Rabat depuis 1666, Moulay Rachid et ses successeurs complètent les fortifications de la kasbah et du port, tant pour contenir les turbulences de la cité qu'en prévision d'attaques étrangères. Mais, bientôt, le déclin de la « course » affecte l'expansion de la ville. Et si celle-ci conserve au 19e s. quelque lustre, elle le doit à l'insécurité de la route impériale de Fès à Marrakech, qui obligeait les souverains à faire le détour par Rabat. Aussi vit-on s'élever, à l'angle sud des vieux murs almohades, une résidence, qui est à l'origine de l'actuel palais royal.
En 1912, la capitale avortée de Yacoub al-Mansour devient le cerveau du Maroc moderne quand le sultan Moulay Youssef s'installe à Rabat. **Lyautey** lui imprime sa marque personnelle et surveille l'édification des quartiers neufs. Entre la médina et le palais royal, le vaste espace clos par la muraille almohade trouve enfin son emploi, tandis qu'au-delà, vers l'ouest, les constructions vont bon train. Pour loger les services administratifs, on élève de gracieuses demeures entourées de jardins, construites dans un style où s'unissent souvent les traditions mauresques et les tendances de l'architecture moderne.
Aujourd'hui, Rabat fait peau neuve. Ville calme, résidence habituelle du roi, siège des ambassades et de l'université Mohammed V, elle connaît une croissance rapide et brigue le titre de « capitale culturelle » du Maroc. Ses atouts sont nombreux. L'artisanat y est resté vivant (tapis, tissus, ferronnerie) et la beauté de la ville, ainsi que le prestige du passé, lui valent une importante fréquentation touristique.
Le plan d'aménagement de la vallée du Bou Regreg a redessiné et redynamisé la ville. Le chenal a été dragué, et les quais aménagés en espace de promenade aéré, ponctué de bars et salons de thé. Deux autres projets d'envergure ont décongestionné la capitale économique et permettent davantage d'échanges entre Rabat et Salé : le creusement du tunnel sous les Oudaïas et, en 2011, la mise en service du tramway joignant les villes jumelles.

Ribat Al Fath

Ce nom qui fut donné à la ville de Rabat au 12e s. par Yacoub al-Mansour est aujourd'hui celui d'une association qui œuvre pour le développement culturel, social et économique de la capitale, et qui en tant que telle fait souvent parler d'elle. Née en 1986 et reconnue d'utilité publique, elle s'appuie sur de petites associations locales constituées de bénévoles pour organiser bon nombre d'actions s'articulant autour de cinq axes principaux :
– un axe festif (organisation ou participation à diverses manifestations culturelles et artistiques)
– un axe intellectuel et scientifique (colloques et séminaires internationaux rassemblant historiens, chercheurs et enseignants comme celui qui eut pour thème le 800e anniversaire de la capitale) ;
– un axe sportif (organisation du premier semi-marathon international et des premières Olympiades de Rabat pour jeunes, participation au Raid de l'amitié) ;
– un axe économique et un axe urbanistique et spatial (études sur l'esthétique et l'hygiène de la ville, mise en valeur des monuments, sauvegarde de la médina).

entrepris par la municipalité, avec notamment le pavage des rues, ont rendu au quartier son élégance d'origine. Nombre de ces opulentes demeures abritent aujourd'hui des maisons d'hôte de charme. Par les ruelles qui grimpent doucement vers l'avenue Laalou, vous gagnerez rapidement la kasbah des Oudaïas.

★★ La kasbah des Oudaïas PLAN II D3

Cette citadelle est ainsi appelée parce qu'un contingent de la tribu des Oudaïas y fut installé par les sultans alaouites pour y tenir garnison et surveiller la ville. Mais sa création remonte au 10e s.

★★ Porte des Oudaïas – Bâtie à la fin du 12e s. par Yacoub al-Mansour sur le plus haut lieu de Rabat, c'est un bel exemple de l'habileté des architectes almohades à faire d'un ouvrage défensif une authentique œuvre d'art. Massive mais de proportions harmonieuses, entièrement taillée dans une belle pierre rousse, c'est une véritable forteresse comportant une enfilade de trois salles pouvant loger une petite garnison. L'entrée est protégée par deux robustes saillants dont la seule décoration est faite de l'alternance d'assises épaisses et minces de la pierre. Entre eux s'ouvrent deux arcs concentriques en fer à cheval outrepassés et brisés ; le plus grand s'orne de lobes pointus entourés d'entrelacs façonnés en relief profond. Aux écoinçons s'épanouissent deux grandes palmettes. Une inscription en caractères coufiques court le long du bandeau et retombe de part et d'autre des arcs. Une large frise d'arcatures aveugles couronne le tout, prolongée par deux consoles en saillie que supportent des colonnettes. La porte est en chicane pour rendre plus difficiles les assauts.

Contourner la porte puis prendre à droite la rue Jamaa.

En passant, jetez un coup d'œil sur l'autre face de la porte. Sans atteindre la majesté de la première, elle ne manque pas de caractère. L'absence de saillants, inutiles du côté intérieur, donne plus d'espace et de liberté au décor sculpté.

Plate-forme du sémaphore PLAN II D3 – La rue Jamaa traverse la kasbah. Remarquez, à gauche, la plus vieille mosquée de Rabat ; fondée vers 1150 par les Almohades, elle a été reconstruite au 18e s. Au-delà d'une porte, ouvre la plate-forme du sémaphore : belle **vue★** sur l'embouchure du Bou Regreg et sur le grand cimetière musulman qui s'étale sur le versant de la colline entre la médina et la mer.

Revenir à la porte des Oudaïas et descendre à droite le long de la muraille. À gauche, entre deux vieux canons, une porte s'ouvre dans la muraille sur une allée qui conduit au jardin des Oudaïas.

★ **Jardin des Oudaïas** PLAN II D3 – Son enceinte fortifiée par Moulay Rachid voyait jadis une grande agitation : gardes, palefreniers, esclaves, gens du caïd ou du sultan s'y affairaient. Mais tout est calme aujourd'hui dans l'agréable jardin andalou qu'on y a aménagé au début du siècle. Baignant au passage une vieille noria, l'eau coule paisiblement parmi les terrasses étagées, plantées de citronniers, de cyprès et de daturas.

Dans le mur est du jardin, une porte donne accès à la terrasse du **Café Maure**, qui domine le Bou Regreg. Vous ne manquerez pas d'y déguster le thé à la menthe, d'autant que la **vue**★ sur le fleuve et Salé est très belle, surtout au coucher du soleil.

★ **Musée national des Bijoux (ancien musée des Oudaïas)** PLAN II D3 – *fermé pour une durée indéterminée.*

Ouvrant sur le jardin, ce palais fut construit à la fin du 17e s. sous le règne de Moulay Ismaïl. Ce fut sans doute un pied-à-terre pour le sultan ou la résidence du caïd de la kasbah, avant d'être converti en *medersa*. Le vaste patio s'orne d'une vasque de marbre blanc ; il est cerné de sobres colonnes, jumelées aux angles, qui supportent les arcs outrepassés de la galerie.

Une pièce est dédiée aux bijoux de la préhistoire. Les premiers éléments de parure au Maroc remonteraient au 23e millénaire av. J.-C. ! Objets d'apparat ou offrandes pour les défunts, ces derniers passent de la pendeloque en pierre, en os ou en dent, à des formes plus sophistiquées, lors de la période préislamique, qui mêlent or, argent, bronze et pierres précieuses. Une autre salle s'attache à différencier le bijou citadin – couronne de mariée, pectoral, généralement en or ou en argent doré – et le bijou rural – exclusivement en argent ; les plus beaux éléments venant de l'Anti-Atlas. Des objets d'apparat masculin – fusils, sabres, poignards, pistolets –, symboles de puissance et d'honneur, sont exposés et des vitrines présentent les habits traditionnels du cavalier et de la femme mariée.

Vous découvrirez également les techniques de fabrication des bijoux : moulage, découpage, niellage, filigrane, gravure, dorure, etc. Enfin, un autre bâtiment tout proche met en valeur la grande diversité régionale de la bijouterie marocaine. Rabat, Fès, Meknès, Tetouan, Marrakech, Essaouira, l'Anti-Atlas, le Sahara marocain, chaque ville, chaque région a ses propres caractéristiques, son propre style.

Franchir à nouveau la muraille, traverser la rue pour rejoindre en face la place Souk el-Ghezel ; emprunter la petite porte qui donne accès à la médina.

De la kasbah des Oudaïas à l'avenue Hassan II PLAN II DE3

On suit une ruelle qui rejoint la rue Skaia Bel Mekki. Sur la droite, une élégante fontaine est adossée à **Dar Lemrini**, demeure andalouse construite en 1920 qui accueille aujourd'hui des manifestations culturelles.

Poursuivre la rue et prendre à gauche la rue Sidi Boukerkat, puis à droite la rue That el-Hamman.

Parmi les nombreux sanctuaires qui bordent celle-ci, la **mosquée Moulay el-Mekki** présente un élégant minaret octogonal orné d'arcs à stalactites au-dessus des fenêtres et une jolie porte surmontée d'un auvent de bois peint.

La rue Sidi Fatah longe, à l'angle de la rue Souika, la mosquée Moulay Sliman (1812) et ramène, par Bab al-Bouiba, à l'avenue Hassan II.

★ L'avenue Mohammed V et ses environs PLAN II D3-4

Promenade à pied, circuit 2 tracé sur le plan II p. 101. Pour certains sites, nous indiquons les stations de tramway s'il y en a à proximité. Env. 3h, plus si vous visitez tous les musées.

2

SE RESTAURER - plan I

Le Picolo's. 20
Chez Ouazzani. 25

SE RESTAURER - plan II

Mister Brochettes. 2
Dar Naji. 3
Dinarjat. 4
Le Dhow. 5
El Bahia. 6
Le Ziryab. 7
Ty Potes. 11
Le Goéland. 16
Casa José. 19
Le Petit Beur. Dar Tajine. . . . 22
Tajine Wa Tanjia. 31
Zerda. 33

SE LOGER - plan I

Villa Mandarine. 32

SE LOGER - plan II

Hôtel des Oudaïas. 10
Dar el Kebira. 11
Riad Zyo. 12
Hôtel Le Pietri. 21
Hôtel Majestic. 23
Hôtel Rabat. 25
La Tour Hassan Palace. 31
Mercure Shéhérazade. 34

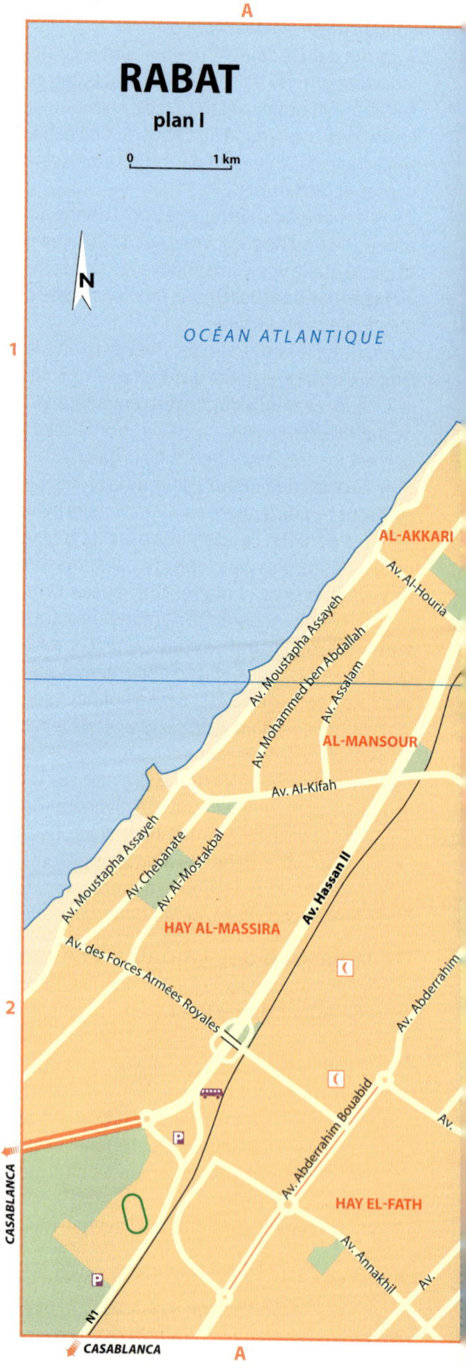

B
C
TANGER
voir plan de Salé
Av. Mohammed V
TABRIQUET
SALÉ
Av. A. Torres
MEKNÈS
N 6
Av. Hassan II
KHÉMISSET
Av. de Fès
BETTANA
KASBAH DES OUDAÏAS
Av. Al-Massira al-Khadra
MÉDINA
Pont Hassan II
Grand Théâtre de Rabat
Bd Mokhtar Gazoulit
OCÉAN
1
Mausolée de Mohammed V
HASSAN
Av. de la Résistance
Av. Hassan II
Rte Aïn Houlla
Av. Moulay Hassan
Oued Bou Regreg
Av. An-Nasr
Pl. Mohammed Zerktouni
CHELLAH
Rocade 2
25
Palais Royal
Av. Imam Malik
AGDAL
voir plan II
2
YOUSSOUFIA
Av. Ibn Sina
Av. des Nations Unies
Av. Tadla
Rte Tariq al-Oujla
Av. Ad-Doustour
20
Av. Mohammed VI
Av. El-Haouz
TAQADDOUM
KENITRA
Bouabid
Av. Ahmed Balafrej
Av. Ahmed Reda Gdira
A1
Av. Lalla Meriem
SOUISSI
2
Barka
Av. Mohammed VI
Av. Mohammed ben Hassan el-Ouazzani
Al-Melia
ben
Av. Oulad Saïd
32
Mehdi
Av. Bir Kassem
A1
LES AMBASSADEURS
R 401
CASABLANCA
B
ROMMANI
OUED ZEM
C

Un jardin hispano-mauresque

Le jardin des Oudaïas est l'un des exemples de **riad**, ou jardin clos, que l'on rencontre souvent au Maroc, et qui est conçu suivant le plan classique des jardins de style hispano-mauresque.
Toujours clos de hauts murs (ici, aux Oudaïas, une muraille crénelée, flanquée de tourelles, qui entoure le jardin et le sépare du monde extérieur), le riad, dont la composition s'inscrit dans un rectangle plus ou moins régulier, est souvent doté, lorsqu'il ne fait pas partie intégrante d'une demeure, de bâtiments qui se font face à deux de ses extrémités. Ces salles largement ouvertes avec galeries ou ces pavillons en avant-corps sont alors reliés par plusieurs allées rectilignes dallées, plus ou moins larges, se coupant à angle droit, des vasques ou des jets d'eau marquant leurs points de rencontre. Le jardin constitue cependant le plus souvent le cœur de riches demeures ou de palais autour duquel ces derniers s'articulent, se dotant de loggias, de balustrades en fer forgé ou de fines galeries de bois et d'un kiosque au dôme souvent peint d'arabesques. Il offre au regard une profusion de fleurs et d'arbustes – bananiers, citronniers, daturas, lauriers-roses, orangers – distribués sans plan apparent dans des carrés qu'arrosent des seguias, et mêlant parfois leurs branches aux masses sombres de cyprès qui encadrent une fontaine centrale.
Mais le charme particulier de ce type de jardin, c'est qu'il participe à l'ordonnance architecturale de l'édifice pour lequel il a été conçu et procure une forte impression de paix et de fraîcheur.

★ Avenue Mohammed V PLAN II D3-4

L'avenue emblématique de la ville moderne est un agréable lieu de promenade. De la médina à la **mosquée As-Sounna** (18e s.), cette majestueuse artère est bordée d'élégantes boutiques, de terrasses de café et d'immeubles typiques de l'époque du protectorat. Dès les années 1920, les autorités ont voulu constuire une ville nouvelle fonctionnelle et aérée, une « ville-jardin » dont le plan est conçu par le paysagiste Jean Claude Nicolas Forestier. En 1923 est inaugurée la **gare de Rabat Ville**, dans le style orientalisant de l'époque. Elle a fait l'objet d'un sérieux *lifting* et a retrouvé tout son pimpant des origines. Son architecte, Adrien Laforgue, est également l'auteur de la **Chambre des représentants**, le **Parlement** voisin de la gare. L'édifice doit son austérité grandiose à sa fonction première de palais de justice.

★ Musée Bank al-Maghrib PLAN II D3

Angle av. Allal ben Abdellah et r. al-Qahira - ✆ 05 37 21 64 72 - www.bkam.ma - mar.-vend. 9h-17h30 ; sam. 9h-12h, 15h-18h, dim. 9h-13h - 20 DH.

Les collections se déclinent en deux temps : numismatique et art moderne et contemporain.
Vous verrez tout d'abord une splendide collection de pièces de monnaie, depuis l'Antiquité grecque jusqu'aux dynasties musulmanes. C'est bien le moins pour un établissement bancaire, elles sont toutes dans un état de conservation remarquable et l'or et l'argent rutilent sous l'éclairage subtil.
La section des Beaux-Arts mérite la visite : en près de 100 tableaux vous passerez des peintres orientalistes des 19 et 20e s. aux créations des artistes marocains d'aujourd'hui. Voyez notamment les œuvres de **Majorelle** et d'**Albert Marquet**. Deux visions du Maroc aux antipodes : l'une éblouissante de lumière et de couleurs, l'autre épurée et sombre.

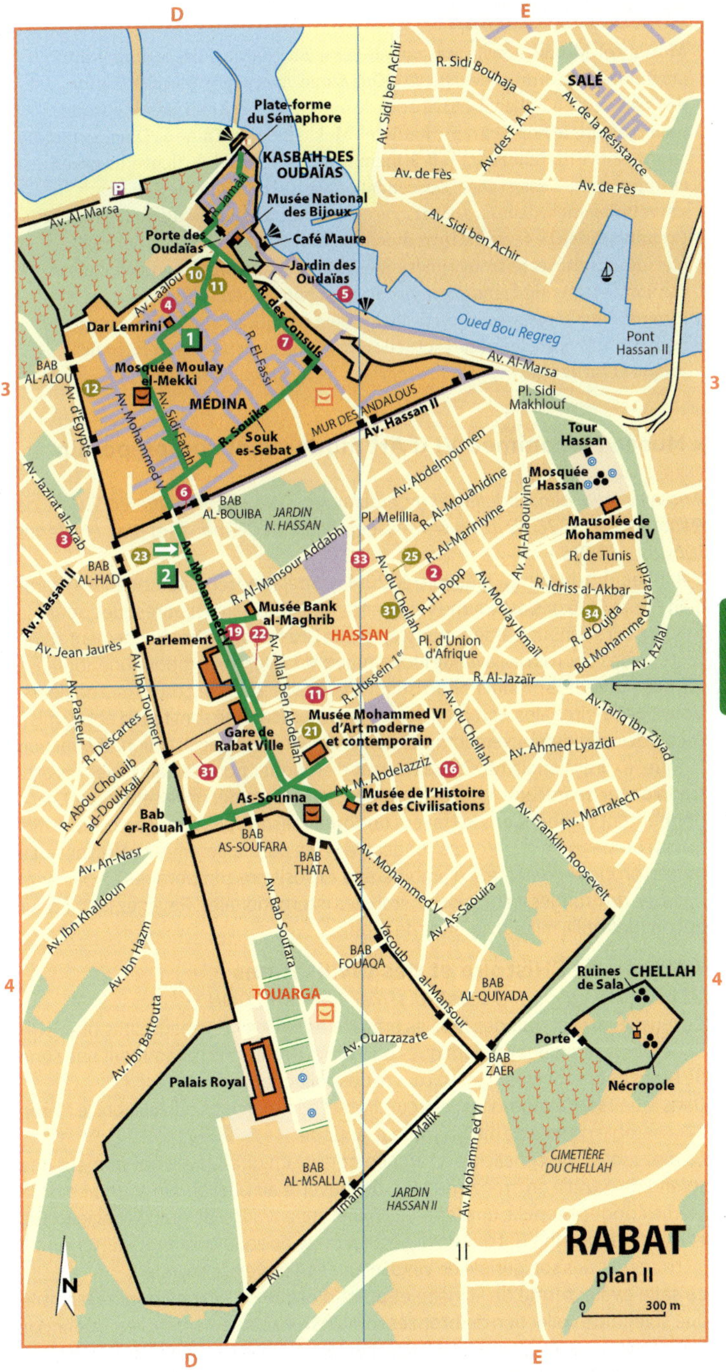
D
E
3
4
Plate-forme du Sémaphore
KASBAH DES OUDAÏAS
Musée National des Bijoux
Café Maure
Porte des Oudaïas
Jardin des Oudaïas
Av. Al-Marsa
P
R. Jamaa
Av. Laalou
Dar Lemrini
R. des Consuls
R. El-Fassi
Mosquée Moulay el-Mekki
MÉDINA
Av. Mohammed V
Av. Sidi Fatah
R. Souika
Souk es-Sebat
MUR DES ANDALOUS
Av. Hassan II
BAB AL-ALOU
Av. d'Égypte
Av. Jazirat al-Arab
BAB AL-BOUIBA
JARDIN N. HASSAN
BAB AL-HAD
Av. Hassan II
Av. Mohammed V
R. Al-Mansour Addahbi
Musée Bank al-Maghrib
Parlement
Av. Jean Jaurès
Av. Ibn Toumert
Av. Allal ben Abdellah
HASSAN
Av. Pasteur
R. Descartes
R. Abou Chouaib ad-Doukkali
Gare de Rabat Ville
Musée Mohammed VI d'Art moderne et contemporain
As-Sounna
Bab er-Rouah
BAB AS-SOUFARA
BAB THATA
Av. M. Abdelazziz
Musée de l'Histoire et des Civilisations
Av. An-Nasr
Av. Ibn Khaldoun
Av. Ibn Hazm
Av. Ibn Battouta
Av. Bab Soufara
TOUARGA
Palais Royal
BAB FOUAQA
Av. Yacoub al-Mansour
Av. Mohammed V
Av. As-Saouira
BAB AL-QUIYADA
Av. Ouarzazate
BAB ZAER
BAB AL-MSALLA
Av. Imam Malik
JARDIN HASSAN II
Av. Mohammed VI
R. Sidi Bouhaja
SALÉ
Av. de la Résistance
Av. des F. A. R.
Av. Sidi ben Achir
Av. de Fès
Av. de Fès
Av. Sidi ben Achir
Oued Bou Regreg
Pont Hassan II
Av. Al-Marsa
Pl. Sidi Makhlouf
Tour Hassan
Mosquée Hassan
Mausolée de Mohammed V
Av. Abdelmoumen
Pl. Melillia
R. Al-Mouahidine
R. Al-Mariniyine
Av. Al-Alaouiyine
Av. du Chellah
R. H. Popp
Av. Moulay Ismaïl
R. de Tunis
R. Idriss al-Akbar
R. d'Oujda
Bd Mohammed Lyazidi
Av. Azilal
Pl. d'Union d'Afrique
R. Hussein 1er
R. Al-Jazaïr
Av. Tariq ibn Ziyad
Av. du Chellah
Av. Ahmed Lyazidi
Av. Marrakech
Av. Franklin Roosevelt
Ruines de Sala
CHELLAH
Porte
Nécropole
CIMETIÈRE DU CHELLAH
RABAT
plan II
0 300 m
N

Une légende r'batie

Moulay el-Mekki, dont la mosquée de la rue Sidi Fatah porte le nom, était originaire de la famille des *chorfa* d'Ouezzane. Ayant quitté sa ville natale pour se rendre à Rabat, il arriva à dos de mule à Salé. Mais là, pas de barque pour franchir le Bou Regreg ; Moulay el-Mekki invoqua l'aide de Dieu. Sa mule se mit alors à marcher sur l'eau, le menant sur l'autre rive du fleuve, au grand étonnement de l'assistance. Descendant ensuite l'actuelle rue Sidi Fatah, il s'arrêta devant la demeure d'un riche commerçant atteint d'un mal incurable. Prenant un peu de terre, il l'introduisit dans le nez du malade. Ce dernier éternua aussitôt et se trouva guéri. Reconnaissant, il offrit à son sauveur sa demeure et tous ses biens. À la mort du saint homme, en 1737, son corps fut inhumé dans l'oratoire qui porta dès lors son nom. Son sanctuaire, situé dans la partie la plus ancienne de l'actuelle mosquée, servit ultérieurement de *zaouïa* et fut agrandi à plusieurs reprises. Le minaret date de 1907,

★ Musée Mohammed VI d'Art moderne et contemporain

PLAN II D4

Angle av. Allal ben Abdellah et av. Moulay Hasssan - Tram Mohammed V Gare de Rabat - ✆ 05 37 76 90 47 - www.museemohammed6.ma - tlj sf mar. et j. fériés 10h-18h - 40 DH.

L'architecture du musée, inauguré en 2014, est déjà une réussite. Le cabinet marocain Karim Chakor s'est tourné vers les traditions hispano-mauresques pour à la fois s'inscrire dans un passé national et fondre l'édifice dans l'environnement architectural des abords de l'avenue Mohammed V. L'intérieur propose une copieuse rétrospective de la production artistique marocaine, du début du 20e s. à nos jours. Vous découvrirez ainsi comment les artistes marocains se sont tout d'abord mis à l'école des grands mouvements picturaux internationaux, abstraction, abstraction lyrique, expressionnisme abstrait, avant de renouer pour certains avec les arts traditionnels marocains, (signes, tatouages, entrelacs, décor de céramique), sans pour autant tomber dans le travers de l'orientalisme. Les panneaux explicatifs qui accompagnent le parcours rendent la visite particulièrement attrayante. Le musée propose également d'ambitieuses expositions temporaires en partenariat avec de grandes institutions culturelles internationales. Revenez le soir pour découvrir la jolie mise en lumière de l'édifice.

★ Musée de l'Histoire et des Civilisations PLAN II DE4

23 r. Al-Brihi - ✆ 05 37 2 03 98 - tlj sf mar. 10h-18h - 20 DH.

Ce musée offre le fruit des fouilles pratiquées sur les principaux sites préhistoriques, préislamiques et islamiques du Maroc. Il renferme notamment une série de bronzes qui sont les chefs-d'œuvre des collections.

Dans le hall sont évoqués les liens culturels et commerciaux qui reliaient le Maroc à l'ensemble du monde méditerranéen antique.

La mezzanine est consacrée à l'archéologie islamique. Voyez notamment une splendide gazelle en bronze du 14e s. découverte au Chellah. Un astrolabe de la même époque rappelle que les musulmans étaient aussi de grands navigateurs et explorateurs. Ibn Battouta qui vécut à cette époque aurait pu utiliser un tel instrument dans son périple de vingt-neuf ans à travers le monde.

La salle ovale, terme de la visite et point d'orgue de l'exposition, rassemble une splendide collection de **bronzes romains★★** subtilement mis en valeur par l'éclairage : certaines œuvres se rattachent à la tradition hellénistique (Juba II, le pêcheur...), d'autres n'excluent pas une certaine stylisation dans leur traitement

Entrée du Chellah.
G. Lawrence/age fotostock

(chien de Volubilis). D'autres pièces provenant de Mogador, Banasa, Lixus, Cotta sont présentées par thèmes évoquant la vie publique et privée aux époques phénicienne, carthaginoise, maurétanienne et romaine (céramiques peintes, diplômes militaires, statues des dieux locaux, mobilier en bronze...).

★ Bab er-Rouah PLAN II D4

Tram *Bab Rouah.*

Enchâssée dans la muraille almohade, cette porte – son nom signifie « porte des Vents » car elle est fouettée par les vents marins – est contemporaine de celle des Oudaïas. C'est un ouvrage défensif en chicane. Deux énormes saillants donnent quelque rudesse à la façade de pierre, dont la sculpture offre pourtant une aimable composition : deux grands arcs festonnés dessinent les lignes maîtresses ; dans chaque écoinçon une grande palmette s'épanouit dans une végétation d'entrelacs ; une citation ancienne se déroule sur le bandeau, tandis que deux colonnettes d'angle ajoutent une note de fantaisie au monument.

L'intérieur comporte plusieurs salles dont deux à ciel ouvert ; la première est couverte d'une remarquable coupole sur trompes, à cannelures rayonnantes. La galerie Bab Rouah installée dans ces salles présente régulièrement des expositions d'artistes marocains contemporains. **Mohamed Chebaâ**, **Hassan el-Glaoui**, **Labied Miloud**, **Mohamed Melehi** et **Farid Belkahia**, entre autres, y exposèrent leurs œuvres à plusieurs reprises. C'est ici que se tint en 1960 la première exposition collective de peintres marocains, annonçant le foisonnement de la création picturale de ces dernières années.

★★ Quartier du Chellah PLAN II E4

Env. 2h. En petit taxi ou en voiture.

★★ Le Chellah PLAN II E4

9h-18h - 70 DH, billet combiné avec les ruines antiques de Sala (compter 20 DH pour se rendre en taxi du centre de Rabat à la porte du Chellah).

Aux portes de la ville, le Chellah sommeille dans un isolement quasi rural. « Le site le plus romantique du Maroc », a-t-on dit ; de fait, une forte impression de mystère et de solitude plane sur ses murailles, ses ruines et ses tombes. Une visite paisible accompagné des cigognes qui ont élu domicile dans les ruines.

Ancienne ville romaine longtemps désertée, le Chellah connut un nouveau destin lorsque, au 13e s., les souverains mérinides choisirent ce lieu pour leur dernier repos. La **muraille** rougeâtre de pisé, partiellement renforcée de pierre et de brique, comporte des tours aménagées en chambres de tir. Elle fut achevée en 1339 par le sultan Abou el-Hassan afin de protéger les tombeaux de ses ancêtres et les fondations pieuses du Chellah.

★ **Porte** – Élégante réussite de l'art mérinide, une belle porte en pierre de taille donne accès à la cité des morts. Sa façade, richement sculptée, est flanquée de deux tours hexagonales : le passage au plan carré des bastions qui les couronnent se fait harmonieusement par des encorbellements garnis de stalactites.

Franchir la porte coudée.

Un sentier coupé d'escaliers descend vers un vallon silencieux où croissent en liberté roseaux et figuiers de Barbarie, micocouliers, oliviers et bananiers : un charme émouvant se dégage de la cité morte, où une végétation vigoureuse envahit les ruines peuplées de cigognes, où des cultes divers se sont succédé à travers les âges, où traînent maintes légendes d'un passé fabuleux. Ne raconte-t-on pas que le Chellah fut jadis une cité merveilleuse où l'or et l'argent se trouvaient en telle abondance qu'on allait jusqu'à en faire les chaînes pour tenir en laisse les ânes et les chiens ? Et qu'aujourd'hui des génies gardent encore des trésors enfouis dans la terre ?

★ **Nécropole** – *Se diriger d'abord à droite, vers les koubbas qu'on aperçoit à flanc de coteau.* Au pied de la dernière (le saint qu'on y vénère est peut-être d'époque préislamique) s'étend un bassin de pierre qui servit de fontaine aux ablutions pour les sanctuaires mérinides. La source miraculeuse qui l'alimente fait l'objet d'un culte dont l'origine remonte sans doute à des temps immémoriaux. Elle contient des anguilles sacrées et des tortues ; on dit aussi qu'au fond de la source vit un poisson fabuleux paré d'anneaux d'or.

Revenant sur ses pas, franchir l'enceinte qui ferme la nécropole royale.

On traverse d'abord une petite mosquée en ruine à trois travées (à gauche, une porte montre encore partiellement un revêtement de céramique vernissée).

Au fond à droite, un passage, près d'un minaret tronqué, donne accès à la **chambre funéraire d'Abou el-Hassan**. Au pied d'un mur de pierre rose finement ciselée, on peut voir la tombe du sultan, mort en 1351, dernier souverain mérinide enterré ici (ses successeurs se firent inhumer à Fès).

Tout près, un autre tombeau : celui de son épouse, une chrétienne convertie à l'islam, dont l'épitaphe nous apprend qu'elle répondait au nom charmant de « Soleil du matin » (Chems ed-Douha). Connue aussi sous le nom de Lalla Chellah, la **« Dame du Chellah »** fait l'objet d'un véritable culte et règne sur tout l'enclos.

Se diriger vers le minaret qui domine la nécropole.

On atteint une cour, pavée de mosaïque autour d'un bassin rectangulaire avec deux vasques ; elle est encadrée de galeries sur lesquelles s'ouvrent de petites cellules. L'édifice, assez ruiné, est une **zaouïa** ; dans cette maison de prières, des lecteurs du Coran assuraient aux hôtes défunts de la nécropole le bénéfice de perpétuelles oraisons.

La disposition des lieux est assez analogue à celle d'une *medersa*. À droite, on peut voir les restes de l'oratoire avec son mihrab cerné d'un couloir semi-circulaire ; il

Autres sites du Maroc romain

Banasa – *Carte Michelin n° 742, plis 5, 9 et 27. Voir à Kénitra, p. 121.*
Cotta – *Carte Michelin n° 742, plis 5 et 9. Voir « Circuit du cap Spartel » à Tanger, p. 43.*
Lixus – *Carte Michelin n° 742, pli 9. Voir à Larache, p. 125.*
Thamusida – *Carte Michelin n° 742, plis 5 et 8-9. Voir à Kénitra, p. 121.*
Volubilis★★ – *Carte Michelin n° 742, plis 5, 9 et 27. Voir p. 264.*

suffisait jadis d'en faire sept fois le tour pour mériter le titre de *hadj*, normalement réservé aux pèlerins de La Mecque. À gauche s'élève le charmant **minaret** construit par Abou el-Hassan, où la pierre, le marbre et la faïence s'allient à la patine des ans pour le plus joli effet ; un nid de cigognes couronne le lanternon décoré de zelliges.
Revenir à l'entrée de la nécropole. Aussitôt après la porte, tourner à droite et longer le mur jusqu'au pied du minaret. À droite s'ouvre l'accès aux ruines romaines.
Ruines de Sala – On remarquera tout d'abord, sur la gauche, une petite fontaine garnie de niches. Le forum auquel on accédait par une rampe s'ouvrait à gauche par un arc de triomphe à trois arches dont on voit encore la base des piles.
À droite de l'arc de triomphe, huit profondes salles voûtées en plein cintre sont d'anciennes boutiques qui soutiennent une terrasse sur laquelle était édifié le temple du Capitole. Au-delà du temple, la voie principale de la ville – le *Decumanus Maximus* – a été dégagée. Elle croise une voie secondaire, pavée de larges dalles, que bordaient une douzaine de boutiques.

2

Palais Royal PLAN II D4

Visite de l'extérieur seulement.
Sur la droite s'ouvre l'entrée principale du palais, grande porte monumentale de pierre jaune au toit de tuiles vernissées.
L'actuel Dar el-Makhzen, édifié en 1864 sur l'emplacement d'un palais de la fin du 18e s., a été considérablement agrandi jusqu'à ces dernières années.
Dans l'enceinte du palais se répartissent des cours et patios andalous autour desquels se trouvent le Cabinet royal, le ministère de la Maison royale et du Protocole et les services du Premier ministre.
Traverser l'esplanade dallée.
À gauche s'élève la mosquée Ahl Fas, où le roi se rend parfois en grand cortège, le vendredi de 12h30 à 13h.

★ Ruines de la mosquée Hassan et mausolée de Mohammed V PLAN II E3 P. 101

Env. 1h.
Un cimetière de colonnes et un minaret inachevé, c'est tout ce qui reste de la plus vaste mosquée d'Occident. Nul monument n'exprime mieux la grandeur de l'empire almohade. Construite par Yacoub al-Mansour vers 1196, ses dimensions inusitées devaient répondre aux besoins d'une troupe nombreuse concentrée en permanence dans le « Ribat al-Fath » pour la guerre sainte. Couvrant plus de 2,5 ha, elle comptait 400 colonnes ou piliers délimitant 19 nefs de 21 travées, et 14 portes. Son plan rectangulaire était d'une parfaite symétrie, ce qui est rare dans les sanctuaires marocains, qui ont souvent été l'objet de remaniements successifs.
Mais l'édifice ne fut jamais terminé. Laissé à l'abandon, il tomba peu à peu en ruine tandis que les habitants de la kasbah venaient y prélever des matériaux

pour leur usage. Le grand tremblement de terre de 1755 lui donna le coup de grâce. (Le beau dallage blanc qui supporte aujourd'hui l'alignement des colonnes est moderne.)

★★ Tour Hassan

Tram *Pont Hassan II.* Le minaret a mieux résisté à la destruction et au pillage. Sa silhouette puissante peut paraître un peu lourde à qui oublierait qu'il s'agit d'une œuvre inachevée.

Construite en gros appareil de pierres, elle est d'une belle couleur ocre. Profondément sculptées, ses quatre faces offrent chacune un décor différent où la force et la subtilité trouvent le juste point d'équilibre d'une perfection toute classique. Les fenêtres sont enchâssées dans des arcatures lobées ou à lambrequins, qui s'élèvent jusqu'au magnifique tapis de réseaux losangés couronnant l'édifice. *Traverser à nouveau les ruines de la mosquée jusqu'à l'extrémité opposée au minaret.*

★ Mausolée de Mohammed V

L'esplanade de la mosquée Hassan est le cadre grandiose choisi pour immortaliser la mémoire de Mohammed V, père de l'indépendance marocaine.

Dans le prolongement du sanctuaire détruit, une nouvelle mosquée prend le relais de l'ancienne. À droite, une élégante colonnade entoure le musée-bibliothèque où seront rassemblés les souvenirs du roi défunt ; à gauche s'élève le **mausolée★** de style traditionnel conçu par l'architecte **Éric Vo Toan**.

Les tombeaux de Mohammed V et de ses deux fils (Hassan II repose du côté opposé à l'entrée, dans le coin gauche) sont placés dans une vaste chambre funéraire que surplombe une galerie courant le long des murs de marbre, richement décorés ; la salle est couverte d'une somptueuse coupole d'acajou et de cèdre revêtue de feuilles d'or. Le concours des meilleurs artisans du Maroc a été requis pour exécuter la décoration de ce mausolée, selon les techniques ancestrales.

À proximité

CARTE DE RÉGION P. 91

★★ Salé

À 3 km au nord par le pont Hassan II. Voir chapitre suivant.

Jardins exotiques de Bouknadel (Salé) A3

À 13 km vers le nord. Entrée sur la gauche de la route, à hauteur du panneau annonçant : « Musées Belghazi à 5 km » - 05 37 82 27 56 - www.jardinsexotiques.com - 9h-17h30 (19h30 en été) - 20 DH (enf. 12 DH).

Créés en 1951 par Marcel François, ingénieur horticole, ces jardins avaient pour but d'introduire et d'acclimater au Maroc des espèces exotiques ornementales, et de démontrer que, sur une terre primitivement stérile, il est possible de faire pousser une végétation luxuriante issue des climats les plus divers. Ce passionné rappelait toutefois au public invité que : « C'est la poésie qui recrée les paradis perdus, la science et la technique, seules, en sont incapables. » Plus de 1500 espèces ou variétés différentes y étaient « librement » représentées.

Petit à petit tombés à l'abandon, ces jardins voyaient leur avenir compromis, lorsqu'en 2003 la Fondation Mohammed VI pour la protection de l'environnement lança une large opération de restauration. La pépinière a alors repris son activité, des replantations ont été engagées, un large travail d'inventaire entrepris. La maison de M. François, inhabitée depuis des années, et son café maure furent reconstruits à l'identique. Les sentiers ont été redessinés pour mettre en valeur cette immense variété d'espèces venant du Congo au Japon, en passant par les Antilles, le Mexique, le Brésil, la Polynésie, l'Australie, Madagascar et la Chine. L'ensemble s'organise désormais de manière thématique : « jardins nature », « jardins culture » (andalous, chinois et japonais) et « jardins didactiques » (volière, vivarium et aquarium). Une ferme pédagogique et un centre multimédia permettent de glaner des informations de manière interactive.

★ Musée Belghazi A3

À 17 km au nord, sur la N1, route de Kénitra-Bouknadel, à hauteur de la plage des Nations - Sidi Bouknadel - ✆ 05 37 82 21 78 - 9h-17h30 - 100 DH.

Créé par **Abdelilah Belghazi**, sculpteur sur bois renommé issu d'une famille de collectionneurs et d'artistes fassis, ce musée privé rassemble quelque 7 500 pièces exceptionnelles d'artisanat marocain, exposées par roulement. Celles-ci couvrent la totalité des arts traditionnels marocains : bois sculpté, avec des coupoles de cèdre provenant de Meknès ou de Fès, des **minbars** ou chaires à prêcher, des **aâmmariates** (chaises de cérémonie nuptiale) et de somptueuses portes ; tapis ; costumes (magnifiques caftans et châles de mariées) ; orfèvrerie avec, entre autres, une remarquable collection de bracelets de cheville comprenant le bracelet « lune et soleil » en or rouge et jaune serti d'émeraudes et de rubis ; manuscrits enluminés, dont le plus petit coran du monde, mesurant 27 mm, écrit avec une pointe d'aiguille et inséré dans une loupe ; instruments de mesure ; poteries bleues de Fès et vertes de Meknès ; instruments de musique. La visite s'achève sur la galerie juive marocaine exposant des objets de culte et des bijoux juifs berbères.

★ Forêt de la Maâmora A3

À env. 25 km à l'est. Quitter Rabat par le nord et suivre la direction Meknès-Fès jusqu'à Sidi Allal Bahraoui, où l'on tournera à gauche en direction de Kénitra.

La **forêt de la Maâmora**, au nord-est de Rabat, représente à elle seule près de la moitié des boisements de chênes-lièges du Maroc. Elle couvre 134 000 ha d'un seul tenant, soit plus de six fois la superficie de la forêt de Fontainebleau.

Les chênes-lièges, auxquels se mélangent des poiriers sauvages, sont de beaux arbres qui poussent rapidement grâce à l'humidité du climat atlantique. L'espacement des arbres et l'absence presque complète de taillis donnent à la forêt l'allure d'un immense parc, très agréable à parcourir, surtout au printemps quand le sol se couvre, dans les parties humides, de jacinthes, d'iris et de narcisses et que les poiriers sont en fleur.

Carnet pratique

S'informer

Conseil régional du tourisme de Rabat et sa région – *23 av. de la Victoire (An-Nasr), Nations-Unies - ✆ 05 37 77 90 77 - www.visitrabat.com.* Nombreuses informations pratiques sur le site. **Office national marocain du tourisme (ONMT)** – *R. Zalaqa, angle r. Oued al-Makhazine (Agdal) - ✆ 05 37 27 83 00- www.visitmorocco.com.* **Délégation régionale du tourisme** – *22 av. d'Alger (Al-Jazaïr) - ✆ 05 37 66 06 63 - tlj sf w.-end - 8h30-16h30.*

Adresses utiles

Poste – *Av. Mohammed V - lun.-vend. 8h-17h.*
Samu - *✆ 05 37 73 73 73.*

Ambassades

France – *1 r. Ibn Hajar - ✆ 05 37 68 97 00 - www.ma.ambafrance.org.*
Belgique – *6 av. Mohammed el-Fassi (av. de Marrakech) - ✆ 05 37 26 80 60 -www.morocco.diplomatie.belgium.be.*
Canada – *66 av. Mehdi ben Barka - ✆ 05 37 54 49 49 - www.canadainternational.gc.ma.*
Suisse – *Square de Berkane - ✆ 05 37 26 80 30 - ww.eda.admin.ch.*

Consulat

France – *1 r. Aguelmane Sidi Ali, Agdal - ✆ 05 37 67 87 00.*

Numéros d'urgence

Police – *✆ 190.*
Pompiers – *✆ 150.*
Gendarmerie – *✆ 177.*

Arriver/Partir

Avion

Aéroport de Rabat-Salé – *12 km au nord de Rabat sur la rte de Meknès - ✆ 05 22 43 58 58 - www.onda.ma.* Liaisons avec Paris assurées par Air France, RAM et Transavia. Peu de vols intérieurs : il faut emprunter en gare de Rabat Ville ou Rabat Agdal la navette ferroviaire pour l'aéroport Mohammed V de Casablanca. Compter 2h.
De l'aéroport au centre-ville – Prendre un grand taxi pour se rendre au centre-ville *(compter 150 DH, 200 DH le soir).*
Air France – *281 av. Mohammed V - ✆ 05 37 70 75 80 - lun.-vend. 9h-18h.*
Royal Air Maroc – *287 Av. Mohammed V - ✆ 05 37 21 92 20.*

Train

Gare de Rabat Agdal – *R. Abd Ar-Rahman al-Ghafiki - ✆ 05 37 47 47 77 - www.oncf-voyages.ma.* Les trains desservant Rabat Ville s'arrêtent également dans cette gare. Départs pour Casablanca toutes les 30mn entre 6h30 et 21h. Trains également pour Meknès, Fès, Tanger et Marrakech.
Gare de Rabat Ville – *Av. Mohammed V - ✆ 05 37 70 14 69 - www.oncf-voyages.ma.* La plupart des trains desservant Rabat Agdal s'arrêtent également ici, à deux pas du centre. La gare est desservie par le tramway.

Car, grand taxi

Gare routière – *Av. Hassan II, Kamra, 5 km au sud-ouest du centre, au-delà de la gare ferroviaire Rabat Agdal.* Centre d'appel CTM – *✆ 08 00 09 00 30.* Cars de la CTM pour Casablanca, Fès, Tanger, Meknès, Marrakech.
Grands taxis – Station en face de la gare de Rabat Ville.

Se déplacer

Tramway

www.tram-way.ma. 2 lignes de tramway permettent de se déplacer facilement en ville, de la cité universitaire au sud, à Salé au nord.

Les tickets s'achètent au kiosque sur les quais des station (et non dans le tramway), 6 DH le trajet avec possibilité de correspondance.

Petit taxi

Ils sont bleus à Rabat, jaunes à Salé. Tarifs majorés de 50 % après 20h en hiver, 21h en été. Attention : les petits taxis de Rabat ne sont pas autorisés à se rendre à Salé et réciproquement. Vous devrez donc utiliser un grand taxi pour visiter la ville voisine (ou le tramway).

Voiture

Avis – *7 r. Abou Faris el-Marini et agence à l'aéroport - ✆ 05 22 97 40 40 - www.avis.ma.*

Budget – *À l'aéroport ✆ 06 60 17 41 11 - www.budget.ma.*

Europcar – *25 bis r. Patrice Lumumba - ✆ 05 37 72 23 28 - www.europcar.ma.*

Se garer – Dans le centre, la plupart des artères sont payantes et le stationnement est limité dans le temps. Attention au sabot !

Agenda

Festival Mawazine. Rythmes du Monde – *Juin - ✆ 080 200 03 03 - www.festivalmawazine.ma.* Danses et musiques dans différents lieux de la ville. Le grand événement de l'année à Rabat.

Jazz au Chellah – *Sept. - www.jazzauchellah.ma.* La rencontre de formations européennes et de musiciens marocains dans un cadre prestigieux.

Festival des Cordes pincées – *Oct.- www.lescordespincees.ma.* Luth arabe (oud), luth européen, cithare arabe, guitares classique et jazz, en plus, bien sûr, des instruments traditionnels marocains, raviront les mélomanes.

Festival international du cinéma d'auteur – *Oct.-nov.* - www. festivalrabat.ma.

2

Nos adresses

Restauration

Dans la médina et kasbah des Oudaïas

Premier prix, moins de 100 DH

3 **Dar Naji** – D3 - *6 r. Jazirat al-Arab - Bab al-Had - ✆ 05 37 26 25 28 - 12h-0h - plats 50/60 DH.* Face à la place de Bab al-Had, cette sympathique terrasse est idéale pour une pause déjeuner. Vous y trouverez les spécialités marocaines classiques, tajines et couscous, plutôt goûteuses et gentiment servies par un personnel à l'écoute.

Pour se faire plaisir, 200 à 400 DH

4 **Dinarjat** – D3 - *6 r. Belgnaoui - parking av. Laalou - ✆ 05 37 70 42 39 - 🍷 - tlj midi et soir - plats 180/210 DH.* Gastronomie marocaine servie dans le patio superbement rénové d'une demeure andalouse. Un lieu très reposant pour déguster les recettes traditionnelles, tajines, pastilla, couscous....

Dans la ville moderne

Premier prix, moins de 100 DH

2 **Mister Brochettes** – E3 - *21 r. Mekka - ✆ 06 74 31 77 90 - 💳̸ - 12h-21h30.* Le moins que l'on puisse dire, c'est que l'endroit ne paye pas de mine. Et pourtant, les amateurs r'batis sont unanimes à considérer qu'on déguste là les meilleures brochettes de la ville, longuement marinées et savamment grillées. La preuve ? Le patron est régulièrement convoqué pour régaler les invités de soirées mondaines. La perfection pour quelques dizaines de dirhams.

6 **El Bahia** – D3 - *Av. Hassan II - ✆ 05 37 73 45 04 - 8h-21h30.* On vient surtout dans ce restaurant installé dans les remparts – côté ville nouvelle – pour profiter de la cour verdoyante. Harira (10 DH, le soir uniquement), tajine ou pastilla sur commande. Service rapide et souriant.

Budget moyen 100 à 200 DH

11 **Ty Potes** – D4 - *11 r. Ghafsa - ✆ 05 37 70 79 65 - www.typotes.com - 🍷 -tlj à midi sf lun. et dim. et le jeu., vend. et sam. soir - galettes à partir de 70 DH.* Envie d'une galette complète jambon-œuf-fromage ? Cap sur cette sympathique bonbonnière. Vous y trouverez également des salades, des huîtres et de la fondue savoyarde en saison. L'endroit fait également épicerie : si vous voulez ramener un peu de fromage dans votre chambre d'hôtel.

16 **Le Goéland** – E4 - *9 r. Moulay Ali Chérif - ✆ 06 71 04 91 89 - 🍷 - fermé sam. midi et dim.* À sa carte de fruits de mer et de poissons qui a fait sa célébrité, le Goéland a ajouté des propositions de tapas à déguster dans une ambiance bar-chic.

22 **Le Petit Beur. Dar Tajine** – D3 - *8 r. Damas - ✆ 05 37 73 13 22 - 🍷 spécialités de tajines (100/300 DH) - fermé sam. midi et dim.* Un sympathique petit restaurant souvent pris d'assaut le soir.

Pour se faire plaisir, 200 à 400 DH

19 **Casa José** – D3 - *279 av. Mohammed V - ✆ 05 37 20 15 14 - 🍷 - 12h-1h - tapas 35/85 DH ; plats 65/300 DH.* La belle salle Art déco tout droit sortie des années 1930 a pris un coup de jeune, version espagnole. Vous pourrez y grignoter des tapas juchés sur des tabourets ou vous attaquer à des plats plus consistants, cassolettes de fruits de mer ou de poisson, tortillas... Bon service et ambiance conviviale.

5 **Le Dhow** – D3 - *Av. Tarik al-Marsa - sur le quai - ✆ 05 37 70 23 02 - www.ledhow.com - 🍷 - 12h-0h - plats 135/255 DH.* Vous vous installerez sur le pont d'un navire en bois, dans des salons indonésiens, en jouissant d'une panorama à 360° sur l'estuaire du Bou Regreb, la kasbah des Oudaïas, la médina et la marina de Salé. À la carte, le poisson voisine avec le foie gras et l'entrecôte béarnaise, le tout plutôt réussi. Si vous ne voulez pas trop écorner votre budget, vous pourrez opter pour une des copieuses salades composées *(85 DH)* ou une friture de poissons et fruits de mer *(135 DH)*. Et les *dhows* ? Ce sont les cargos qui sillonnent encore le golfe Persique. Celui-ci a été spécialement construit en Inde puis acheminé ici par cargo.

33 **Zerda** – DE3 - *7 r. Patrice Lumumba - ✆ 05 37 73 09 12 - 🍷 - fermé dim. - 200/250 DH.* Le seul restaurant où vous pourrez déguster une typique cuisine juive marocaine. L'endroit vaut aussi pour l'ambiance, surtout quand le patron commence à pousser la chansonnette.

20 **Le Picolo's** – B2 - *149 av. Mohammed VI - route des Zaërs - ✆ 05 37 63 69 69 - 🍷 - 200/270 DH.* Carte variée, mets de qualité et tables joliment dressées, avec en prime la possibilité de déjeuner à l'extérieur. Riches salades variées, poissons suivant l'arrivage du jour, desserts à se damner.

31 **Tajine Wa Tanjia** – D4 - *9 r. Baghdad - derrière la gare de Rabat Ville - ✆ 05 37 72 97 97 - 🍷 - 110/190 DH.* Large choix de spécialités marocaines, plutôt tournées vers le sud du pays. Ambiance intimiste, décor traditionnel travaillé, accueil souriant.

Une folie, plus de 400 DH

7 **Le Ziryab** – D3 - *10 imp. Ennajour - accès par la rue des Consuls - ✆ 05 37 73 36 36 - www.restaurantleziryab.com - menus de 440 à 800 DH - lun.*

sam. dîner uniquement. Grande cuisine marocaine dans un riad splendidement restauré en plein cœur de la médina. Les menus sont pantagruéliques.

Agdal

Premier prix, moins de 100 DH

25 **Chez Ouazzani** – B1 - *Pl. Ibn Yassine - ✆ 05 37 77 92 97. - 7h30-20h.* Vous reconnaîtrez aux zelliges de sa façade ce sympathique restaurant, le plus souvent pris d'assaut par une clientèle locale.

Petite pause

Café Maure – *Kasbah des Oudaïas - 8h-22h.* Tout blanc et bleu, dominant la ville et le Bou Regreg ; on vient y savourer un thé à la menthe accompagné de quelques cornes de gazelle. Une institution !

Café 7e Art – *Av. Allal ben Abdellah - ✆ 05377-33887 - 6h30-23h - wifi.* Pour prendre un café ou un snack, posez-vous en centre-ville dans cet agréable jardin. À l'heure du déjeuner, on peut aussi se régaler d'un plat du jour.

Café La Ruche – *15 r. Ghandi - en face du ministère de la Culture - ✆ 05377-08156 - fermé dim. - 7h30-20h.* Pour déguster une pâtisserie ou grignoter un sandwich dans une ambiance branchée et bruyante...

Café-Pâtisserie Majestic – *14 av. Allal ben Abdellah - ✆ 05372-07186 - 6h30-21h.* Les gourmands dégustent des pâtisseries sur la terrasse, tandis qu'à l'intérieur les guêpes s'enivrent de sucre. Parfait pour un petit-déjeuner.

Café-Pâtisserie Lina – *45 av. Allal ben Abdellah - ✆ 05377-07291.*

Shopping

Artisanat

Autour de la rue des Consuls et de la rue Soudika : tapis, tentures, cuivres, babouches... Prix raisonnables.

Maison de l'Artisan – *Av. Tarik al-Marsa - en contrebas de la kasbah des Oudaïas - tlj sf vend. 9h-12h, 15h-19h.* Ateliers et boutiques.

Culture

Théâtre national Mohammed V – *Av. Al-Mansour Addahbi - ✆ 05377-07300 - www.tnm5.ma - fermé août.* Théâtre, ballets, concerts (avec notamment l'orchestre philharmonique du Maroc), expositions artistiques, etc.

Cinéma Renaissance – *360 av. Mohammed V - ✆ 05 37 73 80 49 - www.renaissance.ma.* À côté des grands films commerciaux du moment, le cinéma propose une intéressante programmation de spectacles (théâtre, danse...) et de concerts.

Institut français de Rabat – *1 r. Abou Inane - ✆ 05 37 68 96 50 - www.if-maroc.org/rabat.* Expositions, conférences, rencontres, lectures, spectacles...

Librairies

Kalila Wa Dimna – *344 av. Mohammed V - ✆ 05 37 72 31 06.* Des rencontres littéraires y ont lieu assez régulièrement.

Livre Service – *46 av. Allal ben Abdellah - ✆ 05 37 72 44 95.*

Aux Belles Images – *281 av. Mohammed V - ✆ 05 37 70 99 58.*

Galeries d'art

Ces deux galeries sont gérées par le ministère de la Culture.

Galerie Bab Rouah – *1 av. An-Nasr - ✆ 05 37 70 05 30 - lun.-vend. 8h30-16h.* Hommages à des artistes emblématiques du Maroc.

Galerie Bab El Kébir – *Les Oudaïas - ✆ 05 37 72 33 79.*

Activités

Hammam Marassa – *16 R. Kobros - à l'extérieur des remparts de la médina, perpendiculaire à l'av. Misr - ✆ 05 37 72 14 61 - tlj 5h30-23h30.*

2

Plages

Séjourner à Rabat permet de profiter, à la belle saison, des nombreuses plages situées aux environs de la capitale, dans un rayon d'une vingtaine de kilomètres au nord comme au sud. En dehors des mois de juillet et d'août, elles sont pratiquement désertes.

Au sud, en direction de Casablanca, **Tamara-Plage**, les **Sables d'Or**, la plage des **Contrebandiers** et **Skhirat-Plage**.

Au nord, en direction de Kénitra, **Mehdiya-Plage** et la **plage des Nations** sont elles aussi des plages superbes et généralement tranquilles.

Attention cependant aux courants qui rendent la baignade dangereuse.

Loisirs sportifs

Royal Golf Dar Es Salam – *Av. Mohammed VI - rte de Zaërs, km 9 (Souissi) - ✆ 05 37 75 58 64 - www.royalgolfdaressalam.com - fermé lun.* Sur un domaine de 400 ha, le Royal Golf Dar Es Salam propose trois parcours : le Parcours rouge, le plus long (6 702 m) et sans aucun doute le plus technique, le Parcours bleu dont le fairway court le long d'un lac, et enfin, le Parcours vert, à 9 trous. Green-fee 18 trous 850/1 200 DH.

Oudayas Surf Club – *3 plage des Oudaïas - ✆ 05 37 26 06 83 - - fermé lun.* Leçon de 1h30 à 150 DH.

Hébergement

À Rabat

Premier prix, moins de 400 DH

23 **Hôtel Majestic** – D3 - *121 av. Hassan II - ✆ 05377-22997 - www.hotelmajestic.ma - P - 40 ch. - 350 DH.* Un hôtel idéalement situé à deux pas des remparts. Les chambres, très simples, sont inégalement spacieuses, mais dotées du double vitrage. Ne vous attendez pas au grand luxe. Pour le petit-déjeuner, installez-vous à la terrasse de la pâtisserie voisine.

Pour se faire plaisir, 700 à 1 200 DH

10 **Hôtel des Oudaïas** – D3 - *132 av. Laalou - ✆ 05 37 20 07 06 - www.hoteldesoudaias.com - 19 ch. - à partir de 760 DH* ☕. L'ancien hôtel Transatlantique a fait peau neuve. Construit en 1918 par la compagnie maritime du même nom, c'était à l'époque le grand hôtel de Rabat. On dit même que Lyautey y a passé une nuit. Tout en conservant sa décoration originelle, l'établissement a fait peau neuve et propose des chambres de tout confort, aménagées dans le goût marocain. Très belle vue depuis le roof top.

21 **Hôtel Le Pietri** – D4 - *4 r. Tobrouk - ✆ 05 37 70 78 20 - www.lepietri.com - 🍷 - 35 ch. - à partir de 800 DH ☕ - ✕.* Sans doute l'un des meilleurs rapports qualité/prix de la ville. L'aménagement des chambres est moderne, avec du parquet clair au sol, que viennent relever des tons jaune-vert. L'ensemble respire calme et clarté. La suite avec terrasse privative est joliment arborée et aménagée. Bon restaurant gastronomique.

12 **Riad Zyo** – D3 - *5 r. Moreno - Médina - ✆ 06 61 11 08 96 - www.riad-zyo.com - 🏊 - 7 ch. 1 100/1 600 DH ☕ selon la catégorie - ✕ menu 250 DH.* Une réussite. Cette maison d'hôte de grand luxe est installée dans l'ancien bureau de poste de la médina. Architectes et décorateurs ont fait merveille en dégageant de vastes espaces blancs, à peine rehaussés des quelques touches de couleurs du mobilier, des tapis ou des zelliges revisités. Chambres splendides et service digne d'un hôtel de grand luxe, la personnalisation en plus. Pour un séjour haut de gamme.

Une folie, plus de 1 200 DH

11 **Dar el Kebira** – D3 - *Imp. Belghazi - accès par la r. des Consuls - ✆ 05 37 72 49 06 - www.darelkebira.com - 10 ch. - à partir de 1200 DH ☕ selon la catégorie -* ✕. Une immersion totale dans le plus joli quartier de la médina. Cette maison d'hôte de charme se niche dans deux anciennes maisons avec leurs cours intérieures, leurs terrasses, leurs longs couloirs... un vrai petit labyrinthe. Les chambres sont de tout confort, joliment décorées, claires et bien aménagées. Belle terrasse avec vue sur la médina pour prendre le petit-déjeuner ou un repas sur commande.

34 **Mercure Shéhérazade** – E3 - *21 r. de Tunis - quartier Hassan - ✆ 05 37 72 22 26 - www.all.accor.com - 🍷 🅿 - 77 ch. - à partir de 1300 DH ☕ -* ✕. La façade de cet hôtel, toute blanche et rose, est certes peu attrayante mais la décoration intérieure est très réussie. Les couleurs sont chaudes, l'ameublement soigné, l'ambiance chaleureuse.

25 **Hôtel Rabat** – E3 - *27 r. du Chellah - ✆ 05 37 70 00 71 - www.hotelrabat.ma - 🍷 🅿 🏊 - 114 ch. - à partir de 1360 DH ☕ -* ✕. Hôtel à l'architecture majestueuse. Le hall ovale rappelle quelque peu un paquebot de luxe; sept étages s'y enroulent. Les chambres sont confortables et bien équipées. Spa, fitness, hammam et piscine pour se détendre, ainsi que deux restaurants et un pub pour les fins de soirée.

31 **La Tour Hassan Palace** – E3 - *26 r. du Chellah - ✆ 05 37 23 9000 - www.tourhassanpalace.com.com - 🍷 🅿 🏊 - 132 ch. - à partir de 2550 DH ☕ - ✕ menu 250 DH.* Un palace digne des plus grands. Ce somptueux hôtel, construit en 1912 dans un style hispano-mauresque, offre un décor des Mille et Une Nuits, avec ses vastes salons dotés de mobilier ancien, son jardin de palmiers parfaitement entretenu et sa piscine. Faute d'y séjourner, vous pourrez dîner agréablement au restaurant gastronomique marocain, la Maison arabe.

À Souissi

Une folie, plus de 1 200 DH

32 **Villa Mandarine** – B2 - *19 r. Ouled Bousbaa - ✆ 05 37 75 20 77 - www.villamandarine.com - 🍷 🏊 - 31 ch. - à partir de 2 400 DH ☕ - ✕ plats 130/160 DH.* Au centre d'une orangeraie, c'est une belle maison ancienne qui a été rénovée avec raffinement et aménagée en chambre d'hôte. Patio, piscine, Spa (massage, Jacuzzi et hammam), décoration raffinée contribuent au charme du séjour. Cuisine française gastronomique dont la carte change chaque jour.

2

Salé ★★

Bien qu'un large pont la relie à la capitale, Salé la blanche, étendue sur la rive droite du Bou Regreg, a gardé jusqu'à nos jours une jalouse individualité, marque d'un long isolement. Elle a – tout au moins à l'intérieur des remparts – conservé la vie repliée des petites villes d'Islam, avec ses souks ombreux et ses corporations d'artisans, ses places ensoleillées où s'agitent les saltimbanques, les rues tranquilles de ses quartiers bourgeois, les nombreux sanctuaires d'une cité traditionnellement pieuse et savante.

Détails architecturaux de la medersa Abou el-Hassan à Salé.
todamo/iStock

Se repérer

903 485 Habitants (les Slaouis)

CARTE P. 91 (A3) – *carte Michelin 742, plis 5 et 8* – Posée à l'embouchure du Bou Regreg, Salé n'est distante de Rabat que de 3 km par le pont Hassan II.

À ne pas manquer

La médina avec sa *medersa*.

Organiser son temps

2h pour visiter la médina...

Carnet pratique p. 119

Nos adresses p. 119

Se promener

PLAN DE VILLE P. 116

La médina

Compter 2h. Circuit tracé en vert sur le plan de la ville.

★ Bab Lamrisa B2

Cette porte monumentale enjambait autrefois le canal. Construite, après l'alerte de 1260, par le premier sultan mérinide, elle manifeste un art encore très proche des portes almohades de Rabat. Flanquée de deux étroites tours, elle développe un arc brisé d'une magnifique ampleur (bien que les remblaiements l'aient privée d'une partie de sa hauteur) et porte un décor sculpté d'inscriptions et d'entrelacs floraux.
Suivre la muraille jusqu'à la place Bab Khebaz et continuer à pied par la rue du même nom.

Quartier des souks AB1

On longe tout d'abord la *kissaria*. Après un passage sous voûte, on atteint une petite place plantée d'arbres où se tient le **souk el-Ghezel**, qui a malheureusement perdu au fil des années son caractère pittoresque.
Sortez de la place par l'autre bout et tournez deux fois à droite : vous traversez le **souk el-Merzouk**, où travaillent bijoutiers, vanniers et nattiers. Remarquez à droite, après une fontaine, la belle **porte** du *fondouk* Askour.

Rue de la Grande Mosquée A1

On l'atteint après deux passages sous voûtes. Divers petits métiers s'y exercent : les brodeurs de caftans retiennent l'attention, accroupis dans leurs minuscules échoppes, aidés par des jeunes apprentis qui dévident la soie avec adresse. De part et d'autre de la rue s'étend le quartier bourgeois, où l'on peut voir, comme à Rabat, de vieilles demeures andalouses et de beaux portails Renaissance.

2

Un arsenal devenu une place commerciale

En 1260, des Espagnols, venus pour livrer des armes au gouverneur de Salé révolté contre le sultan mérinide, débarquent sur les rives du Bou Regreg, s'emparent de la ville par surprise et se retirent avec un énorme butin.
Pour qu'une telle mésaventure ne se reproduise pas, le sultan, après avoir repris la ville, élève une muraille du côté du Bou Regreg et de la mer. À l'intérieur des remparts, il fait construire un arsenal et creuser un bassin communiquant avec le fleuve par un canal. De hautes portes permettent aux embarcations de franchir l'enceinte. À l'exception de Bab Mrisa, demeurée presque intacte, elles sont aujourd'hui ensablées.
Jusqu'à la fin du 16e s., Salé est une ville fortunée. Les marchands génois, vénitiens, anglais et flamands s'y donnent rendez-vous ; elle est à cette époque l'entrepôt commercial et le port de tout le « royaume de Fès ». Puis, définitivement éclipsée par Rabat, la ville s'est peu à peu repliée sur les activités artisanales, intellectuelles et religieuses qui ont fait sa réputation. Mais un vent nouveau souffle sur la ville avec l'aménagement de la vallée du Bou Regreg. Une marina a vu le jour sur les rives du fleuve face à Rabat, dans un quartier nommé Bab al-Bahr. Un ensemble de logements de luxe, la « Cité des arts », est sorti de terre, ainsi que restaurants, hôtels et résidences. Enfin, la mise en service des lignes de tramway, entre Rabat et Salé, a donné un élan économique et touristique à la rivale de la capitale.

SALÉ
0 200 m
SE LOGER
Dawliz Resort & Spa........ 1
MÉDINA
SOUKS
Marabout de Sidi ben Achir
Borj nord-ouest
Moussem de Sidi Abdallah ben Hassoun
Grande Mosquée
Porte de la zaouïa de Sidi Ahmed el-Tijani
Medersa
Cimetière Musulman
Porte du Fondouk Askour
Souk el-Merzouk
Souk el-Kébir
Souk el-Ghezel
BAB CHAAFA
BAB SEBTA
BAB FERTH
BAB MALKA
BAB JDID
BAB BOUHAJA
BAB FÈS
Bab Lakhmiss
BAB DAR AS-SINAÂ
BAB LAMRISSA
Pl. Bab Khebaz
Pl. Chohadaa
PLAGE
OUED BOU REGREG
Pont Hassan II
Grand Théâtre de Rabat
RABAT
Av. Sidi Moussa
Av. Annasr
Av. Trabloussi
Av. Assoumboula
Av. Abderrahman al-Kadiri
Av. Salah Eddine al-Ayoubi
Av. Sidi ben Achir
Av. Yacoub al-Mansour
R. Zanata
R. Bou Touil
Av. Lalla Hasna
Akbat L. Benkhadra
R. Houatine
R. Boukaâ
R. Jdid
R. Essaf
R. Sidi Yder
R. de la Grande Mosquée
Av. Saïd Hajji
Av. 2 Mars
Av. Moulay Ali Cherif
R. Sidi Bouhaja
Av. des F. A. R.
Av. de la Résistance
Av. des Ecoles
Av. de Fès
Av. du Prince Héritier Sidi Mohammed
Av. Al-Marsa
R. du Mellah
Av. Hassan I
R. Casablanca
Av. Abdelmoumen
Av. Al-Alaouiyine
Bd Mohammed Lyazidi
A
B
1
2

Les chemins de la medersa

Une fois passée l'une des portes percées dans les remparts, un monde différent s'offre à nous. Échoppes improbables, où cardeurs de laine, rémouleurs et potiers s'activent, tandis que sous des enseignes hyperréalistes de dentistes déambule une foule bruyante et affairée.
Soudain apparaît une ruelle tortueuse qu'une claie de roseaux plonge dans la pénombre, débouchant sur le souk : brassées de feuilles de menthe à même le sol, épices et poudres aux vertus contradictoires, fruits aux couleurs éclatantes, fours où l'on vient faire cuire le pain pétri à la maison, fontaines où l'on puise de l'eau en devisant...
Puis la rue étroite et sinueuse se poursuit entre de hauts murs blancs ; devant une porte, sagement assises, des étudiantes repassent leur leçon tandis que se perçoit, étouffée, une mélopée lointaine. Salé se fait silencieuse, comme recueillie, à mesure que l'on approche de la *medersa* d'Abou el-Hassan qui, toute de grâce et de légèreté, a porté à son apogée l'art des Mérinides.
On a alors l'impression d'être au cœur des choses, de saisir l'essence de cette cité hors du temps, loin de la rumeur du monde et de ses vanités.

Un décrochement vers la droite introduit à une charmante petite place en escaliers, au fond de laquelle s'élève la **Grande Mosquée**, d'époque almohade. À gauche, près d'une fontaine du 18e s., se trouve l'entrée de la *medersa*.

★ Medersa A1

9h-12h, 14h-18h - un gardien accompagne lors de la visite - 20 DH.
C'est le Mérinide Abou el-Hassan qui fit édifier en 1333 cette *medersa*, qui « illustre un moment heureux où l'art hispano-mauresque incline vers la grâce au détriment de la robustesse ». Elle s'ouvre en haut d'un perron par une remarquable **porte★** : tympan de pierre sculptée d'entrelacs et d'inscriptions, auvent de cèdre finement découpé.
La **cour★★**, petite, offre une belle harmonie de couleurs. Aux murs, la blanche exubérance des stucs crée de larges « surfaces animées » où s'accrochent la lumière et les ombres. Le sol est couvert de zelliges, qui épousent également l'arrondi des colonnes. Le cèdre sculpté, d'une richesse remarquable, montre ici ou là des tons patinés – vestiges des couleurs éclatantes qui le couvraient primitivement. Au fond de la cour, la salle de prière est coiffée d'un beau plafond pyramidal de cèdre sculpté et peint.
Ici, les minuscules chambres d'étudiants n'ouvrent pas sur la cour mais sur l'extérieur de l'édifice. De la terrasse, la **vue★** embrasse tout Rabat et Salé.
En sortant de la *medersa*, tournez à gauche pour passer entre elle et la Grande Mosquée. Remarquez à gauche la belle **porte** de la *zaouïa* de Sidi Ahmed el-Tijani.

2

Marabout de Sidi Abdallah ben Hassoun A1

Le saint patron de la ville et de ses bateliers, vénéré ici, passe pour protéger les voyageurs. Par les fenêtres de l'élégant mausolée construit au 19e s., on aperçoit son tombeau autour duquel sont suspendus des lustres de cire multicolore. Ces énormes lanternes sont sorties une fois par an, lors de la **procession des cires**, et promenées à travers la ville par la corporation des barcassiers, tout chamarrés de soie pour la circonstance. Cette cérémonie a lieu la veille du Mouloud en fin d'après-midi. Le sixième jour du Mouloud, le **moussem de Sidi Abdallah** attire une foule bigarrée : des chanteurs de différentes confréries psalmodient des chants mystiques qui remontent aux premiers temps de l'islam.

Un saint généraliste

Né en Espagne, où il fit ses premières études, **Sidi ben Achir** se consacra très tôt à la vie contemplative. Après un pèlerinage à La Mecque, il s'installa au Chellah, puis à Salé, où il fit merveille en multipliant les miracles. Ainsi guérissait-il les malades atteints de rhumatismes, de maladies nerveuses et même de folie, faisait marcher les paralytiques et rendait la vue aux aveugles !

Si l'on dispose d'une demi-heure, pousser jusqu'au borj Nord-Ouest (voir ci-après) ; sinon tourner à droite dans l'avenue Yacoub al-Mansour.

De l'avenue Yacoub al-Mansour aux souks AB1

Faire une centaine de mètres dans l'avenue puis tourner à droite en direction de la Grande Mosquée. Au bord des rues adjacentes se voient encore de belles portes d'inspiration Renaissance, malheureusement délabrées ; on passe près du **minaret★**, reconstruit au 19e s. dans les formes traditionnelles. La rue Kechachine est occupée par les petits commerces d'alimentation mais elle traverse, comme la rue de la Grande Mosquée, le quartier des demeures bourgeoises, discrètement retirées derrière leurs hauts murs.

Le **souk el-Kebir** est une place très animée : on y exposait jadis, pour la vente, les esclaves chrétiens capturés par les pirates. Près de là travaillent les menuisiers et les fabricants de babouches.

Continuer jusqu'à la kissaria et reprendre en sens inverse le circuit de départ pour rejoindre la place Bab Khebaz.

Cimetière musulman A1

Ce vaste cimetière qui sépare la ville de l'Océan offre un curieux spectacle, avec ses innombrables stèles dont certaines sont peintes de couleurs vives.

Marabout de Sidi ben Achir A1

Sous sa blanche coupole repose un saint qui passe pour avoir accompli de nombreux miracles de son vivant (au 14e s.) et jusqu'à nos jours.

Borj Nord-Ouest (*20 DH*) – Ce fortin qui date du 18e s. comporte une cour où sont alignés de vieux canons de bronze, anglais et espagnols. Il se termine par un bastion dit « bastion des larmes », édifié sous le règne de Sidi Mohammed ben Abdallah (à qui l'on doit également les fortifications d'Essaouira). Du bastion, belle **vue★★** panoramique sur l'Océan, l'estuaire du Bou Regreg, les villes de Rabat et Salé.

À proximité

CARTE DE RÉGION P. 91

Jardins exotiques de Bouknadel, ★ Musée Belghazi, ★ Forêt de la Maâmora, *voir p. 106-107.*

Carnet pratique

Arriver/Partir

Pour vous rendre à Salé depuis Rabat, prendre un grand taxi *(gare ferroviaire de Rabat Ville)* ou le tramway. Située non loin des remparts de la médina, à proximité de la route de Kénitra, la **gare ferroviaire** de Salé accueille des trains en provenance (et à destination) de Casa-Voyageurs, Kénitra, Meknès Amir, Fès, Taza, Oujda, Marrakech et, avec changement à Sidi Kacem, Tanger. Elle est desservie par le tramway.

Nos adresses

Shopping

Complexe des Potiers de l'Oujla – *2 km au sud-est.* Situé sur plusieurs hectares le long du Bou Regreg, il réunit une centaine de potiers et de céramistes qui travaillent l'argile des carrières toutes proches d'Oulja. Les caractéristiques du décor de ces poteries slaoui sont la discrétion des teintes posées sur un engobe généralement blanc ou brun, parfois vert d'eau, et la variété des motifs décoratifs. Malheureusement un certain nombre de potiers ont été expulsés suite aux aménagements du Bou Regreg.

Hébergement

Une folie, plus de 1200 DH

1 **Dawliz Resort & Spa** – B2 - *Av. du Prince Héritier Sidi Mohammed - Bou Regreg - ✆ 05 37 88 32 77 - www.hoteldawlizrabat.ma -* 🍷 🅿 *- 90 ch. à partir de 1600 DH* ☕ - 🍴. L'hôtel jouit d'une situation exceptionnelle sur la rive du Bour Regreb face à la ville de Rabat sur laquelle beaucoup de chambres offrent de jolies vues. Grand luxe standard qui s'adresse plutôt à une clientèle professionnelle.

2

Kénitra

Cette ville – appelée Port-Lyautey de 1932 à 1958 – est une création française; agréablement agencée, elle témoigne de l'urbanisme pratiqué à cette époque. Elle peut constituer une bonne base de départ pour d'intéressantes promenades dans les environs.

Se repérer

388 375 habitants

CARTE P. 91 (A3) – *carte Michelin 742, plis 5 et 8* – Kénitra est située sur la côte atlantique, à l'embouchure du Sebou, à 40 km au nord de Rabat (autoroute ou N 1).

À ne pas manquer

Kénitra vaut avant tout par ce qui l'entoure : la plage de Mehdiya, Thamusida, Banasa...

Organiser son temps

Quelques heures pour profiter de la plage de Mehdiya à proximité... avant de poursuivre pour visiter les sites archéologiques voisins.

En famille

La visite des ruines romaines de Thamusida et Banasa, bien que pour ces dernières, il ne soit pas évident d'en apprécier la richesse de prime abord.

Carnet pratique p. 122

Nos adresses p. 122

À proximité

CARTE DE RÉGION P. 91

Mehdiya A3

7 km à l'ouest de Kénitra. Quitter Kénitra en direction de Mehdiya-Plage. Au bout de 5 km, prendre à gauche une petite route goudronnée qui monte vers la kasbah.
On s'accorde à reconnaître en Mehdiya, à l'embouchure du Sebou, la fondation carthaginoise Thymiatérion. Occupée au 10ᵉ s. par une tribu berbère, elle porte alors le nom d'« El-Mamora » (la bien peuplée), qui est encore celui de la forêt voisine. Fortifiée par Abd el-Moumen, elle végète jusqu'à ce qu'elle devienne, au 16ᵉ s., un repaire de pirates. C'est pour protéger leurs communications que les Espagnols s'en emparent en 1614 – gagnant de vitesse les Hollandais – et élèvent l'enceinte, dont les ruines couronnent aujourd'hui les restes de la kasbah.
Les Espagnols sont chassés en 1681 par Moulay Ismaïl, qui donne à la ville son nom actuel et y entreprend de grands travaux. En même temps, la flotte de Mehdiya reprend les mers, et mène pour le compte du sultan une course fructueuse, qui ne cessera qu'au début du 19ᵉ s.
Kasbah – *Visite : 30mn - gardien sur place - 70 DH.* Sa robuste **porte★** en pierre de taille est due à Moulay Ismaïl, comme l'indique une inscription qui court sur le bandeau. La baie en fer à cheval est circonscrite par une voussure à festons et surmontée d'une élégante fenêtre géminée ; les petites consoles latérales devaient supporter un auvent. Deux saillants encadrent le corps central, couronnés, comme lui, de petites pyramides. Passé la baie, on traverse un vestibule à ciel ouvert. De là, une allée, passant devant les ruines du souk (à gauche) et longeant la mosquée, mène au palais du gouverneur.

La capitale du Rharb

Cette véritable capitale régionale s'est développée en même temps que le Rharb prenait son essor. Car ce dernier n'a pas toujours été riche et peuplé : « Ni village, ni route, ni arbre », notait Pierre Loti, qui traversait, vers 1880, cette contrée alors désolée.
Les choses ont bien changé depuis : l'assainissement des marécages et la régularisation des cours d'eau ont chassé le paludisme et fait de cette plaine alluviale une des grandes régions agricoles du Maroc, spécialisée dans la culture du riz et de la betterave à sucre. Quant à la ville, sa fonction industrielle ne cesse de s'affirmer : conditionnement des produits agricoles (betteraves sucrières, riz), industrie du coton, des papiers et cartons.
Sur la rive gauche du Sebou, à 17 km de l'Océan, l'accès au **port de Kénitra** fut longtemps précaire et le franchissement de la « barre » était souvent impossible. Deux jetées furent ensuite lancées à l'embouchure du fleuve et des dragages entrepris. Aujourd'hui, le port de Kénitra étend, en bordure de la ville, ses quais et ses entrepôts, son grand silo et son chai, qui reçoit la production de vins du Saïs et du Rharb. C'est par le port de Kénitra que s'exportent, notamment, des céréales, de la pâte à papier et de la cellulose en provenance de Sidi Yahia.

Ce **palais**, très ruiné, laisse encore voir une belle porte sculptée, un hammam voûté, une cour carrée sur laquelle s'ouvrent quatre portes, surmontées chacune d'une petite fenêtre à trois baies, et l'ancienne salle à manger.
Gagnant le **bastion nord-ouest** de la kasbah, vous pouvez monter sur la terrasse, où s'alignent d'antiques canons : belle **vue★** sur l'estuaire du Sebou, comme guidé dans l'Océan par ses deux jetées, et, de l'autre côté, sur le lac de Sidi Boughaba cerné par la forêt.
Rejoindre la route et prendre à gauche vers Mehdiya-Plage.
Mehdiya-Plage A3 – Une longue et large étendue de sable fin a donné naissance à la petite station de Mehdiya-Plage, qui aligne plusieurs rangées de villas le long des dunes. Divers aménagements et un petit complexe balnéaire y attirent aux beaux jours les habitants de Kénitra ou de Rabat.

Thamusida A3

À 17 km au nord-est de Kénitra - suivre la N1 en dir. de Tanger, puis à gauche à 14 km - 50 DH - visite : 30mn
Ancienne ville maurétanienne abandonnée, Thamusida fut reconstruite autour d'un camp fortifié érigé par les Romains au 2e s. Les fouilles ont mis au jour des **thermes** importants, qu'on verra au passage.
Comme Banasa, Thamusida fut un port fluvial et, en bordure du Sebou, l'ancien niveau des **quais** est encore visible. Le camp fortifié est quadrillé de rues se coupant à angle droit, qui desservaient les casernements : on y a dégagé le **praetorium**, ou siège du commandement (nombreuses bases de colonnes et de pilastres, meules à farine). Une enceinte, dont il reste de nombreux vestiges, fermait la ville.

Banasa B2

À 68 km au nord-est. Quitter Kénitra par la N1 en dir. de Tanger, puis à 43 km suivre à droite la P4234 - *60 DH - visite : 30mn.*
Les ruines de Banasa situent au milieu de la plaine du Rharb, en bordure de l'oued Sebou. Le niveau le plus ancien des fouilles remonte au 3e s. av. J.-C. C'était donc déjà un établissement maurétanien important lorsque, vers 30 av. J.-C.,

2

Octave fit une colonie romaine du port fluvial le plus avancé des Romains en Maurétanie Tingitane. La ville semble avoir atteint son apogée au 3e s. : de nombreux édifices furent reconstruits à cette époque. Les ruines ont fait l'objet d'une mise en valeur par le ministère de la Culture avec la construction d'un bâtiment d'accueil et de sanitaires.

Forum – C'est une vaste place dallée entourée de colonnes. Au fond, à droite, un arc en plein cintre marque l'entrée de la basilique civile. À gauche, sur une haute terrasse, s'élèvent les ruines du temple du **Capitole**. Traversant le forum en direction du *cardo* principal (voie nord-sud), on longe la tribune aux harangues.

Thermes – Les « grands thermes de l'ouest » s'étendent de l'autre côté du *cardo* : on distingue nettement un grand *tepidarium* pavé de marbre blanc, les salles chaudes attenantes, et la piscine également revêtue de marbre blanc.

Le long du *cardo*, au nord du forum, se pressent les ruines des boutiques et demeures bourgeoises. On pourra voir d'autres thermes, de chaque côté de la rue, en tournant à gauche dans l'importante voie transversale qu'on rencontre un peu plus loin.

Carnet pratique

Adresses utiles

Gare ferroviaire – *Av. Mohammed Diouri.*

Gare routière – *Av. Mohammed V.*

SOS Médecins – *✆ 06 33 11 99 96.*

Nos adresses

Petite pause

Nombreux cafés sur l'avenue Mohammed Diouri : **Thamusida**, **L'Été indien** *(au niveau du 161)*, avec sa grande terrasse... et au carrefour entre cette avenue et l'avenue Mohammed V : le **Café Andalous**, ...

Sports et loisirs

Agence Tizi-Randonnées – *46 av. Moulay Abderrahman - ✆ 05 37 37 53 54 - www.tizirando.ma.* Créée en 1987, cette agence propose des randonnées (pédestres, chamelières ou en 4x4) à travers tout le pays, ainsi que des voyages thématiques. Le tout avec la volonté de promouvoir un tourisme durable, en étroite collaboration avec l'association Sodev-Maroc (Solidarité et Développement Maroc).

Hébergement

Budget moyen, 400 à 700 dh

Hôtel Mamora – *Av. Hassan II - ✆ 05 37 37 17 15 - www.mamorakenitra.com - P - 69 ch. - 740 DH - menu 150 DH.* Bon confort sans grande originalité. À noter une piscine agréable avec maître nageur, et sa terrasse ombragée où vous pouvez prendre un verre.

Larache

Au bord d'une terrasse à l'embouchure du Loukos, la ville, de construction relativement récente, domine à l'ouest l'Océan, à l'est la basse plaine alluviale dans laquelle le fleuve inscrit ses profonds méandres enserrant, vers l'estuaire, le quadrillage miroitant de vastes marais salants. Au charme de son site, Larache ajoute celui d'être environnée de lieux que hantent l'histoire et la légende : Lixus, le jardin des Hespérides, la plaine où – entre le Loukos et l'oued Makhazen – se déroula la bataille des Trois Rois.

Les ruines de la kasbah de Larache.
P.E. Forsberg/age fotostock

Se repérer

114 297 habitants

CARTE P. 91 (B1) – *carte Michelin 742, plis 5 et 9* – Larache est à 106 km au nord de Rabat par l'autoroute, et à 87 km au sud de Tanger.

À ne pas manquer

La promenade le long de la corniche… éventuellement jusqu'au cimetière espagnol, pour se recueillir sur la tombe de Jean Genet ; la médina pour son ambiance. La ville antique de Lixus.

Organiser son temps

Quelques heures pour profiter de la ville avant de poursuivre vers Lixus.

En famille

Les activités balnéaires et la visite du site archéologique de Lixus.

Carnet pratique p. 127

Nos adresses p. 127

Le fleuve-dragon, protecteur de la cité

Depuis l'exploit d'Hercule, le fleuve ne cessa de se montrer hostile aux étrangers. Portugais, Espagnols, puis Français en furent successivement les victimes.
À la fin du 15e s., les Portugais remontent le Loukos et entreprennent de construire un fort en amont des ruines de Lixus. Mais les Marocains, arrivant en nombre, leur coupent la retraite, obstruant avec des troncs d'arbres l'embouchure du fleuve. Les Portugais sont décimés, les survivants pourchassés jusqu'à Asilah : c'est la fameuse **bataille des Trois Rois**.
En 1689, la grande armée de Moulay Ismaïl attaque les Espagnols, maîtres de la ville depuis près de quatre-vingts ans. Après trois mois de siège au cours desquels une escadre de secours tenta en vain de remonter le Loukos, les assiégés durent capituler.
En 1765, pour mettre fin aux raids des corsaires marocains, une escadre française vint mouiller devant Larache et un détachement de marins fut envoyé dans le port pour détruire les vaisseaux des pirates ; mais, la mer s'étant retirée, leurs chaloupes s'échouèrent sur les sables du fleuve et furent capturées par les Marocains placés en embuscade.
Le port ne connut jamais un trafic très important, en raison de la « barre » assez forte en cet endroit de la côte. Il assure toutefois à la ville une certaine activité grâce à la pêche à la madrague, qui alimente plusieurs conserveries de thon, aux importations de bois pour emballages et aux exportations de céréales.

Se promener dans le centre

Compter 1h.
Les **Espagnols**, à nouveau installés à Larache de 1911 à 1956, ont édifié auprès de la médina une **ville européenne**, dans laquelle on pénètre par l'avenue Mohammed V, large et bordée de bougainvillées.
Remarquez à droite, dominant un jardin public, le **château des Cigognes**, édifié au début du 17e s. par le roi Philippe III.

Place de la Libération

Elle est située à la limite de la ville européenne et de la médina. Vaste, légèrement ovale, occupée en son centre par un jardin, elle a des allures de place espagnole, avec ses maisons à arcades qui la bordent côté médina, et, du côté de la ville moderne, ses immeubles du début du siècle dernier au pied desquels cafés et restaurants étalent leurs terrasses.

Médina

Presque aussitôt après avoir franchi Bab el-Khemis, haute porte blanc et ocre qui donne sur la place de la Libération, on débouche sur le **Zoco** (souk) **de la**

Dernière demeure

L'écrivain **Jean Genet** (1910-1986) est enterré à Larache. L'auteur de *Pompes funèbres*, *Querelle de Brest*, *Journal du voleur*, et de plusieurs pièces de théâtre qui firent scandale, comme *Les Bonnes* et *Les Paravents*, repose dans le cimetière espagnol, face à l'Océan. En 2017, l'écrivain Juan Goytisolo a été inhumé à ses côtés.

Alcaicería★. Cette longue place rectangulaire, de chaque côté de laquelle court une galerie à arcades que supportent des piliers peints, est le point le plus animé de la médina.

Au fond du Zoco s'ouvre la **porte de la kasbah** ancienne. Après l'avoir franchie, prenez presque aussitôt à droite une ruelle, que vous suivrez jusqu'au bout. Après un passage sous voûte, à droite d'une mosquée moderne, une porte en brique donne accès à une place en terrasse. De là, on découvre une partie de la ville et la campagne environnante : au premier plan les conserveries de poisson, plus loin les marais salants au-delà desquels s'élève la colline de Lixus, à droite la plaine du Loukos ; à gauche, des fragments de murailles dominés par un minaret ancien.

Revenir place de la Libération.

Esplanade de l'avenue Moulay Ismaïl

De la place de la Libération, deux rues larges et très courtes, percées dans l'axe de l'avenue Mohammed V, conduisent à ce balcon fleuri face à l'Atlantique.

À son extrémité, à droite, la forteresse de Kebitat (« les petites coupoles »), ancienne kasbah construite sur une avancée rocheuse, domine l'Océan.

À proximité

PLAN DE RÉGION P. 91

★ Lixus B1

À 4 km à l'est de Larache. Visite : 45mn. Panneau indicateur à gauche avant la route de la plage de Lixus - monter à pied par le chemin qui escalade la colline. - 60 DH.

Dominant la rive droite du Loukos, le site archéologique de Lixus présente des traces d'occupation continue du néolithique – il y a environ 10 000 ans – au début de l'islamisation du pays, à la fin du 7e s. C'est au 12e s. av. J.-C. que se placerait la fondation de la ville, vraisemblablement par les Phéniciens.

Sept siècles plus tard, les Carthaginois exploitent cette position maîtresse de leurs

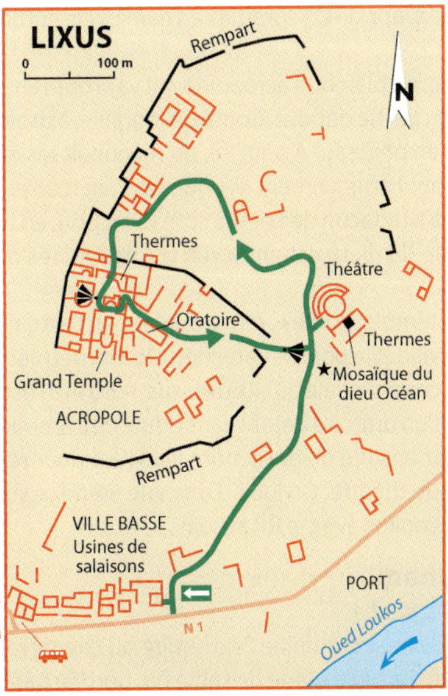

2

Autres sites du Maroc antique

Banasa – *Carte Michelin n° 742, plis 5, 9 et 27. Voir à Kénitra, p. 121.*
Cotta – *Carte Michelin n° 742, plis 5 et 9. Voir « Circuit du cap Spartel » à Tanger, p. 43.*
Sala Colonia – *Voir à Rabat, p. 105.*
Thamusida – *Carte Michelin n° 742 plis 5 et 8-9. Voir à Kénitra, p. 121.*
Volubilis★★ – *Carte Michelin n° 742 plis 5, 9 et 27. Voir p. 264.*

routes maritimes et tiennent sous leur surveillance un riche arrière-pays qui fait rêver les Grecs, le légendaire « jardin des Hespérides ».

Au jardin des filles d'Atlas – Si l'on en croit certains auteurs, c'est près de Larache, dans la vallée du Loukos, que les Anciens situaient le fameux **jardin des Hespérides**, filles d'Atlas et d'Hespéris, la déesse de l'Occident. Là se trouvait l'arbre fantastique chargé de pommes d'or, ces fruits merveilleux dont Hercule réussit à s'emparer après avoir vaincu leur gardien, un terrifiant dragon. Pour certains esprits, plus rationnels que poètes, les pommes fabuleuses seraient des oranges, et il ne faudrait voir dans le terrible monstre que le Loukos aux multiples méandres.

Usines de salaisons – Prospère sous les rois maurétaniens, Lixus devient « colonie » romaine lors de l'annexion du royaume. Elle joue un rôle de premier plan en Maurétanie Tingitane jusqu'à la fin du 3ᵉ s. de notre ère. Un véritable quartier industriel s'étendait alors le long de l'actuelle route de Tanger, avoisinant le port sur le Loukos. Il s'agit de la plus importante installation d'usines de salaisons qu'on ait trouvée au Maroc : 10 ateliers et 147 bassins ont été dégagés ; on distingue encore bien les alignements de bassins ; plusieurs passages les reliant ont gardé leurs arcs en plein cintre. Ces conserveries fabriquaient également le **garum**, cette sauce de poisson aromatisée dont les Romains étaient friands.

Théâtre – *Emprunter le chemin qui monte vers la ville haute.* C'est le seul vestige de théâtre romain connu au Maroc. Il s'agit en réalité d'un théâtre-amphithéâtre – compromis architectural dont on trouve plusieurs exemples en Gaule à la même époque (1ᵉʳ s. apr. J.-C.) : gradins en hémicycle autour d'une profonde arène circulaire.

Acropole – Au sommet du plateau, l'acropole avait sa propre enceinte, dont le gros appareil est encore en partie debout. Contre la muraille, à droite, une haute salle a conservé sa voûte en berceau. À gauche, on reconnaît les restes de thermes. Le **Grand Temple**, dont l'agencement évoque les sanctuaires de Carthage, fut reconstruit sous Juba II ; chacun des petits côtés s'incurve en hémicycle ; la *cella* (chambre de la statue du dieu) est entourée sur trois côtés d'une grande cour bordée de portiques.

Des abords du grand temple, la **vue★**, remarquable, sur l'estuaire du Loukos avec ses marais salants, la ville et le port de Larache, l'Océan, permet de comprendre la valeur stratégique et commerciale du site de Lixus. À 50 m à l'est du grand temple, on aperçoit l'abside d'un oratoire datant sans doute des premiers siècles de l'ère chrétienne. Continuez ensuite de descendre vers l'est pour rejoindre le chemin de l'aller à proximité du théâtre. On jouit d'une **vue** étendue sur les méandres et la plaine alluviale du Loukos avec le Rif au loin.

Moulay Bousselham

À 38 km au sud de Larache.

Cette petite station balnéaire domine l'extrémité du chenal reliant la lagune de Merja Zerga à l'Océan. Sa belle plage de sable fin, bordée par endroits de récifs

sur lesquels des vagues assez fortes viennent se fracasser, ses villas et ses petits cafés-restaurants font de l'endroit un lieu fréquenté en été, mais aussi sous le soleil de décembre. C'est également le sanctuaire vénéré de Moulay Bousselham, « l'homme au burnous », saint patron de la ville enterré ici vers 950 et qui fait l'objet d'un important moussem chaque année en été.
En contrebas du marabout, une petite plage est le point d'embarquement des pêcheurs allant jeter leurs filets dans les eaux poissonneuses de la lagune et des visiteurs désireux d'effectuer une balade en bateau à la rencontre des nombreux oiseaux migrateurs (canards siffleurs, canards souchets et flamants roses) qui y séjournent. *Fixez le prix avant l'embarquement.*

Carnet pratique

Se garer

La circulation peut devenir très vite très dense dans le centre-ville, autour de la place de la Libération. Les places de stationnement y sont peu nombreuses…

Informations utiles

Poste – *Avenue Mohammed V.*
Argent – Distributeurs automatiques sur l'av. Mohammed V.
Gare routière – *R. du Caire.* Liaisons en car avec Rabat et Tanger.

À Moulay Bousselham

Argent – Distributeur automatique à l'agence Crédit Agricole, située à l'entrée du village sur la route.

Nos adresses

Restauration

Premier prix, moins de 100 DH

Restaurant Andalucía – *Port de pêche - ✆ 05 39 91 44 11 - ⌧ - 12h-21h - plats 70/100 DH.* C'est l'endroit si vous voulez déguster du bon poisson. Ce restaurant tout simple, et pourtant très couru par les habitants du coin, se trouve à l'intérieur même du port de pêche. L'occasion de voir les prises tout juste débarquées et mises en vente avant de vous attabler devant des poissons grillés ou des gambas à l'andalouse.

Gran Café Lixus – *Pl. de la Libération - ✆ 05 39 91 21 07 - 8h-21h.* S'attabler à la terrasse de la grande brasserie de la place vaut déjà le détour : pour admirer les courbes de l'architecture espagnole et pour se fondre dans l'animation de la ville. On peut également y manger des pizzas correctes, des salades, des grillades…

À Moulay Bousselham

Premier prix, moins de 100 DH

Nombreux restaurants et cafés à proximité de la plage pour un repas rapide et sans prétention.

Izaguirre – *En dépassant le Camping caravaning international vers le port de pêche, restaurant situé à l'étage au-dessous du poste de la gendarmerie royale - ✆ 05 37 43 24 45.* Poissons et fruits de mer.

Petite pause

Vous pourrez prendre un verre, une pâtisserie et même vous restaurer rapidement dans l'un des deux cafés qui se font face sur la corniche : le **Balcón Atlántico** (*☎ 06 98 64 72 19*) et l'**Al Arabia**. À l'étage, ce dernier propose de nombreuses tables avec une vue panoramique sur l'Océan et la corniche. L'un et l'autre sont très fréquentés à l'heure du *paseo*... Par ailleurs, les terrasses des cafés sur la pl. de la Libération sont également agréables et vivantes...

Activités

À Moulay Bousselham

Association Hajra Hamra – *Centre d'accueil presque en face du Camping caravaning international - ☎ 06 22 10 52 66 - 100 DH/h/pers. - 200 DH/2h ou plus.* Cette association pour l'écotourisme et la protection de la nature regroupe une dizaine de guides qui pourront vous faire visiter la réserve.

Hébergement

Budget moyen, 400 à 700 DH

Hôtel España – *6 av. Hassan II - ☎ 05 39 91 31 95 - 42 ch. - 510 DH ☕, suites 670 DH ☕.* Hôtel très central puisque plusieurs de ses chambres donnent sur la place de la Libération. Le cachet de l'ancien dans un hôtel construit à l'époque espagnole. Accueil charmant.

La Maison Haute – *6 derb Ben Thami - ☎ 06 65 34 48 88 - http://lamaisonhaute.free.fr - 6 ch. et 1 suite - à partir de 410 DH ☕.* L'adresse de charme de Larache, située en plein centre de la médina, non loin de la place de la Libération. Très belle vue depuis la terrasse du toit sur la ville et l'Océan.

Pour se faire plaisir, 700 à 1 200 DH

Lixus Beach Resort – *En bord de mer, au nord de la ville - ☎ 05 39 91 64 37 - www.lixusbeachresort.com - 🍸 🅿 🏊 - 224 ch. - à partir de 800 DH ☕ - ✕.* Parfait pour une étape au bord de la mer si vous cherchez le confort moderne et les services d'un hôtel de luxe. Chambres spacieuses (demandez une vue mer), accès direct à la plage, nombreuses activités (Spa, golf, animations)...

À Moulay Bousselham

Budget moyen, 400 à 700 DH

La Maison des oiseaux – *Dans le village de pêcheurs, suivre la direction du camping Flamants Loisirs - ☎ 06 61 30 10 67 - www.moulay.bousselham.free.fr - 10 ch. - 500 DH ☕.* Un gîte sympathique dans un joli cadre.

Asilah ★

Posée sur la mer, une ville d'une blancheur éclatante, ceinte de remparts de couleur ocre, telle est Asilah, cité balnéaire dont rien aujourd'hui ne laisse deviner le passé tumultueux. Le long de la plage jalonnée d'énormes ancres noires et de quelques thoniers, vous aurez peine à imaginer les flottes guerrières qui abordèrent ces rivages, et les navires des marchands génois, pisans, marseillais, catalans ou aragonais qui, au 14e s., venaient mouiller dans ces eaux.

Se repérer

30188 habitants (les Asilis)

CARTE P. 91 (B1) – *carte Michelin 742, plis 5 et 9* – Asilah se trouve à 62 km au sud de Tanger et à 25 km au nord de Larache, à proximité de la sortie de l'autoroute Casablanca-Tanger. Selon que l'on arrive du sud ou du nord, on empruntera pour gagner le centre l'avenue Hassan II, qui rejoint les remparts en face de Bab Homar, ou l'avenue Moulay Hassan ben Mehdi, qui conduit à Bab al-Kasbah.

À ne pas manquer

La médina avec ses peintures murales.

En famille

Une baignade sur la plage d'Asilah.

Carnet pratique p. 132

Nos adresses p. 133

Se promener

PLAN PAGE SUIVANTE

Compter 2h. Laisser la voiture place Zelaka et suivre le circuit indiqué sur le plan. Au pied des murailles, on suit jusqu'à Bab Homar l'**avenue Hassan II**, ombragée de beaux eucalyptus. Au-delà de la porte, elle se prolonge par la rue Ibn Battouta, où se tient chaque matin un agréable **marché**★.

★ Vieille ville et remparts

Les remparts qui enserrent la ville ancienne furent construits à la fin du 15e s. par les Portugais.

Faire de la ville une œuvre d'art

Telle était l'ambition de **Mohammed Benaïssa** lorsqu'il fut maire d'Asilah, avant d'être ministre de la Culture puis ministre des Affaires étrangères du royaume. La création en 1978, par Mohammed Benaïssa et le peintre Mohammed Melehi, du prestigieux **Moussem culturel international d'Asilah**, organisé par la Fondation du forum d'Asilah, a attiré l'attention sur cette cité qui a vu défiler nombre d'artistes et d'écrivains prestigieux, de **Dizzy Gillespie** à **Keith Jarrett**, de **Myriam Makeba** à **Léo Ferré**, d'**Alberto Moravia** à **Ettore Scola**. Les peintures apposées sur les murs de la médina pour le moussem, font de la vieille ville une immense pinacothèque éphémère. Au sol, des dallages ont été réalisés par de grands artistes marocains tels que **Mohamed Melehi** et **Farid Belkahia**. La rénovation du palais Raissouni et l'aménagement du Centre Hassan II de rencontres internationales ont permis l'émergence, en outre, d'une école de peinture originale.

★ **Bab Homar** (appelée aussi « porte de la Terre »), percée dans une grosse tour ronde surmontée d'un écusson à demi effacé aux armes des rois du Portugal, permet de les franchir. Au-delà, la quiétude règne le long des rues dallées aux maisons blanches dont les soubassements, les fenêtres et les portes sont peints en bleu, jaune et vert.

Au fond de la place Sidi Ali ben Hamdouch, à droite, s'élève la tour carrée El-Kamra, contre laquelle s'ouvre la porte de la Mer (Bab al-Bahr). À droite, dans la rue de la Kasbah, se trouve le **Centre Hassan II des rencontres internationales** – *tlj sf vend. 8h30-12h30, 15h30-18h30 - gratuit.* Ce centre, installé dans d'anciennes écuries, accueille, notamment pendant le *Moussem* culturel, conférences, expositions et autres manifestations auxquelles participent artistes, architectes et plasticiens

Une ville très disputée

Pour évoquer le passé d'Asilah, il faut remonter à l'époque où Zilis, bâtie sur un site punique, comptait, au même titre que Tingis (Tanger), parmi les villes du royaume de Maurétanie. Une trentaine d'années avant notre ère, Octave, le futur empereur Auguste, fit de Zilis une « colonie » romaine. Avec la conquête arabe, la ville, centre d'une principauté idrisside, subit plusieurs assauts des Normands, avant de passer, en 972, aux mains des Omeyyades de Cordoue. Le 24 août 1471, une flotte portugaise de 500 navires porteurs de 30 000 hommes enlève Asilah, qui devient une tête de pont portugaise en terre marocaine. Aux Portugais succèdent les Espagnols, et ce n'est qu'à la fin du 17e s. que le sultan Moulay Ismaïl leur reprend la cité.

Cité balnéaire d'Asilah.
N. Thibaut/Photononstop

de tout le Bassin méditerranéen. Les peintres dont les œuvres sont exposées tout au long de l'année dans les locaux du centre sont tous originaires d'Asilah.
Revenir sur ses pas et traverser la place Ibn Khaldoun.
On atteint presque aussitôt la face nord des remparts, qui domine l'Océan.
Un passage sous voûte précède la minuscule placette sur laquelle donne l'entrée du **palais Raissouni** ou **palais de la Culture** - *ouvert uniquement pdt le Moussem culturel en juin-juillet*. Élevé au début du 20e s., il abrite, lors du Moussem culturel, des ateliers d'art et des rencontres internationales culturelles et artistiques. Pendant ce festival, la médina et la corniche se transforment en un véritable musée en plein air, où des artistes exercent leur créativité en recouvrant les murs des maisons de peintures variées *(voir encadré p. 129)*.
Au-delà de cette place, longeant toujours les remparts, une ruelle mène à la pointe nord-ouest des fortifications, dans l'éblouissement de ses maisons très

Raissouni, un bandit entré en politique

Originaire du pays Jebala, **Raissouni** n'est à 10 ans qu'un petit voleur de troupeaux. Après plusieurs années de geôle, il se fait brigand, enlève des journalistes étrangers et ne leur rend la liberté qu'en échange de coquettes rançons, devenant peu à peu un personnage redouté, au point de recevoir du sultan, en 1908, le titre de pacha d'Asilah.
Durant la Première Guerre mondiale, Raissouni joue sur tous les tableaux. Il gagne la confiance de l'Espagne en se targuant de son influence religieuse (n'est-il pas descendant du Prophète ?) et obtient de son alliée des armes et plusieurs millions de pesetas. Le pays demeure cependant insoumis. Dans le même temps, il joue l'Allemagne gagnante et traite à Tanger avec ses représentants, qui lui promettent le trône du Maroc. L'aventurier est alors au faîte de sa puissance. « Les Berbères sont mes serviteurs, les Espagnols mes esclaves, les Français mes ennemis, les Allemands mes alliés », déclare-t-il. Mais la défaite allemande de 1918 entraîne sa déchéance. Lassés, les Espagnols le chassent d'Asilah ; le sultan le renie ; il est une gêne pour Abd el-Krim lui-même, qui finit par le faire prisonnier. Misérable et abandonné, il meurt en 1925..

blanches, dont les murs presque nus sont percés de minuscules fenêtres qu'orne une grille en fer forgé ou que protège un moucharabieh surmonté d'un auvent. Au pied d'une tour crénelée, quelques marches, à droite, permettent d'accéder à un petit bastion d'où l'on découvre une jolie **vue** sur la côte et sur la flottille de pêche au mouillage. Légèrement en contrebas du bastion, face au large, un charmant **cimetière★** est blotti contre la muraille; devant un marabout, les tombes alignent la fraîche décoration de leurs dalles en céramique multicolore.
Plus loin, femmes et fillettes apportent le matin de grands pains ronds et plats faits à la maison aux fours des boulangers, où ils seront cuits en commun.

À proximité

CARTE DE RÉGION P. 91

Cromlech de M'Soura B1

25 km. Accès difficile. Quitter Asilah au sud en direction de Larache, puis emprunter au bout de 14 km sur la gauche la route vers Tetouan, et enfin, toujours sur la gauche, une petite route goudronnée jusqu'à Souk-Tnine-de-Sidi el-Yamani. Au-delà de ce hameau, le parcours, de 6 km environ, emprunte des pistes, carrossables par temps sec seulement, et souvent à peine tracées. Il sera prudent de se faire accompagner par un habitant de Souk-Tnine (rétribution), car la signalisation est inexistante, et d'éviter d'entreprendre cette excursion en fin d'après-midi, au risque de devoir rouler sur ces mauvaises pistes à la nuit tombée.
Le cromlech de M'Soura est l'un des rares monuments de ce genre découverts au Maroc. Dans un site dénudé, se détachant sur un arrière-fond de collines, près de 170 **menhirs** font cercle autour d'un tumulus d'environ 55 m de diamètre, que des fouilles ont largement entamé. Ces monolithes, pour la plupart dressés, mesurent de 50 cm à 6 m de hauteur; la circonférence de l'un d'entre eux atteint 5 m.
Si, pour les historiens, il s'agit d'un site funéraire, probablement la tombe d'un personnage de marque qui vécut entre les premières apparitions puniques au Maroc et l'occupation romaine, on a souvent lié à M'Soura le nom du géant Antée, fils de Neptune et de la Terre, qui, selon les Anciens, aurait été enseveli entre Larache et Tanger après qu'Hercule eut réussi à le terrasser.

Carnet pratique

Arriver/Partir

Gare ferroviaire – Sur la route de Tanger, à 2 km de la ville. Pour y aller, prendre un petit taxi sur la place Mohammed V. Liaisons quotidiennes pour Tanger et Rabat.
Gare routière – Av. du Prince Héritier, à l'angle du boulevard de la Marche Verte. Cars pour Rabat, Casablanca et Tanger.
Unionbus – *Arrêt près de la place Mohammed V - ✆ 05 39 913 910 - 7h-19h - 2 lignes - billet 3 DH.* Réseau de minibus pour se déplacer dans Asilah et à proximité. Possibilité de laisser la voiture près du port ou à la « porte de la Mer » (Bab al-Bhar).

Agenda

Moussem culturel international – *En juin-juil. - www.c-assilah.com.* Colloques, concerts, peintures murales, expos, ateliers d'artisanat d'art.

Moussem culturel féminin international – *En mars ou avr.* - Expositions au Centre Hassan II des rencontres internationales, séminaires, concerts, défilés de mode, lectures de poésie. Le tout pour présenter des œuvres féminines et mettre en valeur la contribution des femmes créatrices aux arts contemporains marocains

Nos adresses

Restauration

Budget moyen, 100 à 200 DH

2 Oceano Casa Pepe – *Pl. Zelaka - ✆ 05 39 41 73 95* - 🍷. Les Espagnols d'Asilah se retrouvent devant une paella ou une zarzuela dans ce vénérable restaurant, une institution locale. Outre la classique friture de poissons, la tortilla aux poivrons ou les anchois marinés, vous pourrez goûter, sur commande, au caldero de pescado (marmite de poissons). Salle agréable, carte soignée et service attentif.

1 Casa Garcia – *51 av. Melilla - ✆ 05 39 41 74 65* - 🍷. Friture de poissons, paella valenciana, pâtes aux fruits de mer ou calamars à l'encre et marmite de poissons (à commander).

3 La Place – *7 av. Moulay Hassan ben Mehdi - ✆ 05 39 41 73 26.* Poissons et spécialités marocaines au menu pour ce restaurant sans prétention.

4 Sevilla – *R. Imam al-Assili - ✆ 05 39 41 85 05* - 🍷 Pour une friture ou une grillade.

Petite pause

Nombreux cafés dont les terrasses sont disposées sous les eucalyptus de l'avenue Hassan II, au pied des remparts de la médina.

Vous pourrez prendre un verre à la terrasse du restaurant **Al Madina**, place Abdellah Guenoun (en face de la tour carrée).

Shopping

Souk – *Jeu.* Près de la route de Tanger.

Hébergement

Budget moyen, 400 à 700 DH

4 Hôtel Zelis – *10 av. Al-Mansour Addahbi - ✆ 05 39 41 70 69* - 🏊 - *55 ch. - à partir de 450 DH* ☕. Les chambres donnant sur la mer – avec balcon plus ou moins grand – sont agréables.

3 Patio de la Luna – *12 pl. Zelaka - ✆ 05 39 41 60 74* - 💳 - *7 ch. - à partir de 450 DH - fermé mi-janv. - déb. avr.* Une adresse simple et charmante. Des terrasses, vue imprenable sur la médina. Pas de restauration mais vous trouverez tout à côté.

5 Dar Manara – *23 r. M'Jimaa - ✆ 05 39 41 69 64 - www.asilah-darmanara.com - 5 ch. - à partir de 450 DH* ☕. Une belle occasion de loger en plein cœur de la médina. Cette vieille maison bourgeoise a été parfaitement rénovée et merveilleusement décorée en puisant dans les créations des artisans locaux. Chambres pimpantes et agréables parties communes pour se délasser : cour intérieure où glougloute une fontaine, tentes pour se prélasser et terrasse. Beaucoup de charme à un prix très raisonnable.

Pour se faire plaisir, 700 à 1 200 DH

Al Khaima – HORS PLAN - *À l'entrée de la ville sur la rte de Tanger - ✆ 05 39 41 74 28* - 🍷 🅿 🏊 ♿ - *115 ch. - à partir de 700 DH* - 🍴. Agréable jardin, belle piscine, chambres spacieuses et claires avec terrasse ou balcon, tels sont les points forts de cet hôtel ; un peu à l'écart du centre cependant.

Essaouira, vue depuis le port de pêche
mmeee/iStock

3

Casablanca et la côte atlantique Sud

CARTE 2e RABAT DE COUV. C2, B2, B3, A3 – CARTE MICHELIN 742, PLIS 6-9

CASABLANCA ET LA CÔTE ATLANTIQUE
Essaouira ★★ Mérite un détour
El-Jadida ★ Intéressant
Mohammedia À voir
Ville de départ du circuit
D'El-Jadida à Safi par la côte
Le pays Doukkala
La côte d'Essaouira jusqu'au Jbel Amsittene
0
50 km
N
BOUZNIKA-PLAGE
RABAT
BENI MELLAL
Tilal
Mohammedia
Casablanca
Azemmour
El-Jadida
Moulay-Abdallah
Sidi Bouzid
Sidi Bouafi
Jorf-Lasfar
Lagune de Sidi Moussa
Oualidia
Côte rocheuse
Cap Beddouza
Sidi Bouchta
Tnine-Gharbia
Ouled Frej
Pays Doukkala
Boulâouane
Oued Oum
A1
A3
N11
N1
N7
R202
R316
R301
OCÉAN ATLANTIQUE
A
B
C
1
2

BENI MELLAL
OUARZAZATE
AGADIR
AGADIR
3
4
A
B
C
Lalla-Fatna
Sidi Bouzid
Safi
Souira Kedima
Kasbah-Hamidouch
Moulay Bouzerktoun
Essaouira
Dunes du cap Sim
Sidi Kaouki
Tidzi
Smimou
J. Amsittene
905
8
4
MARRAKECH
H A U T A T L A S
Oued Tensift
Oued Tessaout
O. Tessaout
Lac des Aït-Aadel
Rbia
R 201
R 202
R 204
R 207
R 301
N 1
N 7
N 8
N 9
A 3

Casablanca et la côte atlantique Sud

La façade atlantique entre Casablanca et Essaouira déploie, sur environ 400 km, une succession de plages magnifiques balayées par des vents propices aux sports de glisse, et de cités portuaires anciennes pleines de charme.

Casablanca, ville grouillante d'activité, est capitale économique du pays, symbole du Maroc moderne. Ici, pas de place au folklore, entre architecture Art déco et immeubles modernes, propriétés des Émirats, la ville évolue sans cesse… une énergie communicative.

Quelques heures de route vers le sud et vous basculez dans un tout autre monde, celui du pays Doukkala, fort de ses richesses agricoles et de ses traditions. Une région passionnante à explorer, l'occasion de découvrir un Maroc rural authentique tout en visitant les citadelles portugaises, témoins de l'invasion chrétienne du Maroc au 16e s.

La mer est omniprésente. Tout votre séjour sera vivifié par cette proximité avec l'Océan. Vous dégusterez des huîtres à Oualidia, vous ne résisterez certainement pas aux délices d'un bain de mer ou à la découverte du kitesurf, sur l'une ou l'autre des innombrables plages qui émaillent la côte. À mesure que vous vous rapprocherez d'Essaouira, la terre change de couleur, la verdure du pays Doukkala fait progressivement place aux sols caillouteux, précurseurs du désert. Le contraste entre la mer et le désert sera de plus en plus saisissant.

Se repérer

Casablanca est la porte d'entrée ou de sortie la plus classique de cette côte atlantique Sud qui s'étend au nord jusqu'à Tanger, face à Gibraltar, en passant par Rabat, et au sud jusqu'à Essaouira.

À ne pas manquer

Casablanca avec ses immeubles Art déco et sa corniche, et bien sûr, la mosquée Hassan II ; la médina d'Azemmour ; El-Jadida et sa citerne portugaise, et les plages tout le long de la côte…

En famille

Toutes les activités liées à la mer.

Casablanca ★

La « ville blanche » est la capitale économique du Maroc. Avec ses industries de pointe, son commerce maritime, ses hôtels luxueux et son aéroport international, elle représente le Maroc de l'avenir, tourné vers l'Occident. Dans cette cité tapageuse et contrastée qui évolue sans cesse se croisent, à l'ombre des buildings ou des ravissants bâtiments à la façade Art déco, expatriés et voyageurs de passage. Une étape indispensable à la connaissance du pays.

Se repérer

3239585 habitants

CARTE P. 136 (C1) – *carte Michelin 742, plis 5, 7 et 20-21* – Casablanca est située sur la côte atlantique, à 60 km au sud-ouest de Rabat. À l'exception de la route côtière, toutes les voies d'accès convergent vers le centre de la ville moderne, sur la place des Nations-Unies... ce qui crée des embouteillages, particulièrement inextricables tôt le matin et en fin d'après-midi !

À ne pas manquer

Le patrimoine architectural moderne très riche, qui reste encore largement à découvrir ; les Journées du patrimoine (mai) sont pour cela le moment idéal pour une visite.
Casablanca et ses « tours » : le minaret de la mosquée Hassan II, le phare d'El-Hank, le Twin Center. Pour son ambiance, une promenade à pied le long du boulevard de la Corniche.

Organiser son temps

Rester au moins deux jours pour découvrir cette ville souvent négligée par les visiteurs, qui n'y passent qu'en coup de vent.

En famille

Toutes les activités balnéaires sur les plages de la corniche.

Carnet pratique p. 156

Nos adresses p. 158

3

Se promener

★ La ville nouvelle PLAN II P. 148-149

Circuit 1 tracé sur le plan II, à suivre à pied et, si besoin, en tramway, puis en petit taxi pour les lieux les plus éloignés (Habous). Compter une bonne demi-journée.

Place des Nations-Unies PLAN II G3
Ici, sous les murs de la vieille médina, il n'y avait, au début du siècle, qu'un terrain vague où se tenait le souk. C'est très vite devenu le cœur de la cité moderne. Construite en 1907, elle fait le lien entre l'ancienne médina et la ville nouvelle. Les grandes artères y convergent, groupant aux abords de la place les bazars multicolores (boulevard Houphouët-Boigny), les palaces, banques, agences de voyages (avenue des F.A.R.), les cinémas, brasseries et commerces de luxe (boulevard Mohammed V et rues adjacentes). Vous admirerez à l'angle de la rue Allal ben Abdallah, le magnifique **hôtel Excelsior** (1914-1916) de style néo-mauresque décoré de tuiles vertes et de carreaux de faïence, avec son grand café animé au rez-de-chaussée.
Prendre la direction du boulevard Mohammed V.

Ville blanche en mutation

Que vous l'aimiez ou la détestiez, vous subirez nécessairement son dynamisme et serez étonné par la rapidité de sa croissance. Lieu de brassages ethniques et de créations architecturales, Casablanca présente en effet un mélange de styles et de saisissants contrastes, où les gratte-ciel dominent les taudis, où les villas Art déco le disputent aux immeubles contemporains. Sur certaines grandes avenues du centre-ville (boulevards Mohammed V, Lalla Yacout ou de Paris), des immeubles ou villas des années 1930 et 1950 offrent au regard des façades ouvragées, avec portiques à colonnade et balcons en encorbellement ou supportés par des consoles. Ville arabe, elle a également adapté des éléments de l'architecture islamique aux exigences de la modernité, se tournant même vers une architecture futuriste, comme en témoignent les belles façades vitrées de certains immeubles autour des boulevards Moulay Youssef, Zerktouni, Abdellatif Bekaddour. Au milieu de tout cela, les limousines rutilantes croisent les chariots, les dernières créations de la mode parisienne se mêlent aux babouches, djellabas et gandouras, le tout faisant de cette grande métropole une ville originale qui joue de sa dualité : l'orientale et l'occidentale, la riche et la pauvre, la traditionnelle et la moderne.

Trois naissances pour une ville

Anfa – Autour de la colline qui a gardé ce nom, il y avait au Moyen Âge une petite cité berbère nommée Anfa. Son port trafiquait avec les Espagnols, les Portugais, les villes italiennes, tout en abritant une flottille de corsaires. C'est de là que devaient venir les malheurs d'Anfa : les Portugais, principales victimes de la course, décidèrent d'en finir. En 1468, ils mettent à sac la ville, la démantèlent et la vident de ses habitants. Pendant trois siècles, ses ruines restent désertes.

Dar el-Beïda – La ville renaît à la fin du 18e s., sous l'impulsion du sultan **Mohammed ben Abdallah**. Mais elle a changé de nom : sans doute à cause d'une grande bâtisse servant de repère aux voyageurs, on l'appelle Dar el-Beïda – c'est-à-dire « Maison Blanche » pour les Français, « Casa Blanca » pour les Espagnols.

À partir de 1850, la demande européenne de grains et de laines et l'avènement de la navigation à vapeur facilitent l'expansion de Dar el-Beïda (ligne Marseille-Casablanca par la Cie Paquet de 1862 à 1983). Profitant de cette conjoncture favorable, la ville compte à la fin du siècle environ 20 000 âmes, et son port dispute à Tanger le premier rang. C'est pourtant bien peu de chose encore en regard du destin qui l'attend.

Casablanca – Sous ce nom, qui prévaut désormais, le port et la ville vont réaliser leur grande mutation du 20e s. En 1907, le gouvernement chérifien confie à une entreprise française la construction d'un petit port artificiel. À cette époque, celle de « la troisième naissance de Casablanca », des commerçants étrangers (français surtout) affluent à Casablanca et commencent à bâtir en bordure de la médina.

En 1912, Lyautey décide de faire de Casablanca non seulement un grand port mais aussi le centre économique du Maroc. L'architecte **Henri Prost** est chargé d'édifier la ville nouvelle et d'en planifier le développement. Casablanca connaît désormais une croissance à l'américaine. Le grand commerce s'installe et les banques prospèrent, tandis que les industries attirent de très nombreux ruraux.

De 60 000 habitants en 1912, la population passe à 263 000 en 1936, 682 000 en 1952 ; elle approche le million en 1960.

Une métropole économique

Quelques chiffres – À l'intérieur des seize arrondissements qui constituent la ville vivent près de 3,4 millions d'habitants. L'agglomération de Casablanca regroupe quant à elle 6 millions d'habitants, soit près d'un Marocain sur cinq. C'est aussi une ville jeune : deux Marocains sur trois de moins de 30 ans vivent dans l'agglomération. Cette conurbation de 1615 km² est le poumon économique du pays. Elle fournit plus de 30 % du PIB national, réunit 55 % des unités de production où s'affaire 60 % de la main d'œuvre industrielle du pays. C'est à Casa que se concentrent la quasi totalité des établissements financiers. En 2010 a été créé Casablanca Finance City, un hub économique et financier destiné à attirer les grandes entreprises internationales, grâce notamment à d'importantes incitations fiscales. Mission accomplie : Casablanca est devenue en 10 ans la première place financière africaine. Par les ports de Casa et de Mohammedia transite plus de 50 % du fret du pays, tandis que l'aéroport international Mohammed V accueille 40 % du trafic passager.

La vie à Casa – Industrieuse, Casablanca est animée d'une bruyante activité et d'une circulation aussi intense que désordonnée. Cosmopolite, elle draine une foule bigarrée qui vient de tous les lieux et même, pourrait-on dire, de toutes les époques. Moderne, elle a connu un essor urbanistique important et offre toutes les commodités et tous les attraits d'une grande ville : magasins, espaces verts, grands cafés, hôtels de grandes chaînes internationales, spectacles, centres commerciaux, un vaste centre international d'affaires, le **Casablanca Twin Center**. Ce complexe « postmoderne » a été construit à la croisée des boulevards Zerktouni et Al-Massira al-Khadra. Édifié par le Catalan **Ricardo Bofill** et le Marocain **Élie Mouyal**, le centre se compose de tours jumelles de 100 m de haut séparées par un monumental escalier de marbre, et abrite un hôtel de luxe, le Kenzi Tower Hotel, des bureaux, des logements, une galerie commerciale, des cafés et des restaurants ainsi qu'un auditorium. D'autres immeubles à l'architecture résolument nouvelle, voire futuriste (comme l'immeuble de verre de l'ONA sur l'avenue des F.A.R. ou celui de la BMCE avenue Hassan II), ont supplanté les villas d'antan ; des centres commerciaux se sont implantés un peu partout, remplaçant les traditionnelles *kissarias*. En 2019 a été inauguré le Marina Shopping Center au pied de l'ancienne médina, un complexe commercial de 150 enseignes. Avec l'ensemble d'immeubles d'habitation et de bureaux voisins, c'est la seule partie réalisée à ce jour du gigantesque projet d''une nouvelle marina qui devrait se déployer sur 47 ha et comprendre un aquarium et une tour abritant un hôtel de luxe. En 2020, les travaux restaient au point mort. Il en est de même pour l'avenue Royale, une artère magistrale qui devrait relier la mosquée Hassan II au centre-ville. Depuis 2019, Casablanca est dotée de deux lignes de tramway. Deux autres sont en projet

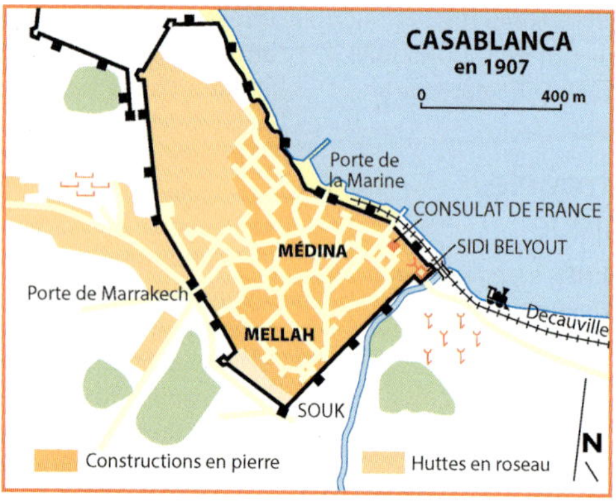

★ Boulevard Mohammed V PLAN II G4-5

Jusqu'au croisement avec le boulevard Hassan Seghir, la rue est réservée aux piétons et au tramway. Ce qui laisse tout le loisir d'admirer paisiblement les multiples immeubles datant des années 1920 à 1950. Ce quartier (boulevard Mohammed V, rue Allal ben Abdallah et rues adjacentes) concentre en effet un nombre impressionnant de trésors architecturaux : façades ouvragées mêlant les styles néo-marocain, Art nouveau, néoclassique et Art déco *(voir « Casa, laboratoire d'architecture moderne » sur la double page thématique suivante)*.

Faites un arrêt au **marché central** *(voir carnet pratique)*, construit en 1917. Des panneaux de zelliges verts et jaunes marquent sa belle entrée principale. À l'intérieur, des arcades blanches et des allées couvertes abritent les étals joliment présentés des primeurs, fleuristes, bouchers et autres marchands. Au centre, la vaste rotonde est réservée aux poissonniers et aux marchandes de fruits de mer et de crustacés, dont les produits, appétissants de fraîcheur, sont agencés avec une extrême méticulosité.

Poursuivez jusqu'au croisement avec la rue Mohammed Smiha où se dresse l'immeuble surnommé **Villas Paquet**, édifié en 1952 par Jacques Gouyon. Ses 16 balcons filants donnent l'impression de flotter.

Revenir sur ses pas par l'autre côté du boulevard Mohammed V et emprunter la rue du Prince Moulay Abdallah (piétonne).

Le plateau piétonnier, dallé et décoré de bassins, accueille des boutiques de vêtements et de chaussures, et de nombreux cafés et glaciers. Les Casablancais viennent y faire des achats mais surtout flâner.

Sur le boulevard de Paris, prendre à droite vers la place.

★ Place Mohammed V PLAN II G4

La « place des pigeons » regroupe autour d'une fontaine monumentale les bâtiments des principaux services administratifs, en un bel ensemble d'architecture. Construits entre le début du protectorat et les années 1930, les édifices – excepté la banque d'État – sont d'un style arabo-islamique ou néomauresque. Le plus ancien (1918), la **Grande Poste**, comporte des mosaïques sur sa façade et des arcs en plein cintre soutenus par des colonnes en pierre. La place, avec sa fontaine lumineuse inaugurée en 2017 (mise en lumière à 21h30), est en permanence animée par les passants, les photographes, les pigeons et les vendeurs d'eau.

De l'autre côté de l'avenue Hassan II, un jardin public occupe la partie est de la place. Il est bordé par le très harmonieux palais de justice (1925), doté d'une gigantesque

La mosquée Hassan II.
RuslanKaln/iStock

porte inspirée de l'iwan persan et d'une frise de zelliges d'un magnifique vert turquoise, et par la **Préfecture - la Wilaya** - (1930), qui se signale de loin par sa tour, haute de 50 m. L'édifice (il est possible de pénétrer à l'intérieur du bâtiment, mais il est formellement interdit de prendre des photos) affiche un étonnant mélange d'architecture néogothique et de décoration marocaine. Le style néomauresque apparaît sur la façade et sur les nombreuses colonnes ornées de zelliges à l'intérieur de l'édifice. Entrez dans le hall, vous aurez le plaisir de découvrir, encadrant le double escalier d'honneur, deux peintures de Jacques Majorelle, *Le Moussem* et *L'Haouache*. Entre ces deux bâtiments, la **statue équestre du maréchal Lyautey** a trouvé refuge derrière les grilles du consulat de France : c'est une œuvre de François Cogné, le sculpteur du *Clemenceau* des Champs-Élysées à Paris. Enfin, du côté ouest de la place, se dresse la silhouette futuriste du nouveau théâtre de Casablanca, le **Casarts**, dessiné par une star de l'architecture mondiale, Christian de Portzamparc, né à Casablanca.

Traverser la place côté ouest (fontaine), suivre le rue Houcine Bnou Ali et tourner à gauche rue du Parc.

★ Musée de la Fondation Abderrahman Slaoui PLAN II F4

12 rue du Parc - Tram Mohammed V - ✆ 05 22 20 62 17 - www.musee-as.ma - mar.-sam. 10h-18h - 60 DH, enfants : -12 ans gratuit, + 12 ans 10 DH. Compter 1h. Blotti dans un paisible quartier bordé d'hôtels particuliers datant de la première moitié du 20e s., le musée occupe une jolie et accueillante demeure des années 1940. La riche et éclectique collection d'objets ayant appartenu à **Abderrahman Slaoui** (1919-2001), homme d'affaires, amateur d'art et auteur de livres sur l'art, est rassemblée sur deux niveaux. Dans une atmosphère intime, on découvre un pan du patrimoine historique et culturel du Maroc et du monde arabo-musulman. Belle collection d'affiches orientalistes (certaines de Majorelle), splendides bijoux marocains, œuvres de maîtres-joailliers des 18e et 19e s., boites à khôl finement ciselées, objets en cristal, enluminures, tableaux du Tangerois Mohammed Ben

Casablanca, la tradition de la modernité

Casa, laboratoire d'architecture moderne

Au 20e s., notamment pendant la période du protectorat, Casa la blanche s'est imposée comme un frénétique laboratoire d'urbanisme et d'architecture. Dès 1912, le maréchal Lyautey en appelle aux architectes les plus novateurs pour faire de Casablanca une véritable « ville nouvelle », qui servira souvent de modèle en France et dans le monde : Marius Boyer, Alexandre Courtois, Jean-François Zevaco, Auguste Perret, Albert Laprade et bien d'autres répondent présents. On retrouve à Casablanca toutes les influences esthétiques qui ont animé l'Europe : **Art nouveau**, **néoclassicisme**, **Art déco**, un courant moderne qui s'inspire du Bauhaus et du constructivisme. Mais on parle d'**architecture métissée**, résultat d'une fusion créative entre modèles européens et marocains. En effet ces influences sont « marocanisées » : les matériaux locaux (zelliges, bois sculptés, stucs) et le savoir-faire des *maâlems* (maîtres artisans) sont intégrés dans des compositions modernes uniques et associés à des technologies innovantes comme le béton armé (introduit à Casablanca dès 1912 grâce aux frères Perret), qui permet toutes les extravagances – volumes, courbes, toits-terrasses. Dès les années 1930 s'entame une course à la verticalité qui devance la capitale française. En parallèle, l'esthétique se fait plus dépouillée, entre jeux de volumes et façades galbées. Les garages, cinémas et sièges de banques deviennent les monuments d'une cité qui n'en a pas. Par ailleurs, les immeubles bénéficient d'un confort encore rare à l'époque en Europe : salle de bains, W.C., vide-ordures, ascenseur, parking souterrain. Une des réalisations les plus emblématiques reste l'immeuble Assayag (rue Hassan Seghir) construit en 1930 par **Marius Boyer**. Trois blocs reliés jusqu'au 7e étage se déclinent en gradins et sont couronnés par trois duplex. Au hasard de la découverte du **centre ville**, on apercevra d'autres créations étonnantes comme l'ancien **hôtel Lincoln** (bd Mohammed V), construit en 1917 par **Hubert Bride** et dont la réhabilitation a été entreprise en 2020, non loin de la façade ondulante de l'**immeuble Maret** (Delaporte, 1932), l'étonnante coupole de l'**immeuble de l'Imcama** rue d'Agadir (Greslin, 1928), les tourelles de l'**immeuble d'El-Glaoui**, rue Amaroui Brahi. D'autres architectes bâtissent en périphérie des villas épurées et hybrides, entre Méditerranée et Californie. La plus célèbre d'entre elles est la villa Suissa (à l'angle des boulevards Abdelkrim al-Khattabi et Moulay Rachid), construite entre 1947 et 1948 par **Jean-François Zevaco** et Paolo Messina. Implantée à la limite du quartier résidentiel d'Anfa, elle est surnommée « la pagode » ou « la villa papillon ». Conçue à partir d'un bloc rectangulaire, elle est enveloppée à l'étage par un spectaculaire balcon aux lignes incurvées dont les porte-à-faux atteignent sept mètres d'envergure aux angles. Elle abrite aujourd'hui un café-pâtisserie et un restaurant *(voir carnet pratique)*.

Un mythe urbain du 20e s. : une ville expérimentale

L'essor de la ville blanche coïncide avec celui d'une discipline nouvelle : l'urbanisme. Sous l'impulsion d'**Henri Prost**, les urbanistes et architectes d'après-guerre vont mettre leur inventivité au service d'une nouvelle problématique inhérente à la croissance industrielle : l'exode rural et l'extension des « bidonvilles ». Le mot a d'ailleurs été inventé à Casablanca ! Il a été employé pour la première fois en 1953 pour désigner des « maisons en bidons », référence aux matériaux de récupération utilisés pour construire des habitats précaires. Henri Prost présente son premier plan en 1915 et met en place une réglementation innovante entre les autorités municipales et les propriétaires fonciers : Casablanca est dite « ville pragmatique ». Dès 1947, **Michel Écochard** établit le projet d'extension du Grand Casablanca et imagine un plan d'urbanisme pour reloger les populations toujours plus importantes aux portes de la ville : il crée des lotissements dont les unités d'habitation s'inspirent des maisons traditionnelles et intègre des expériences pilotes d'habitat social : Derb Jdid d'Élie Azagury ou encore l'innovante cité musulmane de fusées céramiques de Jacques Couëlle. Pour en savoir plus : *Guide des architectures du XXe siècle de Casablanca*, Casamémoire, 2011.

La cité des Habous (1917-1955) : expérience unique d'urbanisme

Dès 1916, Prost envisage la création d'une « nouvelle ville indigène », destinée à résorber les habitations insalubres où s'entassent les immigrants. Très vite, cette nouvelle médina sera habitée par des petits commerçants, fonctionnaires et notables. Les rues principales et les places sont bordées d'arcades et leur assemblage témoigne du talent et du respect de ses architectes, **Auguste Cadet** et **Edmond Brion**, pour l'architecture marocaine traditionnelle. La réussite de cette expérience unique d'urbanisme est largement confirmée aujourd'hui par l'animation permanente qui y règne et sa fréquentation touristique.

Les abbatoirs deviennent fabrique culturelle

La ville de Casablanca a souhaité faire de ses anciens abattoirs, ensemble Art-déco et néo-mauresque (1922), la première friche culturelle du monde arabe, afin de concevoir un lieu d'avant-garde de création, production et diffusion des arts urbains. Pari réussi puisque, depuis son ouverture en 2009, la **Fabrique culturelle** accueille de multiples événements et une foule d'invidus de tous horizons. Gérée par un collectif d'associations, la Fabrique est ainsi un moyen original et passionnant de préserver un petit joyau d'architecture dans un lieu vivant, bouillonnant, moderne *(voir carnet pratique)*.

Un patrimoine en danger

Ce patrimoine exceptionnel du 20e s. pourrait progressivement disparaître si nous n'y prenons garde. Beaucoup de bâtiments se sont déjà effondrés par manque d'entretien, conséquence des faiblesses en matière de protection du patrimoine dont l'urgence s'impose aujourd'hui. D'autres bâtiments sont détruits au nom de la spéculation immobilière, comme la villa Cadet fin 2010, résidence personnelle de l'architecte éponyme. La ville a ainsi perdu 40 % de son patrimoine architectural en quarante ans… Une association, Casamémoire, créée en 1995, milite pour la préservation de ces joyaux architecturaux et surtout pour leur intégration dans la ville contemporaine. Elle organise les Journées du patrimoine, chaque année en mai, pour sensibiliser les habitants. Une demande d'inscription au Patrimoine mondial de l'Unesco a été présentée en 2013 à la suite de Rabat qui figure sur la liste de l'organisatiotn internationale depuis 2012.

Ali R'bati (1861-1939), premier peintre figuratif marocain connu qui illustre des scènes de la vie quotidienne marocaine de son époque (cérémonies, souks), etc. La maison accueille aussi des expositions temporaires. Vous pourrez prolonger ce beau voyage par un thé à la menthe ou un café au 2e étage du musée : banquettes et canapés, ambiance *cosy* et jolie vue sur le quartier verdoyant et fleuri. *Partir à gauche en sortant puis tourner à droite boulevard Rachidi.*
Avant d'entrer dans le parc, à l'angle de la rue d'Alger et du bd Rachidi, vous remarquerez les villas jumelles, dites **les Tourelles** (1930), construites par Marius Boyer. *Tourner à gauche rue d'Alger.*

★ Parc de la Ligue arabe PLAN II F4

Dans la rue d'Alger, sur la gauche, s'élève l'ancienne **cathédrale du Sacré-Cœur**, superbe exemple d'architecture des années 1930, où sont régulièrement

organisées des expositions temporaires d'art contemporain et d'autres manifestations culturelles (concerts, défilés de mode). L'intérieur, dépouillé, met en valeur les vitraux. Vous prendrez plaisir à flâner, à l'écart de l'agitation de la ville, dans cette magnifique promenade aux frais ombrages, plus grand espace vert de Casablanca. Aménagé en 1917, elle présente de grandes allées ombragées par de hauts palmiers dattiers. Prenez le temps de parcourir les rues d'Alger et Pierre Curie (à l'intérieur du parc), ainsi que le boulevard Brahim Roudani qui lui fait suite, où de nombreuses galeries d'art, ainsi que de **belles villas Art déco**, retiennent l'attention.

★ Villa des Arts PLAN II F4

30 bd Brahim Roudani - ✆ 05 22 29 50 87 - www.fondationona.ma - tlj sf lun. et jours fériés 9h30-19h - entrée gratuite.

E
MOSQUÉE HASSAN II
F
Bd Sidi Mohammed ben Abdallah
Bd de la Corniche
Bd Moulay Youssef
R. de Tiznit
R. de Doukkala
Bd Bineau Neuilly
Bd Sour Jdid
R. Asny
R. de Regraga
R. Al-Brouj
R. de Boukraa
R. Tafilalt
Av. Mehdi ben Barka
Bd Mohammed Zerktouni
R. Lakhsass
R. des Spahis
BOURGOGNE
R. Goulmima
Av. Md Meknassi
Bd de Bordeaux
R. de l'Alma
Bd de Bourgogne
R. Aït Ourir
Bd Tahar el-Alaoui
R. des Anglais
Bd Ziraoui
R. Jaafar Ibnou Atia
R. Indochine
Pl. Oued el-Makhazine
Bd Aïn Sidi Ali
Av. des F.A.R.
R. Aknoul
Bd d'Anfa
Bd Aïn Taoujtate
R. Abou al-Abbas
Av. Moulay Hassan
Av. Md Sijilmassi
Musée de la Fondation Abderrahman Slaoui
Bd Abdellatif ben Kaddour
Les Tourelles
Av. Hassan Souktani
GAUTHIER
Cathédrale du Sacré-Coeur
Bd Rachidi
Rd-Pt Mermoz
R. Moussa ben Noussei
Parc de la Ligue Arabe
LES ARÈNES GARDEN
R. Jalal E. Sayouti
Bd Moulay Youssef
Bd Brahim Roudani
ANFA
Villa des Arts
Bd Al-Massira al-Khadra
Casablanca Twin Center
R. El-Kadi Iass
R. Ali bnou Abi Taleb
R. Normandie
R. Ahmed el-Majjati
R. du Marché
MAÂRIF
Av. Hassan II
Bd Mohammed Zerktouni
R. Ibnou Nafiss
Bd Brahim Roudani
Bd 9 Avril
PALMIERS
Bd Abdelmoumen
R. El-Mortada
Wafasalaf
R. Ahmed Enassiri
R. Salim Cherkaoui
R. Soumaya
Rd-Pt Val Fleury
R. Al-Maaden
R. Tarik ibnou Ziad
Faculté de Médecine
Av. Day Ouled Sidi Baba
Av. Stendhal
Bd Raphael
Bd Abdelmoumen
R. Abou el-Kacem
SE RESTAURER
Al-Mounia 4
Brasserie La Bavaroise 7
L'Ostréa 16
La Bodega 19
Marché central 26
La Sqala 28
La Taverne du Dauphin 30
Le Bistronome 32
Le Café M. 33
Le Port de Pêche 34
Luigi 35
SE LOGER
Auberge de jeunesse 1
Hôtel Farah 4
Hôtel Amouday 10
Hôtel Gallia 13
Hôtel Maamoura 15
Hôtel Toubkal 22
Hôtel Le Doge 38

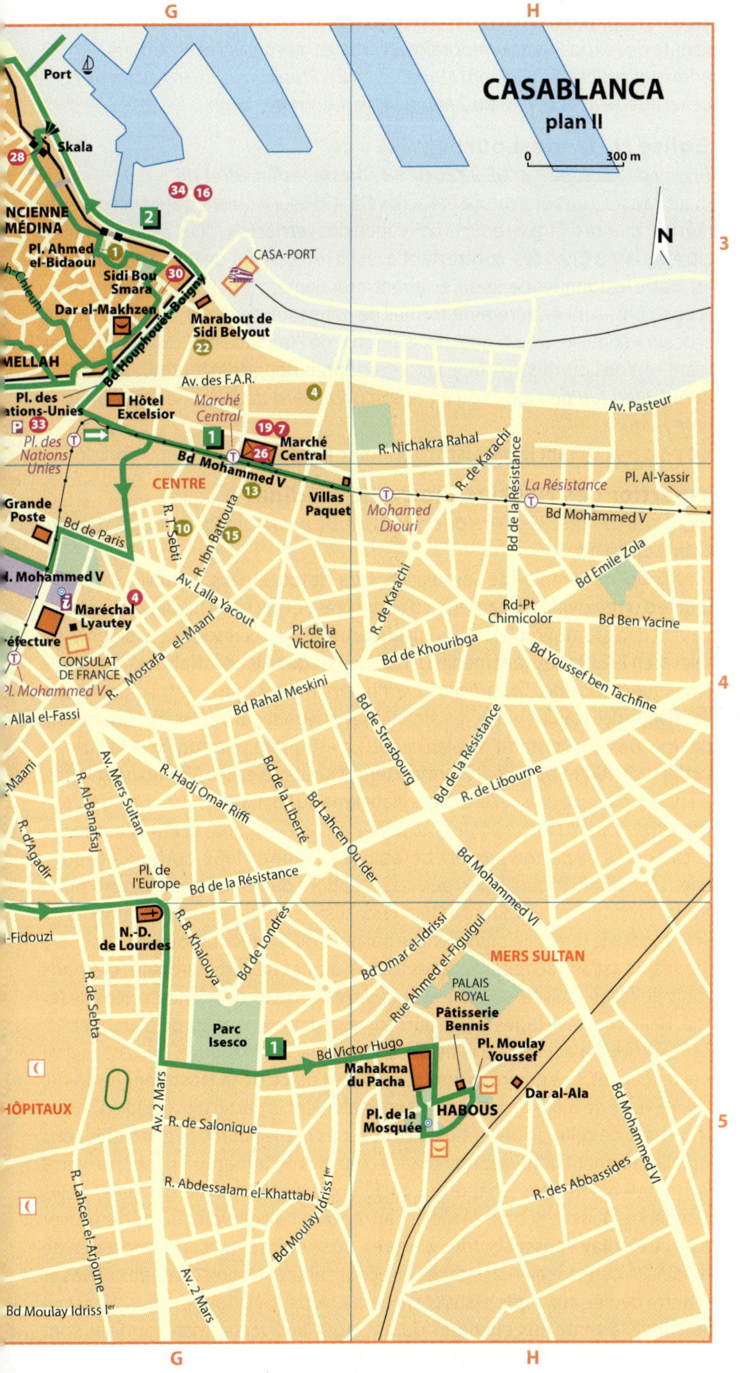
CASABLANCA
plan II
0
300 m
N
G
H
3
4
5
Port
Skala
NCIENNE
MÉDINA
Pl. Ahmed el-Bidaoui
Sidi Bou Smara
Dar el-Makhzen
MELLAH
Bd Houphouët-Boigny
Marabout de Sidi Belyout
CASA-PORT
Av. des F.A.R.
Marché Central
Pl. des Nations-Unies
Hôtel Excelsior
Bd Mohammed V
CENTRE
Villas Paquet
Mohamed Diouri
R. Nichakra Rahal
R. de Karachi
Bd de la Résistance
La Résistance
Pl. Al-Yassir
Av. Pasteur
Grande Poste
Bd de Paris
R. T. Sebti
R. Ibn Battouta
Av. Lalla Yacout
Maréchal Lyautey
Préfecture
CONSULAT DE FRANCE
Pl. Mohammed V
R. Mostafa el-Maani
Pl. de la Victoire
Bd de Khouribga
Rd-Pt Chimicolor
Bd Emile Zola
Bd Ben Yacine
Bd Youssef ben Tachfine
Bd Rahal Meskini
Allal el-Fassi
Bd de Strasbourg
R. de Libourne
R. Hadj Omar Riffi
Av. Mers Sultan
R. Al-Banafsaj
R. d'Agadir
Bd de la Liberté
Bd Lahcen Ou Ider
Bd Mohammed VI
Pl. de l'Europe
Bd de la Résistance
N.-D. de Lourdes
Fidouzi
R. B. Khalouya
Bd de Londres
Bd Omar el-Idrissi
Rue Ahmed el-Figuigui
MERS SULTAN
PALAIS ROYAL
Pâtisserie Bennis
Pl. Moulay Youssef
Dar al-Ala
Parc Isesco
Bd Victor Hugo
Mahakma du Pacha
HABOUS
Pl. de la Mosquée
R. de Sebta
HÔPITAUX
Av. 2 Mars
R. de Salonique
R. Abdessalam el-Khattabi
Bd Moulay Idriss Ier
R. des Abbassides
R. Lahcen el-Arjoune
Bd Moulay Idriss Ier
28
34
16
2
1
30
22
4
33
19
7
26
1
13
10
15
4
1

3

Installée dans une jolie villa Art déco de 1934, presque à l'angle des boulevards Roudani et Zerktouni, la villa des Arts, gérée par la **Fondation culturelle de l'ONA**, présente des expositions temporaires d'artistes marocains et étrangers.
Prendre un petit taxi boulevard Mohammed Zerktouni jusqu'au rd-point de l'Europe (croisement avec l'av. du 2 Mars). À pied, compter 15mn.

★ Église N.-D.-de-Lourdes PLAN II G5

Rd-point de l'Europe - ✆ 05 22 26 57 98 - messe le dim. 9h et 11h.
Ce haut vaisseau de béton brut a été achevé en 1956 sur les plans de M. Dangleterre. L'intérieur mérite d'être vu pour la coloration des **verrières★**, dues à **Gabriel Loire**, maître verrier à Chartres, contrastant avec le revêtement de bois du chœur. En effet, outre les longues baies qui éclairent latéralement la nef principale, les murs des bas-côtés sont entièrement formés de panneaux de vitrail ; sur fond « tapis marocain » sont illustrés, à gauche, le dogme de l'Immaculée Conception et les apparitions de Lourdes, à droite, les autres apparitions de la Vierge.
Suivre à pied (un peu long) ou en taxi le boulevard du 2 Mars et le boulevard Victor-Hugo.
Vous passerez devant le **parc Isesco** (ex-parc Murdoch), joli jardin ombragé.

★ Quartier des Habous (nouvelle médina) PLAN II H5

En petit taxi, comptez 15-20 DH du centre-ville. Du boulevard Victor-Hugo, prendre l'avenue du Palais.
Le développement rapide de Casablanca attira, de tout le pays, des milliers de gens en quête d'un emploi. Ils s'installèrent d'abord près de l'ancienne médina, puis autour de la ville, dans de misérables campements de fortune. Pour résorber ces bidonvilles, on éleva, en 1923, la nouvelle médina située dans le **quartier des Habous** *(lire « page thématique Casablanca, la tradition de la modernité »)*, où, tout en respectant le style et les habitudes traditionnels, les architectes obéirent aux règles de l'urbanisme moderne. De par son statut de bien *habous*, c'est-à-dire sous tutelle religieuse, le quartier reste l'entière propriété du ministère des Habous et des Affaires islamiques. Devant la médina se dresse l'ancienne **Mahakma du Pacha** *(entrée par le bd Victor-Hugo ; en principe il faut un guide pour pénétrer mais vous pouvez tenter auprès de l'officier qui laisse parfois passer)*, bel édifice terminé en 1952, qui abritait autrefois les séances du tribunal ainsi que les réceptions du pacha. C'est aujourd'hui le siège de la commune urbaine du Méchouar, distincte des 16 arrondissements de la ville et dont le territoire comprend le palais royal. La **décoration★** de ses cours et de ses 64 salles fait appel à toutes les ressources de l'art marocain : plafonds en bois de cèdre sculpté, sculptures sur plâtre, carreaux de faïence, grilles de fer forgé. Belle vue des étages supérieurs sur le jardin intérieur bordé d'arcades.
Au sud-est du palais s'étend la **médina**, tranquille et lumineuse, qui a conservé tout son cachet. Les environs immédiats de la **place de la Mosquée** (fontaine, toits couverts de tuiles vernissées) et spécialement la partie de la médina située au nord-est de celle-ci, offrent de pittoresques ruelles bordées d'arcades sous lesquelles tiennent boutique marchands d'étoffes et de maroquineries ; on verra aussi le souk aux cuivres (chaudrons, plateaux, théières et brûle-parfums), et les ferronneries. Dans ce dédale de ruelles, au gré de la balade, vous finirez par arriver à la place **Moulay Youssef** bordée d'arbres, où se dresse la seconde mosquée de la médina. À côté de celle-ci se cache une **cour** entièrement réservée aux **olives** et une autre dédiée **aux tapis**. Dans cette dernière, peut-être aurez-vous la chance d'assister à la **vente aux enchères** durant laquelle diverses marchandises sont proposées à la criée dans une ambiance animée *(tlj sf vend. 13h-14h)*.

Dans une ruelle derrière la mosquée, n'hésitez pas à pousser la porte de **Dar al-Ala** *(17 rue La Fontaine, ✆ 05 22 86 32 81, entrée libre, 9h-20h, plus tard les jours de concert)*, petit **musée** destiné à faire connaître la musique arabo-andalouse, à encourager sa pratique et à sauvegarder ce patrimoine. Instruments et manuscrits anciens, partitions, photos, arbre généalogique de la musique andalouse symbolisant les 24 mélodies typiques, ornent trois salles d'une jolie maison traditionnelle restaurée qui fleure bon le bois de cèdre (élégantes portes sculptées). Au-delà d'un musée, Dar al-Ala est un lieu vivant qui rassemble des passionnés où vous serez bercés par les mélodies des musiciens qui répètent ou se produisent dans le patio *(concerts deux soirs par semaine, voir carnet pratique)*.
De la place Moulay Youssef, prendre la rue Ibn Khaldoun.
Dans la rue à droite se trouve la fameuse **pâtisserie Bennis** *(voir carnet pratique)*, dont l'intérieur, recouvert de mosaïques, abrite mille et une gourmandises.
La rue Ibn Khaldoun débouche au point de départ, place de la Mosquée.

L'ancienne médina et le port PLAN II P. 148-149

Circuit 2 tracé sur le plan II, à suivre à pied.

★ Ancienne médina PLAN II FG3

Il est préférable de ne pas s'y balader la nuit, sous peine de mauvaises rencontres.
Depuis 2012 se déploie une campagne de réhabilitation de ce quartier trop longtemps délaissé. Les travaux, lancés à l'initiative du roi, visent à améliorer les conditions de vie des habitants, à développer les infrastructures et à restaurer les différents édifices. Aménagée à proximité de la côte et partiellement ceinte de hauts remparts, la médina renferme dans un enchevrêtement de ruelles, de places et de commerces variés, les monuments les plus anciens de la ville (mosquées, sanctuaires, bastion) et divers bâtiments remontant à la présence européenne dès le 19e s. (quartier des consulats). Elle se distingue des médinas de l'intérieur par ses façades comportants fenêtres, balcons ouvragés et portes-fenêtres.
Entrant par la rue Chakib Arsalane, vous parcourrez un labyrinthe de ruelles grouillantes de monde, bordées d'échoppes de commerçants et d'artisans. On passe devant la *jemaa ech-Chleuh*. Revenant vers le sud par le boulevard Tahar el-Alaoui, qui longe les vieux remparts, remarquez, à droite, l'amusant alignement des boutiques de barbiers. Puis, franchissant la muraille par la porte de Marrakech, prenez aussitôt à droite la rue Dar el-Toubib qui s'enfonce dans le **mellah** : bordée de boucheries, elle est l'une des plus vivantes et des plus curieuses de cet ancien quartier juif. À son extrémité, suivez la rue des Synagogues puis tournez à gauche dans la rue Djemaa es-Souk, qui ramène à la place des Nations Unies.
Pénétrer à nouveau dans la médina par la rue Mohammed el-Hansali (direction sud-est de la muraille) puis tourner à droite dans la rue du Makhzen.
On remarque la **mosquée Dar el-Makhzen**, bâtie dans la deuxième moitié du 18e s. sur ordre du sultan Mohammed ben Abdallah ; plus loin, la rue du Makhzen débouche sur une charmante place ombragée par un magnifique figuier banian où se trouve la **koubba de Sidi Bou Smara**. Longez les remparts vers le nord, vous passerez devant la porte de la Marine et la **place Ahmed el-Bidaoui**, où l'on peut admirer la façade de l'hôtel Central, construit à la fin du 19e s., puis, un peu plus haut, on atteind **la Skala**, bastion fortifié du 18e s., armé de vieux canons. La plate-forme offre une belle vue sur l'océan Atlantique et le port de pêche.

★ Port PLAN II G3

Les conditions naturelles n'étaient guère, ici, favorables à la réalisation d'un grand port, et les travaux commencés en 1907 étaient insuffisants. Tout était à faire

3

lorsque Lyautey débarqua à Casablanca. L'obstination du résident général vint à bout de difficultés qui étaient insurmontables de l'avis des experts (la houle emporta à plusieurs reprises les ouvrages en construction). Dès 1930, avec un trafic de 3 millions de tonnes, le port était connu dans le monde entier, et son tonnage n'a fait que s'amplifier depuis lors.

Premier port phosphatier du monde, il est également très actif, à l'exportation, dans le secteur des agrumes et des primeurs, tandis que les principales importations concernent les hydrocarbures, les céréales et les produits sidérurgiques et chimiques. Une jetée principale longue de près de 3 km le protège. Des milliers de passagers y débarquent ou embarquent chaque année et les paquebots de croisière y font de plus en plus d'escales. Au deuxième rang des ports du Maghreb, il semble appelé à un avenir plus brillant encore, puisqu'on a déjà entrepris de doubler la surface de ses installations. Le port de pêche est particulièrement intéressant le matin lors de la vente à la criée.

Revenez par le **boulevard Houphouët-Boigny**, bordé par des bazars et la *kissaria* où, l'après-midi, se font des ventes à la criée ; on laisse à gauche le **marabout de Sidi Belyout**, tombeau du saint protecteur de la ville.

★ La Corniche PLANS I ET II P. 146 ET 148

Circuit 3 tracé sur les plans I et II. 15 km - 1h30. Si vous êtes en voiture, de la place des Nations Unies, partir en direction du port. En petit taxi, compter env. 10 DH jusqu'à la Mosquée.

Casablanca, images et mythes

Certains noms sont associés à Casablanca dans l'imagerie collective. Ainsi, Casa fut la fierté de **Lyautey**. Passionné d'urbanisme, sa première préoccupation fut que la ville blanche puisse répondre dignement à la vocation océane du Maroc. Sa ténacité eut raison de tous les obstacles et il réussit à faire de Casablanca un grand port.

Ce fut aussi la ville de **Marcel Cerdan**. Né à Sidi Bel-Abbès d'une famille originaire de la vallée de la Têt, Marcel Cerdan vint se fixer avec les siens à Casablanca dans le quartier Cuba puis dans celui de Maarif, occupé par la colonie italienne. Il y fit ses débuts de boxeur professionnel et remporta ses premières victoires. Le 21 février 1938, il devint champion de France des poids welters au stade Philip de Casa. Son charisme le rendit aussi célèbre que son punch. En 1948, Cerdan est champion du monde : délire à Casa, à la **Brasserie Marcel Cerdan**, à l'hôtel de ville, où il présente sa ceinture de champion du monde, au vélodrome d'Anfa, où le général Juin le décore de l'ordre du Ouissam Alaouite. Mort dans un accident d'avion, il est accompagné au cimetière Ben M'Sik à Casa, le 10 novembre 1949, par une population en deuil. En 1995, son corps a été rapatrié à Perpignan.

L'aérodrome d'Anfa (aujourd'hui un aéroclub) fut la première escale des lignes Latécoère, devenues l'**Aéropostale**. **Mermoz** est là avec Collenot, Rozès, Guillaumet, Saint-Exupéry et tant d'autres ; Casa est en deuil le 7 décembre 1936, lorsque Mermoz et son équipage disparaissent à bord de *La Croix du Sud* (parmi les monuments visibles à l'aérodrome figure une stèle érigée à leur gloire et à celle des autres pilotes, navigateurs, radios et mécaniciens de la ligne France-Amérique morts pour l'aviation).

La ville évoque enfin *Casablanca*, **film** réalisé en 1942 par Michael Curtiz, avec Humphrey Bogart, Peter Lorre et Ingrid Bergman. L'action est censée se dérouler dans la ville blanche (à défaut d'y avoir été tournée).

Vue sur Casablanca.
masterovoy/iStock

Si vous préférez une promenade plus sportive, prenez le tramway (ligne T2) jusqu'à la dernière station, Aïn Diab (30mn de trajet), puis suivez l'itinéraire à pied en sens inverse : longez le boulevard de la Corniche équipé de trottoirs réhabilités et aménagés de bancs sur une grande partie du parcours. Si la promenade est trop longue, vous pourrez toujours monter dans un petit taxi pour finir.

3

★★★ Mosquée Hassan II et son musée PLAN I C1

Ouverte aux non-musulmans - 05 22 48 28 86 - www.fm2.ma - visite guidée le vend. 9h, 10h et 15h ; les autres jours, sf j. fériés, 9h, 10h, 11h, 12h et 15h (et 16h en été) - 130 DH.

Le boulevard *Sour Jdid ou le boulevard Sidi Mohammed ben Abdellah, qui longe la corniche,* conduisent à la plus grande mosquée du monde après celle de La Mecque *(un passage souterrain permet d'accéder aux parkings)*. La mosquée a été inaugurée en 1993 après sept ans de travaux.

Dans les deux grandes ailes symétriques qui font face à la mosquée, la **médiathèque** *(mar.-sam. 10h-18h)* est utilisée pour des expositions temporaires et l'**Académie des arts traditionnels**, vitrine de la richesse artisanale marocaine, forme depuis fin 2012 des étudiants à l'art du bâtiment traditionnel, du bois, des métaux, du cuir, des textiles, de la calligraphie et de l'enluminure.

Occupant le rez-de-chaussée de l'Académie des arts, le **musée de la Mosquée** *(9h-13h30, 14h30-17h, 30 DH)* constitue une excellente introduction à la visite de l'édifice religieux. Il retrace, avec l'appui de technologies modernes (maquettes interactives, dalles tactiles), l'histoire de ce chef-d'œuvre architectural, symbole d'un islam ouvert sur le monde et sur la science, selon le vœu d'Hassan II. Divers splendides modèles de zelliges, de ferronneries, de stucs, de bois peints, qui avaient été présentés lors de la construction de la mosquée, sont exposés, rendant ainsi hommage aux artisans et artistes marocains.

Conçu par l'architecte français **Michel Pinseau** (1924-1999), l'édifice religieux a été construit en partie sur l'eau, à la pointe extrême du Maghreb. Il comporte

Anfa, un lieu de rencontre

En janvier 1943, deux mois après le débarquement anglo-américain sur les côtes d'Afrique du Nord, Anfa vit se dérouler la **conférence de Casablanca** – entre le président Roosevelt et Winston Churchill –, au cours de laquelle la date du débarquement allié sur les côtes françaises fut fixée au printemps 1944. À cette occasion fut aménagée la difficile rencontre entre les généraux de Gaulle et Giraud. C'est aussi à Anfa que Roosevelt reçut secrètement le sultan Mohammed V pour s'entretenir avec lui de l'avenir du Maroc.

au rez-de-chaussée une salle de prières rectangulaire d'une parfaite symétrie. Soutenue par 78 piliers où le granit et le marbre entremêlent leurs reflets, cette salle coiffée d'une toiture recouverte de tuiles vert émeraude – couleur symbole de la plénitude spirituelle en terre d'islam – est susceptible d'accueillir 25 000 fidèles à l'intérieur, et 80 000 sur l'esplanade qui la prolonge.
Encastré dans l'axe de la façade sud, le minaret, rehaussé d'un *jamour* équipé d'un rayon laser d'une portée de 30 km matérialisant la *qibla* (direction de La Mecque), culmine à 200 m au-dessus de la mer. Cet ensemble cultuel et culturel, construit selon des normes antisismiques et financé en partie par le peuple marocain dans le cadre d'une souscription nationale, comporte aussi une *medersa* et un hammam. L'ensemble, superbement décoré par des artisans venus de tout le Maroc, mérite l'admiration : fresques et zelliges aux motifs géométriques, bois peint et sculpté, stucs aux dessins inextricables, arabesques aux motifs dessinés ou calligraphiés, couleurs lumineuses, tout témoigne du talent et de l'esprit novateur des artistes marocains.
Reprendre la voiture ou un petit taxi.
Continuez à longer l'océan, laissez à droite le phare et la pointe rocheuse d'**El-Hank** ; la belle plage est bordée de nombreux établissements de bains, des cafés et de tout un chapelet de piscines.

Aïn Diab PLAN I A1-2

La station balnéaire d'Aïn Diab, dont la pointe offre une jolie vue sur l'Océan et la côte, possède une **plage** de sable fin aménagée. Autour d'elle, villas, hôtels, restaurants, bars et boîtes sont le rendez-vous des Casablancais branchés.
On pourra pousser le long de la côte, à 3 km, jusqu'au marabout très fréquenté de **Sidi Abd er-Rahmane**, sanctuaire vénéré, bâti sur un rocher accessible seulement à marée basse.

Anfa PLAN I B1

Construit sur une colline dominant toute la ville, c'est un élégant quartier résidentiel. On appréciera les grandes avenues fleuries, les parcs verdoyants et surtout les splendides villas dont la variété illustre l'évolution des conceptions architecturales des années 1930 à nos jours.
Contournant l'hippodrome, revenir à la place des Nations Unies.

À voir aussi

Musée juif marocain de Casablanca PLAN I C2

81 r. Chasseur Jules Gros, Casablanca-Oasis - Tram Gare Oasis ✆ 05 22 99 49 40 - www.jewishmuseumcasa.com - lun.-vend. 10h-17h (18h en été), dim. 11h-16h - 50 DH.
Aménagé dans un ancien orphelinat du quartier de l'Oasis, il présente les objets

de la vie quotidienne, bijoux, objets de culte, vêtements, mobilier, tableaux et photographies, témoignant de la présence juive au Maroc. Il retrace la vie de cette communauté, partie intégrante de l'histoire et de la culture du Maroc, en particulier dans les lieux de longue tradition urbaine comme Fès ou Tetouan ou les bourgs du Sud comme Ifrane. Si la communauté juive marocaine a aujourd'hui perdu de son importance quantitative, son héritage culturel est de plus en plus revendiqué par les Marocains... et nombre de juifs originaires du Maroc y reviennent à la recherche de leurs racines familiales. Ce musée présente également des travaux d'archivage (photo, vidéo, musique) et de restauration de monuments réalisés par la Fondation du patrimoine culturel judéo-marocain. Sur place, livres et CD-Rom vous aideront à vous familiariser avec l'histoire de la civilisation juive marocaine.

À proximité

CARTE DE RÉGION P. 136

Mohammedia C1

Env. 30 km au nord de Casablanca. Au début du 20e s., seule se dressait la kasbah délabrée de Fédala, vivant de pêche et du commerce des céréales du pays des Zénata. Son port – qui avait eu quelque notoriété au Moyen Âge – végétait au fond d'une rade pourtant remarquable, bien protégée à l'ouest par deux îlots rocheux. Au temps du protectorat, les îlots furent reliés à la terre ferme par des digues tandis que le développement intensif des cultures maraîchères de l'arrière-pays et l'implantation de plusieurs industries donnaient à la cité un visage tout différent; bientôt les tentes de plage et les bungalows des Casablancais envahirent le rivage. Ainsi s'amorçait la double vocation industrielle et balnéaire de la ville. Au cours de la Seconde Guerre mondiale, le port fut affecté au déchargement des pétroliers au Maroc et la principale raffinerie du pays, celle de la Samir, au sud-ouest de la ville, fut construite en 1959. D'autres industries furent créées ou agrandies; la ville est le siège d'un groupe textile important, Icoma.

Bien à l'écart des installations industrielles et portuaires, la longue (plus de 3 km) **plage de Mohammedia** est très appréciée. Digue-promenade, casino, terrain de golf, port de plaisance, hôtels forment un complexe balnéaire agréable qui ne cesse de se développer.

En poursuivant sur la route côtière après la belle plage des Sablettes, en forme d'anse, **Tilal** puis, plus au nord, **Bouznika-Plage** offrent l'agrément de leurs plages de sable bordées de villas, d'hôtels et de nombreux campings.

Les « télégraphes » de Moulay Ismaïl

Outre leur rôle défensif, les kasbahs comme celle de Mohammedia, dont Moulay Ismaïl et ses successeurs firent parsemer à des intervalles réguliers la côte atlantique, avaient un rôle de transmission de l'information : le son du canon tiré de l'une d'entre elles était immédiatement répercuté par la suivante et ainsi de suite... il suffisait ainsi de quelques dizaines de minutes pour qu'un événement survenu à Tanger soit connu à Essaouira.

Carnet pratique

S'informer et visiter

Kiosque d'informations – *Pl. Mohammed V* -.Brochures sur les différents quartiers, plan de la ville, très bon accueil et nombreux renseignements.

Syndicat d'initiative – *98 bd Mohammed V - ☎ 05 22 20 21 93.*

Délégation régionale du tourisme (ONMT) – *55 r. Omar Slaoui - ☎ 05 22 27 11 77.*

Conseil régional du tourisme (CRT) – *60 bis av. Hassan II - ☎ 05 22 20 62 66 - www.wecasablanca.com.* Sur le site Internet, nombreux renseignements pour préparer son séjour à Casablanca.

Association Casamémoire – G4 - *29 av. Lalla Yacout, 5e étage - Tram Pl. Mohammed V - ☎ 05 22 47 43 33 - www.casamemoire.org.* Cette dynamique association de bénévoles œuvre à la sauvegarde du patrimoine architectural du 20e s. et à la sensibilisation auprès du public. Elle organise des visites guidées sur rendez-vous à partir de 10 pers.; renseignez-vous si une visite est prévue, vous pourrez certainement vous y inscrire. On peut se procurer sur place (téléphoner avant de passer) un plan du centre de Casablanca sur lequel figurent la plupart des constructions remarquables du 20e s. (gratuit), ainsi que le *Guide des architectures du 20e siècle de Casablanca* (200 DH) détaillant une centaine de bâtiments dans plusieurs quartiers de la ville.

Arriver/Partir

Avion

Aéroport Mohammed V – *À 35 km au sud en suivant la direction Settat-Marrakech - ☎ 05 22 43 58 58 - www.onda.ma.* C'est le principal aéroport du Maroc : nombreuses liaisons avec le monde entier ainsi qu'avec les principales villes du pays. Des lignes régulières relient également Casablanca à Paris, Bordeaux, Lyon, Marseille, Montpellier, Nice, Strasbourg et Toulouse.

Air France – *À l'aéroport et en ville (15 av. des F.A.R.) - ☎ 05 20 48 00 71 - www.airfrance.ma.*

Royal Air Maroc – *44 av. des F.A.R. - ☎ 05 22 46 41 10 - réserv. centrale ☎ 0890 000 800 - www.royalairmaroc.com.*

Air Arabia Maroc – *À l'aéroport ☎ 05 22 53 64 00 - www.airarabia.com.* La compagnie *low-cost* des Émirats Arabes Unis assure des liaisons régulières avec Lyon, Montpellier et Toulouse.

Change à l'aéroport – ☺ Mieux vaut attendre d'avoir passé la douane pour changer de l'argent, en effet les deux bureaux installés à l'arrivée des bagages ne pratiquent pas des taux intéressants. Juste à la sortie on trouve plusieurs guichets de change et des banques avec distributeurs de billets; bureau d'informations au terminal 1.

De l'aéroport au centre-ville – Une **navette ferroviaire**, train « Al-Bidaoui », relie l'aéroport (sous-sol du terminal 1) aux gares de Casa-Voyageurs et Casa-Port toutes les h *(3h-22h,50 DH, env. 30mn de trajet)*.

En taxi, comptez 250/300 DH. Des grands taxis (station devant le terminal 1) assurent des liaisons avec Rabat *(650 DH/pers.)*, Meknès et Marrakech *(1000 DH)*, Tanger *(1500 DH)* et Essaouira *(1500 DH)*.

Train

Office national des chemins de fer – *Rens. et horaires au ☎ 2255 - www.oncf-voyages.ma.* Deux gares principales :

Casa-Voyageurs – *Bd Ba Hmad, au bout du bd Mohammed V* - La gare est reliée au tramway, station Casa-Voyageurs, qui conduit vers le centre-ville. Principales villes desservies depuis cette gare : Fès *(4h)*, Meknès Amir *(3h)*, Marrakech *(2h40 env.)*, Oujda *(10h15)*, Tanger *(2h10 en train grande vitesse)*, El-Jadida *(1h30)*, Rabat *(1h)*

Casa-Port – *Bd Houphouët-Boigny.* Plus centrale mais ne dessert que certaines lignes : El-Jadida *(1h30) via* Azemmour, Kénitra par Aïn Sebâa, Mohammedia, Rabat (Agdal et ville) et Salé. Départs tlj à intervalle fixe de 30mn, dans les deux sens entre les gares de Casa-Port et Rabat Ville *(6h30-21h).*

Bus, grands taxis

Gare routière CTM – *23 r. Léon l'Africain - ✆ 08 00 09 00 30 - www.ctm.ma.* Plus de 10 dép./j. pour Agadir *(6h30)*, Fès *(5h)*, Marrakech *(3h)*, Meknès *(4h)*, Safi *(3h30)*, Tanger *(5h)*, Taza *(7h)*, Tiznit *(10h)*, Rabat *(1h15)*, Essaouira *(7h).*

Gare routière Ouled Ziane – *Rte Ouled Ziane.* Elle est utilisée par les autres compagnies : mêmes destinations, mais le confort comme la sécurité sont loin d'être au même niveau.

Grands taxis (blancs) – Pour Rabat *(1h30)*, près de la gare ferroviaire de Casa-Voyageurs ; pour Mohammedia, près de la gare routière CTM.

Voiture

Il est aussi difficile de se garer dans le centre à certaines heures que d'y circuler ! Nombreux parkings sur la corniche mais ils sont très vite saturés les week-ends et en soirée. Privilégiez plutôt le tramway et les petits taxis. N'oubliez pas de laisser 2 à 3 DH (10 DH la nuit) aux gardiens de parking, reconnaissables à leur blouse bleue. Certaines rues sont équipées de parcmètres.

Se déplacer

Transports en commun

Tramway – *www.casatramway.ma. Achat de tickets aux distributeurs automatiques à chaque station, 6 DH (plus 2 DH pour l'achat de la carte) valable pour 2 trajets ; forfait illimité 60 DH/semaine (plus 15 DH pour l'achat de la carte).* Les deux lignes du tramway parcourent 47 km et desservent 71 stations de 5h30 à 22h30 *(voir le plan sur le site Internet).* Très pratique, en particulier pour accéder aux gares, au centre-ville (arrêts marché central, place des Nations Unies, place Mohammed V...), à la partie ouest de la corniche (gare Aïn Diab plage terminus). Le projet de deux nouvelles lignes a trouvé son financement fin 2020 en partenariat avec l'Agence Française de Développement.

Bus – Depuis 2019, les transports par bus sont en pleine restructuration. Pour les visiteurs, ce n'est pas le moyen de transport à privilégier.

Taxis

Vous trouverez des **petits taxis** (rouges) à chaque coin de rue. Ils ont tous un compteur. Veillez toutefois absolument à ce que celui-ci soit mis en route. *La prise en charge est de 7 DH. Tarif majoré de 50 % à partir de 20h.*

Taxis du Maroc – *✆ 06 06 75 68 74 - www.taxisdumaroc.ma.* Liaisons inter-villes et avec l'aéroport.

Taxis Vert – *✆ 05 22 48 48 01 - www.taxisvert.ma.* Courses en ville, aéroport, service de grand taxi, voitures PMR.

Location de voiture

Avis – *À l'aéroport et en ville (Tour Atlas, pl. Zellaga) - centrale de réservation, ✆ 05 22 66 72 72 - www.avis.ma.*

Budget – *À l'aéroport - ✆ 05 22 53 91 57 - www.budget.ma.*

Europcar – *À l'aéroport : ✆ 05 22 53 91 61 ; en ville : 44 av. des F.A.R. - ✆ 05 22 31 09 60 - www.europcar.ma.*

First Car – *À l'aéroport : ✆ 05 22 53 91 77 ; en ville : 30 r. Sidi*

3

Belyout - ✆ 05 22 30 00 07 - www.firstcar.ma.

Adresses utiles

Numéros d'urgence

SOS Médecins – *✆ 05 22 20 20 20.* Visite médicale à domicile 24h/24.

Gendarmerie royale – *✆ 177 (secours routier).*

Police – *✆ 150.*

Poste principale – *À l'angle du bd de Paris et de l'av. Hassan II - lun.-vend. 8h-16h30, sam. 8h-12h.*

Consulats

France – *R. du Prince Moulay Abdallah - ✆ 05 22 48 93 00 - ww.ma.consulfrance.org.*

Belgique – *9 r. Al-Farabi - ✆ 05 22 43 17 80 -www.morocco.diplomatie.belgium.be.*

Agenda

Foires et salons

Salon international de l'édition et du livre (Siel) – *En février - ✆ 05 37 27 40 42 - www.salonlivrecasa.ma.* Le rendez-vous majeur de l'édition marocaine. Nombreux pays représentés chaque année et attribution du prix du Maroc.

Festivals

Festival Jazzablanca – *Juil. - www.jazzablanca.com.* Un grand RV du jazz, belle programmation de concerts, expositions et ateliers.

Casa Festival – *Juil. - ✆ 05 22 22 77 45 - www.wecasablanca.com - gratuit.* Ce festival international se veut à la fois le reflet de Casablanca et sa célébration, en jouant sur la diversité de ses manifestations (concerts, spectacles de rue, cinéma, *street art*).

L'Boulevard – *Sept. - www.boultex.ma.* Un beau succès pour ce festival qui pratique des prix d'entrée symboliques. Chaque année une trentaine de groupes locaux et internationaux programmé (rap, rock, fusion, hip-hop).

Nos adresses

Restauration

Dans la ville nouvelle (centre)
PLAN II

Premier prix, moins de 100 DH

(26) **Marché central** – G3 - *Bd Mohammed V.* À l'intérieur du marché, attablez-vous à l'une des petites échoppes qui proposent des assiettes de produits frais, en particulier des grillades de poissons et des fruits de mer; par exemple chez Malika, côté rue Allal ben Abdallah. À l'extérieur, des rôtisseries bordent le marché rue Chaouia : poulets à la broche accompagnés de riz ou de frites.

Budget moyen, 100 à 200 DH

(19) **La Bodega** – G3 - *129 r. Allal ben Abdallah - derrière le marché central - ✆ 05 22 54 18 42 - 🍷 - 12h-16h et 19h-1h - fermé dim. midi - 150/200 DH.* Bar à tapas très fréquenté qui propose aussi deux plats du jour dans un décor multicolore mettant la corrida à l'honneur. Sa succession de petites salles en sous-sol lui permet de recevoir beaucoup de monde. Ambiance garantie.

Pour se faire plaisir, 200 à 400 DH

(4) **Al-Mounia** – G4 - *95 r. du Prince Moulay Abdallah - ✆ 05 22 22 26 69 - 🍷 - fermé dim. - entrée/plat 200-250 DH.* Il mérite d'être mentionné tant pour son cadre typiquement marocain et sa terrasse ombragée d'un majestueux faux poivrier, aussi inattendue que bienvenue au cœur de cette cité trépidante, que pour les mets qui y sont servis, brochettes et tajines

en particulier. Délicieuse pastilla au lait (pour 2 pers.) parfumée à la fleur d'oranger et agrémentée d'amandes pilées, merveille de légèreté !

33 **Le Café M** – G3 - *Hôtel Hyatt Regency - pl. des Nations Unies - ✆ 06 32 33 33 75 - 🍷 - 12h-15h, 19h-23h, fermé dim. - 350/400 DH.* Si le cadre est un peu froid (chaises en cuir noir dans une salle épurée), la cuisine d'inspiration française y est succulente ... définitivement gastronomique.

7 **Brasserie La Bavaroise** – G3 - *133 r. Allal ben Abdallah - derrière le marché central - ✆ 05 22 31 17 60 - 🍷 - fermé sam. midi et dim. - formule déj. 195 DH, 260/360 DH.* Ce restaurant, fréquenté par les hommes d'affaires pour le déjeuner, est l'un des meilleurs établissements spécialisés en cuisine traditionnelle française de Casa. Le bœuf parfaitement maturé de Beni Mellal est particulièrement savoureux. Le soir, vous dînerez dans une ambiance plus calme.

Autour du port et de l'ancienne médina PLAN II

Budget moyen, 100 à 200 DH

30 **La Taverne du Dauphin** – G3 - *115 bd. Houphouët-Boigny - 🍷 - fermé dim. soir - menu 115 DH - plats 70-120 DH.* Ouverte en 1957, La Taverne appartient toujours à la même famille, les Kerinec. Dans une atmosphère chaleureuse, on y mange d'excellents poissons et fruits de mer en toute simplicité. Fraîcheur au rendez-vous. Salle souvent comble au déjeuner.

34 **Le Port de Pêche** – G3 - *Port de pêche - ✆ 05 22 31 85 61 - 🍷 - plats 70/120 DH, paella (2 pers.) 200 DH.* Situé comme son nom l'indique sur le port, ce restaurant convivial sert poissons et fruits de mer d'une fraîcheur exquise.

28 **La Sqala** – G3 - *Bd des Almohades - ✆ 05 22 26 09 60 - www.restopro.ma/sqala - 8h-23h-plats 120/170 DH.* Niché derrière la Skala, bastion fortifié du 18e s., ce restaurant ouvre sur un charmant jardin fleuri d'orangers et de bougainvillées organisé en différentes terrasses. Un cadre idéal pour apprécier une cuisine typiquement marocaine, inventive et subtile ou boire un jus de fruits frais. On y mange à toute heure.

Pour se faire plaisir, 200 à 400 DH

16 **L'Ostréa** – G3 - *Port de pêche - ✆ 05 22 44 13 90 - www.ostrea.ma - 🍷 - 12h-0h - plats 120/240 DH.* Au menu : poissons et fruits de mer. Les huîtres viennent du fameux parc 007 de Oualidia. Goûtez la spécialité maison, la soupière d'huîtres.

Dans la ville moderne (Anfa, Gauthier, Maarif)

PLAN I ET II

Budget moyen, 100 à 200 DH

35 **Luigi** – E4 - *17 r. Normandie - ✆ 05 22 39 02 71 - www.luigi.ma - pizzas 60/80 DH.* La grande salle du Luigi est un endroit très convivial, le rendez-vous des familles. On y déguste des pizzas et autres spécialités italiennes.

9 **Chez Paul - Villa Zevaco** – B1 - *Angle bd Abdelkrim el-Khattabi et av. Moulay Rachid - ✆ 05 22 36 60 00 - 7h-22h.* La chaîne française a investi le rez-de-chaussée de la remarquable villa Sami Suissa (1947), dessinée par J.-F. Zevaco et dotée d'un impressionnant balcon aux lignes incurvées. Cette adresse vaut surtout le détour pour son architecture et sa terrasse en jardin. On peut y prendre un petit-déjeuner, un brunch ou un repas.

Pour se faire plaisir, 200 à 400 DH

9 **Villa Zevaco** – B1 - *✆ 05 22 95 07 52 - 🍷 - 12h-15h, 18h30-1h - 300 DH.* À l'étage de la villa, l'élégant restaurant qui a conservé l'esprit des lieux, est un rendez-vous branché, prisé pour les

3

déjeuners d'affaires et « apéros afterwork ». Belle terrasse panoramique, chauffée en hiver.

32 **Le Bistronome** – F4 - *38 bd. Rachidi - quartier Gauthier - ✆ 05 22 26 61 60 - 🍷 - tlj sf sam. midi et dim. - plats 170-225 DH.* Une salle moderne et raffinée aux tons blanc et gris, précédée d'une agréable terrasse bordée d'un rideau de végétation, un grand choix de vins et une carte régulièrement renouvelée de plats traditionnels français revisités... Du bistrot gastro.

Sur la corniche PLAN I

Pour se faire plaisir, 200 à 400 DH

31 **Le Cabestan** – B1 - *90 bd de la Corniche - phare d'El-Hank - ✆ 05 22 39 11 90 - www.le-cabestan.com - 🍷 - plats 200-250 DH.* La population branchée de Casa vient s'enivrer de la vue ravissante sur la crique en dégustant un poisson grillé. Cadre lounge et service souriant. Pour profiter du cadre, on peut aussi venir siroter un thé à l'heure du goûter ou un cocktail le soir sur la terrasse-lounge.

28 **Le Basmane** – A1 - *Angle bd de la Corniche et de l'Océan Atlantique (Aïn Diab) - ✆ 05 22 79 70 70 - www.basmane-restaurant.com - 🍷 - plats 190/380 DH.* Ce restaurant marocain de l'hôtel-club Val d'Anfa est si bon, qu'il a aujourd'hui sa propre réputation. Il offre un très grand choix de spécialités marocaines.

Une folie, plus de 400 DH

10 **El Cenador** – B1 - *Phare d'El-Hank - ✆ 05 22 36 36 03 - www.restaurantelcenador.com - 🍷 - plats 140/250 DH - fermé dim. soir.* Spécialités de la mer ou plats hispano-andalous, à déguster avec une vue imprenable sur la mosquée Hassan II.

1 **À Ma Bretagne** – A2 - *Bd de l'Océan Atlantique (juste après le marabout de Sidi Abd er-Rahmane) - ✆ 05 22 39 79 79 - www.amabretagne.com - 🍷 P - fermé dim. soir et lun.- 250-500 DH.* Une adresse phare tenue par un « maître cuisinier de France », André Halbert. Ici, tout concourt à faire de votre étape gourmande une réussite, tant la variété et la fraîcheur des plats de poissons proposés que le cadre et la situation face à un superbe jardin dominant l'Océan et subtilement mis en valeur à la nuit tombée par un jeu de lumières. Une des meilleures tables de Casablanca.

À Mohammedia

Pour se faire plaisir, 200 à 400 DH

Le Port – *1 r. de Mauritanie - ✆ 05 23 32 24 66 - www.restoport.ma - 🍷 - plats autour de 200 DH.* Une adresse fameuse pour son poisson grillé au feu de bois ou subtilement cuisiné. Belle carte des vins.

Restaurant du Parc – *ParcPlaza - ✆ 05 23 32 22 11 - 🍷 P - 250/300 DH.* Cuisine française, poissons et fruits de mer dans un cadre élégant.

Petite pause

Pâtisseries

Bennis – *R. Fkih el-Gabbas - nouvelle médina - quartier des Habous - ✆ 05223-03025.* Pour les amateurs de briouates, fekkas aux amandes, ghoribas au sésame, cornes de gazelle, etc. Incontournable !

Cafés-Glaciers

Oliveri – *132 bd Hassan II - Tram Hassan II - ✆ 05 22 27 60 75 - 8h-1h. Autre salon Oliveri à Maarif, 62 r. Al Cadi Lass.* La référence ! Les glaces artisanales Oliveri font le régal des Casablancais depuis plus d'un demi-siècle. Belles coupes glacées qui varient selon les saisons, tranches napolitaines, cafés, petits-déjeuners, servis dans une grande salle aux baies vitrées ou en terrasse sur le boulevard.

Venezia Ice – *1 bd Al-Massira al-Khadra - angle r. Daoud Eddahiri Assad Bnou Zerrara, près du Twin Center; bd de la Corniche, Tahiti Beach (en terrasse).* Large choix de glaces crémeuses et très sucrées.

Boire un verre

Sky 28 – *Bd Zerktouni - Twin Center, 28e étage du Kenzi Tower Hôtel - ✆ 05 22 97 80 00 - 🍷 - 15h-2h.* Le sommet de la tour conçue par Ricardo Bofill vient caresser les nuages et son bar panoramique offre une vue époustouflante sur Casablanca et l'Océan.

Rick's Café – *248 bd Sour Jdid - pl. du Jardin Public, ancienne médina (près du bd des Almohades) - ✆ 05 22 27 42 07 - www.rickscafe.ma - 🍷 🅿 - 12h-15h, 18h30-0h30 - 250/300 DH.* La reconstitution réussie du légendaire piano-bar du film Casablanca offre un cadre feutré idéal pour boire un verre. Restaurant de grillades installé en terrasse. Jam sessions le dimanche pour les amateurs de jazz. Un bel endroit.Tenue correcte exigée (pas de shorts, jeans, tongs, minijupes....).

La Bodega – *(derrière le marché central) - ✆ 05 22 54 18 42 - 🍷 - 19h-1h - fermé dim.* Faute d'y manger (voir « Restauration »), vous pourrez y prendre un verre. Régulièrement des formations (plutôt latinos ou caraïbes) viennent se produite sur la petite scène.

Le Trica – *5 r. El-Moutanabi - quartier Gauthier - ✆ 05222-20708 - 🍷 - 18h30-1h - fermé dim.* Un bar très sympathique : jeune, coloré, branché. Vous pourrez aussi vous y restaurer avec des plats de pâtes. Bon rapport qualité/prix.

Shopping

Produits alimentaires, cosmétiques, artisanat

Marché central – *Bd Mohammed V* PLAN II G3. On déniche du succulent miel de différentes variétés et de la gelée royale à la boutique **La Vallée du miel naturel** *(à gauche après l'entrée principale)*; des crèmes à l'huile d'argan et autres produits de beauté juste à côté; de beaux paniers et des corbeilles en osier, de toutes les tailles et de toutes les formes, un peu plus loin, et enfin des antiquités à la boutique **Mon Grenier** *(magasin 159).*

Magasin Solidaire et Équitable – *45 bd des F.A.R. - ✆ 05 22 31 65 31 - 10h-19h.* On trouve dans ce magasin-hangar une grande variété de produits en provenance de coopératives de tout le Maroc : miel, céréales, épices, ghassoul, henné, huiles essentielles, khôl, crèmes pour le visage et le corps, il y a l'embarras du choix.

Apia – *63 bd d'Anfa - ✆ 05 22 20 54 92 - www.apia.ma - 9h-20h.* Tout comme la boutique sélectionnée ci-dessus, cette coopérative agricole travaille directement avec les producteurs de différentes régions du Royaume et garantit des produits de qualité : miel, huile d'olive et d'argan, confitures sont à l'honneur.

3

Quartier des Habous – Il reste le haut lieu de l'artisanat marocain; tout achat nécessite un marchandage.

Boutique de tapis – *Marché de tapis nos 31, 32 et 33 - quartier des Habous - ✆ 05 27 28 25 26.* Ce brillant connaisseur de l'art du tapis propose un choix varié de splendides ouvrages de différentes régions du Maroc.

Boutique de bijoux chez Saïd – *Juste à l'entrée du souk au tapis sur la droite, quartier des Habous - ✆ 06 57 20 55 42.* Cet artisan présente dans sa caverne une grande diversité de beaux bijoux en pierre, pâte de verre, argent, or, etc. On trouve aussi de l'artisanat au **marché central** *(voir plus haut)*, dans l'ancienne médina (r. Arsalane et r. de Fès) ou sur le boulevard

Houphouët-Boigny, qui longe l'enceinte.

Exposition nationale d'artisanat – *3 av. Hassan II - ✆ 05 22 26 70 64 - tlj sf dim. 9h-19h.* Boutiques sur 3 étages : poteries, maroquinerie, tapis, couvertures... à prix fixes.

Vêtements

Khamsa ou Khmiss – *53 r. Abou Abdellah Nafi - Maarif, près du Twin Center - ✆ 05 22 99 62 38.* Portant l'emblême de khamsa, la main de Fatma, voici une séduisante collection de vêtements féminins modernes aux couleurs vives (tee-shirts, jupes, pantalons) et d'accessoires (foulards, pochettes, coussins, bijoux).

Librairies

Librairie Livre Service – *11 r. Tata - ✆ 05 22 26 20 72 - fermé dim.* Cette librairie centrale propose, entre autres, de nombreux ouvrages sur le Maroc.

Librairie DSM – *219 bd Mohammed V - ✆ 05 22 31 02 81 - www.librairiedsm.ma - fermé dim.* Quelques livres sur Casablanca et de très bons conseils sur la littérature marocaine.

Le Carrefour des Livres – *Angle des r. des Landes et Vignemale (Maarif) - ✆ 05 22 98 24 30 - fermé dim.* C'est une véritable institution au Maroc.

Centres commerciaux

Pour les amateurs de galeries marchandes, Casa en compte plusieurs...

Morocco Mall – *Bd de l'Océan Atlantique - www.moroccomall.ma - 10h-22h.* Colossal temple de la modernité et de la consommation qui héberge les grandes enseignes internationales mais aussi le souk, plusieurs espaces dédiés à l'artisanat marocain.

Marina Shopping Center – *Bd des Almohades - www.marinashopping.ma - 10h-21h* - Le dernier-né des grands malls de Casablanca,inauguré en 2019 au pied de l'ancienne médina.

Culture

Abattoirs de Casablanca La Fabrique culturelle – *Av. Jaaffar Barmaki - quartier Hay Mohammadi, près de la gare Casa-Voyageurs - Tram Bd Ba Hmad, plus proche que la station Les Anciens Abattoirs- ✆ 05 22 61 16 22 - www.theatrenomade.com.* Les anciens abattoirs de Casablanca, bâtiments de style néomauresque faisant partie du patrimoine industriel, accueillent conférences, défilés de mode, concerts, projections de films et expositions d'art contemporain, depuis que des passionnés ont reconverti les lieux en espace culturel où faire le plein des sens.

Dar al-Ala - Association des amateurs de musique andalouse – *17 r. de la Fontaine - quartier des Habous- ✆ 05 22 86 32 81.* Organisation de festivals et de conférences sur la musique arabo-andalouse. Concerts les mardis et jeudis sur place à 20h, entrée libre (voir description dans le quartier des Habous).

Institut français de Casablanca. – *121 bd Zerktouni - ✆ 05 22 77 98 70 - www.if-maroc.org/casablanca - fermé lun.* Expositions, films, concerts, spectacles et conférences.

Galeries d'art

Loft Art Gallery – *13 r. Al-Kaïssi, Triangle d'or - Bourgogne - ✆ 05 22 94 47 65 - www.loftartgallery.net - fermé dim. et lun. matin.* Tenu par deux sœurs passionnées, ce bel espace clair aux vastes volumes est dédié à l'art moderne et contemporain marocain et encourage les jeunes talents.

Galerie Nadar – *5 r. Al-Manaziz, Mâarif - ✆ 05 22 23 69 00 - 16h-19h30 (et 10h-12h45 les mar. merc. et vend.), sam. 10h-13h, fermé dim.* Cette galerie présente

depuis une quarantaine d'années la création artistique marocaine ainsi que des œuvres d'artistes étrangers.
L'Atelier 21 – *21 r. Abou Mahassine Arrouyani - Mâarif - ✆ 05 22 98 17 85 - www.atelier21.ma - fermé dim. et lun. matin.* Cette dynamique galerie offre un intéressant panorama d'artistes marocains contemporains, surtout des peintres.
Galerie Venise Cadre – *25 av. Moulay Rachid - ✆ 05 22 36 60 76 - www.gvcc.ma - fermé dim. et août.* Expositions d'artistes contemporains, marocains et étrangers. Collection de peintres orientalistes au sous-sol. Venise Cadre fait partie du paysage culturel casablancais depuis plusieurs décennies.

Cinéma

Cinéma ABC – *39 bd Mohammed V - ✆ 05 22 27 52 07.* Une salle mythique ouverte en 1947 qui bénéficie désormais de technique de projection modernes.
Rif – *10 av. des F.A.R. - ✆ 06 68 36 36 31.* Autre salle historique ouverte en 1957. Projections de films en français. Propose également des retransmissions en direct de spectacles donnés sur les grandes scènes internationales (Comédie-Française, Bolchoï....).
Rialto – *35 r. Mohammed el-Qorry - ✆ 05 22 26 26 32.* Le plus beau cinéma de Casablanca s'annonce par sa splendide façade Art déco de 1930. Concerts, retransmission de spectacles...
Mégarama – *Bd de la Corniche - carrefour bd de l'Océan Atlantique/ bd Kennedy - www.megarama.ma -* **P**. Multiplexe où sont joués les grands succès du moment.

Activités

Hammam

Les Bains Ziani – *59 r. Abou Rakrak - ✆ 05 22 31 96 95 - www.hammamziani.ma - 7h-22h, à partir de 50 DH, forfait gommage, massage, savonnage 120 DH.* Accueillant et ravissant hammam traditionnel, une salle pour les femmes, une autre pour les hommes.

Natation

En été, vous pouvez nager dans les complexes balnéaires piscines-plages privées aménagés le long de la corniche : Tahiti, Miami, Tropicana *(env. 150 DH l'entrée en semaine, 200 DH le w-end, avec transat, aires de jeux pour certains).* Vous pouvez aussi opter pour la plage publique, bondée.

En soirée

Voir aussi « Boire un verre » et « Culture ».
Casablanca est une ville très festive, l'importante bourgeoisie constituant le moteur de ses folles nuits. La corniche regorge de discothèques mais surtout de restaurants-bars *lounge* avec DJ. Sortir à Casablanca est aussi un excellent moyen de découvrir le Maroc moderne, celui des jeunes filles aux décolletés plongeants et des ambiances *jet-set*, sur fond de *remix* libanais. Les adresses à la mode changent régulièrement.

Hébergement

Casablanca accueillant un important tourisme d'affaires, les plus grandes chaînes hôtelières sont représentées. On y trouve, de plus, les hôtels du groupe Accor, Ibis, Novotel, Sofitel, Mövenpick, Adagio Apparthotel (**www.all.accor.com**). L'hébergement est, d'une manière générale, très cher, bien qu'il soit possible de trouver à se loger à des prix convenables : nous avons pour cela sélectionné quelques adresses d'un bon rapport qualité/prix. Vous pouvez aussi explorer les offres de dernières minutes des

3

grands hôtels sur Internet ou vous renseigner directement sur place et vous bénéficierez, en général, de tarifs réduits. Si vous êtes motorisé, vous aurez intérêt à loger sur la corniche, où l'accès et le stationnement, sont plus aisés que dans le centre-ville.

Dans l'ancienne médina

PLAN II

Éviter de se promener dans la médina le soir.

Premier prix, moins de 400 DH

(1) **Auberge de jeunesse** - G3 - *6 pl. Ahmed el-Bidaoui - accessible en prenant devant le port le bd des Almohades, puis en franchissant, sur la gauche, la deuxième porte donnant accès à l'ancienne médina, Bab el-Bahr - 05222-20551 - www.hihostels.com - 70 lits - ch. double avec sanitaires privés 230 DH.* Les chambres rudimentaires de 2, 4 ou 5 lits s'organisent autour d'un grand patio couvert. Cuisine à disposition.

Dans la ville nouvelle (centre) PLAN II

Premier prix, moins de 400 DH

(13) **Hôtel Gallia** - G4 - *21 Ibn Battouta - Tram Marché central - 05 22 48 16 94 - 24 ch. - 270 DH, avec douche et toilettes.* Très bien situé, à deux pas de la station de tramway et du bd Mohammed V, cet hôtel petit budget est accueillant et bien tenu. Confort rudimentaire mais la propreté règne et la literie est bonne. Chambres aux portes capitonnées, avec ou sans sanitaires, équipées de ventilateur et de chauffage.

Budget moyen, 400 à 700 DH

(15) **Hôtel Maamoura** - G4 - *59 r. Ibn Battouta - Tram Marché central - 05 22 45 29 67 - 60 ch. - 530 DH -* Sans aucun doute l'un des meilleurs rapports qualité/prix dans le quartier. Les chambres sont claires, bien entretenues (sanitaires impeccables) et offrent un décor marocain sobre et raffiné. Accueil charmant.

(10) **Hôtel Amouday** - G4 - *51 r. Taher Sebti - Tram Marché central ou pl. Mohammed V - 05 22 22 05 04 - 54 ch. - 480 DH.* Quelques palmiers et arbustes sur le trottoir annoncent l'entrée de cet hôtel assez récent. Le vaste hall se prolonge par un salon (ordinateurs en accès libre) et par la salle des petits-déjeuners. Chambres confortables et propres, avec balcons pour celles donnant sur la rue Taher Sebti, réparties sur 5 étages (ascenseur). Le bon rapport/qualité prix du centre, avec son voisin Maamoura.

Pour se faire plaisir, 700 à 1 200 DH

(12) **Hôtel Ibis Casa-Voyageurs** - D1 - *Av. Ba Hmad - pl. de la gare Casa-Voyageurs - Tram Casa-Voyageurs - 05 22 417 7 77 - www.all.accor.com - 130 ch. - 850 DH -.* Cet établissement aux tarifs corrects reçoit de nombreux habitués, il peut s'avérer pratique par sa proximité avec la gare. Chambres de petite taille aux tons clairs, mosaïques blanc et bleu, agréable jardin. Préférez les chambres côté jardin, plus calmes.

(22) **Hôtel Toubkal** - G3 - *9 r. Sidi Belyout - angle de l'av. des F.A.R - 05 22 31 14 14 - www.hoteltoubkal.com - 67 ch. à partir de 800 DH - menu 200 DH.* Voilà un hôtel, très central. Les chambres répondent aux standings des grands hôtels. On est ici dans le tout moquette et le velours ; une ambiance feutrée se dégage. Certains apprécieront le côté cosy, d'autres pourront s'y sentir à l'étroit. Boîte de nuit.

(4) **Hôtel Farah** - G3 - *160 av. des F.A.R. - 05 22 31 12 12 - www.farahcasablancahotel.com - - 281 ch. et suites, à partir de 1100 DH - 162 DH -.* Ici, le luxe se touche et se voit de près.

Dans le hall, des carrelages de marbre en damier noir et blanc, des lustres clinquants. Les chambres combinent cuir, velours et soie. Piscine, sauna, hammam, plusieurs restaurants (marocain, français), bar avec terrasse pour un cocktail au crépuscule... tout est là.

Une folie, plus de 1200 DH

38 **Hôtel Le Doge** – F4 - *9 r. du Docteur Veyre - 05 22 46 78 00 - www.hotelledoge.com - - 16 ch. et suites, à partir de 1450 DH - 184 DH - formule 1/2 P (et dîner 415 DH) - Spa -* Cette luxueuse demeure des années 1930 est un havre de paix installé dans un quartier central. Chaque chambre, au décor unique, rend hommage à un artiste de l'époque Art déco. Les propriétaires ont chiné et rassemblé d'élégants meubles et objets en accord parfait avec les pièces et l'atmosphère de la maison. Raffinement suprême, confort extrême, service personnalisé et évidemment des prix en adéquation. Membre du club des Relais & Châteaux. Le restaurant Le Jasmine *(ouvert aux non-résidents, 300-400 DH, fermé dim.)* sert une cuisine gastronomique marocaine dans un cadre élégant.

Sur la corniche PLAN I

Pour se faire plaisir, 700 à 1200 DH

10 **Hôtel Bellerive** – A1 - *38 bd de la Corniche - 05 22 79 75 04 - - 36 ch. 850 DH -* Ce petit établissement un brin vieillot bénéficie d'un emplacement privilégié tout proche de l'Océan, sur lequel s'ouvrent la plupart des chambres. Celles-ci sont simples mais confortables, certaines avec balcon. Bon rapport qualité/prix. La terrasse du café-restaurant, très appréciée des Casablancais l'été, donne sur un beau jardin.

13 **Hôtel-Club Val d'Anfa** – A1 - *Angle bd de l'Océan Atlantique et bd de la Corniche, Aïn Diab - 05227-97070 - www.valdanfahotel.com - - 105 ch. à partir de 850 DH -* Cet hôtel présente un cadre marocain très agréable avec vue sur l'Océan. Choisissez de préférence les chambres de l'extension, la décoration y est très réussie : gaies, fraîches et raffinées. Un Spa et trois restaurants dont l'excellent Basmane *(voir « Restauration »)* sont à votre disposition.

15 **Villa Blanca** – B1 - *Bd de la Corniche - 05 22 39 25 10 - www.villablanca.ma - - 39 ch. - à partir de 1065 DH - 152 DH -* Vous plongerez ici au cœur du Casa branché et chic. Idéalement situé sur la corniche, l'hôtel est à deux pas du Mégarama (cinéma et concerts) et de la plage. Il abrite aussi le restaurant Le Relais de Paris, Le Sky Bar et la boîte de nuit Le V Club, trois lieux très à la mode. Il dispose également d'un Spa.

3

El-Jadida ★

Lors de son passage dans l'ancienne Mazagan, le 19 juillet 1913, le maréchal Lyautey n'hésita pas à la qualifier de « Deauville marocaine ». Sans doute faisait-il référence à cette baie hospitalière, bénéficiant d'un climat doux, et renommée pour être très poissonneuse. Si l'assertion du résident général marqua les esprits au point d'être gravée sur une plaque apposée au pied du café L'Étoile de l'Atlantique, dans le parc Mohammed V, force est de reconnaître qu'El-Jadida, devenue aujourd'hui une ville avant tout industrielle, attirera davantage les amateurs d'histoire, curieux de découvrir l'harmonieuse cité fortifiée par les Portugais, et les cinéphiles marchant sur les traces d'Orson Welles, que les adeptes des bains de mer, qui préféreront fréquenter la belle plage de Sidi Bouzid, à 3 km au sud.

Ville fortifiée d'El-Jadida.
Martinelli73/iStock

Se repérer

157 427 habitants (les Jdidis)

CARTE P. 136 (B2) – *carte Michelin 742, plis 4 et 20* – El-Jadida est située à 91 km au sud-ouest de Casablanca et à 142 km au nord de Safi par la route côtière. Quant à la capitale du Sud, Marrakech, elle est à 197 km par la route de Sidi Bennour.

À ne pas manquer

La ville portugaise classée au Patrimoine mondial par l'Unesco. Les plages aux alentours.

La cité portugaise

Mazagan la Portugaise

Juchés sur des coques de noix, ils exploraient les océans, repoussant sans cesse les frontières du monde connu : ils, c'étaient les hardis navigateurs portugais passés à l'histoire comme Vasco de Gama, Magellan ou Cabral. D'autres, qui n'eurent pas cette chance, firent naufrage en 1502 sur la côte marocaine, où ils construisirent un fortin. La position ayant été jugée favorable, douze ans plus tard, le roi du Portugal y fit édifier un château fort, autour duquel se développa une petite agglomération qu'on appela Mazagan. En 1542, une ceinture d'épaisses murailles donnait à la cité son aspect actuel et en faisait une citadelle redoutable, où les Portugais, obligés d'évacuer leurs autres bases du Maroc atlantique (Agadir, Azemmour...), avaient concentré tous leurs efforts. De fait, pendant plus de deux siècles encore, ils y résistèrent à tous les assauts. Les ruines des camps militaires des Moujahidins sont encore visibles en contrebas du phare de Sidi M'sbah. En 1769 toutefois, le sultan Mohammed ben Abdallah devait en venir à bout, mais à quel prix !

El-Jadida, « La Nouvelle »

À la veille d'un assaut dont la conclusion n'était guère douteuse, le général commandant la place reçut l'ordre d'évacuer la ville ; les habitants ne devaient emporter que leurs vêtements : on brûla donc les meubles, on tua les chevaux et on brisa les armes. Tous les bastions furent minés et un homme fut désigné pour rester dans la cité et mettre le feu aux poudres. Dès que les Portugais furent au large, une série d'explosions détruisirent les murailles, faisant de nombreuses victimes parmi les assaillants, qui s'étaient empressés d'occuper la citadelle. Bien que rebaptisée El-Jadida (La Nouvelle), la ville resta déserte jusque vers 1820, lorsque le sultan Moulay Abderrahman en releva les ruines. Mais c'est seulement au début du 20e s. qu'El-Jadida (redevenue temporairement Mazagan) sortit de son enceinte et que Marocains et Européens s'établirent en demi-cercle autour de l'ancienne cité portugaise.

Aujourd'hui et demain

Jusqu'à la construction du port de Casablanca, le vieux port d'El-Jadida constitua le mouillage le plus sûr de toute la côte atlantique. C'est aujourd'hui un petit port de pêche artisanale. Cependant, si El-Jadida, capitale de la province des Doukkala, est devenue un pôle économique dynamique grâce à la proximité du port de Jorf-Lasfar, qui a facilité l'implantation d'industries légères, et à la richesse agricole des Doukkala, elle mise également sur le tourisme, comme l'attestent les diverses initiatives qui se multiplient : remise en service de la ligne de chemin de fer, restauration de la cité portugaise et organisation de manifestations culturelles. Sans oublier bien sûr les flux touristiques générés par la belle plage de Mazagan, **Haouzia-Plage**. Les fortifications de la ville ont quant à elles été inscrites en 2004 sur la liste du Patrimoine mondial de l'Unesco. Elles constituent un exemple précoce de l'architecture militaire de la Renaissance. Les édifices portugais encore visibles sont la citerne et l'église de l'Assomption, construite dans le style manuélin (gothique tardif).

SE RESTAURER

Restaurant de l'hôtel l'Iglesia.......... 7
Le Restaurant du Port................. 13

SE LOGER

Dar Del Mare.......................... 10
Le Mazagão........................... 18

Organiser son temps

Quelques heures pour visiter la ville et profiter de la plage ou plusieurs jours en faisant d'El-Jadida le point de départ de balades dans la région.

En famille

Les activités liées à la mer.

Carnet pratique p. 173

Nos adresses p. 173

Se promener

PLAN DE VILLE P. 168

★★ La cité portugaise PLAN DE VILLE

Visite : 2h. Circuit tracé en vert sur le plan de ville p. 168.
Sur la place Sidi Mohammed ben Abdallah se tient en permanence un marché aux cuivres et aux poteries.
De la place, pénétrer dans la cité portugaise par la porte percée dans l'axe de la rue Mohammed al-Hachimi Bahbah (ancienne rua da Carreira).
Dominée à gauche par le curieux **minaret** pentagonal de la mosquée principale, l'église de l'Assomption fut le théâtre des grandes cérémonies religieuses de la colonie portugaise.
Tourner à droite dans la rua da Mina qui, par un escalier sous voûte, à droite, donne accès aux remparts.

★ Remparts

Remparts accessibles 9h-19h ; juste après la porte principale, tourner à droite pour y parvenir. Très bien conservés, les remparts, chef-d'œuvre d'art militaire, méritent d'être parcourus sur toute leur longueur (environ 1200 m), ils offrent une **vue** d'ensemble sur le port, la ville moderne et la plage. L'enceinte, édifiée au milieu du 16e s. par un architecte italien au service des Portugais, était flanquée de cinq bastions, qui furent détruits par l'explosion de 1769. Celui du Gouverneur, qui gardait la porte de la ville, a disparu, ceux du St-Esprit, de l'Ange, de St-Sébastien et de St-Antoine ont été reconstruits.
À partir du **bastion du St-Esprit**, qui domine la place du Marché, le chemin de ronde, large de près de 6 m, surplombe la darse des bateaux de pêche (la seule portion du fossé qui ait subsisté), et conduit jusqu'au bastion de l'Ange. Du haut du **bastion de l'Ange**, la **vue★** est belle sur la cité portugaise emboîtée dans ses remparts, qui dominent la mer de leurs savants contours. Nulle froideur dans cette impeccable géométrie tempérée par les tons chauds des murailles battues par les flots. En continuant de longer les remparts, vous atteindrez la **Porta do Mar**, grand arc en plein cintre, aujourd'hui fermé par une grille, donnant d'un côté sur une placette et de l'autre sur une petite grève découverte à marée basse : c'est par là que les Portugais évacuèrent la ville assiégée. Poursuivez sur la muraille qui fait face à l'Océan. Juste avant le **bastion de St-Sébastien**, la **chapelle St-Sébastien** dresse son haut fronton aveugle aux volutes baroques *(ne se visite pas)*. La muraille nord, peu fréquentée, permet d'atteindre le **bastion de St-Antoine** *(attention au puits sans garde-fou)*.
Quitter le chemin de ronde et emprunter, à gauche, la rampe qui mène vers les coupoles blanches d'un hammam.

À défaut d'arriver par la mer...

... du bout de la jetée, vous découvrirez une **vue★** remarquable sur la cité telle qu'on pourrait la voir de la mer. La nuit, toute la ville sort de l'ombre sous le feu des projecteurs.

3

Écrivains jdidis

El-Jadida est la ville natale des écrivains **Abdelkébir Khatibi**, dont le livre *La Mémoire tatouée* connut un certain succès, et **Driss Chraïbi**, auteur de *La Mère du printemps* et de *Naissance à l'aube*, dont l'enfance à Mazagan se passa dans un quartier où « se trouvaient à la fois une mosquée, une synagogue et une église ».

La rua do Arco passe devant la belle porte de la **zaouïa Tijania** avant de rejoindre la **praça do Terreiro**, où s'élèvent, côte à côte, la grande mosquée et l'église de l'Assomption, cette dernière ne conservant plus grand-chose du bâtiment du 17e s. Prenez, à gauche, la **rua da Carreira** (ou r. Mohammed al-Hachimi Bahbah) qui traverse la ville de part en part jusqu'à la Porta do Mar. Malgré les outrages du temps, la cité a gardé son caractère. On y aperçoit encore quelques vieilles demeures portugaises avec leurs pilastres et leurs balcons de ferronneries. Vers le milieu de la rue sur la gauche subsiste en grande partie la **forteresse**, construite en 1514, avec ses quatre tours d'angle. L'étrange **minaret★** de la mosquée n'est autre que l'ancienne tour de guet du Rebate. Au centre du château se trouve la citerne portugaise.

★★ Citerne portugaise

9h-13h, 15h-18h - 60 DH.

Cette vaste salle souterraine et voûtée faisait partie du château fort construit en 1514. Elle servit probablement de salle d'armes avant d'être utilisée comme réserve d'eau. Sur un plan carré de 34 m de côté, elle comporte six nefs dont les voûtes d'arête reposent sur 25 colonnes et piliers. Par un oculus percé dans la travée centrale la lumière du jour vient se refléter dans l'eau de la citerne, créant un envoûtant effet de miroir. Cette atmosphère étrange séduisit **Orson Welles** qui y tourna certaines séquences de son film *Othello*. Quelques scènes des films *Le Retour de l'étalon noir*, produit par Francis Ford Coppola, et *Harem*, d'Arthur Joffé, ont été également tournées ici.

À proximité

CARTE DE RÉGION

Phare de Sidi Bouafi B2

Au sud-ouest de la ville, près de la route de Oualidia.

Haut de 65 m, ce phare a une puissance de 6 000 watts et porte à 72 km. Du sommet (248 marches), on découvre un vaste **panorama★** sur l'Océan, vers le complexe industriel de Jorf-Lasfar (cap Blanc du Nord) et sur la ville.

★ Azemmour B2

À 16 km par la route de Casablanca.

Azemmour sommeille au bord de l'estuaire où la marée contrarie le flot rouge de l'Oum er-Rbia. Peut-être s'agit-il de l'antique Azama, qui connut les Carthaginois puis les Romains. Fortifiée sous le règne des Almoravides, elle a connu une croissance importante à cette période, avec l'établissement de son port sur la rive de l'oued Oum er-Rbia. En revanche, au début du 12e s. (1144), tout est à recommencer : la ville est détruite par les troupes de Tachfine ben Ali. Il faut attendre l'intervention des Mérinides en 1266 pour qu'elle se relève de ses ruines. En 1513, elle tombe sous domination portugaise et ce, jusqu'en 1541. Les Portugais laissèrent

Citerne portugaise, El-Jadida
zanskar/iStock

une trace durable de leur occupation, avec la citadelle qui domine le fleuve au nord de la ville. Après leur départ, Azemmour retombe dans le sommeil. Ancienne capitale des Doukkala, elle tira quelque profit de la pêche à l'alose, jusqu'à ce que la construction des barrages de l'Oum er-Rbia entraîne le déclin de cette activité. C'est aujourd'hui une ville paisible qui, à l'écart de la route, écoule les céréales, les légumes et les oranges de son arrière-pays. Elle prend aussi peu à peu conscience de la valeur de son patrimoine et a déjà su séduire de nombreux peintres et poètes, qui participent activement à son développement culturel.

★ **Vue du port** – Du pont qui franchit l'oued, on découvre les murailles ocre et les blanches maisons d'Azemmour serrées les unes contre les autres en une longue façade qui se mire dans l'eau.

★ **Remparts** – *Visite : 30mn.* La ville portugaise ne comprenait que la kasbah. Ses remparts sont restés à peu près intacts, flanqués de bastions encore armés de quelques vieux canons. L'enceinte de la médina fut élevée postérieurement par les Marocains.

Après avoir franchi le pont, et longé les remparts de la médina jusqu'à la place du Souk, continuez en voiture pour faire le tour de la kasbah. Une petite route goudronnée conduit à l'angle nord-est des remparts, où une plate-forme a été aménagée en parking. De là, on surplombe l'Oum er-Rbia, dont on aperçoit au loin l'embouchure.

Revenant sur vos pas, vous gagnerez les remparts ouest et emprunterez le chemin de ronde, afin de découvrir les maisons de l'ancien *mellah* et de la kasbah, blotties à l'intérieur des murs.

Dar el-Baroud – Ancienne poudrière dont les ruines sont dominées par une grosse tour qui comporte encore une fenêtre gothique.

Plage – *1,7 km.* Partant de l'angle nord-ouest de la place du Souk, une route traverse un bois d'eucalyptus et mène, en direction d'El-Jadida, au **centre balnéaire de Haouzia**, où bungalows et cafés bordent une belle plage de sable fin.

Circuits conseillés

CARTE DE RÉGION P. 136-137

D'El-Jadida à Safi par la côte

142 km au sud par la route côtière de Safi - itinéraire tracé en vert sur la carte p. 136-137.

Sidi Bouzid B2

À 3 km au sud. Cette petite station balnéaire en vogue est constituée de résidences secondaires et d'un club de vacances. Le long d'un agréable front de mer s'étend une plage de sable abritée et surveillée qui fait le plein chaque été. L'Océan, refroidi par des courants, attire les surfeurs, même en dehors de la période estivale.

Moulay Abdallah Amghar B2

À 14 km au sud d'El-Jadida. Dans ce village de pêcheurs, on peut encore apercevoir quelques vestiges de l'ancienne capitale des Doukkala, la ville antique de **Tit**, dont les origines restent controversées : pour les uns, elle serait romaine, pour d'autres, il s'agirait d'une ancienne cité berbère édifiée au 12e s. par les Amghariyin, dont la congrégation religieuse est des plus anciennes. Devant ces fortifications s'étend un terrain bordé de gradins où a lieu chaque année, à partir du premier vendredi d'août, le **moussem** réputé de Moulay Abdallah.

Jorf-Lasfar B2

À 17 km au sud d'El-Jadida. Cet immense port, ouvert au commerce international en 1982, a pour vocation première le transit des phosphates et de leurs dérivés. La mise en place progressive de nouvelles infrastructures (chantier naval, zone industrielle, terminal à conteneurs, raffinerie, centrale thermique, etc.) accroît progressivement les activités du complexe portuaire, qui joue aujourd'hui un rôle économique de première importance.

Lagune de Sidi Moussa B2

La route côtière longe par endroits des marais salants (Sidi Abed). Au niveau du km37 en direction de Oualidia, s'étend, à droite de la route, la lagune de **Sidi Moussa**, site naturel classé par *dahir* (décret royal) et protégé, où chaque année au printemps des centaines d'oiseaux d'espèces différentes viennent nidifier.
À l'entrée de Oualidia, les amateurs d'huîtres prendront à droite une petite route qui descend vers la lagune : ils pourront s'arrêter au **parc ostréicole** 007 pour une dégustation des plus agréables *(voir p. 180)*.

★ Oualidia *(voir p. 179)*

Tnine Gharbia B2

Dans Oualidia, prenez à gauche la petite route goudronnée en direction de Tnine Gharbia (écrit phonétiquement « Rharbia » sur les panneaux de signalisation), qui traverse les paysages tantôt désertiques, tantôt boisés du pays Doukkala. Au bout de 20 km, on aperçoit à gauche, à hauteur d'un marabout, les restes de l'ancienne ville de Gharbia (le nom « El -Tnine Gharbia » signifie « la seconde Gharbia »), qui comprenait trois portes : la porte de Marrakech à l'est, la porte de Safi au sud et la porte de Oualidia à l'ouest. Cette ville antique aurait été construite par des tribus berbères avant le 7e s.
De Tnine Gharbia, on peut rejoindre Safi par l'intérieur *(49 km)*. Toutefois, si l'on dispose de suffisamment de temps, il est plus agréable de rebrousser chemin vers Oualidia, de manière à longer la **côte rocheuse★** jusqu'à Safi.

★ Tazotas et kasbah du pays Doukkala

Circuit d'El-Jadida à Boulâouane (80 km), voir chapitre suivant.

Carnet pratique

S'informer

Délégation provinciale du tourisme – *33, pl. Mohammed V - ✆ 05 23 34 47 88.*

Arriver/Partir

Gare ferroviaire – *✆ 2255 - www.oncf-voyages.ma.* Ligne Casa-El-Jadida (8 liaisons quotidiennes desservant au passage la gare d'Azemmour).

Gare routière – *Av. Mohammed V - TCM ✆ 05 23 39 20 11.* Cars pour Azemmour, Casa, Essaouira et Agadir.

Grands taxis – Pour Casablanca, à la gare routière.

Se garer – Parkings le long de la plage et place Sidi Mohammed ben Abdallah.

Adresses utiles

Pharmacie de nuit – *Pharmacie du Phare, 121 av. Attahrir - ✆ 05 23 34 39 77. Voir également le site www.eljadidascoop.com (mise à jour hebdomadaire)*

Gendarmerie royale – *✆ 05 23 34 22 17.*

Police – *✆ 05 23 34 27 46.*

Agenda

Moussem de Moulay Abdellah Amghar – *À Moulay Abdellah, à 10 km au sud d'El-Jadida - ✆ 05 22 98 58 98 - www.moulayabdellah.ma - juil.-août.* Il est célébré depuis des siècles par les tribus des Doukkala à la mémoire du saint du même nom. Pendant une semaine, fantasias, démonstrations de fauconnerie et spectacles folkloriques.

Les Nuits du ramadan – *Cité portugaise.* Festival de musique sacrée, représentatif de la musique spirituelle traditionnelle du Maroc.

3

Nos adresses

Restauration

À El-Jadida

Budget moyen, 100 à 200 DH

13 **Le Restaurant du Port** – B1 - *Entrer dans l'enceinte du port et prendre à gauche avant la darse des bateaux de pêche - ✆ 05 23 34 25 79 - 🍷 - fermé dim. soir - 150/200 DH - ⊄.* Ce restaurant installé à la pointe du quai offre une belle vue sur le bastion de l'Ange. Le décor est un peu vieillot mais le poisson sort tout juste du bateau, les plats sont simples et savoureux.

Pour se faire plaisir, 200 à 400 DH

7 **Restaurant de l'hôtel l'Iglesia** – B1 - *Cité portugaise - ✆ 05 23 37 34 00 - www.liglesia.com - 🍷 - comptez 250 DH env.* Le restaurant occupe le rez-de-chaussée d'une splendide demeure ancestrale, ancien consulat des États-Unis. On y déguste une très bonne cuisine franco-marocaine à base de produits de saison dans un salon décoré de lustres, de chandeliers et de miroirs ou sur une vaste terrasse dominée par le bastion de l'Ange.

Aux alentours

Aux environs d'El-Jadida, plusieurs restaurants servent du poisson et des fruits de mer dans un cadre agréable et à des prix modérés : c'est le cas dans la station balnéaire d'**Haouzia-Plage** *(11 km en dir. de Casablanca)* et à **Oualidia** *(76 km).*

Budget moyen, 100 à 200 DH

Le Requin Bleu – HORS PLAN - *Plage de Sidi Bouzid - à 3 km de* *la ville d'El-Jadida, sur la rte de Oualidia - ✆ 05 23 34 80 67 - www.requinbleu.com - 🍷 - ouv. tte l'année midi et soir, sf pdt le ramadan.* Vous dégusterez la pêche du jour dans une salle donnant sur le front de mer par de larges baies vitrées ou sur l'une des deux terrasses. Très bon rapport qualité/prix.

Petite pause

Vous pourrez prendre un verre à l'une des terrasses des nombreux cafés sur la plage d'El-Jadida.

Palais Andalou – *Bd Dr de Lanouy - à côté de l'hôpital Mohammed V - ✆ 05 23 34 37 45.* La décoration intérieure de cette ancienne demeure du pacha Hammou vaut la peine de s'y arrêter pour prendre un thé.

En soirée

Pour une balade apéritive, suivez le front de mer, ou arrêtez-vous **place El-Hansali**, bordée de nombreux cafés et échoppes.

Activités

Pullman Royal Golf – *Rte de Casablanca - km 7 - ✆ 05 23 37 91 00.* Golf de 18 trous.

Royal club équestre – *✆ 07 00 10 22 00.* Randonnées et balades sur la plage.

Hippodrome Lalla Malika – *Rte de Casablanca.* Courses de chevaux.

Shopping

Souk – *Dim. et merc.*

Culture

À El-Jadida

Galerie Chaïbia – *Cité portugaise - 9h-13h, 15h-18h.* Lieu d'exposition pour les artistes marocains et internationaux. Cette galerie doit son nom à l'artiste peintre marocaine Chaïbia Talal, originaire de Chtouka (El-Jadida) et disparue en 2004.

Hébergement

À El-Jadida

Pour se faire plaisir, 700 à 1 200 DH

(18) **Le Mazagão** – A1 - *6 Derb Al-Hajjar - ✆ 05 23 35 01 37 - 3 ch. - à partir de 980 DH ☕ - repas 200 DH.* Vieille maison du quartier des bijoutiers (1853) aménagée en maison d'hôte. Perchée sur une arche, la demeure dispose d'une jolie terrasse avec vue sur les remparts. Les chambres, confortables, sont de tailles différentes.

(10) **Dar Del Mare** – A1 - *18 r. Joseph Amiel - cité portugaise - ✆ 05 23 37 28 07 - www.dar-del-mare.com - 3 ch. - 705 DH ☕.* Coup de cœur pour cette demeure de charme abritée dans la belle cité ancienne. Des œuvres d'artistes locaux, d'Azemmour en particulier, et de beaux objets parent les pièces. Les chambres se répartissent sur deux niveaux autour d'un patio et de terrasses fleuries. Un mur d'eau et une multitude d'arbustes apportent de la fraîcheur à ce havre de paix.

Riad Soleil d'Orient – HORS PLAN - *131 Derb Al-Hajjar - médina - ✆ 05 23 35 02 42 - www.riadsoleildorient.com - ▤ - 7 ch. - 850/1 300 DH ☕ selon la catégorie - repas sur demande, autour de 300 DH.* Au bout de la médina, près de la mosquée al-Boukili, ce spacieux et très confortable riad est aménagé à l'emplacement d'un ancien jardin en partie conservé. À l'architecture contemporaine s'ajoute une décoration composée d'artisanat marocain traditionnel. Très belle terrasse panoramique.

Aux alentours

Pour se faire plaisir, 700 à 1 200 DH

Dar Al Manar – HORS PLAN - *À la sortie d'El-Jadida (prendre la rte de Casablanca, tourner à droite après l'hippodrome en direction du phare Sidi M'sbah, passer sous le pont puis à droite) - ✆ 05 23 35 16 45 - www.dar-al-manar.com - 🍷 - 5 ch. - 800/1 000 DH ☕ - repas 150/250 DH* - ✕. Sur une petite colline dominant la ville, cette maison d'hôte est installée dans une villa moderne et confortable, aménagée avec style et goût. Accueil chaleureux. Un lieu propice au repos, à 15mn à pied de l'Océan.

À Azemmour

Pour se faire plaisir, 700 à 1 200 DH

L'Oum Errebia – *25 imp. Chtouka - entrée par Bab Makhzen - ✆ 05 23 34 70 71 - ▤ ⛱ - 9 ch. - à partir de 820 DH ☕ - repas 250 DH/pers. - massage 200/250 DH* - ✕. Cette élégante et paisible maison d'hôte blottie dans la médina offre une vue splendide sur le fleuve. Ses parties communes sont spacieuses, claires et aménagées autour d'un puits central. La demeure est aussi une galerie d'artistes. Les chambres sont modernes, certaines avec terrasse donnant sur l'oued.

À proximité

Une folie, plus de 1 200 DH

Mazagan Beach Resort – *El Haouzia, à 16 km au nord d'El-Jadida (5 km d'Azemmour) - ✆ 05 23 38 80 00 - www.mazaganbeachresort.com - ✕ 🍷 ♿ ⛱ - 492 ch. - à partir de 2100 DH ☕*. Un immense complexe de grand luxe en bord de mer. Plusieurs restaurants (marocain, steak house, bistrot…), bars (Buddha bar sur la plage), golf, etc.

3

Kasbah de Boulâouane ★

Le nom de Boulâouane est bien connu pour l'honorable vin gris tiré de ses vignobles, qui ont trouvé leur terre d'élection le long du talus formé par le plateau des Rehamma, au-dessus des plaines atlantiques. Mais la région recèle aussi une majestueuse kasbah, dont les ruines encore imposantes occupent un site remarquable. On aperçoit de loin cet étrange château fort juché sur un promontoire dominant une boucle de l'Oum er-Rbia.

Joueurs de football à la kabsah de Boulâouane.
T. Balaguer/age fotostock

Se repérer

CARTE P. 136 (C2) – *carte Michelin 742, plis 4 et 20* – La kasbah de Boulâouane se trouve à 80 km au sud-est d'El-Jadida et à 115 km au sud-ouest de Casablanca (prendre la route de Marrakech jusqu'à Settat, où l'on emprunte sur la droite la route de Safi).

À ne pas manquer

En dehors de la kasbah en elle-même, les *tazotas*, les perspectives offertes sur la vallée de l'Oum er-Rbia.

Organiser son temps

Prévoir 30mn pour la visite des ruines de la kasbah.

Nos adresses p. 178

Circuit conseillé

★ Tazotas et kasbah du pays Doukkala

Circuit d'env. 80 km (aller), tracé en rouge foncé sur la carte p. 136, au départ d'El-Jadida jusqu'à Boulâouane - une demi-journée.

★ Tazotas du pays Doukkala B2

À environ 30 km d'El-Jadida. Prendre la N 1 en direction de Marrakech, puis la R 316, vers Settat.

Une fois sur la R 316, vous verrez apparaître sur les bas-côtés de nombreuses *tazotas*. La plupart de ces constructions en pierre sèche sont intégrées aux cours des maisons, mais certaines sont abandonnées ou servent d'abri aux animaux. L'entrée de ces constructions est étroite (environ 70 à 160 m), de forme trapézoïdale ; leurs murs très épais, jusqu'à 2 m de largeur ! Toutes les pierres sont agencées de telle sorte qu'en cas d'éboulement, elles tombent à l'extérieur. Une *tazota* représenterait à elle seule 200 m^3 de pierres...

Très étonnant, les *tazotas* n'existent que dans ce rayon de 25 km^2, et nulle part ailleurs au Maroc *(voir p. 543)*. Leur origine est encore un mystère. Comment expliquer qu'elles ne soient présentes que sur cette petite portion du territoire Doukkala ? Elles affichent par ailleurs de profondes ressemblances avec des constructions en pierre sèche du pourtour méditerranéen et plus particulièrement du sud de la France, de la Grèce, de la Sicile et de l'Italie.

L'absence de datation des *tazotas* sur un linteau ou une pierre laisse place aux hypothèses les plus diverses. Certains les font remonter à l'Antiquité et les attribuent aux Berbères de l'époque romaine. La proximité sémantique entre *tazota* et *tazudea* - qui signifie « bol renversé » en amazigh - appuie cette première hypothèse. D'autres chercheurs les associent à la présence portugaise, voire à la période du protectorat français.

Poursuivez sur la R 316 jusqu'à Had-des-Od-Frej.

Fauconnerie kwassem d'Ouled Frej B2

Dans le hameau situé à la sortie d'Ouled Frej, en direction de Sebt Saïs.

C'est dans ce village reculé du pays Doukkala que résident les membres de la tribu des Chorfa Kwassems, les derniers ambassadeurs de la fauconnerie traditionnelle au Maroc. L'art de la fauconnerie est un sport royal, symbole de pouvoir

Un cadeau pour le sultan

C'était leur bien le plus précieux : Halima, une ravissante jeune fille. Et qu'offrir comme présent au sultan de passage sinon ce que l'on a de mieux ? Ainsi Halima devint-elle la nouvelle favorite de **Moulay Ismaïl**, et ses charmes opérèrent tant et si bien sur le terrible sultan qu'il la mena sur la plus haute tour de la kasbah, lui disant : « Je te donne, à tes frères et à toi, toutes les terres que tu peux apercevoir. » Plus tard, lorsqu'elle mourut, il fit fermer le château et, inconsolable, n'y revint plus. Halima a-t-elle vraiment existé ? Cela n'est pas certain. On sait en revanche que la kasbah fut bâtie par Moulay Ismaïl autour de 1710. D'aucuns – des jaloux sûrement, fermés à tout romantisme – affirment que c'était afin de tenir le pays en respect et d'assurer la levée de l'impôt dont on entreposait les prestations en nature dans les magasins de la forteresse.

et de noblesse, encore très en vogue dans les Émirats. Aujourd'hui, très peu de personnes, hormis les **fauconniers kwassems**, savent encore « affêter » un faucon, c'est-à-dire dresser un faucon sauvage (ceux utilisés pour la chasse proviennent d'élevage). Ils peuvent consacrer dix à quinze jours à la traque de leur futur faucon dans le Sud marocain. Seules les femelles retiennent leur attention. « Elles sont plus élancées, elles ont un visage plus noble », racontent-ils. S'ensuivent des semaines de contact permanent, au cours desquelles le faucon est porté quatre à six heures par jour afin qu'il s'habitue à la voix de son maître. Il est nourri une seule fois par jour, uniquement de pigeons et de perdrix. Chaque année, les fauconniers sont invités à exhiber les performances de leurs protégés lors du **moussem de Moulay Abdellah Amghar** en juillet (www.moulayabdellah.ma).

Reprendre la R 316 en direction de Settat, jusqu'à la R 202 que l'on emprunte à droite. On atteint la kasbah en voiture par la petite route signalisée qui se détache, à gauche, de la route principale R 202.

★ Kasbah de Boulâouane

Visite env. 30mn.- accès libre, rétribution au gardien.

1 km avant d'arriver, un coude de la route à gauche offre la plus belle **vue**★ de la kasbah, dont l'enceinte est bien conservée de ce côté.

Laissez la voiture devant la **porte** monumentale, très sobre, surmontée d'une inscription donnant le nom du sultan bâtisseur et la date de construction, 1710. Au pied de la tour d'où Halima découvrit son domaine, et dont le sommet s'est hélas effondré, s'étendaient les appartements, dont il reste peu de chose (patio dont les murs ont conservé des fragments de plâtre sculptés). À gauche, le minaret de la mosquée est resté debout. Face à la maison, au pied des remparts, on aperçoit les vestiges des magasins souterrains, ou *hris*. Une impression de grandeur et de solitude se dégage de ces ruines. Le tour partiel des remparts offre de belles **perspectives**★ sur la kasbah et les méandres encaissés de l'Oum er-Rbia. En 2019, le ministère de la Culture a débloqué des fonds pour permettre sa restauration.

Nos adresses

Shopping

Nattes – *Souk d'Arba Mogress.* Le petit souk qui se tient chaque mercredi dans ce village est réputé pour ses artisans nattiers.

Hébergement

Budget moyen, 400 à 700 DH

Gîte rural Tazota – *Prendre la rte de Marrakech, tourner à gauche en direction de Settat, le gîte est indiqué à gauche sur la route, avant Has-des-Od-Frej - ✆ 06 71 97 13 33 - www.gite-tazota.com - - 11 ch. - 420 DH (620 DH en 1/2 pension.* Vous serez accueilli par un couple charmant qui a quitté Casablanca pour s'investir dans cette maison familiale, au cœur d'un jardin fleuri. Un authentique bain de vie rurale. Les chambres, sommaires, sont aménagées dans des *noualas* aux murs de torchis, peints avec des motifs et scènes locales. Hammam rural à disposition. Produits cosmétiques confectionnés sur place, de même que le beurre, le fromage et le miel. Le gîte accueille de nombreux randonneurs.

Pêcheurs à Oualidia.
JD Dallet/age fotostock

Oualidia ★

Réputée aujourd'hui pour ses huîtres et sa station balnéaire au bord de la lagune, cette ville fut fondée par le sultan saâdien El-Oualid ben Zidane Saâdi, qui lui donna son nom. Préservée mais fragile, la grande lagune, protégée des vagues, se pare de splendides teintes à l'aube et au coucher du soleil.

3

Se repérer

6199 habitants

CARTE P. 136 (B2) – *carte Michelin 742, plis 4 et 19* – Située à 66 km au nord de Safi et 59 km au sud d'El-Jadida par la route côtière, Oualidia dispose ses maisons blanches en amphithéâtre autour de la lagune, en contrebas de la route.

En famille

Toutes les activités liées à la mer.

À ne pas manquer

La plage... et les huîtres très réputées. Vous pouvez aller voir les parcs à huîtres et à moules au nord de la ville.

Organiser son temps

Pour une pause gourmande et une baignade ou un séjour plus long.

Nos adresses p. 180

Se promener

Pour accéder à la plage, quittez la route principale et prenez la rue en descente. La route offre une belle **vue**★ sur la lagune. Plusieurs restaurants et petits hôtels, des villas de style andalou édifiées par l'architecte Élie Mouyal et une aire de camping-cars sont aménagés près de la plage.

La grande **lagune★** et **sa plage★** de sable fin, constituent un agréable lieu de baignade et de séjour, très fréquenté en été. Peut-être serez-vous tenté d'aller surfer sur les hautes vagues très proches, entre les passes de la **grande plage**, ou encore de vous faire accompagner en barque par un pêcheur pour observer de près les oiseaux aquatiques. Il faut voir en fin d'après-midi les pêcheurs revenir avec leurs prises (pajots, dorades royales, grondins, congres), et, sur la plage, adossés aux barques, les plus anciens d'entre eux deviser tout en ravaudant les filets, alors que les vagues grimpent sur les rochers. Ces hommes pêchent avec leur barque ou, perchés sur les rochers déchiquetés, à l'aide d'une ligne. En se promenant sur ces rochers, on aperçoit, de l'autre côté de la lagune, l'**ancien palais** *(ne se visite pas)* où le roi Mohammed V aimait fêter ses anniversaires.

Nos adresses

Restauration

Devant la plage, des vendeurs ambulants proposent huîtres, coques, oursins... à déguster sur place ou à emporter. Méfiance, la fraîcheur et la qualité sanitaire ne sont pas toujours respectées.

Budget moyen 100 à 200 DH

L'Initiale – *voir coordonnées dans « Hébergement » - 🍷 - plats 80/120 DH.* Dans la salle ou en terrasse, vous trouverez là poissons et fruits de mer de première fraîcheur. Cuissons parfaites et accueil cordial.

L'Araignée Gourmande – *accès par l'esplanade devant la plage - ✆ 05 23 36 64 47 - 🍷 - plats 100/120 DH.* Huîtres, plateaux de fruits de mer, homards, langoustes (que l'on peut choisir directement du vivier) et poissons grillés à déguster dans une vaste salle ou sur une terrasse donnant directement sur la lagune.

Issa-Blanca - Chez Nadia – *Voir coordonnées dans « Hébergement » - plats 80/100 DH.* Les habitués se retrouvent dans cette conviviale villa (voir hébergement) et apprécient poissons grillés, fruits de mers, salades, viandes et desserts maison. La paella est aussi une spécialité de la maison (prévoir un peu d'attente). Préférez la terrasse à la salle à manger un peu tristounette.

Pour se faire plaisir, 200 à 400 DH

Ostréa II – *Parc à huîtres 007 - ✆ 05 22 44 13 90 - www.ostrea.ma - 🍷 - Comptez 200/250 DH.* Pour un repas de crustacés ou de poissons tout frais dans un cadre splendide au bord de la lagune.

Activités

Surfland – *En descendant la route vers la plage, prendre à gauche et suivre fléchage - ✆ 06 61 14 64 61.* École de surf pour adultes et enfants.

Promenade en barque – Les pêcheurs proposent des balades sur la lagune. Négociez le prix avant de partir !

Hébergement

Dès l'entrée de la ville, vous verrez des rabatteurs qui agitent des trousseaux de clés : ils proposent appartements ou villas à la location, une formule économique si vous êtes à plusieurs et restez quelques jours. Les tarifs varient beaucoup selon la saison. La station connaît un pic d'affluence en juillet-août.

Budget moyen, 400 à 700 DH

Hôtel L'Initiale – *Plage de Oualidia - ✆ 05 23 36 62 46 - 6 ch. - à partir de 720 DH ☕ - ✕.* À deux pas de la grande plage et de la lagune, ce petit hôtel est doté de chambres aux tons vifs, confortables et propres, avec petit balcon.

Hôtel Issa-Blanca - Chez Nadia – *Grande plage de Oualidia - en arrivant près de la plage, tourner à gauche et suivre jusqu'au bout la petite route qui longe les dunes - ✆ 06 70 75 18 61 - 6 ch. à partir de 550 DH ☕ - hammam - ✕.* Vous serez accueilli avec beaucoup de gentillesse par la propriétaire, enfant de la région, dans cette maison blottie dans un coin paisible face aux dunes. Les chambres, simples et très propres, sont à l'étage, trois d'entre elles donnent sur les dunes. La maison, vivante et familiale, fait aussi restaurant (spécialités de poissons).

Dar Beldi – *Douar Moulay, Abdessalam - ✆ 05 23 36 62 88 - www. dar-beldi-maison-dhotes. business.site - 4 ch. - à partir de 620 DH ☕.* Contrairement aux autres hôtels, cette maison d'hôte est située sur les hauteurs du village, loin du flot touristique. Un havre de paix, agrémenté d'un accueil convivial et sincère. Les chambres sont confortables, décorées avec goût et ouvrent sur un vaste jardin intérieur. Terrasse particulièrement agréable. Repas et massage sur demande.

Pour se faire plaisir, 700 à 1 200 DH

Hôtel Ostréa II – *Sur le parc à huîtres 007, accès par une petite route s'embranchant sur la route côtière à la sortie nord de Oualidia - ✆ 05 22 44 13 90 - à partir de 850 DH ☕ - ✕.* Aménagées au-dessus du restaurant du même nom, un peu à l'écart du centre, toutes les chambres (claires et fonctionnelles) et leur petit balcon plongent directement dans la lagune, veillée par un phare miniature.

Une folie, plus de 1 200 DH

Hôtel L'Hippocampe – *R. du Palais Royal - ✆ 05 23 36 61 08 - www.hippocampeoualidia.com - ▤ 🍷 ⛱. 1/2 P obligatoire l'été. Réservez pour avr., juil.-août et tous les w.-ends - 23 ch. et 2 suites - à partir de 1500 DH ☕. - ✕.* Cet établissement s'ouvrant directement sur la lagune bénéficie d'un emplacement de choix ; il se compose de bungalows avec terrasse noyés dans un magnifique jardin fleuri.

Safi ★

De part et d'autre du ravin creusé dans le plateau gréso-calcaire des Abda par l'oued Chaâba, Safi s'étale, en bordure de l'Atlantique, au fond d'une anse encadrée de falaises. Elle offre le triple attrait d'anciens édifices portugais, d'un port très actif et d'une cité vivante. Safi est aussi connue pour ses céramiques : le quartier des potiers s'étend sur une colline au nord-est du centre-ville.

Se repérer

298 361 habitants (les Safiotes)

CARTE P. 137 (A3) – *carte Michelin 742, plis 4 et 19* – Ville à la fois résidentielle et industrielle, Safi est posée en bordure de l'Atlantique, à 125 km au nord d'Essaouira et 142 km au sud d'El-Jadida (par la route côtière). Si la cité historique peut aisément se visiter à pied, il n'en va pas de même dès lors que vous vous éloignez dans les quartiers résidentiels, posés sur des collines et sillonnés de larges avenues où il est très facile de s'égarer...

À ne pas manquer

La colline des Potiers.

Organiser son temps

Compter une journée.

Carnet pratique p. 188

Nos adresses p. 188

Se promener

PLAN DE VILLE P. 185

Le centre historique

Compter 2 à 3h. Partir de la place de l'Indépendance.

Qasr el-Bahr PLAN II C3

8h30-12h30, 14h30-18h - 15 DH.

Ce « château de mer » s'élève en bordure de la place, face à l'Océan. Construit par les Portugais au 16e s., il fut sans doute la résidence du gouverneur en même temps qu'une forteresse pour défendre le port et la ville. Il a été restauré en 1963. En traversant la grande cour intérieure entourée de casemates, on atteint, par une rampe, la plate-forme où sont alignés de vieux **canons** espagnols et hollandais, notamment deux belles pièces fondues à Rotterdam (*Rotterdamæ* sur l'inscription) en 1619 et deux autres à La Haye (*Hagæ*) en 1621.

Du bastion sud-ouest, la **vue★** est remarquable sur l'Océan, le quartier du R'bat et ses sombres falaises, la médina, le port et le cap Safi.

Sous le haut perron qui donne accès à la tour carrée, une ouverture laisse voir l'ancienne prison souterraine de la forteresse. Du sommet de la tour, belle vue sur la médina, délimitée par ses remparts, qui s'élève en pente douce vers la Kechla (citadelle) ; côté nord, immédiatement au pied de la forteresse, on reconnaît le petit port primitif.

Port de pêche PLAN I A1

Le **boulevard du Front de Mer** mène à l'entrée du **port de pêche★**. Safi est l'un des grands ports sardiniers du monde : cette pêche, qui se pratique à partir du mois de mai, alimente une vingtaine d'usines de conserves qui s'alignent dans la partie sud de la ville. L'activité est grande et le spectacle coloré lorsque les bateaux

Safi, sur la côte atlantique.
Leonid Andronov/iStock

sont à quai et déchargent leur cargaison. Tôt le matin, les arrivages se vendent à la criée dans la grande halle qui borde les quais.
À la suite du port de pêche, au-delà du silo à grains, s'étendent les installations du port de commerce.
Revenir sur ses pas et tourner à gauche en longeant les remparts.

3

Colline des Potiers PLAN II D3

Compter 1 à 2h. Visite libre ; visite accompagnée : env. 20 DH. En passant sous les arches de Bab Khouas, la blanche silhouette de la Kechla s'impose au regard, ceinturée par le mur de la médina et dominant le vallon du Châabah.
Le vieux quartier des potiers s'étend sur le versant opposé : dans les ruelles qui l'escaladent, on peut encore voir de ces **fours** et **ateliers** d'artisans qui ont fait la réputation de la poterie de Safi.
En contrebas, une longue **galerie marchande** expose un échantillonnage complet de la production : poterie traditionnelle bleu et blanc, poterie d'inspiration plus récente qui joue d'harmonies plus sombres et d'éclats métalliques, etc. À l'extrémité de la galerie, on visite l'**école de la coopérative** des artisans de Safi, où on peut suivre les opérations du tournage, de la décoration et de la cuisson des poteries safiotes.
Au pied de la galerie marchande, entrer dans la médina par Bab Châabah.

Médina PLAN II CD3

Dans la **rue du Souk**, artère principale de la vieille ville, on aura plaisir à se frayer un chemin parmi les étals bariolés.

Safi, cité littéraire

Safi est la ville natale de l'écrivain **Edmond Amran El-Maleh**, dont l'œuvre littéraire, riche d'un triple héritage culturel franco-judéo-arabe, comprend notamment *Parcours immobile*, *Aïlen ou la nuit du récit* et *Jean Genet le captif amoureux et autres essais*.

Juste avant la Grande Mosquée, à gauche, un passage sous voûte introduit dans l'étroite rue du Cadi Ayyad; on l'empruntera pour aller voir, à moins de 100 m à gauche, la **chapelle portugaise★**. Il s'agit, en fait, du chœur de la cathédrale de Safi, construit en 1519 (*50 DH*).
Ayant servi fort longtemps de bain maure, la chapelle est assez délabrée; on peut admirer sa voûte sur croisées d'ogives décorée d'un cartouche aux armes du Portugal et de huit médaillons dont les sculptures représentent des emblèmes religieux et des armes seigneuriales.
En sortant, continuer la rue du Cadi Ayyad.
Vous terminerez le circuit dans la médina en parcourant de pittoresques ruelles aux nombreuses arcades; elles amènent aux remparts, qu'on longe intérieurement jusqu'à la tour d'angle sud-ouest, par où l'on rejoint la place de l'Indépendance.

Vous pouvez aussi rejoindre le quartier du Plateau pour admirer le **point de vue du vieux cimetière★** ; il permet d'embrasser un vaste horizon, avec une remarquable vue plongeante sur le Qasr el-Bahr, qui se détache sur la mer.

★ Kechla PLAN II D3

À l'extrémité est de la médina. Accès depuis la place de l'Indépendance, par l'avenue Moulay Youssef.

Les murs puissants de cette citadelle datent de l'occupation portugaise. Après avoir franchi la porte monumentale, tournez à droite pour gagner, par une rampe, la plate-forme garnie de vieux canons et la grosse tour semi-circulaire : de là, on jouit d'un **panorama★** sur la ville et particulièrement sur la cascade des maisons de la médina, dévalant vers Qasr el-Bahr et l'Océan. Ces fortifications abritent le haut palais blanc, **Dar el-Makhzen**, qui domine toute la ville, construit à partir du 18e s. pour loger le gouverneur et les bureaux du Makhzen.

Musée national de la Céramique PLAN II D3

Cité des Arts, angle r. Médina Mounouara et av. Moulay Idriss Ier - ✆ 05 24 46 39 67 - 10h-18h, fermé mar. - 20 DH.

Après d'importants travaux de réhabilitation, le musée, aménagé dans les bâtiments du Dar el-Makhzen, a rouvert en 2018. Il a pour vocation d'illustrer la place qu'occupe la céramique émaillée et vernissée dans les arts traditionnels marocains, l'ancienneté de sa production mais aussi sa pérennité puisqu'il comporte une section vouée aux créations contemporaines.

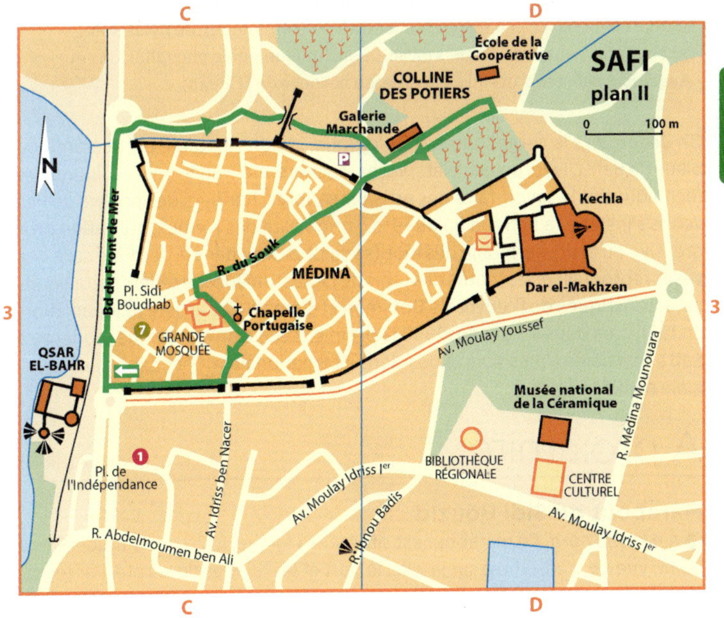

SE RESTAURER
Chez Gegene........................ 1

SE LOGER
Riad du Cheval Blanc................ 7

Une cité portuaire

Une ville ouverte sur l'Europe – On sait peu de chose sur les origines de Safi. Ce comptoir phénicien – selon le géographe Ptolémée –, probablement fréquenté plus tard par les Romains, apparaît dans les textes arabes sous le nom d'Asfi à partir du 11e s. ; c'est alors un petit port d'intérêt local qui, au 15e s., s'ouvre au commerce européen. Les Portugais apprécient tellement sa rade naturelle qu'ils s'en emparent en 1508, grâce à une vaste opération combinée – par terre et par mer – montée à partir de Mogador (Essaouira). Autour de la ville, ils élèvent une enceinte et construisent une forteresse au bord de la mer. Mais cette occupation dure peu. Dès 1541, les Portugais, qui viennent de perdre Agadir, évacuent volontairement Safi.
Cela n'interrompt point les échanges avec l'Europe qui, au contraire, s'intensifient. Les Français y ont leur part. Au 17e s., le consul de France a sa résidence à Safi et c'est dans ses murs que le commandeur de Rasilly signe au nom de Louis XIII plusieurs traités de commerce entre la France et l'empire chérifien. Mais au 19e s., c'est le complet déclin.
Le tournant du 20e s. – Le renouveau est venu de la pêche industrielle : la sardine est la spécialité de Safi depuis que le développement de la conserverie a ouvert à ses pêcheurs un énorme marché, concurrencé peu à peu cependant, en ce qui concerne la pêche proprement dite, par le développement de Tan-Tan, autre grand port sardinier des provinces sahariennes. Plus tard, après les minerais du Jbilet, ce sont les phosphates de Youssoufia et Ben Guerir qui ont envahi les quais, entraînant l'extension et la modernisation du port. Cette extension se poursuit et une vaste zone industrielle, assez peu respectueuse de l'environnement, où pyrites et phosphates sont transformés en acide sulfurique, acide phosphorique et engrais, s'est créée au sud de la ville, en bordure de l'Océan.

On découvrira la céramique archéologique, la poterie rurale et la céramique bleue de Safi. Divers objets, plats, vases, encriers, etc., montrent l'évolution des techniques et le savoir-faire des artisans safiotes, héritiers des potiers de Fès venus s'installer à Safi à la fin du 19e s. : originalité des formes, utilisation progressive du brun, harmonie des motifs sculptés (voir dans la dernière salle des vases reproduisant les motifs des tapis de l'Atlas), faïences à reflets métalliques caractéristiques de l'œuvre de **Boujmaa el-Lamali**. Cet artiste algérien, mort en 1971, créa dans les années 1930 la première école de céramique moderne à Safi et participa à plusieurs expositions internationales dont l'Exposition coloniale de 1931 à Paris.

À proximité

CARTE DE RÉGION P. 137

Marabout de Sidi Bouzid A3

À 4 km au nord. Ce marabout est situé sur la falaise, à 120 m d'altitude. De ce point, **vue★★** d'ensemble sur la ville, le port et les falaises de la côte. Par temps clair, on aperçoit les cimes de l'Atlas.
En poursuivant vers le nord sur la route menant de Safi à Oualidia, vous découvrirez en contrebas de fort belles plages battues par les rouleaux de l'Océan, à **Lalla Fatna**, **Sidi Bouchta** et au **cap Beddouza**. Il est possible de visiter la grotte Goraani à proximité du cap Beddouza.

Pêcheurs dans le port de Safi.
FOTOSEARCH RM/age fotostock

Souira Kedima A3

À 30 km au sud. Emprunter la R 301 qui suit le rivage. On se rend compte de l'importance de l'industrie sardinière à Safi : à la sortie de la ville et sur 5 km, la route est bordée de **conserveries**. À 8 km de la ville, on longe le très important complexe industriel **Maroc-Chimie** et **Maroc-Phosphore**. Puis la route serpente en haute corniche accrochée aux escarpements calcaires qui surplombent l'Océan – notamment à Jorf-el-Yhoudi (le cap du Juif) – avant de descendre vers Souira Kedima. Il y avait là autrefois un *ribat* (couvent fortifié) ; les Portugais y édifièrent une petite forteresse, dont on voit les vestiges sur un promontoire, à droite de la route. Une belle **plage** de sable fin protégée par un cordon de récifs en fait un lieu de promenade agréable, même si l'été, l'engouement des estivants pour ce site balnéaire nuit quelque peu au charme de l'endroit. On aperçoit, au sud, l'estuaire de l'oued Tensift.

3

★ Kasbah Hamidouch A3

À 76 km au sud. Prendre la P 2307 puis la R 301 jusqu'à Dar Tahar ben Abbou, où on prendra, à droite, la 6 617 puis la 6 611. En arrivant à Dar Caïd-Hadji, on voit se dresser à droite les ruines de la kasbah Hamidouch, dominant la rive gauche de l'oued Tensift, près de son embouchure. C'est une grande forteresse qui date du sultan Moulay Ismaïl (1672-1727). L'enceinte extérieure, flanquée de bastions et surmontée de merlons, a encore grande allure malgré les ravages du temps. Longue de 150 m sur chacun de ses quatre côtés, elle renferme, outre une mosquée et divers bâtiments en ruine, une autre enceinte de 70 m de côté entourée d'un large fossé.

Carnet pratique

S'informer

Délégation provinciale du tourisme – 26 *r. Iman Malik - ℘ 05 24 62 24 96.*

Arriver/Partir

Train

Gare ferroviaire – *3 km au sud de la pl. de l'Indépendance. Accès par la r. du R'Bal - ℘ 2255 - www.oncf-voyages.ma. Trains directs pour Casablanca, avec correspondance à Ben Guerir pour Marrakech et Rabat.*

Car, grand taxi

Supratours (filiale de l'ONCF) – *℘ 05 24 62 95 85 - www.supratours.ma.* Cars pour Essaouira *(2h)* et Agadir *(6h).*

Gare routière – *Av. John Kennedy, au sud de la médina - ℘ 05 24 62 21 99.* Cars pour Casablanca, Marrakech, Essaouira et Agadir. Cars CTM *℘ 05 24 62 21 40.*

Grands taxis – À la gare routière.

Adresses utiles

Hôpital Mohammed V – *Av. John Kennedy* **-** *Urgences ℘ 05 24 62 31 06.*

Nos adresses

Restauration

Premier prix, moins de 100 DH

② **Fish Village** – A1 - *R 103 - à la sortie du centre-ville en direction de Oualidia* - ⊭. Au bord de la route s'alignent une demi-douzaine de petits restaurants où l'on ne trouve que poissons et fruits de mer. Choisissez votre table à l'intuition et régalez-vous de crevettes et de calamars frits, à déguster avec les doigts. Grosse affluence en fin de semaine.

Budget moyen, 100 à 200 DH

① **Chez Gegene** – C3 - *11 r. de la Marne - à 50 m de la place de l'Indépendance, derrière la poste - ℘ 05 24 46 33 69 - 🍷 - fermé dim. et ramadan.* Le meilleur rapport qualité/prix de la ville. Le cadre est agréable et la cuisine familiale (spécialités de poisson).

Petite pause

Segafredo – *19 av. de la Liberté - ville nouvelle - ℘ 05 24 62 45 00.* Vitrine de la ville nouvelle, ce café sert des jus, cafés, soupes, pizzas et paninis jusqu'à 21h.

Activités

Safi Surf School – *1 r. de la Crête - ℘ 06 71 81 55 70 - www.surfsafi.com.* Cours de surf et location de matériel. Pour se mesurer avec la célèbre vague de Safi (en hiver).

Hébergement

Budget moyen, 400 à 700 DH

④ **Hôtel Assif** – B2 - *Av. de la Liberté - ℘ 05 24 62 29 40 - www.hotel-assif.ma -* ▤ 🅿 *- 62 ch. - à partir de 500 DH* ☕ *-* ✕. Dans un quartier animé de la ville nouvelle, près de la place Mohammed V, cet hôtel des années 1970 propose des chambres simples mais bien tenues.

⑦ **Riad du Cheval Blanc** – C3 - *26 Derb El-Kaouss, Bab Boudhab - ℘ 05 24 46 45 27 - www.riad-cheval-blanc.com -* ▤ ⊭ *- 7 ch. - 420/600 DH* ☕ *-* ✕. Près de l'entrée de la médina, côté Océan, une belle demeure historique, rénovée avec soin, abrite des chambres très bien tenues. La terrasse offre une vue inoubliable sur la médina, le « château de mer » et la baie. Une adresse accueillante et d'un bon rapport qualité/prix.

Poteries marocaines au séchage.

Essaouira ★★

Bâtie sur une presqu'île rocheuse, entourée de mimosas et de genêts plantés pour fixer les dunes, Essaouira, l'ancienne Mogador, surprend par son isolement. Au voyageur qui vient de Marrakech ou de Safi, elle apparaît soudain en contrebas, tantôt blanche et brillante, avec ses façades passées à la chaux tandis que portes et fenêtres copient le bleu du ciel et qu'un peu partout des araucarias dressent leurs étranges et sombres silhouettes de chandeliers aux multiples branches, ou bien toute de rose vêtue lorsqu'au coucher du soleil le cerne rigoureux de ses murailles se découpe sur l'horizon. La beauté du site, la qualité de la lumière, la singulière douceur du climat, le pittoresque de la médina et du port, la gentillesse des Souiris, la diversité culturelle, artistique et musicale, font d'Essaouira un lieu empreint de charme et de magie.

Se repérer

73 957 habitants (les Souiris)

CARTE P. 137 (A4) – *carte Michelin 742, plis 4 et 19* – Essaouira se trouve à 175 km à l'ouest de Marrakech, 125 km au sud de Safi par la route côtière, et 174 km au nord d'Agadir. Toutes ces routes convergent immédiatement au sud de la ville, que l'on atteint en longeant la plage jusqu'aux abords des murailles.

À ne pas manquer

Une promenade dans la médina, sur le port et les remparts. Une baignade en mer (attention aux courants). L'arrivée des bateaux de pêche et la vente du poisson à la criée.

Organiser son temps

Deux jours sont nécessaires pour flâner dans les rues animées de la médina et profiter de la plage.

En famille

Activités nautiques sur la plage, pêche et promenade en mer.

Carnet pratique p. 199

Nos adresses p. 200

Remparts vus de la "skala" du port.
saiko3p/iStock

Se promener

PLAN P. 193

★★ Le port

Partir du parking, voisin des bâtiments de la douane, où on laissera la voiture. Circuit tracé en vert sur le plan p. 193.

Bab al Marsa★ (**porte de la Marine**) fait communiquer la ville et le port. C'est une belle construction néoclassique (1769), plus décorative que vraiment défensive malgré la présence des deux échauguettes. Deux colonnes cannelées supportent un fronton sous lequel sont gravés trois croissants de lune, symbole du sultan **Mohammed ben Abdallah**.

Après un petit escalier à droite de la porte, un beau **pont fortifié★** permet d'accéder à la *skala* du port *(9h-17h, 60 DH, -12 ans 25 DH)* en passant sous une grosse **tour carrée★**. Au sommet de cette dernière, la **vue panoramique★** englobe la médina, le port, la *skala* et, noyées dans les embruns, Diabat et l'île de Mogador. On ne se lasse pas d'observer le ballet des mouettes qui, après s'être laissé porter par les alizés, aiment venir se reposer sur le pinacle de l'une des quatre échauguettes. Attardez-vous à guetter le retour des bateaux de pêche. En contrebas de la tour s'étend la **skala du port★**, longue plate-forme crénelée où est disposée, face au large, une douzaine de canons en bronze ; elle se termine par un rond-point conçu pour manœuvrer les lourdes pièces d'artillerie. **Orson Welles** tourna ici certaines scènes de son film *Othello*, qui reçut la palme d'or au Festival de Cannes en 1952. La *skala* offre un excellent point de vue sur le chantier naval et le **port★★** de pêche, blotti au pied des fortifications *(en travaux pour quelque temps)*.

Allez-y flâner un moment, de préférence au retour de bateaux, pour goûter à son atmosphère unique. Dans un concert de cris, des escadrilles de mouettes, viennent piller des poissons dans les cagettes ou sur les chariots. Les barques bleues par dizaines, les chalutiers colorés, les femmes et les hommes raccommodant les filets, les pêcheurs déchargeant les prises du jour (sardines, maquereaux, anchois, murènes, pageots, roussettes, calamars, etc.) en font un lieu très animé et fascinant où le poisson est vendu à la criée. Si vous avez un petit creux, vous pourrez vous régaler de sardines grillées toutes fraîches ou de quelques fruits de mer. Plus loin, au petit **chantier naval**, reposent les élégantes carcasses de bois des bateaux en construction à différents stades de leur évolution.

Essaouira, l'ancienne Mogador

L'archéologie a montré que le site d'Essaouira avait été occupé dès l'époque préhistorique, mais la ville que nous voyons aujourd'hui est relativement récente, puisque les premiers travaux ne commencèrent qu'en 1764.
Au Moyen Âge, les avantages naturels de la baie n'échappent pas aux navigateurs portugais, qui appellent la ville « Mogador » (déformation probable du nom local Mogdoul) et y prennent pied quelque temps au début du 16e s. La canne à sucre est alors une importante production du Maroc ; Mogador en distille une bonne partie et exporte le sucre.
En 1764, le sultan **Mohammed ben Abdallah** décide d'installer à Mogador une nouvelle ville pour développer le commerce international. Il fait construire un port et confie à l'ingénieur français **Théodore Cornut** le soin d'établir le plan de la cité nouvelle. D'où l'originalité de cette cité, baptisée Essaouira (« la bien dessinée »). Le sultan tente de favoriser le peuplement de la ville notamment par l'établissement de juifs et de marchands étrangers ; il oblige même les nations européennes à y établir des consulats (certaines de ces bâtisses, aujourd'hui restaurées sont des joyaux d'architecture).
Malgré cette politique volontariste, le développement d'Essaouira resta en deçà des espérances du souverain ; après sa mort, elle commença à décliner car elle était trop à l'écart des routes caravanières. En 1844, Essaouira fut bombardée, puis brièvement occupée par la Marine française.
Aujourd'hui, la concurrence de Safi et d'Agadir a réduit l'activité du port à peu de chose, mais l'ébénisterie et la culture d'arganier soutenues par l'afflux de touristes, prospèrent. Essaouira, dont la médina est inscrite sur la liste du Patrimoine mondial de l'Unesco, est devenue une destination touristique à part entière,

★★ Les remparts et la médina

En quittant la skala du port, gagner la **place Moulay Hassan**, vaste espace réservé aux piétons qu'animent de nombreuses terrasses de cafés et de petits restaurants. *Tourner à gauche dans la rue de la Skala.*

L'étroite **rue de la Skala** longe les remparts à l'intérieur de la ville. Après un passage sous voûte, la rue s'élargit : des ébénistes y tiennent boutique et certains y exécutent encore leurs patients travaux de marqueterie (tables, coffrets, bracelets, bibelots de bois) qui font la renommée des artisans d'Essaouira. Le bois employé est généralement l'arar, ou thuya de Barbarie, dont il existe de grands peuplements dans la région. Les racines de cet arbre sont particulièrement appréciées en ébénisterie : ce sont les « loupes d'arar » qui donnent, une fois polies, des surfaces chatoyantes d'un très bel effet. La décoration des meubles est obtenue au moyen de sculptures et d'incrustations de citronnier, d'ébène, de nacre et d'argent.

★★ Skala de la médina

Au bout de la rue, un passage sous voûte donne accès à une rampe conduisant à

Flânerie souirie

Au-delà des avenues rectilignes, il faut savoir se perdre à Essaouira dans ces lacis de ruelles au parcours capricieux, souvent voûtées, et y découvrir, à la faveur d'une porte entrouverte, un riad fleuri entouré d'arcades, l'atelier d'un ébéniste ou une boutique inattendue. Petit labyrinthe en vérité, car tôt ou tard, on retombe sur l'un des axes autour desquels Théodore Cornut a conçu la cité.

SE RESTAURER
- La mouette gourmande... 3
- Chalet de la Plage.......... 4
- Kh'Missa.................. 19
- Laayoune.................. 26
- La Découverte............ 27
- La Licorne................ 28
- Le Patio.................. 33
- M'Riste Jouhar............ 35
- Villa Maroc............... 61

SE LOGER
- Casa Lila................. 2
- Dar El Qdima.............. 5
- Dar Loulema............... 7
- Dar Nafoura............... 11
- Riad Étoile de Mogador.... 16
- Heure Bleue Palais........ 19
- Hôtel Les Matins Bleus.... 35
- Dar Awil.................. 38
- Riad Asmitou.............. 42
- Le Médina Essaouira....... 55
- Villa Garance............. 57

la *skala (50 DH, -12 ans 20 DH)*. Les fortifications protégeaient ici la cité contre les attaques par mer. Elles constituent une longue terrasse bordée de créneaux dans lesquels sont encore braqués des canons de bronze : même s'ils sont aujourd'hui inoffensifs, la perspective de cette *skala* demeure impressionnante.

C'est de la terrasse du bastion nord que l'on a la meilleure **vue**★ sur l'ouvrage fortifié, relayé au loin par la *skala* du port, l'enfilade des îlots rocheux empanachés d'écume, et la côte du cap Sim dans le fond.

Redescendre la rampe d'accès à la skala et, après le passage sous voûte, tourner à gauche dans la rue Laalouj.

Assez large et rectiligne, comme tous les axes principaux de la cité, la **rue Laalouj** est bordée de restaurants, témoigne de l'urbanisme si particulier d'Essaouira.

★ Musée Sidi Mohammed ben Abdallah

R. Laalouj - 9h-17h, fermé mar. - 70 DH, -12 ans 30 DH.

Le musée est installé dans une maison de marchands du 19e s. qui fut le siège de la mairie sous le protectorat. Il est consacré aux coutumes et traditions artisanales ou artistiques de la région d'Essaouira, et rassemble des collections recueillies avec passion par son créateur, l'artiste **Boujemâa Lakhdar** (1945-1989) qui œuvra tant pour préserver et étudier le patrimoine souiri que pour soutenir les jeunes artistes. Au rez-de-chaussée, vous trouverez des informations générales sur le patrimoine culturel de la ville et sur les découvertes archéologiques (de la préhistoire aux Phéniciens). C'est à Essaouira que fut retrouvée la seule amphore intacte du Maroc (amphore K109, 3e et 4e s. apr. J.-C., mer Égée). À l'étage sont présentés divers instruments de musique utilisés lors des fêtes des confréries religieuses (gnaoua, hamadcha, aissaoua, etc.) ou des mariages et circoncisions, des tapis tissés par les femmes des tribus arabophones chiadma, des meubles marquetés, des bijoux-amulettes aux décors d'oiseaux, de serpents ou de crapauds, tous chargés de fonctions magiques.

En sortant du musée, prendre à droite puis de nouveau à droite rue Mehdi Ibn Toumert.

★ Bayt Dakira

R. Mehdi Ibn Toumert - 9h-13h30, 15h-17h, entrée libre.

Cette belle maison de la médina réunit la **synagogue Simon Attia,** un musée et un centre de documentation qui conservent la mémoire de la communauté juive de la ville. Instruments de musique, objets et vêtements évoquent la vie quotidienne et les moments clefs de l'histoire de la communauté. Cet ensemble a été inauguré par le roi en 2020.

★ Autour des souks

Rejoindre la rue Mohammed ben Abdallah.

Beaucoup d'animation dans cette rue, où les petits commerces ont envahi les nobles maisons blanches aux volets bleus. Des monticules multicolores de fruits, de légumes, d'épices, derrière lesquels les marchands disparaissent à moitié, et d'autres commerces traditionnels cohabitent avec quelques boutiques pour touristes. Les ruelles transversales, de loin en loin voûtées, montrent de beaux portails en pierre de taille finement sculptée, aux arcs en plein cintre ornés de zelliges, et connaissent elles aussi une grande animation en fin d'après-midi.

Au bout de la rue, on aboutit à l'**ancien mellah**, quartier historique aux bâtisses endommagées qui devrait fairel'objet d'un programme de rénovation.

Prolongée au-delà du marché par l'avenue de l'Istiqlal, l'**avenue Mohammed Zerktouni**, principale voie commerçante d'Essaouira, coupe en deux la vieille ville. Elle traverse le **souk Jdid**, où se trouvent, derrière les arcades, le très pittoresque marché des épices et celui des poissons. Dans la petite rue Syaghine, qui borde le marché du côté sud, sont groupés les **bijoutiers**.

La baie d'Essaouira

★ Plage

Location de transats, cafés-restaurants, jeux pour enfants, clubs nautiques.

L'immense et belle plage de sable fin s'étend vers le sud, au fond de la baie, au contact immédiat de la ville. Sa pente douce et unie la rend assez sûre en dépit du vent mais méfiez-vous tout de même des courants. Les vents alizés apportent de la fraîcheur durant tout l'été et font le bonheur des kite et windsurfers. Un espace vert ainsi qu'une agréable promenade aménagée bordent le front de mer. Quelques cafés-restaurants ont installé leur terrasse et des clubs nautiques proposent de nombreuses activités. Au sud de la plage, à la sortie de la ville, s'étendent des **dunes** de sable bordées de tamarins et de mimosas. Dromadaires et chevaux (ainsi que des quads) attendent les visiteurs qui souhaitent partir en balade, notamment vers Diabat.

Île de Mogador

Interdite à la visite. C'est désormais une réserve ornithologique, célèbre pour la présence de faucons d'Éléonore. Connus des Romains sous le nom d'îles Purpuraires, l'île de Mogador et l'îlot voisin ont été visités durant toute l'Antiquité par les marchands méditerranéens : Grecs, Chypriotes, Phéniciens, Carthaginois et surtout Romains y ont laissé des traces, révélées par les fouilles archéologiques.

À proximité

CARTE DE RÉGION P. 137

Marabout de Moulay Bouzerktoun A4

À 20 km au nord d'Essaouira par la route de Safi, prendre à gauche la direction de Moulay Bouzerktoun.

Au bout d'une piste caillouteuse, le marabout et la mosquée attenante, éclatants de blancheur, sont posés sur une grève escarpée, à côté d'un humble village de pêcheurs. Ce lieu de haute spiritualité est une des étapes traditionnelles du fameux **moussem des Regraga** *(voir agenda)*. Dans ce lieu où l'on pratique volontiers le camping sauvage, la plage, battue par le vent, fort appréciée des véliplanchistes, est à déconseiller formellement aux adeptes des bains de mer en famille.

3

Circuit conseillé

CARTE DE RÉGION P. 137

La côte sud d'Essaouira jusqu'au jbel Amsittene

★ Dunes du cap Sim A4

14 km au sud – environ 30mn.

Sortir d'Essaouira par le sud. À 6 km, 1 km environ après le pont qui franchit l'oued Ksob, tourner à droite sur une petite route ; poursuivre jusqu'au village de **Diabat**.

Ces dunes sont la providence des cinéastes qui ont à tourner des scènes de désert. À hauteur des premières maisons, belle **vue** d'ensemble sur Essaouira et sa baie. Au milieu des dunes, près de l'embouchure de l'oued Ksob, on aperçoit les **ruines** étranges de Dar Soltane, palais ensablé édifié au 18e s. par Mohammed ben Abdallah dans lequel quelques hippies élurent domicile dans les années 1960 et 1970. Si les ruines n'ont aujourd'hui qu'un intérêt relatif, la **plage** est magnifique au-delà du cordon de dunes qui la borde *(pour y accéder plus facilement, vous pouvez prendre la piste située à la sortie d'Essaouira)*. Un hôtel haut de gamme, avec un golf 18 trous ont été aménagés (nouvelle station balnéaire **Essaouira-Mogador** en projet depuis une dizaine d'année).

★ Sidi Kaouki A4

À 15 km au sud d'Essaouira, par la route d'Agadir, prendre à droite la direction de Sidi Kaouki.

Une terre d'artistes

Cette ville, où le ciel prend des aspects singuliers lorsque les vents parfois violents qui s'affrontent laissent place à de larges bannières de nuages, est un lieu où règne une créativité intense. Nombreux sont en effet les artistes autodidactes (peintres, sculpteurs, musiciens, dramaturges) qui y sont nés ou sont venus s'y installer, sensibles à son atmosphère particulière.

Couleurs d'Essaouira

Parmi les peintres, dont certains ont été exposés plusieurs fois à l'étranger, on peut citer : **Abdelkader Bentajar**, dont la palette illustre les cieux d'Essaouira envahis de nuages impressionnants peuplés de personnages fantasmatiques ; **Mohammed Sanoussi**, professeur d'arts plastiques, dont les œuvres peintes sur toile de jute ou cuir utilisent des couleurs végétales et des coquillages broyés et s'inspirent de motifs berbères ; dans ses dernières toiles faisant appel à la technique du collage, le dessin presque abstrait débouche sur la calligraphie, parfois insérée sous verre comme une fenêtre s'ouvrant vers l'écrit ; **Mohammed Tabal**, le peintre gnaoui, déjà célèbre pour sa peinture d'inspiration africaine aux couleurs fortes ; le minutieux **Brahim Mountir** qui dessine, avec des milliers de petits points tracés à l'aide d'une encre qu'il fabrique à base de plantes macérées et de minéraux, des compositions inspirées de la silhouette des arganiers ; **Ali Maimoune** ; **Abdelmalek Berhiss** qui, avec un dessin très simple, s'attache à créer un bestiaire fantastique caractérisé par ses tons pastel ; **Abdellah Elatrach**, avec ses couleurs violentes, chargées de symboles, et ses formes imbriquées les unes dans les autres qui débordent de la surface de la toile pour investir le cadre, qui la prolongent et la cernent de formes chimériques apparaissant en relief ; **Rachid Amarhouch**, à la fois pêcheur et peintre, avec des toiles d'une composition extrêmement complexe où abondent des personnages dont la silhouette stylisée se charge d'une multitude de symboles et qui a conservé de ses débuts de calligraphe l'habitude de parsemer ses œuvres très colorées de lettres arabes ou européennes, messages cachés d'amour pour sa ville. On peut citer également **Fatima Ettalbi**, très inspirée par l'art du tatouage, **Said Ouarzaz** et les frères **Youssef** et **Hamou Aït Tazarin**, représentants d'une nouvelle vague d'artistes, qui peignent des animaux étranges dans une technique pointilliste évoquant assez des mosaïques. Parmi les derniers venus, **Mustapha Asmah** (né en 1962), ferrailleur de son état, qui, « guidé par l'intuition » et sans aucun contact avec ses confrères, peint dans un état second, et **Azzeddine Sanana**, pêcheur né en 1965, qui représente des formes animales assez énigmatiques d'où émerge une multitude de petits yeux. Ces artistes souiris, tout à fait originaux, d'un dynamisme et d'une spontanéité étonnants, ont découvert dans la peinture de leurs aînés un monde familier, proche des traditions de l'artisanat local, qui a stimulé leur créativité.

D'autres peintres talentueux font partie de l'univers artistique souiri : **Tayeb Saddiki**, connu surtout comme dramaturge et metteur en scène de théâtre, mais qui est aussi peintre et calligraphe ; **Abderahim Harrabida**, calligraphe et auteur de tableaux-sculptures incorporant de minuscules mosaïques (zelliges) traditionnelles.

Parmi les **sculpteurs** qui travaillent aussi bien la pierre que la **racine de thuya** (mais pour cette dernière, il faudrait parler de tous les tailleurs de bois qui travaillent le long des remparts et dont on peut admirer toutes sortes d'objets sculptés), on peut citer **Mohammed Bouada**, dont les sculptures de grès aux formes ovales et aux courbes douces comme celles d'un corps sont une invitation à la caresse du regard ; ou bien **Abdessamad Sedram**, aux œuvres aux formes indécises donnant libre cours à l'imagination.

Rythmes d'Essaouira

Essaouira est aussi une ville qui a eu le privilège de conserver des traditions musicales issues de l'Afrique noire, qui lui confèrent une sorte de spiritualité, et que restituent aujourd'hui les groupes de musiciens et danseurs gnaoua. La musique gnaoua a été inscrite au Patrimoine immatériel de l'Unesco en 2019.

La lila des Gnaoua

La cérémonie gnaoua est un rite de possession à fonction essentiellement thérapeutique, les Gnaoua étant réputés aussi bien pour leur talent de musiciens que pour celui de guérisseurs. On y invoque les grands saints de l'islam populaire, comme Abdelkader Jilali et Moulay Brahim, et des êtres surnaturels, les djinns, susceptibles de posséder les êtres humains. Le rituel gnaoua, qui peut durer quelques heures ou toute une nuit – on le désigne alors par le terme **lila** (la nuit en arabe dialectal) –, comporte trois grandes phases successives : l'**aâda**, les **kouyou** et les **mlouk**.

L'**aâda** est une procession à travers la ville, qui va du lieu de la confrérie (à Essaouira la *zaouïa* Sidna Bilal, du nom du premier muezzin de l'islam) jusqu'au lieu du rituel, généralement la maison invitante (ces rites authentiques qui se transmettent de père en fils ont toujours lieu dans une maison).

Les **kouyou** constituent une phase récréative et musicale assez longue, assurée par le *guembri* et les crotales, et dont la fonction est de préparer, par un spectacle de chants, de jeux et de danses, la partie principale des transes. À la fin des *kouyou*, après une longue pause, on apporte sur un plateau, appelé **tbiga**, des encens, dont le halo de fumée qu'ils créent en brûlant constitue le décor ambiant, et des foulards de sept couleurs différentes. Les **mlouk**, ces esprits possesseurs qui sont invoqués et que l'on invite à se manifester lors de la transe, ont en effet chacun leur devise musicale, leur encens et leur couleur. Pour guérir, il faut se laisser totalement porter par la musique. Commencent alors les transes et les danses de possession dont le rythme ira s'accentuant jusqu'au paroxysme[1]. Certains peintres se sont inspirés dans leurs œuvres de la transe en tentant d'en donner une expression plastique, tel **Mohammed Tabal**, peintre gnaoui qu'on a surnommé le « peintre de la transe », car ses toiles ont souvent pour thème les *lila* et comme couleurs celles des Gnaoua.

Un regard appréciable

Le succès planétaire des musiciens d'Essaouira n'aurait sans doute pas été possible sans l'action d'un universitaire français, **Georges Lapassade** (1924-2008), sociologue et philosophe, auteur de nombreux articles sur le patrimoine d'Essaouira et de sa région, et sur la culture des Gnaoua. Arrivé à Essaouira en 1969, il fut le premier à attirer l'attention sur les musiques des confréries gnaoua. Proche de Boujemâa Lakhdar, il a participé par ses actions (création du 1er festival musical d'Essaouira en 1980), comme par ses écrits, à animer la vie culturelle de la ville et à faire connaître son histoire et sa culture au monde entier.

[1] Pour en savoir plus sur le rituel des Gnaoua, voir les écrits de G. Lapassade : *Gens de l'ombre*, *La Transe* et *Les États modifiés de conscience*.

Balade à dos de dromadaire sur la plage de Sidi Kaouki.
piccaya/iStock

Au bout de 11 km de route goudronnée, on arrive à un espace sur lequel de nombreuses paillotes dissimulent une plage immense battue par les vagues. Sur la droite, à l'aplomb des flots écumants qui semblent sans cesse sur le point de l'engloutir, se dresse le **marabout**, avec sa coupole sous laquelle est enterré le saint Sidi Kaouki ; une curieuse bâtisse de plusieurs étages édifiée face à la mer et comportant des escaliers biscornus et de petites chambres est adossée au sanctuaire *(par respect pour cet endroit au caractère mystique et pour les personnes qui y vivent, éviter de monter au sommet de l'édifice)*. Selon la légende, les personnes qui séjournent ici sont venues dans l'espoir de trouver la solution à un problème. Si celui-ci est résolu, c'est alors la fête. Une autre coutume du pays des berbères Haha veut que l'on emmène les petits garçons à qui l'on doit faire leur première coupe de cheveux à l'ombre du marabout : c'est une façon d'assurer sur leur tête la « baraka » (bénédiction du saint). Malheureusement, le marabout et le bâtiment attenant, très endommagés, ont perdu de leur superbe. Si le vent fait le bonheur des véliplanchistes et autres surfeurs, qui envahissent les quelques petits hôtels du minuscule village – on y trouve également des hébergements de charme –, il rend les baignades parfois dangereuses. Vous pourrez faire une longue et belle balade sur la plage bordée d'arganiers et de thuyas.
Revenir sur la route d'Agadir.

Tidzi A4

★ **Coopérative féminine Ajddigue** – *Sur la gauche de la route - ✆ 06 67 35 36 46 - www.ajddigue.com - lun.-vend. 8h30-17h - possibilité de photographier en demandant l'autorisation.*
Cette coopérative de production d'huile d'argan regroupe une soixantaine d'adhérentes. Elle est une pionnière dans la région. Vous pourrez assister au concassage manuel des noix, réalisé à l'aide d'une pierre polie, après l'enlèvement de la pulpe. Difficile travail qui, outre une certaine force, nécessite un coup de main que seule peut faire naître une longue pratique. Ajddigue est reconnue pour ses engagements sociaux auprès des adhérentes : alphabétisation et formation au métier de la coopérative. Vous pourrez, comme dans les autres coopératives de ce type, acheter de l'huile alimentaire, des produits cosmétiques et la délicieuse pâte qu'est l'*amlou beldi*.

★ Jbel Amsittene A4

À 58 km au sud d'Essaouira – environ 2h.

Dans une région mamelonnée où domine l'arganier, une oliveraie signale le gros village de **Smimou** *(souk le dimanche)*, que l'on traverse avant de trouver, 7 km plus loin à gauche, la piste de l'Amsittene *(plaque indiquant : Tnine Imi n'Tlit ; piste 6633).*

Bien que d'altitude modeste (905 m), le *jbel* Amsittene occupe une position largement dominante. La piste sinueuse qui l'escalade, longeant parfois des abrupts impressionnants, offre des **aperçus** très variés sur les montagnes voisines et, au loin, sur l'Océan. La terre ocre rouge à perte de vue est couverte de thuyas et de grands arganiers. S'il est douteux (et peu souhaitable !) que vous vous trouviez soudain nez à nez avec un sanglier ou un mouflon (abondants ici), vous rencontrerez peut-être de charmants écureuils, dits « des arganiers ».

La piste mène jusqu'au pied de la tour de guet.

De là, magnifique **vue★** circulaire, d'une part sur la côte atlantique jusqu'au cap Sim et Essaouira, dont les maisons blanches sont visibles par temps favorable, d'autre part sur le pays tourmenté des Haha et le Haut Atlas.

Carnet pratique

S'informer

Délégation provinciale du tourisme – *Av. du Caire (après la porte Bab Sebaa) - ✆ 05 24 78 35 32.* Visitez également le site *www.mogador-essaouira.com.*

Le **Guido**, le magazine de la ville (culture, histoire, calendrier des événements) est consultable sur *www.leguido.blogsma.com.*

Arriver/Partir

Avion

Aéroport Essaouira Mogador – *À 18 km de la ville sur la rte d'Agadir - ✆ 05 22 43 58 58 - www.onda.ma.* La **RAM** assure trois liaisons hebdomadaires avec Casablanca et 4 avec Paris. Transavia dessert Essaouira 4 fois par semaine depuis Paris. Taxis pour le centre-ville env. 150 DH.

Royal Air Maroc – *Aéroport ✆ 05 24 47 67 09 - médina av. du Caire - ✆ 05 24 78 53 84.*

Car

Gare routière – *Au nord de la ville (hors les murs par Bab Doukkala : 10mn à pied).* Cars fréquents pour Marrakech, Safi, Agadir et Casablanca. CTM *✆ 05 24 78 47 64.*

Supratours – *Sur la grande place ouverte devant Bab Marrakech - ✆ 05 24 47 53 17.* Mêmes destinations qu'avec la CTM, mais plus cars plus confortables.

Voiture

Se garer – L'accès est interdit aux voitures dans l'enceinte de la médina. Vastes parkings surveillés et payants sur la droite de Bab Sebaa, le long de Bab Marrakech et devant le port, près des bâtiments de la douane. Préférez celui de Bab Marrakech *(5 DH/j., 10 DH/nuit)* ; les autres ont tendance à gonfler leurs tarifs *(20 DH/j., 10 DH/nuit).* Des porteurs munis de diables et de carrioles proposent aux visiteurs de les aider à transporter leurs bagages jusqu'à leur lieu de résidence *(env. 10 DH la course).*

3

Location de voiture – À l'aéroport – **Hertz** *✆ 0802 00 77 78*; **Europcar** *✆ 05 24 43 12 28.*

Adresses utiles

Hôpital Sidi Mohamed ben Abdellah – *Bd de l'Hôpital - ✆ 05 24 47 50 47 - urgences 112.*

Pharmacie de nuit – *Siège de la municipalité, av. Al-Massira al-Khadra – ✆ 05 24 47 29 96.*

Agenda

Moussem des Regraga – *De l'équinoxe de printemps et pendant 40 jours.* De nombreuses manifestations émaillent ce pèlerinage qu'effectuent les Regraga, membres d'une confédération de tribus Chiadma, entre l'oued Tensift au nord et la ville d'Essaouira au sud, commémorant, dit-on, la visite que firent les sept saints au Prophète, qui leur donna pour mission d'islamiser le Sud marocain. Le départ du pèlerinage, ou « daour », se fait de la *zaouia* d'Akarmoud et son marabout de Sidi Abdallah Ou Hmad.

Pour plus de détails sur ce *moussem*, lire le récit du voyage initiatique qu'effectua le sociologue et journaliste **Abdelkader Mana** en compagnie des Regraga (Eddif, Maroc). Vous pouvez également consulter l'ouvrage d'Abdelkader Namir, *La Baraka des Regraga*.

Printemps musical des Alizés – *Fin avr.* Tout en accueillant des musiciens classiques de renommée mondiale, il offre aux jeunes talents marocains l'occasion de se présenter en public.

Festival Gnaoua et Musiques du Monde – *Mi-juin - www.festival-gnaoua.net.* Outre une procession rituelle dans la ville, il comprend une série de concerts, ainsi que des colloques réunissant ethnologues, musicologues et écrivains autour de la culture des Gnaoua; il s'accompagne d'expositions artistiques et artisanales. Plus de 500 000 personnes se déplacent chaque année pour assister au festival (réservez un hébergement!). Il est suivi du festival gnaoua des jeunes talents en août.

Les Andalousies Atlantiques – *Nov.* Ce festival pluridisciplinaire (musique, peinture, sculpture, gastronomie, photo, littérature) a reçu le soutien de deux fondations espagnoles. Concerts organisés sur la place Moulay Hassan, sur le port et dans certains riads.

Festival Jazz sous l'arganier – *Fin déc. Association Essaouira-Mogador Dar Souiri – 10 r. du Caire - ✆ 05 24 47 52 68 - www.essaouiramogador.org.* Programmation éclectique pour finir l'année en rythme.

Nos adresses

Restauration

Près du port et de la plage

Budget moyen, 100 à 200 DH

Kiosques de poissons grillés – *Pl. Moulay Hassan - env. 100 DH (selon le type de poisson) pour un plat, salade et boisson; faites-vous bien préciser le tarif au péalable.* Ici, le poisson est roi et s'apprécie tout juste débarqué des bateaux, que ce soit simplement grillé sur le port, installé sous l'une des tentes bleues et blanches numérotées (« rabatteurs » quelque peu pénibles) : vous y dégusterez à un prix relativement modique et affiché – au kilo – sur des ardoises sardines, pajots, merlans, soles, crevettes et calamars.

Océan Vagabond – HORS PLAN - *Plage d'Essaouira, à la sortie de la ville, rond-point d'Agadir - ✆ 05 24 78 43 67 - www.oceanvagabond.com - 🍷 - 9h-19h et vend.-sam. soir - pizzas 50/60 DH, snacks 75/95 DH, plats 80/150 DH.* En bordure de la plage, c'est le rendez-vous des surfeurs et des véliplanchistes. Salades, sandwichs, pizzas maison et grillades pour des prix raisonnables. Location de transats sur la plage.

Pour se faire plaisir, 200 à 400 DH

4 Chalet de la Plage – *Bd Mohammed V - sur la plage - ✆ 05 24 47 59 72 - www.lechaletdelaplage.com - 🍷 - 12h-14h30, 18h30-22h30 - plat 100/180 DH.* Dans cette institution fondée en 1893, poissons et fruits de mer se savourent en terrasse sous un soleil chaleureux, même en décembre, avec une vue imprenable sur le port et les îles. Le soir, la salle intérieure, décorée dans le style « marine », offre un refuge chaleureux. Tout cela attire de nombreux habitués, réservez.

Dans le centre et la médina

Premier prix, moins de 100 DH

19 Kh'Missa – A1 - *7 r. Ibn Toumert - ✆ 05 24 78 48 66/06 54 73 80 90 - fermé dim. - menus 60/70 DH - réserv. conseillée.* Asma et son fils vous accueillent avec douceur et générosité dans leur sympathique et microscopique restaurant. Asma y concocte une cuisine marocaine traditionnelle pleine de saveurs : harira, briouates, salade d'aubergines, tagine de viande, aux lentilles et légumes, ou encore aux crevettes et tomates, yaourt maison ; la carte, à petits prix, change régulièrement. Le mieux est de passer ou d'appeler avant pour faire votre choix.

3 La mouette gourmande – B1 - *Derb Mellah, Maison de quartier - ✆ 05 24 47 65 33/06 62 68 35 19/20, réserv. conseillée - www.elkhir.ma - de bab Doukkala, longer les remparts nord jusqu'à la Maison de quartier - menus 50/80 DH, selon plat du j. (couscous le vend.).* Perché à l'étage d'une maison du Mellah, l'ancien quartier juif en partie délabré, le restaurant offre une vue splendide, à travers la baie vitrée, sur les murailles et l'Océan. Ce lieu paisible et accueillant est géré par l'association El Khir qui permet aux femmes vivant dans des situations précaires de suivre une formation, notamment dans les arts culinaires. Vous vous régalerez donc de plats, marocains, soigneusement préparés qui varient selon le marché.

26 Laayoune – A1 - *4 bis r. El-Hajjali - ✆ 05 24 47 46 43 - midi et soir.* Ce petit établissement, calé entre deux marchands de tapis, sert de succulents tajines, couscous et yaourts maison... à prix doux.

35 M'Riste Jouhar – A1 - *6 r. Mohammed Diouri - ✆ 06 61 67 57 90 - 80/100 DH.* Sympathique restaurant de cuisine familiale dans une ruelle donnant sur la rue Laalouj. Un bon point pour le soin apporté à la décoration.

27 La Découverte – A1 - *8 bis r. Houmane el-Fetouaki - ✆ 06 00 52 20 44 - midi et soir, tlj sf sam. - 80 DH.* Cuisine familiale dans un petit restaurant convivial. Vous y dégusterez un tajine, une pastilla, un plat de poisson ou un plat végétarien.

Budget moyen, 100 à 200 DH

28 La Licorne – A1 - *26 r. de la Skala - ✆ 05 24 47 36 26 - www.restaurant-lalicorne-essaouira.com - 🍷 - à partir de 19h -menu 160 DH.* Installé dans un ancien entrepôt voûté face aux remparts, non loin de la skala de la ville, ce petit restaurant concocte une cuisine traditionnelle marocaine.

Pour se faire plaisir, 200 à 400 DH

33 Le Patio – A1 - *28 r. Moulay Rachid - ✆ 05 24 47 41 66 - dîner*

3

uniquement - menu 180 DH. Situé dans un ancien riad dans une petite rue perpendiculaire au Mellah Lakdim, ce restaurant est spécialisé dans les poissons, mais propose également d'autres plats succulents. Une adresse qui ravira les gourmets sans pour autant les ruiner. Service accueillant.

61 **Villa Maroc** – A1 - *10 r. Abdellah ben Yassine - ✆ 05 24 47 61 47 - www.villa-maroc.com »* - 🍷. Les non-résidents sont bienvenus pour dîner dans ce bel établissement *(voir « Hébergement »)* à condition d'avoir réservé avant 16h. La cuisine inventive ici proposée est réalisée à base de produits frais et bio et parvient à faire la synthèse entre la tradition culinaire marocaine et la nouvelle cuisine européenne. Une valeur sûre et classique, dans un panorama culinaire souiri qui privilégie souvent le clinquant.

Petite pause

Pâtisserie Driss – *10 r. El-Hajjali - ✆ 05 24 47 57 93 - 7h-20h30.* La pâtisserie historique d'Essaouira, où l'on peut s'attabler à toute heure afin d'apprécier ses viennoiseries, ses jolis gâteaux en pâte d'amande en forme de fruits et de légumes, ses gâteaux européens, ainsi que quelques pâtisseries marocaines. Pastillas sur commande.

Pâtisserie moderne Chez Boujamaâ – *1 av. Allal Ben Abdhellah - ✆ 05 24 47 56 58 - 8h-23h.* On trouve de tout dans cette épicerie-pâtisserie-crêperie-glacier mais on y vient surtout pour les très bonnes pâtisseries marocaines, dont de fameuses cornes de gazelle (self-service, en sachets ou en petites boites pour rapporter, 120/140 DH/kg).

Boire un verre

Taros – *2 r. de la Skala (à l'angle de la pl. Moulay Hassan) - ✆ 05 24 47 64 07* - 🍷. L'un des lieux phares d'Essaouira pour prendre l'apéro sur la terrasse toute de blanc et bleu en regardant la mer et le port, les silhouettes noires des araucarias, tandis que la ville s'enrobe dans une légère brume et que peu à peu les sons s'étouffent.

M Beach – *Bar de l'hôtel Médina Essaouira Thalassa sea & spa (Accor Hotels) - bd Mohammed V - ✆ 05 24 47 90 00* - ✕ 🍷 CC. Idéalement situé sur la plage, face au port, agréable lieu pour prendre un apéritif accompagné de tapas en fin de journée.

Caravane Café – *2 bis r. du Qadi Ayyad, à deux pas l'avenue de l'Istiqlal – ✆ 05 24 78 31 11* - ✕ 🍷 CC. *12h-15h, 19h-fin de service, fermé lun.* On trouve ici des objets d'art, des objets chinés et de nombreux petits salons parfaits pour s'installer, prendre un verre et déguster quelques douceurs d'ici et d'ailleurs dans une ambiance festive. Le soir, musique live et spectacles de danse.

Shopping

La **médina** d'**Essaouira** est aujourd'hui envahie par les boutiques ; elle abrite aussi encore des ateliers d'artisans, ainsi que des galeries d'art. Vous serez ici moins sollicité par les rabatteurs ou les bazaristes qu'à Marrakech.

Ensemble artisanal – *Bab Marrakech - 9h30-18h.* Une belle occasion de rencontrer quelques talentueux artisans et apprentis à l'ouvrage, regroupés dans un vaste espace à ciel ouvert. On trouve surtout des marqueteurs, mais aussi des bijoutiers, des créateurs d'objets en raphia ou encore des peintres. Prix fixes.

Objets en bois de thuya

C'est la grande spécialité d'Essaouira. On trouve des artisans ébénistes **rue de la Skala** même si les nombreux petits ateliers ont tendance à céder la place à des boutiques de souvenirs.

Coopérative artisanale des maîtres marqueteurs du bois de thuya – *6 r. Khalid Ibn Oualid (au milieu du passage menant de la place Moulay Hassan à la rue de la Skala) - ✆ 05 24 47 56 76 - 9h-20h.* On peut y découvrir les artisans au travail : plateaux, corbeilles, boîtes... Prix fixes.

Raphia

Au hasard des ruelles de la médina, nombreux et séduisants **objets en raphia**, confectionnés sur place, ainsi qu'une grande variété de beaux objets provenant de toutes les régions du Maroc.

Rafia Craft – *82 r. d'Agadir - côté Bab Marrakech - ✆ 05 24 78 36 32 - tlj sf dim. 10h-13h, 15h-18h.* Élégantes chaussures en raphia, fabriquées par les femmes qui travaillent juste à côté de la boutique, dans un atelier de tressage du centre artisanal que vous pouvez visiter.

Bijoux

Souk des bijoutiers au cœur de la médina, accolé à la mosquéeJama Sidi Ahmed Ou Mohamad : nombreuses petites boutiques de bijoux, en argent principalement, mais aussi avec des pierres semi-précieuses et en or.

Librairie-Brocante

Galerie Aïda – *2 r. de la Skala - ✆ 05 24 47 62 90.* L'essentiel de la littérature marocaine et un étonnant bric-à-brac où se mêlent d'innombrables objets et bibelots et où le magnifique le dispute à l'insolite.

Plantes, huile d'argan

Au cœur de la médina, **souk Laghzal**, le **souk aux épices** (à côté du marché aux poissons) regroupe plusieurs boutiques proposant un large choix d'épices, de plantes, parfums, pigments, produits naturels et huiles d'argan. Comparez les prix et négociez. L'engouement pour l'**huile d'argan** a bouleversé sa production et son marché. Son prix a flambé et nombre de coopératives se sont installées sur la route de Marrakech. Les huiles vendues comme « pures » dans les souks se révèlent être souvent des mélanges. Certaines huiles arborent le label AB (agriculture biologique) certifié par Écocert.

Coopérative agricole féminine Taknouine Tassila – *6 r. Laghrissi - ✆ 06 61 70 90 12 - 9h-20h.* Cette chaleureuse coopérative, tenue par des femmes berbères militantes, propose de nombreuses plantes médicinales ainsi que des épices et herbes aromatiques. Vous trouverez également une vaste gamme de produits à base d'huile d'argan, cuisine et cosmétiques (certification Écocert). Laissez-vous conseiller.

Azurette – 12 r. Malek ben Mourhal - *✆ 05 24 47 41 53 - 9h30-20h.* Cette charmante boutique, toute de bleue décorée, est le royaume de la pharmacopée traditionnelle marocaine. Onguents, herbes séchées pour tisanes et décoctions.

Laine, coton, soie

Couvertures et couvre-lits en laine, coton ou soie, dans le **quartier Chbanat** à l'est de la médina, en particulier la ruelle éponyme le long des remparts, qui abrite quelques ateliers de tisserands confectionnant de magnifiques ouvrages.

Céramiques

Caverne Ali Baba - Maison de la Poterie – *39 av. de l'Istiqlal - ✆ 05 24 47 53 54 - 9h-21h.* Dans cette vaste boutique, vous aurez l'embarras du choix : céramiques traditionnelles de Safi et de Fès ou objets plus modernes en tedlakt de Marrakech (cendriers, boites, abats-jour) ; couleurs et styles très variés.

Culture

Galerie d'art Frédéric Damgaard – *Av. Oqba ibn Nafiaâ - ✆ 05 24 78 44 46 - www.galeriedamgaard.com - 9h-13h, 15h-19h.* Cette galerie fut pendant de nombreuses années la figure de proue de l'activité artistique de la ville et l'expression de la volonté d'un amateur d'art éclairé, soucieux de la faire connaître et de promouvoir les peintres d'Essaouira. Les successeurs de Frédéric Damgaard, historien d'art, ancien antiquaire spécialisé en arts islamiques et fondateur de l'École de peinture d'Essaouira, poursuivent son œuvre en prenant la défense des artistes souiris.

Espace Othello International – *9 r. Mohammed Layachi - ruelle s'ouvrant av. du Caire, face à l'office de tourisme.* Les mêmes artistes que dans la galerie ci-dessus, et quelques autres sont représentés ici, dans un bel espace architectural. On y trouve aussi d'intéressantes pièces d'antiquités.

Galerie L'Arbre Bleu – *233 r. Chbanat - Bab Marrakech - ✆ 06 78 57 39 42.* Petite galerie tenue par Monique Favière, elle-même artiste.

Association Essaouira-Mogador – *Dar Souir, 10 av. du Caire - ✆ 05 24 47 52 68 - www.essaouiramogador.org - 9h-19h30, fermé dim.* Cet espace socioculturel organise régulièrement des expositions de photos et de peinture et permet de connaître l'agenda culturel de la ville, car l'association coorganise les festivals.

Institut français – *9 r. Mohammed Diouri (rue Laalouj)- ✆ 05 24 47 61 97 - www.if-maroc.org/essaouira.* Expositions, films, concerts, conférences...

Activités

Thalassothérapie

Thalassothérapie Le Médina Essaouira Hôtel – *Bd. Mohammed V. - Accès au centre sur la droite de la façade de l'hôtel (Voir « Hébergement »).* Accès au centre sur la droite de la façade de l'hôtel. Remise en forme, esthétique, algothérapie, massages à l'huile d'argan et à l'essence de bois de rose, ou enveloppement du corps à la rassouline, bains hydromassants ou pédicure aux sels marins, que vous soyez résident ou non de l'hôtel, vous disposez de diverses formules, à la journée ou à la semaine.

Planche à voile et kitesurf

La côte souirie est un paradis pour surfeurs et autres véliplanchistes, en particulier avec le site de **Moulay Bouzerktoun**, à 20 km au nord, spot dont les connaisseurs vantent sans relâche « le *reef* et l'orientation parfaitement *side-shore* ribord ! » Location de matériel à l'heure et à la journée

Océan Vagabond – *Bd. Mohammed V - (voir « Restauration ») - ✆ 05 24 78 39 34 - www.oceanvagabond.com - 9h-19h.* Location de kitesurf *(75 €/j.),* surf et planche à voile et cours pour débutants et confirmés.

Bleu Kite surf School – *27 r. Lalla Hassna - quartier des Dunes - ✆ 06 78 35 20 31 - www.bleukite.com - cours de kitesurf 6h (2x 3h) 1700 DH - moniteurs diplômés.* Petite école, très professionnelle.

Randonnées

Écotourisme et randonnées – *Rens. Boutique Au Petit Bonhomme la Chance, 30 rue Laalouj - ✆ 06 62 61 66 78 - www.essaouira-randonnees.com - 250 DH 1/2 j. ; 500 DH la journée (repas inclus).* Des « écobalades » à la découverte des trois différents écosystèmes de la région : les arganiers, les forêts de thuyas et les dunes de sable. Balades ouvertes à tous, avec mulets pour les enfants.

Randonnées chamelières Maison du Chameau – *Ida-Ougourd, rte de Marrakech - km7 - ✆ 06 62 43 00 41 - www.lamaisonduchameau.fr.* Randonnées et promenades sur le dos de dromadaires blancs. Fait également chambre d'hôte *(à partir de 770 DH ☕).*

Hébergement

Location d'appartements

Situés le plus souvent en bordure des remparts, et en hauteur, de façon à ménager la vue sur l'Océan, ils disposent d'une petite cuisine.

Agence Karimo – *✆ 06 61 77 25 13 - www.karimo.net.* Une centaine d'appartements, riads et maisons à louer à Essaouira et ses environs.

Jack's Appartments – *1 pl. Moulay Hassan - ✆ 05 24 47 55 38 - www.jackapartments.com - Une vingtaine de chambres, studios, suites, lofts de 2 à 8 pers. 640/1650 DH.* Ces merveilleux petits appartements sont aménagés avec goût et ouvrent directement sur l'Océan. Ménage fait chaque jour, et service de livraison à domicile de repas.

Dans la médina

Premier prix, moins de 400 DH

(16) **Riad Étoile de Mogador** – B1 - *8 imp. Allal el-Ouaquaoui - ✆ 05 24 78 50 25 - www.riadetoilemogador.com -7 ch. - à partir de 380 DH ☕.* Entre la place Bab Marrakech et le port, ce petit riad dissimule un intérieur soigné. Si la salle à manger du rez-de-chaussée est un peu monacale, les chambres au 3e étage sont beaucoup plus aérées et gaies : portes et plafonds peints affichent des tons lumineux.

Budget moyen, 400 à 700 DH

(35) **Hôtel Les Matins Bleus** – A1 - *22 r. du Drâa - ✆ 05 24 78 53 63 - 8 ch. - à partir de 410 DH ☕ - ✕.* Sympathique et chaleureuse maison familiale où vous vous sentirez vite comme chez vous. Le rez-de-chaussée est un peu sombre, mais le bleu clair des portes et balustrades ravive l'ensemble. Les chambres sont simples et propres. Les petites suites conviendront aux familles.

(38) **Dar Awil** – B1 - *58 r. d'Agadir - ✆ 05 24 78 32 48 - dar-awil.com - 6 ch. 500/650 DH ☕ - ✕ (dîner sur demande, autour de 130 DH) CC.* Dans une ruelle assez calme de la médina, près de bab Marrakech, un joli riad restauré avec soin abrite des chambres impeccables et lumineuses. Certaines, avec balcon, donnent sur le patio fleuri. Le propriétaire, Hervé, breton d'origine, et son associé Omar, se feront un plaisir de rendre votre séjour inoubliable. Le soir, vous pourrez déguster une authentique et délicieuse cuisine marocaine à base de produits frais, où tagines, couscous, poisson et chevreau sont à l'honneur. Le toit-terrasse offre une vue dégagée sur la médina et l'Océan au loin.

(5) **Dar El Qdima** – B1 - *4 r. Malek ben Rahal - El-Hadada - dans la partie de la médina située dans l'angle de la rue Mohammed el-Qorry et de l'av. de l'Istiqlal, signalisation à hauteur des souks - ✆ 05 24 47 38 58 - www.darqdima.com - 14 ch. - 500 DH ☕ - repas sur commande.* Très sobre, la décoration de cette ancienne maison de maître, construite en 1898 par des esclaves africains, avec ses murs de tadelakt, ses arcades, ses fenêtres intérieures, est réussie et l'accueil est charmant.

(11) **Dar Nafoura** – B1 - *30 r. Ibn Khaldoun - ✆ 05 24 47 28 55 - ⊠ - 9 ch. - 590 DH ☕ - ✕.* Chambres propres, soignées et décorées sans trop de fioritures. L'accueil est très sympathique ; on se sent vite chez soi.

42 **Riad Asmitou** – B1 - *32 r. Bagdad - ✆ 05 24 47 37 26 - 9 ch. - à partir de 450 DH ☕ selon la saison.* « Asmitou, asmitou »... Voilà ce que l'on répète lorsque l'on cherche un mot et qu'il est sur le bout de la langue... Un nom idéal pour une maison d'hôte nichée dans une médina et donc par définition difficile à trouver. Restaurée dans un style ancien, la maison est spacieuse et offre des chambres à la décoration soignée, à mi-chemin entre le design et le traditionnel (carrelage au sol). La terrasse, sur plusieurs niveaux, est particulièrement agréable.

Pour se faire plaisir, 700 à 1200 dh

57 **Villa Garance** – A1 - *10 r. Eddakhil - ✆ 05 24 47 39 95 - www.essaouira-garance.com - 10 ch. - 700/1000 DH ☕ selon la catégorie-* ✕. Venus de Nantes pour monter ce projet, les propriétaires ont fait revivre cette imposante bâtisse. Les chambres sur la rue sont les plus claires et la terrasse est aménagée en différents espaces de calme et de lecture. Il est possible de se faire masser. Table d'hôte le soir.

2 **Casa Lila** – B1 - *94 r. Mohammed el-Qorry - ✆ 05 24 47 55 45 - www.riad-casalila.com - 9 ch. - 760/980 DH ☕ selon la catégorie -* ✕ *repas 160 DH - hamman et Spa.* Cette maison, qui appartenait à un riche marchand d'épices, porte des couleurs mauves. Son patio central étant très large, les pièces à vivre sont claires et offrent des espaces calmes et relaxants (hamac, canapé, cheminée, lustre en fer forgé). La décoration de chaque chambre est unique. Les plus prisées ouvrent de plain-pied sur la terrasse.

7 **Dar Loulema** – A1 - *2 r. Souss - après le café Taros, emprunter la r. de la Skala puis la première rue sous voûte à droite - ✆ 05 24 47 53 46 - www.riadloulema.net - 8 ch. et suites - 600/870 DH ☕ selon la catégorie.* Cet élégant riad présente des chambres à thème : « Marrakech », décorée en tonalités rouges, « Majorelle » en jaune et vert, « Mogador » en bleu et blanc, « Bélem »... Comme les salons, elles donnent sur un patio d'une blancheur éclatante. Depuis la terrasse, la vue sur la mer est fabuleuse.

Une folie, plus de 1 200 DH

Villa Maroc – A1 *(voir 61 « Se restaurer ») - 10 r. Abdellah ben Yassine - tout de suite à gauche après avoir franchi la porte s'ouvrant sur l'av. Oqba ibn Nafiaâ - ✆ 05 24 47 61 47 - www.villa-maroc.com - 🍷 - 21 ch. - 1 700/2 300 DH ☕ selon la catégorie -* ✕. Ambiance « maison de famille » dans ces quatre maisons rénovées du 18e s. situées à l'entrée de la ville face à la mer. Ce dédale d'escaliers, de couloirs et de petits salons fait le charme du lieu, qui offre des chambres spacieuses, aérées où la sobriété du mobilier traditionnel est mise en valeur avec goût. La grande terrasse offre une vue magnifique sur la mer. Hammam, Spa et massage sont à disposition. Côté restaurant, pas de carte mais une suggestion chaque jour.

19 **Heure Bleue Palais** – B1 - *2 r. Ibn Battouta - tout près de Bab Marrakech - ✆ 05 24 78 34 34 - www.heure-bleue.com - 🍷 🏊 - 33 ch. et suites - 2 300/4 000 DH ☕ selon la catégorie -* ✕. Un riad Relais et Châteaux, demeure luxueuse où se mêlent charme, service irréprochable et confort (hammam, piscine en terrasse, salle de home cinéma). Dans le patio bordé d'arcades aux colonnes en pierre nue, se trouvent bananiers et palmiers. Ce jardin intérieur abrite aussi l'un des meilleurs restaurants de la ville *(plat autour de 250 DH).* Vous pourrez également profiter du grill installé sur la terrasse.

Près de la plage

Budget moyen, 400 à 700 DH

Hôtel Vent des Dunes – HORS PLAN - *Villas n° 20 et n° 26, quartier des Dunes - ✆ 05 24 47 53 91 - www.ventdesdunes.com - 13 ch. (à partir de 390 DH ☕) et un appart. (jusqu'à 7 pers.) ✕ (repas sur réserv.90 DH)* CC. Située dans un quartier résidentiel, à 5mn à pied de la plage et 25mn de la médina, cette adresse accueillante offre un bon rapport qualité/prix. Les chambres simples, claires et propres, certaines avec salon ou balcon, sont installées dans une paisible villa entourée de bougainvillées. Agréable terrasse sur le toit.

Une folie, plus de 1 200 DH

55 **Le Médina Essaouira Hôtel Thalassa Sea & Spa MGallery by Sofitel** – B2 - *Bd Mohammed V - ✆ 05 25 07 25 26 - www.all.accor.com - 🍷 P 🏊 - 117 ch. et suites -1 300/2 000 DH ☕ - ✕ 3 restaurants.* Aménagé face à la plage, avec plage privée et un centre de thalassothérapie intégré, cet hôtel propose des chambres très confortables, avec balcon, carrelage au sol, des lits en bois de thuya marqueté. Trois vues au choix : mer, piscine et médina (certaines ont même la triple exposition). Choix de la qualité d'oreiller, de la taille de votre peignoir et de vos pantoufles...Spa. Trois restaurants.

À proximité d'Essaouira

Premier prix, moins de 400 DH

Hôtel Le Kaouki – *À Sidi Kaouki - ✆ 05247-83206 - ✆ www.sidikaouki.com - 10 ch. (sanitaires communs) - 420 DH ☕- ✕ 1/2 pension 680 DH/2 pers..* Dans ce petit hôtel, tout blanc et bleu, on s'éclaire encore à la bougie, malgré le raccordement du village au secteur : on veut ici conjuguer simplicité et authenticité. Possibilité de massages, de cours de cuisine et de surf à la demande. Bus pour Essaouira plusieurs fois par jour.

Budget moyen, 400 à 700 DH

Auberge de la Plage – *À Sidi Kaouki, à 100 m de la plage, en face du marabout - ✆ 06 61 10 26 64 - www.kaouki.com - 10 ch. - 450/750 DH ☕ selon catégorie et saison - ✕ le soir menu 140 DH.* C'est un lieu rêvé pour profiter de Sidi Kaouki et fuir le tumulte citadin afin de se ressourcer. Décoration de goût dans les chambres, dont plusieurs donnent sur la mer. Profitez de la grande salle à manger vitrée de l'auberge et de sa cheminée, idéale pour les soirées d'hiver. Pour certaines chambres, sanitaires à l'étage.

Une folie, plus de 1 200 DH

Le Jardin des Douars – *Sidi Yassine, prendre la rte d'Agadir sur 15 km puis la rte de Marrakech - ✆ 07 00 08 32 33 - www.jardindesdouars.com - 🍷 P 🏊 - 25 ch. - à partir de 2 000 DH ☕ - ✕ menu 200 DH et à la carte.* Cette grande demeure récente dans le style des kasbahs traditionnelles trône au sommet d'une colline. Elle est bordée d'un magnifique jardin qui descend en terrasse jusqu'à la piscine. Un oued coule en contrebas. L'accueil est attentionné et dans la sympathique cuisine, centrale et ouverte à tous, mille petites mains s'activent au repas du soir.

Paysage du Moyen Atlas.
W. Bibikow/Mauritius/Photononstop

4

Fès et le Moyen Atlas

CARTE 2e RABAT DE COUV. C3, D2, D3, E2 – CARTE MICHELIN 742, PLIS 10 ET 21-23

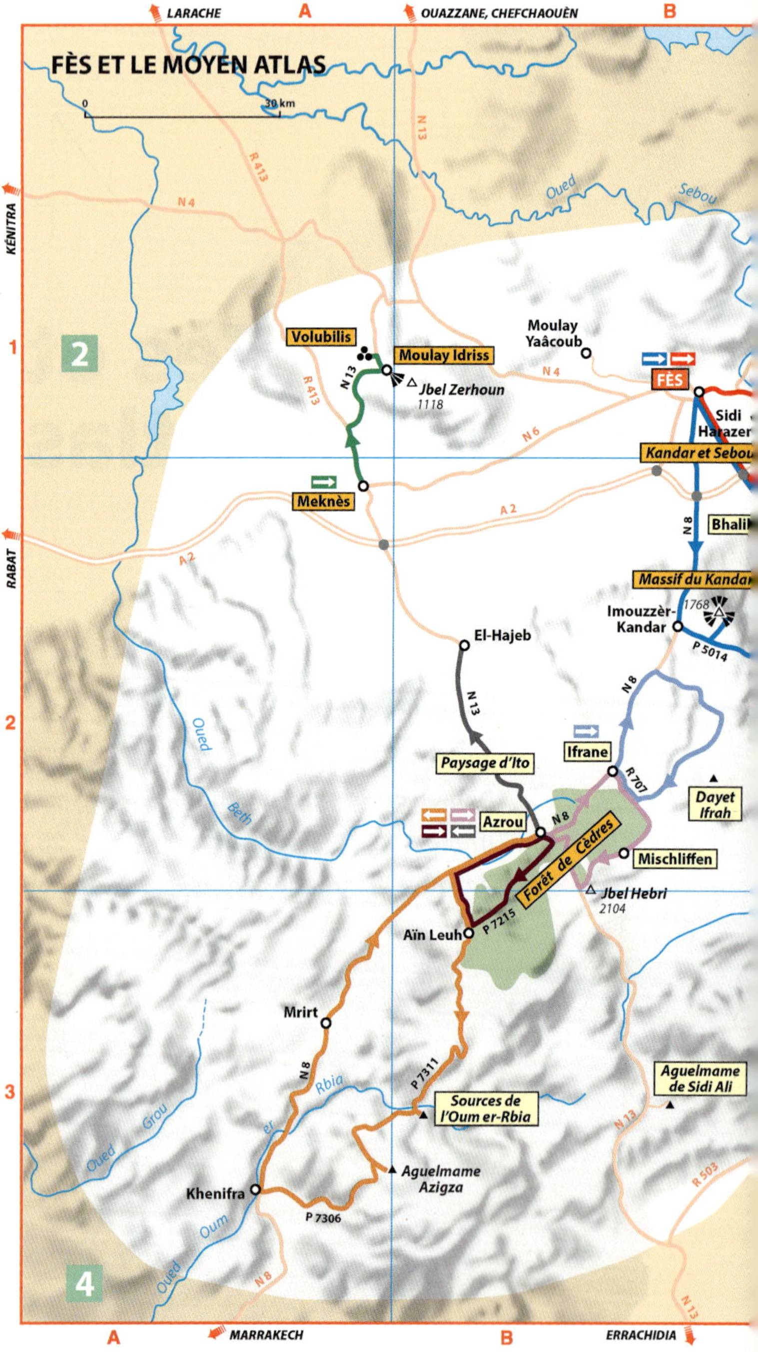
LARACHE
A
OUAZZANE, CHEFCHAOUÈN
B
FÈS ET LE MOYEN ATLAS
0
30 km
KÉNITRA
RABAT
1
2
3
Oued Sebou
N 13
R 413
N 4
N 6
A 2
Volubilis
Moulay Idriss
Jbel Zerhoun
1118
Moulay Yaâcoub
FÈS
Sidi Harazem
Kandar et Sebou
Meknès
Bhalil
Massif du Kandar
1768
Imouzzèr-Kandar
P 5014
El-Hajeb
N 8
Ifrane
R 707
Paysage d'Ito
Dayet Ifrah
Azrou
Forêt de Cèdres
Mischliffen
Jbel Hebri
2104
Aïn Leuh
P 7215
Oued Beth
Mrirt
P 7311
Rbia
Sources de l'Oum er-Rbia
Aguelmame de Sidi Ali
Oued Grou
Aguelmame Azigza
Khenifra
P 7306
Oued Oum er
R 503
N 13
4
MARRAKECH
ERRACHIDIA

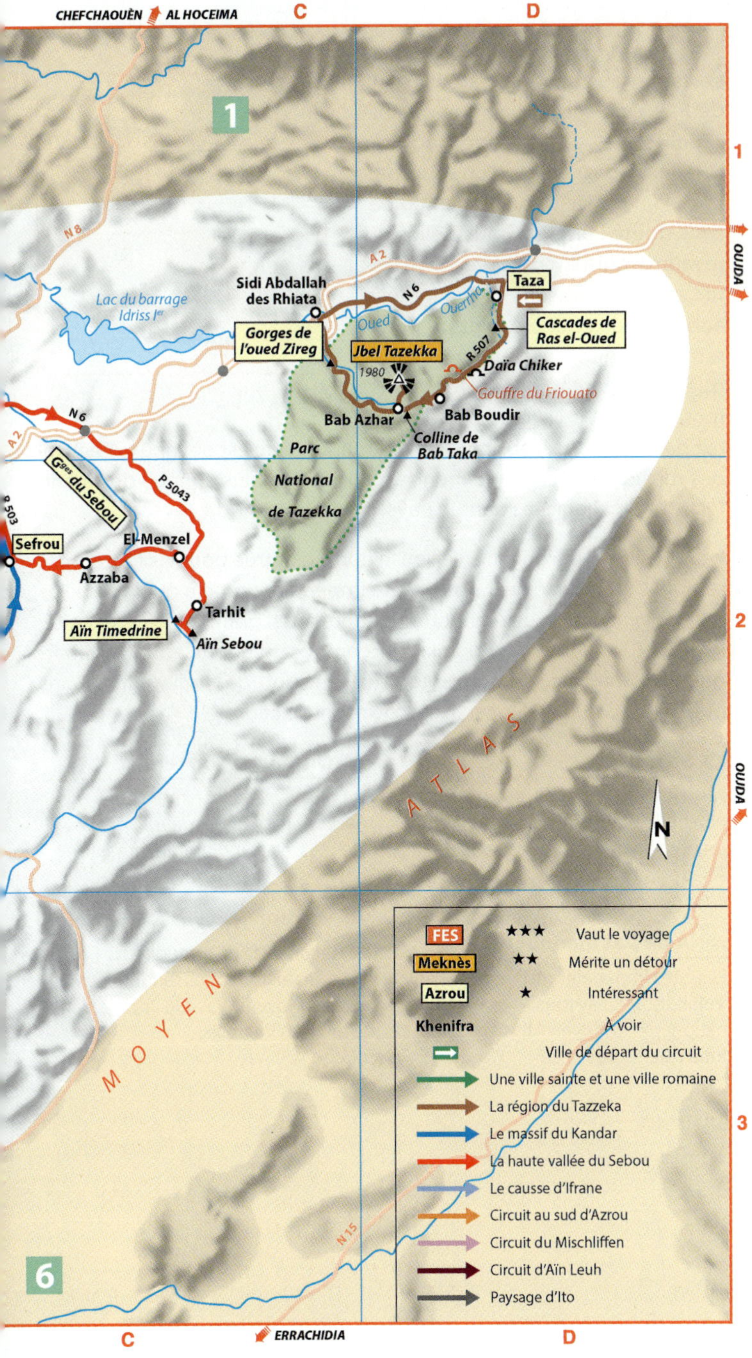
CHEFCHAOUÈN
AL HOCEIMA
C
D
1
2
3
6
OUJDA
OUJDA
ERRACHIDIA
N 8
A 2
N 6
Lac du barrage Idriss Ier
Sidi Abdallah des Rhiata
Gorges de l'oued Zireg
Oued
Ouertha
Taza
Cascades de Ras el-Oued
R 507
Jbel Tazekka
1980
Daïa Chiker
Gouffre du Friouato
Bab Azhar
Bab Boudir
Colline de Bab Taka
Parc National de Tazekka
Gges du Sebou
P 5043
R 503
Sefrou
El-Menzel
Azzaba
Tarhit
Aïn Timedrine
Aïn Sebou
MOYEN ATLAS
N
N 15
FES ★★★ Vaut le voyage
Meknès ★★ Mérite un détour
Azrou ★ Intéressant
Khenifra À voir
Ville de départ du circuit
Une ville sainte et une ville romaine
La région du Tazzeka
Le massif du Kandar
La haute vallée du Sebou
Le causse d'Ifrane
Circuit au sud d'Azrou
Circuit du Mischliffen
Circuit d'Aïn Leuh
Paysage d'Ito

Fès et le Moyen Atlas

Laissez-vous envahir par l'« esprit de Fès », ce subtil mélange de spiritualité, de culture et de tradition que vous percevrez à chaque pas dans la médina. Dans cette médina, sans doute l'une des plus belles du royaume, qui a su conserver son identité avec ses artisans et son intense activité, vous découvrirez un patrimoine architectural unique : mosquées, *medersas*, palais, *fondouks*, fontaines… Et puis vous ne manquerez pas ce rendez-vous musical international qu'est devenu le Festival des musiques sacrées du monde, peut-être la plus connue des manifestations organisées dans le pays.

Mais Fès est aussi une merveilleuse porte d'entrée pour visiter toute la région. D'abord Meknès, l'autre cité impériale, située à quelques kilomètres, à la richesse architecturale toute aussi grande et, à proximité, les ruines romaines de Volubilis, qui composent un site antique remarquable d'une beauté émouvante, ou la cité sainte de Moulay Idriss. Sans oublier la nature du Moyen Atlas, où règne le cèdre.

Se repérer

Au centre du royaume, entre le Rif au nord, l'Oriental à l'est, les plaines de la côte atlantique à l'ouest et le Haut Atlas au sud. Avec Fès et Meknès comme poumons.

À ne pas manquer

Les cités impériales de Fès et Meknès ; Volubilis ; Moulay Idriss. Les parcs nationaux du Moyen Atlas et leurs forêts de cèdres.

Organiser son temps

Un week-end au minimum est nécessaire pour découvrir Fès ou Meknès, et au moins une semaine pour visiter la région.

En famille

La découverte de la médina de Fès avec ses artisans. Les randonnées dans le Moyen Atlas. Un voyage dans le temps à Volubilis.

Fès ★★★

Si vous ne deviez voir qu'une ville au Maroc, c'est Fès qu'il faudrait choisir ! Pour ses richesses architecturales, sa fascinante médina, ses magnifiques monuments, comme pour son histoire et son passé, qui en font la capitale culturelle du royaume. Métropole religieuse, intellectuelle et artistique du Maroc, berceau d'une monarchie millénaire, Fès fut aussi pendant longtemps la capitale politique de l'empire chérifien. Cette cité impériale rayonne aujourd'hui dans tout le royaume, notamment pendant le Festival des musiques sacrées du monde, lorsque des mélopées venues des cinq continents rythment la vie quotidienne.

Se repérer

1 008 782 habitants (les Fassis)

CARTE P. 210 (B1) – *carte Michelin 742, plis 5, 10 et 28* – Carrefour routier, Fès est reliée par l'autoroute à Rabat (171 km) et, de là, à Casablanca et Tanger. Bien distincte de la médina, la ville moderne, où se trouvent la plupart des hôtels, s'organise autour de l'avenue Hassan II, large, rectiligne et ombragée.

À ne pas manquer

Lors de votre découverte de la médina : la *medersa* Bou Inania et l'ensemble Nejjarine, avec son superbe fondouk. Et bien sûr Fès au moment du Festival des musiques sacrées du monde, pour profiter de l'ambiance dans la ville !

Organiser son temps

Restez au moins deux jours à Fès, vous ne le regretterez pas ! Mais Fès est aussi le point de départ idéal pour découvrir la région tout en profitant d'une excellente infrastructure hôtelière...

En famille

La visite de la médina... et les nombreuses activités sportives proposées à la périphérie de Fès.

Carnet pratique p. 234

Nos adresses p. 235

4

Se promener

★★ Le tour de Fès PLAN III P. 224-225

Circuit de 16 km en voiture - env. 2h. Partir de la poste et descendre l'avenue Hassan II.

Cette large artère ombragée de palmiers traverse la ville nouvelle en direction de la vieille cité, tandis qu'à l'horizon se déploient les montagnes du Rif.

Laissant à gauche le boulevard Moulay Youssef, on emprunte la N 6 (route de Tata et Oujda), que l'on quitte provisoirement pour serrer de plus près, par l'avenue du Batha, les remparts de Fès-Jdid. On passe sous les murs du *mellah* pour zigzaguer ensuite parmi les jardins, d'où l'eau descend de tous côtés ; derrière les murs se cachent les demeures des grandes familles.

Peu après Bab Jdid, on franchit l'oued Zitoun, après quoi on rejoint la N 6. La route s'élève dans une oliveraie (*zitoun* veut dire oliviers) et se rapproche des remparts, offrant plusieurs **points de vue★** remarquables sur la médina.

Capitale spirituelle et culturelle

Le site de Fès, à l'extrémité orientale de la plaine du Saïs, est un carrefour qui commande les routes du Sud comme les passages du Rif, qui communique avec l'Est par la trouée de Taza, et qui s'ouvre à l'Atlantique par la vallée du Sebou. Situation privilégiée pour établir une cité, qui s'est développée autour de l'omniprésent oued Fès ; visible ou non, l'eau ruisselle partout grâce à cet oued aux multiples ramifications, alimentant fontaines, maisons et jardins. Le site offre d'autres avantages : ce pays est fertile, c'est l'une des plus riches régions du Maroc ; le sol fournit généreusement la pierre calcaire et l'argile pour la construction ; enfin, le bois ne manquait pas, dans le passé, aux abords de la cité.

Les deux Idriss

C'est **Idriss Ier** (Moulay Idriss, *voir p XX)* qui fut à l'origine de Fès. Dès 789, semble-t-il, une petite ville berbère s'éleva sur la rive droite de l'oued : ce premier berceau de l'actuelle médina s'appelait Madinat Fas. En arabe, *fas* veut dire « pioche », et certains chroniqueurs racontent qu'une pioche d'or et d'argent fut offerte à Idriss lorsqu'il délimita l'enceinte de la ville future. Bourgade bien modeste encore, mais qui marquait clairement l'implantation politique et religieuse du chérif dans le nord du Maroc ; base militaire aussi pour appuyer ses campagnes vers Taza et Tlemcen.
En 809, **Idriss II** fondait à son tour, de l'autre côté de la rivière, une vraie ville musulmane, avec son palais royal, sa mosquée, sa *kissaria*, ses canaux, ses murailles : ville beaucoup mieux faite pour plaire au jeune souverain et à son entourage arabe que la campagnarde Madinat Fas.

Une ville cosmopolite

Vers 817, fuyant Cordoue, 800 familles musulmanes d'Espagne s'installèrent à Madinat Fas, qu'on appela dès lors Adoua el Andalou (le quartier des Andalous). Un peu plus tard, des Arabes de Tunisie vinrent chercher refuge dans ce qui est resté Adoua el-Karaouiyne (le quartier des Kairouanais). Des Juifs aussi s'établirent en grand nombre. Sans l'afflux massif de ces étrangers, le destin de Fès eût été peut-être moins prestigieux, son développement à coup sûr moins rapide. Car ces immigrants apportaient avec eux les connaissances techniques et les traditions artistiques de sociétés hautement urbanisées.
À la fin du 11e s., le prince almoravide **Youssef ben Tachfine** réunit les deux villes dans une même enceinte : si les particularismes locaux subsistent, on ne parle plus désormais que d'une seule cité, Fès, dont l'influence ne cesse de s'étendre, malgré la fondation, à la même époque, de Marrakech.
Avec les **Almohades** (12e-13e s.), la ville devient une grande cité religieuse, intellectuelle et commerçante. Ses industries se développent et se multiplient. Le long de l'oued, les moulins, les tanneries, les teintureries, les ateliers de cuivre et de céramique se comptent par centaines. La mosquée Karaouiyne est une véritable université.
Sous les **Mérinides**, Fès atteint son apogée. Au milieu du 14e s., elle compte près de 200 000 habitants et se trouve à la tête d'un vaste empire. Au sud-ouest de l'ancienne ville, un nouveau quartier est né : Fès-Jdid, c'est-à-dire Fès-la-Neuve, puissante citadelle où s'élève un nouveau palais royal et qui abrite administrations et garnisons. Partout dans la capitale fleurissent des mosquées, des *fondouks*, de fastueuses demeures et d'élégantes *medersas* qui accueillent les étudiants attirés par le renom de l'université.

La capitale déchue

Si les **Saâdiens** s'en emparent en 1549, ils préfèrent Marrakech, dont ils font leur capitale. Avec les **Alaouites** (1666), la cité, délaissée quelque temps pour Meknès, retrouve la faveur des sultans, qui la parent de nouveaux édifices et restaurent ses anciens monuments. Mais Fès, volontiers frondeuse, se trouve souvent en conflit avec le pouvoir. L'insécurité entraîne une certaine dépopulation. Le grand élan de la période médiévale semble brisé. Au 19e s., la ville a pourtant conservé un immense prestige. Vénérée comme la cité mère du Maroc, elle reste la résidence habituelle du sultan. La vieille université Karaouiyne, foyer de pensée islamique, rayonne sur le monde musulman et continue de fournir au gouvernement nombre de ses cadres. Les commerçants fassis sont connus en Algérie, au Caire, au Sénégal, en Europe ; chez eux, ils prêtent à intérêt, investissent leurs bénéfices dans la terre : autour de Fès se constitue la grande propriété bourgeoise.

À la fin du 19e s., le Maroc est accablé de difficultés économiques et politiques, et Fès en subit les conséquences. Le mécontentement est général, la révolte est partout, le pouvoir est débordé. En 1911, Fès est investie par des tribus berbères et le sultan doit faire appel aux troupes françaises pour sauver son trône. L'année suivante, le **traité de Fès** est signé. Peu après l'arrivée de Lyautey, le nouveau sultan Moulay Youssef quitte la ville millénaire pour Rabat. Fès n'est plus la capitale du Maroc.

De la tradition à l'ouverture

Rien d'étonnant, en considérant ce long et brillant passé, si Fès a la réputation d'être la ville le plus traditionaliste du Maroc. Issus d'un brassage où « l'Arabe a apporté sa noblesse, l'Andalou son raffinement, le Kairouanais sa dextérité, le Juif son astuce, le Berbère sa ténacité », les Fassis ont créé une manière de vivre bien à eux. Il y entre une certaine rigueur qui s'accommode pourtant d'un goût du confort dont témoignent, à l'ombre de leurs murs discrets, les demeures bourgeoises où chantent les fontaines. Il y entre surtout un grand raffinement, qui est le dernier mot du caractère fassi et qui partout se manifeste : dans la culture et le langage, dans le vêtement, dans la maison et l'hospitalité. Cela ne va pas, bien sûr, sans une pointe de sentiment de supériorité. Fiers de leur passé, les Fassis ont toujours marqué quelque condescendance pour les populations rurales qui les entourent et pour les autres villes du royaume.

Pourtant, l'ancienne capitale est loin de n'être qu'une ville-musée. Elle reste un centre artistique, intellectuel et religieux, et la Karaouiyne dispense toujours l'enseignement coranique ; une université moderne (qui enseigne le droit musulman) a été créée tandis que se multiplient écoles secondaires et primaires.

Ville de commerce, important marché agricole, Fès a conservé une **tradition artisanale** que le tourisme ne pouvait que relancer : près de 30 000 familles vivent du travail du cuir, du tissage de la soie, de la broderie, ou de la céramique. De petites industries animent les faubourgs, tandis que de grandes entreprises, textiles notamment, s'implantent sous l'égide d'industriels fassis qui, s'ils ont souvent dû émigrer à Casablanca, éprouvent pour leur cité natale un attachement qui se traduit en investissements permettant à Fès de « tenir son rang ».

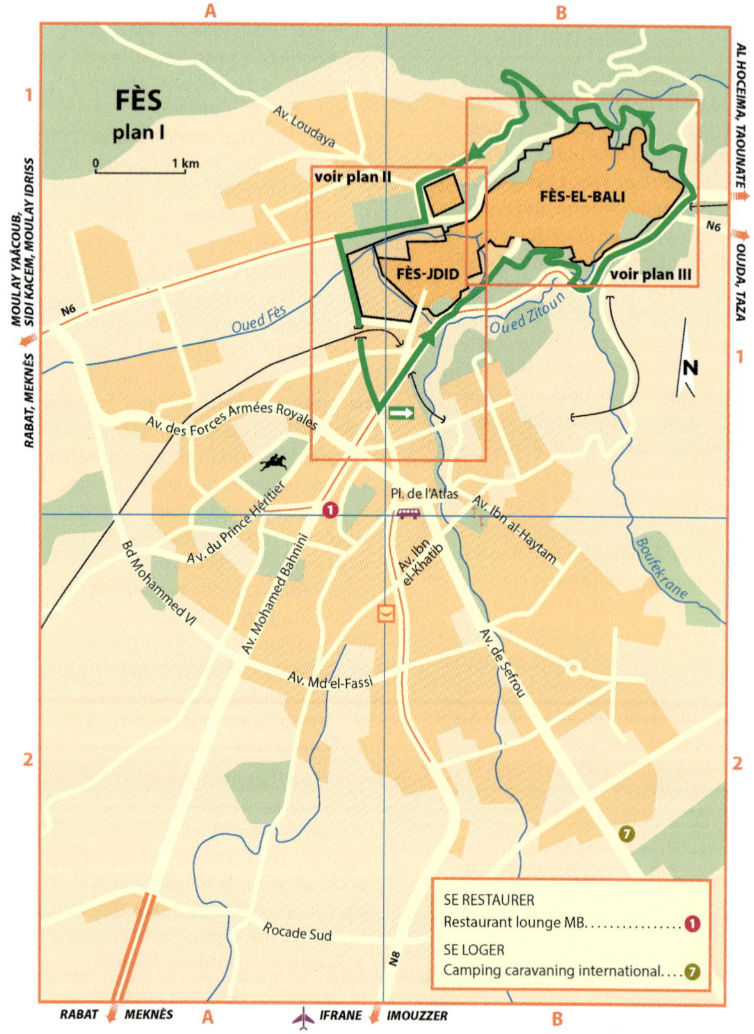

★★ Point de vue du Borj Sud PLAN III G8

Le *borj*, abandonné, domine un bois d'oliviers. Du pied de ses murailles, la vue est très belle sur la ville ; l'horizon est fermé par la masse imposante du *jbel* Zalagh tout proche. *Revenir à la N 6.*

Après Bab Ftouh, la route traverse les collines couvertes d'eucalyptus et de peupliers, descend dans la verte vallée de l'oued Fès ; elle touche les remparts à l'entrée du palais Jamaï, demeure – aujourd'hui transformée en hôtel – d'un opulent vizir au siècle dernier.

★★★ Point de vue des tombeaux mérinides PLAN III F5

Les mausolées en ruine des derniers sultans mérinides dominent Fès au nord. Un sentier y mène, escaladant une butte d'où la vue est saisissante.

Arrivée à Fès.
takepicsforfun/iStock

Au pied de la butte, Fès-el-Bali s'accroche aux versants de l'oued. Au premier plan, les quartiers de la rive gauche s'étagent en amphithéâtre autour des toits verts de la Karaouiyne et de la *zaouïa* de Moulay Idriss ; au-delà, le quartier de la rive droite escalade l'autre versant pour se presser autour de la mosquée des Andalous.
À droite, sur une éminence, Fès-Jdid serre ses maisons autour du palais royal. Au-delà commence la ville moderne, qui s'étale largement, aérée, parsemée de taches de verdure.
À gauche, dans le lointain, la vallée du Sebou s'enfonce au creux des versants du Moyen Atlas.

★ Le Borj Nord PLAN III E6

Tlj sf lun. 9h-17h - 20 DH.
Cette puissante forteresse d'époque saâdienne abrite une intéressante **collection d'armes**, qui montre l'évolution de l'armement marocain de la préhistoire à nos jours. De la terrasse qui couvre le *borj*, la **vue plongeante**★★ sur Fès est magnifique.
Revenir à l'avenue Hassan II en suivant le circuit tracé sur le plan.

4

★★ Fès El-Bali PLAN III P. 224-225

Circuit 1 tracé en vert sur le plan III. Compter une demi-journée minimum. Partir à pied de la place Bou Jeloud.

★ Bab Bou Jeloud PLAN III E7

L'arche centrale encadre joliment deux minarets de la médina ; cette porte, reconstruite en 1913 dans le style traditionnel, brille de toutes les arabesques de ses faïences – bleues sur la face extérieure, vertes à l'intérieur.

Fès la nuit est superbe !

Lorsqu'on arrive de nuit sur la ville en venant de Taza, Fès apparaît dans le lointain comme un tapis de lumière au fond de la vallée ; après moult virages, les centaines de lumières des maisons de la médina ont quelque chose de féerique. Ne manquez pas de faire le tour de la ville le soir, en suivant le périphérique qui borde les remparts illuminés ; arrêtez-vous sur les hauteurs (*Borj* Nord, hôtel Les Mérinides, *palais Jamaï*) pour découvrir la médina et ses nombreux minarets.

Visite guidée de la Médina

Si vous voulez approfondir votre découverte de la médina, sachez que le bureau de la Délégation du tourisme peut vous mettre en contact avec des **guides officiels** *(250 DH la 1/2 journée, 500 DH la journée complète, www. visitefes.com)*. Vous pouvez également suivre les **circuits thématiques** mis en place par l'Ader-Fès dans l'enceinte de la médina. Parmi les thèmes retenus : les palais et jardins andalous, les monuments et les souks, l'artisanat et les activités traditionnelles, la « rive andalouse », Fès-Jdid, et les murailles et fortifications. Le tracé de ces itinéraires s'accompagne d'une signalétique très efficace et d'un livret, *Fès, guide des circuits touristiques thématiques (100 DH, dans les librairies et les kiosques de la ville nouvelle)*.

Franchir Bab Bou Jeloud ; tourner tout de suite à gauche dans une ruelle couverte d'un treillage, puis immédiatement à droite dans la rue Talaa Kebira.
La rue Talaa Kebira ou Grand Talaa (*talaa* = montée) est l'artère principale de Fès el-Bali : elle est bordée en grande partie de boutiques ou d'échoppes d'artisans et dessert de nombreux souks.

★★★ Medersa Bou Inania PLAN III E7

9h-18h - 20 DH - l'entrée de l'oratoire est interdite aux non-musulmans.
La *medersa* Bou Inania représente l'archétype des *medersas* marocaines. Construite au milieu du 14e s. et magnifiquement restaurée, c'est la plus vaste et la plus somptueuse *medersa* de Fès. C'est au sultan Abou Inan que l'on doit sa création, l'une des plus heureuses de l'art mérinide. L'entrée a deux portes contiguës. La plus petite, à gauche, introduit à un vestibule traversé par un étroit bassin où les fidèles venus sans babouches se lavent les pieds. Franchissant la porte principale, aux vantaux plaqués de bronze ciselé, on pénètre dans la *medersa* par un **vestibule** à degrés doté d'un beau plafond de bois peint à stalactites ; sur les murs, un décor de plâtre très finement travaillé se déploie au-dessus des faïences polychromes qui couvrent le soubassement.
La plus belle partie du monument est la **cour**. Son sol est dallé de marbre et d'onyx. Sur la base des piliers qui supportent une galerie, les jeux multipliés d'admirables zelliges enserrent de hauts moucharabiehs. Aux chapiteaux et aux murs, la blancheur des stucs éclate, et contraste avec le cèdre sculpté des doubles linteaux et des frises. Au sommet, un large auvent coiffé de tuiles vertes repose sur une multitude de consoles ouvragées.
Les fenêtres qui s'ouvrent au premier étage sont celles des chambres d'étudiants. Au rez-de-chaussée, d'autres cellules, masquées par les moucharabiehs, donnent sur la galerie ; à droite et à gauche de la cour, une grande baie donne accès directement à une salle de cours.
Le ruissellement d'une dérivation de l'oued Fès longe, au fond de la cour, la **salle de prière**, à laquelle on accède par deux ponceaux de marbre. Un coup d'œil discret permet de voir l'intérieur de l'oratoire : il se compose de deux nefs transversales séparées par des arcs brisés reposant sur de courtes colonnes d'onyx.
On distingue le mihrab, surmonté de trois baies à vitraux, ainsi que la chaire, ou minbar (pour le prêche du vendredi). En se retournant, on appréciera la beauté du **minaret**, assez haut pour transmettre le signal de la prière à tous les minarets de la ville. L'importance de ce sanctuaire explique l'affluence des fidèles.

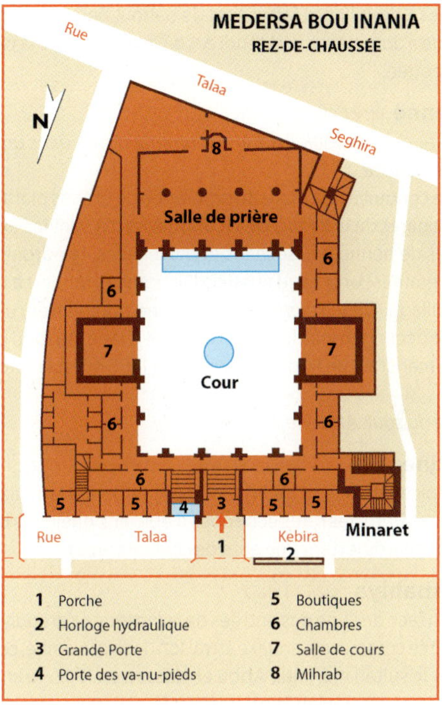

Sur la façade qui fait face à la *medersa*, on apercevait jadis, à hauteur du premier étage, un alignement de sept timbres de bronze supportés par des consoles de cèdre. Cette **horloge hydraulique★**, datant du 14e s., devrait, selon la légende, son ingénieux mécanisme à un magicien.

★ En descendant Talaa Kebira PLAN III EF7

Au sortir de la medersa, reprendre à droite la rue Talaa Kebira.

À mesure que l'on descend, la pente se fait plus raide, la rue plus étroite et parfois plus voûtée, les boutiques plus nombreuses, la foule plus bruyante et plus dense ; ici la bousculade est de règle et les ânes lourdement chargés s'octroient une priorité de fait.

Longeant la mosquée Gazléane, à droite, on remarque, dans un recoin du mur extérieur, une sorte de banquette protégée par une grille de fer forgé, entourée de stucs et surmontée d'un auvent : c'est la **M'Zara**. Ce petit monument, objet d'une pieuse vénération, évoque le souvenir d'Idriss II, qui se serait reposé là avant de fonder Fès.

À 50 m, à gauche, pénétrez sous le porche du **fondouk des Peaussiers** (fondouk Labatta), qui dégage une forte odeur : dans la cour entourée de deux étages de galeries de briques, les peaux en provenance des abattoirs sont mises à sécher avant d'être envoyées au tannage.

La Talaa traverse ensuite une série de centres artisanaux souvent séparés les uns des autres par un arc ou un passage sous voûte : bijoutiers, fabricants de nattes et de tamis, cordonniers, fabricants de soufflets s'y succèdent. À un détour de la rue, semblant jaillir d'une treille qui pousse là, apparaît le très élégant **minaret★**

4

de la mosquée des Chrabliyine (fabricants de babouches) – décor losangé sur fond de céramique à dominante vert tendre –, qui a gardé toute la pureté de l'art mérinide à son apogée.

★ Souk au henné PLAN III F7

Avant de continuer dans le souk Attarine, tourner à droite dans une ruelle puis immédiatement à gauche.

Un étroit passage conduit à une placette ombragée de grands platanes et dominée par le haut minaret de la *zaouïa* de Moulay Idriss. Là sont les étals des marchands de feuilles de henné qui, séchées et pulvérisées, teindront les mains et les cheveux des femmes ; on y vend aussi de l'antimoine, qui sert à la confection du khôl de maquillage. On y trouve également une poterie très rustique, comportant un simple décor géométrique à la résine de chêne. Au fond de la place se dresse un ancien maristan, un hôpital construit en 1286 qui est resté en fonction jusqu'en 1944.

Revenir à l'entrée du souk Attarine.

★ Souk Attarine PLAN III F6-7

C'est la rue aux épices, étroite et très vivante ; elle prolonge la Talaa et aboutit à la *medersa* Attarine. Entre les rares échoppes d'épiciers, quelques boutiques de vêtements campagnards jettent une note de couleurs vives.

Medersa Mesbahiya PLAN III G6-7

Située presque en face de l'une des entrées de la mosquée Karaouiyne, dont elle peut être considérée comme une annexe en raison de sa proximité, cette *medersa* fut construite par le sultan mérinide **Abou el-Hassan** en 1347. Tirant sans doute son nom de Mesbah ben Abdellah, le premier professeur qui y enseigna, elle comprend une aile principale donnant sur une cour centrale dotée d'un grand bassin en marbre, et une aile secondaire comportant une mosquée et trois niveaux de chambres pour étudiants. Après restauration, la médersa a retrouvé sa fonction

Une capitale lettrée

Nombre d'ouvrages ont été inspirés par Fès, qui jouit depuis longtemps de son prestige de capitale lettrée, et nombreux furent les écrivains qui puisèrent leur inspiration dans leur séjour dans cette cité. Il n'est que de citer **Pierre Loti**, relatant son ambassade à la cour de Fès dans son *Journal intime* et dans *Au Maroc*, l'écrivain américain **Paul Bowles** et *La Maison de l'araignée*, où deux hommes, l'un marocain, l'autre américain, relatent les événements qui secouèrent la ville lors de l'insurrection contre les Français en 1954, **Mohamed Berrada**, dont *Le Jeu de l'oubli* raconte l'histoire d'une famille de la médina, cette même médina que découvrit avec ferveur **Anaïs Nin** en 1936.

Fès est la ville natale de plusieurs écrivains connus : **Ahmed Sefrioui** *(Le Chapelet d'ambre, La Boîte à merveilles)* ; les poètes **Mohammed Serghini**, **Mohammed Bennis** et **Mohammed Diouri** ; **Abdellatif Laâbi** *(Le Juge de l'ombre, Le soleil se meurt)*, l'un des fondateurs de la revue littéraire « Souffles » qui a publié en 2002 chez Gallimard un roman autobiographique mettant en scène son enfance fassie *(Le Fond de la jarre)* ; **Tahar Ben Jelloun**, poète et romancier qui s'est fait connaître avec, notamment, *L'Écrivain public, L'Enfant de sable, La Nuit sacrée* (prix Goncourt en 1987), *La Soudure fraternelle* et *L'Homme rompu* (prix Méditerranée 1994).

Tanneries Chouwara à Fès.
Adam Smigielski/iStock

première : elle sert aujourd'hui de résidence d'étudiants. L'accès n'est pas autorisé mais vous pouvez toujours tenter un coup d'œil.

★★ Medersa Attarine PLAN III G6-7

9h-18h - 20 DH.

De trente ans plus vieille que la Bou Inania et de dimensions plus modestes, cette *medersa*, fondée par le sultan mérinide Abou Saïd Ohman, est sans doute la plus belle de Fès. Passé la porte monumentale, dont les vantaux plaqués de bronze sont décorés d'entrelacs ciselés, on entre dans la cour, où une vasque de marbre blanc déverse une eau de source sur une rosace de zelliges formant bassin à ablutions. Au fond, la salle de prière s'ouvre par un grand arc à stalactites ; remarquez sur les intrados les admirables rosaces de plâtre ciselé.

La cour comporte deux galeries latérales, qui supportent les chambres d'étudiants. Aux quatre coins, de sveltes colonnes d'albâtre sont reliées par de petits arcs à stalactites aux angles des murs : savante combinaison, chef-d'œuvre d'audace et de raffinement, d'harmonie aussi. Tout, ici, est légèreté.

Mais la splendeur et l'inépuisable fantaisie de la décoration dépassent peut-être les qualités architecturales. Du sol au toit, zelliges, stucs et cèdre sculpté conjuguent leurs effets subtils. On admirera l'heureuse répartition des masses ; quant à l'habileté technique des décorateurs, elle éclate dans les plâtres ciselés et dans l'inscription en céramique excisée qui court à mi-hauteur des piliers.

Avec ce monument d'une folle élégance, qui confine à la préciosité sans jamais y tomber, l'art mérinide atteint son apogée.

Prendre à gauche en sortant de la medersa *et tourner aussitôt à gauche, à l'angle de la mosquée Karaouiyne, dans la très étroite rue Bou Touil.*

★ Mosquée Karaouiyne PLAN III G7

La mosquée primitive, dont il ne reste rien, fut fondée au milieu du 9e s. par une femme pieuse, dans le quartier des Kairouanais.

À propos de la Karaouiyne...

C'est une femme, **Fatima al-Fihria**, qui offrit aux musulmans leur première université en faisant construire à Fès, au milieu du 9e s., l'université de la Karaouiyne, considérée comme la plus ancienne au monde.
Bien des siècles plus tard, **Zhor Zarqa** sera la première Marocaine et Arabe à obtenir, en 1957, la Alimiya, prestigieux diplôme de cette université islamique, et à sortir major de sa promotion.
Auparavant, la Karaouyine avait été fréquentée par quelques étudiants et professeurs de renom :
Maïmonide (1135-1204), médecin et philosophe juif né à Cordoue. Contraint de quitter l'Espagne lorsque les Almohades s'emparèrent de la ville, il vécut à Fès quelques années, durant lesquelles il fréquenta la Karaouiyne.
Ibn Khaldoun (1332-1406), philosophe et historien. Né à Tunis, où il passa ses premières années, il voyagea ensuite en Espagne, avant d'entrer au service du sultan de Fès, dont il gagna la faveur. Il s'établira plus tard au Caire, où il s'installera définitivement.
Hassan el-Ouazzan, dit **Léon l'Africain** (né à Grenade dans les années 1490), fit ses études dans les *medersas* de Fès et à l'université de la Karaouiyne, avant d'entrer au service des sultans mérinides, pour le compte desquels il entreprit de longs périples à travers le Maroc puis en Afrique noire, en Orient et en Italie, où il enseigna l'arabe à Bologne, puis à Rome. On peut lire sa précieuse *Description de l'Afrique*, connue et utilisée dès 1529, traduite de l'italien par différents érudits au fil des siècles, et dont une nouvelle édition (traduite par A. Épaulard et annotée par Th. Monod, H. Lhote et R. Mauny) fut publiée en 1956 et réimprimée en 1981.

Agrandi une première fois en 956 – le minaret date de cette époque –, l'édifice reçut sous les Almoravides ses dimensions actuelles, qui en font le plus vaste oratoire d'Afrique du Nord ; elle peut abriter plus de 20 000 fidèles. Grande mosquée de Fès, elle est aussi le siège de la fameuse université, qui compta, au 14e s., jusqu'à 8 000 étudiants. Sa bibliothèque, déjà célèbre au Moyen Âge, possède une collection unique de corans enluminés, de livres et de manuscrits.
Fermée aux non-musulmans, la Karaouiyne laisse cependant entrevoir par ses nombreuses portes quelques-unes de ses richesses, mises en valeur par la restauration de l'ensemble du bâtiment en 2010.
L'entrée principale, rue Bou Touil, donne sur la grande cour, bordée d'un portique à arcs outrepassés.
On remarquera, à droite et à gauche de cette cour, les deux pavillons saâdiens des 16e et 17e s., dont la disposition et l'architecture évoquent ceux de la cour des Lions à l'Alhambra de Grenade.
Continuer la rue Bou Touil puis, après un passage sous voûte, tourner à angle droit dans l'étroite rue Sbalouïat, qui se glisse entre le mur oriental de la Karaouiyne et des maisons dont les étages en encorbellement s'avancent jusqu'à toucher la mosquée. À gauche s'ouvre l'entrée du fondouk Tsétaounine.

★ Fondouk Tsétaounine PLAN III G7

9h-18h.
En même temps que les *medersas*, hôtelleries pour étudiants, les sultans faisaient édifier des **fondouks**, hôtelleries pour commerçants. Ces établissements avaient, eux aussi, un double usage.

Au rez-de-chaussée, autour de la cour où étaient parqués les animaux, de petites pièces servaient de boutiques et d'entrepôts pour les marchandises. Au-dessus, plusieurs étages de galeries desservaient les chambres. Aujourd'hui, le *fondouk* a renoué avec son activité commerciale des origines en abritant ateliers et boutiques d'artisans.
Le *fondouk* Tsétaounine, ainsi appelé parce qu'il était originellement réservé aux marchands de Tétouan, s'ouvre sur la rue Sbalouïat par une robuste porte au heurtoir sculpté. Un vestibule, dont on remarquera le beau plafond d'époque mérinide, conduit à la cour, surmontée de deux étages de galeries dont les balustrades sont décorées de fer forgé et de bois tourné.
Continuer la rue Sbalouïat, qui longe toujours la Karaouiyne.
Par la troisième porte de la mosquée, on a un aperçu de la salle de prière aux 270 colonnes, avec son grand lustre du 13e s.
La rue Sbalouïat débouche sur la **place Seffarine★**, qui retentit du vacarme des marteleurs de cuivre et de maillechort. C'est le quartier des dinandiers : on y travaille des plateaux et divers ustensiles, parmi lesquels d'énormes chaudrons pour régaler de mouton plus de 100 personnes.
De la place, la ruelle à gauche conduit au quartier des Tanneurs.

★ Tanneries Chouwara PLAN III G6

Les archaïques tanneries (au nord de la *medersa* Seffarine) s'annoncent par leur odeur tenace et, disons-le, quelque peu désagréable. En bordure de l'oued Fès, elles offrent un spectacle assez extraordinaire, avec leurs grandes cuves remplies de liquides de couleur vive où pataugent les tanneurs. En montant

Dans la fraîcheur du matin

Si la médina fait l'objet de mille et une découvertes ou sensations lorsqu'on la visite au cours de la journée, il est aussi intéressant de s'y promener le matin de bonne heure, avant que toutes les échoppes soient ouvertes et que la foule grouille de toutes parts. C'est vers 8h, lorsque les ruelles viennent d'être nettoyées, que l'on découvre le mieux la richesse architecturale de la médina : ses nombreuses fontaines revêtues de mosaïques, ses portes en bois de cèdre ouvragé ornées de lourdes ferronneries, ses grilles en fer forgé protégeant les rares fenêtres donnant sur la rue, et ses palais cachés.
Puis, peu à peu, la médina s'éveille : les passages obscurs et les cours des fondouks aux galeries ornées de balustrades s'animent du va-et-vient des artisans ; les portes des mosquées s'entrouvrent pour laisser admirer, de loin, les cours de marbre et les bassins à ablutions cerclés de fins zelliges multicolores, tandis que dans les patios intérieurs des maisons, des femmes font claquer leurs sandales sur le carrelage mouillé ; les étals de fruits et de légumes colorent progressivement les ruelles parcourues bientôt par des baudets lourdement chargés de caisses de Coca-Cola, de sacs d'ordures, ou de larges paniers remplis de sciure de bois ou d'agrumes ; des gamins portant en équilibre sur la tête une planche de bois chargée de pains ronds marqués du signe distinctif de leur famille s'égaillent à travers le lacis des ruelles et des passages.
Une nouvelle journée commence, et avec elle l'extraordinaire agitation des souks, qui donne au promeneur, dont tous les sens sont sollicités, une sensation d'étourdissement et l'impression parfois d'un retour aux siècles passés.

SE RESTAURER

- Dar El Ghalia 1
- Nur 2
- The Ruined Garden 3
- Fez Café 4
- Moi Anan 5
- La Kasbah 7
- Médina Café 12
- L'Ambre 20
- Les Jardins de Sheherazade 22

SE LOGER

- Dar Al Safadi 1
- Blue Sky Hôtel 2
- Hôtel Le Jardin des Biehn 3
- Riad Laroussa 4

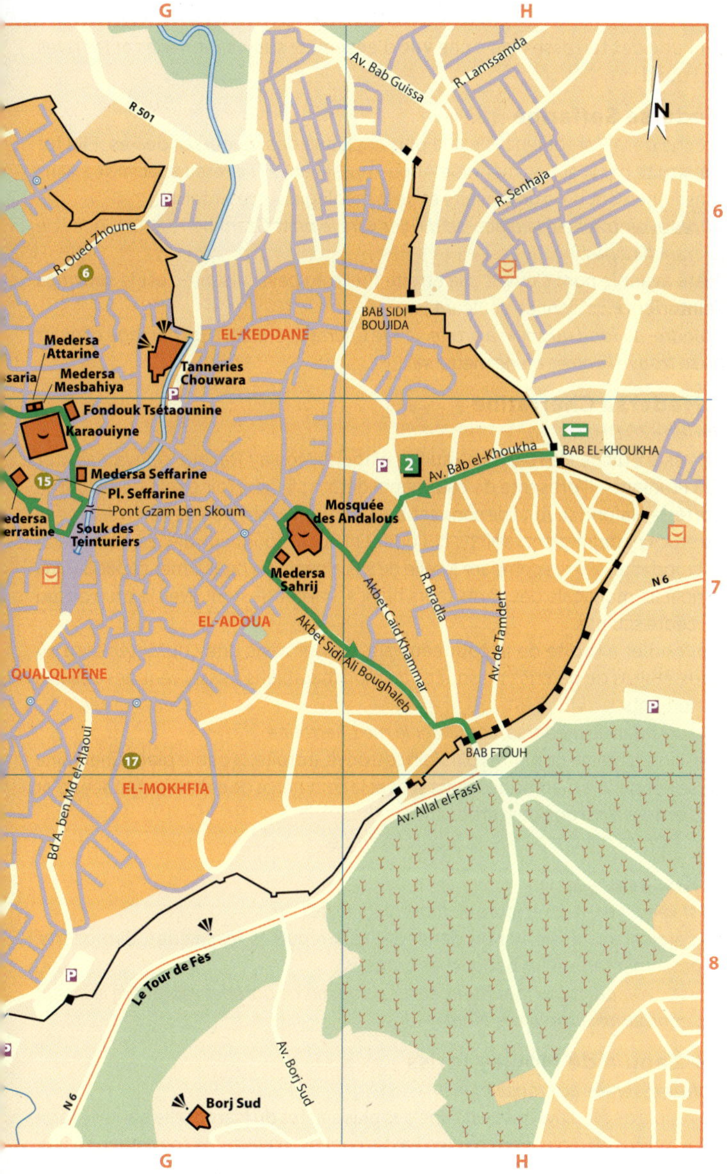

Dar Córdoba 5
Palais Amani 6
Dar El Ghalia 13
Dar Malika 14
Dar Seffarine 15
Dar Victoria 17
Hôtel Les Mérinidess 22
Jnane Souafine 25
Riad al Bartal 55
Riad Fès 58
Riad Lune et Soleil 61
Ryad Mabrouka 64

sur l'une des terrasses, on a une **vue** d'ensemble sur les tanneries et les rives de l'oued.

Medersa Seffarine PLAN III G7

Proche de la Karaouiyne, c'est la plus ancienne des *medersas* de Fès. Elle fut construite par le sultan mérinide Abou Youssef en 1271 et était spécialisée dans l'enseignement de la grammaire et de la théologie. Accès interdit.

Après avoir traversé la place, se diriger vers le pont Gzam ben Skoum, que l'on ne franchira pas.

Juste avant le pont s'ouvre une étroite ruelle au pavé luisant; c'est le **souk des Teinturiers★**, rutilant de couleurs.

Prendre, au fond du souk, à droite, la rue Cherratine jusqu'à un passage couvert où se trouve l'entrée d'une medersa.

★ Medersa Cherratine PLAN III G7

9h-18h - 20 DH.

Ce vaste édifice (1670), dû au sultan alaouite Moulay Rachid, pouvait abriter 150 étudiants. Il présente de charmants détails : le heurtoir ciselé de sa lourde porte, le plafond sculpté de son vestibule, les gracieuses petites fenêtres ornées de stucs et de moucharabiehs qui donnent sur la cour centrale. Sa décoration est modeste, si on la compare à celle de ses aînées; on peut aimer cependant la simplicité monacale des hauts murs blancs, qui contrastent avec le brun chaud du cèdre sculpté.

Au fond et à droite de la cour centrale, passer dans une cour intérieure où deux étages de galeries masquées de moucharabiehs desservent des cellules d'étudiants.

En sortant de la medersa, *continuer la rue Cherratine.*

Une cinquantaine de mètres plus loin se trouve, à droite, la petite **place Chemaïne** où se tiennent le marché des fruits secs et le commerce de ceintures brodées d'or et d'argent ainsi que des tarbouches.

Rejoindre la rue Cherratine et tourner à droite.

★ Kissaria PLAN III FG7

Tlj sf vend. apr.-midi et jours de fêtes religieuses.

Là s'étalent à profusion les broderies de Fès, si réputées, les soieries, les brocarts, la passementerie et les babouches brodées.

Après avoir parcouru la kissaria, sortir par la même porte et reprendre le circuit qui contourne la zaouïa de Moulay Idriss.

★★ Zaouïa de Moulay Idriss PLAN III F7

Entrée réservée aux musulmans.

La *zaouïa* de Moulay Idriss est l'une des plus saintes du Maroc; elle abrite le tombeau d'Idriss II, considéré par les Fassis comme le véritable fondateur de leur ville. Autour d'elle, les ruelles sont barrées par une poutre de bois qui interdit le passage aux bêtes et oblige les passants à se baisser.

La barre franchie, on se trouve dans le *horm*, périmètre sacré tout imprégné de la « baraka » du bienheureux Idriss.

La ruelle qui longe la *zaouïa* est le refuge des mendiants venus solliciter la générosité des pèlerins. Jadis se mêlaient à eux des gens recherchés par les autorités et venus bénéficier du droit d'asile du *horm*. Remarquez à droite, sous un auvent, une fontaine encadrée de plâtres ciselés rehaussés de couleurs, d'une finesse remarquable. À quelques pas, sous une fenêtre grillagée, un beau moucharabieh

La sauvegarde de la médina

Cité millénaire, la médina de Fès, bien qu'elle ait conservé la quasi-totalité de son patrimoine architectural, a connu depuis le début du 20e s. une grande dégradation, justifiant l'appel international lancé en 1980 par l'Unesco pour sa sauvegarde. Les travaux de restauration à entreprendre dans la médina concernent plusieurs milliers de bâtiments recensés selon des critères précis. Ces bâtisses sont habitées, en grande partie, par une population à faible revenu, grâce à qui cependant l'antique médina reste en vie.

Entreprises de restauration

Sous la houlette de l'Association Fès-Saïss et de deux organismes créés par l'État, l'Ader-Fès (Agence pour la « dédensification » et la réhabilitation de la médina de Fès) en 1989, et l'Agence urbaine et de sauvegarde de Fès en 1991, et grâce aussi au mécénat privé (qu'il soit marocain ou non), certains des principaux monuments sont d'ores et déjà restaurés. C'est le cas des *medersas* **Bou Inania**, et **Cherratine**, de l'ensemble **Nejjarine**, de la tour de l'observatoire et la maison de l'astrologue de la **Karaouiyne**, de la porte **Bab Mahrouk**, de fontaines publiques, etc.

Aux portes du palais

Des *fondouks* et des palais ont également bénéficié d'une réhabilitation. Certaines demeures luxueuses ont été transformées en restaurants, comme le **palais des Mérinides**, le **palais Vizir** (qui commercialise aussi des tapis) ou le **palais Mnebhi**. Cette ancienne demeure du ministre des Finances du sultan Moulay Abdelaziz, où fut signé le traité de Fès en 1912, servit de lieu de résidence au maréchal Lyautey pendant le protectorat. Elle est devenue propriété privée en 1963 puis a été transformée en restaurant de prestige.
Qu'ils aient pour nom **Mernissi**, **Mokri** (qui a préservé l'une des ailes, utilisée pour des réceptions officielles, et une somptueuse cour d'apparat), **Tazi** ou **el-Glaoui** (plus qu'un palais, une véritable petite cité : plus de 15 demeures, des écuries, des jardins, etc., entretenue tant bien que mal par les héritiers de la famille), certains palais rivalisent en richesse intérieure, comme en discrétion vis-à-vis de l'extérieur. Celui de Dar al-Mokri, situé dans le quartier de Batha et qui abrite désormais l'Institut de formation aux métiers traditionnels du bâtiment, a conservé par endroits ces magnifiques décorations faites de stucs, de zelliges et de bois sculpté, qu'il est émouvant de voir de jeunes apprentis artisans restaurer avec soin, mariant ainsi tradition et modernité. Citons encore **Dar Adiyel**, maison du 18e s. magnifiquement restaurée en 1995-1998 grâce à des fonds italiens.

Du palais à la maison d'hôte

Si nombre de demeures anciennes restent cependant en partie inhabitées et dans un triste état d'abandon, des **mesures d'urgence** (étayage, consolidation) ont été prises, en attendant que de généreux donateurs leur permettent de retrouver leur faste d'antan. Ajoutons que quelques-unes d'entre elles, restaurées grâce à l'initiative privée, se sont transformées en **maisons d'hôte** au charme parfois inouï.

de cèdre porte en son centre une plaque de cuivre percée d'un trou : c'est le **tronc des offrandes★**, où les fidèles viennent glisser leur obole avant de baiser le mur sacré derrière lequel s'élève la tombe du saint protecteur de Fès.
La ruelle contourne l'angle de la *zaouïa*. Aussitôt après s'ouvre la **porte principale**, très richement décorée de bois peints aux vives couleurs. Par l'une des trois baies, vous pourrez apercevoir la salle de prière, avec ses lustres innombrables et son étonnante collection d'horloges ; au fond de la salle, le tombeau de Moulay Idriss II, paré de bannières.
Un peu plus loin, d'autres portes permettent de voir la cour des ablutions, dominée par le très haut minaret (il date du 19e s. ; le reste de l'édifice date du 18e s.).
Prendre, en face de l'entrée principale, la ruelle où s'entassent les boutiques d'objets de piété : elle mène à la place Nejjarine.

★★ Ensemble Nejjarine PLAN III F7

Ce coin, l'un des plus attachants du vieux Fès, a été restauré sous l'égide de la Fondation Mohammed Karim Lamrani pour l'ensemble Nejjarine. Au fond de cette petite place harmonieuse, on découvre le **fondouk Nejjarine★★** (fin du 17e s.), dont la porte monumentale, très décorée, est surmontée d'un magnifique auvent. Plus à droite, la célèbre **fontaine Nejjarine★**, véritable « autel dressé à l'eau », dans un très joli décor de zelliges. Plus à droite encore s'ouvre le **souk Nejjarine★** (menuisiers), qui fleure bon le cèdre. Il a lui aussi été restauré, de même que les maisons avoisinantes.
Le *fondouk* abrite le **musée Nejjarine des Arts et Métiers du bois★★** – *✆ 05 35 74 05 80 - 10h-17h - 20 DH.* Disposées autour d'une cour centrale (admirez les boiseries finement travaillées), les salles permettent de découvrir les multiples utilisations du bois dans les arts traditionnels marocains.
Les galeries du rez-de-chaussée présentent les différentes essences de bois travaillées par les artisans marocains : thuya, peuplier, noyer, genévrier, arganier et, bien sûr, cèdre, ainsi que les outils utilisés par les menuisiers et divers outils et objets domestiques en bois (pressoirs à huile, amusants moules à babouches, soufflets, planches pour introduire le pain dans les fours, etc.).
Au 1er étage, on découvrira des portes et fenêtres, des jouets et du mobilier d'enfant, de somptueuses étagères, des coffres, des chaises à mariées, ainsi que des éléments de bois d'architecture (frises finement sculptées, somptueux fragments de plafond ciselés avec une finesse inouïe, moucharabiehs, cloisons...).

Vue sur les toits de la médina.
Leonid Andronov/iStock

Au niveau supérieur, des instruments de musique (*guembri*, *hajhouj*, *ghita*, luth, *rebab*...), des armes et des objets d'art liturgique islamique, tels que chapelets, planchettes de droit coutumier ou minbar, ainsi que d'art liturgique juif.
Enfin, sur la terrasse, à côté d'un fort sympathique salon de thé, le « mémorial » présente de façon très intéressante, à l'aide de photos et de documents, l'évolution de l'ensemble Nejjarine, dont la réhabilitation a été menée à bien de 1990 à 1998 grâce au mécénat privé.
Longer le musée sur son côté gauche, jusqu'à la tannerie Sidi Moussa. De là, vous apercevrez des panneaux indiquant le musée Belghazi.

Musée Belghazi PLAN III F7

✆ 05 37 82 21 78 - 9h-18 - 40 DH.
Ce musée ethnographique privé est installé dans une ancienne demeure du 17e s. Dans les quatre salles disposées autour d'un magnifique patio ombragé, il rassemble des collections de bijoux et de costumes traditionnels, armes d'apparat et couverturesde confréries en velours de soie, instruments de musique et broderies provenant de différentes villes du Maroc. Possibilité d'y prendre un café.
Revenir au musée Nejjarine des Arts et Métiers du bois, prendre contre la fontaine la ruelle qui s'enfonce sous une maison, et tourner à gauche dans la rue Zekak el-Hajer.
Cette rue passe entre des habitations bourgeoises. Rien ne permet au passant de deviner leur charme intérieur, à moins qu'une porte, furtivement entrebâillée, ne permette d'apercevoir, ici une cour, là des zelliges, ou quelques parures de stuc délicatement ouvragées.
Revenir à Bab Bou Jeloud.

Promenade sur la « Rive Andalouse » PLAN III GH7 P. 225

▶ Circuit 2 tracé en vert sur le plan III. Entrer dans la médina par Bab el-Khoukha et suivre tout droit l'avenue de Bab el-Khoukha jusqu'à une petite place où l'on prend à gauche, puis à droite dans la rue des Andalous.

★ Mosquée des Andalous PLAN III G7

Fondée peu après la Karaouiyne (9e s.), agrandie et embellie par les Almohades au début du 13e s., elle est le principal sanctuaire de la rive droite.
Une grande **porte monumentale★**, ornée de zelliges et surmontée d'un auvent de cèdre sculpté, s'ouvre au nord-ouest et domine tout le quartier. Pour mieux apprécier sa silhouette élancée, vous devrez prendre un peu de recul en descendant la rue à degrés qui y mène. Remarquez au passage les boutiques où des

4

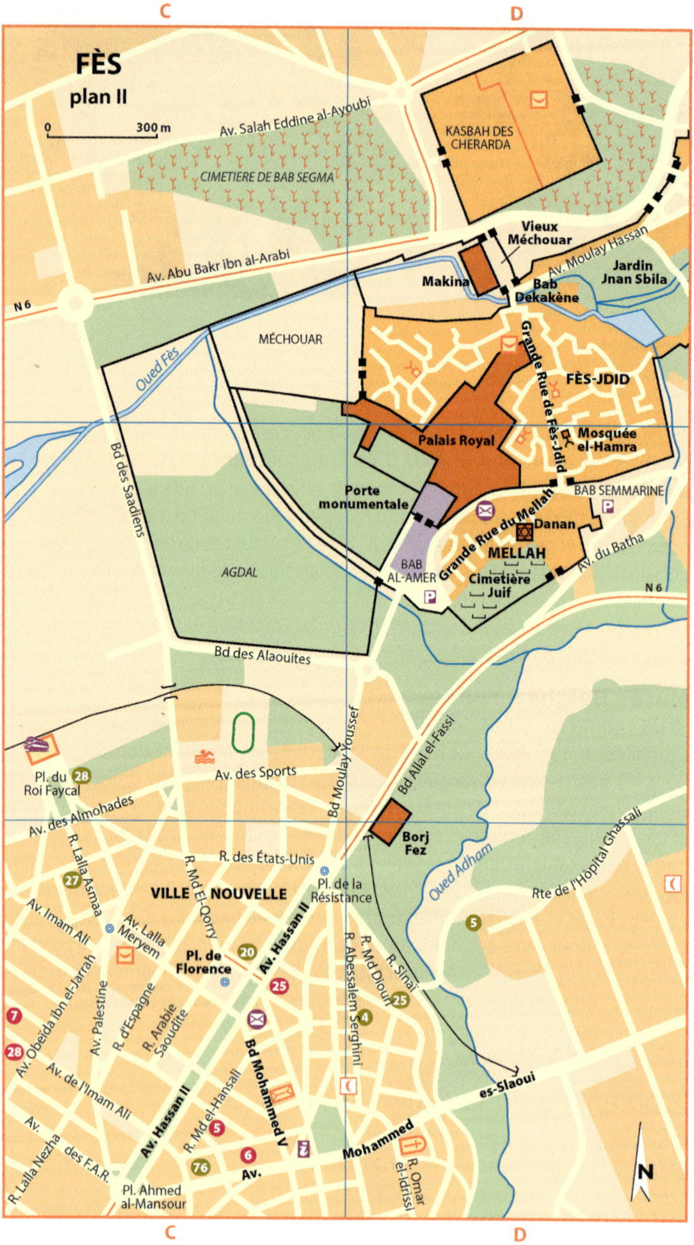

SE RESTAURER

Grillade Adil.................. 5
Cyrnoss....................... 6
Ismaïl......................... 7
Snack Lahcen................ 25
Vesuvio....................... 28

SE LOGER

Auberge de jeunesse........ 4
Hôtel Sahrai................ 5
Hôtel de la Paix............ 20
Hôtel Menzeh Zalagh...... 25
Hôtel Perla.................. 27
Ibis Fès...................... 28
Splendid Hôtel............ 76

musiciens, assis sous leurs instruments suspendus à la cloison, attendent qu'on vienne louer leurs services pour quelque fête.
Poursuivre quelques dizaines de mètres dans la rue des Andalous.

★★ Medersa Sahrij PLAN III G7

À l'ouest de la mosquée des Andalous
Construite entre 1321 et 1323 sur l'ordre du sultan mérinide Abou Saïd Othman, cette *medersa* était composée de trois corps de bâtiments : la *medersa* principale, dite « du bassin », la *medersa* des Sbaiyine (les sept lecteurs du Coran), et une maison d'hôte dite « Dar Chiakh », restaurée en 1916 sous le règne de Moulay Youssef. Occupant une grande partie du patio, le bassin dans lequel se reflètent, de bonne heure le matin, lorsque les rayons du soleil l'éclairent en biais, les murs en stuc blanc et les zelliges multicolores, n'est pas sans rappeler certains palais de Cordoue. Une invitation au silence et à la contemplation. La medersa abrite aujourd'hui des logements. L'accès est en principe interdit aux visiteurs.
Vous pourrez ensuite sortir d'El-Adoua, soit en empruntant le chemin de l'aller en sens inverse, soit en descendant vers Bab Ftouh par l'Akbet S.A. Boughaleb… à moins que vous ne préfériez continuer à vous promener sans but dans ce vieux quartier à l'atmosphère paisible, avant de tenter de rejoindre l'oued Fès et de le franchir par le pont Gzam ben Skoum pour retrouver le circuit précédent.

Fès-Jdid et le mellah PLAN II P. 230

▶ *Accès depuis la ville nouvelle par la place de la Résistance, puis le boulevard Moulay Youssef.*

★ Fès-Jdid PLAN II D3-4

Pour avoir un aperçu du quartier de Fès-Jdid, abordez-le par la place des Alaouites. Elle est bordée sur deux côtés par l'enceinte du **palais royal**. Au nord de la place, remarquez une **porte monumentale**, auvent de tuiles vertes soutenu par des colonnes sculptées et abritant trois portes de bronze doré qu'entourent des stucs ciselés et peints ; c'est l'entrée principale du palais, réservée aux cérémonies.
Suivez la rue Bou Ksissat qui passe entre le palais et le *mellah*. Tournez à gauche sous les voûtes de Bab Semmarine et empruntez la **Grande Rue de Fès-Jdid★**, artère bordée de nombreuses boutiques où vous devrez vous frayer patiemment un chemin à travers une foule dense. À droite, la première mosquée rencontrée (el-Hamra : « la Rouge ») a conservé un beau **minaret** d'époque mérinide.
Cette artère principale de Fès-Jdid conduit, par la porte monumentale **Dekakène★** (14e s.), à la place du **Vieux Méchouar**, où se trouve l'ancienne manufacture d'armes (1885), la **Makina**. Celle-ci abrite aujourd'hui certains concerts du Festival des musiques sacrées du monde. C'est sur cette longue place entourée de hautes murailles attenantes au palais du roi que jadis le sultan donnait audience.
Le somptueux **jardin Jnan Sbil★**, trait d'union vert entre Fès-Jdid et la médina, vaut le détour pour une promenade en fin d'après-midi : végétation luxuriante, allées ombragées, roseraies, étang bordé de saules, multiples vasques et jets d'eau.

★ Mellah PLAN II D4

Jusqu'au 13e s. les Juifs étaient logés près de Bab Guissa, dans le quartier qu'on appelle encore *fondouk* el-Yhoudi. Lorsque Fès-Jdid fut bâtie, ils durent y transporter leurs pénates. Beaucoup d'entre eux, qui avaient des intérêts dans la médina, préférèrent se convertir à la religion musulmane plutôt que d'abandonner leurs biens. Les autres s'entassèrent dans un quartier spécial près du palais du sultan : celui-ci leur avait promis sa protection moyennant quelques impôts supplémentaires. Ce ghetto prit le nom de « *mellah* », ce qui signifie « sel » en arabe. Selon une interprétation quelque peu macabre, c'est parce qu'il revenait aux Juifs de vider et saler les têtes des rebelles décapités, avant qu'elles fussent exposées aux portes de la ville... à moins que l'endroit ne se soit, plus prosaïquement, trouvé à l'emplacement d'un dépôt de sel. Toujours est-il que le mot *mellah* au Maroc a eu la même fortune que celui de *ghetto* en Europe.

Le *mellah*, déserté aujourd'hui par les juifs, a perdu beaucoup de son caractère ; cependant, ses rues sont toujours bordées de pittoresques maisons aux loggias de bois sombre.

Pour visiter le *mellah*, suivez à pied la **Grande Rue**, toujours très animée. Près de Bab Semmarine, dans de minuscules échoppes, les orfèvres cisèlent de fins bijoux d'or et d'argent. L'une des ruelles tortueuses qui se détachent de la Grande Rue conduit au **cimetière juif★**, émouvant avec ses tombes serrées les unes contre les autres et blanchies à la chaux. Vous pourrez également visiter la **synagogue Danan,** construite au 17e s. et restaurée en 1999. Elle conserve son mikvé (bain rituel) en sous-sol *(panneau depuis la Grande Rue ; tlj sf sam. 9h-18h - 20 DH).*

À voir aussi

★★ Dar Batha PLAN III E7

Fermé pour travaux de rénovation. Ouverture prévue en 2021.

Ce palais, construit par les Alaouites à la fin du 19e s., a longtemps abrité un musée des Arts traditionnels. Il est en cours de réaménagement complet pour recevoir les collections d'un musée dédié aux arts de l'Islam.

Ville nouvelle PLAN II C4-5

La ville construite par les Français s'ordonne autour de la vaste **place de Florence**, de l'axe principal, l'**avenue Hassan II**, et de l'**avenue Mohammed es-Slaoui**. Une atmosphère plaisante émane des larges avenues rectilignes bordées d'arbres : il est agréable, après une visite de la frénétique médina, de déambuler sur l'**avenue Hassan II**, que l'on surnomme ici les « Champs-Élysées ». Le **boulevard Mohammed V** est très gai avec ses trottoirs arborés, ses grands cafés datant de l'époque française, ses commerces et son marché central, à arpenter au petit matin pour saisir l'ambiance frénétique qui y règne.

À proximité

CARTE DE RÉGION

Sidi Harazem B1

À 15 km. Sortir par l'est, plan I B1 en direction. Voir « Région du Kandar et Sebou », p. 274.

★ Moulay Yaâcoub B1

À 20 km. Suivre la direction de Meknès pendant 5 km puis prendre à droite la S 308.

La S 308 procure de beaux **points de vue★** sur la plaine du Saïs et les collines arides qui la bordent. L'arrivée sur Moulay Yaâcoub, tapie au fond d'une cuvette, et toute en fleur au printemps, saisit le visiteur tant le contraste est fort avec les formes âpres de certaines collines entre le *jbel* Zalagh et le *jbel* Zerhoun, qui ne sont pas sans rappeler, par leurs formes étranges, les paysages lunaires du Sud marocain. Moulay Yaâcoub est un lieu de pèlerinage depuis longtemps fréquenté par

Séchage des peaux.
BILDGENTUR-ONLINE/age fotostock

les musulmans qui viennent y chercher la guérison des rhumatismes *(pour en savoir plus sur les dimensions historiques et légendaires, rituelles et médicales des sources thermales marocaines, lire l'ouvrage du docteur Edmond Secret* Les Sept Printemps de Fès*)*. C'est aussi une ville d'eaux où l'on soigne, dans des installations modernes, les affections oto-rhino-laryngologiques, en plus de soins esthétiques et de remise en forme. Jumelée avec la station thermale d'Aix-les-Bains, et considérée, comme cette dernière, à la fois comme centre de traitement des rhumatismes et des voies respiratoires, grâce à son eau sulfurée jaillissant à 54°, et comme lieu de séjour pour le tourisme de santé, grâce à son complexe hôtelier agréablement situé, Moulay Yaâcoub est le premier établissement de ce genre au Maroc *(voir « Hébergement »)*.

Circuits conseillés

CARTE DE RÉGION P. 210-211

★★ Massif du Kandar

Circuit de 123 km – une demi-journée – voir p. 274.

★ Haute vallée du Sebou

Circuit de 168 km – 1 journée – voir p. 279.

Carnet pratique

S'informer

Délégation du tourisme de Fès – *Pl. Mohammed V, ville nouvelle - ☏ 05 35 62 34 60 - www.visitefes.com.* Si vous souhaitez visiter la médina en compagnie d'un guide officiel, adressez-vous à la délégation *(compter 250 DH la demi-journée, 500 DH la journée complète). Voir encadré « Visite guidée de la médina »* *p. 218.*

Arriver/Partir

Avion

Aéroport de Fès-Saïss – *À 15 km de Fès sur la rte d'Imouzzèr - ☏ 05 35 62 48 00.* De Paris, 1 ou 2 vols directs tous les jours assurés par Royal Air Maroc. Les compagnies *low cost* Ryanair et Transavia assurent entre 2 et 3 liaisons Paris-Fès par semaine.

Royal Air Maroc – *54 av. Hassan II, ville nouvelle - ☏ 05 35 62 85 50 - www.royalairmaroc.com.*

De l'aéroport au centre-ville – en taxi, comptez 120 DH.

Train

Gare ferroviaire – *Av. des Almohades - ☏ 2255 - www.oncf-voyages.ma.* Liaisons quotidiennes avec Marrakech *(6h30)*, Meknès *(35mn)*, Casablanca *(4h)*, Rabat *(3h)*, Tanger *(4h30)*, Oujda *(6h)*.

Car, grand taxi

Gare routière CTM – *Bd Dhar Mahres (pl. de l'Atlas), au sud-est de la ville nouvelle - ☏ 0800 09 00 30 - www.ctm.ma.* Liaisons avec Meknès *(40mn)*, Rabat *(2h30)*, Casablanca *(5h)*, Tanger *(6h)*, Marrakech *(6h30)*, Agadir *(10h)*. La ligne Fès-Tanger passe soit par Chefchaouèn et Tetouan, soit par Asilah. Une autre ligne assure les trajets vers Ifrane, Azrou, Midelt, Rich, Er-Rachidia *(8 ou 9h)*, Erfoud et Rissani *(9h15)*. Mieux vaut acheter son billet à l'avance, sur place. Consigne à bagages uniquement sur présentation de son ticket de bus.

Gare routière de Bou Jeloud – *En face de Bab Mahrouk, à l'ouest de la médina, au-delà de la rte du Tour de Fès.* Cars pour Meknès, Rabat, Casablanca, Tanger et Marrakech, Al Hoceima, Rissani, Ouarzazate, Agadir... Renseignez-vous sur place à l'avance. Consigne à bagages.

Grands taxis – Pour Immouzèr, Azrou et Ifrane, station située face à la gare routière CTM. Pour Rabat, Nador, Moulay Yâacoub ou Tissa, station à la gare de Bab Bou Jeloud. Pour Sidi Harazem et Taza, à Bab Ftouh. Pour Meknès, à la gare ferroviaire. Pour Sefrou, en contrebas de la place de la Résistance, derrière le Mc Donald's.

Voiture

Avis – *50 bd A. Chefchaouni - ☏ 05 22 97 40 00 -www.avis.ma.*

Europcar – *45 av. Hassan II - ☏ 05 35 62 65 45 - www.europcar.ma.*

Hertz – *Bd des Almohades - ☏0802 00 77 78 - www.hertz.ma.*

Ces agences disposent également d'un bureau à l'aéroport.

Se garer – Évitez de **stationner** n'importe comment, les vévicules partent régulièrement pour la fourrière. **Parkings** à proximité de la **médina**, à ses principales portes (Bab Bou Jeloud, Bab Guissa), ainsi que sur la place Batha ou près de la place R'Cif. Dans la **ville nouvelle**, on se gare facilement et un gardien est toujours là pour veiller sur votre véhicule *(5 à 10 DH)*.

Se déplacer

Si **conduire** à Fès n'est ni plus ni moins stressant que dans les autres villes marocaines, il peut être difficile de s'y orienter.

Pour éviter de vous perdre, prenez les **« petits taxis »** *(tarif majoré de*

50 % la nuit, de 20h ou 21h suivant la saison à 6h).

Informations utiles

Le développement du parc hôtelier, les aménagements de palais et de circuits de visite de la médina, tout concourt à en faire une cité accueillante pour les visiteurs, d'autant que les faux guides qui les harcelaient naguère, aux portes des hôtels et de la médina, ont quasiment disparu, chassés par les « brigades touristiques », et que même les chauffeurs de « petits taxis » ne rechignent plus à mettre en marche leur compteur!

Consulat de France – *Av. Abou Obeïda ibn al-Jarrah, ville nouvelle - Fès - ✆ 05 35 94 94 00 - www.ma.consulfrance.org.*

Agenda

Festival des musiques sacrées du monde – *Juin - Rens. : Fondation Esprit de Fès - Sidi al-Khayat, Batha - ✆ 05 35 74 05 35 - www.fesfestival.com - concerts 20/60 € - pass concerts 350 € - billetterie en ligne.* Chaque année, Fès devient la terre de rencontre des musiques religieuses des cinq continents. Une semaine de concerts, conférences, expositions et projections dans les lieux les plus prestigieux de la ville. Durant le festival se tient également le **Forum de Fès**, un colloque de deux jours autour d'un thème lié au sacré (30/60 €). Programme annoncé sur le site du festival.

Festival de Fès de la culture soufie – *Oct. - www.festivalculturesoufie.com.* Concerts et conférences.

Festival de Fès de la musique andalouse - *Mars-avril.* Concerts par des orchestres venus de différentes villes du pays (Tanger, Tetouan, Rabat).

Festival de l'art du malhoun – *Juil.* Concerts pour célébrer cet art poétique.

Moussem de Moulay Idriss al-Azhar – *Fin-sept.-déb. oct.* Hommage annuel rendu par la population de Fès au fondateur de la ville. Les différentes corporations artisanales défilent à travers la médina. Le point culminant des festivités est la cérémonie de la *keswa*. Le catafalque qui recouvre le tombeau du saint patron est alors renouvelé. À cette occasion également, concerts de chants religieux et spirituels musulmans.

4

Nos adresses

Restauration

Dans la médina PLAN III (P. 224)

Plusieurs demeures anciennes ont été transformées en restaurants; certains ne sont ouverts que pour le déjeuner.

Premier prix, moins de 100 DH

7 **La Kasbah** – E7 - *Bab Bou Jeloud, à gauche en entrant dans la médina - ✆ 05 35 74 15 33 - 8h-2h - 40/70 DH.* Comme une introduction ou une conclusion à la visite de la médina : ceux qui entrent par Bab Bou Jeloud peuvent ici l'observer de haut avant de se lancer à sa conquête, ceux qui en sortent, se remettre de leurs émotions... Une terrasse à mi-hauteur ainsi qu'une autre, au sommet de la maison, traversée par les vents et protégée du soleil.

Budget moyen, 100 à 200 DH

12 **Médina Café** – E7 - *6 derb Mernissi - Bab Bou Jeloud, juste avant d'entrer dans la médina, dans la rue à gauche - ✆ 05 35 63 34 30 - 80/120 DH.* Idéal pour ceux qui ont envie de s'extraire un peu

de l'effervescence de Bou Jeloud. Un des rares endroits où vous pourrez goûter le *khliah* (viande confite, spécialité de Fès), cuisiné en tajine avec des œufs fermiers et des olives, accompagné d'un thé à la menthe. Terrasse ou jolie salle intérieure sous une tente.

5 **Moi Anan** – F7 - *30 Zkak el-Ma - Chrabliyine - ✆ 05 35 63 57 13 - www.maisonmoianan.com - 🍷 - soir uniquement - fermé dim. - plats 100/150 DH.* Pour un dîner décalé. Au beau milieu de la médina, sur la terrasse d'une belle maison bourgeoise fassie, vous dégusterez une excellente cuisine thaï (pas trop épicée cependant). L'établissement appartient à un styliste, Anan Sorsutham, dont vous pourrez voir les créations au rez-de-chaussée.

3 **The Ruined Garden** – F7 - *13/15 derb Idrissy, Sidi Ahmed Chaoui - ✆ 06 49 19 14 10- www.ruinedgarden.com - plats 110/160 DH.* Un lieu insolite. Les propriétaires du riad voisin ont acheté ce qui n'était qu'un terrain vague semé de ruines et l'ont transformé en jardin un peu baroque. Délicieuse cuisine maison à base de produits frais. Excellentes salades, plats du jour à midi et carte le soir. Si vous voulez goûter l'agneau de 7h *(240 DH/kg)* commandez la veille. Un bon endroit pour une pause déjeuner ou pour un dîner romantique.

Pour se faire plaisir, 200 à 400 DH

22 **Les Jardins de Sheherazade** – F8 - *23 Arsat Bennis Douh - ✆ 05 35 74 16 42 - www.sheheraz.com - 🍷 - 280/400 DH.* Attablé au bord de la piscine, face aux palmiers éclairés, sur le toit en terrasse, ou encore dans le kiosque andalou, le moment est magique... Tout autant que l'expérience gustative : optez pour le couscous aux 7 fruits, spécialité de la maison ; mais il faudra d'abord venir à bout de la farandole d'entrées. La maison propose également chambres et suites luxueuses et raffinées *(à partir de 1850 DH).*

1 **Dar El Ghalia** – F7 - *13/15 Ross Rhi, Ras Jnane- ✆ 05 35 63 41 67 - 🍷 - 240/420 DH - « voir Hébergement ».* Ici, sur une divine terrasse dominant la médina, vous ne goûterez qu'à des mets préparés dans le respect le plus strict de la tradition. Tajines exquis (comme le poulet Mqualli au citron), brochettes de viande marinée tendre à souhait, mais aussi épaule d'agneau dorée ou couscous... Dommage qu'on s'y sente un peu seul certains soirs.

4 **Fez Café** – F7 - *13 Akbat Sbaa, Douh - ✆ 05 35 63 50 31 - www.jardindesbiehn.com - 🍷 - 350/400 DH.* Une étape de charme au restaurant du Jardin des Biehn *(voir « Hébergement »)*, dans une ambiance bobo chic. Cuisine française et marocaine préparée par le chef de la maison. C'est assez réussi pour justifier une halte reposante durant la journée, ou un dîner intime face au merveilleux jardin de la maison.

Une folie, plus de 400 DH

20 **L'Ambre** – F7 - *Derb Ben Slimane, Zerbtana - près de la pl. Batha - ✆ 05 35 94 76 10 - www.riadfes.com - 🍷 - 350/700 DH.* Dans son aile moderne, le Riad Fès *(voir « Hébergement »)*, propose dans une salle très contemporaine, une cuisine gastronomique fassie de haute volée, mêlant recettes ancestrales et touches inventives contemporaines. Menu entrée/plat ou plat/dessert 340 DH. Mais laissez-vous tenter par le menu-dégustation de sept services *(690 DH).* Proposition d'accord mets-vins à *190 DH.*

2 **Nur** – F7 - *7 Zkak Rouah - Fès - ✆ 06 94 27 78 49 - 🍷 - mar.-sam. 18h30-22h.* Née au Pays Basque espagnol et après avoir œuvré avec quelques uns des plus grands chefs du monde, parmi lesquels Ferran Adrià dans son mythique

El Bulli, Najat Kaanache a posé ses couteaux à Fès en 2016. Dans son établissement à la déco très contemporaine, elle propose trois menus dégustation *(350, 550 et 700 DH)*. Optez au moins pour le second pour apprécier tout le talent de la jeune cheffe, rencontre entre les techniques de cuisine contemporaine et les saveurs du Maroc. Son tajine de poisson au caviar fait mouche. Les desserts sont tout aussi inventifs tout comme les mignardises de fin de repas. Service de vin au verre pour accompagner au mieux chaque plat. Une table exceptionnelle tout comme la cheffe (très investie par ailleurs dans la défense du droit des femmes). Réservez.

Dans la ville nouvelle

PLAN II (P. 230)

Premier prix, moins de 100 DH

6 **Cyrnoss** – C5 - *R. Abbes el-M'Saadi - ✆ 06 63 60 55 25 -* ⊭. La *street food* à la mode fassie. On vient ici pour déguster des *maakouda*, de beignets de purée de pommes de terre, servies seules avec une sauce piquante ou en *wrap* avec œuf et fromage. On est vite calé pour moins de 10 DH.

5 **Grillade Adil** – C5 - *R. Mohammed el-Hansali - ✆ 05 35 62 04 29 -* ⊭ *- 12h-22h.* Les habitués affirment qu'on mange ici les meilleurs brochettes de la ville. Il est vrai qu'on n'est jamais déçu : poulet, bœuf, agneau, veau, viande hâchée..., elles sont toujours parfaitement marinées et grillées. Avec cinq brochettes (minimum syndical : elles sont minuscules), une assiette de frites et un soda, vous ne vous en tirerez pas à plus de 25 DH.

7 **Ismail** – C5 - *7 r. Ahmed Amine - une rue qui débouche sur l'av. Abou Obeïda ibn al-Jarrah au niveau du consulat de France - ✆ 06 61 35 01 66.* Une cantine populaire propre, gaie et délicieuse. Ici, on sert exclusivement du poisson, et tout est frais à souhait : goûtez absolument la friture de poissons *(50 DH)* et les crevettes pil-pil sautées à l'huile d'olive *(50 DH)*.

25 **Snack Lahcen** – C5 - *12-14 r. Mohammed el-Jai - juste derrière la poste - ✆ 05 35 94 37 38 - 11h30-23h.* Un autre petit restaurant de poissons. La soupe de poissons y est réputée, mais vous y dégusterez aussi de la friture et du tajine de poissons *(80 DH)*. Simple et bon marché.

28 **Vesuvio** – C5 - *9 r. Abi Hayane Taouhidi - ✆ 05 35 93 07 47 - 50/80 DH.* Une alternative italienne aux tajines et couscous, pour ceux qui ont envie de faire une pause... Excellentes pizzas cuites sous vos yeux au feu de bois ; les Marocains raffolent de la pizza aux fruits de mer, mais vous trouverez aussi une margharita classique ; accueil doux et cadre confortable.

Budget moyen, 100 à 200 DH

Chez Vittorio – HORS PLAN - *21 r. Brahim Roudani - ✆ 05 35 62 47 30 - 🍷 - 100/200 DH.* Un classique immuable de la ville nouvelle : à midi les employés, le soir les familles. Pizzas, salades, omelettes et plats de viande. Le prix est un peu surévalué, mais le cadre et l'ambiance demeurent sympathiques... et la mousse au chocolat tout à fait honorable !

Restaurant Marrakech – HORS PLAN - *11 r. Omar el-Mokhtar - ✆ 05359-30876 - 100/150 DH.* Un des rares restaurants situé en dehors de la médina à proposer un menu touristique à rapport qualité/prix correct. On s'installe dans une salle épurée ou dans le salon marocain aux banquettes impeccables pour savourer un excellent tajine de poissons ou quelques brochettes marinées. Équipe sympathique, cadre propre et jus de fruits frais pour faire une pause revigorante.

Pour se faire plaisir, 200 à 400 DH

1 Restaurant lounge MB – A1, PLAN I - *12 r. Ahmed Chaouki - ✆ 05 35 62 27 27 - www.mbrestaurantlounge.com - 🍷 - entrée-plat 250/400 DH, menus 450 et 550 DH.* « MB », c'est la Maison Blanche, ancien nom de l'établissement qu'utilisent toujours les habitués. Déco ultra contemporaine signée Christophe Pillet, et à la carte des plats minutieusement travaillés, puisant leur inspiration dans les traditions gastronomiques françaises et marocaines : confit ou magret de canard, sole à la crème de champignons aux truffes, ou épaule d'agneau aux dattes fourrées aux noix. L'établissement possède également un *lounge bar* pour siroter un cocktail dans une ambiance chic et *cosy*.

Au sud de la ville nouvelle

Budget moyen, 100 à 200 DH

Andalous – *34 bd Moulay Abdallah - rte d'Imouzzèr - ✆ 05 35 60 3162 - www.andalousfez.com - 🍷 - 16h-0h.* Un lieu plutôt branché avec trois ambiances ; la Tapería pour piocher dans un large assortiment de tapas *(25/40 DH)* ou déguster un plat de cuisine espagnole *(120/140 DH)* ; le Lounge, pour voir un verre au rythme d'un DJ ou d'un groupe ; le Sky, le bar *lounge* sur le toit de l'immeuble pour siroter un verre un œil sur la ville.

Petite pause

Café Clock – *7 derb El Magana - ruelle à g. juste avant la medersa Bou Inania - ✆ 05 35 63 78 55 - www.cafeclock.com - 9h-23h.* Un lieu atypique dans une maison tout en hauteur de la médina, avec des recoins à chaque étage pour siroter un thé à la menthe, une fondue de chocolat ou un *lassi* à la banane. On peut également y manger : quiches, salades mais aussi couscous, tajines et le plat signature de la maison : le burger de chameau au ketchup de Taza *(95 DH)*. Animation tout au long de la semaine à partir de 18h, avec concert d'oud, conteurs, films...

Café La Noria – *Jardin Jnan Sbil - ✆ 05 35 65 42 55 - 7h30-23h.* Un joli coin tranquille et sans façon pour se rafraîchir après la visite de Fès-Jdid. Dans le jardin se dresse le squelette d'une antique noria qui alimentait la ville en eau. Vous pourrez également y manger *(plats 60/100 DH)*.

Boire un verre

Bar Jungle – *Hôtel Sahrai, Dhar el-Mehraz - ✆ 05 35 94 03 32 - 🍷 - 17h-1h.* Immanquable pour siroter un verre en admirant le crépuscule sur la médina ou accroché au bar en grignotant des tapas.

Shopping

Marché central – *Av. Mohammed V - 7h-14h, vend. 7h-11h.* On y trouve de tout : viandes, poissons, fruits, légumes, épices, fleurs... Notez à l'entrée le tableau des « Mercuriales journalières » qui donnent pour chaque denrée une fourchette de prix auquel Ils doivent être vendus.

Borj Fez – *Bd Allal el-Fassi - 10h-21h (22h en été).* Le temple de la consommation à Fès : 80 boutiques et 15 restaurants sur 3 niveaux. Les grandes enseignes internationales sont particulièrement bien représentées. Vous y trouverez également un hypermarché Carrefour.

Antiquités et artisanat

Antiquité Nejjarine – *3 pl. Nejjarine - ✆ 05 35 63 35 05 - fermé vend.* Une véritable caverne d'Ali Baba.

Petit Bazar de Bon Accueil – *35 Talaa Seghira - sur la gauche en descendant le Talaa, un peu* *plus bas que la medersa Bou Inania - 9h-19h.* Peu d'objets mais uniquement des pièces de qualité. Prix plutôt élevés et pas de marchandage possible.

Coopérative artisanale des patrons potiers – *R. Sidi Hrazem - Ain Nokbi, souk des potiers - ☎ 05 35 64 92 25.* Choix varié des fameuses poteries de Fès.

Tapis

L'Art Bleu – *R. Blida - à côté des tanneries Chouwara - ☎ 06 72 68 90 52.* Pièces de tissus en soie végétale, pure ou mélangée au coton. Bon accueil et prix très raisonnables. Tout est tissé sur place.

Culture

Kiosque Rami – *Bd Mohammed V - au coin de la rue Abdelkrim el-Khattabi, ville nouvelle - 8h-23h.* Quelques titres de la presse francophone, ainsi que des guides et plans de la ville.

Institut français de Fès – *33 r. Loukili, ville nouvelle - ☎ 05 35 62 39 21 - www.if-maroc.org/fes.* L'institut organise de nombreuses expositions et manifestations culturelles. Calendrier sur le site internet.

Activités

Royal Golf de Fès – *Rte d'Imouzzèr, km17 - ☎ 05 35 66 50 06-www.madaefgolfs.com - 7h30-19h - greenfee 600 DH - voiturette 300 DH - practice 150 DH.* Parcours de 18 trous, Par 72.

Spa Nausikaa – *Av. Bahnini, rte Aïn Smen - à 5mn du centre-ville - ☎ 05 35 61 00 06 - www.nausikaa.ma -7h-20h30.* Hammam *(120 DH)*, massages, manucure et soins esthétiques. Sections hommes et femmes séparées.

Spa du Palais Faraj – *Bab Ziat - ☎ 05 35 63 53 56 - www.palaisfaraj.com - Seult sur réservation.* Un hammam digne des *Mille et Une Nuits* pour se délasser d'une journée de visite. Hammam avec gommage au savon d'argan 450 DH.

Spa du Riad Maison Bleue – 33 derb El-Mitter, Talaa Kebira - du parking Aïn Zliten, suivre le fléchage - *☎ 05 35 74 18 73 - www.maisonbleue.com - sur réserv.* C'est un luxe exquis, à s'offrir si l'on a envie de se faire chouchouter. Différents bains, massages, gommages et autres soins. Hammam 500 DH.

Thermes Moulay Yacoub & Spa – *Moulay Yaâcoub - 20 km à l'ouest de Fès - ☎ 05 35 69 40 64 - www.moulay-yacoub-vichy-thermalia-spa-hotel.fr - 9h-18h30, lun. 14h-18h30.* Pour une cure complète (rhumatologie, ORL, perte de poids) ou pour un moment de détente et de remise en forme, voire pour des soins de beauté, des massages, des douches toniques... Pass hebdomadaire donnant accès à la piscine thermale 180 DH. Les thermes appartiennent à un luxueux complexe hôtelier *(chambre à partir de 950 DH)*. L'ensemble est géré par la Compagnie de Vichy.

Hébergement

On trouve des hébergements de toutes catégories. Attention : en haute saison (avr.-juin), en particulier pendant le fameux **Festival des musiques sacrées du monde**, il peut être difficile de trouver une chambre en ville : il est alors prudent de réserver.

Dans la médina PLAN III (P. 224)

De superbes maisons anciennes de la médina, restaurées avec soin, sont transformées en chambres d'hôte ou en hôtelleries, lieux magiques propices à une étape de charme et contribuant à la réhabilitation de la vieille cité.

Premier prix, moins de 400 DH

Union des Associations et des Amicales Fès-Médina – *✆ 06 64 81 90 68- www.ziyaratesfes.com.* À ceux qui souhaitent vivre à fond la culture marocaine, cette association propose un hébergement chez l'habitant, au cœur de la médina. Une trentaine de familles ont été sélectionnées et ont reçu de l'aide pour moderniser leur maison afin d'accueillir les voyageurs. La réservation et le paiement se font auprès de l'association, comptez 300 à 400 DH avec petit-déjeuner pour une chambre double. Le plus souvent ces maisons peuvent louées dans leur totalité : idéal pour une famille ou un groupe d'amis. Possibilité de repas.

Budget moyen, 400 à 700 DH

2 **Blue Sky Hôtel** – F7 - *8 r. Sidi Ikhayat - Batha - ✆ 05 35 63 83 54 - www.blueskyhotelfes.com - 14 ch. - à partir de 400 DH selon la saison.* Une bonne option pour loger à l'entrée de la médina, si vous recherchez un confort moderne et fonctionnel. Les chambres – pas très grandes mais certaines avec balcon –, sont décorées dans des tons frais et pimpants. Accueil sympathique.

25 **Jnane Souafine** – F7 - *15-19 Oued Souafine - à 5mn à pied de Bab Ziat - ✆ 05 35 63 86 86 - www.riadsouafine.com - 3 ch. 550/800 DH.* La maison, nichée au fond d'une impasse, est gérée par les propriétaires du Riad Souafine. Ce véritable *home sweet home* s'avère idéal pour les familles (lits d'appoint sur demande) et les voyageurs en quête de confort à prix raisonnable. On est à l'aise dans les chambres spacieuses et équipées d'une kitchenette et d'un coin repas ; on peut profiter de la terrasse et du jardin.

Pour se faire plaisir, 700 à 1 200 DH

13 **Dar El Ghalia** – F7 - *13/15 Ross Rhi, Ras Jnane - ✆ 05 35 63 41 67 - 13 ch. - à partir de 865 DH - « voir Restauration ».* Luxueux palais du 17e s. situé en plein quartier des Andalous : toutes les suites et les chambres portent les noms des femmes de caractère y ayant vécu. Vous serez conquis par la terrasse à la vue sublime sur la médina.

14 **Dar Malika** – F7 - *22 r. Ferrane Couicha - Chrabliyine - ✆ 06 72 31 39 04 - www.darmalikafez.com - 4 ch. et un appart. - à partir de 700 DH - 2 nuits mini. - dîner sur commande (220 DH).* Pour un séjour de charme dans des chambres douillettes et modernes, décorées dans un style marocain contemporain. Le tout a été entièrement réaménagé en 2018. Les parties communes sont tout aussi soignées et la terrasse des plus agréable.

5 **Dar Córdoba** – F7 - *Derb Guebbus, quartier de Batha - ✆ 08 08 50 36 24 - www.darcordoba.com - 5 ch. - 760/975 DH selon la catégorie, 2 nuits mini. - repas sur réserv - ✕.* Dans une petite maison derrière la place Batha, cette pension propose des chambres aux couleurs éclatantes et gaies, et une déco se démarquant des étoffes et boiseries fassies.

61 **Riad Lune et Soleil** – F7-8 - *3 derb Skallia - ✆ 05 35 63 45 23 - www.luneetsoleil.com - 🍷 - 6 ch. - 700/900 DH selon la catégorie - repas 220 DH - ✕.* Les propriétaires du lieu se feront un plaisir de vous accueillir dans ce chaleureux riad à deux pas du musée Batha. Tout est prévu pour un séjour familial : trois couchages sont possibles dans les deux suites.

1 **Dar Al Safadi** – F7 - *4 Cheq Bdenjalla, Ziat - ✆ 05 35 63 78 03 - www.dar-alsafadi-fes.com - 6 ch. - 650/900 DH selon la catégorie - repas 170 DH - ✕.* Un excellent rapport qualité/prix, dans le quartier calme de Ziat.

Cette haute et lumineuse maison a été décorée sans surcharge et les chambres (surtout celles de l'étage) ont l'avantage d'être claires. On s'est visiblement amusé avec la déco des salles de bains : de grandes baignoires carrelées, des cabines de douche façon kasbah... De la terrasse, vue magnifique et apaisante.

15 **Dar Seffarine** – G7 - *14 derb Sbaa Louyate - à 2 pas de la pl. Seffarine - ✆ 06 71 11 35 28 - www.darseffarine.com - 6 ch. - 900/1 400 DH ☕ selon la catégorie, 2 nuits mini.* Une belle demeure dans la médina, restaurée avec originalité dans un style mêlant respect des techniques et matériaux traditionnels, ainsi que design scandinave. Atmosphère paisible, détendue et anglophone dans ce lieu unique.

17 **Dar Victoria** – G7 - *31 r. Makhfia - quartier Bourajoue - ✆ 06 62 64 33 01 - www.darvictoriafes.com - 7 ch. - 1 100-1 300 DH ☕ selon la catégorie - dîner sur commande 220 DH/pers.* Autour d'un majestueux patio, se répartissent des chambres aussi impeccables que confortables. Au petit-déjeuner, ne manquez pas les délicieuses confitures. Hammam et soins esthétiques.

Une folie, plus de 1 200 DH

55 **Riad al Bartal** – F8 - *21 r. Sournas, Bab Ziat - ✆ 05 35 63 70 53 - www.riadalbartal.com - P - 5 ch. à partir de 820 DH ☕ - 3 suites 1 300/1 500 DH ☕ - repas 195 DH.* Cette belle maison fassie décorée de toiles de peintres marocains contemporains dispose de trois grandes chambres, deux plus petites et trois suites. Terrasse fleurie offrant une vue sur les montagnes, agréable patio pour se détendre à l'ombre.

3 **Hôtel Le Jardin des Biehn** – F7 - *13 Akbat Sbaa - Douh - ✆ 05 35 74 10 36 - www.jardindesbiehn.com - 🍷 ♨ - 14 ch. et suites à partir de 1 650 DH ☕ - ✕.* Une oasis merveilleuse au cœur de la médina : plus de 15 000 m² d'un jardin luxuriant ombragé de palmiers et qui ménage de nombreux recoins paisibles. Le propriétaire, ancien antiquaire, a puisé dans ses collections pour la décoration des chambres, où se côtoient style colonial, tapis précieux, mobiliers arabes, comme l'exceptionnel coffre de 14e s. qui orne la suite du Pacha. Une piscine, un hammam et un Spa complètent l'ensemble, un refuge pour *happy few* où il est prudent de réserver longtemps à l'avance. Excellent restaurant, le Fez Café, ouvert aux non-résidents *(voir « Restauration »).*

6 **Palais Amani** – G6 - *12 derb El-Miter - Oued Zhoune - ✆ 05 35 63 32 09 - www.palaisamani.com - 🍷 - 18 ch. et suites 1200/2400 DH - ☕ 219 DH selon la catégorie - ✕ menu 450 DH.* Bien situé à deux pas des principaux centres d'intérêt de la médina, cet hôtel joue la carte du *glamour*, avec ses chambres à la décoration sobre et élégante. Vous pourrez vous faire chouchouter au Spa, prendre un cocktail sur la terrasse ou tout simplement profiter du jardin agrémenté de bassins et de fontaines. Réductions importantes en juil.-août.

4 **Riad Laroussa** – F7 - *3 derb Bechara - ✆ 06 74 18 76 39 - www.riad-laaroussa.com - ♨ - 8 ch. - 1 200/3 100 DH ☕ selon la catégorie - ✕ plats 70/170 DH.* Une immersion réussie dans la médina. Vous logerez dans un palais du 17e s. agrémenté d'un jardin planté d'orangers, où ont été amenagées huit chambres douillettes. Faïences et carrelages anciens y dialoguent harmonieusement avec une décoration aux touches plus contemporaines. Splendide terrasse ouvrant sur toute la médina. Le soir, sur réservation, vous pourrez déguster une

4

authentique cuisine fassie, mitonnée par la cuisinière de la maison. Vous pourrez même l'accompagner dans la préparation du repas, rendez-vous à 11h pour partir au marché.

64 **Ryad Mabrouka** – E7 - *25 derb El-Mitter - ✆ 05 35 63 63 45 - www.ryadmabrouka.com - 🏊 - 3 ch. - 1 000/1 250 DH - 4 suites 1 400 DH - suite royale 1 800 DH ☕ - 🍴 menu 240 DH.* Zelliges, stucs, plafonds en bois de cèdre et splendide jardin arabo-andalou. Un séjour de charme dans un cadre luxueux.

58 **Riad Fès** – F6 - *5 derb Ben Slimane - Zerbtana (accès par la pl. de l'Istiqlal) - ✆ 05 35 94 76 10 - https://riadfes.com - 🍸 🏊 - 26 ch. - à partir de 1 900 DH ☕ - suites à partir de 4 500 DH ☕ - 🍴.* Un Relais et Châteaux en plein cœur de la médina. L'ensemble, chambres et parties communes, allie avec élégance esprit contemporain et tradition marocaine avec notamment de somptueux tapis. L'hôtel s'organise autour de 4 patios et dispose d'une piscine, d'un Spa et d'une sublime terrasse-*lounge* pour admirer le coucher du soleil un cocktail à la main. Restaurant d'exception, l'Ambre *(voir « Restauration »).*

Près du Borj Nord PLAN III (P. 224)

Pour se faire plaisir, 700 à 1 200 DH

22 **Hôtel Les Mérinides** – E6 - *Borj Nord - ✆ 05 35 64 52 26 - 🍸 🅿 🏊 - 103 ch. - à partir de 975 DH ☕ (1 125 DH ☕ avec vue sur la médina) - 🍴.* Si vous ne tenez pas à séjourner dans un riad historique au cœur de la vieille ville, l'hôtel est une excelllente option avec ses chambres aussi spacieuses que confortables et son service attentionné. Réservez de préférence une chambre ouvrant sur la médina en contrebas : la vue est sublime. Sinon, vous pourrez l'admirer depuis le restaurant marocain La Kouba du Ciel, au 3e étage.

Dans la ville nouvelle

PLAN II (P. 230)

Premier prix, moins de 400 DH

4 **Auberge de jeunesse** – D4 - *18 r. Abdessalem Serghini - ✆ 05 35 62 40 85 - www.hihostels.com - 🚭 - 37 lits - 190 DH pour une chambre double privée (sanitaires extérieurs) ☕.* L'auberge est éclatante de propreté. Ses bâtiments de plain-pied répartis dans un jardin fort bien entretenu en font un lieu paisible. Dans un décor fassi, le vert court entre les zelliges et les tuiles, le bleu de cobalt entre les céramiques. Accueil souriant.

76 **Splendid Hôtel** – C5 - *9 r. Abdelkrim el-Khattabi - ✆ 05 35 62 21 48 - www.hotelsplendidfes.site - 🍸 🅿 🏊 - 70 ch. - 315 DH ☕ 128 DH - 🍴.* Cet hôtel un peu impersonnel mais disposant d'un confort convenable d'une piscine et d'un parking surveillé est situé à proximité de la place Ahmed al-Mansour. Bon rapport qualité/prix si vous voulez loger dans la ville nouvelle.

20 **Hôtel de la Paix** – C5 - *44 av. Hassan II - ✆ 05 35 93 17 97 - 🍸 - 42 ch. - 350 DH - ☕ 33 DH - 🍴.* Chambres impeccables et fonctionnelles sont le propre de cet hôtel qui trône depuis 1939 sur les « Champs-Élysées » de Fès. Les gourmands se réjouissent devant la carte du restaurant Nautilus (au 1er étage), tandis que les oiseaux de nuit sirotent un verre dans le bar au sous-sol de l'hôtel. Une adresse sympathique.

Budget moyen, 400 à 700 DH

27 **Hôtel Perla** – C5 - *15 r. de la Jordanie - ✆ 05 35 94 36 41 - www.hotelperlafes.com - 25 ch. - 420 DH - ☕ 40 DH - repas 120 DH.* À deux pas de la gare, une des bonnes adresses dans la ville nouvelle si l'on cherche confort et

attention : accueil soigné, chambres propres très agréables. Hammam.

28 **Ibis Fès** – C4 - *Av. des Almohades - en face de la gare - ✆ 05 35 65 19 02 - www.all.accor.com* - 🍷 🅿 - *123 ch. - 680 DH* ☕ - ✕. Dans un joli bâtiment blanc dissimulé sous les bougainvillées, cet hôtel propose les prestations et le confort standard de la chaîne. Une valeur sûre si vous ne cherchez pas le dépaysement.

Pour se faire plaisir 700 à 1 200 DH

25 **Hôtel Menzeh Zalagh** – D5 - *10 r. Mohammed Diouri - ✆ 05 35 62 65 31 - www.zalagh-fes.com* - 🍷 🅿 ≋ - *150 ch. - à partir de 750 DH* ☕ - ✕. Un des hôtels historiques de Fès, construit dans une belle architecture des années 1940. Il est planté en lisière de la ville et offre de larges vues sur la médina. Chambres de tout confort (demandez une vue sur la vieille ville) et service parfait. Plusieurs restaurants dont un de spécialités marocaines en terrasse avec vue.

Une folie, plus de 1 200 DH

5 **Hôtel Sahrai** – D5 - *Dhar el-Mehraz - ✆ 05 35 94 03 32 - www.hotelsahrai.com* - 🍷 🅿 ≋ - *50 ch. - à partir de 2 600 DH* ☕ - ✕. Posé sur une colline dominant la médina, le Sahrai est une vraie réussite : architecture contemporaine qui se fond dans le paysage et déco intérieure signée du designer Christophe Pillet où les lignes contemporaines sont ponctuées de références discrètes aux traditions locales. Les chambres sont à l'avenant. Service impeccable.

Dans les environs

Premier prix, moins de 400 DH

7 **Camping caravaning international** – B2 - *À proximité de la rte Fès-Sefrou et du Royal club équestre, à 5 km au sud de la ville - ✆ 05 35 61 80 61* - ≋ - *emplacement de camping-car 110 DH.* Installé dans la verdure, il comporte une piscine et une pataugeoire, deux restaurants et un snack, un parc de jeux pour enfants et un parcours de randonnées pédestres et équestres.

Budget moyen, 400 à 700 DH

À Moulay Yaâcoub

Hôtel Moulay Yaâcoub – *Moulay Yaâcoub, à l'entrée du village - ✆ 05 35 69 40 35* - 🍷 ≋ - *à partir de 410 DH* ☕ - ✕. Un endroit agréable où séjourner : chambres ou bungalows environnés d'une végétation luxuriante, restaurant avec vue panoramique sur les paysages des montagnes prérifaines, tennis, piscine. Le tout à 1 km des sources thermales.

4

Meknès ★★

Bâtie sur une colline que l'oued Boufekrane sépare de la ville moderne, la ville ancienne de Meknès avec ses innombrables minarets se découvre de très loin. Ville du Nord par son ciel, son architecture, ses couleurs, elle rappelle Marrakech par ses vastes espaces libres, ses imposantes proportions, sa population mêlée et la vie turbulente de ses souks. Si les souverains almohades et mérinides l'ont parée de monuments, c'est à Moulay Ismaïl, qui la promut au rang de capitale, qu'elle doit son prestige et les impressionnants vestiges de ses palais. Après avoir connu, sous le règne de ce souverain, un exceptionnel éclat, Meknès a su demeurer une ville prospère. La culture des céréales, l'exploitation des oliviers et celle de la vigne dans la riche plaine du Saïs alimentent ses minoteries, ses huileries, ses caves vinicoles – parmi les plus importantes du pays.

Se repérer

576152 habitants (les Meknassis)

CARTE P. 210 (A2) – *carte Michelin 742, plis 5, 22 et 27* – Située sur le grand axe qui traverse le Maroc d'ouest en est, Meknès se trouve également au carrefour de la route de Tanger et des voies de pénétration vers le Moyen Atlas (routes de Marrakech et d'Erfoud par Azrou). La ville est reliée par l'autoroute à Rabat *(115 km)* et à sa voisine Fès *(51 km)*.

À ne pas manquer

Les monuments de la ville impériale et de la médina.

Organiser son temps

Prenez au moins une journée pour découvrir les richesses de cette cité impériale. Vous pouvez également y séjourner pour visiter les environs.

En famille

Les activités équestres, pour les amateurs...

Carnet pratique p. 257

Nos adresses p. 257

La cité des Meknassa

Meknès fut fondée au 10e s., en même temps que Taza, par la tribu zénète des Meknassa, nomades venus des plaines et des plateaux désertiques de l'Est, qui ne pouvaient qu'être séduits par l'abondance des eaux et la fertilité du sol. Sur les rives de l'oued Boufekrane, ils établirent une série de villages entourés de jardins, qu'ils nommèrent « Meknassa ez-zitoun » (« Meknès des Oliviers »).

Sous les Almoravides, une ville fortifiée naquit à l'emplacement de l'actuelle médina. Les Almohades, puis les Mérinides embellirent la ville, faisant édifier des mosquées et des *medersas*. Ces derniers avaient choisi Fès pour capitale ; Meknès devint au 14e s. le séjour préféré de leurs vizirs.

La chute des Mérinides amena le déclin de Meknès, qui connut le sort sans gloire des petites villes de province, jusqu'au jour où elle eut rendez-vous avec le destin...

Tombeau de Moulay Ismaïl, Meknès.
J.-D. Dallet/age fotostock

Se promener

★★ La ville impériale PLAN I P. 248 ET PLAN II P. 250

Promenade en voiture – environ 4h - si vous êtes à pied, le tombeau de Moulay Ismaïl et la prison des Chrétiens peuvent se visiter aisément à la suite de la visite de la médina ; pour Dar el-Ma, prenez un taxi ou mieux une calèche.

Partir de l'avenue Mohammed V, la grande artère commerçante de la ville nouvelle. La rue (zankat) El-Meriniyine offre de très belles **vues**★ sur la ville ancienne bâtie à flanc de colline et formant une longue bande de murs ocre et blanc hérissée de minarets. Le soir, la médina avec ses innombrables petites lumières, au-dessus de la zone d'ombre formée par la dépression de l'oued Boufekrane, semble flotter dans le ciel étoilé.

4

★ Bab Berdaïne PLAN I AB1 ET PLAN II E3

Cette belle porte massive flanquée de deux énormes bastions carrés et décorée de faïences vertes fut construite par Moulay Ismaïl. Son arc encadre le haut minaret de la mosquée du même nom, édifiée elle aussi par ce souverain.

Après Bab Berdaïne, la route contourne le plus ancien cimetière musulman de la ville.

Koubba de Sidi Aïssa PLAN I A1

Entrée interdite. Dans ce petit bâtiment carré, très blanc et surmonté d'un toit à quatre pans couvert de tuiles vertes, repose le patron de Meknès. Ce monument sacré est le point de rassemblement des Aïssaoua lors de leur *moussem*, qui coïncide avec le Mouloud, l'anniversaire du Prophète *(date variable, voir calendrier des fêtes musulmanes p. 588 et encadré page suivante).*

Face à la koubba de Sidi Aïssa, prendre à droite.

Moulay Ismaïl, un règne d'exception

Moulay Ismail est le 3e souverain de la dynastie alaouite. Durant son long règne, 65 ans de 1672 à 1727, il a pour la première fois unifié le pays sous une seule autorité. Pour les Marocains, c'est l'un des plus grands rois de leur histoire, comparable à Louis XIV son contemporain.

L'unification du royaume

Le grand œuvre de ce souverain d'exception fut de soumettre les tribus turbulentes. Après dix années de guerres, c'est chose faite. Le royaume se couvre de places-fortes, près de 80 kasbahs où sont casernées les troupes royales. Moulay Ismail ordonne également la création d'un vaste réseau de routes et de pistes à travers tout le pays, étroitement contrôlées par la troupe. Les chemins sont si sûrs que, à en croire les chroniques, une femme seule peut voyager sans danger d'Oujda à l'oued Nun, à la lisière du Sahara. Un Juif aussi.

L'armée d'esclaves

Pour assurer sa puissance militaire, Moulay Ismail s'appuie sur une armée de métier et non plus sur les guerriers des tribus comme ses prédécesseurs. Une véritable révolution. Cette armée des Abid est exclusivement composée de soldats noirs, esclaves rachetés dans tout le Maroc par le souverain, ou acheminés du Soudan par les pistes caravanières. Cantonnés à l'ouest de Meknès, les soldats se voient attribuer des épouses : leur progéniture mâle est enrôlée à son tour au service du sultan dès l'âge de 10 ans. Les plus vaillants intégreront l'armée après cinq ans d'entraînement. Ce sont les fameux « haras » humains que décrivent les voyageurs européens avec horreur. Pour les guerriers des tribus marocaines, c'est une véritable humiliation : il leur est interdit de porter les armes, pas même un couteau, et de posséder des chevaux. Ils ne peuvent plus remplir une des recommandations de l'islam : le jihad.

À l'égal des grands

La pacification du royaume accomplie, reste à expulser les Européens des places fortes qu'ils occupent encore sur la côte marocaine. Moulay Ismail reprend Mehdiya en 1681, Tanger en 1684, Larache en 1689. Seule Ceuta lui résiste. Les relations avec les Européens ne sont pas qu'hostiles. Moulay Ismail aime à converser avec des prêtres chrétiens qu'il reçoit à sa cour. Il s'adjoint les services d'un corps d'artilleurs et de sapeurs européens qui jouent un rôle essentiel lorsqu'il faut assiéger une ville. Il entretient une correspondance amicale avec le roi Jacques II d'Angleterre et envoie en 1699 une ambassade à Versailles.

Le sultan de la démesure

Les chroniqueurs musulmans comme chrétiens sont unanimes à vanter la prestance physique et la vigueur du souverain, ses qualités de cavalier, son courage... Si on y ajoute son autorité sans faille et le gigantisme des constructions de sa capitale Meknès, voilà de quoi enflammer les imaginations. Pour les chroniqueurs européens, il est devenu le prototype du despote oriental, tyrannique et cruel. Il aurait fait périr de sa main plus de 30 000 esclaves, aurait eu 500 concubines et une innombrable progéniture, et aurait détenu dans ses geôles plus de 30 000 captifs chrétiens. L'étude des archives du royaume montre qu'il n'y en aurait eu guère plus de 1 500, pour la plupart capturés en mer par les pirates de Salé. Un chiffre comparable au nombre de chrétiens convertis qui combattaient à son service.

La route, en descente, procure des vues à gauche, sur le *mellah*. Arrivé à un carrefour où s'élève la mosquée de Sidi Saïd (18e s.), tournez à gauche, en face du minaret.
On entre dans la ville ancienne par Bab el-Khemis.

★ Bab el-Khemis PLAN I A2

Par son architecture et sa décoration, cette très belle porte ressemble à Bab Berdaïne. Flanquée comme elle de deux bastions carrés, ici en partie ruinés, elle est ornée de sculptures et de céramiques vertes. Une bande d'inscriptions en caractères cursifs sombres surmonte son encadrement. C'est le seul reste du quartier « des jardins » que Moulay Ismaïl avait fait édifier à l'ouest de Dar Kebira pour ses vizirs et des hauts fonctionnaires. Moulay Abdallah, son fils, fit en effet raser cette partie de la ville pour se venger des acclamations ironiques qui l'avaient accueilli au retour d'une expédition infructueuse contre les Berbères.
Tout de suite après Bab el-Khemis, prendre à droite une rue qui traverse le nouveau mellah.
Après avoir croisé une voie importante à double chaussée sur la gauche, on continue jusqu'à une muraille que l'on franchit par un passage à double arcade. Les habitants de Meknès désignent cette muraille par le nom de « muraille des riches » car, au 17e s., habiter à l'intérieur de cette enceinte, qui constituait une protection supplémentaire contre les invasions berbères, était un privilège réservé aux Meknassis les plus aisés.

Bassin de l'Agdal PLAN I B2

Aménagé par Moulay Ismaïl, ce vaste réservoir était destiné à l'irrigation des jardins de l'Agdal et aux divertissements nautiques des femmes du sultan. Il pouvait en outre constituer une réserve d'eau, pour le cas où des tribus berbères auraient assiégé Meknès.
Le bassin est dominé, à droite, par les ruines des anciens greniers de Moulay Ismaïl. Après le bassin, la route décrit un coude ; à droite, s'ouvre l'entrée de Dar el-Ma.

Le moussem des Aïssaoua

Chaque année, au moment du Mouloud, une cité éphémère s'installe aux environs de la mosquée Sidi Saïd. Sous les grandes tentes berbères campent les membres de la confrérie des Aïssaoua. Ils viennent célébrer la mémoire de Mohammed ben Aïssa, le « Cheikh al-Kamil » (le« maître parfait »), un sage soufi mort en 1562. Durant trois jours, les fidèles défilent en procession vers la Koubba de Sidi Aïssa où repose le fondateur de la confrérie. Des processions hautes en couleurs : derrière leurs oriflammes, les fidèles avancent au son des tambours, en chantant, dansant, hommes et femmes confondus. Ils offrent à voir les rituels qu'ils pratiquent le reste de l'année dans l'intimité de leurs foyers : des psalmodies et des danses extatiques qui doivent les conduire à la transe et à l'union avec la divinité, tout comme les gnaouas d'Essaouira. De quoi les rendre suspects pour les musulmans « orthodoxes » qui voient là des survivances de rites païens. Surtout lorsqu'au dernier jour des festivités, les Aïssaoua conduisent au sacrifice un taureau offert par le roi. Il sera égorgé par le maître de la confrérie, un descendant direct du Cheikh al-Kamil. Depuis sa fondation et jusqu'à nos jours, la confrérie recrute ses fidèles essentiellement dans les milieux modestes des campagnes. Elle a essaimé dans toute l'Afrique du Nord, jusqu'en Égypte. http://confrerieaissawa.free.fr

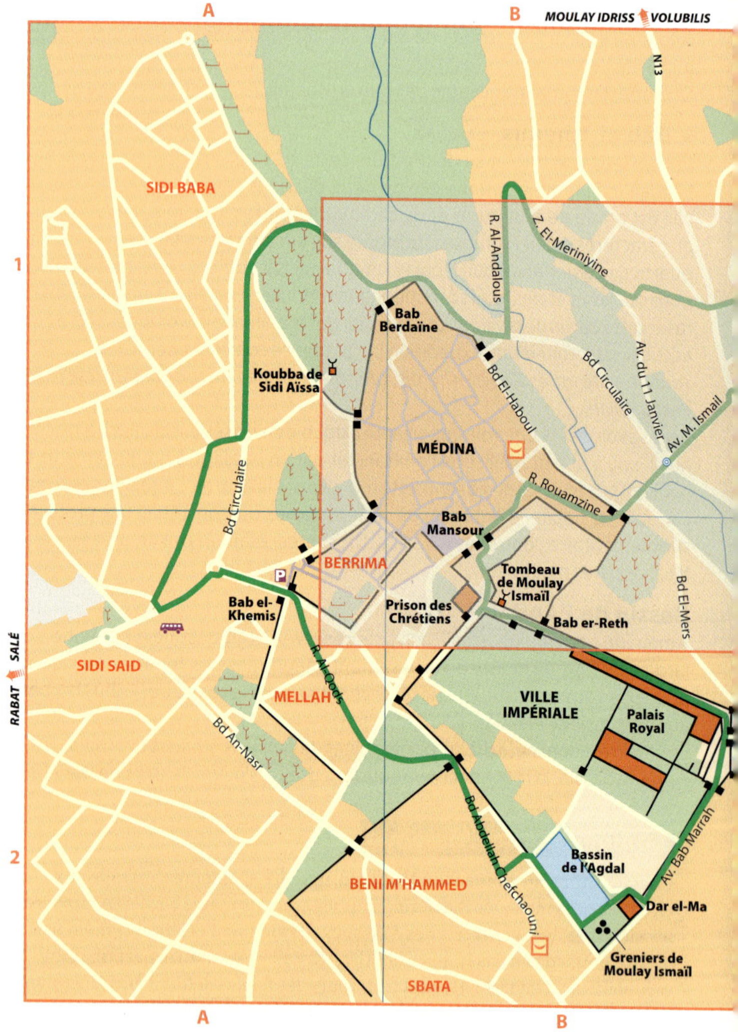

★ Dar el-Ma et greniers de Moulay Ismaïl PLAN I B2

9h-12h, 15h-18h - 70 DH - billet donnant accès aux greniers de Moulay Ismaïl.
Cet énorme bâtiment carré donne une idée de la démesure des constructions de Moulay Ismaïl. C'est ici que l'on entreposait les réserves de grains et le foin destiné aux 12000 chevaux du grand sultan. Mais Dar el-Ma signifie « maison de l'eau », et l'on peut y voir aujourd'hui encore les citernes profondes de 40 m d'où on faisait monter l'eau grâce à un système de norias actionnées probablement par des chevaux.Ces salles immenses, d'une hauteur impressionnante et aux murs épais de plusieurs mètres, sont éclairées par des ouvertures ménagées au centre de la voûte. Appelés aussi « écuries de Moulay Ismaïl », les **greniers de Moulay Ismaïl** servaient d'entrepôts, comme Dar el-Ma auquel ils sont contigus.

Il s'agit en fait d'une unique salle, comprenant 23 nefs, et dont la hauteur devait être supérieure à 12 m. L'étendue de l'édifice, les longues perspectives de puissants piliers et d'arcs massifs privés de leurs voûtes, la nudité du pisé rongé par le temps donnent à ces ruines un caractère de rudesse et de solennité.

On longe les jardins de l'École d'horticulture, à droite, puis on traverse le **méchouar** ; sur cette cour, aménagée à l'intérieur des fortifications, donne, à gauche, l'entrée du palais royal, partie du **nouveau palais** de Moulay Ismaïl restaurée au 19e s. *(ne se visite pas).*

Aussitôt après, la rue rectiligne, bordée de hautes murailles, forme une sorte de couloir. Ce passage reliait à l'ancienne Meknès et au palais de Dar Kebira, la nouvelle cité impériale conçue par Moulay Ismaïl.

4

SE RESTAURER

Aisha........ 2
Le Collier de la Colombe........ 3
L'As D-Lys........ 5
Le Stream........ 6
Marhaba........ 7
Le Riad........ 25

SE LOGER

Auberge de jeunesse........ 1
Riad Yacout........ 2

- Le Collier de la Colombe ... 3
- Riad Safir ... 4
- Hôtel Majestic ... 10
- Hôtel Transatlantique ... 13
- Hôtel Ibis Meknès ... 16
- Riad Meknès ... 19
- Riad Ma Bohème ... 20
- Riad El Ma ... 21
- Ryad Bahia ... 24

Bab er-Reth PLAN II F5

Porte monumentale dont les gros piliers de marbre, de 1,25 m de diamètre, annoncent ceux de Bab Mansour.

On débouche sur une petite place : à droite se trouve le tombeau de Moulay Ismaïl.

★★ Tombeau de Moulay Ismaïl PLAN II F5

Tlj sf vend. matin 9h-12h, 15h-18h - entrée libre.

C'est un des rares sanctuaires du Maroc ouvert aux non-musulmans : ne le manquez pas ! On pénètre dans le mausolée par une porte très ouvragée, décorée d'entrelacs et surmontée d'un auvent aux tuiles vertes. Une suite de patios aux murs aveugles et une cour aux ablutions précèdent le sanctuaire (à l'entrée duquel on doit se déchausser). La salle du mausolée est séparée en deux parties, l'une profane, l'autre sacrée. À droite se situent les tombeaux royaux, que seuls les fidèles d'Allah peuvent approcher. Moulay Ismaïl y repose (le 2e en partant de la gauche), entouré de membres de sa famille. Aux angles de la pièce se dressent quatre horloges comtoises, offertes au sultan par Louis XIV. À gauche, une salle merveilleusement ornée fait office d'antichambre : une délicate fontaine de marbre, dans un bassin en forme de sceau de Salomon, occupe le centre de la pièce. Admirez le plafond de cèdre richement travaillé, datant du 17e s.

Du mausolée de Moulay Ismaïl, se rendre à la prison des Chrétiens : en sortant, passer sous la porte à triple arcade et descendre les quelques marches qui se trouvent de l'autre côté de la rue.

Près d'un pavillon qui était réservé aux ambassadeurs, au bord d'une allée, s'ouvre un peu en contrebas l'entrée de la prison des Chrétiens.

Prison des Chrétiens PLAN II EF5

9h30-18h - 10 DH.

Dans cette prison constituée de vastes souterrains, les sultans détenaient, dit-on, les captifs européens qui travaillaient aux fortifications.

Elle porte aussi le nom de « prison de Cara », du nom d'un prisonnier portugais à qui Moulay Ismaïl aurait promis la liberté s'il parvenait à trouver le plan d'une prison pouvant contenir 40 000 captifs.

Une partie de ces souterrains a été détruite lors d'un tremblement de terre. Les salles sont éclairées grâce à des trous d'aération pratiqués dans les voûtes.

Reprendre la voiture.

Aussitôt après être repassé sous la porte à triple arcade proche du mausolée de Moulay Ismaïl, tourner deux fois à droite pour rejoindre la vaste place Lalla Aouda, que dominent les remparts de Dar Kebira, le premier palais de Moulay Ismaïl, dont il ne reste que des ruines.

La rue fait un coude à gauche et on traverse la place pour franchir une double porte ; en tournant à gauche tout de suite après cette dernière, on débouche sur la place El-Hédime.

★ Place El-Hédime PLAN II E5

Cette grande place est située à la limite de la ville ancienne et de la cité impériale de Moulay Ismaïl. Elle doit son nom (place « de la démolition ») aux décombres qui y furent entreposés lorsque le sultan bâtisseur eut fait raser un nombre considérable d'édifices, avant d'entreprendre ses gigantesques travaux.

Une grande animation y règne, particulièrement l'après-midi. Une foule compacte déambule sur le vaste terre-plein qu'envahissent toutes sortes de commerçants, qui disposent sur des étals ou à même le sol leurs marchandises, alimentaires ou

non, tandis que des porteurs d'eau y agitent leurs clochettes, en quête d'amateurs photographes et de clients.
Deux portes monumentales dominent la place : Bab Jema en-Nouar et la célèbre Bab Mansour.

★★ Dar Jamaï PLAN II E5

Entrée sur la place El-Hédime - fermé pour travaux
Cette jolie demeure fut construite à la fin du 19e s. par le grand vizir Jamaï – dignitaire de la cour de Moulay Hassan –, qui tomba en disgrâce sous le règne du sultan Abdelaziz, vit ses biens confisqués et mourut en prison.
Les appartements, aujourd'hui convertis en musée ethnographique, s'ordonnent autour d'un merveilleux **riad★★** andalou, planté de palmiers, orangers, lauriers-roses, bougainvillées ordonnés autour d'un bassin. Le **musée des Arts et Métiers traditionnels de Meknès** présente différentes formes d'artisanat meknassi : travail du bois, céramique, orfèvrerie, damasquinage, ferronnerie ou encore broderie. Au rez-de-chaussée, une salle est réservée au **travail du bois** : panneaux décoratifs pour plafonds ou fontaines, arcs à stalactites qui encadrent l'entrée des pièces de réception et des alcôves, etc. Partout on rencontre une très belle décoration peinte à motifs géométriques ou floraux. On remarque aussi un **minbar** (chaire à prêcher) meknassi de la fin du 17e s., ainsi que des corans anciens.
Donnant sur un patio intérieur richement décoré, deux salles sont consacrées à la **céramique** : motifs tantôt bleu et blanc, tantôt polychrome empruntés à la géométrie ou au monde végétal. D'autres salles présentent les **broderies** meknassies, caractérisées par un semis en diagonale et les **bijoux**, dont de nombreuses fibules. Un passage conduit aux anciennes cuisines qui permettent d'accéder au hammam. En haut de l'escalier, remarquez une grande chaise en bois sculpté et peint destinée à la présentation de la nouvelle épousée. À l'étage, flanquée d'une chambre à coucher et d'une salle à manger, une grande pièce au **plafond sculpté★** reconstitue la salle de réception du vizir. Dans les appartements des femmes, ravissants par leur décoration, sont exposés des bijoux berbères et citadins.
En redescendant, remarquez une trompette de cuivre accrochée au mur, travail extrêmement soigné, exécuté par des artisans de Meknès : elle était utilisée pour réveiller les fidèles durant les nuits de ramadan.

★★ Bab Mansour PLAN II EF5

Moulay Ismaïl couronna son œuvre de bâtisseur par cette construction aux proportions majestueuses, commencée peu de temps avant sa mort, et achevée vers 1732 par son fils Moulay Abdallah. Cette porte, la plus importante de Meknès et l'une des plus célèbres d'Afrique du Nord (au point que sa réplique fut un temps dressée sur la place de la Concorde, à Paris, lors du lancement en 1999 de l'opération « Le Temps du Maroc »), marquait d'une sorte d'arc triomphal l'accès à la cité impériale. Bab Mansour, appelée aussi la porte « du renégat », aurait eu pour architecte un chrétien converti à l'islam. Elle reprend, dans sa partie centrale, des thèmes traditionnels de l'architecture musulmane : baie en fer à cheval légèrement brisé, voussure polylobée rehaussée d'entrelacs, écoinçons enrichis d'une décoration extrêmement fouillée, encadrement orné d'un réseau de losanges incrustés de céramiques où dominent les tons de vert, et, couronnant le tout, une frise portant une inscription en caractères cursifs, que surmonte une rangée de créneaux. Les mêmes motifs de décoration se retrouvent dans les deux bastions en avancée qui flanquent le corps central ; ces derniers, ajourés dans leur partie inférieure d'arcades à piliers trapus, sont traités comme des loggias. De part et d'autre de la porte, deux autres avancées, beaucoup plus étroites, reposent sur de hautes colonnes de marbre à chapiteaux composites provenant vraisemblablement de Pise.

★★ La médina PLAN II P. 250

Circuit à pied tracé en vert sur le plan II – environ 2h30.
Laisser la voiture sur la place Lalla Aouda et prendre sur la place El-Hédime la rue Dar Smen, qui commence devant Bab Mansour. Au bout de cette rue, tourner à gauche, puis, à un nouveau croisement, encore à gauche dans la rue Akba Ziadine, assez étroite et en forte montée. Aussitôt après avoir franchi une double porte voûtée, tourner à gauche, et un peu plus loin à gauche, pour pénétrer dans les souks.

★ Souks PLAN II E4

Ils rayonnent autour de la Grande Mosquée. Si le commerce des produits manufacturés y occupe parfois une trop large place, les souks de Meknès n'en restent pas moins très pittoresques par leur cadre et par l'atmosphère qui y règne. Souvent couverts de treilles ou de roseaux, très animés, bruyants, ils sont pleins d'imprévus. Vous rencontrerez d'abord le souk des marchands de tapis et d'objets d'art local, puis, avant d'arriver à la Grande Mosquée, dont on aperçoit le minaret au bout de la ruelle, sous un porche à gauche, la **kissaria★** (souk des étoffes).
Au sortir de la kissaria, tourner à droite dans la rue Sabab Socha, puis à gauche dans le souk Kebbabine. On contourne ainsi la Grande Mosquée, séparée de la rue par une bordure de maisons, pour arriver bientôt à la medersa *Bou Inania.*

★★ Medersa Bou Inania PLAN II E4

9h-12h, 15h-18h30 - 10 DH.
Aujourd'hui désaffectée, cette *medersa* a été édifiée par les sultans mérinides au 14e s. Sa construction fut achevée en 1358 par Abou Inan, qui donna son nom à l'édifice.
Une belle porte aux vantaux recouverts de bronze, abritée par un auvent que surmonte un dôme, donne accès à un vestibule sur lequel s'ouvre la **cour★★**. Les murs de cette cour, tapissés de zelliges, d'inscriptions, de plâtres ciselés et de magnifiques sculptures sur bois de cèdre, offrent un merveilleux exemple de décoration hispano-mauresque. Au 1er étage, les fenêtres des chambres d'étudiants (la Bou Inania pouvait en accueillir une centaine) donnent sur des galeries. Le bassin des ablutions est constitué par une jolie vasque en forme de coquille. À droite s'ouvre la salle de prière, très haute, au beau plafond de cèdre sculpté. Le mihrab de stuc fait face à la porte.
Le premier étage donne sur des rangées de cellules exiguës dans lesquelles les étudiants étaient logés. Gagnez celle du fond et regardez par la fenêtre : vous pourrez observer, du dessus, l'activité du souk.
En sortant de la medersa, *continuer à suivre la grande rue des souks, qui prend à partir de là le nom de rue Sebat.*
Ce quartier est plus spécialement réservé aux marchands de lingerie. Quelques boutiques de maroquinerie et de dinanderie bordent la rue.
Continuer dans la rue Sebat, à laquelle fait suite le souk Kiatine el-Nejjarine.
Ici et là s'ouvrent des boutiques de caftans et de djellabas ; des magasins minuscules où sont empilés des fuseaux de soie multicolores, servant à la confection de ces vêtements ; dans de petites cours en impasse, les tailleurs travaillent dans leurs ateliers. Une odeur de cèdre annonce le souk des menuisiers, que domine le minaret de la mosquée Nejjarine. Puis c'est le tintamarre des chaudronniers.

Bab Mansour à Meknès.
Kutredrig/iStock

Sortir de la médina en tournant à gauche au bout du souk Ksadria, puis à droite dans une ruelle en escalier ; à gauche, la rue Sekakine ramène à la place El-Hédime.

À voir aussi

Ksar al-Mansour HORS PLAN I PAR A2
9h-17h- 70 DH.
Cet imposant édifice fut construit par Moulay Ismaïl à la fin de son règne. Il présente la particularité de réunir des appartements royaux au premier étage et des dépôts d'armes et de grains au rez-de-chaussée. Son gigantisme est une belle illustration des ambitions du sultan.

À proximité

Haras national de Meknès
Route d'Azrou - tlj sf j. fériés 9h-11h, 15h-18h - gratuit.
Considéré comme le fleuron des cinq établissements du genre existant au Maroc, ce haras est le plus grand d'Afrique du Nord, tant par le nombre de ses effectifs que par l'existence en son sein d'une jumenterie nationale qui joue un rôle important dans la sélection du pur-sang arabe en particulier.
Créé en 1912 par l'armée française, il eut entre autres pour mission de fournir des chevaux à la cavalerie jusqu'en 1947, date à laquelle il passa sous la tutelle du ministère de l'Agriculture, pour se consacrer à l'amélioration de l'élevage équin. L'ensemble s'étend sur plus de 60 ha. Les races élevées sont essentiellement le pur-sang arabe, l'arabe-barbe et le barbe, le cheptel étant surtout constitué d'étalons et d'une trentaine de poulinières, qui font la renommée du haras par la qualité de leur progéniture.

Ne pas confondre...

Le **pur-sang arabe** : originaire d'Orient et introduit au Maroc au 7e s. avec les conquêtes arabes et l'islamisation de l'Afrique du Nord, ce cheval, qui se caractérise par une petite taille au garrot, une encolure concave et de longs et fins naseaux, est considéré comme la race la plus pure et la plus ancienne de toutes. Son endurance et sa résistance font de ce beau coursier, longuement et amoureusement dressé, une monture idéale pour les longs parcours rapides ou pour les courses d'endurance.
Originaire également d'Asie centrale et introduit en Afrique du Nord pendant les guerres qui opposèrent Romains et Carthaginois, le cheval **barbe**, dont une cellule de reproduction a été créée au haras de Meknès dans le but de sauvegarder la race en voie de disparition, présente une silhouette plus trapue, avec un train arrière tombant, une queue attachée bas, mais est d'une vitalité et d'une agilité telles qu'il peut se déplacer très vite sur de courtes distances, comme lors des fantasias.
Les chevaux **arabes-barbes** présentent, dans leur morphologie, un mélange équilibré des deux races. Le haras de Meknès compte une dizaine de juments arabes-barbes, qui constituent l'une des 15 poulinières de la jumenterie et sont utilisées pour la production d'étalons de remplacement.

Circuit conseillé

CARTE DE RÉGION P. 210

Une ville sainte et une ville romaine A1-2

62 km – environ 4h. Quitter Meknès par B1 du plan I, route N 13.
Dès la sortie de Meknès, on traverse une zone de cultures, très irriguée et assez accidentée. Arrivé à une bifurcation, à 10 km de la ville, prenez à droite la route vers Moulay Idriss ; on aborde bientôt les premières pentes du Zerhoun.
Le **Zerhoun** forme la pointe occidentale des « collines prérifaines » qui s'étendent, d'ouest en est, de l'oued Beth à Taza. De tous les massifs qui composent ce Prérif, il est le plus vaste et le plus élevé (1118 m). L'érosion l'a entaillé de gorges et y a découpé une multitude de falaises et de pitons. Les eaux y abondent, aussi ses flancs sont-ils très peuplés, et ce depuis longtemps. De nombreux villages, établis à mi-pente sur la ligne des sources, ceinturent le versant sud. Dans les régions basses, on cultive les céréales ; plus haut, orangers, citronniers, figuiers, vignes et oliviers font des pentes du Zerhoun un véritable verger.
Bientôt Moulay Idriss apparaît, bâtie sur une éminence.
Arrivé au pied de Moulay Idriss (que l'on visitera au retour), laissant la ville sur la droite, continuer tout droit puis prendre à gauche la route en direction de Volubilis ; enfin, tourner à droite sur la petite route qui conduit aux ruines.

★★ Volubilis *(voir p. 264)*

En sortant de Volubilis, revenir à la route de Meknès, dans laquelle on tourne à gauche ; aussitôt après, prendre à droite la route du refuge du Zerhoun, qui s'élève, sinueuse, parmi les oliviers.
En arrivant à Moulay Idriss, on découvre à droite de belles **vues** sur la ville.

★★ Moulay Idriss *(voir p. 261)*

Revenir à Meknès par le même chemin qu'à l'aller.

Carnet pratique

S'informer

Délégation du tourisme – *Pl. Administrative - ✆ 05 35 52 44 26.*

Arriver/Partir

Avion

Aéroport de Fès-Saïs – *À 51 km par l'autoroute - ✆ 05 35 62 48 00.*

Train

Gare Amir Abdelkader – *R. Amir Abdelkader (ville nouvelle) - ✆ 2255 - www.oncf-voyages.ma.* Liaisons avec Fès *(35mn)*, Casablanca *(3h30)*, Rabat *(2h30)*, Marrakech *(7h)*, Tanger *(4h)*.

Car

Gare routière de Sidi Saïd – *Av. du Mellah, près de Bab el-Khemis.* Car pour Agadir, Azrou, Casablanca, Chefchaouèn, Ifrane, Marrakech, Rabat et Tanger.

Gare routière CTM – *Av. des Forces Armées Royales - ✆ 0800 09 0030 - www.ctm.ma.* Casablanca *(3h30)*; Rabat *(1h15)*; Tanger *(4h30)*; Fès *(40mn)*; Marrakech *(7h45)*...

Grand taxi

Face à la gare routière de Sidi Saïd : taxis collectifs pour Rabat, Ifrane, Fès ou Azrou.

Voiture

Location – Lys Car – *19 Deb Bab, Beni Med - ✆ 05 35 45 08 83.*

Se garer – Parking sur la place Lalla Aouda, à proximité de la médina.

Se déplacer

Petits taxis – De couleur bleue. Vérifiez que le chauffeur met en route le compteur. Station devant la gare Amir Abdelkader. Majoration (50 %) des tarifs la nuit.

Calèches – Elles vous attendent sur les places El-Hédime et Lalla Aouda. *Promenades de 45mn (60 à 80 DH) ou 90mn (120 DH).*

Autobus – Trois lignes (2, 3 et 7) conduisent à la médina et à Bab Mansour.

Adresses utiles

Urgence/Santé – *Polyclinique Zerhoune - 22 bd du Dr Giguet - ✆ 05 35 52 02 62.*

Agenda

Moussem des Aïssaoua – *Date variable selon le calendrier musulman.* Commémoration de la naissance du prophète. Nombreuses fantasias et danses de la confrérie des Aïssaoua.

Festival international du cinéma d'animation de Meknès (Ficam) – *Mars - https://ficam.ma.* Depuis sa création, ce festival n'a pas cessé de voir son audience s'accroître et de s'ouvrir sur l'international.

Festival international du cheval – *Mai.* Démonstrations, concours, randonnées et fantasias. Le **haras national** organise également une série de concours (dates variables).

Festival international des cultures urbaines – *Sept.* Hip-hop, *free style*, graff sont à l'honneur durant une dizaine de jours.

Festival international du théâtre – *Nov.-déc.*

Nos adresses

Restauration

Dans la médina PLAN II (P. 250)

Premier prix, moins de 100 DH

2 **Aisha** – E4 - *14 r. Kababine - 06 20 57 47 30 - - 9h-23h - plats 70 DH.* Tous les jours, Aisha mitonne, le sourire aux lèvres, de savoureux plats familiaux que vous ne trouverez pas ailleurs. Ainsi le *rfissa* (poulet à l'ail, oignon, épices et pain), une recette emblématique de la cuisine berbère que l'on sert traditionnellement pour fêter l'arrivée d'un nouveau-né. À déguster sur une des quelques tables de ce micro-restaurant, en compagnie de la patronne. Bon, pas cher, sympathique : l'idéal.

Budget moyen, 100 à 200 DH

3 **Le Collier de la Colombe** – F4 - *67 r. Driba - derrière la place Lalla Aouda - 05 35 55 50 41 - - plats 60-80 DH.* Décor agréable, cuisine simple, service attentif et belles vues sur la ville depuis la salle à l'étage. Les spécialités de la maison : la truite de l'Atlas, le couscous aux 7 légumes, le poulet au citron. L'établissement propose aussi de confortables chambres *(voir « Hébergement »).*

25 **Le Riad** – F5 - *79 Ksar Chaacha - Dar Lakbira (laisser la voiture près du tombeau de Moulay Ismaïl et suivre le fléchage après Bab er-Reth) - 05 35 53 05 42 - 110/150 DH.* Les tables sont disséminées entre les salons et le patio fleuri décoré d'un chaleureux bric-à-brac, sous les remparts crénelés de la cité impériale. Cuisine raffinée et accueil prévenant.

Dans la ville nouvelle PLAN II (P. 251)

Premier prix, moins de 100 DH

5 **L'As D-Lys** – H4 - *4 r. du Ghana - 05 35 40 10 64 - - 12h-0h - plats 70/90 DH.* Dans ce café tout pimpant, dans la salle climatisée ou sur la terrasse pour profiter de l'animation de la rue, vous trouverez de quoi caler toutes les faims : sandwiches et tacos *(30/40 DH)* ou plats plus élaborés comme un risotti aux gambas et épices indiennes *(90 DH)*. Service jeune et attentionné.

7 **Marhaba** – H4 - *23 av. Mohammed V - 06 14 0 90 79 - - 12h-22h.* Ce restaurant très modeste, dont l'accueil est des plus sympathiques, ravira les amateurs d'authenticité : idéal pour prendre une salade, une soupe (très relevée !) ou un tajine.

Budget moyen, 100 à 200 DH

6 **Le Stream** – H4 - *13 r. Mohamed el-Meknassi - 05 35 52 54 02 - 7h30-1h - 80/120 DH.* Le bar-lounge qui fait fureur à Mekknès. On y vient à toute heure, du petit-déjeuner au dernier jus de fruit de fin de soirée, pour s'installer dans l'espace intérieur au look très contemporain, ou sur la terrasse. Côté assiette, la carte est très diversifiée, des salades à l'entrecôte en passant par les sushis. Bons cocktails de jus de fruits.

Petite pause

Pour profiter de la vue panoramique, installez-vous au **bar** de l'**hôtel Transatlantique**.

La Tulipe – *Pl. Maarakat Lahri - ville nouvelle - 05 35 51 10 94 - 5h30-21h.* Établissement tout de vert vêtu situé sur une petite place en retrait du boulevard Mohammed V : lieu on ne peut plus agréable pour déguster en terrasse une glace, sous la caresse des rayons du soleil.

Isamailia – *Bab bou Ameïr - vieille ville.* Venez prendre un verre sur la terrasse ombragée de ce café qui surplombe la rue.

Pâtisserie d'Agadir – *18 bd Yacoub al-Mansour - ville nouvelle - 05 35 52 15 61 - 6h30-21h.* Les meilleures pâtisseries marocaines de Meknès.

Shopping

Ensemble artisanal – *Av. Mohammed VI - 5mn à pied en descendant depuis Bab Mansour - tlj sf dim. 9h-19h.*

Culture

Délégation de la culture. Théâtre Mohammed El Mennouni – *À l'angle av. Bir Anzarane et av. des F.A.R - ✆ 05 35 52 63 80 - www. minculture.gov.ma.* Expositions, lectures, rencontres, théâtre, projections...

Institut français de Meknès – *À l'angle zankat Ferhat Hachad et av. Hassan II - ✆ 05 35 51 65 00 - www. if-maroc.org/meknes* - théâtre, concerts - cinéma, conférences, rencontres et expositions. Co-organise des festivals.

Cinéma

Cinéma Caméra – *À l'angle av. Allal ben Abdellah, av. Hassan II et r. de Paris - ville nouvelle.* Ce fleuron de l'architecture coloniale est toujours en activité. Voir la fresque murale de Marcel Couderc datant de 1938 dans la cage d'escalier. Films occidentaux.

Librairie

Dar Al Kitab Al Watani – *10 bd Allal ben Abdellah - ville nouvelle - ✆ 05 35 52 12 80 - lun.-sam. 8h30-13h, 15h-20h.* Très bonne librairie. Ouvrages sur le Maroc et littérature en français.

Activités

Royal Golf de Meknès – *J'nan Al Bahraouia, Bab al-Qari - cité impériale - ✆ 05 35 53 07 53 - 9 trous - green fee : 300 DH - location de matériel 100 DH pour le sac complet.* Dans l'enceinte du palais royal avec *club house* installé dans les murailles : superbe !

Club d'équitation Farah – *Sidi Mellah, Dkhissa, à 17 km sur la route de Fès - ✆ 05 35 54 88 44 - www. clubfarah.com.* Ce club organise des randonnées équestres dans tout le Maroc et des stages.

Hébergement

Dans la médina PLAN II (P. 250)

Premier prix, moins de 400 DH

(20) **Riad Ma Bohème** – E4 - *Derb Sekkaya - Tiberbarine - ✆ 05 35 55 33 93 - www.riad-ma-boheme-ma. book.direct - 6 ch. - 260/380 DH* - Dans ce riad du centre de la médina, vous trouverez des chambres simples, mais confortables et joliment décorées. Ambiance sympathique et décontractée, tendance jeunes voyageurs venus du monde entier. Idéal pour partager ses expériences installé dans le patio ou sur la terrasse, en grignotant par exemple une pizza faite maison.

Budget moyen, 400 à 700 DH

(21) **Riad El Ma** – F4 - *4 derb Sidi Besri - ✆ 06 61 51 48 24 - www. riad-el-ma.com - 6 ch. - 550/850 DH - menu 150 DH.* Charme et confort à prix doux au cœur de la médina, impossible pensiez-vous ? Le calme règne dans ce ravissant riad tenu par la sympathique Amina et son équipe. Décoration aux tons chauds dans les chambres et salles de bains impeccables. Agréable terrasse où une grande baignoire joue à faire office de piscine.

(19) **Riad Meknès** – F5 - *79 Ksar Chaacha - Dar Lakbira (le riad est fléché depuis la route qui longe le mausolée de Moulay Ismaïl, après Bab er-Reth) - ✆ 05 35 53 05 42 - 13 ch. - 550 DH - menu 110 DH.* Ce pavillon, bâti au 17e s., faisait partie du premier palais royal de Moulay Ismaïl. Le propriétaire a restauré les plafonds, sauvegardé les portes et la mosaïque, et aménagé les chambres pour en faire une maison de charme. Le jardin du patio y est particulièrement agréable. Préférez les chambres de la première aile, plus cosy.

4

4 Riad Safir – EF5 - *1 Derb Lalla Alamia - Bab Aïssi - ✆ 05 35 53 47 85 - 7 ch. - 470/750 DH ☕ selon la catégorie.* Une demeure de taille modeste – mais d'agréables proportions – que les propriétaires ont décorée de couleurs chaudes et de tapis chatoyants. Les chambres se répartissent sur 2 niveaux autour du patio plein de lumière. Très chaleureux.

2 Riad Yacout – F5 - *22 pl. Lalla Aouda - ✆ 05 35 53 31 10 - www.riad-yacout-meknes.com - 🏊 - 18 ch. - 530/670 DH ☕ selon la catégorie - ✕.* Un vaste édifice du 18e s. entièrement réaménagé pour en faire un hôtel d'excellent confort. Les chambres sont décorées dans des tons chauds et apaisants. Belle terrasse sur le toit où est installé le restaurant de cuisine marocaine. Vous y trouverez également une micro-piscine. Autre point fort de l'établissement : son emplacement à deux pas des principaux centres d'intérêt de la ville et en face d'un vaste parking public.

Pour se faire plaisir, 700 à 1 200 DH

24 Ryad Bahia – E4 - *R. Tiberbarine - ✆ 05 35 55 45 41 - www.ryad-bahia.com - 7 ch. - 650/980 DH ☕ selon la catégorie.* Chambres agréables et décorées avec goût. Les suites ouvrant sur la terrasse sortent vraiment du lot. Accueil discret mais très prévenant. Hammam. Dîner sur commande avec possibilité de participer à sa réalisation, des courses au marché à la cuisine.

3 Chambre d'hôte Le Collier de la Colombe – F4 - *67 r. Driba - derrière la place Alla Aouda - ✆ 05 35 55 50 41 - www.lecollierdelacolombe.com - 5 ch. 850/950 DH ☕ - ✕.* Au-dessus du restaurant du même nom *(voir « Restauration »)*, cinq jolies chambres vous attendent, assez vastes et avec tout le confort moderne. Dommage que les tissus d'ameublement ne soient pas follement gais. Préférez les 3 « suites » : pour une différence de prix modique, vous aurez la jouissance d'une somptueuse terrasse privée donnant sur la ville. Accueil très sympathique.

Dans la ville nouvelle et la ville impériale PLAN II (P. 250-251)

Premier prix, moins de 400 DH

1 Auberge de jeunesse – F3 - *Zankat Oqba ibn Nafiaâ - près de l'Hôtel Transatlantique - ✆ 05 35 52 46 98 - www.hihostels.com - lit 70 DH ☕ ch. double 160 DH ☕.* L'auberge, très bien entretenue, s'organise autour d'un joli jardin planté d'un citronnier et d'un oranger. Petite cuisine partagée. Une dizaine de chambres doubles.

10 Hôtel Majestic – H4 - *19 av. Mohammed V - ✆ 05 35 52 20 35 - www.hotelmajesticmeknes.ma - 47 ch. 330 DH ☕.* De sa construction en 1935, l'hôtel conserve sa façade Art déco et sa réception restée dans son jus. Les chambres sont simples, sans attrait particulier, mais convenables pour une étape. Accueil sympathique.

Budget moyen, 400 à 700 DH

16 Hôtel Ibis Meknès – G4 - *Av. des Forces Armées Royales - ✆ 05 35 40 41 41 - www.all.accor.com - 🍷 - 104 ch. 680 DH ☕ - ✕.* Confort standard de la chaîne et superbe situation, en face de la cité ancienne.

Pour se faire plaisir, 700 à 1 200 DH

13 Hôtel Transatlantique – F3 - *Zankat El-Meriniyine - ✆ 05 35 52 50 50 - 🍷 - 🏊 - 120 ch. - 950 DH ☕ - ✕.* L'hôtel historique de Meknès qui conserve l'atmosphère de palace des années 1920, époque de sa construction. Chambres de belle dimension, confortables et dotées d'un joli balcon : l'occasion de profiter de la vue exceptionnelle qu'on découvre de là sur la médina.

Vue plongeante sur la ville sainte.
Elena Odareeva/iStock

Moulay Idriss ★★

Son site étonnant et son prestige de ville sainte attirent à Moulay Idriss de nombreux visiteurs. Coiffant deux éperons rocheux, Khiber et Tasga forment deux quartiers distincts, presque deux villages; leurs maisons étroitement serrées les unes contre les autres, séparées par un lacis de venelles, dévalent en un enchevêtrement de petits cubes gris et blancs jusqu'à une conque au creux de laquelle se détache, avec son toit de tuiles vertes, le mausolée où repose Idriss Ier, le « père du Maroc ».

4

Se repérer

18 500 habitants

CARTE P. 210 (A1) – *carte Michelin 742, plis 5, 9 et 27-28* – À 27 km au nord de Meknès : quitter Meknès en direction de Sidi Kacem, après 15 km, au carrefour, prendre sur la droite la route qui conduit également à Volubilis. Cependant, la meilleure façon d'aborder Moulay Idriss est d'y arriver en venant de Volubilis : vous découvrirez alors de très belles **vues** d'ensemble sur le site.

À ne pas manquer

La vue depuis la petite terrasse à proximité de la mosquée Sidi Abdallah.

Organiser son temps

Compter au moins 1h15 pour la visite de Moulay Idriss.

Carnet pratique p. 263

Nos adresses p. 263

Le plus important moussem du Maroc

La cité a conservé intact son caractère de ville sainte. Chaque année, à partir du dernier jeudi d'août, c'est-à-dire après les moissons, le grand **moussem** y attire des milliers de pèlerins et dure plusieurs semaines (les mercredis, jeudis et vendredis). Il faut savoir que, si l'on en croit la tradition, pour un musulman, sept pèlerinages au tombeau du saint peuvent remplacer le grand pèlerinage de La Mecque. Aux abords de la cité, sur le flanc d'une colline, surgit alors toute une ville de tentes, au pied de laquelle, sur l'esplanade du Khaïbar, se déroulent les fantasias. Pendant toute la durée du *moussem*, les réjouissances alternent avec les sacrifices et les prières.

Se promener

Visite : 1h15. Il est conseillé de se faire accompagner par un guide officiel.
Juste avant de pénétrer dans Moulay Idriss, on traverse une vaste place où se tient le souk. La rue qui longe la maison du pacha conduit à une autre place, plus petite, sur laquelle donne le collège, et où on laisse la voiture.

Quartier de Khiber

Il est perché sur son rocher abrupt. Après avoir longé la mosquée de Sidi Abdallah, on atteint une petite terrasse d'où l'on a une **vue★★** étonnante sur l'agglomération, avec sa cascade de maisons et, en contrebas, les toits verts et le minaret du sanctuaire où repose Idriss. Le **mausolée★★** actuel est l'œuvre de Moulay Ismaïl qui, au début du 18e s., fit détruire la première *koubba* afin d'en reconstruire une plus belle. Un siècle plus tard, le sultan Moulay Abderrahman apporta au mausolée d'autres embellissements. Par un dédale d'escaliers et de ruelles, on descend vers le sanctuaire.

Horm – *Accès au tombeau d'Idriss et à la mosquée, interdits aux non-musulmans.* C'est le lieu sacré. Une poutre de bois, qui en barre l'entrée, rappelle aux visiteurs non-musulmans qu'ils ne peuvent aller plus avant.

Mosquée Jamaa Saintissy – *Dans la rue principale.* Bien que fidèle à la tradition, Moulay Idriss possède une mosquée au **minaret★** dont la forme cylindrique est

Le sanctuaire du premier sultan musulman

À la fin du 8e s., **Idriss**, un descendant d'Ali – gendre de Mahomet –, arriva dans la région du Zerhoun. Il venait de La Mecque, et avait fui l'Orient afin d'échapper aux persécutions du calife abbasside de Bagdad. Il s'arrêta à Oulili (Volubilis), entreprit de convertir à l'islam les Berbères qui l'avaient accueilli, et y réussit si bien que toutes les populations de la montagne le reconnurent pour chef. Un an plus tard, il fondait Fès.
Cependant, les échos de la popularité d'Idriss étaient parvenus jusqu'aux oreilles du calife de Bagdad, qui résolut de le faire périr. Un émissaire fut donc envoyé pour mettre à exécution ce projet : gagnant la confiance du chérif, et devenu son commensal, il réussit à l'empoisonner en 791.
Deux mois après la mort d'Idriss, sa femme, une Berbère, mettait au monde un fils. Cet enfant posthume allait succéder à son père, sous le nom d'Idriss II. Ainsi naquit la première dynastie musulmane au Maghreb, celle des Idrissides.

unique au Maroc. Construit en 1939 par un homme très religieux, qui avait effectué plusieurs fois le pèlerinage de La Mecque, il est inspiré du minaret du tombeau du prophète Mahomet, en Arabie saoudite. Les céramiques vertes et blanches dont il est orné reproduisent des versets du Coran.

Point de vue de la route d'El-Merhasiyne

Reprendre la voiture et revenir à la grande place qui se trouve à l'entrée de la ville. Là, prendre à droite, et aussitôt encore à droite (signalisation : « 13 – El-Merhasiyne »). La route très sinueuse, dans un site assez sauvage, domine un vallon au creux duquel on découvre un bassin circulaire, ancienne piscine romaine. À 1,5 km de la ville, **vue** à droite sur Moulay Idriss.

Carnet pratique

Arriver/Partir

Cars fréquents depuis la gare routière de Meknès.

Grand taxi depuis Meknès *(compter 10 DH).*

Agenda

Moussem de Moulay Idriss – *À partir du dernier jeu. d'août, les merc., jeu. et vend. pendant plusieurs semaines.* Le plus important du pays *(voir encadré ci-dessus).*

Nos adresses

Hébergement

Des habitants de Moulay Idriss se sont associés afin de transformer leur maison pour accueillir les voyageurs et ce, grâce à des aides de l'État et à la mise en place d'un système de microcrédit. Comptez entre 200 et 450 DH/nuit pour une chambre double. *Rens. Délégation du tourisme de Meknès – pl. Administrative - ✆ 05 35 52 44 26.*

Premier prix, moins de 400 DH

Maison d'hôte La Colombe Blanche – *1 derb Zouak - Tazgha - ✆ 05 35 56 45 96 -12 ch.- 500 DH* ☕ - 💳 ✕. Des chambres confortables et d'une propreté irréprochable. Accueil sympathique. Des randonnées vers Volubilis ou vers les petits hameaux montagnards environnants, à dos d'âne ou à pied sont organisées. *Compter 150 DH/pers./j.*

Maison d'hôte Hannaoui – *5 r. Benyazgha - fléché à partir du mausolée - ✆ 05 35 54 41 06 - www.riadhannaoui.blog4ever.com - 1 ch. et 3 suites - 250/300 DH - ✕ carte ou menus 70/200 DH.* Cadre simple, authentique, accueil charmant. Vous y dégusterez en outre une bonne cuisine familiale. Les suites peuvent accueillir des familles. Hammam et massages.

4

Volubilis ★★

Masquée par un repli de terrain, la ville romaine de Volubilis surgit au dernier moment devant vous. Les colonnes en marbre blanc de son temple et la silhouette altière de l'arc de triomphe tranchent sur les teintes plus sombres de la plaine s'étirant vers le sud. Au nord, les monts boisés du massif du Zerhoun cernent la ville sainte de Moulay Idriss, dont la blancheur semble refléter l'éclat du marbre romain.

Se repérer

CARTE P. 210 (A1) – *carte Michelin 742, plis 5, 9 et 27* – La ville romaine de Volubilis se trouve en contrebas de la route, sur la gauche, 3 km après Moulay Idriss. Vaste parking.

À ne pas manquer

Les mosaïques !

Organiser son temps

Au minimum 1h.

En famille

La visite des ruines romaines… pour faire naître, qui sait, une vocation d'archéologue !

Carnet pratique p. 267

Nos adresses p. 267

La ville romaine

En l'an 40 de l'ère chrétienne, lorsque Caligula annexa la Maurétanie, Volubilis, important village berbère qui avait probablement été l'une des résidences royales de Juba II *(voir à Larache)*, devint romaine. Il est probable que le procurateur de l'empereur y résida épisodiquement.

Hier comme aujourd'hui, les pentes du Zerhoun étaient couvertes d'oliviers et le commerce de l'huile, principale ressource de la cité antique (les fouilles ont livré les vestiges d'une cinquantaine d'huileries), a conservé de nos jours toute son importance. Avec une population estimée, au début du 3e s., à 20 000 habitants, Volubilis semble avoir connu une éclatante prospérité. C'est le temps où s'aménagent le forum et ses abords, où s'embellissent les riches demeures du quartier Nord-Est. Pourtant, déjà, pèsent les menaces, et la ville doit s'entourer d'une muraille.

La décadence s'amorce dès la fin du 3e s., lorsque l'occupation romaine se replie vers le nord et que la cité est évacuée par l'administration civile et militaire. Cependant, la ville continue d'être habitée : les textes épigraphiques et les vestiges archéologiques témoignent de l'existence d'une communauté chrétienne sur les lieux aux 6e et 7e s. Au moment de l'occupation musulmane, à l'arrivée de Moulay Idriss Ier, à la fin du 8e s., Volubilis était encore une des agglomérations les plus importantes du Maroc.

Les **fouilles** ont commencé à la fin du 19e s. La plupart des objets trouvés dans le site sont exposés au Musée archéologique de Rabat.

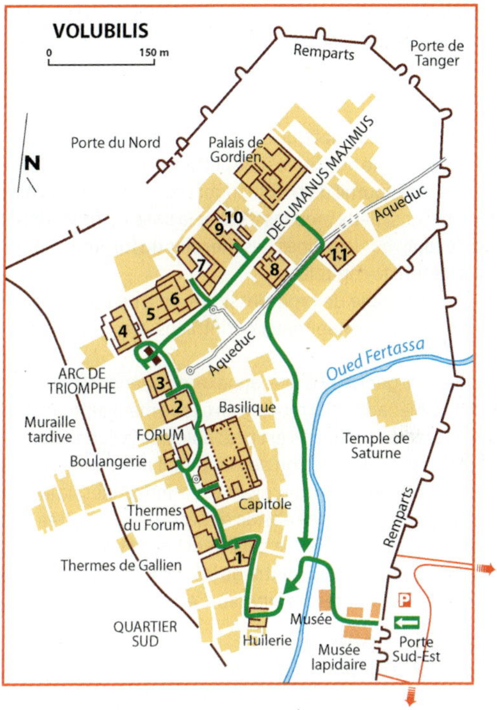

Se promener

PLAN CI-DESSUS

✆ 05 35 54 41 03 - www.volubilis.ma - de 8h30 jusqu'à une heure avant le coucher du soleil - 70 DH - visite guidée 200 DH - durée 1h30 - Circuit indiqué sur le plan.

Volubilis, avec ses 18 ha accessibles au public sur une surface totale de 40 ha, est le site archéologique le plus vaste du Maroc. Inscrit au Patrimoine mondial de l'Unesco en 1997, il doit sa renommée aux nombreuses **mosaïques** qui ornent les antiques demeures. Leur état de conservation est assez inégal, mais leur présence contribue à recréer l'atmosphère et le faste des villas romaines.

Près de la porte sud-est, les remparts (fin du 2e s.) ont été restaurés sur une partie de leur hauteur. En traversant un musée lapidaire en plein air (pierres tombales, statues, chapiteaux, inscriptions), on atteint un petit pont qui franchit l'oued Fertassa. Prenez à gauche après le pont.

4

Quartier Sud

C'est la partie la plus ancienne de la ville.

Huilerie – Remarquez la grande dalle creusée d'une rigole circulaire qui recueillait l'huile et la dirigeait vers les bassins de décantation ; deux de ces bassins bien conservés sont visibles en contrebas.

Maison d'Orphée (1) – Au fond de l'atrium, entièrement pavé de mosaïques, s'étendait le *tablinum* (lieu de travail et de réception du maître de maison) : au centre, une vaste composition met en scène Orphée charmant des animaux de sa lyre. À droite de l'atrium, restes d'une huilerie. À gauche de l'atrium, remarquez la mosaïque des Neuf Dauphins bondissants qui décore le sol du *triclinium* (salle à manger).

Thermes de Gallien – Ils s'étendent sur près de 1000 m². La rue longe d'abord la chaufferie, dont on aperçoit les foyers voûtés; à l'arrière-plan, les vastes salles du *caldarium* (salles chaudes). Plus loin, on peut voir la piscine froide, bien conservée.

Autour du forum

On débouche sur une place publique qui devait être le marché.

Boulangerie – Dans l'angle nord-ouest de cette place, une venelle longe le logement, la boutique et le fournil d'un boulanger : on peut encore voir (au fond de l'impasse) deux pétrins, deux moulins à blé et la base du four. Revenant sur vos pas, vous avez devant vous les ruines des **thermes du forum**. Contournez-les par la droite pour atteindre le capitole.

★★ **Capitole** – De ce temple de type classique, on a pu reconstituer la terrasse et quelques colonnes aux chapiteaux corinthiens. Remarquez l'autel, au pied des marches.

★ **Basilique civile** – Ce genre d'édifice, annexe indispensable du forum, servait à la fois de lieu de promenade et de réunion en cas de mauvais temps, de bourse de commerce, ou encore de tribunal. Il est probable que la curie (conseil municipal) de Volubilis y tenait ses séances. Son plan apparaît nettement : la basilique était divisée en trois nefs par deux files de colonnes corinthiennes; la large nef centrale se terminait à chaque bout par une abside en arc de cercle voûtée en cul-de-four.

Forum – Les marches qui bordent le côté ouest de la basilique introduisent au forum, de proportions modestes, centre de la vie sociale de la cité. Bordé de portiques, il était décoré de statues d'empereurs et de notables locaux.

Vers l'arc de triomphe

Sur le côté gauche de la rue qui va du forum à l'arc de triomphe, on peut voir deux mosaïques bien conservées dans la **maison au Desultor★ (2)**. La première représente un acrobate *(desultor)* chevauchant à rebours sa monture et tenant à la main un vase, prix de sa victoire; l'autre figure une scène de pêche.

Un peu plus loin, à droite, la principale **fontaine publique** de la ville.

★★ **Arc de triomphe** – Contemporain du capitole, le monument public le plus remarquable de Volubilis fut érigé, comme l'indique la dédicace qui le surmonte, à la gloire de Caracalla et de sa mère Julia Domna (3e s.). Dans son ensemble, cette œuvre apparaît quelque peu écrasée; mais il faut lui restituer par la pensée, au-dessus de l'inscription, la frise et le bandeau qui lui manquent, ainsi que le char tiré par six chevaux qui couronnait le tout. Dominant la plaine occidentale, l'arc manifestait la présence de Rome aux yeux des tribus berbères.

Passant sous l'arc, on trouve, à gauche, la **maison au Chien (3)**. Le bassin de l'atrium est assez bien conservé. C'est dans l'une des pièces d'habitation, à gauche de l'atrium, que fut découvert en 1916 le chien de bronze qui se trouve au Musée archéologique de Rabat.

En suivant le decumanus

On peut voir, dans les maisons qui bordent cette rue centrale, des mosaïques en assez bon état.

★ **Maison à l'Éphèbe (4)** – Au fond du péristyle, une mosaïque représente une néréide assise sur un cheval marin et encadrée de centaures.

Dans la partie orientale, deux pièces entourant un petit bassin circulaire sont également pavées de mosaïques : Bacchus sur son char et un pêcheur parmi les poissons et des oiseaux aquatiques.

Maison aux Colonnes (5) – Deux colonnes torses à chapiteaux corinthiens marquent l'entrée d'un vaste péristyle orné d'un bassin circulaire fleuri de géraniums.

Maison au Cavalier (6) – Dans la maison suivante, la pièce du fond est décorée d'une mosaïque représentant Bacchus guidé par l'Amour et découvrant Ariane endormie.
Maison aux Travaux d'Hercule (7) – Au-delà du péristyle pourvu d'un bassin aux bords lobés, une grande composition de mosaïque constitue le pavement du *triclinium* : 12 médaillons illustrent les travaux d'Hercule ; ils encadrent d'autres motifs : l'enlèvement de Ganymède par l'aigle de Jupiter, les quatre saisons.
★ **Autres mosaïques** – Les demeures voisines offrent encore d'intéressantes mosaïques : à droite du *decumanus*, de gracieuses **néréides (8)** chevauchant des monstres marins et entourant le buste du dieu Océan ; à gauche, **Dionysos et les quatre saisons (9)**. On pourra voir aussi le **Bain des nymphes (10)** dans une petite cour au fond de la maison voisine.

Palais de Gordien et maison de Vénus

Siège des gouverneurs de la province, le **palais de Gordien** porte le nom de l'empereur sous le règne duquel il fut reconstruit. La **maison de Vénus (11)** s'ouvre sur un *decumanus* secondaire. Dans cette riche demeure, toutes les pièces sont pavées de mosaïques aux dessins géométriques rappelant les motifs des tapis berbères. On pourra voir : dans l'angle sud-est, cinq médaillons représentant Bacchus et les Quatre Saisons ; dans l'angle sud-ouest, Diane au bain avec ses deux compagnes, surprise par Actéon, et, dans une chambre voisine, à l'ouest, l'enlèvement d'Hylas par les nymphes. Le **decumanus** secondaire longe l'aqueduc qui apportait à la ville les eaux du Fertassa.

Carnet pratique

Arriver/Partir

Grands taxis – Si vous partez de Meknès, vous devrez changer de taxi à Moulay Idriss. Pour le trajet Meknès-Moulay Idriss, comptez 10 DH, puis jusqu'à Volubilis, 30 DH. Prévoyez votre retour en fixant un rendez-vous avec le taxi.

Agenda

Festival international de Volubilis des musiques traditionnelles du monde – *Août*. Avec la participation de nombreuses troupes internationales.

4

Nos adresses

Hébergement

Budget moyen, 400 à 700 DH
Hôtel Volubilis Inn – *1 km au-dessus du site archéologique - ☎ 05 35 54 44 05 - 50 ch. - 500 DH* - Très jolie situation en surplomb des ruines. Les chambres sont correctes, mais sans grand charme. Restaurant marocain et international.

Taza ★

Véritable citadelle bâtie à l'extrémité d'un plateau escarpé, la médina de Taza commande le couloir montagneux qui sépare le Rif du Moyen Atlas et fait communiquer les steppes du Maroc oriental avec les plaines fertiles du Maroc atlantique. Son site remarquable, l'animation de ses souks et la vue étendue que l'on a de ses remparts justifient sa visite.

Se repérer

144 067 habitants (les Tazis)

CARTE P. 211 (D1) – *carte Michelin 742, plis 5, 11 et 30* – Taza se trouve à 120 km de Fès, légèrement à l'écart de la route nationale N 6 qui relie Rabat à Oujda. On accède d'abord à la ville basse, moderne, d'où un grand boulevard, le boulevard du 3 Mars, conduit à la place du même nom. De là, le boulevard de la Résistance vous amène au pied des remparts que vous contournerez par la gauche avant de laisser la voiture devant Bab er-Rih.

À ne pas manquer

Les fortifications de la ville et le parc national de Tazekka.

Organiser son temps

2h pour visiter la ville.

En famille

La découverte des richesses du parc national de Tazekka.

Carnet pratique p. 273

Nos adresses p. 273

Se promener

Visite : 15mn en voiture plus 1h à pied. Circuit indiqué sur le plan ci-contre.

Remparts

Longs de près de 3 km, ils sont l'œuvre d'Abd el-Moumen, sultan almohade du 12e s., mais furent plusieurs fois remaniés. Au rond-point de la Gendarmerie, l'escalier qu'on a devant soi mène à Bab Jemaa, entrée principale de la ville. À l'angle sud-est de celle-ci apparaît le **Bastion (El-Bastioune),** solide édifice carré bâti par les Saâdiens au 16e s. pour renforcer de ce côté la défense de la ville. À partir de Bab el-Guebour (la porte n'existe plus), on longe de près les remparts qu'on franchit à l'ouest de Bab Titi : ici, la muraille a été doublée, au 14e s. et se termine en bordure du plateau par la **« tour sarrasine »**, semi-circulaire, d'époque almohade. Toutes ces murailles, dans leur cadre montagneux où prospèrent les oliviers, ont une espèce de grandeur sauvage, qu'on retrouve, plus forte encore, à Bab er-Rih.
Garer la voiture sur l'esplanade et continuer la visite à pied.

Bab er-Rih

C'est la « porte du Vent », le vent d'ouest qui s'engouffre dans la trouée de Taza. Près de cette barbacane, on a une vuea très étendue : à l'extrême gauche, les pentes boisées de *jbel* Tazekka ; devant soi, au-delà de l'oued Taza, des jardins étagés, puis les collines dénudées qui épaulent le Rif, en proie au ravinement ; à droite, la ville neuve de Taza dans son parc de verdure, avec le Rif dans le lointain.
Emprunter l'étroite ruelle qui monte vers la Grande Mosquée.

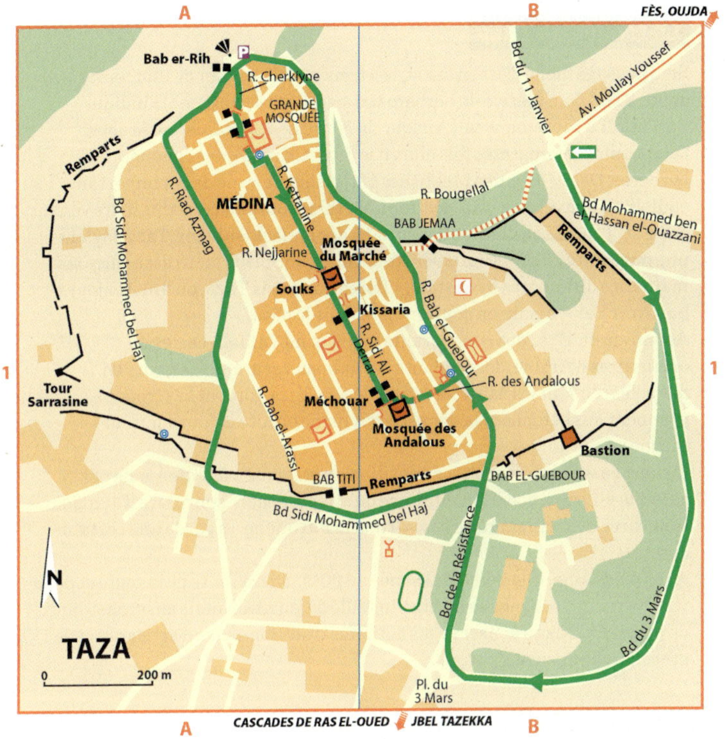

Médina★

Fondée en 1135 par Abd el-Moumen, la Grande Mosquée fut agrandie au 13e s.. sous les Mérinides. Elle est considérée comme une des plus belles mosquées en terre d'Islam. Contournant le sanctuaire par la droite, on en voit plusieurs portes richement décorées avant d'atteindre une longue rue rectiligne, qui est l'artère principale de la médina. De chaque côté le silence plane sur des maisons bourgeoises dont les rares fenêtres, parfois surmontées d'un auvent, montrent des grilles ouvragées ; de vieux linteaux de cèdre sculpté ennoblissent les portes cloutées et peintes de couleurs vives. Au-delà de la petite mosquée de Sidi Azouz (12e s.), on entre dans le quartier des souks, dominé par le curieux minaret de la **mosquée du Marché**.

Souks

C'est dans les souks, partiellement couverts de maçonnerie, de treilles ou de roseaux, que Taza a le mieux conservé son caractère de cité berbère ; on y voit notamment les nattes et les tapis fabriqués dans la montagne voisine par la tribu des Beni Ouaraïn. En tournant à gauche après la mosquée du Marché, on entre dans la **kissaria**. Plus loin, la rue s'élargit et débouche sur un **méchouar**.

Plusieurs passages sous voûtes contournent la **mosquée des Andalous** (minaret du 12e s.) ; par la rue des Andalous on parvient *(à gauche)* à la place Moulay Hassan. *Continuer tout droit et, par le boulevard Abdelkhalek Torris, revenir à Bab er-Rih.*

4

La trouée de Taza

Seul passage facile d'est en ouest, la « trouée de Taza » fut de tout temps, comme son nom (dérivé du berbère *tizi* signifiant « passage ») l'indique, un couloir d'invasion pour l'Afrique du Nord. Les Romains, les Arabes l'empruntèrent ; maintes fois elle vit le flux et le reflux des conquérants berbères. Dès le 10e s., les Meknassa bâtissent à l'entrée de cet important couloir un couvent fortifié, destiné à barrer la route aux envahisseurs venant de l'Est. Tombée aux mains des sultans dès le siècle suivant, Taza devient une puissante citadelle : elle sera désormais une pièce maîtresse entre les mains des différentes dynasties : « Lorsqu'on a pris Taza, on finit toujours par avoir Fès », disait-on couramment dans le pays.
Au milieu du 17e s., des conquérants arrivent du Tafilalt. On les dit originaires d'Arabie, descendants de Mahomet et grands faiseurs de miracles : ce sont les Alaouites. Ils enlèvent Taza, forcent la « trouée », prennent Fès et fondent la dynastie qui règne encore aujourd'hui sur le Maroc.
Ce long passé tumultueux et sa position stratégique exceptionnelle ont valu à la ville une vocation militaire qu'atteste encore son allure d'acropole. Ceinturée de vieilles murailles, « **Taza la Farouche** » a gardé une certaine âpreté.
À ses pieds, une ville nouvelle est née au 20e s., à proximité de la route et de la voie ferrée qui relient Fès à l'Algérie. Ville de garnison mais aussi chef-lieu de province, Taza a conservé ses activités traditionnelles d'artisanat et de gros marché agricole.

★★ La région du Tazekka PLAN CD1 P. 211

Circuit de 129 km – une demi-journée.

La région du Tazekka, extrémité nord-est du Moyen Atlas, comprend deux paysages différents. Au sud-ouest de Taza s'étend une zone de plateaux qui présente les particularités des pays calcaires telles que gouffres, grottes, circulation souterraine des eaux, résurgences... Au-delà s'élève le petit massif du Tazekka, constitué de schistes primaires soulevés à l'ère tertiaire. Le circuit proposé ci-après traverse chacun de ces paysages.

Quitter Taza par la R 507 (au sud).

La route s'élève rapidement en dégageant de belles **vues★** sur Taza, oasis de verdure sur un fond de collines dénudées et ravinées, puis remonte la vallée encaissée de l'oued Taza.

★ Cascades de Ras el-Oued D1

La route en corniche les surplombe – elles sont abondantes de novembre à mai – et parvient à la source qui s'écoule parmi les frênes, les cerisiers et les oliviers. Il s'agit d'une résurgence des eaux absorbées par les terrains calcaires qui la dominent. La montée continue, assez rude, dans un paysage rocheux parsemé d'oliviers et de chênes verts offrant encore quelques belles **vues** sur Taza et son site.

Daïa Chiker D1

Après avoir franchi le col de Sidi Mejbeur (1198 m), on débouche sur une vaste dépression à fond à peu près plat : la *daïa* Chiker. On a sous les yeux un poljé, c'est-à-dire une énorme doline (dépression fermée résultant de la désagrégation de la roche calcaire par des eaux chargées de gaz carbonique). Le lac *(daïa)* qui occupe

Ville de Taza.
el montassir dahmane/iStock

une partie du poljé est en relation avec un réseau souterrain et sa surface varie selon les saisons en fonction du niveau de la nappe d'eau souterraine.
Sur le bord nord de la *daïa*, à gauche en contrebas d'une maison cantonnière, s'ouvre l'entrée des **grottes du Chiker**. Un aven de 70 m de profondeur communique avec les grottes, où coule une rivière souterraine d'environ 5 km. *Accès interdit.*
Poursuivre sur la route qui épouse le bord occidental du poljé.
Celle-ci quitte bientôt la dépression du Chiker et s'élève jusqu'au petit centre estival de **Bab Boudir**, où l'on prendra la direction de Bab Azhar. On abandonne alors les plateaux calcaires pour la région schisteuse du Tazekka, où le chêne vert fait place au chêne-liège. Au col de Bab Taka, belle **vue** à gauche sur le Moyen Atlas.

Dévoré par l'ambition... et par les lions

Bou Hamara occupait un poste important à la cour du sultan, à la fin du 19e s., lorsque, accusé d'intrigues, il fut emprisonné puis dut prendre le chemin de l'exil en Algérie.
Nul ne le reconnut quelques années plus tard lorsqu'il revint, sous les traits d'un pieux voyageur qui, se faisant passer pour chérif, fut vite renommé dans le Maroc oriental pour sa sainteté. L'impopularité du sultan Abdelaziz servit ses fins : Bou Hamara prêcha la révolte contre lui, l'accusant de pactiser avec les chrétiens, et reçut l'appui des tribus de la montagne, toujours prêtes à se soustraire à l'impôt. Bou Hamara, le *rogui* (prétendant au trône), établit dès lors sa capitale à Taza et, pendant sept ans, à la tête des tribus rebelles, il tint les troupes régulières en échec.
La vengeance de Bou Hamara fut bien près de s'accomplir en 1909 mais Moulay Hafid, qui venait de succéder à son frère, engagea contre lui une lutte acharnée qui s'acheva par la défaite des partisans du *rogui*. Capturé, celui-ci est amené à Fès dans une cage et exposé, sur le *méchouar*, aux quolibets de la population, jusqu'à ce que le sultan le fasse jeter en pâture aux lions.

★★ Jbel Tazekka D1

Peu après Bab Taka, un panneau (Bab Azhar), signale une fourche : la piste de droite monte jusqu'au sommet du Tazekka.

Cette piste, praticable pendant la saison sèche, présente quelques passages dangereux mais elle offre des vues admirables.

Au bout de 6 km on trouve une fourche : prenez la piste de gauche. Après avoir contourné une butte dénudée, on atteint les premiers cèdres en débouchant face au Tazekka, dont le sommet se signale par un relais de télévision. Nouvelle fourche : prenez à droite la piste qui s'élève parmi les cèdres et les chênes verts.

Laisser la voiture près du relais de télévision et monter sur la plate-forme au pied du pylône.

L'altitude (1980 m) permet de jouir d'un vaste **panorama★★**. Au nord, les croupes boisées du Tazekka dévalent vers la dépression Fès-Taza, tandis qu'au-delà, la haute barrière du Rif ferme l'accès de la Méditerranée. Au sud-est et au sud, c'est toute la partie orientale du Moyen Atlas qui apparaît avec les plus hauts sommets du *jbel* **Bou Iblane,** couverts de neige une bonne partie de l'année.

Revenir à la route, qu'on prend à droite.

La descente vers Bab Azhar se fait à travers une épaisse forêt de chênes-lièges agrémentée d'abondantes fougères. La route, souvent en corniche au-dessus de vallons encaissés, offre de belles **vues** tantôt sur le Tazekka, tantôt sur d'autres alignements boisés du Moyen Atlas.

★ Gorges de l'oued Zireg C1

Après Bab Azhar, la routerejoint la vallée de l'oued Zireg, qui se fraie un chemin à travers de hautes falaises rouges en direction de l'oued Inaouène.

À **Sidi Abdallah des Rhiata**, prenez à droite la route nationale qui ramène à Taza par le col de Touahar, d'où l'on a une **vue** étendue sur les croupes pelées des collines prérifaines au nord et le Tazekka au sud.

Le parc national de Tazekka

Situé à 46 km au sud-ouest de Taza, sur les hauteurs et autour du *jbel* Tazekka (1980 m), ce parc s'étend sur une superficie de 580 ha. Il a été créé en 1950 dans le but de préserver la belle futaie naturelle de cèdres qui couvre le sommet du *jbel*. Ces arbres de grand diamètre, aux cimes tabulaires hautes de 35 à 40 m, ont parfois près de 600 ans.

Sous la cédraie et jusqu'à 1400 m d'altitude, les pentes du massif se parent d'un mélange de cèdres et de chênes verts. Dans le parc ont été aménagés neuf sentiers thématiques de tous niveaux de difficulté.

Centre d'information à Bab-Boudir (terrain de camping) - *www.tazekka.com*.

Carnet pratique

Arriver/Partir

Gare ferroviaire – Sur la route Fès-Oujda, dans la ville nouvelle. Trains quotidiens pour Fès et Oujda.
Arrêt de cars – Sur la route Fès-Oujda, près de la gare ferroviaire. Cars pour Fès, Oujda et Al Hoceima. Ceux de la CTM arrivent place de l'Indépendance.

Adresses utiles

Pharmacies – Plusieurs dans la ville nouvelle. À Taza Haut, pharmacie **Aharrach** *(pl. Moulay el-Hassan)*.

Agenda

Festival international de théâtre jeune public – *avr.* Ce festival réunit des troupes venues du Maroc et de l'étranger (Russie, Suisse, France, Turquie, Portugal, Tunisie, Algérie, etc.).

Nos adresses

Petite pause

Vous trouverez plusieurs cafés avec terrasses sur la place Moulay el-Hassan à Taza Haut.

Hébergement

Pour un séjour, compte tenu de la faiblesse de l'offre hôtelière, privilégiez une destination comme Fès ou un hébergement rural, pour découvrir la région.

Premier prix, moins de 400 DH

Grand Hôtel du Dauphiné – HORS PLAN - *Pl. de l'Indépendance - ville nouvelle - ✆ 05 35 67 35 67 - 25 ch. - 290 DH - ☕ 21 DH - ✕ à la carte.* Installé dans un bâtiment des années 1930, il pourra constituer, avec son mobilier Art déco, une halte de dépannage bon marché pour ceux qui sont plus sensibles au charme vieillot des lieux qu'à leur entretien. Accueil agréable...

Aux alentours

Pour se faire plaisir, 700 à 1 200 DH

Auberge Aïn Sahla – HORS PLAN - *Oued Amlil - à 37 km de Taza (au niveau de Sidi Abdallah, prendre la route vers Bab Boudir, puis continuer sur 14 km) - ✆ 06 61 89 35 87 - www.ainsahla.com - P - 🏊 - 17 ch. - 750 DH - ☕ - ✕ menu 150 DH.* Cette auberge confortable et imposante est le point de départ idéal pour découvrir les richesses du parc national de Tazekka, tout proche. Des randonnées équestres, pédestres et à VTT peuvent y être organisées...Hammam.

4

Région du Kandar et Sebou ★★

À l'intersection des plaines fertiles du pays fassi et des rudes plateaux du Moyen Atlas, la vallée du Sebou et le massif du Kandar sont réputés pour leur douceur de vivre. Lorsque Fès et Meknès suffoquent sous la canicule estivale, une agréable température règne dans ces vallées verdoyantes. Reposante et facile à parcourir, cette région de moyenne altitude offre de beaux paysages : oueds encaissés, cultures en terrasse d'oiliviers ou d'arbres fruitiers, sources et station thermale.

Ferme dans la région du Kandar et Sebou.
W. Bibikow/mauritius images/age fotostock

Se repérer

CARTE P. 210 (B2) – *carte Michelin 742, plis 29 et 41* – La région se trouve immédiatement au sud de Fès.

À ne pas manquer

Le massif du Kandar et la haute vallée du Sebou, la vieille médina de Sefrou.

Organiser son temps

Prévoir deux jours.

En famille

Les promenades à la rencontre de la faune et de la flore de cette région très riche.

Carnet pratique p. 281

Nos adresses p. 281

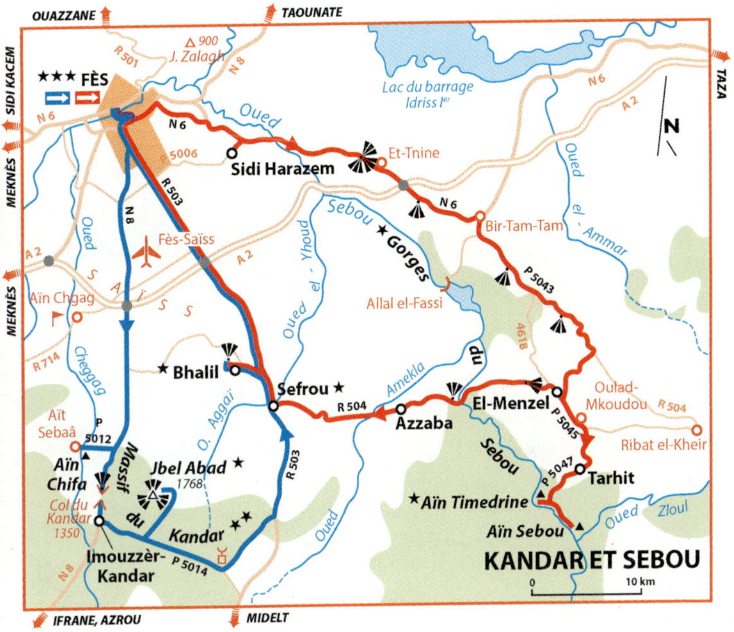

Circuits conseillés

★★ Le massif du Kandar CARTE KANDAR ET SEBOU PAGE CI-DESSUS

Circuit tracé en bleu sur la carte, 118 km au départ de Fès – env. une demi-journée.
Quitter Fès en direction d'Azrou.
La route traverse la riche plaine du Saïss, où l'irrigation a multiplié vergers et cultures maraîchères. Plus au sud, on voit apparaître le massif du Kandar, dont les premières pentes abritent des vallons frais et ombragés.

Aïn Chifa

Cette source jaillit sur le plateau d'Aït Sebaâ, à mi-pente du massif du Kandar, dans un site verdoyant. L'eau, canalisée dans des bassins bordés de fleurs, alimente une piscine. La P 5012 ramène à la N 8, qui s'élève en lacet sur un versant boisé de chênes verts et de pins. Au col du Kandar, à 1350 m d'altitude, la **vue★** est très étendue sur la plaine du Saïss, Fès et le *jbel* Zalagh.

Imouzzèr-Kandar

Ce village berbère est bâti sur le rebord d'un plateau qui se détache du Moyen Atlas. La fraîcheur de l'air, la beauté du site et l'abondance des sources en ont fait une petite station estivale qu'agrémentent de larges avenues ombragées, un lac artificiel, des parcs, une piscine entourée de peupliers.
Tourner à droite sur la place et laisser la voiture près de la kasbah.
On peut voir à l'intérieur de celle-ci ce qui reste des curieuses **habitations souterraines** de la tribu des Aït Serhouchene : s'ouvrant sur la place par des rampes bordées de petits murs, elles sont aujourd'hui pour la plupart laissées à l'abandon.

4

Quitter Imouzzèr à gauche par la route non goudronnée et plutôt en mauvais état d'Annoceur. Au bout de 7,5 km, à hauteur d'un bloc de maçonnerie, prendre à gauche une piste étroite, très boisée, qui pique droit vers la montagne : ce mauvais chemin, caillouteux et un peu raide sur la fin, mène, au bout de 3 km environ, à une plate-forme près du sommet. Laisser la voiture à cet endroit et grimper à pied jusqu'à la tour de guet du jbel Abad.

★ Jbel Abad

15mn à pied AR. En escaladant ce point culminant du Kandar (1768 m), on découvre brusquement devant soi la plaine du Saïss et Fès ; le **panorama★★**, magnifique, se développe sur Meknès et le *jbel* Zerhoun, le Rif et, du côté du Moyen Atlas, le *jbel* Bou Iblane et les sommets du Tichchoukt.

Rejoindre la route, prendre à gauche et suivre la direction de Sefrou.

La route contourne le massif du Kandar, auquel un épais tapis de chênes verts

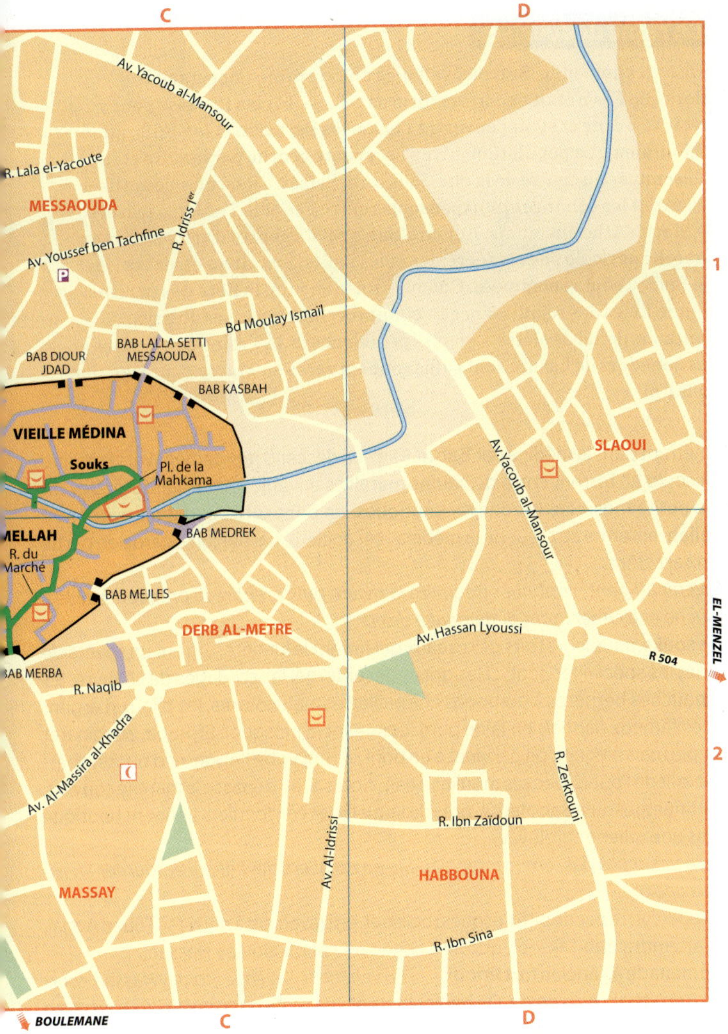

donne un aspect crépu ; elle atteint bientôt le rebord oriental assez abrupt et marqué de gros bancs calcaires. Puis elle descend par une vallée aux versants rocheux et dénudés contrastant avec le fond étroit où serpente un mince ruban de cultures. Sortant de la vallée, elle traverse une zone sèche, caillouteuse, et débouche sur le vert vallon de Sefrou.

★ Sefrou

Circuit de visite indiqué en vert sur le plan ci-dessus. 2h.

Étagée entre 800 et 900 m d'altitude sur les deux rives de l'oued Aggaï, Sefrou occupe un site séduisant aux confins de la plaine de Fès et des plateaux du Moyen Atlas. Cascades et ruisseaux coulent dans un nid de verdure, grâce aux sources abondantes qui jaillissent à la base des plateaux.

Vieille médina★ B1 – Vus de la place Moulay Hassan, les remparts crénelés édifiés à la fin du 18e s. cachent une vieille ville colorée et animée.

La reine des cerises

Ville très ancienne, **Sefrou** avait déjà une certaine importance alors que Fès n'était encore qu'un gros village. **Idriss Ier** passe pour y avoir séjourné et avoir converti à l'islam les Berbères et les Juifs qui l'habitaient. La population juive s'est encore accrue par la suite et fut rassemblée au centre de la cité. Plus tard, Sefrou a joué un rôle actif en assurant les échanges indispensables entre Fès et le Tafilalt à travers le Moyen Atlas insoumis. Aujourd'hui, c'est un centre d'artisanat et un marché agricole pour les céréales et les fruits. Les olives et les cerises de Sefrou sont renommées. Chaque année en juin, la **Fête des cerises** donne lieu à des réjouissances – chants berbères, danses du pays, fantasia, défilé de chars –, sous la présidence de la « reine des Cerises » : les concours de beauté sont suffisamment rares au Maroc pour signaler celui-ci.

Pénétrant dans la médina par Bab m'Kam, on descend rapidement vers la rivière qui coule en torrent entre de hautes murailles envahies par la verdure. Devant une petite mosquée bordée de boutiques, un pont sur l'oued donne accès au **mellah**, enfermé au cœur de la médina : cet ancien quartier juif a gardé en partie son caractère.

Revenir au pont; continuer de suivre la rivière puis prendre la première ruelle à gauche et tourner immédiatement à droite.

Les **souks**, sous leurs toits de roseaux qui filtrent la lumière, offrent un spectacle varié; les spécialités sont ici les grilles de fer forgé, les cordages de chanvre, les babouches berbères à pompons et à paillettes multicolores, les bijoux d'argent et les fameux *hanbels* en laine pure. Longeant la mosquée El-Kebir, au minaret simple mais élégant, on parvient à un pont qui enjambe l'Aggaï et d'où l'on aperçoit le lit de l'oued avec ses moulins à eau. Après avoir dépassé le marché couvert, continuez jusqu'à Bab Merba, près de laquelle les cordonniers tiennent boutique dans une galerie surélevée.

Revenir sur ses pas, emprunter la ruelle en escaliers devant soi et tourner aussitôt à gauche.

On poursuivra par de pittoresques ruelles et, en traversant à nouveau l'oued Aggaï, on atteindra Bab Taksebt, qui débouche sur la place Moulay Hassan.

Promenade à l'ancien fort Prioux A2 – *En venant de l'avenue Moulay Hassan, tourner à droite après la poste.* On rejoint bientôt une route en corniche qui s'élève en découvrant de belles **vues** sur la cité et passe au pied de la *koubba* du marabout Sidi bou Srhine. Des abords de l'ancien fort Prioux, dont il ne reste que les fondations.

Sortir de Sefrou par le nord (R503).

À un grand carrefour, prenez à gauche la direction de Bhalil, gros village accroché au rebord du plateau limitant au sud la plaine du Saïss.

★ Bhalil

Diverses légendes entourent le passé de ce village. On raconte ainsi que lorsqu'Idriss II vint en personne convertir ses habitants – des berbères chrétiens – il fit jaillir une source afin d'y abreuver son cheval fatigué. Et, d'ailleurs, on vous la montrera : c'est Aïn Reta, qui coule près de la grande mosquée.

L'origine du nom du village est liée elle aussi à plusieurs traditions, dont l'une voudrait que le mot Bhalil ait signifié « hommes courageux, guerriers ».

Du carrefour, une route en forte montée conduit au sommet du village, dont elle fait le tour extérieur. S'arrêter à hauteur de l'esplanade aménagée sur la gauche pour avoir une vue générale.
À gauche, belle vue sur la chaîne du Bou Iblane. Du sommet, la **vue★** est plus étendue : au loin la plaine, Fès, le Rif ; au premier plan le village, à moitié taillé dans le roc.
Faire demi-tour et, dans la descente, prendre à gauche le chemin du village.
Après être entré par une porte étroite, dépassez le lavoir d'où partent des ruelles pittoresques, très animées et bordées de maisonnettes blanches aux portes bleues. Plus loin le chemin traverse des jardins et offre encore une belle vue sur Bhalil, avant de rejoindre la route d'arrivée, dans laquelle vous tournerez à gauche, avant de rentrer à Fès.

★ La haute vallée du Sebou CARTE KANDAR ET SEBOU P. 275

Circuit tracé en rouge sur la carte, 168 km au départ de Fès - une journée. Sortir de Fès en direction de Taza (sud-est du plan p. 216).
La route descend rapidement vers la vallée de l'oued Sebou. À 14 km à l'est de Fès, la route de Sidi Harazem se détache de la route de Taza et s'engage dans une vallée aux versants arides.

Sidi Harazem

Voilà de quoi surprendre aux environs de Fès : une minuscule oasis avec une petite *koubba* blanche qui perpétue le souvenir d'un saint du 13e s., qui a donné son nom au village et dont la fête réunit chaque année en avril de nombreux fidèles. Il y a là une source d'eau tiède connue depuis longtemps puisque l'historien **Léon l'Africain** (16e s.) en vantait déjà les bienfaits. Les eaux de Sidi Harazem possèdent en effet des vertus curatives qui intéressent particulièrement les affections du foie et des reins. Aujourd'hui captées en profondeur, elles alimentent une usine de mise en bouteilles et un ensemble thermal dont la **piscine** a été réalisée par l'architecte **Zevaco**. Une réhabilitation est en projet. Près du marabout, vous pourrez voir l'antique piscine sacrée, nichée dans un riche décor d'eucalyptus, de palmiers et de lauriers-roses.
À sa sortie du Moyen Atlas, le Sebou, l'un des plus grands fleuves du Maroc, creuse des gorges profondes au sud-est de Fès.

★ Gorges du Sebou

La route en direction de Taza traverse le Sebou et escalade l'autre versant, dominant Fès et son site, qu'on aperçoit à plusieurs reprises. Du plateau qu'on aborde ensuite, la **vue** est dégagée sur le Rif (à gauche), le massif du Tazekka (devant soi) et le Moyen Atlas (à droite). Peu après Et-Tnine, la route, en descendant, donne un premier aperçu des gorges du Sebou.
À Bir Tam-Tam, prendre à droite la route vers Ribat el-Kheir et El-Menzel.
On traverse une riche région agricole où domine la grande propriété : des rideaux de peupliers et d'eucalyptus protègent les plantations d'arbres fruitiers, sur la droite les **vues★** sont belles sur les parois, rouges et nues, des gorges du Sebou.
À 19 km de Bir Tam-Tam, prendre à droite vers El-Menzel. À l'entrée de la ville (souk le dimanche, mieux vaut éviter de traverser le bourg en voiture ce jour-là !), juste après la station-service, prendre à gauche la route signalée « Sources du Sebou ».
La route remonte le cours d'un oued étroit, parmi les terres rouges, dans un paysage profondément marqué par la présence humaine. Cultures en terrasses, figuiers et oliviers aux feuilles argentées entourent les villages perchés.

À 6 km de El-Menzel, laisser à gauche la route pour Ribat el-Kheir et tourner à droite vers Tarhit.

Tarhit

Charmant village dont les maisons roses escaladent les deux versants de l'oued ; à gauche, en contrebas, un lavoir concentre une pittoresque animation.
À la sortie du village, la route en forte descente longe ensuite le cours de l'oued Sebou, avant d'arriver à **Aïn Sebou**, source vauclusienne qui alimente l'oued et donne à la végétation une insolente couleur verte qui tranche avec l'ocre des collines avoisinantes.
Faire demi-tour. Après avoir dépassé un pont piétonnier enjambant les eaux vertes du Sebou et donnant accès à des chemins muletiers grimpant vers les douars *environnants, prendre, à gauche, une piste bordée d'amandiers et d'oliviers menant à Aïn Timedrine.*

★ Aïn Timedrine

La source sourd dans une cuvette calcaire cernée de pentes douces. La nappe d'eau, très claire, presque tiède en plein mois de décembre, a donné naissance à une ravissante petite oasis où des chemins serpentent parmi les bosquets et les fleurs, à l'ombre des trembles où nichent une grande variété d'oiseaux et où les paysannes font sécher leur linge.
Revenir sur la route, traverser le village de Tarhit, puis au croisement, prendre à gauche la direction d'El-Menzel.

El-Menzel

Le **site** d'El-Menzel se découvre plusieurs kilomètres avant d'arriver à ce gros village double dont la partie basse, noyée dans la verdure, est dominée par une vieille kasbah et ses deux minarets ; bien irrigué par de multiples sources, c'est le marché important d'une riche région agricole.
Traverser le village et prendre la direction de Sefrou.
La route s'élève, dégageant de beaux points de vue sur El-Menzel. Elle devient très pittoresque à l'approche du Sebou : longeant le canyon, puis le traversant, elle offre des **vues★** impressionnantes sur ce décor sauvage de murailles calcaires puissantes et violemment colorées. Plus loin, le relief s'apaise et, par la vaste oliveraie d'**Azzaba**, on arrive en vue de Sefrou.

★ Sefrou *(voir p. 276)*

★ Bhalil *(voir p. 278)*

Retour à Fès.

Carnet pratique

Arriver/Partir

Car

Gare routière de Sefrou – *Bab Himkam*. Cars très fréquents pour Fès.

Voiture

La signalisation est parfois défaillante. Ne comptez pas trop sur les habitants pour retrouver votre chemin, car, s'ils connaissent leur région, c'est la plupart du temps hors des sentiers battus, à travers champs et montagnes. Roulez lentement et vérifiez avant le départ que vous disposez d'une roue de secours.

Agenda

À Sefrou

La Fête des cerises – *Juin* - Pendant trois jours, danses, chants et défilés à travers la ville pour célébrer la cerise...

Nos adresses

Restauration

À Sefrou

Premier prix, moins de 100 DH

2 **Café-Restaurant Oumnia** – B2 - *R. Oukhouane* - ✆ *05 35 66 06 79*. Petit choix de salades, omelettes, viandes grillées ou tajines.

Plusieurs cafés, bars et salons de thé sur le boulevard Mohammed V.

Petite pause

À Imouzzèr-Kandar

Nombreux cafés et salons de thé avec terrasse, à l'ombre des platanes, sur le boulevard Mohammed V.

Shopping

À Sefrou

Souk – *Jeu.*

4

Ifrane ★

Plus encore qu'Azrou, Ifrane a quelque chose d'insolite, avec ses pignons aigus, ses hautes cheminées et ses toits de tuiles roses; les maisons sont des villas entourées de jardins, noyées dans les arbres, desservies par des rues qui serpentent comme les allées d'un parc. Création des années 1930, cette petite ville européenne transplantée au Maroc est une station d'altitude (1650 m) agréable en toute saison. C'est à Ifrane que se trouve l'université Al-Akhawayn, université multilingue et multiculturelle unique au Maroc. Les amateurs de calme et d'air pur s'y plaisent particulièrement, ainsi que les randonneurs, pêcheurs et skieurs (le Mischliffen et le jbel Hebri sont proches et facilement accessibles).

Paysage autour d'Ifrane.
marisa Arregui/iStock

Se repérer

13889 habitants

CARTE P. 210 (B2) – *carte Michelin 742, plis 5, 23 et 41* – Ifrane est à 55 km au sud-est de Meknès et 52 km au sud de Fès par des routes en excellent état.

À ne pas manquer

Les cigognes sur les toits des maisons; les environs de cette station, point de départ idéal pour découvrir le Moyen Atlas; le parc national d'Ifrane *(p. 287)*.

Organiser son temps

Un à deux jours, le temps de se promener autour d'Ifrane.

Carnet pratique p. 284

Nos adresses p. 285

Lacs intermittents

Ici comme ailleurs, il arrive que la sécheresse sévisse et que la plupart des lacs soient complètement à sec. L'excursion autour des lacs du causse d'Ifrane ne vaut d'être effectuée que si ces derniers sont alimentés en eau, la balade risquant en cas contraire d'être décevante (notamment pour les pêcheurs et les amateurs de pédalo !) et de laisser l'impression de paysages désertiques et désolés.

À proximité

★ Le val d'Ifrane

Sortir d'Ifrane par la route de Meknès.10 km, puis 45mn de marche ou de visite.

Au nord-ouest de la ville, l'oued Tizguit s'enfonce progressivement dans le plateau calcaire : ce « val d'Ifrane » est l'occasion d'une promenade rafraîchissante entre pâturages, sous-bois épais et cours d'eau dévalant en cascade.

★ Cascade des Vierges

À 4 km de la ville, prendre à droite une piste *(panneau signalant « source Vittel 0,5 km »)* qui mène à un pont franchissant l'oued Tizguit.

Tourner à droite après le pont et suivre la rive opposée jusqu'à la source « Vittel ». Laisser la voiture sur la plate-forme, et continuer à pied *(15mn AR)* le long du torrent pour aller voir la belle cascade qui s'écoule parmi les frênes, les érables et les peupliers.

Revenir à la R 707 et tourner à droite. 4 km plus loin, prendre à droite la route qui descend vers Zaouïa-d'Ifrane.

Zaouïa-d'Ifrane

Ce curieux village abrite encore des familles de *chorfa*. Les anciennes habitations troglodytiques, en contrebas de la route, servent de nos jours d'écuries. Au pied du village, en bordure de l'oued, le grand marabout blanc au toit vert attire beaucoup de monde à l'époque du *moussem*.

4

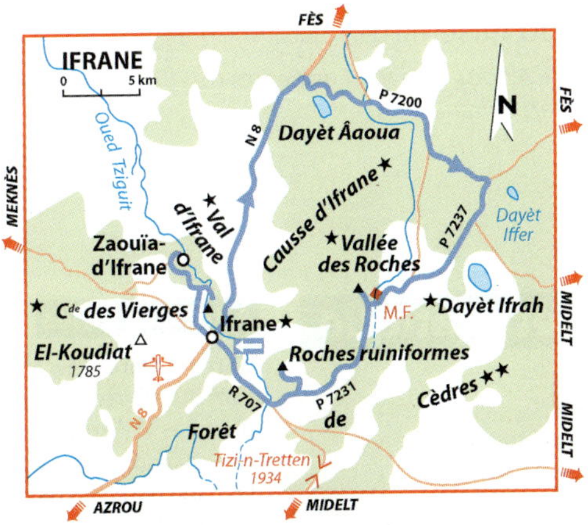

Circuits conseillés

CARTE PAGE PRÉCÉDENTE

★ Le causse d'Ifrane

Circuit de 66 km. Sortir d'Ifrane par la N 8, en direction de Fès. À 17 km, prendre la route à droite et, 400 m plus loin, à gauche, la route qui longe la rive nord du dayèt Âaoua.

Ce circuit, au nord et à l'est d'Ifrane, conduit dans un paysage calcaire, caractéristique des plateaux du Moyen Atlas. Recoupant des terrains de parcours pour les troupeaux, il offre maintes occasions de rencontrer des groupes de pasteurs semi-nomades. Aux amateurs de pêche, les lacs proposent leurs eaux poissonneuses.

Dayèt Âaoua

Ce petit lac occupe le fond d'une dépression résultant de la dissolution de la couche calcaire du plateau. Un rideau de peupliers et de pins maritimes répand une ombre agréable sur son rivage.

Après le petit barrage, laisser à droite la route qui fait le tour du lac et poursuivre le circuit. Puis, en prenant une route à droite, on arrive en vue du dayèt Ifrah.

★ Dayèt Ifrah

La piste surplombe cette grande cuvette dont les eaux scintillent dans un paysage de collines dénudées. Dans ce « bout du monde », quelques maisons au bord du lac et, surtout, les vastes **tentes** noires des bergers, ancrées par petits groupes dans la rocaille, témoignent d'une présence humaine.

Continuer par une piste caillouteuse jusqu'à la maison forestière du dayèt Hachlef (souvent asséché), au-delà de laquelle on tournera à droite vers la vallée des Roches. Ce dernier tronçon est à éviter par temps de pluie.

★ Vallée des Roches

La piste qui y mène est mauvaise. Mais quelques kilomètres suffisent pour s'approcher de cette curieuse vallée aux versants encombrés de blocs calcaires aux formes étranges.

Revenir à la route. Tandis qu'à gauche on longe une forêt de cèdres et de chênes, on aperçoit bientôt sur la droite un vaste cirque de **roches ruiniformes** qui évoque, de façon saisissante, quelque vieille ville *(une mauvaise piste permet de s'en approcher)*. Peu après, on croise la route qui, sur la droite, ramène à Ifrane.

★ Circuit du Mischliffen CARTE FORÊT DE CÈDRES P. 287

60 km. Voir « Azrou » et la forêt de Cèdres (p. 287). Ce circuit peut aussi bien se faire au départ d'Ifrane.

Carnet pratique

S'informer

Délégation provinciale de tourisme – *Av. Mohammed V* - *05 35 56 68 21.*

Adresses utiles

Gare routière – *Av. Mohammed V, à 1 km du centre.* Cars très fréquents pour Fès et Azrou.

Avec la compagnie CTM, 1 dép. le matin pour Meknès, Rabat

et Casablanca, 2 autres pour Marrakech et le sud. Autres lignes : Agadir et Khenifra, Oujda et Nador (voyage de nuit).

Grand taxi – *À côté de la gare - 20 DH pour Fès, 25 DH pour Meknès.*

Agenda

Festival de poésie amazighe du Dayèt Âaoua – *Juin.* En marge des lectures de poésie par leurs auteurs, animation festive (fantasia).

Festival international d'Ifrane – *Une sem. en juil.* Une programmation plutôt éclectique : compétitions sportives, ateliers scientifiques liés à la découverte de la nature, concerts donnés par les stars de la pop marocaines.

Trail des Cèdres – *4 jours en juin- www.traildescedres.com.*

Nos adresses

Restauration

Budget moyen, 100 à 200 DH

Restaurant La Paix – *Av. de la Marche Verte - ✆ 05 35 56 66 75.* Vous ne pourrez pas le manquer. Il est central et imposant. Mais il ne faut pas s'attendre à de la grande cuisine et il faut être patient avant de voir arriver son repas...

Petite pause

Le Croustillant – *R. Lilas - ✆ 05 35 56 60 68 - 6h30-18h (22h l'été).* Boulangerie, pâtisserie, salon de thé. Idéal pour le petit-déjeuner.

Activités

Association provinciale des guides des Espaces naturels d'Ifrane – *✆ 06 63 77 26 78. Comptez 600 DH pour la journée (7 pers. maxi.).*

Michlifen Resort and Golf -*Av. Hassan II, Ifrane - ✆ 05 35 86 40 00 - www.michlifen.com - ch. double à partir de 2200 DH.* Un splendide 18-trous dessiné par Jack Nicklaus à 1650 m d'altitude au cœur d'une nature somptueuse. Green-fee 700/950 DH.

Ski – Location de matériel au Ski Club, à Mischliffen.

Shopping

Souk - *Dim.*

Hébergement

Pour se faire plaisir 700 à 1200 DH

Hôtel Le Chamonix – *Av. de la Marche Verte - ✆ 05 35 56 60 28 - www.lechamonix.com - 64 ch. - 770 DH -* Un des hôtels historiques de la station, construit en 1935. Derrière la façade typique de l'époque coloniale, l'ensemble a été joliment refait avec des chambres modernes et fonctionnelles. Situation centrale.

Grand Hôtel Ifrane – *Av. de la Marche Verte - ✆ 05 35 5 67531 - - 42 ch. - 1050 DH -* Ce bâtiment datant du protectorat est devenu l'hôtel le plus huppé de la ville. La décoration intérieure évoque un chalet alpin. Restaurant (carte internationale), piscine couverte, Spa, boîte de nuit.

Autour du Dayèt Âaoua

Premier prix, moins de 400 DH

Le Gîte du Lac Dayèt Âaoua – *Km 7 sur la route d'Immouzèr à Ifrane, rive est du lac - ✆ 05 35 61 05 75 - www.gitedayetaoua.com - 8 ch. - 450 DH - menu 150 DH -* Un cadre très agréable pour découvrir la région.

4

Azrou et la forêt de cèdres ★

Non loin du piton volcanique qui lui a valu son nom (Azrou signifie « le rocher » en tamazight), Azrou déploie ses maisons blanches aux hautes toitures de tuiles vertes, qui jettent une note aussi insolite que charmante. Inscrite dans un site dégagé par l'oued Tigrigra entre les hautes pentes du Moyen Atlas et l'extrême avancée de la meseta marocaine, elle se trouve à la croisée des deux grandes voies historiques du Maroc central. Cette situation privilégiée et le climat tempéré par l'altitude (1250 m) en font un point de chute idéal pour les voyageurs qui veulent partir à l'assaut du pays des Beni Mguild, arpenter l'une des plus belles forêts de cèdres du Maroc – une splendeur en avril quand les sous-bois se parent de pivoines sauvages – ou dévaler les pistes de ski de la petite station de Mischliffen. Pour découvrir la richesse de la biosphère locale, vous pourrez visiter à Azrou la Maison de la cédraie inaugurée en 2019.

Se repérer

48 955 habitants

CARTE P. 210 (B2) – *carte Michelin 742, plis 5, 22-23, 36 et 41* – À 63 km de Fès et 67 km de Meknès, Azrou est située au carrefour des routes conduisant vers le Grand Sud : Errachidia et le Tafilalt par Midelt, et Marrakech, *via* Beni Mellal.

À ne pas manquer

Le parc national d'Ifrane.

Organiser son temps

Quelques jours sont nécessaires pour prendre le temps de découvrir la région et ses richesses.

En famille

Les balades en forêt… et le ski à Mischliffen en hiver.

Carnet pratique p. 292

Nos adresses p. 293

Azrou et à proximité

Azrou

Au fond d'un large cirque, les toits verts Azrou se fondent dans un arrière-plan de forêts de cèdre. La ville constitue une bonne base pour découvrir la région. La **Maison du Parc** est un point d'information, qui accueille une exposition permanente sur la biodiversité. Vous y trouverez également les topoguides des sentiers de randonnée balisés. *Bd Mohammed V - ✆ 05 35 56 12 96 - lun.-vend 8h30-16h30.*

Maison de la Cédraie

7 km au sud-est d'Azrou par la RN 13 dir. Midelt - ✆ 06 11 11 10 15 - www.maison-delacedraie.ma - 9h-17h - 50 DH.

Pour tout savoir sur l'arbre emblématique du parc national d'Ifrane : le milieu naturel dans lequel il se déploie, mais aussi son importance dans l'histoire de l'artisanat marocain ou encore les modes de vie des populations vivant de son exploitation.

Le parc national d'Ifrane

Le parc national d'Ifrane a été créé le 8 octobre 2004. Il s'étend sur près de 52 000 ha dans la partie centrale du Moyen Atlas et inclut des villes comme Ifrane et Azrou. Son altitude varie entre 1 100 m (Dir Azrou - Aïn Leuh) et 2 104 m (sommet du *jbel* Hebri). Le parc compte notamment cinq essences forestières : le cèdre de l'Atlas, le chêne vert, le chêne zéen, le pin maritime de montagne et le genévrier thurifère. Environ 35 espèces de mammifères ont été recensées, presque autant pour les reptiles et les amphibiens, ainsi que 145 espèces d'oiseaux.

★ Aguelmame de Sidi Ali

55 km au sud-est d'Azrou par la route de Midelt (pour rejoindre le Tafilalt).

On atteint *l'aguelmame* de Sidi Ali par la route d'Azrou à Midelt, qui traverse le pays des Beni Mguild. *Après Timahdite, une petite route s'embranche à gauche sur la route et mène au bord du lac.*

Ce lac d'altitude (plus de 2 000 m), dû à un barrage de roches volcaniques, tire son nom d'un marabout installé sur sa rive est. Truites, carpes, perches et gardons y font le bonheur des pêcheurs. Sur les pentes en partie boisées qui l'entourent, des plaques de neige subsistent jusqu'au printemps, et les pâturages y attirent en été les pasteurs beni mguild.

Circuits conseillés

CARTE DE RÉGION P. 210

Carte Michelin n° 742, plis 36-37 et 49-50.

La route d'Ifrane à Midelt et celle d'Azrou à Khenifra traversent largement le pays des **Beni Mguild** *(voir encadré p. 290)*. Vous aurez maintes occasions de rencontrer des groupes de semi-nomades en parcourant les circuits ci-après.

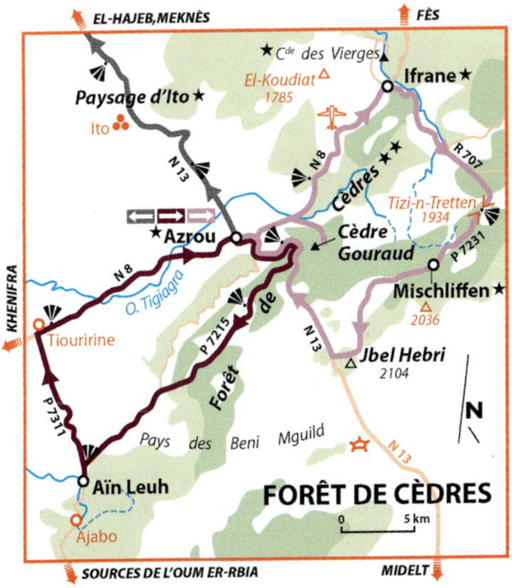

4

Les seigneurs de la forêt

S'accommodant de sols très divers mais redoutant la sécheresse, les **cèdres** de l'Atlas ont un fût très droit qui peut atteindre jusqu'à 60 m de hauteur et 2 m de diamètre. Leur silhouette altière étale une ramure horizontale très caractéristique. Jeunes, ils se terminent par une flèche grêle produisant constamment des bourgeons ; les vieilles cimes, au contraire, prennent une forme tubulaire. Le cèdre a une longévité exceptionnelle, et les sujets âgés de plus de deux siècles ne sont pas rares ; il existe même des patriarches qui seraient contemporains des sultans mérinides (en France, de la guerre de Cent Ans !). Le bois de cèdre – apprécié depuis l'Antiquité parce qu'imputrescible – embaume les souks de menuisiers dans toutes les grandes villes. Ébénistes et charpentiers l'emploient, et on sait le parti que les sculpteurs en ont tiré dans les palais, les *medersas* et les mosquées, pour la décoration des plafonds, des linteaux et des auvents.

★★ Forêt de Cèdres CARTE FORÊT DE CÈDRES CI-DESSOUS

Circuit tracé en rose sur la carte, 68 km au dép. d'Azrou – env. 1h30. Sortir d'Azrou par la route de Fès. Au bout de 4,5 km, prendre à droite la route signalisée « cèdre Gouraud ».

Cèdre Gouraud

La route s'élève rapidement jusqu'à la forêt, où l'on rencontre de très beaux sujets. À droite de la piste, vous verrez le squelette du « cèdre Gouraud », l'un des anciens cèdres emblématiques de la forêt, reconnaissable à son énorme branche en forme de chandelier. Mort en 2003, il tient toujours debout.

De retour sur la route, on circule à travers champs et vergers avant de se hisser jusqu'au rebord d'un plateau. De là, le **panorama★** embrasse le Moyen Atlas, la plaine irriguée d'Azrou prolongée au nord-ouest par un moutonnement de collines volcaniques qui semblent aller battre la corniche du plateau d'El-Hajeb. On débouche ensuite sur un terrain rocailleux qui monte en pente douce, sur la gauche, vers l'éminence volcanique du paysage d'Ito.

★ Ifrane *(voir p. 282)*

À la sortie d'Ifrane, en vue du palais royal, la route que l'on prend à droite au carrefour suit la limite inférieure de la forêt puis traverse un plateau aride. À une bifurcation, on continue tout droit en direction de Mischliffen sur la route qui amorce aussitôt la montée vers le Tizi-n-Tretten, bordé de cèdres sur les hauteurs. Du col (1934 m), **vue** à gauche sur les grands sommets du Moyen Atlas (massif de Tichchoukt) par-delà la dépression de l'oued Guigou (pêche à la truite). On pénètre bientôt dans une belle forêt de cèdres, de chênes et de sapins.

★ Mischliffen

Un ancien volcan éteint couronné de cèdres compose le site du petit centre de sports d'hiver du Mischliffen.

Après le chalet du Ski-Club d'Ifrane, prendre à gauche la route en sens unique qui ramène à la route d'Azrou.

La route longe un vallon couvert de prairies très fréquentées par les troupeaux puis traverse en ligne droite un plateau tout bosselé de roches volcaniques au bout duquel se dresse le **jbel Hebri** (2104 m), cône volcanique parsemé de cèdres.

Prendre à droite la route nationale vers Azrou.

La descente est très belle. La route serpente dans la cédraie parée de magnifiques sous-bois ; elle offre de remarquables **vues** sur la région d'Azrou.

Macaque de Barbarie dans un cèdre.
R. Eritja/age fotostock

★ Circuit d'Aïn Leuh CARTE FORÊT DE CÈDRES P. 287

Circuit tracé en violet sur la carte p. 287, 63 km au départ d'Azrou – env. 2h30. Quitter Azrou en direction de Fès puis prendre tout de suite à droite la route de Midelt. Continuer jusqu'à la route d'Aïn Leuh, que l'on prend à droite.
La route, qui fait traverser de beaux peuplements de cèdres, suit longuement le sommet de la corniche du Moyen Atlas et procure de fréquentes échappées vers la droite : ces **vues★** permettent d'apercevoir en contrebas Azrou, la vallée tourmentée du Tigrigra et, au loin, les hauteurs de la *meseta* marocaine. On traverse les vastes pâturages d'une plaine d'altitude bordée de crêtes calcaires.

Aïn Leuh

Dans un virage, on découvre Aïn Leuh, blottie dans un vallon étroit, avec ses maisons brunes à toit plat et ses terrasses irriguées débordant de verdure. Ce gros bourg est un marché des Beni Mguild et un centre d'estivage ; on y travaille aussi le bois des forêts voisines.
En prenant *(15mn à pied AR)* un chemin qui se détache à droite de la route, à la sortie sud d'Aïn Leuh, vous atteindrez, à 400 m, une plate-forme naturelle d'où la **vue★** est curieuse sur les terrasses étagées du vieux bourg.
Retour à Azrou en poursuivant tout droit puis en prenant à droite la route Marrakech-Fès.
À la sortie nord d'Aïn Leuh, la descente est rapide, avec vue sur la forêt de cèdres à droite et la plaine du Tigrigra en face. À partir de Tiouririne, on roule parallèlement à la corniche du Moyen Atlas dans un paysage de riches cultures, tandis qu'Azrou apparaît dans le lointain.
Dans le dernier virage avant d'atteindre la ville, belle **vue★** sur Azrou.

★ Paysage d'Ito CARTE FORÊT DE CÈDRES P. 287

Circuit tracé en gris sur la carte, 18 km au nord-ouest d'Azrou. Sortir d'Azrou en direction de Meknès.
Après la traversée de la riche plaine irriguée de l'oued Tigrigra, la route s'élève en offrant de belles **vues** sur Azrou et son site. À 18 km, tandis que l'on suit en corniche le rebord du plateau d'El-Hajeb, un **panorama★** se révèle à gauche sur

Le pays des Beni Mguild

Les Beni Mguild sont les membres d'une confédération de tribus berbères qui occupe une vaste région du Moyen Atlas central, depuis la vallée de la Haute Moulouya jusqu'aux plateaux situés au sud de Meknès. Si beaucoup d'entre eux sont devenus sédentaires – certains habitent de petites villes comme Azrou –, une minorité pratique encore une forme de semi-nomadisme : leurs parcours, relativement peu étendus, les ramènent périodiquement à un habitat précaire mais fixe, où ils pratiquent une agriculture hâtive. Comme leurs voisins Zaïanes, les Beni Mguild se rattachent au groupe des Berbères **Sanhaja**, dont l'habitat originel était aux confins du désert.

D'azarhar en azzaba – En hiver, les Beni Mguild descendent en *azarhar*, pâturage de plaine où le troupeau trouve sa nourriture dans des conditions climatiques moins rudes qu'en montagne. En été, ils envahissent l'*azzaba* – alpages et clairières des forêts d'altitude. Ce sont parfois d'énormes cortèges de moutons et de chèvres que l'on voit circuler sur les drailles. Au campement, on dresse la *khaïma*, la vaste tente berbère noire ou brune. Ainsi, certains Beni Mguild du pays d'Aïn Leuh se déplacent en été vers les alpages qui avoisinent le bourg, et descendent passer l'hiver aux abords de l'oued Tigrigra ou même plus loin. Mais ces migrations vont s'amenuisant. La mise en culture des terres d'*azarhar* ne laisse guère de place aux troupeaux : l'élevage devient le fait des sédentaires. Beaucoup de Beni Mguild ont acquis des terres et ne se déplacent plus, même s'ils vivent encore sous la tente.

la vaste dépression, barrée à l'horizon par les hauteurs boisées du Moyen Atlas. Le paysage présente un chaos de petits reliefs : alignements de crêtes décapées par l'érosion, archipels de volcans éteints depuis le début du quaternaire, fractures, coulées de lave. L'oued **Tigrigra** et ses affluents se fraient un passage à travers ce paysage dénudé qui, le soir, sous l'éclairage rasant du soleil, prend un aspect fantastique qu'on a qualifié de lunaire.

El-Hajeb

À 17 km plus au nord, ce petit centre estival d'altitude est apprécié des habitants de Meknès fuyant la chaleur de la plaine. C'est une ville fraîche et ombragée, bien arrosée par les sources qui jaillissent en cascade à la base des terrains calcaires voisins. Elle conserve les restes d'une kasbah élevée par le sultan Moulay Hassan pour tenir en respect les Beni M'Tir, turbulente tribu berbère établie aux abords de la cité. Dans la partie est de la ville, les parois rocheuses laissent encore voir quelques **habitations troglodytiques**.

À la sortie nord-ouest de la ville, la route offre une **vue**★ étendue sur l'opulente plaine de Meknès : l'harmonie des couleurs témoigne de la variété des ressources créées par l'homme dans cette région que dominent au loin le *jbel* Kefs et le *jbel* Zerhoun.

★★ Au sud d'Azrou CARTE AU SUD D'AZROU CI-DESSUS

Circuit de 195 km, dont 40 km de piste souvent médiocre, tracé en orange sur la carte ci-contre - compter 5 à 6h. Sortir d'Azrou vers l'ouest par la route de Khenifra, qui offre, à droite, une vue dégagée sur la plaine du Tigrigra et les plateaux qui l'encadrent.

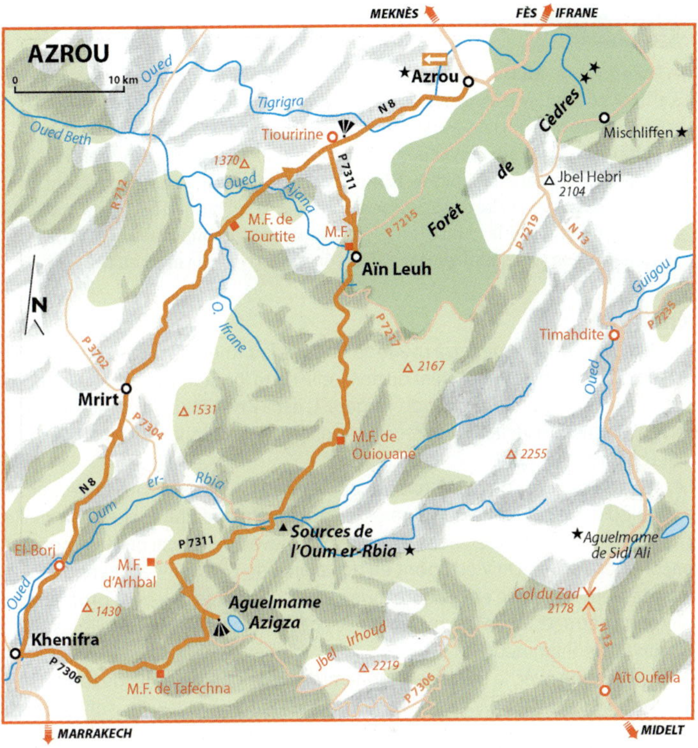

★ Sources de l'Oum er-Rbia

30mn à pied AR. Sources et cascades jaillissent entre les falaises calcaires dans un site impressionnant. D'une plate-forme située un peu en contrebas du sentier, juste avant les cascades, on voit bien les puissantes résurgences qui alimentent le plus grand fleuve du Maroc. Quelques abris installés au bord de l'eau et agrémentés, pour certains, de tapis permettent de se désaltérer d'une tasse de thé ou, aux beaux jours, de camper pour la nuit.

Reprendre la voiture, passer (à gauche) le pont sur l'Oum er-Rbia et continuer tout droit.

La route suit, en corniche, la rive de l'oued, puis abandonne la vallée pour s'enfoncer dans la montagne boisée. Remarquez le type d'habitat mixte : tentes de nomades dressées auprès de petites maisons dont le toit à double pente est fait de planches de cèdre.

Quelques kilomètres plus loin, par une route étroite mais goudronnée, on arrive à un carrefour : prendre à gauche la direction de l'aguelmame *Azigza (2 km).*

Aguelmame Azigza

C'est un lac permanent logé dans une cuvette calcaire. De l'extrémité de la route goudronnée où a été installé un café-restaurant *(restauration possible en été)*, **vue** sur le joli site de ce petit lac bleu cerné de chênes verts.

De *l'aguelmame* à Khenifra, la route traverse encore de belles forêts de cèdres.

4

Un vrai caïd

À la fin du 19e s., **Moha ou Hammou**, dont l'autorité s'étendait en pays zaïane, s'allia avec Moulay Hassan, ce qui lui valut, outre le titre de caïd, de disposer d'un armement moderne. Mais ce vassal turbulent ne tarda pas à rompre avec le sultan et se mit à guerroyer pour son propre compte tout en entreprenant de grands travaux dans sa capitale, **Khenifra**. Lorsque les Français arrivèrent, le vieux caïd, alors au faîte de sa puissance, refusa de se soumettre et rassembla contre l'envahisseur la tribu zaïane. C'est en faisant le coup de feu contre des Zaïanes ralliés à l'ennemi que le caïd irréductible trouva la mort en 1921.

Khenifra

Une cité rouge dans une terre rouge : telle apparaît Khenifra quand on l'aborde du sud ou de l'est. Pour qui vient du nord, elle reste longtemps cachée, s'annonçant seulement par un surcroît de vergers. C'est à Khenifra qu'a été scellé par le roi Mohammed VI le dahir (décret royal) instituant la création de l'Institut royal de la culture amazighe.

Les rues de ce poste de garnison sont bordées de palmiers, qui lui confèrent un petit air d'oasis et viennent tempérer le caractère un peu farouche de la vieille cité zaïane. Les tours crénelées de la **kasbah** élevée par Moha ou Hammou ont encore fière allure. Du vieux **pont** en dos d'âne, du 17e s., on découvre une vue intéressante sur la ville en bordure de la rivière, que longe une belle **promenade** piétonne permettant de suivre la muraille de la médina, du jardin public jusqu'au boulevard Mohammed V.

À l'intersection avec le boulevard Mohammed V se tient un **souk** de tapis. On y trouve les célèbres tapis zaïanes qui, comme la région et la ville, sont à dominante rouge. Tout près, la rue commerçante **Bir Anzaram**, artère principale de la médina, débute juste après le marché couvert. À son extrémité, la vieille mosquée domine le quartier ancien de son minaret de brique orné de céramiques vertes.

À la sortie sud de la ville se trouve un hippodrome où se perpétuent les qualités de brillants cavaliers des Zaïanes.

Quitter Khenifra par la N 8, direction Azrou.

Jusqu'à El-Borj, la route remonte la vallée de l'Oum er-Rbia. On quitte alors le pays zaïane pour retrouver le territoire des Beni Mguild.

Mrirt

Ce gros marché berbère *(souk le jeudi)* est particulièrement riche en chevaux.

Tout ce trajet de retour est dominé, à droite, par la corniche boisée du Moyen Atlas.

Carnet pratique

S'informer

Le Centre d'interprétation du Patrimoine – *Centre Culturel, pl. Hassan II - lun.-vend. 8h-16h.* Petite exposition sur la biodiversité.

Arriver/Partir

Gare routière – *Bd Moulay Abdelkader.* Nombreux cars quotidiens pour Fès et Meknès. Liaisons également pour Marrakech, Khenifra, Rabat, Midelt, Beni Mellal, Errachidia, Erfoud, Rissani. Consigne à bagages.

Grand taxi – *Devant la gare routière.*

À Khenifra

Gare routière – *Bd Zerktouni.* Cars fréquents pour Azrou, Meknès, Fès, Marrakech, Beni Mellal. Liaisons quotidiennes pour des villes plus éloignées (Casablanca, Agadir, Tanger, Tetouan, etc.).

Grand taxi – Devant la gare routière.

Adresse utile

Pharmacie du Moyen Atlas – *Bd Moulay Abdelkader - ✆ 05 35 56 28 73.*

Agenda

Festival Cèdre universel du court-métrage d'Azrou – *Juil.-août* - Une partie de la programmation est délocalisée à Ifrane.

Nos adresses

Hébergement/ Restauration

Aux environs d'Azrou

Premier prix, moins de 400 DH

Camping Amazigh – *Rte d'Ifrane - à 2 km d'Azrou, sur la droite - ✆ 05 35 56 07 25 - www.camping-amazigh.com - 5 ch. - ☕ 25 DH - repas sur commande 50 DH.* Agréable site ombragé. Possibilité de louer des chambres simples et bien tenues dans la maison. L'accueil sympathique ajoute au charme du lieu.

Gîte Ras El Ma – *8 km sur la route d'Ifrane - ✆ 05 35 56 00 08 - www.rasalma.com - 12 ch. - 350 DH - ☕ 30 DH - ✕ menu 190 DH.* Belle bâtisse de pierre sèche, perdue dans la montagne : repos garantis. Respectueux de la nature, les gérants ont choisi des matériaux locaux pour la rénovation. Accueil très convivial dans ce qui reste la seule véritable adresse de charme de la région.

À Khenifra

Budget moyen, 400 à 700 DH

Hôtel Continental – *Cité Al-Amal - ✆ 05 35 58 60 20 -www.hotel-continental-khenifra.com* P ⛱ *- 58 ch. - à partir de 400 DH* ☕ - ✕. Installé sur une colline en surplomb de la ville, cet hôtel à l'architecture peu avenante est la seule possibilité acceptable de la région.

Shopping

Ensemble artisanal – *Bd Mohammed V - sam.-jeu. 8h30-12h, 14h30-18h30, vend. 8h30-11h30, 15h-18h30.* Outre un atelier de ferronnerie et des objets de bois taillés dans le cèdre ou l'acajou, vous découvrirez un intéressant atelier de tapis : ils peuvent être rasés et de couleurs vives, où le rouge et l'orangé dominent, ou bien à fond blanc discrètement rehaussé d'ocre ou de brun et garder une longue toison. Point commun : leur dessin géométrique et l'absence de motifs d'encadrement.

Souk – *Mar.*

À Khenifra

Souk – *Dim.*

Marché central de tapis – *Bd Mohammed V.* Produits de l'artisanat local : nattes de doum, couvertures blanches rayées de soie noire et tapis zaïanes de haute laine de couleur sombre décorés de losanges.

Jardin Majorelle, Marrakech.
R. Gaertner/Pixtal/age fotostock/ADAGP, Paris 2021

5

Marrakech et le Haut Atlas

CARTE 2e RABAT DE COUV. B3, B4, C4 – CARTE MICHELIN 742, PLIS 4, 20, 33-34 ET 50-52

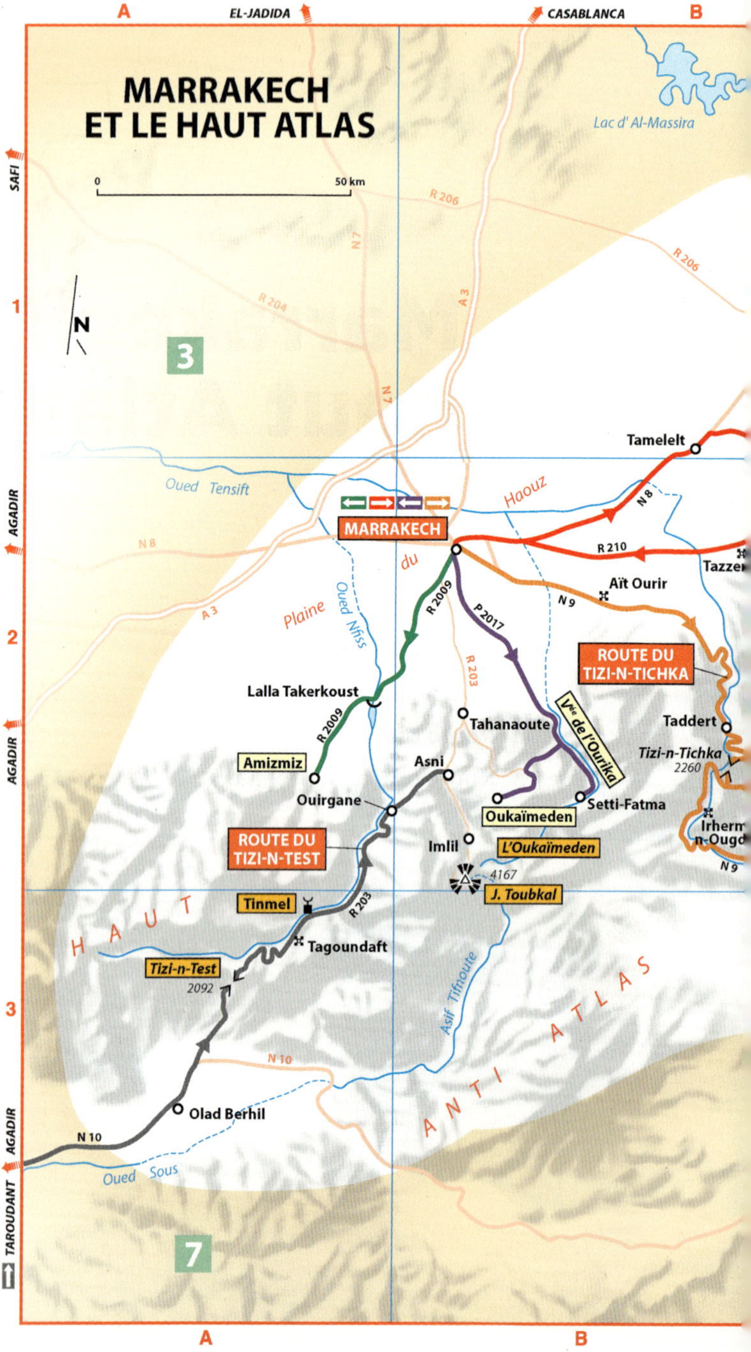

MARRAKECH ET LE HAUT ATLAS
A
B
EL-JADIDA
CASABLANCA
SAFI
AGADIR
AGADIR
AGADIR
TAROUDANT
1
2
3
0
50 km
N
3
7
Lac d' Al-Massira
R 206
R 206
R 204
N 7
N 7
A 3
A 3
N 8
Oued Tensift
Haouz
Plaine du
Oued Nfiss
MARRAKECH
Tamelelt
N 8
R 210
Tazzer
Aït Ourir
N 9
R 2009
P 2017
ROUTE DU TIZI-N-TICHKA
Taddert
Tizi-n-Tichka
2260
Irherm n-Ougd
N 9
R 203
Lalla Takerkoust
R 2009
Tahanaoute
Vée de l'Ourika
Amizmiz
Asni
Ouirgane
Oukaïmeden
Setti-Fatma
ROUTE DU TIZI-N-TEST
Imlil
L'Oukaïmeden
4167
J. Toubkal
Tinmel
R 203
HAUT
Tagoundaft
Tizi-n-Test
2092
Asif Tifnoute
ANTI ATLAS
N 10
Olad Berhil
N 10
Oued Sous

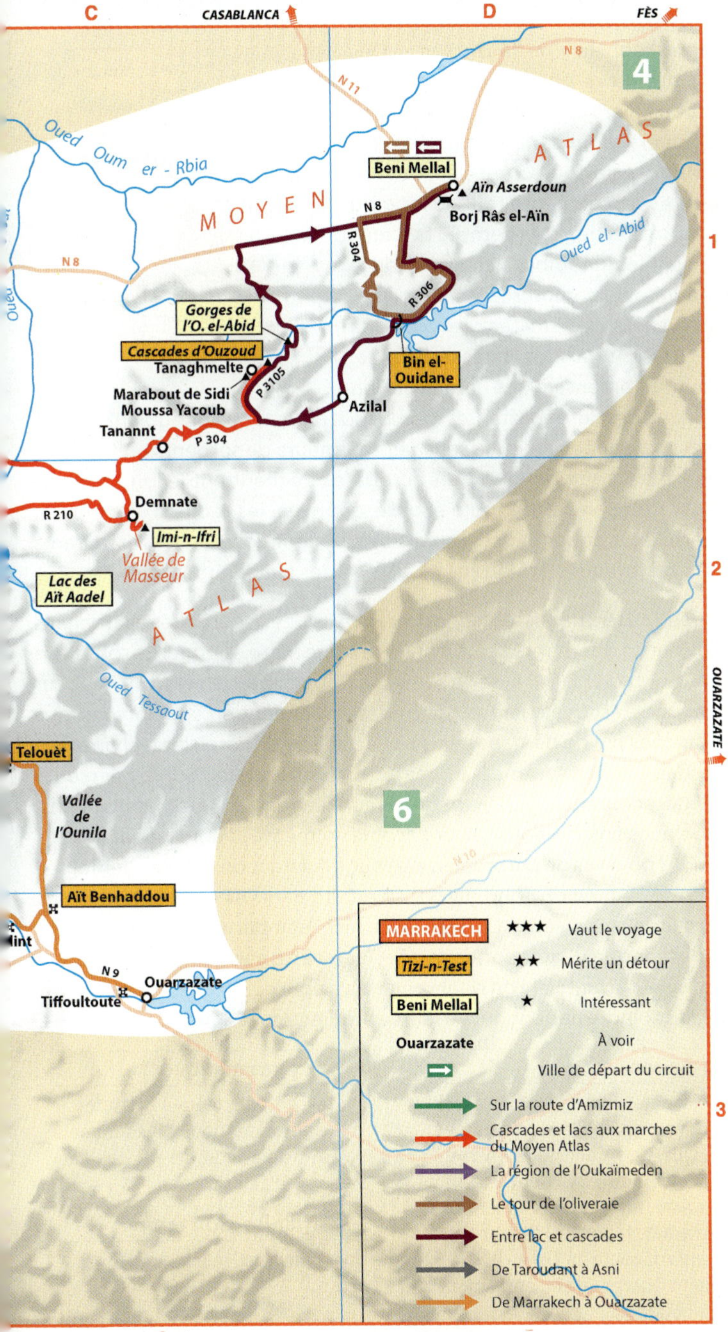
C
CASABLANCA
D
FÈS
4
N 8
N 11
Oued Oum er - Rbia
MOYEN ATLAS
Beni Mellal
Aïn Asserdoun
Borj Râs el-Aïn
N 8
R 304
R 306
Oued el - Abid
1
N 8
Gorges de l'O. el-Abid
Cascades d'Ouzoud
Tanaghmelte
P 3105
Bin el-Ouidane
Marabout de Sidi Moussa Yacoub
Azilal
Tanannt
P 304
Demnate
R 210
Imi-n-Ifri
Vallée de Masseur
2
Lac des Aït Aadel
ATLAS
Oued Tessaout
OUARZAZATE
Telouèt
Vallée de l'Ounila
6
Aït Benhaddou
N 9
Ouarzazate
Tiffoultoute
MARRAKECH ★★★ Vaut le voyage
Tizi-n-Test ★★ Mérite un détour
Beni Mellal ★ Intéressant
Ouarzazate À voir
Ville de départ du circuit
Sur la route d'Amizmiz
Cascades et lacs aux marches du Moyen Atlas
La région de l'Oukaïmeden
Le tour de l'oliveraie
Entre lac et cascades
De Taroudant à Asni
De Marrakech à Ouarzazate
3

Marrakech et le Haut Atlas

Marrakech, la « perle du Sud ». Dès les premiers pas, le voyageur est étourdi par l'effervescence de cette cité vertigineuse. Les parfums, les couleurs, la foule : cette première impression demeure tout au long du séjour. Derrière les remparts s'emmêlent les innombrables ruelles de la médina, où commerçants, porteurs, mendiants, cyclistes, ânes et badauds se croisent dans un incessant va-et-vient. L'immense place Jemâa el-Fna s'anime de toutes parts. Les marchands ambulants redoublent d'ingéniosité pour attirer le passant, les charmeurs de serpents côtoient les danseurs traditionnels et les acrobates s'échauffent le long des terrasses de cafés. Une foule écoute, captivée, les récits d'un conteur. Marrakech, ce sont aussi les palais richement décorés, les restaurants gastronomiques, les jardins paisibles et les nuits trépidantes.

Au sud s'étend la vaste chaîne du Haut Atlas. Les bourgades accrochées aux flancs des monts semblent vivre à une autre époque. La route serpente à travers un paysage semé de steppes à arganiers. Juchées sur les arbustes, des chèvres gourmandes tiennent en équilibre sur des branches qui ne demandent qu'à céder. L'air se rafraîchit, et l'on aperçoit au loin les sommets enneigés du jbel Toubkal. Sur les versants abrupts courent des chemins de randonnée vers des sommets lointains. Quelques enfants vous saluent avec un immense sourire. Le vert vif des jeunes pousses de blé rehausse le rouge éclatant des vieilles demeures en pisé, le bleu profond du ciel se reflète dans les eaux limpides des tumultueuses rivières. La beauté du décor semble irréelle. Puis la route redescend, la végétation se raréfie, les rivières s'assèchent. La chaleur se fait étouffante et l'on peut rouler plusieurs heures durant sans croiser la moindre habitation. Au loin se profilent les premières palmeraies.

Se repérer

Trois routes partent de Marrakech en direction du sud et franchissent le Haut Atlas. Celle du Tizi-n-Test, qui rejoint Taroudant en passant par Asni ; la route de l'Ourika, qui mène à la station de l'Oukaïmeden, et enfin la route du Tizi-n-Tichka, qui rejoint Ouarzazate en passant par Aït Benhaddou.

À ne pas manquer

Marrakech, dans le Haut Atlas : les vues splendides depuis les sommets du Tizi-n-Test et du Tizi-n-Tichka, la station de l'Oukaïmeden.

Organiser son temps

Une semaine au minimum.

Marrakech ★★★

Ville impériale et capitale du Sud, Marrakech exerce sur les populations de la partie méridionale du pays, de l'Atlas au Sahara, comme sur les voyageurs, un attrait extraordinaire. Dès l'arrivée, on est pris par les parfums, les couleurs, les fleurs, les verts palmiers, les murs roses tapissés de bougainvillées, le feuillage mauve des jacarandas et, pour qui arrive du Nord, l'apparition de la palmeraie au milieu de la plaine ardente du Haouz constitue un étonnant spectacle. En hiver et au printemps, lorsque étincellent au loin les neiges du Haut Atlas, la surprise est plus forte encore.

Se repérer

887192 habitants (les Marrakchis)

CARTE P. 296 (A2) – *carte Michelin 742, plis 4, 20 et 51* – Une ville moderne, le Guéliz (du nom de la colline située au nord-ouest de la ville), s'étend à l'ouest de la médina. Avec ses banques, ses boutiques, ses cafés, l'avenue Mohammed V en est l'axe majeur. Elle vous conduit au pied de la Koutoubia, monument emblématique de la ville, et à la fameuse place Jemâa el-Fna, à l'entrée de la médina, où bat le cœur de Marrakech.

À ne pas manquer

Une promenade dans les quartiers populaires de la médina, en passant par la place Jemâa el-Fna et le long de la Koutoubia ; une visite des tombeaux saâdiens ; le palais de la Bahia ; le jardin Majorelle et le musée Yves Saint Laurent.

Organiser son temps

Compter trois jours pour la ville, deux de plus pour les environs (Oukaïmeden, Ouzoud, etc.).

En famille

Charmeurs de serpents, dresseurs de singes, acrobates et conteurs de la place Jemâa el-Fna. Un parc aquatique dans les environs.

Carnet pratique p. 323

Nos adresses p. 325

Se promener

★★★ Sud de la médina PLAN II P. 306-307

Promenade à pied, circuit 1 tracé en vert sur le plan II p. 306-307. Une journée environ.

★★★ Koutoubia PLAN II E4

Entrée interdite aux non-musulmans. Ce nom, qui est celui d'une mosquée, désigne aussi son célèbre minaret. La mosquée de la Koutoubia, ou « des Libraires », ainsi appelée parce que les marchands de livres tenaient autrefois boutique autour d'elle, fut édifiée au 12e s. par Abd el-Moumen.

Un premier sanctuaire fut bâti, mais son orientation par rapport à La Mecque n'ayant pas été jugée satisfaisante, le sultan entreprit d'en construire un second, de plan identique. Les deux édifices, contigus, coexistèrent pendant plusieurs années, avant que ne soit démoli le premier, dont on distingue encore les fondations dans le square aménagé à droite de l'actuelle mosquée, et les traces du mihrab sur le mur extérieur nord de celle-ci.

5

La « capitale du Sud »

Marrakech (« Merrakch » en arabe), 3e ville du Maroc après Casablanca et Fès, est une énorme agglomération, où cohabitent modernité et tradition. L'actuelle capitale touristique du royaume, sublimée puis délaissée par les sultans, conserve son âme et cultive son air médiéval, des remparts qui se parent de couleurs ocre rouge au soleil, jusqu'au chaleureux brouhaha qui monte de la médina.

Un conquérant floué

Vers le milieu du 11e s., des Berbères sahariens franchirent l'Atlas et descendirent dans le Haouz. À peine avaient-ils atteint la plaine que leur chef, Abou Bekr, se vit obligé de retourner en Maurétanie pour y réprimer une révolte, laissant son armée et sa femme aux bons soins de son lieutenant, **Youssef ben Tachfine**. À son retour, deux ans plus tard, il ne tarda guère à mesurer son imprudence : certes comblé de présents, il dut se résoudre à regagner son désert en méditant amèrement sur l'ingratitude humaine en général et celle de son subordonné en particulier.

Youssef avait établi son camp en un lieu si redouté des voyageurs que les Berbères l'avaient appelé « Marroukech » (« Marche vite » !). Protégé par les rochers du Guéliz, le site était bien choisi mais l'eau manquait. Youssef fit creuser des puits et les relia par un réseau de conduits souterrains qui amena l'eau au camp : ce système de *rhettara* apporte aujourd'hui encore la vie aux jardins de Marrakech. En vrai Saharien, il fit planter des palmiers : ainsi s'explique la présence d'une grande palmeraie au nord de l'Atlas. Très vite, le camp devint un marché puis une ville d'où Youssef partit à la conquête du Maghreb : quarante ans après sa fondation, la nouvelle ville était la capitale d'un empire qui s'étendait d'Alger à l'Atlantique, de l'Èbre au Drâa, et dont l'influence rayonnait jusqu'au Sénégal.

Une dynastie de bâtisseurs

En 1147, **Abd el-Moumen** s'empare de Marrakech et fonde la dynastie almohade. Le premier soin du nouveau sultan est d'élever sur l'emplacement du palais des Almoravides une mosquée, la Koutoubia, dont l'admirable minaret domine aujourd'hui encore la ville. Son fils **Youssef** continue son œuvre et entreprend la construction d'une immense kasbah. Amoureux de l'Andalousie, il fait édifier à Séville une grande mosquée, la Giralda, réplique de la Koutoubia. Le troisième souverain almohade, **Yacoub al-Mansour** (« le Victorieux »), complète l'œuvre de ses prédécesseurs : à Marrakech, il termine la Koutoubia et dote la ville de palais et de mosquées ; à Séville, il achève la Giralda. Mais c'est surtout à Rabat qu'il accomplit une œuvre grandiose.

Du déclin au renouveau

Lorsque les Mérinides adoptent Fès pour résidence, Marrakech entre dans une période de luttes entre tribus et de révoltes contre les sultans. Au 16e s., les **Saâdiens** venant du Souss prêchent la guerre sainte contre les chrétiens, installés sur la côte. Victorieux à Agadir, à Safi, à Azemmour, ils s'emparent de Fès et règnent bientôt sur tout le Maroc. Le plus célèbre, **Ahmed al-Mansour**, *surnommé aussi El Deh*bi (« le Doré ») à cause de ses fabuleuses richesses, consacre une partie de celles-ci à embellir Marrakech.

Afin de perpétuer son souvenir, il fait élever le palais d'El-Badii ; il prépare également une luxueuse résidence posthume à sa dynastie, les tombeaux saâdiens, et dote la ville de mosquées, de fontaines et de *medersas*. À la mort d'Ahmed « le Doré », Marrakech retombe dans le désordre et l'anarchie. La dynastie des Saâdiens s'écroule et les Alaouites prennent le pouvoir ; Moulay Ismaïl s'installe à Meknès et fait abattre le palais d'El-Badii.

Ses successeurs montrent plus de modération. Fès est leur résidence préférée mais ils ne délaissent pas tout à fait Marrakech. À la fin du 19e s., l'un d'eux, le grand sultan **Moulay Hassan**, vient même s'y fixer et redonne à la ville un brillant éclat. Sous son règne et sous celui de son fils, Moulay Abdelaziz, de beaux palais sont édifiés : Dar el-Beïda, Dar Si Saïd, et surtout la magnifique demeure de la Bahia.

Les revirements du Glaoui

En 1912, le chef de la résistance du Sud à la pénétration française, **El-Hiba** *(voir à Tiznit)*, se rend maître de la ville avant d'entreprendre sa marche vers le nord. Mais il se heurte aux troupes du colonel Mangin à Sidi Bou Othmane, à 35 km au nord de Marrakech. Les Français, bénéficiant de la complicité discrète du pacha de Marrakech, **El-Glaoui** *(voir « Route du Tizi-n-Tichka », p. 356)*, pénètrent dans la ville, et « le sultan bleu » doit se replier vers l'extrême sud, tandis que le Glaoui commence à rassembler pouvoir et fortune, à l'ombre du protectorat.

En 1953, il fomente à Marrakech un complot qui aboutit au bannissement du sultan Mohammed ben Youssef, le futur Mohammed V. Mais c'est ce même Glaoui qui, par un retournement spectaculaire, devait fortement contribuer, en 1955, au retour du souverain.

Une destination touristique par excellence

Nœud d'échanges, grand centre artisanal, « Marrakech la Saharienne » ne ressemble à aucune des autres cités impériales. Dans ses remparts de terre règne une foire perpétuelle. Sur ses places, dans les galeries couvertes de ses souks, c'est tout au long des jours une cohue bigarrée, dans laquelle se mêle aux citadins une population fluctuante descendue de l'Atlas, ou venue du Souss, de l'Anti-Atlas, du Sahara.

Elle offre aux visiteurs, surtout de novembre à mai, l'attrait de ses monuments et le charme de ses immenses jardins, son climat doux et sec et son atmosphère limpide.

La proximité du Haut Atlas, dont Marrakech commande les deux grands cols (Tizi-n-Test et Tizi-n-Tichka), en fait une excellente base d'excursions en montagne ; les pistes de ski de l'Oukaïmeden ne sont pas très loin. Marrakech est aussi une étape incontournable de la vie nocturne : jeunesse marocaine et touristes en week-end envahissent les terrasses de café et les pistes de danse des boîtes de nuit, dans une ville où souffle, plus qu'ailleurs, un air de liberté. Puis, au milieu de la nuit, fourbus mais souriants, ils poussent la porte d'un riad de la médina et profitent de l'industrie hôtelière de la ville : on dénombre entre 200 et 500 chambres d'hôte à Marrakech, un véritable inflation qui permet – parfois – de sauvegarder les maisons traditionnelles.

C'est sous le règne de Yacoub al-Mansour (1184-1199) que fut achevé l'admirable **minaret**, chef-d'œuvre de l'art hispano-mauresque. Haut de 70 m, il révèle de loin sa silhouette à la fois élancée et robuste. Les murs sont en moellons d'une chaude couleur allant du rose au roux. La délicate décoration sculptée de sa partie supérieure, variant avec chaque face, contraste avec la sobriété qui règne à sa base, et atténue la rudesse du matériau. La tour, restaurée sous l'égide de l'Unesco, a retrouvé la frise de faïence vert et blanc qui en revêtait le sommet, que couronnent de fins merlons. Les arcs entrecroisés au-dessus des baies du lanternon constituent l'un des premiers exemples de ce décor à losanges caractéristique des minarets d'Occident. Les boules dorées qui surmontent la tour auraient été fondues, selon la légende, avec les bijoux en or d'une femme de Yacoub al-Mansour.
Au pied du minaret, traverser les **jardins de la Koutoubia**. Réaménagés et ouverts au public, ils sont dotés d'une superbe roseraie et constituent une promenade très agréable.
On débouche sur l'avenue Houmane el-Fetouaki que l'on prend sur la gauche jusqu'à la place Youssef ben Tachfine.
Si vous choisissez de faire cette promenade en voiture, pour rejoindre cette place, il faut prendre à droite, après avoir dépassé la Koutoubia, la rue Ibn Khaldoun, sur laquelle donne le portail monumental de Dar Moulay Ali, résidence du consul de France.
Après avoir traversé la place Youssef ben Tachfine, au fond de laquelle s'élève le modeste tombeau du fondateur de Marrakech, la rue Sidi Mimoun conduit à deux portes voisines, Bab er-Rob et **Bab Agnaou★**. Cette dernière, contemporaine de la Koutoubia, est un bel exemple de porte monumentale almohade, avec ses voussures polylobées ou à claveaux saillants, ses écoinçons à décor floral et sa bande d'encadrement ornée de caractères coufiques.
Franchir la muraille par un passage aménagé à côté de Bab Agnaou.

Mosquée Al-Mansour PLAN II F5

On l'appelle aussi « mosquée de la Kasbah ». C'est Yacoub al-Mansour qui, à la fin du 12e s., fit construire ce sanctuaire pour donner une mosquée à sa kasbah. L'édifice fut en partie détruit en 1574 par une explosion. Des restaurations ont modifié son aspect primitif. Le **minaret**, d'allure assez massive, porte un joli décor losangé d'entrelacs et une frise de faïences vertes.
À droite de la mosquée, un couloir étroit conduit à l'entrée des tombeaux saâdiens.

★★★ Tombeaux saâdiens PLAN II F5

9h-17h- 70 DH.
Les splendides mausolées où reposent les membres de la dynastie saâdienne furent construits à la fin du 16e s. par Ahmed « le Doré ». Un siècle plus tard, Moulay Ismaïl, n'osant les raser, se contenta de les enfermer dans une haute enceinte où seuls quelques initiés pouvaient pénétrer en passant par la mosquée. En 1917, l'existence des tombeaux fut accidentellement retrouvée ; un couloir d'accès fut alors percé dans l'épaisseur de l'enceinte pour permettre aux non-musulmans de les admirer.
Cette nécropole, le « St-Denis des *chorfa* saâdiens », compte plusieurs *koubbas* disposées autour d'un charmant cimetière fleuri où se balancent des palmiers.
Le mausolée principal, à la jolie porte en cèdre gravé, comporte trois salles funéraires. La **salle du Mihrab**, aux quatre colonnes de marbre, abrite surtout des tombes d'enfants. La dentelle de stuc très légèrement ocré qui décore le plafond, le mihrab et la porte qui lui fait face contraste avec la nudité des colonnes et des murs.

La Koutoubia.
guenterguni/iStock

La **salle des Douze Colonnes**, souvent considérée comme le chef-d'œuvre de l'art hispano-mauresque, illustre le goût de la magnificence qu'imprima à cette période la dynastie saâdienne. Dans une lumière diffuse, sous une coupole à stalactites en bois de cèdre sculpté et rehaussé d'or, soutenue par 12 colonnes de marbre d'Italie, s'alignent trois tombeaux renfermant les dépouilles d'Ahmed « le Doré », de son fils et de son petit-fils.

Autour de la salle, au pied des murs tapissés de zelliges aux délicates couleurs et d'une dentelle de plâtre sculpté, reposent des membres de la famille du sultan.

La troisième salle, dite **« salle des Trois Niches »**, abrite des tombeaux d'enfants.

Le mausolée situé au centre du jardin renferme le tombeau très vénéré de Lalla Messaouda, mère du « Doré ».

Suivre la rue de la Kasbah. À son extrémité, tourner à gauche dans la rue du Méchouar. Au bout de celle-ci, passer sous une porte percée dans la muraille, à droite. Débouchant sur une grande place, on prend à gauche, pour se trouver aussitôt à l'intérieur d'un vaste enclos rectangulaire (à droite s'ouvre l'entrée de l'Agdal, voir p. 318).

Au fond, une porte donne accès au **méchouar**, où le sultan donnait, aux 18e et 19e s., audience à ses sujets et aux ambassadeurs des pays européens.

Quittant le *méchouar* par la petite porte qui s'ouvre à l'angle gauche de la place, on franchit bientôt la muraille pour emprunter la rue Berrima, qui longe à droite le *mellah*, à gauche (à son extrémité) le **palais royal** *(ne se visite pas)*.

★ Palais d'El-Badii (El-Badia) PLAN II F5

Appelé aussi sur certains panneaux de signalisation « El-Badia » (mais on prononce « El-Badiye »). Entrée près de Bab Berrima, dans une sorte de couloir entre deux murailles. 9h-16h45 - 70 DH.

Ce palais édifié à la fin du 16e s. par Ahmed « le Doré » était, au dire des chroniqueurs de l'époque, la merveille du monde musulman, et, du reste, son nom signifie le singulier, l'unique ou le sublime. Pour sa construction et sa décoration,

SE RESTAURER - plan I

Catanzaro................... 13
Amal....................... 15
Bistrot Loft.................. 62

SE RESTAURER - plan II

Terrasse des Épices.......... 3
Black Chich................. 28
Dar Zellij.................... 33
Ksar Essaoussan............ 43
La Grillardière.............. 44
La Maison Arabe............ 46
Comptoir Darna............. 55
Le Foundouk................. 58
Limoni...................... 64
Café Palais El-Badia......... 71
Palais Gharnata............. 72
Pepe Nero................... 73
Riad Monceau............... 74
Stylia....................... 76
Un Déjeuner à Marrakech... 78
Dar Yacout.................. 79

SE LOGER - plan I

Hôtel Almas.................. 2
Hôtel Nassim................ 73

SE LOGER - plan II

Riad Dar Zouar.............. 26
Riad El-Arsat............... 28
Hôtel Sherazade............ 79
Riad Jnane Mogador......... 91
La Maison Arabe............ 97
La Mamounia............... 100
Les Jardins de la Koutoubia.. 106
Riad d'Airain............... 115
Riad Al Mamoune.......... 121
Riad Sahara Nour........... 125
Riad Malika................ 126
Riad Mur Akush............. 127
Riad Alisma................ 129
Riad Ker Saâda............. 130
Riad Safar.................. 132

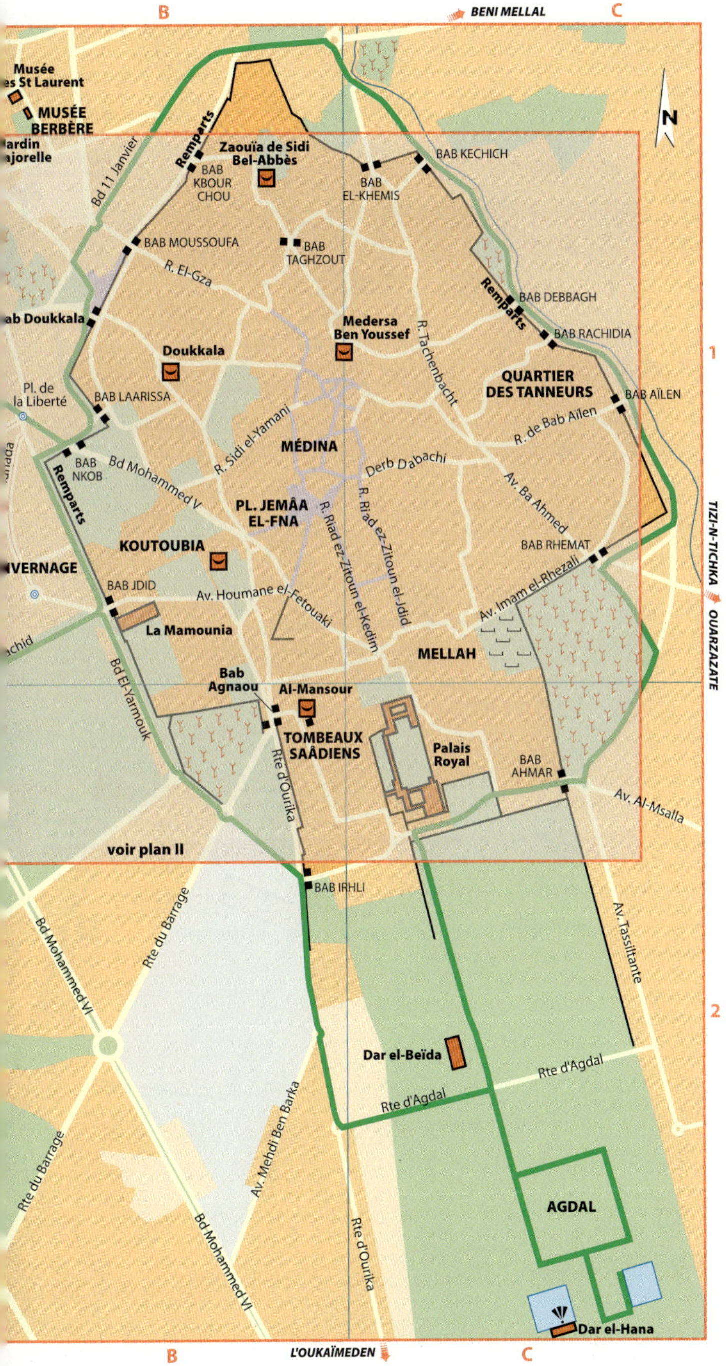

B
C
BENI MELLAL
Musée
es St Laurent
MUSÉE
BERBÈRE
ardin
ajorelle
Bd 11 Janvier
Remparts
Zaouïa de Sidi
Bel-Abbès
BAB
KBOUR
CHOU
BAB
EL-KHEMIS
BAB KECHICH
N
BAB MOUSSOUFA
BAB
TAGHZOUT
R. El-Gza
ab Doukkala
Medersa
Ben Youssef
R. Tachenbacht
Remparts
BAB DEBBAGH
BAB RACHIDIA
1
Doukkala
QUARTIER
DES TANNEURS
Pl. de
la Liberté
BAB LAARISSA
BAB AÏLEN
R. de Bab Aïlen
R. Sidi el-Yamani
MÉDINA
Derb Dabachi
BAB
NKOB
Bd Mohammed V
Remparts
PL. JEMÂA
EL-FNA
R. Riad ez-Zitoun el-Kedim
R. Riad ez-Zitoun el-Jdid
Av. Ba Ahmed
TIZI-N-TICHKA
OUARZAZATE
KOUTOUBIA
BAB RHEMAT
VERNAGE
BAB JDID
Av. Houmane el-Fetouaki
Av. Imam el-Rhezali
La Mamounia
MELLAH
chid
Bd El-Yarmouk
Bab
Agnaou
Al-Mansour
TOMBEAUX
SAÂDIENS
Rte d'Ourika
Palais
Royal
BAB
AHMAR
Av. Al-Msalla
voir plan II
BAB IRHLI
Av. Tassiltante
Bd Mohammed VI
Rte du Barrage
2
Dar el-Beïda
Rte d'Agdal
Rte d'Agdal
Av. Mehdi Ben Barka
Rte du Barrage
AGDAL
Bd Mohammed VI
Rte d'Ourika
Dar el-Hana
B
L'OUKAÏMEDEN
C

5

D
E
3
4
5
N8
Zaouïa de Sidi Bel-Abbès
Zaouïa de Sidi ben Slimane
Bd Prince Moulay Abdellah
R. Ibn Toumert
R. Sourya
R. Khalid ibn el-Oualid
CIMETIÈRE BAB DOUKKALA
R. El-Gza
BAB MOUSSOUFA
Derb Sidi Massoud
Arset B. Brahim
Trik Jazouli
R. Imam Malik
Bab Doukkala
Av. Hassan II
R. Ahmed Ouquella
R. Ibn Atya
R. Sidi Abdelaziz
Doukkala
Av. Mohammed V
Av. Yacoub el-Marini
Pl. de la Liberté
R. Lalla Fatima Zahra
R. Dar el-Glaoui
BAB LAARISSA
R. Ibnou Hanbel
BAB NKOB
R. Moulay el-Hassan
R. Sidi el-Yam
JARDIN ARSAT MOULAY ABDESLAM
Av. Echouhada
R. Ahmed Chaouqi
Av. de Paris
R. du Temple
Bd El-Yarmouk
R. de la Koutoubia
Av. Jemâ el-Fna
R. Hafid Ibrahim
KOUTOUBIA
BAB EL-MAKHZEN
Jardins de la Koutoubia
PARC LALLA HASNA
Pl. de l'Hivernage
Av. El-Qadissia
R. Haroun ar-Rachid
Av. Houmane el-Fetouaki
BAB JDID
Av. du Prés. Kennedy
HIVERNAGE
La Mamounia
R. Lalla Rkia
R. Sidi Mimoun
Av. Prince Moulay Rachid
Bab Agnaou
Av. Guemassa
OLIVERAIE
CIMETIÈRE IMAM SOUHAILI
BAB ER-RO
Rte du Barrage
Pl. de la Jeunesse

MARRAKECH
plan II
0
300 m
N
F
G
3
4
5
R. Bin Lamaassar
R. de Bab el-Khemis
Av. Antaki
R. Assouel
R. Diour Saboun
Rte des Remparts
BAB DEBBAGH
BAB RACHIDIA
Oued Issil
Av. Bab Debbagh
QUARTIER DES TANNEURS
Fontaine Echrob ou Chouf
Maison de la Photographie
Medersa Ben Youssef
Dar Bellarj
Palais M'Nebhi Musée de Marrakech
Souk des Forgerons
Koubba almoravide
SOUKS
R. Rachida
BAB AÏLEN
R. Azbezt
Zaouïa de Sidi ben Salah
Musée de Mouassine
Fontaine du Mouassine
R. de Bab Aïlen
Pl. Rahba Kedima
MÉDINA
R. Sidi Boulabada
Derb Dabachi
Café Argana
R. Douar Graoua
Derb Ferran
PL. JEMÂA EL-FNA
Café de France
Av. Ba Ahmed
Café Glacier
R. Riad ez-Zitoun el-Jdid
R. Riad ez-Zitoun el-Kedim
Musée des Arts Marocains Dar Si Saïd
BAB RHEMAT
Pass. Prince M. Rachid
Dar Tiskiwin
Palais de la Bahia
Av. Imam el-Rhezali
Rte Assoure
Av. Houmane el-Fetouaki
Cimetière juif de Miaara
CIMETIÈRE DE BAB RHEMAT
Pl. des Ferblantiers
BAB BERRIMA
Rte Dar Daou
El-Badia
MELLAH
Av. Taoulat el-Miaara
Mosquée Al-Mansour
TOMBEAUX SAÂDIENS
R. de la Kasbah
Rte des Remparts
Palais Royal
BAB AHMAR
Méchouar
R. Bab Ahmar
Av. Al-Msalla
Av. Tassiltante
Rte d'Ourika
64
58
3
2
121
28
4
130
73
74
78
79
91
28
129
72
71
5

des ouvriers étaient venus de tout le Maghreb et même d'Europe. Marbres d'Italie, onyx de toutes les couleurs, mosaïques, stucs, revêtements de feuilles d'or paraient les murs et les plafonds. Quand le palais fut terminé, Ahmed fit venir son bouffon et lui demanda ce qu'il en pensait. Le bouffon répondit : « Quand il sera démoli, il fera un gros tas de terre. »
Fâcheuse prédiction qui se réalisa un siècle plus tard, quand Moulay Ismaïl fit détruire le palais, dont il reste une vaste enceinte de pisé, dont les créneaux sont ponctués par les nids de cigogne. Au centre ont été aménagés des bassins d'eau dormante entre des plantations d'orangers et des caroubiers. Seules les dimensions de l'enceinte permettent d'imaginer ce qu'a pu être el-Badi au temps de sa splendeur. Chaque année en juin, le Festival national des arts populaires redonne vie aux lieux le temps de quelques soirées.
De l'autre côté de la cour, dans une salle voûtée, sont exposés des fragments de zelliges et de stucs trouvés dans les ruines, ainsi que le fameux **minbar de la Koutoubia★★★**. Déjà décrit en 1381 comme une « œuvre de perfection », le minbar (chaire à prêcher) de la mosquée de la Koutoubia a été fabriqué à Cordoue à partir de 1137 par des artisans locaux et transporté pièce par pièce à Marrakech. Sur cette œuvre superbe s'entremêlent des figures géométriques et des motifs floraux, comme seul l'art de la marqueterie andalouse sait faire. Les flancs s'ornementent d'une frise déployant un maillage géométrique, dans lequel s'encastrent des centaines de petits panneaux richement sculptés. Sur les montants extérieurs des marches, courent des bandeaux épigraphiques, en caractères coufiques, d'une rare beauté. Utilisé tous les vendredis pour la prière jusqu'en 1962, le minbar a fait l'objet d'une minutieuse restauration qui lui a permis de retrouver son éclat d'origine.
Après être passé sous Bab Berrima, et avoir traversé la place des Ferblantiers, pénétrer dans le mellah.

★ Mellah PLAN II FG5

C'est dans ce quartier ceint de hauts murs, nantis de portes d'accès, que se regroupait jadis la population juive de Marrakech. Créé sous le règne de Moulay Abdallah, en 1558, le Mellah a conservé le pittoresque de son habitat et de ses petites échoppes. Il vaut aussi pour l'animation de ses marchés. Vaste, aérée et ornée d'une fontaine centrale, la **place des Ferblantiers** est occupée par de nombreuses boutiques vendant des objets variés en fer blanc ou en rotin ainsi que des cafés-snacks. On pourra s'installer pour une agréable pause en observant l'activité. Ne manquez pas, juste à côté, la **kyssaria des bijoutiers**, le souk des tissus et surtout le **souk des épices** avec sa criée matinale. Il ne faut pas hésiter à se perdre dans le dédale des ruelles pour mieux respirer l'âme populaire. Au sein même du Mellah, les visiteurs peuvent, moyennant quelques dirhams, visiter la synagogue Alzama, qui s'organise autour d'un patio aux tonalités bleu et blanc. La promenade se termine dans l'émouvant **cimetière de Miaara**, *(✆ 05 24 38 19 59 - www.jmarrakech.org - dim.-jeu. 9h-19h, vend. 9h-17h, fermé sam. et fêtes, 10 DH)*, un havre de paix éblouissant de blancheur divisé en trois sections (hommes, femmes, et enfants). C'est le plus vaste cimetière juif du Maroc. Des milliers de tombes s'y alignent, les plus anciennes se signalant par leur forme triangulaire ou arrondie.
Rejoindre l'avenue Houmane el-Fetouaki, à l'angle de la rue Riad ez-Zitoun el-Jdid s'ouvre l'entrée du palais de la Bahia.

★★ Palais de la Bahia PLAN II FG4-5

9h-16h30 - 70 DH.

Le palais de la Bahia (« la Belle »), avec sa riche décoration de stucs, de peintures et de zelliges, fut construit dans la seconde moitié du 19e s. par Ba Ahmad, vizir des souverains Moulay Hassan et Abdelaziz.

Comme la plupart des palais arabes, agrandis peu à peu sans plan d'ensemble, la distribution des cours, des jardins intérieurs et des appartements est assez désordonnée. Un dédale de couloirs et d'escaliers relie entre elles d'innombrables pièces de dimensions très inégales. Le petit riad, empli de bananiers et d'orangers, donne sur la salle du conseil, couverte d'un plafond en bois de cèdre, remarquable pour ses motifs peints et ses trois soupiraux. La petite cour constituait les appartements privés de Ba Ahmad et les chambres de ses femmes légitimes ; la grande cour, ou cour d'honneur, autrefois réservée aux concubines, s'ouvre sur la salle de réception, la plus grande pièce du palais. Le grand riad est un plaisant jardin planté d'orangers, de cyprès, de daturas et de jasmins. Le pavillon privé, appelé aussi appartement de la noble épouse, possède un joli décor de bois peint et plâtre sculpté.

En sortant de la Bahia, suivre la rue Riad ez-Zitoun el-Jdid jusqu'à une place (possibilité de parking, moyennant obole) sur laquelle s'ouvre un jardin public. Prendre à droite par un passage sous voûte l'étroite rue de la Bahia.

★ Dar Tiskiwin PLAN II F4

8 r. de la Bahia - ✆ 05 24 38 91 92 - www.tiskiwin.com - 9h-12h30, 14h30-18h - 30 DH (on vous prête un dépliant explicatif pour la visite).

Ancienne demeure d'un haut fonctionnaire, cette superbe maison de style hispano-mauresque porte le nom d'une danse du Haut Atlas. Elle abrite une exposition permanente intitulée « L'art de la parure au Sahara : Maghreb et Sahel ». La visite de cette collection rassemblée par **Bert Flint**, un professeur néerlandais d'histoire de l'art installé au Maroc depuis 1957, qui, par ses publications, conférences et expositions, cherche à faire connaître l'extrême variété des formes, des techniques et des matériaux utilisés dans les arts populaires du Maroc, vient compléter judicieusement celle du musée Dar Si Saïd *(voir ci-après)*. Chaque région traversée au cours d'un « voyage imaginaire » sur les anciennes pistes caravanières reliant les deux rives du Sahara, de Marrakech à Tombouctou, est présentée au travers des moments importants de la vie sociale : souks hebdomadaires, fêtes, intenses moments d'échange au cours desquels les individus soignent particulièrement leur apparence, celle-ci témoignant à la fois de leur appartenance tribale ou ethnique et de leur statut social. Outre la qualité des parures exposées, la visite permet de tomber sous le charme d'une superbe demeure de style hispano-mauresque.

En sortant de Dar Tiskiwin, prendre la 1re ruelle à gauche.

5

★★ Dar Si Saïd et musée des Arts marocains PLAN II F4

Tlj sf mar. 10h-18h - 70 DH

Construite à la fin du 19e s. pour servir de résidence au frère du grand vizir Ba Ahmad, Dar Si Saïd est contemporaine de la Bahia. Un riad où croît une gigantesque bougainvillée agrémente cette belle demeure convertie en musée. Un tableau (en face du guichet) donne des indications sur l'artisanat dans la région de Marrakech et le sud du pays ; des portes et un coffre en bois de cèdre provenant de maisons du Haut Atlas et de l'Anti-Atlas jalonnent le long couloir d'entrée.

Avant d'accéder au grand riad, remarquer la cuve de marbre blanc, taillée dans un seul bloc, ainsi que la finesse de ses ornementations. C'est l'objet le plus ancien conservé à Marrakech. Elle est datée du début du 11e s. et proviendrait des ateliers de Cordoue. Une inscription aux caractères coufiques, en partie effacée, indique que cette cuve a été faite sur l'ordre d'Abdel Malek ben Abi Amir al-Mansour, qui occupait les fonctions de *hagib* (chambellan) sous le calife omeyyade d'Espagne Hicham II.
Les pièces, autour du patio, regroupent les objets en cuir, la broderie, les céramiques et la poterie. La collection des armes et des bijoux est particulièrement riche : fusils berbères, pistolets, épées damasquinées, poignards, boîtes et poires à poudre, selles d'apparat rehaussées de fils d'or, bijoux en argent ciselé, niellé ou filigrané, dont se parent les femmes du Haut Atlas, de l'Anti-Atlas et de l'extrême Sud.
Au 1er étage, dans un salon remarquable par son plafond à motifs géométriques, sont exposés des chaises et des coffres de mariés en cèdre peint, des porte-cierge, des balançoires traditionnelles, jeux d'enfants dans les milieux ruraux. Ces manèges étaient initialement présents dans tous les *moussems*.
On accède ensuite au 2e étage, où l'art du tapis est mis à l'honneur, avec des productions de la province d'Al-Haouz et du Haut Atlas.
Revenir à la place des Ferblantiers. L'avenue Houmane el-Fetouaki, puis à droite le passage Prince Moulay Rachid conduisent à la place Jemâa el-Fna.

★★★ Place Jemâa el-Fna et les souks PLAN II P. 306-307

Circuit 2 (à pied) tracé sur le plan II p. 307 – une demi-journée - revenez sur la place Jemâa el-Fna en soirée.
Tout le charme de la médina se dévoile si l'on s'y perd, même s'il est vrai que l'on hésite parfois à s'engager seul dans le labyrinthe de ses ruelles sombres et de ses impasses étroites. Si vous souhaitez vous faire accompagner par un guide officiel, adressez-vous à l'office de tourisme.

★★★ Place Jemâa el-Fna PLAN II F4

À l'entrée des souks, cette vaste place, dont le nom signifierait « réunion des trépassés », était autrefois la « place de Grève » de Marrakech : c'est là que les sultans suppliciaient les criminels et les rebelles et exposaient leur tête.
Lieu d'échange entre l'extérieur et la médina dont elle est le cœur, Jemâa el-Fna a acquis une renommée universelle, même si, dans la journée, cet immense espace

La cité des saints

Rappelons que l'accès aux zaouïas *est interdit aux non-musulmans qui, à leurs abords, seront priés, gentiment mais fermement, de rebrousser chemin.*
Nos lecteurs musulmans pourront accéder, quant à eux, depuis la mosquée de Doukkala à la **zaouïa de Sidi ben Slimane** en empruntant la rue Dar el-Glaoui, puis à gauche, la rue Fatima Zohra. Non loin, ils découvriront la **zaouïa de Sidi Bel-Abbès** dont les abords constituent une sorte de cour des miracles. Un pittoresque passage bordé de petits ateliers, s'ouvrant à ses deux extrémités par une très jolie porte, précède la cour carrée sur laquelle donne l'entrée du sanctuaire ; face à celle-ci, on remarque une fontaine coiffée d'un auvent de cèdre sculpté et peint. Enfin, par Bab Rhemat et la rue Ba Ahmad, laissant la voiture place Sidi Youb et continuant à pied par la rue du même nom, ils pourront découvrir la **zaouïa de Sidi ben Salah** (PLAN II F4) dont le minaret date de l'époque mérinide (14e s.).

Jemâa el-Fna, patrimoine oral de l'humanité

En mai 2001, l'Unesco a décerné à la place Jemâa el-Fna le titre de « chef-d'œuvre du patrimoine oral et immatériel de l'humanité ». Cette distinction, demandée par nombre d'intellectuels et d'artistes, parmi lesquels l'écrivain espagnol Juan Goytisolo et le dramaturge marocain Tayeb Saddiki, vient reconnaître l'extraordinaire talent des « artistes de la *halka* », ces poètes et conteurs qui transmettent et réinventent sans cesse, dans une surenchère permanente et pour le plus grand plaisir des badauds assemblés en cercle (la *halka*) autour d'eux, les traditions orales et gestuelles : épopées chevaleresques, chansons de geste et contes des *Mille et Une Nuits* mêlant le merveilleux au fantastique ou au burlesque. Tous les genres cohabitent allègrement, et le talent de certains conteurs est tel que le public suit avec passion les épisodes de leurs récits pendant plusieurs mois.

sans grâce, dégagé en partie de ses baraques, a perdu de son côté « cour des miracles ». Le visiteur qui la découvrirait alors pourrait être déçu par sa banalité. C'est à partir de la fin de l'après-midi qu'elle donne sa mesure. Abrités sous de grands paillassons soutenus par des perches ou à l'intérieur de petites échoppes dressées autour de la place s'installent des marchands de toutes sortes (marchands d'oranges, porteurs d'eau, vendeurs d'épices, de fruits, d'herbes rares, de babioles, d'amulettes et même de dentiers), tandis qu'afflue la foule des badauds. Acrobates, charmeurs de serpents soufflant dans leur *ghaïta* ou excitant les reptiles avec leur baguette (allant parfois jusqu'à placer l'un d'entre eux autour du cou d'un passant non averti), danseurs et musiciens gnaoua, conteurs et écrivains publics, autour desquels des cercles se font et se défont, gargotiers occupés à préparer des beignets ou à faire griller des saucisses et des brochettes s'emparent de la place, qui s'éclaire alors de nombreuses lampes à gaz scintillant d'une lumière très blanche. Des groupes se forment, la foule accourt, attirée par le bruit puis grisée par les senteurs de la fumée des brochettes qui se juxtapose à l'odeur des beignets ou du poisson frit, et par la musique déversée par les bateleurs ; le tintamarre s'enfle, l'agitation, rythmée par les percussions, ne fait que croître, et Jemâa el-Fna devient alors la **« place folle »**, décrite par Jean et Jérôme Tharaud (*Marrakech ou les Seigneurs de l'Atlas*, 1920).
C'est à cette heure qu'il convient de s'y attarder. De la **terrasse** du **Café de France** ou du **Café Glacier** qui la bordent, on embrasse du regard la place avec l'extraordinaire fourmillement de sa foule hétéroclite et bigarrée. Très marqués par l'attentat d'avril 2011 dans le touristique **Café Argana**, les Marrakchis qui battent chaque jour le pavé de la place Jemâa el-Fna essaient d'insuffler un vent de légèreté sur l'emblème endeuillé de la ville.
Au fond de la place, à gauche, prendre la rue du Souk Smarine.

★★★ Souks PLAN II F3-4

C'est l'une des grandes attractions de Marrakech. Dans la lumière zébrée des ruelles couvertes de roseaux au travers desquels le soleil joue à vous aveugler de contrastes, s'étalent les richesses d'un artisanat infiniment varié, tandis que déambulent, se mêlant à la population citadine, des montagnards descendus de l'Atlas, des hommes venus du Sud et de nombreux touristes.
Passant sous une porte dont l'arc outrepassé s'orne de stuc sculpté, on pénètre dans le domaine de la passementerie, des coupons d'étoffes, de la confection des sacs et des babouches.

À l'endroit où la rue se divise en deux branches, prendre à gauche le souk des Chaudronniers, où des artisans martèlent encore des chaudrons aux flancs rebondis. Sous une porte en arc brisé, à gauche, s'ouvre une ruelle conduisant au **souk des Teinturiers**, tendu d'écheveaux teints séchant au-dessus de la rue en guirlandes multicolores.
On débouche sur une petite **place** où s'élèvent, à gauche, la **fontaine du Mouassine**, construite au 16e s. comme dépendance de la mosquée du même nom et, à côté, au fond d'une petite impasse, le musée de Mouassine.

★ Musée de Mouassine PLAN II F4

4, Derb el-Hammam (à côté de la mosquée) - ✆ 05 24 37 77 92 - http://musee-demouassine.com - 9h30-18h30 - 40 DH.
Le musée est installé dans une maison des 17e et 18e s. méticuleusement restaurée qui abrite notamment une splendide *douiria* (appartement de réception) harmonieusement décorée de plâtre coloré. À travers diverses expositions de photographies, tapis, tableaux, le musée présente les arts marocains (architecture, musique, textile, arts décoratifs) et donne un bon aperçu de la vie quotidienne d'antan. On découvre aussi à l'étage l'atelier du peintre **Abdellay Mellakh** qui naquit dans la maison en 1947. Une belle découverte que l'on peut prolonger par une soirée musicale dans la *douiria*.
Prendre la rue Mouassine sur environ 100 mètres.

★ Jardin secret PLAN II F3-4

121 r. Mouassine - ✆ 05 24 39 00 40 - https://lejardinsecretmarrakech.com - avr.-sept. 9h30-19h30, nov.-janv. 9h30-18h, fév., mars et oct. 9h30-18h30 - 60 DH (7-24 ans 40 DH), accès à la tour 35 DH (20 DH) - cafés.
Cet ancien palais de la médina (16e s. et moitié du 19e s.) devenu **jardin-musée** est formé de deux ensembles. Il constitue un témoignage exceptionnel de l'art et de l'architecture islamiques (zelliges, tedlakt, plâtres sculptés à la main, bois sculpté, etc.). Vous vous promènerez dans deux somptueux jardins, l'un exotique, l'autre islamique. On y suit le parcours de l'eau grâce à des explications sur l'ingénieux système d'irrigation millénaire qui permettait de transporter l'eau depuis les montagnes de l'Atlas et d'irriguer l'ensemble du riad. Au fond du jardin islamique se dresse un pavillon à 6 colonnes et une tour haute de 17 m (vue panoramique sur la médina). Un film et des photos retracent l'histoire du palais et de sa restauration. Expositions temporaires d'artistes marocains et d'autres pays.
Revenir à la fontaine Mouassine. Prendre la rue des Teinturiers et, vers le milieu de celle-ci, à l'endroit où elle forme une fourche, prendre la branche de gauche.
Le **souk des Forgerons**, ou **souk Haddadine**, dont les antres enfumés retentissent du battement des marteaux, représente, avec celui des Teinturiers, un des « sommets » de la visite des souks ; dans le fond obscur ou « à la devanture » de réduits, tous semblables et alignés en rangs serrés, est accroché aux murs ou étalé à même le sol tout ce que l'artisanat marocain semble pouvoir produire de variétés de clous, de peignes à laine, de lanternes, de grilles et autres objets en fer forgé, comme ces crotales dont s'accompagnent les danseurs gnaoua.
On débouche bientôt sur une place dont le centre est occupé par une *koubba* à demi enfouie dans une sorte de fosse et cernée par une terrasse bordée de rambardes en fer forgé.

Koubba almoravide (dite aussi Koubba Ba'Adiyn) PLAN II F3

Pl. Ben Youssef - 9h-18h- 70 DH.
Sa construction remonte au début du 12e s. Ce petit édifice est le seul témoin de l'architecture almoravide à Marrakech. La diversité des arcs, le couronnement

Marrakech, la *medersa* Ben Youssef.
F. Guiziou/hemis.fr

de merlons, les étonnants reliefs d'arcs brisés et de chevrons qui recouvrent l'extérieur de la coupole dénotent ce goût du décor et cette faculté d'invention qui commencent alors à marquer l'art musulman.
L'ensemble, exhumé dans les années 1950, comporte plusieurs éléments, dont le bassin almoravide, sous la coupole, qui a pu être retrouvé après les dégagements successifs de cinq installations de bassins. La différence de niveau entre les sols les plus anciens et les plus récents à la base de la *koubba* a ainsi permis d'évaluer le niveau du sol au 12e s. Autour de la *koubba*, des restes de canalisations ont été mises au jour : elles desservaient autrefois les fontaines alentour.
Sur la place, prendre à gauche une rue qui s'amorce par un passage sous voûte ; on passe devant une porte en brique ocre décorée d'entrelacs. Toute proche, la jolie **fontaine Echrob ou Chouf**, dont le nom signifie « Bois et regarde », est surmontée d'un bel auvent de cèdre sculpté. Tourner bientôt à droite dans la rue Derb Timja, silencieuse, bordée d'habitations aux murs roses, dont seules les belles portes cloutées laissent deviner la richesse.
Au bout de celle-ci, à droite, une ruelle en partie couverte conduit à la medersa *Ben Youssef.*

★★ Medersa Ben Youssef PLAN II F3

Pl. Ben Youssef - 9h-18h30 -50 DH.
Cette école coranique, désaffectée en 1960, tient son nom de la mosquée toute proche. C'est la plus vaste du Maghreb. Vers 1570, le souverain saâdien Moulay Abdallah fit édifier ces bâtiments d'inspiration mérinide.
Après avoir passé la porte aux lourds battants de bronze, on pénètre dans un couloir décoré de mosaïques et de poutres sculptées.
La **cour** forme un vaste rectangle, dallé de marbre blanc, dont le centre est occupé par un bassin, qui, dans le passé, servait aux ablutions. Une frise de zelliges multicolores orne le soubassement des murs, que recouvrent des stucs délicatement ciselés.

Des mécènes privés au secours de la médina

Chef d'entreprise et collectionneur, **Omar Benjelloun** a créé en 1998 une fondation portant son nom, visant à restaurer les monuments de la place Ben Youssef : c'est ainsi qu'après la rénovation de Dar M'Nebhi et l'ouverture du musée de Marrakech ont été menées à bien les restaurations de la *medersa* Ben Youssef et de la Koubba almoravide. Tout à côté, Dar Bellarj est une belle maison ancienne à qui la Fondation pour la culture au Maroc a redonné vie. La Fondation ARCH, présidée par l'archiduchesse Francesca de Habsbourg, a défini dix microprojets de restauration menés à bien dans la médina en partenariat avec les autorités et en impliquant la population : parmi ceux-ci, la rénovation de la fontaine Echrob et du souk el-Ghezel (de la laine), le projet de restauration du hammam de la place Zaouiat Lahdar et du bassin d'ablutions de la fontaine Mouassine, ou encore la plantation d'arbres. On n'aura garde, enfin, d'oublier l'action de la municipalité, à qui l'on doit la restauration des jardins de la Koutoubia et des jardins de Moulay Abdeslam, ainsi que, dans la ville moderne, du jardin Harti.

Le toit se termine par un auvent de cèdre sculpté. Sur les côtés de la cour, au-dessus des galeries soutenues par des piliers massifs, s'alignent les fenêtres de cellules d'étudiants.
Au fond, face à l'entrée, un très beau portail ouvragé s'ouvre sur la **salle de prière**. Divisée en trois parties par des colonnes très fines, cette salle est surmontée d'une coupole pyramidale en cèdre, sous laquelle court une rangée de 24 petites fenêtres en plein cintre grillagées de stuc ajouré. Le mihrab est décoré d'une dentelle de plâtre sculpté.
Les parties réservées au logement des étudiants occupent ici une place plus importante que dans les *medersas* antérieures. Elle en abrita jusqu'à 900 ! On peut voir, à l'étage, les 150 chambres où ils dormaient et préparaient leurs repas. Les plus favorisés avaient vue sur la cour centrale. Les autres cellules donnent sur 7 minuscules courettes intérieures bordées de balustrades en bois tourné. Le tout, magnifiquement restauré, est d'un blanc éclatant.

Dar Bellarj – Fondation pour la culture au Maroc PLAN II F3

9 Toulat Zaourat Lahdar, à droite en sortant de la médersa Ben Youssef - ✆ 05 24 44 45 55 - tlj sf dim. 9h30-17h30 - fermé en août - gratuit.
Ce palais tout blanc fut construit à la place d'un *fondouk* qui abritait jadis un hôpital pour cigognes. Restauré par la Fondation pour la culture au Maroc, il abrite des expositions thématiques, des spectacles (concerts, danse, séances de conte), ainsi que des ateliers permettant aux habitants de la médina (les femmes en particulier) de retrouver le savoir-faire ancestral (tissage, broderie...).

★ Palais M'Nebhi et musée de Marrakech PLAN II F3

✆ 05 24 44 18 93 - 9h-18h - fermé 1er Mai et fêtes religieuses - 70 DH.
Il faut visiter ce palais arabo-andalou, édifié au 19e s. pour un ministre du sultan, et superbement restauré sous l'égide de la fondation privée Omar Benjelloun. Il abrite depuis 1997 le **musée de Marrakech★**.
Celui-ci se compose de deux sections : l'une consacrée à l'**art contemporain** (le petit patio, la cour d'entrée, le hammam), où sont organisées des expositions temporaires de peinture, sculpture ou photographie, privilégiant les artistes marocains travaillant au Maroc ou ayant fait du Maroc leur thème de prédilection. La seconde section, installée dans le grand patio central, superbement décoré

et coiffé d'un velum, et dans les salons attenants, est consacrée au **patrimoine traditionnel** : monnaie, broderies, bijoux, céramiques et poteries, costumes, armes traditionnelles, objets de culte juifs, portes ou du très riche fonds appartenant au musée y sont présentés par roulement sous forme de remarquables expositions thématiques.
En outre, dans ce lieu qui s'affirme comme le pôle culturel de la médina, vous pourrez assister, dans le patio central, à des conférences et des spectacles. Ajoutons une excellente **librairie** consacrée à l'art marocain, traditionnel ou moderne, et à Marrakech, et un sympathique petit **café**, des plus précieux lorsque la chaleur commence à s'abattre sur la ville.

★ Maison de la Photographie PLAN II F3

Comptez 1h - 46 r. Souk Ahal Fassi, kaat Ben Nahid - ☏ 05 24 38 57 21 - www.maisondelaphotographie.ma - 9h30-19h – 50 DH (4,60 € env.), -15 ans gratuit. La Maison de la Photographie, ouverte en 2009, se niche en plein cœur de la médina, dans un paisible riad tout blanc. Ce lieu retrace l'histoire du pays à travers plus de 10 000 clichés du Maroc et de ses habitants (portraits, paysages, médinas) sur une période qui s'étend de 1870 à 1960, présentés sous forme d'expositions temporaires. On découvre aussi des plaques de verre stéréoscopiques, des cartes postales, ainsi qu'un film documentaire sur les Berbères du Haut Atlas du photographe Daniel Chicault (1957). Pour parfaire la visite, la terrasse offre une vue imprenable sur les toits de la médina *(café-restaurant)*.

De la place Ben Youssef à la place Jemâa el-Fna PLAN II F3-4

Revenir sur la place place de la mosquée Ben Youssef, suivre la rue Tala. Parvenu à une petite place triangulaire, prendre à droite, pour tourner ensuite dans la rue du Souk, qui s'amorce sous une porte ancienne.
Vous passerez devant les échoppes des **marchands de sacoches et de babouches** ; puis, après une impasse dans laquelle les **bijoutiers** cisèlent des bracelets et des bagues, en tournant à gauche, vous gagnerez le souk des **marchands de tapis**, de couvertures, d'armes et de cornes à poudre. Par un étroit passage, on débouche sur la place Rahba Kedima, où se tient le marché aux épices.
Tourner à gauche, puis prendre à droite la rue Rahba Kedima, aux nombreuses échoppes et couverte de claies. Au premier croisement, tourner à droite pour regagner la place.

Le Guéliz PLAN I AB1 P. 304

Avec ses larges avenues plantées de jacarandas aux fleurs mauves et bordées d'immeubles, qui, pour être en partie modernes, n'en ont pas moins adopté uniformément la couleur rouge de la ville, ce quartier est surtout fréquenté pour ses nombreux hôtels, ses restaurants et ses boutiques. Européen dans sa conception, le quartier est cependant indubitablement marocain : il n'est que de voir comme certaines galeries commerciales, ouvertes plus ou moins récemment, se transforment insensiblement en souks, à mesure que le temps passe.
Si l'avenue Mohammed V est le lieu où se concentrent nombre d'adresses de prestige, les rues transversales ont conservé de l'époque coloniale quelques édifices Art déco, souvent très dégradés.
D'une façon générale, l'architecture des immeubles ne retient guère l'attention, si l'on excepte quelques bâtiments publics. Parmi ceux-ci, on peut retenir le **Théâtre opéra royal**, édifié sur l'avenue Hassan II par l'architecte Charles Boccara, et surtout le **palais des congrès** (avenue Mohammed VI). Construit sur cinq niveaux dans

De Nancy à l'Atlas : Jacques Majorelle

Fils de Louis Majorelle, un des maîtres de l'école de Nancy, Jacques Majorelle (1888-1962), après des études à l'école des beaux-arts de Nancy et à l'académie Julian à Paris, voyagea en Italie, en Espagne et, en 1910, en Égypte, où il découvrit l'Afrique, ses foules, sa lumière. Adoptant l'existence du peuple, il prit pour thème principal la vie des fellahs.

Invité par Lyautey, Majorelle gagna le Maroc et s'établit à Marrakech en 1917, en plein cœur de la médina, parcourant la ville en tous sens, la peignant sous tous les angles. En 1921, il entreprit l'ascension de l'Atlas à dos de mulet, peignant les forteresses de terre, puis voyagea aux confins du Sahara avant de s'établir définitivement à Marrakech en 1923, où, autour de sa villa de Bou-Saf-Saf, se constitua une colonie d'artistes.

Marquée par un amour profond du Maroc, son œuvre fit preuve d'une grande variété de styles et influença bien des peintres vivant alors au Maroc. Il réalisa toute une série de superbes gravures, publiées en 1930 dans un ouvrage intitulé *Les Kasbahs de l'Atlas*, préfacé par Lyautey.

On pourra voir au Maroc certaines de ses œuvres dans des édifices publics comme la Wilaya de Casablanca, La Mamounia, le consulat de France ou le musée du jardin Majorelle à Marrakech.

un style à la fois moderne et classique et décoré de toiles de peintres marocains, ce dernier accueille depuis 1989 salons, conférences internationales, séminaires et manifestations culturelles : concerts de musique classique ou de jazz, soirées folkloriques, pièces de théâtre ou expositions de peinture.

Musée d'Art et de Culture de Marrakech PLAN I A1

61 r. de Yougoslavie - ✆ 07 00 24 25 72 - www.museemacma.com - tlj sf dim. 19h-19h - 70 DH.

Ce musée privé présente une séduisante collection de peintures orientalistes du 19e s. ainsi que des objets d'art marocain. Les collections s'enrichissent chaque année et le lieu propose également des expositions temporaires.

★★ Complexe Bergé-Saint Laurent PLAN I B1 P. 304

Prévoir 3h. ☺ *Des restaurants en face du jardin permettent de conclure agréablement la visite.*

Le couple Bergé-Saint Laurent a marqué le paysage marrakchi. La propriété, que les deux hommes ont constituée année après année, leur servait de villégiature, où ils donnaient des fêtes somptueuses – et débridées – mais aussi de lieu de retraite et de création où le couturier retrouvait le lumineux soleil africain de son enfance. Le somptueux musée Yves Saint Laurent en témoigne. Une visite indispensable.

★★ Jardin Majorelle PLAN I B1

R. Yves Saint Laurent - ✆ 05 24 29 86 86 - www.jardinmajorelle.com - merc.-dim. 9h-18h- 70 DH - musée 30 DH.

Ce jardin fut dessiné et planté par le peintre français **Jacques Majorelle**, qui y vécut de 1922 à 1962.

Il apparaît tel un tableau qui pourrait illustrer quelque roman de Pierre Loti : bambous géants, yuccas, daturas, bougainvillées, philodendrons, nénuphars, papyrus, cocotiers, palmiers associés à des touffes de cactées ou de succulentes et dont les feuilles se découpent dans le bleu du ciel, autant d'essences, autant de couleurs naturelles qui se mêlent à celles, plus acides mais voulues ainsi par le peintre, de

sa maison, des allées et pergolas, du kiosque, alliant le bleu dur des fontaines, des bordures et des façades au vert Véronèse des zelliges et des bassins et au rouge foncé qui recouvre allées et poteries. Yves Saint Laurent et Pierre Bergé, qui rachetèrent la propriété en 1980, surent réhabiliter ce jardin polychrome. Une stèle à la mémoire du grand couturier y a été élevée. Disparu en 2008, Yves Saint Laurent aimait cette ville et fut l'une des premières célébrités à s'y établir, bien avant qu'elle devienne un haut lieu de la jet-set. Selon ses dernières volontés, ses cendres ont été dispersées dans la roseraie.
La villa-atelier abrite le superbe **Musée berbère★★★**. Les collections s'articulent autour de quatre thèmes : introduction au monde berbère ; les savoir-faire (artisanat, objets du quotidien et des festivités) ; les parures et l'apparat (costumes et tissages, armes, portes, tapis et instruments de musique). Tous ces objets proviennent de la collection personnelle de Pierre Bergé, grand admirateur de l'identité berbère, qui fut l'initiateur du projet. Les diverses salles d'exposition sont autant d'écrins, sublimant le mystère d'une culture toujours vivante. Les bijoux, qui mêlent l'éclat de l'argent et des pierres précieuses avec les fastes d'une voûte étoilée, sont assurément le moment fort de cette visite.

★★ Musée Yves Saint Laurent PLAN I B1

R. Yves Saint Laurent - ✆ 05 24 29 86 86 - www.museeyslmarrakech.com - merc.-dim. 9h-18h - 100 DH ; billet groupé avec le jardin Majorelle et son musée 180 DH ; possibilité de réservation en ligne.
Installé dans un bâtiment d'architecture contemporaine derrière le Jardin Majorelle, le musée Yves Saint Laurent marie savamment Orient et Occident. La visite nous plonge dans le parcours personnel et artistique du couturier. On y trouve vêtements (dont ses modèles iconiques), accessoires et esquisses. Tout est mis en valeur par une muséographie subtile accompagnée d'une bande-son envoûtante où la musique alterne avec les témoignages. Vous pouvez compléter la visite par un intéressant film-documentaire présenté dans l'auditorium Pierre Bergé. Le musée s'ouvre aussi aux expositions temporaires d'artistes marocains et internationaux.

★ Autour des remparts nord PLAN II P. 306-307

Vous pouvez effectuer cette visite à pied ou prendre un petit taxi pour rejoindre le quartier des Tanneurs - environ 2h.

★★ Remparts PLAN II E3, G3-4

C'est l'Almoravide Ali ben Youssef qui, en 1132, dota Marrakech de sa célèbre enceinte. Celle-ci, élargie sous le règne des Almohades puis sous celui des Saâdiens, développe autour de la ville ses 19 km de murailles flanquées de 202 tours carrées et percées de neuf portes. Construite en pisé, elle présente une chaude coloration qui varie du rose au rouge selon l'éclairage. Les parties les mieux conservées sont : à l'est, le tronçon qui borde le quartier compris entre Bab Aïlen et Bab Rhemat ; à l'ouest, du côté de l'« Hivernage », l'admirable alignement de bastions qui, sans une brèche, se déploie sur près de 1 300 m, puis se coude à plusieurs reprises pour continuer au-delà de Bab Doukkala.
Bab Doukkala est une porte défendue par deux massives tours carrées.
En franchissant les remparts à Bab Doukkala et en suivant la rue Fatima Zohra, on peut aller jusqu'à la mosquée.

Mosquée de Doukkala PLAN II E3

Élevée au milieu du 16e s. par la pieuse Lalla Messaouda, cette mosquée est dominée par un élégant **minaret** portant un décor d'entrelacs sur fond vert.

Traverser la médina vers l'est par la rue de Bab Doukkala ou longer les remparts vers le nord en passant par Bab Doukkala, Bab el-Khemis (souk le jeudi, très animé le matin) jusqu'à Bab Debbarh.

★ Quartier des Tanneurs PLAN II G3

Proche de l'oued Issil, il s'étend à l'intérieur des remparts. Si vous ne craignez ni la boue ni les odeurs (les plus délicats veilleront à se munir, par exemple, de quelques feuilles de menthe fraîche !), n'hésitez pas à descendre pour voir de près les diverses opérations du tannage et les peaux étendues au soleil sur de la paille, près des cuves. Sachez au passage que les tanneurs travaillent pour la plupart dans des conditions déplorables, sans protection, et pour une faible rémunération.

Autour des remparts sud, Agdal et Ménara PLAN I P. 304-305

On franchit l'enceinte à Bab Ahmar (porte par où entrait le sultan quand il venait à Marrakech), pour déboucher face au **palais royal**, dont les bâtiments datent en grande partie du 18e et du 19e s. On traverse deux *méchouars* communiquant par une porte crénelée.

Au fond du 2e méchouar, tourner à gauche puis continuer tout droit vers Dar el- Beïda.

Agdal PLAN I C2

Vend. et dim. 7h30-17h - entrée libre.

Créé au 12e s. par Abd el-Moumen, agrandi par les Saâdiens, ce verger, où dominent les oliviers, était réservé aux sultans et à leur cour. Sous ses ombrages et sur l'eau calme de ses bassins, se donnaient des fêtes magnifiques.

De la terrasse du premier petit **pavillon (Dar el-Hana)**, beau **panorama★** : au nord sur le bassin, l'olivette, Marrakech, les Jbilet ; au sud sur le Haut Atlas. Malheureusement, ce jardin paradisiaque, devenu un lieu de pique-nique, souffre d'un cruel manque d'entretien.

Sortir de l'Agdal par la route à droite vers Bab Irhli, sur la route S 513.

On laisse sur la droite **Dar el-Beïda**, la « maison blanche », palais construit au 19e s., aujourd'hui résidence royale *(ne se visite pas)*.

Quelque 500 m après le croisement avec la route de Taroudant, l'itinéraire aborde la partie la plus belle des remparts, derrière lesquels s'abrite – jusqu'à Bab Jdid – le fameux palace **La Mamounia**, construit en 1923 par les architectes Prost et Marchisio. Le luxe et l'élégance des lieux continuent d'y attirer des hôtes prestigieux. La décoration intérieure, inspirée, entre autres, des créations de Jacques-Émile Ruhlmann et de Leleu, allie l'art marocain et l'Art déco. L'Orient et l'Occident se rejoignent également dans le grand salon décoré de peintures de **Jean Besancenot**, illustrant des danses marocaines, et dans le restaurant L'Impériale, dont le plafond aux motifs jaune et vert créé par **Jacques Majorelle** utilise les formes géométriques propres à l'art musulman.

★ Ménara PLAN I A2

Jardins : entrée libre 8h30-18h. L'olivette de la Ménara était elle aussi réservée aux sultans. Dotée d'un bon système d'irrigation, c'est aujourd'hui un verger d'essai. Le grand bassin, bordé à fleur d'eau par un promenoir, reflète un élégant **pavillon** *(entrée 15 DH)*encadré de cyprès, avec en toile de fond, les sommets de l'Atlas. Élevé en 1866, c'était le rendez-vous galant des sultans, et on les comprend ! L'un d'eux, dit-on, avait pour habitude de faire jeter au matin dans le bassin l'élue de la veille, amusante marotte qu'on ne saurait, en revanche, approuver.

La façade donnant sur les jardins, du côté opposé à la pièce d'eau a, avec son arcade surmontée de trois petites fenêtres encadrées de dessins naïfs, quelque chose de la grâce toscane.

Revenir à Bab Jdid.

Le boulevard El-Yarmouk, dans lequel on tourne à gauche, suit toujours les remparts et longe le quartier résidentiel de l'**Hivernage**, le plus verdoyant de la ville. Il tient son nom de la saison à laquelle les diplomates venaient se reposer dans leurs luxueuses villas.

À proximité

★ La Palmeraie

20 km AR. Quitter Marrakech au nord-est par la P 7 (route de Casablanca). Juste avant le pont sur l'oued Tensift, tourner à droite dans la petite route sinueuse qui s'enfonce dans la palmeraie.

La palmeraie de Marrakech est la plus septentrionale du Maroc, la seule au nord de l'Atlas. C'est aussi une page d'histoire. Elle a été plantée en 1069, dès la fondation de la ville pour en assurer la subsistance. Pendant des siècles les paysans y ont irrigué leurs vergers et leurs champs grâce aux *rhettaras*, des systèmes sophistiqués de canalisations qui tirent l'eau des nappes phréatiques. D'année en année, la palmeraie se rétrécit comme peau de chagrin : elle n'occupe plus que 3 000 ha alors qu'elle en couvrait 10 000 au début du 20e s. Et encore faut il ajouter que près de la moitié de sa superficie actuelle est en passe de désertification. La faute à l'exode rural qui prive ce milieu fragile des soins auxquels il était habitué depuis des siècles, au tarissement des nappes phréatiques et à la pression immobilière. C'est sur les terres de la palmeraie que sont construites les somptueuses villas de la jet set – dont les jardins eux ne manquent pas d'eau – et les résidences hôtelières de prestige. Depuis le début des années 2000, les autorités ont lancé des programmes de reboisement dont les effets restent limités.

Les balades en calèche dans la palmeraie (au départ de la place Foucauld, compter 300/350 DH pour une balade de 2h) charment les visiteurs en quête d'exotismun peu fané eu égard au problème désormais récurrent de sécheresse. Les jeunes pousses plantées par l'homme prennent tout doucement la place laissée vacante, sans parvenir à masquer l'aspect« déplumé » d'une grande partie de la palmeraie.

Musée de la Palmeraie

Dar Tounsi, route de Fez, en face de Metro - ✆ 06 10 40 80 96 - www.benchaabbane.com - 9h-18h - 40 DH.

Dévolues à l'art contemporain, les collections (peintures, photographies, calligraphies et sculptures portant la signature d'une cinquantaine d'artistes marocains) se déploient dans d'anciens bâtiments agricoles en pisé, au cœur d'une plantation thématique de 2 ha, comprenant notamment un jardin andalou, un potager, une roseraie, un jardin de cactées...

Au bout d'environ 7 km, rejoindre la P 24 et prendre à droite.

Circuits conseillés

CARTE DE RÉGION P. 296

Sur la route d'Amizmiz

54 km au sud-ouest de Marrakech - itinéraire tracé en vert sur la carte p. 296. Sortir par la route S 501 (plan I A2, en direction), puis prendre à droite la S 507.

En traversant la plaine du Haouz, dominée par la haute muraille de l'Atlas, on aperçoit à l'écart de la route d'importantes kasbahs, comme celle de Tamesloht ou du blond village d'Oumnast, puis on atteint la vallée de l'oued Nfiss.

Barrage Lalla Takerkoust A2

L'ancien « barrage Cavagnac » a pris le nom d'un marabout voisin, Lalla Takerkoust. Le Nfiss prend sa source au cœur du Haut Atlas, dont les neiges l'alimentent jusqu'en mai. Dans la montagne, sa vallée est longée par la route de Tizi-n-Test. Puis elle s'échappe par des gorges pittoresques pour déboucher dans la plaine du Haouz : c'est à cet endroit qu'a été édifié un barrage long de 357 m, haut de 62 m, épais de 47 m à la base, destiné à l'irrigation du plat pays. La piste *(à gauche, 300 m après le pont sur le Nfiss)* qui conduit à la partie supérieure du barrage aboutit au sommet d'une colline d'où le regard embrasse tout le lac de retenue, long de 7 km et d'une capacité de 70 millions de m³.

Quittant la vallée, la route se dirige, à travers le dir, *vers l'oliveraie d'Amizmiz.*

> **Faire étape à Ouzoud**
>
> *Budget moyen 400 à 700 DH*
>
> **Riad Cascades d'Ouzoud** – ✆ *05 23 42 91 73 - www.ouzoud.com - 9 ch. - 350/550 DH* *selon la catégorie-* ✕ *120 DH.* Installée dans le village à 30 m en haut des chutes, cette maison d'hôte est des plus agréables. Nombreuses activités proposées : randonnées pédestres ou à dos d'âne, canyoning, kayak, circuits en 4x4. Réservation conseillée !

Amizmiz A2

La douceur du nom d'Amizmiz correspond bien à celle de son **site★**, tel qu'on le découvre entre les oliviers à l'entrée de la bourgade, bâtie sur les premières pentes du *jbel* Erdouz et traversée par un affluent du Nfiss, qui s'enfonce profondément dans un vallon verdoyant dominé par la vieille kasbah.

Près des bureaux du centre administratif (à droite, immédiatement après le bois d'oliviers), belle **vue** sur le bourg et le Haut Atlas. De l'autre côté de l'oued, au pied de la kasbah, le souk du mardi propose notamment la **poterie** d'Amizmiz, de facture très simple mais qui comporte de belles formes décorées d'un strict feston noir.

★★ La région de l'Oukaïmeden *p. 336.*

Cascades et lacs aux marches du Moyen Atlas

Circuit de 350 km env. à l'est de Marrakech tracé en rouge sur la carte p. 296-297 - prévoir deux jours pour tout visiter - possibilité d'hébergement à Ouzoud. Quitter Marrakech à l'est par la route de Fès. Les Cascades d'Ouzoud, à 160 km de Marrakech peuvent être le but d'une belle journée d'excursion ; évitez le week-end : il y a foule.

La route traverse la palmeraie, puis s'engage dans la plaine du Haouz, irriguée et couverte d'oliviers, de champs de blé et, vers **Tamelelt**, de vergers. L'horizon, au sud, est limité par la barrière du Haut Atlas, ourlée de neige une partie de l'année. Au nord s'alignent les Jbilet, montagnettes hérissées de pointements rocheux.

Peu après Tamelelt, on laisse la grande route pour prendre à droite la route vers Demnate. Au bout de 44 km, à la bifurcation de Demnate, prendre à gauche en direction de Tanannt.

La route s'élève dans la zone de contact entre le Haut et le Moyen Atlas, empruntant des vallées plantées de céréales et d'arbres fruitiers. 22 km après **Tanannt**, petit

Cascade d'Ouzoud.
Elena Odareeva/iStock

bourg juché sur une colline au milieu des vergers, tourner à gauche dans la route 3105 qui, à travers des paysages très vallonnés, conduit aux cascades d'Ouzoud.

★★ Cascades d'Ouzoud C1

Cette splendide chute d'eau de plus de 100 m de hauteur constitue l'une des attractions naturelles les plus remarquables de l'Atlas marocain. Elle permet à l'oued Ouzoud, torrent montagnard abondant en toutes saisons, de rejoindre le canyon de l'oued el-Abid, à 1 km de là.

Visite – *Les faux guides abondent aux alentours des cascades ; ils vous prennent en charge avant même que vous ne soyez descendu de voiture. Comme il est à peu près exclu de pouvoir visiter les cascades sans être accompagné, l'idéal est de prévoir un véritable guide (compter 100 DH env.). Sinon, mettez-vous bien d'accord au préalable avec votre accompagnateur.*

Après avoir laissé la voiture au parking, vous pourrez, en empruntant un sentier sur la droite du café-restaurant, contempler les cascades depuis le haut de la chute, d'où la vue sur le gouffre est impressionnante. Au bord de celui-ci, plusieurs petits **moulins à blé**, installés dans d'étroites cabanes, fonctionnent encore.

Revenant sur vos pas – après avoir traversé le village, où de multiples étals proposent boissons, repas sommaires et objets d'artisanat, rançon du succès de l'endroit, prendre à droite et atteindre une série de marches creusées dans la

5

Les corneilles de Demnate

On dit qu'autrefois un djinn habitait dans les grottes. Ce génie à sept têtes se plaisait à enlever les jeunes filles du voisinage et les gens de Demnate, prenant acte de cette manie, se résignèrent à lui livrer tous les ans la plus belle fille du pays. Or, il arriva qu'une année, ce fut la fille du caïd qui fut désignée. Son père, ne pouvant se résoudre à un tel sacrifice, fit appel à un homme énergique, qui alla combattre le monstre dans son antre et le terrassa. Du corps du djinn sortirent alors des milliers de vers, qui donnèrent naissance à autant de corneilles. Légende ? À l'entrée de l'arche tournoient toujours des centaines de ces oiseaux, que les enfants du pays chassent la nuit.

roche. Celles-ci conduisent au pied de la **cascade**, offrant sur les chutes et leur arc-en-ciel presque permanent des points de vue de plus en plus rapprochés. On peut descendre jusqu'au fond de la dépression, où le torrent se précipite dans un bruit assourdissant, et traverser celle-ci sur des « bacs artisanaux », peints de couleurs vives, et maniés à l'aide d'une corde jeté au travers de la rivière *(il est d'usage d'acquitter un péage de 5 DH pour prix de la traversée).*

De l'autre côté, deux ou trois guinguettes proposent un thé à la menthe en offrant également une belle vue sur la cascade. Il est possible de remonter au parking par cette rive, en empruntant un sentier en lacet à flanc de montagne, parmi les cognassiers, figuiers et grenadiers. Peut-être alors aurez-vous la chance d'apercevoir dans les épaisses frondaisons des singes en liberté. Parvenu au sommet, il faudra traverser une vaste oliveraie (les traits de couleur peints sur les troncs indiquent à quelle famille appartient chacun des arbres d'une plantation divisée par le jeu des héritages successifs) puis, après un groupe de maisons, le pont sur l'Ouzoud et, à droite, la route qui conduit au parking.

Dans les environs d'Ouzoud – Au sud-est, une piste longue de 5 km environ (et goudronnée dans ses débuts), conduit au petit village berbère de **Tanaghmelte**, dont les maisons en pisé s'étagent à flanc de colline. Tache blanche au milieu de ces constructions de terre ocre qui se fondent dans le paysage, le **marabout de Sidi Moussa Yacoub** fait l'objet d'un *moussem*, chaque année fin septembre, auquel participent de nombreux villageois des environs.

Revenir sur vos pas jusqu'à la bifurcation de Demnate ; là, prendre à gauche.

Demnate C2

Au pied des premiers contreforts du Haut Atlas, dans cette zone fertile qu'on appelle le *dir*, Demnate émerge de la houle argentée des oliviers. Cette grosse bourgade constituée de plusieurs villages aux maisons de pisé (ou de béton pour les plus récentes) était close par une enceinte aujourd'hui délabrée. Autrefois importante cité de passage (elle est restée une des portes principales des randonnées dans le Haut Atlas central) et de commerce entre le Nord et le Sud, Demnate est aujourd'hui connue pour ses poteries vernissées et ses olives. C'est l'une des villes où l'on rencontre le plus grand nombre de moulins à huile et, si vous y passez fin novembre ou au moment de la récolte, vous serez saisis par cette odeur très particulière. Au pied des remparts, près de la porte de Marrakech, que couronnent des merlons en épis, se tient le dimanche un souk animé.

À la sortie de Demnate, prendre à gauche.

La route s'élève, offrant des **vues★** sur la ville, la kasbah et l'olivette. Puis elle s'accroche en corniche sur les versants fraîchement boisés dominés par une falaise calcaire. On remonte la vallée de l'oued Masseur, tapissée d'oliviers.

À la sortie d'un virage, on découvre l'arche naturelle d'Imi-n-Ifri, aux parois de calcaire ocre tapissées de verdure.

★ Pont naturel d'Imi-n-Ifri C2

Imi-n-Ifri signifie en berbère « porte du gouffre ». Du chemin qui franchit celui-ci, on a une vue à droite sur la profonde cavité creusée par l'oued Masseur qui tombe en cascades parmi d'énormes rocs. Un sentier, très glissant par endroits, s'amorce avant le pont à gauche. Il permet de descendre au fond du gouffre, à l'entrée de la voûte garnie de stalactites *(durée : 30mn).*

Redescendre à Demnate pour rejoindre la route en direction de Marrakech.

À 38 km, tourner à gauche dans la route qui longe l'oued Tessaout, bordé de superbes massifs de lauriers-roses, et conduit au barrage.

★ Lac des Aït Aadel C2

Ce lac est formé par le barrage Moulay Youssef. L'ouvrage, inauguré en 1970, s'inscrit dans un paysage de collines rouges dominées par un arrière-fond de montagnes. Le lac, dont la profondeur peut atteindre 150 m, est riche en poissons de toutes sortes, et plus particulièrement en black-bass. La pêche peut s'y pratiquer toute l'année.

Revenir à la route de Marrakech.

Tazzerte B2

Se dressant légèrement à l'écart du village de Tazzerte, à gauche et un peu en retrait de la route *(accès par un chemin de terre)*, les anciennes **kasbahs★** du Glaoui et de son cousin forment un ensemble de très belle allure. Les enfants qui se trouvent là indiquent comment pénétrer dans la cour de l'une des deux demeures, élégante avec ses deux étages de galeries, mais combien délabrée !

Carnet pratique

S'informer

Office de tourisme – *Place Abdel Moumen ben Ali (Guéliz) - ✆ 05 24 43 61 31 - www.visitmarrakech.com* - Accueil sympathique et personnel compétent. Renseignements et réservation pour visiter la ville avec un guide officiel *(250/500 DH)*.

Association régionale des guides de tourisme - *✆ 06 61 61 80 21 - www.artgtmarrakech.com.* Le site permet d'entrer en contact directement avec un guide.

Arriver/Partir

Avion

Aéroport de Marrakech-Ménara – *✆ 05 24 44 79 10- www.onda.ma.* Il se situe à 6 km au sud-ouest de Marrakech. Nombreux vols quotidiens depuis Paris ; plusieurs vols/sem. depuis Marseille, Lyon, Bordeaux, Bâle-Mulhouse et Bruxelles. Liaisons assurées par Royal Air Maroc, Air France, ainsi que les compagnies *low cost* Ryanair, Easyjet et Transavia.

De l'aéroport au centre-ville – En petit taxi, compter 15mn de trajet vers la médina *(80/120 DH en moyenne pour la médina)*. Autre solution : la ligne de bus n° 19, navette Alsa, entre le terminal et la place Jemâa el-Fna *(départ ttes les 20mn - 6h-23h30 - 30 DH AR)*.

Royal Air Maroc – *197 av. Mohammed V - ✆ 05 24 42 55 03 - www.royalairmaroc.com.*

Train

Gare ONCF – *Av. Hassan II - ✆ 05 24 44 65 69 - www.oncf-voyages.ma.* Plusieurs liaisons quotidiennes avec la gare de Casa-Voyageurs, Rabat, Meknès, Fès, Tanger, Asilah, Oujda...

Car, grand taxi

Gare routière – *Face à Bab Doukkala - ✆ 05 24 43 39 33.* Consigne et cafétéria. Chaque compagnie possède son guichet. La compagnie **CTM** *(✆ 05 24 44 83 28 - www.ctm.ma)* aux cars confortables équipés de l'air conditionné, dessert quotidiennement Casablanca, Fès et Ouarzazate), Agadir, Beni Mellal, Laâyoune....

Gare ferroviaire – Les bus **Supratours**, compagnie filiale de l'ONCF desservent Agadir,Essaouira, Ouarzazate ;

5

Zagora, Fès. Départs de la gare ferroviaire. **Supratours** – *À la gare ferroviaire - ✆ 05 24 42 17 69 - www.supratours. ma.*

Grands taxis – *En face de Bab er-Rob.* Si vous souhaitez notamment faire une excursion dans la région de l'Oukaïmeden.

Voiture

Conseils – La conduite dans le **Guéliz** et la partie moderne de la ville ne pose pas de problème particulier. En revanche, ne vous aventurez pas dans la **médina**. Attention aux radars fréquents aux sorties de la ville.

Se garer – C'est relativement facile dans le Guéliz, dans les emplacements surveillés. Obole à verser au responsable (revêtu d'une blouse bleue, et souvent porteur d'un badge), en principe en reprenant la voiture. Pour quelques dirhams de plus, il nettoiera le pare-brise. Pour accéder à la médina, vous trouverez plusieurs parcs de stationnement payants aux abords de l'av. Houmane el-Fetouaki PLAN II F5.

Se déplacer

Petits taxis – C'est la manière la plus commode de se déplacer dans la ville : compter 10 à 15 DH pour aller de la médina à Guéliz ; Le tarif de nuit est majoré de 50 %. Vérifiez que le chauffeur mette en marche le compteur en démarrant (beaucoup refusent de le faire...). Munissez-vous de monnaie, de façon à faire l'appoint (faute de quoi le chauffeur pourrait faire semblant de croire à un pourboire royal !) et laissez quelques dirhams supplémentaires. La coutume veut que, si vous êtes seul – et un homme –, vous preniez place à l'avant, à côté du chauffeur.

Taxis Vert Plus – *✆ 05 24 40 94 94.* Ces taxis se déplacent où que vous soyez sur simple appel, le taxi le plus proche de vous viendra à votre service. Le service de réservation est facturé 10 DH le jour et 15 DH la nuit, s'ajoutant au prix de la course (sur le compteur).

Autobus – Les autobus urbains sont gérés par la société **Alsabus** *(www.alsa.ma).* Presque toutes les lignes partent de la rue Moulay Ismaïl (entre la place Jemâa el-Fna et les remparts). La ligne 1 va de la place Jemâa el-Fna à Bab Doukkala via le Guéliz ; la ligne 10 de la médina à la gare routière et à la gare ferroviaire ; la ligne 11 dessert les jardins de la Ménara depuis la Koutoubia ; la ligne 15 permet de rejoindre le jardin Majorelle et le musée Yves Saint Laurent depuis la place Jemâa el-Fna.

Porteurs de bagages – Des porteurs en chariot à roulettes sillonnent en permanence les ruelles de la médina. Ils connaissent parfaitement la vieille ville et vous conduiront sans aucun problème à votre hôtel. Laisser entre 10 et 20 DH en fonction du trajet.

Calèches – Une façon agréable de découvrir Marrakech consiste à louer une des calèches qui stationnent sur la place Foucauld à côté de la place Jemâa el-Fna, et sur la place de la Liberté entre l'Hivernage et le Guéliz, ainsi qu'aux aux abords des grands hôtels. La fin de l'après-midi est le meilleur moment pour une balade autour des remparts, pour laquelle il faut compter 120 DH de l'heure, selon le résultat des négociations (ici comme ailleurs, convenir impérativement du prix avant le départ).

Location de voiture

Ne louez pas votre voiture à la dernière minute. Durant la haute saison, il peut se passer plusieurs jours sans qu'aucun véhicule ne soit disponible.

Avis – *137 av. Mohammed V - ✆ 05 24 43 25 25 ; à l'aéroport ✆ 05 24 43 31 69 - www.avis.ma.*

Europcar – *63 bd Zerktouni - ✆ 05 24 43 12 28 ; à l'aéroport - ✆ 05 24 43 77 18 - www.europcar. ma.*

Hertz – *154 av. Mohammed V et à l'aéroport ✆ 08 02 00 77 78 - www.hertz.fr.*

Adresses utiles

Police Secours – *✆ 19.*
Gendarmerie royale – *✆ 177.* En cas de problème hors du périmètre urbain.
Police touristique – *✆ 05 24 38 46 01.*
Urgences médicales – *✆ 141* - SOS Médecin - *✆ 06 06 80 80 88* - Samu - *✆ 05 24 42 24 46.*
Consulat de France – *Rue Camille Cabana, L'Hivernage - ✆ 05 24 38 82 00 - en cas d'urgences (cas graves uniquement) ✆ 06 61 34 42 89 - www.ma.consulfrance.org - lun.-vend. 8h-16h.*
Consulat honoraire de Belgique – *Circuit de la palmeraie, Palmeraie Golf Palace, Marrakech - ✆ 05 24 36 87 61.*
Pharmacie centrale – *166 av. Mohammed V - ✆ 05 24 43 01 58.* La liste des pharmacies, des dentistes et médecins de garde est affichée sur la porte de la pharmacie.
Polyclinique du Sud – *2 r. de Yougoslavie, Guéliz - ✆ 05 24 44 79 99.*
Polyclinique Chifa – *24 r. Ibn Toumert, Guéliz - ✆ 05 24 43 30 06. Cardiologie.*

Agenda

Marathon international – *Janv. - www.marathon-marrakech.com.* Cette course, dont le départ a lieu place Jemâa el-Fna, réunit coureurs anonymes et champions.
Marrakech du rire – *Juin. www. marrakechdurire.com.* Initié par Jamel Debbouze, le festival remporte de plus en plus de succès.
Festival national des arts populaires – *Juil.* Dans le cadre grandiose des ruines du palais d'El-Badii. Les danses et les chants présentés, les instruments, les costumes, les parures, les bijoux des participants sont ceux-là mêmes qui, dans les tribus, rehaussent la célébration des fêtes religieuses ou familiales. Grande parade finale allant de Jnane Harti à la place Jemâa el-Fna.
Festival international du film de Marrakech – *Nov. - www. festivalmarrakech.info.* Projections et manifestations au palais El-Badii, sur la place Jemâa el-Fna, à l'Institut français, au Théâtre royal ainsi que dans les cinémas de la ville.

Nos adresses

Restauration

Les occasions de se régaler ne manquent pas à Marrakech et à tous les prix, des échoppes de la place Jemâa el -Fna à la grande table de gastronomie marocaine.

Dans la médina PLAN P. 306-307

Premier prix, moins de 100 DH

Stands de la place Jemâa el-Fna – Salades, harira, escargots, têtes de mouton, brochettes de viande (souvent très épicées), tajines, poissons, il y en a pour tous les goûts… La façon la plus économique de dîner à Marrakech, ambiance inoubliable en sus!

Budget moyen, 100 à 200 DH

28 **Black Chich** – F4 - *riad es-Zitoun el-Jdid, 1 derb Nakouss - ✆ 06 54 85 06 00 - 12h-0h - plats 70/90 DH.* Ce restaurant tout en hauteur – aménagé sur plusieurs salles et niveaux de terrasses –, à la déco moderne et pimpante, propose une carte assez courte, originale et réussie. Les plats, aux accents marocains et sénégalais,

5

sont bien présentés et goûteux : salades fraîches, mafé de bœuf, yassa poulet, aubergines grillées ou couscous aux légumes subtilement relevés. Le *rooftop* au coucher du soleil est magique.

78 **Un Déjeuner à Marrakech** – F4 - *À l'angle de la r. Kennaria et Douar Graoua - ✆ 05 24 37 83 87 - www.undejeuneramarrakech.com - 🍷 - 11h-22h - plat 100/130 DH.* Une adresse cosy proche du musée Dar Si Saïd, dotée de deux salles et d'une superbe terrasse sur le toit. On y sert une cuisine franco-marocaine classique et goûteuse, carte de snacking également.

71 **Café Palais El-Badia** – F5 - *4 r. Berrima - à côté de la pl. des Ferblantiers, Mellah - ✆ 05 24 38 99 75 - 9h-23h - menu à partir de 100 DH.* Une adresse économique, fréquentée exclusivement par des touristes, qui goûtent un tajine poulet-citron ou un kefta aux œufs sans prétention, en contemplant, de la terrasse, les cigognes du palais. Cadre agréable, plutôt indiqué pour le déjeuner.

Pour se faire plaisir, 200 à 400 DH

64 **Limoni** – F4 - *40 Diar Saboun, bab Taghzout - 12h-23h - plats à partir de 90 DH, formule déj. 120 DH.* Installés dans un agréable patio à l'ombre des citronniers, vous savourerez une cuisine italo-marocaine.

3 **Terrasse des Épices** – F3 - *15 souk Cherifia, Sidi Abdelaziz, médina - ✆ 05 24 37 59 04 - www.terrassedesepices.com - 🍷 - 12h-15h30 -18h30-0h - plats 145/250 DH - mieux vaut réserver.* Restaurant branché installé au cœur des souks. La terrasse dominant la médina est une splendeur tout au long de la journée, et devient féérique la nuit. Carte de plats marocains et internationaux, excellents cocktails, service attentif et souriant. Au-dessous du restaurant, une petite galerie marchande réunit des boutiques de créateurs contemporains.

73 **Pepe Nero** – F4 - *17 derb Cherkaoui - ✆ 05 24 38 90 67 - www.pepenero-marrakech.com - 🍷 - soir seult, fermé lun. - plats 150/220 DH.* Restaurant glamour aménagé dans une superbe bâtisse mauresque. Pour mieux apprécier le cadre, il faut réserver une table dans le patio. Des entrées aux desserts, spécialités italiennes toutes plus goûteuses les unes que les autres.

74 **Riad Monceau** – F4 - *7/8 derb Jamaa - Riad ez -Zitoun el-Kedim - ✆ 05 24 42 96 46 - www.riad-monceau.com/fr/restaurant - 🍷 - dîner uniquement - menus 350/450 DH.* Ce haut lieu de la gastronomie marocaine dispose d'un cadre de rêve. Préparées à partir de produits frais, les spécialités se savourent idéalement dans le joli patio andalou. La maison a également ouvert la **Pergola**, un *rooftop* pour siroter un cocktail ou boire un verre de vin accompagné d'une planche de charcuterie, de fromage ou de tapas marocaines.

58 **Le Foundouk** – F3 - *55 souk Hal Fassi - pl. du Mokef, proche de la medersa Ben Youssef et du musée de Marrakech - ✆ 05 24 37 81 90 - www.foundouk.com - 🍷 - dîner seult - fermé merc. - plats 130/210 DH.* Cet ancien caravansérail a été entièrement relooké dans un esprit contemporain avec force clins d'œil aux codes décoratifs traditionnels marocains. Vous dînerez dans le patio, dans des salons aménagés aux étages ou mieux encore à la belle saison, sur la splendide terrasse. Une double carte vous est proposée ; marocaine et internationale. Optez plutôt pour les spécialités locales. Bon choix de cocktails ; service attentif.

Une folie, plus de 400 DH

33 Dar Zellij – E3 - *1 Kaa Sour - Sidi ben Slimane - ✆ 05 24 38 26 27 - https://marrakech-riads.com/restaurant-dar-zellij - 🍷 - midi et soir, fermé mar. - menus 350/550/760 DH, plat 160/230 DH, (plat déj. à partir de 55 DH).* Aménagé dans un merveilleux palais du 17e s., ce restaurant vous convie à une soirée digne des Mille et Une Nuits au rythme des cithares traditionnelles. On s'attable en terrasse ou sous les plafonds en bois de cèdre des salons pour savourer une excellente cuisine marocaine.

76 Stylia – E4 - *34 r. Ksour - ✆ 05 24 44 35 87 - 🍷 - menu 450 DH - 20h-0h.* Un temple de la gastronomie marocaine dans le beau décor d'un palais du 15e s.

46 La Maison Arabe – E4 - *1 derb Assehbe - en face de la mosquée de Doukkala - ✆ 05 24 38 70 10 - www.lamaisonarabe.com - 🍷 - midi et soir - plats 200/280 DH.* Sans conteste l'un des restaurants les plus raffinés de la ville !

43 Ksar Essaoussan – E4 - *3 derb El-Messoudyenne - voûte donnant sur la r. des Ksour - ✆ 05 24 44 06 32 - www.essaoussane.com - 🍷 - Dîner seult, fermé dim. - menus 350/450/550 DH.* Ce restaurant de charme bénéficie d'un cadre superbe : une maison historique au cœur de la médina, au décor harmonieux et verdoyant. Vous choisirez entre trois copieux menus comprenant respectivement un, deux ou tous les plats suivants : pastilla de pigeon et amandes, tajine du jour et couscous Marrakchi.

72 Palais Gharnata – F4 - *5 derb Al-Arsa - Riad Zitoun Jdid (à proximité du musée Dar Si Saïd) - ✆ 05 24 38 96 15 - www.gharnata.com - 🍷 - Dîner seult - menu 550 DH.* Un véritable palais marrakchi du 16e s. transformé en restaurant en 1958 : autant dire qu'il s'agit d'une institution !

79 Dar Yacout – E3 - *79 r. Sidi Ahmed Soussi - à proximité de Bab Moussoufa - ✆ 05 24 38 29 29 - www.daryacout.com - 🍷 - dîner seult, fermé lun. - menu 700 DH avec apéritif, vin et café.* Dispose d'une terrasse surplombant la vieille ville. Le décor intérieur, dû à Bill Willis, est digne d'un palais des Mille et Une Nuits. Le luxe !

Dans la ville nouvelle

Premier prix, moins de 100 DH

15 Amal – PLAN I A1 - *À l'angle des r. Allal ben Ahmed et Ibn Sina - ✆ 05 24 44 68 96 - 12h-15h - plat 45/65 DH.* À deux pas du centre du Guéliz, ce restaurant solidaire forme des femmes marocaines en situation de précarité aux arts culinaires (Amal signifie « espoir » en arabe). Elles préparent une très bonne cuisine maison qui met à l'honneur la gastronomie marocaine (couscous le vendredi) et quelques plats français. La carte change chaque jour et on peut déjeuner dans un joli et paisible jardin ombragé par des citronniers. Délicieuses pâtisseries marocaines. Amal propose aussi des cours de cuisine marocaine.

Budget moyen, 100 à 200 DH

13 Catanzaro – A1 - *46 r. Tarik ibn Ziyad - Guéliz - ✆ 05 24 43 37 31 - 🍷 - midi et soir, fermé dim. - pâtes ou pizzas 60/80 DH.* Dans une rue parallèle à l'avenue Mohammed V, une sympathique trattoria familiale. Pâtes et pizzas au feu de bois.

44 La Grillardière – D4 - *15 r. Ibnou Hanbel - Guéliz (près de l'église) - ✆ 05 24 43 29 43 - www.lagrillardiere.ma - 12h-0h - à partir de 70 DH.* Salades composées, grillades, ainsi que de copieuses pizzas.

Pour se faire plaisir, 200 à 400 DH

62 Bistrot Loft – A1 - *18 r. de la Liberté - Guéliz - ✆ 05 24 43 42 16*

5

- *www.restaurant-loft.com - 🍷 - tlj 12h-0h - plats 155/210 DH.* Un cadre chaleureux, sur fond musical des années 1980, qui n'est pas sans rappeler les petits restaurant de New-York. Il y a même une minuscule terrasse, équipée d'un brumisateur. Cet endroit branché, sert des salades géantes pour les pressés, mais aussi des plats plus consistants comme de belles entrecôtes. Plats du jour.

Une folie, plus de 400 DH

55 **Comptoir Darna** – D4 - *Av. Echouada - L'Hivernage - ✆ 05 24 43 77 02 - www.comptoirmarrakech.com - 🍷 - 16h-3h - menu 400 DH, plat 180/250 DH.* L'adresse branchée de Marrakech, où vous pourrez déguster, dans un décor aussi superbe que sobre, glaces, cocktails et jus de fruits au son des platines du dernier DJ à la mode… ou d'un orchestre gnaoua. Une excellente adresse également en soirée.

Petite pause

Cafés

Café de la Maison de la Photographie – F3 - *46 r. Souk Ahal Fassi, kaat Ben Nahid - ✆ 05 24 38 57 21 - www.maisondelaphotographie.ma - 9h30-19h - plat 60/70 DH, menu déj. du j. 120 DH.* Prolongez votre visite *(voir p. 315)* par une très agréabble pause café ou déjeuner sur le toit-terrasse du musée. Installé à l'ombre d'une impressionante liane de Californie, vous apprécierez le calme et la vue panoramique sur la médina. Salades, tagines du jour, yaourts maison, jus de citron à la menthe.

Café du musée de Marrakech – F3 - *Place Ben Youssef (médina).* Dans la cour du musée, une halte précieuse pour se rafraîchir et se poser au cours d'une balade dans la médina.

Café du Livre – A1 - *44 r. Tarik ibn Ziad (entrée par l'hôtel Toulousain) - Guéliz - ✆ 05 24 46 62 91 - 11h30-0h, fermé dim.* À l'écart de l'agitation de la ville, ce café au style épuré, installé à l'étage, invite à prendre son temps. Musique douce, coin cheminée pour les après-midi d'hiver, salon-bibliothèque pour feuilleter la presse ou de beaux livres sur le Maroc. Propose aussi des soirées animées avec musique live ainsi que des retransmissions de matchs de foot et de rugby.

Kasbah Café – *R. de la Kasbah - en face des Tombeaux saâdiens - ✆ 06 61 99 29 95 - 9h-23h.* Pour déjeuner, boire un jus de fruits frais, ou se reposer entre deux palais. La terrasse panoramique fait tout le charme de l'établissement.

Souk Kafe – *11 derb Souk Jdid - Sidi Abdelaziz, médina - ✆ 06 04 30 19 59.* Une terrasse simple et agréable, pour une pause dans la médina. Restauration à prix modique.

Café 16 – *Pl. du 16 Novembre - Guéliz - ✆ 05 24 33 96 70 - www.16cafe.com.* Un café résolument contemporain, où tous les produits sont faits maison. Pour une pause sucré/salé. La maison a ouvert une succursale, le 16 Kawa, en face du jardin Majorelle. Parfait pour déjeuner ou prendre un rafraîchissement après la visite du jardin et du musée.

Café Arabe – *184 r. El-Mouassine - ✆ 05 24 42 97 28 - www.cafearabe.com - 🍷 - 10h-0h.* Pour faire une pause au beau milieu des souks, ou pour prendre un cocktail en fin de journée. Et si voulez y manger, vous trouverez une carte complète de plats marocains et italiens.

Café des Épices – *75 pl. Rahba Kedima - ✆ 05 24 39 17 70 - 9h-23h.* Petite terrasse ouvrant sur le souk aux épices vite prise d'assaut, et salons intérieurs. Café, thé et jus de fruits, mais aussi petite restauration (salades, sandwiches). La maison propose également des tajines plus consistants. Produits frais et préparations professionnelles de qualité.

Café de France et Grand Balcon – *Pl. Jemâa el-Fna.* De leurs terrasses, on embrasse du regard toute la place et l'extraordinaire fourmillement de sa foule hétéroclite.

Pâtisseries

Pâtisserie des Princes – *32 passage Prince Moulay Rachid - ✆ 05 24 44 30 33 - 7h-23h.* Halte gourmande et reposante dans une voie piétonne à deux pas de Jemâa el-Fna, pour prendre une collation et goûter aux différents petits gâteaux, tous aussi délicieux, avant de se décider sur ceux que l'on achètera par la suite.

Pâtisserie Al Jawda – *11 r. de la Liberté - Guéliz - ✆ 05 24 43 38 97.* Une institution et les Marrakchis vous diront que les douceurs marocaines de Mme Hakima Alimi sont les meilleures de la ville! Vous pourrez aussi déguster ces saveurs à 5mn de là au salon de thé Bogato associé à Al Jawda *(154 bd Abdelkrim el-Khattabi).*

Amandine – *175 r. Mohammed el-Beqal -Guéliz. - ✆ 05 24 44 96 12 - 7h-21h.* L'une des adresses marrakchies les plus réputées pour faire une pause gourmande.

Glaciers-salons de thé

Glacier Oliveri – *Av. Mohammed V - Centre commercial Carré Eden- ✆ 05 24 42 15 25.* Une institution de Marrakech.

Dino – *Av. Mohammed V, angle r. Sebou - Guéliz - ✆ 06 75 55 59 36 - www.gelatsdino.com.* Considérées comme les meilleures glaces de la ville.

Boire un verre

Voir aussi « En soirée ».

La Mamounia – *Av. Bab Jdid - ✆ 05 24 38 86 00 - « voir Hébergement ».* Il faudra choisir entre la lumineuse verrière du bar Marocain donnant sur les célèbres jardins, le bar Italien et son trio de musique live (à partir de 19h) et l'ambiance jazzy du Churchill Bar. Tenue correcte exigée.

Kosybar – *47 pl. des Ferblantiers - ✆ 05 24 38 03 24 - www.kosybar.com - 🍷 - 11h-1h.* Ambiance « ethnic-chic » dans ce bar-restaurant installé dans un ancien riad du mellah. Des petits salons se répartissent sur deux étages et une belle terrasse permet de profiter d'un somptueux coucher de soleil. Cocktails et musique à toute heure. Carte complète de restauration où les tajines voisinent avec les sushis.

Shopping

Artisanat traditionnel

Ensemble artisanal – *Av. Mohammed V - ✆ 05 24 44 35 03 - tlj sf dim. apr.-midi 9h-19h.* Tout près de l'hôtel de ville. On y rencontre boisseliers, passementiers, bijoutiers, menuisiers, fabricants de soufflets, de lanternes, relieurs, maroquiniers, calligraphes, zelligeurs, tisserands et « animaliers sur métaux ». L'occasion d'admirer ces artisans au travail, loin de l'agitation des souks. Les prix fixes sont en général raisonnables. On peut s'installer pour un café ou un thé.

Babouches

Chez Brahim – *82 Souk Semmarine.* Des piles de babouches jusqu'au plafond, de toutes les couleurs et toutes les formes, traditionnelles ou créations avant-gardistes, pour l'intérieur, la ville ou la campagne.

Épices, herboristerie, beauté

Bazar aux épices du Mellah – *(Près du palais de la Bahia).* Safran, henné, huiles essentielles, cannelle, cumin…, le royaume des senteurs destinées tant à la cuisine qu'à votre pharmacie personnelle.

Aachab Atlas – *R. Sidi el-Yamani Kssour - ✆ 05 24 42 67 28.* Grande herboristerie, richement fournie en épices, plantes naturelles et huiles essentielles.

Naturelle d'Argan – *5 r. Sourya - Guéliz - derrière le Carré d'Eden - ✆ 05 24 44 87 61.* Cette boutique spécialisée dans l'huile d'argan travaille en collaboration avec les femmes berbères du Sud marocain. On y trouve aussi bijoux, accesssoires, et artisanat contemporain.

Beldi – *9 et 11 r. Laksour - Bab Ftouh - ✆ 05 24 44 10 76.* Une ligne chic de vêtements et accessoires au design contemporain, coupés dans de belles matières naturelles.

Culture

Librairies

Librairie du musée de Marrakech – *Pl. Ben Youssef - dans la cour du musée - médina.* Grand choix d'ouvrages consacré à l'art et à l'artisanat marocain et catalogues des différentes expositions.

Librairie Chatr – *19-21 av. Mohammed V - ✆ 05 24 44 79 97 - lun.-vend. 8h-13h, 15h-20h, sam. 8h30 -13h, 16h-20h.* Bon choix de livres sur le Maroc et de romans d'auteurs marocain et internationaux.

Librairie El Ghazali – *51 passage Prince Moulay Rachid, Bab Agnaou - médina - ✆ 05 24 44 23 43 - tlj sf dim. 9h-12h30, 13h30-21h.* Depuis 1956, cette librairie propose des ouvrages relatifs au monde arabe en général, au Maroc en particulier. Lectures et séances de dédicaces sont organisées par la direction de la librairie à Dar Bellarj.

Librairie Menzil El Fan (ex ACR) – *55 bd Zerktouni - résid. Tayeb - Guéliz - ✆ 05 24 44 67 92.* Nombreux beaux livres sur le Maroc et l'art marocain.

Galeries d'art/Antiquaires

Matisse Art Gallery – *61 r. de Yougoslavie - dans le passage Ghandouri - Guéliz - ✆ 05 24 44 83 26.* L'art contemporain n'a pas de frontière. Grands peintres marocains et artistes étrangers sont exposés en alternance.

Galerie David Bloch – *8 bis r. des Vieux Marrakchis - ✆ 05 24 45 75 95 - www.davidblochgallery.com.* Y sont exposés des artistes nationaux et internationaux de grand talent. Une adresse incontournable pour les amateurs d'art contemporain.

Galerie Rê – *3 r. Ibn Toumert - résidence Al-Andalous III - ✆ 05 24 43 22 58.* Création et inventivité sont les devises de cette galerie, qui met en avant l'art contemporain, dans un espace façon loft new-yorkais.

Khalid art gallery – *14 r. Dar el-Bacha - ✆ 05 24 44 24 10.* Ceux qui aiment les belles choses et sont à la recherche de pièces rares doivent rendre visite à ce galeriste-antiquaire renommé, installé dans un riad. Meubles anciens, tapis, céramiques, miroirs, bijoux précieux, tableaux et gravures orientalistes, caftans richement brodés. Rien que des pièces de collection...

Activités

Golf – Avec ses onze 18-trous, Marrakech s'est affirmée comme une destination majeure pour les amateurs de golf. Liste complète sur www.visitmarrakech.com. Le Palm Golf Marrakech Ourika (*www.palmgolfmarrakechourika.com*) et le Assoufid Golf Club (*www.assoufid.com)* figurent régulièrement au top des classements établis par les amateurs.

Cours de cuisine – **Amal** - *Lotissement Harouchi, Sofia Targa - ✆ 05 24 49 37 76 - www.*

amalnonprofit.org. Cette ONG *(voir « Restauration »)* propose des cours de cuisine dispensés en français : salée le matin (*9h-13h30, 350 DH/pers.*) et sucrée l'après-midi (*14h-h, 350 DH/pers.*), sur réserv. uniquement.

Cours de tadelakt – Ateliers d'ailleurs - *✆ 06 62 12 60 26 - www.ateliersdailleurs.com - séance de 3h - 59 à 79 €/pers.* Cours d'initiation à cette technique ancestrale. Dans l'atelier d'un artisan, vous préparerez la chaux et les couleurs à base de pigments naturels, puis réaliserez un modèle de décoration. Nombreux autres stages d'artisanat (dinanderie, vannerie, bijouterie, tournage sur bois...).

Parc aquatique Oasiria – *Rte d'Amizmiz km 4, Chrifia - ✆ 05 24 38 04 38 - www.oasiria.com - 10h-18h - 250 DH, enfants de moins de 1,50 m 150 DH - navette gratuite depuis le centre-ville (passage ttes les 45mn devant la Koutoubia et le Mc Donald's de Guéliz).* Grande piscine à vagues, cinq toboggans, rivière tranquille que l'on parcourt sur une bouée, jeux aquatiques.

Hammam

Héritage Spa – *40 Arset Aouzal - Bab Doukkala - ✆ 05 24 38 43 33 - www.heritagespamarrakech.com - 10h-20h.*

Les Bains de Marrakech – *2 derb Sedra - Bab Agnaou, quartier Kasbah - ✆ 05 24 38 14 28 - www.lesbainsdemarrakech.com - 9h-19h30, sur réserv.* Splendide hammam au luxe subtil ; hammam traditionnel 230 DH, massages 400/450 DH.

Excursions aux alentours

Nombre d'agences de voyages – situées pour la plupart sur l'avenue Mohammed V – organisent des **excursions** d'une journée dans les environs. Vous pouvez ainsi découvrir, en minibus climatisé, Essaouira, la vallée de l'Ourika, les cascades d'Ouzoud ou le plateau de Kik, au-dessus du barrage Lalla-Takerkoust.

Pampa Voyage Maroc – *219 av. Mohammed V - galerie Jassim - ✆ 05 24 43 10 52 - www.agencevoyage-maroc.com.*

Traces Berbères – *Av. Moulay Abdallah - imm. Ahlam II/A - ✆ 05 24 43 13 08 - www.excusrionmarrakech-maroc.com.* Propose notamment un excursion d'une journée en pays berbère, en 4x4, comprenant la visite d'un souk rural (Tahanaoute ou Asni), la découverte de la vallée d'Asni : *120 € (1 à 4 pers.), déj. 10 €/pers.*

Randonnées

Légendes Évasions – *212 av. Mohammed V - Guéliz - ✆ 06 61 40 20 32 - www.legendesevasions.com.* Plusieurs parcours bien organisés au départ de Marrakech ; 2100 DH la journée pour le véhicule (1 à 6 pers., déj. en sus).

Survol

En montgolfière – Ciel d'Afrique - *angle bd Abdelkrim el-Khattabi et bd de Safi - ✆ 05 24 43 28 43 - www.cieldafrique.info - 2 050 DH/pers. (enfant - 10 ans 1/2 tarif).* Le vol s'effectue au nord de l'oued Tensift, en bordure de la palmeraie. Les passagers, acheminés tôt le matin, participent aux opérations de mise en place et au gonflage du ballon. Après le vol (40/60mn), une collation est servie avant le retour en fin de matinée.

En soirée

De nombreux restaurants marocains agrémentent leurs repas d'un orchestre de musique traditionnelle et de spectacles de danse du ventre. La qualité des prestations est variable et peut manquer d'authenticité. Pour assister à des spectacles de qualité, préférez les fêtes locales ou les festivals.

Marrakech compte de nombreux **bars musicaux**, fréquentés autant par les jeunes Marocains que par les expatriés ou les touristes. Pour prolonger votre soirée, vous trouverez également plusieurs discothèques. Certaines guindées, souvent branchées, elles se trouvent la plupart du temps dans les hôtels. L'entrée coûte en moyenne 200 DH. On y sert de l'alcool. Évitez toutefois certaines boîtes de nuit isolées (n'appartenant pas à un grand hôtel), car elles peuvent être diversement fréquentées.

Plusieurs grands hôtels disposent d'une discothèque : le **So Lounge** (Hôtel Sofitel Lounge & Spa) et le **Club 555** (Hôtel Ushuaia, av. Mohammed VI, L'Hivernage) sont deux étapes incontournables des *clubbers* marrackhis.

Palais Jad Mahal – *10 r. Haroun ar-Rachid - ✆ 06 41 64 16 41 - www.palaisjadmahal.com - merc.-dim. 19h30-2h30.* Une déco réunissant le Maroc et l'Inde, une lumière tamisée, une cuisine invitant au voyage, des danseuses orientales et tout un spectacle durant le repas un Live Band qui revisite le répertoire dansant des années 1980 à nos jours, voilà les ingrédients des soirées qui vous attendent ici.

Azar – *R. de la Yougoslavie - à l'angle du bd Hassan II, Guéliz - ✆ 05 24 43 09 20 - www.azarmarrakech.com - 19h-2h.* La porte s'ouvre sur un endroit très cosy, idéal pour un apéritif accompagné de tapas. Bonne programmation musicale. Également dîner-spectacle.

Théâtro – *R. Ibrahim el-Mazini - ✆ 06 64 86 03 39 - www.theatromarrakech.com - à partir de 23h30.* Une discothèque incontournable, très fréquentée par les Marrakchis, n'importe quel soir de la semaine.

Bô-Zin – *Rte de l'Ourika - à 3,5 km de Marrakech - ✆ 05 24 38 80 12 - www.bo-zin.com - 🍷 CC - à partir de 20h.* Endroit « chic décontracté », qui réunit les étrangers en quête de soirées lounge et les Marocains branchés, qui cherchent à être vus dans ce cadre design. Le must ? Siroter un verre de Martini blanc et grignoter des tapas asiatiques sous les étoiles, avant de rejoindre le *dancefloor*.

Spectacles

Institut français de Marrakech – *Rte de la Targa - Jbel Guéliz - ✆ 05 24 44 69 30 - www.if-maroc.org.* Expositions, conférences et rencontres avec des auteurs marocains et français ; spectacles (danse, théâtre et des concerts.

Hébergement (hôtels)

Les hôtels sont légion : il y en a pour tous les goûts et tous les budgets. Ceux situés en dehors de la ville disposent d'un service de navettes avec le centre-ville. Les hôtels et les clubs de vacances de la palmeraie sont très fréquentés par les groupes.

Dans la médina PLAN P. 306-307

Budget moyen, 400 à 700 DH

(79) **Hôtel Sherazade** – F4 - *3 derb Jemâa - r. Riad ez-Zitoun el-Kedim - ✆ 05 24 42 93 05 - www.hotelsherazade.com - 23 ch. - 550 DH - ☕ 50 DH - ✕ 1/2 pension 150 DH - réserv. indispensable.* Un lieu agréable, tant pour le cadre de style traditionnel marocain, que pour l'accueil. Vous pourrez vous détendre dans les deux patios verdoyants et fleuris, dans les salons marocains ou sur la grande terrasse. Les chambres, de différentes catégories, se répartissent sur trois niveaux. Leur prix varie selon l'étage, le confort (certaines sont climatisées) et la saison. Évitez celles qui sont collées à la mosquée voisine. Belle

adresse, mais peut se révéler bruyante.

91 **Riad Jnane Mogador** – F4 - *116 Riad ez-Zitoun el-Kedim - ✆ 05 24 42 63 24 - www.jnanemogador.com - 17 ch. - 600 DH -* ☕ *-* ✕. Une charmante demeure très bien placée à l'entrée de la médina, où sont aménagées des chambres colorées et impeccables autour d'un petit patio. Vous pourrez aussi opter pour la suite (1100 DH) donnant directement sur la terrasse, avec son lit à baldaquin, son coin salon et son petit balcon. Belle terrasse pour le petit-déjeuner. Hammam.

Une folie, plus de 1200 DH

106 **Hôtel Les Jardins de la Koutoubia** – E4 - *26 r. de la Koutoubia - ✆ 05 24 38 88 00 - www.lesjardinsdelakoutoubia.com -* 🍷 P 🏊 *- 108 ch. - à partir de 2050 DH* ☕ *-* ✕. Construit à l'emplacement du riad El Ouarzazi, cet hôtel de luxe, à deux pas de la place Jemâa el-Fna, met à disposition piscine, piano-bar, hammam, snack-bar et trois restaurants au cadre enchanteur.

97 **La Maison Arabe** – E4 - *1 derb Assehbe - en face de la mosquée de Doukkala - ✆ 05 24 38 70 10 - www.lamaisonarabe.com -* 🍷 *- 26 ch. - à partir de 2400 DH* ☕ *216 DH -* ✕. La maison est somptueuse avec ses patios fleuris, sa bibliothèque, ses salons avec cheminée, son hammam, ses chambres et appartements aux murs enduits de tadelakt, ses plafonds de cèdre. Sachez qu'en outre le cordon-bleu qui sommeille en vous pourra y suivre des cours de cuisine marocaine traditionnelle, de façon à prolonger votre séjour marocain une fois rentré chez vous.

100 **La Mamounia** – E4-5 - *Av. Bab Jdid - ✆ 05 24 38 86 00 - www.mamounia.com -* 🍷 P 🏊 *- 209 ch. à partir de 5000 DH -* ✕. L'hôtel mythique de Marrakech depuis 1923. Le salon Majorelle, les peintures de Jean Besancenot, le jardin sont les témoins de ce passé prestigieux. Toute aussi prestigieuse la liste des hôtes qui ont franchi la porte (et qui ont donné leur nom aux chambres) : de Churchill à Maurice Chevalier, d'Orson Welles à Alfred Hitchcock qui y a tourné de fameuses scènes de *L'Homme qui en savait trop*. Pour un séjour glamourissime. À défaut d'y loger, allez y faire un tour pour boire un verre.

Dans le Guéliz et l'Hivernage

Budget moyen, 400 à 700 DH

2 **Hôtel Almas** – A1 - *79 bd Moulay Rachid - ✆ 05 24 42 55 40 - www.hotelalmasmarrakech.com -* P 🏊 *- 71 ch. et 8 suites - à partir de 650 DH* ☕ *-* ✕. Au cœur du quartier animé de Guéliz, des chambres spacieuses et modernes, et surtout, un accueil des plus cordial.

Pour se faire plaisir, 700 à 1200 DH

73 **Hôtel Nassim** – A1 - *115 bd Mohammed V - ✆ 05 24 44 64 01 -* 🏊 *- 47 ch. - à partir de 700 DH* ☕ *-* ✕. Ses chambres sont d'un confort classique, mais il est fort bien situé, à deux pas de l'office de tourisme, à l'entrée d'une galerie commerciale.

Hébergement (maisons d'hôte et riads)

Les riads, à l'origine des jardins andalous, désignent aujourd'hui par extension les palais qui les abritent. Souvent somptueux, parfois plus simples, nombre d'entre eux ont été achetés par des étrangers et convertis en résidences, qui peuvent se louer pour quelques nuits ou à la semaine. Les prix pour une halte de charme varient suivant la saison et le « standing » de l'établissement. Les tarifs sont dégressifs si le riad est loué dans son intégralité.

Location de riads

Marrakech Riads – *8 derb Chorfa Lakbir - Dar*

Chérifa - Mouassine - ✆ 05 24 42 64 63 - www.marrakech-riads.com -. Cette société propose 6 riads pouvant accueillir jusqu'à 12 personnes. De 700 à 960 DH la chambre et de 1100 à 5700 DH pour le riad tout entier.

Dans la médina PLAN P. 306-307

Budget moyen, 400 à 700 DH

129 **Riad Alisma** – F4 - *50 r. de la Bahia - Riad ez-Zitoun el-Jdid - ✆ 05 24 37 89 35 - www.riadalisma.com - 5 ch. - 500/550 DH ; l'ensemble 2700 DH/nuit (13 000 DH/sem.) - sur commande.* Au cœur du quartier historique, cet authentique riad affiche les couleurs de terre du désert. La magie opère dès l'arrivée. La discrétion du personnel, la douceur du patio, la décoration simple et élégante des chambres sont les atouts majeurs de cette charmante maison d'hôte.

26 **Riad Dar Zouar** – E3 - *14 derb Mahrouk - Bab Taghzout, Sidi Bel-Abbès - ✆ 06 61 24 16 96 - www.darzouar.com - 6 ch. - à partir de 350 DH - menu 190 DH.* Ce confortable riad à l'ambiance détendue est très bien situé (bus, taxis, parking à proximité) dans la partie nord de la médina, qui a encore conservé quelque authenticité. Grand patio orné de peintures colorées, salon avec cheminée, belle terrasse, chambres sobres décorées avec goût. Bon rapport qualité/prix.

121 **Riad Al Mamoune** – F4 - *140 derb Aarjane - Rahba Kedima - ✆ 05 24 39 19 58 - www.riadalmamoune.com - 6 ch. - à partir de 600 DH - .* Ce beau riad du 18e s. se trouve tout près de la place Jemaâ el-Fna. C'est une agréable demeure, pleine de coins et recoins d'un cachet fou ! Il fait bon se détendre sur la terrasse fleurie ou se prélasser dans le Jacuzzi. Chaque chambre, au mobilier marocain, a un décor personnalisé. La nuit, une multitude de bougies illuminent le patio, pour mieux vous transporter dans un monde magique. Accueil attentionné et bons petits plats mitonnés sur demande.

130 **Riad Ker Saâda** – F4 - *28 derb el-Arsa - r. Riad ez-Zitoun el-Jdid, Kennaria - ✆ 05 24 42 63 40 - 5 ch. - 600/700 DH selon la catégorie - sur commande.* Voilà une maison d'hôte où il fait bon vivre, dans un quartier paisible, entre la place Jemâa el-Fna et le musée Dar Si Saïd. L'accueil chaleureux et attentionné de Cherif y est pour beaucoup. Les chambres, très gaies, décorées avec goût, s'organisent autour du délicieux patio, qui fait office de salon et de salle à manger lorsque la terrasse est trop chaude. Excursions dans les environs sur demande.

Pour se faire plaisir, 700 à 1 200 DH

127 **Riad Mur Akush** – E3 - *Derb Zaouia 2 - Bab Doukkala - ✆ 05 24 37 63 81 - www.riadmurakush.com - 6 ch. à partir de 860 DH - . repas 220 DH* L'un des meilleurs rapports qualité/prix de la ville dans sa catégorie. Du charme, les chambres en ont à revendre – aucune n'est pareille – avec leurs multiples recoins, leurs murs en tadelakt et leur mobilier de style marocain. Elles s'étagent autour d'un plaisant patio, où est servi le petit-déjeuner, à moins que vous ne préfériez le prendre sur la terrasse panoramique. On vous reçoit comme un hôte, dans une maison qui ne tarde pas à devenir la vôtre. Les repas (sur commande) sont excellents.

115 **Riad d'Airain** – E3 - *8 derb el-Hammam - Bab Doukkala - ✆ 05 24 38 38 20 - www.riad-airain-marrakech.com - - 8 ch. - 685/1 300 DH selon la catégorie, riad entier (20 pers.) 750 € /nuit.- menu 215 DH.* Idéalement situé, proche des grands axes et des sites

incontournables, ce riad offre un cadre enchanteur. Décoré avec raffinement, les couleurs sont chaudes et l'ameublement est très soigné. Patio, terrasses, piscine et Spa (massages, hammam) contribuent au charme du séjour. Les propriétaires et le personnel, aux petits soins, s'appliquent à offrir une prestation irréprochable!

125 **Riad Sahara Nour** – E3 - *118 derb Dekkak - Bab Doukkala - ✆ 05 24 37 65 70 - www.riadsaharanour-marrakech.com - 5 ch. - 950/1 450 DH ☕ selon la catégorie- ✕ 18/22 € à régler en espèces en €.* Une maison d'hôte mais aussi un centre de création artistique doté d'une bibliothèque et d'une salle de musique. Les chambres sont décorées avec goût de tapis et de meubles en bois peint. Le vaste patio ombragé d'arbres fruitiers achève de rendre l'endroit particulièrement agréable. Transfert riad-aéroport offert à partir de 3 nuits.

Une folie, plus de 1 200 DH

132 **Riad Safar** – E4 - *29 derb Ouihah - Sidi Abdel Aziz - ✆ 06 61 52 35 57 - 4 ch. - à partir de 1 450 DH ☕ selon la catégorie - ✕ sur commande.* Ce superbe riad du 18e s. passe pour être l'un des plus beaux de la médina. Le patio est un sommet de raffinement avec sa fontaine en zelliges, ses linteaux en bois sculpté et ses boiseries. Les chambres, chaleureuses et colorées, partagent cette élégance. Sur l'agréable terrasse, un bassin permet de se rafraîchir. Hammam et massages.

126 **Riad Malika** – E3 - *29 derb Arset Aouzal - ✆ 05 24 38 54 51 - www.riadmalika.com - 4 ch. et 5 suites - à partir de 1 350 DH ☕ - ✕ sur commande.* Ce curieux riad marie harmonieusement l'architecture arabo-andalouse avec une décoration années 1930 et propose en outre un hammam. Un merveilleux salon, des chambres en duplex disposant d'une terrasse privée et un jardin central luxuriant font de cette adresse une halte inoubliable.

28 **Riad El-Arsat** – G4 - *10 bis derb Chemaa - ✆ 05 24 38 75 67 - 🏊 - 5 ch. et 2 suites à partir de 1 500 DH ☕ - ✕ sur commande.* Le labyrinthe des ruelles poussiéreuses dissimule ce palais, absolument inattendu au cœur de la médina. Il est entouré d'un immense jardin peuplé d'orangers et de palmiers. De part et d'autre, deux corps de bâtiments se font face : la « maison d'été » avec ses superbes plafonds de cèdre, son bureau-bibliothèque, son mobilier très années 1930 ; et la « maison d'hiver », avec sa cheminée monumentale ; sans oublier la chambre, installée dans un petit pavillon, qui donne directement sur la piscine. Jacuzzi et hammam.

Région de l'Oukaïmeden ★★

À deux pas des palmiers de Marrakech, la capitale du Sud, il est possible de skier dans la petite station d'altitude de l'Oukaïmeden, souvent battue par les vents, et habitée depuis fort longtemps puisqu'elle abrite de nombreuses gravures rupestres. Toute l'année, ces paysages de montagne sereins, parcourus par des troupeaux en transhumance, servent de cadre somptueux à de multiples randonnées, que ce soit dans la vallée encaissée et verdoyante de l'Ourika, ou sur les pentes du massif du Toubkal.

Tamezindert dans la vallée de l'Ourika.
Eloi_Omella/iStock

Se repérer

CARTE P. 296 (B2) – *carte Michelin 742, plis 4, 33 et 51* – Bien signalisée depuis Marrakech, la route conduit au bout de 43 km à l'entrée de la vallée de l'Ourika. Peu avant Aghbalou, une route sur la droite s'élève en lacet serré dans un paysage de terres rouges vers la station de l'Oukaïmeden.

À ne pas manquer

Le point de vue du Tizerag.

Organiser son temps

Compter un à deux jours de visite selon son goût pour les randonnées en montagne.

En famille

Une descente à ski et une « chasse » aux gravures rupestres dissimulées en divers points du village.

Carnet pratique p. 340

Nos adresses p. 340

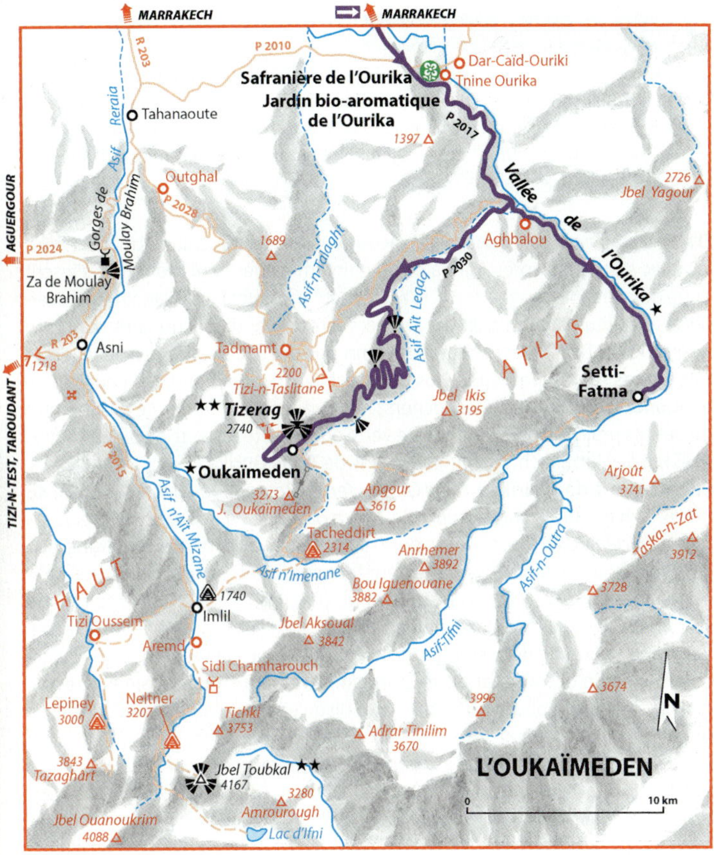

Circuit conseillé

CARTE CI-DESSUS

★ Vallée de l'Ourika et Oukaïmeden

Circuit au départ de Marrakech tracé sur la carte ci-contre – 192 km – compter au moins une journée.

Quitter Marrakech en longeant les murailles de l'Agdal. La route, rectiligne, se dirige vers le Haut Atlas, dont les cimes – étincelantes la plus grande partie de l'année – barrent l'horizon. Traversant la plaine du Haouz, irriguée par d'importants réseaux de seguias et de *rhettaras*, elle atteint les premiers contreforts de la montagne près de l'olivette de Dar-Caïd-Ouriki, où des ksour confondent les stratifications brunes de leurs toits avec les versants argileux où ils s'enracinent. Sinueuse et pittoresque, la route s'enfonce dans la montagne en remontant l'oued Ourika. *Le week-end, en saison estivale, la circulation est particulièrement dense.*

★ Vallée de l'Ourika

Cette riante vallée est un but de promenade et un lieu de repos depuis longtemps apprécié des habitants de Marrakech.

Faux guides de Setti-Fatma

À l'entrée de Setti-Fatma, les faux guides tentent d'imposer leur présence à des tarifs exorbitants. Refusez avec fermeté leurs propositions... et ne croyez pas en leur affirmation selon laquelle il est impossible d'aller plus loin. Sans devenir trop méfiant, soyez également vigilant avec les taxis qui vous recommandent ces guides, ils peuvent être dans la combine.

D'abord ample et faisant une large place aux vergers et aux cultures maraîchères, la vallée s'encaisse après Aghbalou : le pointement des hauts sommets s'inscrit entre des versants rougeâtres, où s'accrochent hardiment les villages et leurs terrasses de cultures. Le long de la route, bars et restaurants sont nombreux au bord de la rivière, et des villas profitent de l'ombrage des eucalyptus, des peupliers et des grands saules pleureurs. Plus bas, c'est l'enchantement d'une eau limpide et abondante courant sur les rochers ; rivière à truites, l'Ourika se faufile entre de petites prairies dont l'herbe reste verte en plein été et invite au pique-nique. À 33 km de Marrakech, se trouve le village de **Tnine Ourika**.

La Safranière de l'Ourika – *Tnine Ourika, ferme Boutouil Takateret - ✆ 05 22 48 44 76 - www.safran-ourika.com - 8h-18h (à partir de 7h pendant la floraison) - visite guidée 20 DH/pers.* Vous pourrez sillonner à votre gré ce magnifique jardin de 7 ha où l'on cultive cette fleur tant convoitée pour son arôme si délicat. Un petit musée retrace l'histoire et les différentes étapes de la culture du safran, et la visite se termine par une dégustation de thé parfumé à cette même fleur : l'occasion de déguster un thé autre que celui à la menthe. La floraison commence fin octobre, et dure approximativement trois semaines. C'est la meilleure période pour visiter les lieux puisqu'elle coïncide avec la cueillette, qui se fait au petit matin.

Dans Tnine Ourika, aller jusqu'à la gendarmerie, et tourner à gauche.

Jardin bio-aromatique de l'Ourika – *Tnine Ourika, à 34 km de Marrakech - ✆ 05 24 48 21 49 - 9h-17h (juin-août 18h30) - www.jardin-bioaromatique-ourika.com - visite libre 20 DH, visite guidée 70 DH.* Premier du genre au Maroc, ce jardin de 1 ha fait découvrir la richesse botanique et l'utilisation traditionnelle des plantes de la région. Des soins beauté et divers ateliers (pain, henné, argan, gastronomie berbère) sont proposés pour apprendre à reconnaître et à sentir les plantes, puis à les goûter sous forme d'infusions ou comme ingrédients incorporés dans des préparations culinaires typiques. Un petit musée des épices complète la visite.

Reprendre la route de l'Ourika, traversez le village d'Asguine. Au km 45, sur la droite, se détache la route pour l'Oukaïmeden, continuer tout droit sur la P 2017.

Setti-Fatma – Perché à 1 500 m d'altitude, ce village *(souk le jeudi ;* moussem *des Mules en août)* occupe un site pittoresque dans son cadre de noyers centenaires et de châtaigniers au pied de la montagne vertigineusement dressée. L'escalade de ses rochers, accompagné d'un (vrai !) guide, *(voir « Nos adresses »)* permet d'accéder aux sept cascades *(compter 2h AR, 30mn jusqu'à la première halte, où une buvette offre une pause).*

Vers la mise en valeur des gravures rupestres

Un parc national des gravures rupestres, s'étendant sur les provinces de Tahanaoute (Oukaïmeden, Tasrag, Yageur, Tirghiyst) et d'Azilal, a été créé en 1994 afin de sauvegarder ce patrimoine préhistorique et de mieux le faire connaître.

L'Oukaïmeden.
Y. Guichaoua/Guichaoua Photos/age fotostock

Au retour, la descente de la montagne au milieu des noyers puis des cerisiers réserve des vues dégagées sur les villages berbères bâtis au bord de l'Ourika.
Redescendre la vallée de l'Ourika jusqu'à Aghbalou. Aussitôt après, prendre à gauche la route de l'Oukaïmeden (P 2030).
Suivant les conditions atmosphériques, il peut arriver que d'importantes nappes de brouillard recouvrent les sommets et descendent sur la vallée, rendant la conduite difficile, voire dangereuse.

★ Oukaïmeden

La route s'engage dans une petite vallée affluente, plus rocailleuse et plus sauvage. Après avoir longé les pentes abruptes du *jbel* Ikis, la route se hisse sur le plateau de l'Oukaïmeden, découvrant au nord des **échappées** sur la plaine du Haouz. Après un passage entre deux parois de roches rouges zébrées de coulées noires, on parvient à l'entrée de la station de l'Oukaïmeden.
Le nom berbère de l'Oukaïmeden signifie « rassemblement de gens » ou « carrefour des vents ». Au pied du *jbel* Oukaïmeden (3 273 m), un des sommets du Haut Atlas central, l'Oukaïmeden est la mieux équipée des stations marocaines de **sports d'hiver**. Son altitude élevée (2 650 m) en fait un centre à la fois estival et hivernal. En été, quand il fait 45° à Marrakech, la température à l'Oukaïmeden ne dépasse pas les 25° ; en cette saison, le massif montagneux environnant se prête aux excursions. En hiver, l'enneigement, qui peut durer de mi-décembre à mi-avril, permet toute une gamme de **parcours à skis**.
Gravures rupestres – Le site de l'Oukaïmeden fut habité à l'époque préhistorique : on y a découvert en 1948 plusieurs **gravures rupestres**, figurant des personnages, des animaux, des armes, des roues solaires, rares témoignages de l'âge du bronze. Vous pourrez en voir en particulier près de l'auberge Chez Juju et des refuges du Club alpin français, de la Jeunesse et des Sports, des Travaux publics, et à côté de l'ancien court de tennis (elles sont signalées par des pancartes - aspergez-les d'eau pour mieux les admirer).

★★ **Point de vue du Tizerag** – *2 km de la station plus 30mn de marche AR.*
Pour atteindre la falaise du Tizerag, qui domine la station au nord, on emprunte une route signalisée ; à partir du col, où un relais de télévision a été construit, un petit sentier mène au sommet (2740 m) du Tizerag. De là, le panorama s'étend au nord sur la plaine du Haouz ; du nord-est à l'ouest en passant par le sud (*jbel* Toubkal) se dessine le vaste amphithéâtre du Haut Atlas.

Carnet pratique

Informations utiles

Excursions – Nombre d'agences de voyages de Marrakech (situées surtout sur l'av. Mohammed V) proposent des excursions d'une journée à l'Oukaïmeden et dans la vallée de l'Ourika. *Voir « Nos adresses » à Marrakech p. 347.* Prévoyez environ 1h30 de voiture depuis la capitale pour rejoindre les sommets.

État de la route – Acceptable entre Aghbalou et Setti-Fatma, mais son étroitesse provoque de multiples bouchons durant le w.-end. La route conduisant à l'Oukaïmeden est bonne (bien que vertigineuse). Attention aux éventuelles chutes de pierres et à l'enneigement des axes en hiver.

Péage – Pour accéder à la station de l'Oukaïmeden en hiver, vous franchirez une barrière à péage *(droit d'accès 10 DH la journée, 5 DH pour gardiennage et 10 DH la nuit).*

Nos adresses

Hébergement/ Restauration

Dans la vallée de l'Ourika

Budget moyen, 400 à 700 DH

Chez Larbi – *46 Rte de l'Ourika - Aghbalou - ✆ 06 61 34 23 92 - www.chezlarbi-ourika.com* - 🍷 🅿 - *7 ch. et 2 suites - à partir de 640 DH* ☕ - ✕. Cette maison d'hôtes a une âme : celle de son propriétaire, qui aime à partager l'intimité de sa demeure familiale et qui vous réservera donc un accueil personnalisé. Il en va de même pour les chambres : aucune n'est identique. Le jardin, planté d'essences parfumées, est un petit paradis. La table d'hôtes sert des spécialités marocaines et occidentales goûteuses, selon des recettes chipées à « maman ». Hammam.

Le Maquis – *Sur la droite de la route, 900 m après la route d'Oukaïmeden - ✆ 05 24 48 45 31 - www.aubergelemaquis.com* - 🍷 🅿 - *11 ch. - 630 DH* ☕ - ✕. Outre un accueil chaleureux, vous trouverez ici de très agréables chambres. Conseils judicieux pour les excursions à pied ou à VTT dans la région, prêt de matériel pour bivouac et pique-nique, et visites d'ateliers de potiers. Jardin, bac à sable, bassin pour barboter et jeux pour les enfants. L'auberge pourra aussi vous mettre en rapport avec un guide de confiance pour la visite des chutes de Setti-Fatma.

À l'Oukaïmeden

Premier prix, moins de 400 DH

Chalet du Club alpin français – *✆ 05 24 31 90 36 - www.cafmaroc.*

ffcam.fr - tarif non adhérent : hiver 230 DH.pers., été 140 DH, ☕ *30 DH -* ✕ *115 DH.*. Le CAF dispose en outre de deux refuges destinés aux randonneurs du massif, ceux du Toubkal et de Tazaghart.

Budget moyen, 400 à 700 DH

Chez Juju - *✆ 05 24 31 90 05 - 🍷 - 16 ch. - à partir de 550 DH (900 DH en hiver);* ☕ *55 DH -* ✕. Cette pension est une halte des plus conviviales, où se restaurer aussi bien pour le déjeuner que pour le dîner.

Une folie, plus de 1200 DH

Kasbah Angour - *Entre Tahanaout et Outghai, sur la route d'Oukaïmeden. 4 km après Tahanaout, tourner à gauche au panneau d'Oukaïmeden, la Kasbah Angour se trouve 1 km plus loin, à gauche sur la colline - ✆ 06 61 17 42 87 - www.kasbahangour.com - 🍷 P 🏊 - 25 ch. et suites. - à partir de 1470 DH en été et 1785 DH en hiver* ☕ *-* ✕ *menu 255 DH.* Un site magnifique, face aux sommets de l'Atlas, des jardins où il fait bon se prélasser... Rien ne vient s'interposer dans le panorama exceptionnel, qui s'offre derrière le bâtiment. Cette kasbah n'est pas ancienne, c'est une construction faite dans l'esprit de l'habitat local, mettant à disposition des chambres spacieuses, joliment arrangées dans le goût marocain.

Activités

Randonnées

Bureau des guides de la vallée de l'Ourika - *✆ 06 68 56 23 40 (M. Abdou Mandili).* Pour découvrir la région avec des guides compétents, Comptez 500 DH/journée, repas en sus.

Sports d'hiver

Enneigement - Régulier entre décembre et février, il peut (les bonnes années) se prolonger jusqu'au mois d'avril ! Mars et avril sont d'ailleurs les mois les plus agréables pour pratiquer le **ski de randonnée**.

Remontées mécaniques - *Télésiège 20 DH/remontée, forfait journée 100 DH :*

Souks

Souk Aghbalou - *Jeu.*

Souk Tnine Ourika - *Lun.*

Souk Ghmat - *Vend.*

Beni Mellal ★

Entre le Moyen Atlas et la plaine céréalière du Tadla s'allonge une étroite bande humide et riche appelée « dir » (ce mot, qui signifie « poitrail », illustre la manière brusque dont la chaîne montagneuse se termine sur la plaine). Là, Beni Mellal est née de la présence de l'eau : les sources abondent autour de la ville, qu'enveloppent des plantations d'orangers et une vaste oliveraie où se glissent des figuiers, des grenadiers, des abricotiers et des pêchers. Les oranges de Beni Mellal sont réputées pour être parmi les meilleures du Maroc.

Se repérer

176 238 habitants

CARTE P. 297 (D1) – *carte Michelin 742, plis 5, 21-22 et 47-48* – À 229 km au nord-est de Marrakech et à 280 km au sud-ouest de Fès ; la route principale contourne la ville. L'avenue Mohammed V constitue l'artère principale (édifices publics, banques, etc.)

À ne pas manquer

Beni Mellal vaut surtout comme point de départ pour des excursions dans la région, vers le lac de Bin el-Ouidane et les cascades d'Ouzoud notamment.

Organiser son temps

Une journée pour faire le circuit entre lacs et cascades.

Carnet pratique p. 347

Nos adresses p. 347

Circuits conseillés

CARTE DE RÉGION P. 297 ET CARTE P. 344

★ Le tour de l'oliveraie D1

Circuit de 11 km tracé en marron sur la carte p. 344 - environ 1h.
La route s'embranche sur l'avenue Mohammed V, à gauche, au grand carrefour que l'on rencontre après la poste lorsqu'on va dans la direction de Marrakech. Prendre ensuite le boulevard Hassan II sur 1200 m et bifurquer à droite.
De vastes orangeraies précèdent le très joli **bois d'oliviers** qui est la parure de Beni Mellal. Sillonné de ruisseaux et de seguias alimentés par des sources vauclusiennes, il constitue un lieu de promenade délicieux.

Aïn Asserdoun

À 3,5 km de Beni Mellal, cette source limpide et fraîche, d'un débit moyen de 1500 litres à la seconde, jaillit du rocher pour s'écouler dans un canal coupé de chutes, avant d'aller contribuer à l'irrigation des jardins et des vergers. Autour d'elle, un agréable jardin public a été aménagé.
À hauteur de la source, prendre à droite une route en lacet.

Borj Ras el-Aïn

Juché sur un piton boisé, il domine ce site noyé dans la verdure. Les pentes sont par endroits couvertes de **tikiout**, sorte d'euphorbe dont la tige renferme un suc laiteux très caustique. À l'extrémité d'une plate-forme, le *borj* en partie ruiné se détache sur la plaine. De là, on découvre un beau **panorama**★ sur Beni Mellal, sertie dans son oliveraie, où pointent quelques cyprès ; à perte de vue, la plaine du Tadla étale ses vergers et ses champs irrigués.

Environs de Beni Mellal au printemps.
T. et B. Morandi/hemis.fr

Le pays des Aït Bouguemez

Dans la région du Haut Atlas central, là où la nature, féroce, façonne l'environnement à sa guise et rend l'accès aux villages très difficile, l'oued **Tassaout** prend sa source dans un escarpement séparant le *jbel* Tarkeddit du *jbel* Anghomar. Ses eaux tumultueuses roulent ensuite au fond d'une superbe vallée enserrée entre des parois vertigineuses ou des flancs abrupts couverts de chênes verts, de thuyas et de pins d'Alep. Cette vallée isolée de la Haute Tassaout, si joliment chantée autrefois par une humble poétesse berbère répondant au nom de **Mririda N'Aït Attik** *(Les Chants de la Tassaout, traduits du dialecte tachelhaït par René Euloge)*, offre au regard de ceux qui la découvrent les plus beaux *irherm* (greniers-forteresses), ou *tirhermt,* du Grand Atlas. C'est dans cet environnement architectural unique, où les villages chleuhs – comme ceux de **Magdaz**, d'**Aït Hamza** ou d'Ichebakane – sont constitués d'étonnants édifices en pisé s'harmonisant parfaitement avec le paysage, que vivent les **Aït Bouguemez**.
Dans ce pays auquel on accède difficilement (d'abord en 4x4 par des pistes rocailleuses, puis à pied, allant de village en village, après avoir quitté Azilal et dépassé Aït Mohamed), ces montagnards, souvent isolés dès les premières neiges d'automne, vivent essentiellement d'agriculture et d'élevage. Dans les villages subsistent des greniers-forteresses et de vieilles demeures patriarcales en pisé, aux façades presque aveugles, et sommairement meublées, sur le seuil desquelles des enfants aux yeux rieurs, ou de vénérables vieillards à l'imposant turban accueillent les rares visiteurs d'un cordial sourire ou d'un mot de bienvenue.
Un peu de lecture... – On lira avec plaisir l'évocation du quotidien de ces villageois berbères dans deux ouvrages écrits et illustrés par Karin Huet et Titouan Lamazou, le fameux navigateur (*Un hiver berbère* et *Sous les toits de terre – Haut Atlas*), qui rapportèrent de leur séjour d'un an dans le Haut Atlas marocain de nombreux dessins, notes et croquis.

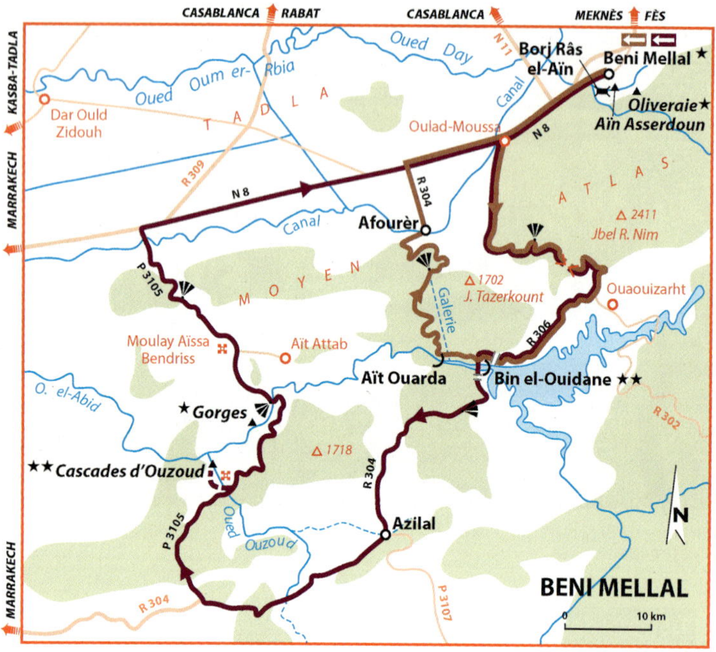

De retour à la source, prendre à droite.
On rentre dans Beni Mellal par la nouvelle médina, avant de déboucher sur la place de la Liberté, spacieuse et bordée d'arcades.

Entre lac et cascades CARTE DE RÉGION P. 297 ET CARTE CI-DESSUS

215 km. Circuit tracé en violet sur la carte ci-dessus. Compter une bonne journée (route parfois difficile, surtout en cas d'intempéries) et prévoir éventuellement un pique-nique (seule possibilité de restauration : à Bin el-Ouidane). Sortir de Beni Mellal par la N 8 en direction de Marrakech, et à Oulad-Moussa, prendre à gauche la R 306.
Celle-ci s'élève doucement en lacet, offrant dans sa partie en corniche des vues de plus en plus étendues sur la plaine du Tadla. Puis, dominée sur la gauche par le *jbel* R'Nim (2 411 m), elle franchit un petit col avant de s'enfoncer dans le Moyen Atlas. Peu après le col, on découvre les eaux étrangement bleues du lac artificiel de Bin el-Ouidane. Çà et là, des fermes fortifiées, à toit plat fait de terre et de branchages, et cantonnées de tourelles carrées, annoncent les *tirhermt* (greniers fortifiés) du Sud.

★★ Barrage et lac de Bin el-Ouidane

L'énorme barrage « voûte » a été construit sur l'oued el-Abid, en amont des très belles gorges que ce cours d'eau a creusées dans le Haut Atlas. D'une longueur de 285 m à la crête, épais de 28 m à la base et de 5 m au sommet, il présente une hauteur de 133 m.
L'immense lac de retenue (3 735 ha) s'inscrit dans un magnifique cadre de montagnes. Ses rives extrêmement sinueuses et en pente très douce, ses innombrables

petits îlots ou promontoires et un boisement intensif depuis la construction du barrage ont ôté à ce paysage une part de sa sévérité.
L'aménagement de l'oued el-Abid a permis de créer dans la plaine du Tadla un vaste réseau d'irrigation couvrant 100 000 ha sur la rive gauche de l'Oum er-Rbia. Cette région est devenue l'une des plus riches du pays grâce à un système d'assolement qui fait alterner, entre autres cultures, le blé et une variété de coton à longue fibre très appréciée.
À 4 km en aval, le barrage d'**Aït Ouarda** dérive, grâce à une galerie souterraine longue de 10,6 km percée sous le *jbel* Tazerkount, les eaux de décharge de l'usine hydro-électrique installée au pied du barrage. Celles-ci, après une dénivellation de 235 m, viennent alimenter l'usine d'Afourèr.
De la petite route qui s'embranche sur celle d'Afourèr et descend vers le pied du barrage, on a une très bonne vue sur l'énorme muraille barrant la cluse aux versants calcaires boisés.
La route franchit en crête le barrage et s'élève au-dessus du lac en de nombreux lacets – dans un paysage tourmenté et rude – offrant, sur plus de 6 km, des **vues★** de plus en plus larges sur l'immense étendue d'eau turquoise. Au loin se profile la chaîne du Haut Atlas, enneigée durant une grande partie de l'année. Après la traversée du plateau d'**Azilal**, on prend à droite la P 3105 qui, dans une région vallonnée et très verdoyante au printemps, conduit à la kasbah d'Ouzoud, toute proche des cascades.

★★ Cascades d'Ouzoud *(voir p. 321)*

Au cas où l'état de la route rendrait impossible la poursuite de l'itinéraire par les gorges de l'oued el-Abid, emprunter, après avoir visité les cascades, la variante de retour par Afourèr (voir ci-dessous). Sinon, poursuivre sur la P 3105 qui, au-delà du pont sur l'Ouzoud, est désormais goudronnée, même si les chutes de pierres rendent certains passages difficiles.

★ Gorges de l'oued el-Abid

Après avoir traversé un petit bassin cultivé et peuplé de pittoresques villages aux maisons ocre, on s'élève pour longer bientôt, de loin, l'oued el-Abid. Ce torrent actif, principal affluent de l'Oum er-Rbia, a creusé dans la partie occidentale du Moyen Atlas des gorges profondes de 400 à 600 m, dont la muraille se dresse sur la gauche, rouge et abrupte.
Puis l'étroite route goudronnée, tracée en corniche au-dessus des parois verticales, descend brusquement en des lacets impressionnants vers l'oued, qu'elle franchit sur un pont métallique d'où l'on peut voir l'entrée du canyon.
À Moulay Aïssa Bendriss, on laisse à droite la route qui conduit à Aït Attab.
La descente vers la N 8, qu'on prend à droite pour revenir à Beni Mellal, offre de larges vues sur la plaine du Tadla.

Variante de retour par Afourèr

Allongement de parcours de 32 km.
Après la visite des cascades d'Ouzoud, revenir à Bin el-Ouidane où, une fois franchi le barrage, on prend à gauche la route d'Afourèr. Celle-ci suit d'abord, dans un cadre très boisé, le cours de l'oued el-Abid, qu'elle domine. Après un parcours sinueux en montagne apparaît soudain la plaine du Tadla. La descente vers Afourèr dévoile une succession de **vues★** quasi aériennes sur cette vaste étendue, découpée par les cultures en une infinité de petites bandes où courent des canaux d'irrigation.
La N 8, à droite, ramène à Beni Mellal.

Kasba-Tadla

36 km au nord de Beni Mellal

Sur la rive droite de l'Oum er-Rbia, cette petite ville est une ancienne citadelle commandant la plaine du Tadla, important passage au pied de l'Atlas entre Marrakech et Fès ou Meknès. Kasba-Tadla fut, en 1913, le point de départ d'opérations menées par des troupes françaises contre les tribus montagnardes, tout aussi rebelles à une présence étrangère qu'à l'autorité du sultan.

D'importants travaux d'irrigation ont fait de la plaine du Tadla, brûlante en été, une riche région céréalière (*tadla* signifie « gerbe » en berbère).

★ La **kasbah**, édifiée par Moulay Ismaïl, est la plus importante des nombreuses forteresses que le sultan fit édifier à travers le nord du pays afin de tenir en respect les puissants Berbères **Sanhaja**. Exceptionnellement bien conservée, elle dresse au-dessus du cours sinueux de l'Oum er-Rbia ses murailles crénelées le long desquelles se pressent des bastions.

Non loin de là, sur la grande place du centre-ville, le **jardin public**, avec ses parterres chamarrés de fleurs et ses bosquets multicolores, où – au printemps – les bougainvillées, les géraniums, les capucines le disputent au vert tendre des palmiers pour offrir aux visiteurs un moment de fraîcheur, est une halte agréable dans une ville parfois étouffante.

Du côté opposé au fleuve, un joli minaret tapissé d'un réseau d'entrelacs domine l'enceinte de la kasbah.

Construit par Moulay Ismaïl, un pont franchit le fleuve de ses dix arches inégales. Jolie **vue★** sur la kasbah. On accède *(par un petit chemin qui s'embranche sur la route de Casablanca ; laisser la voiture à l'entrée du chemin)* à un point de vue qui se signale par quatre hauts piliers élevés à la mémoire des soldats français tombés entre 1912 et 1933 dans la région.

De là, vue d'ensemble sur la ville, la kasbah, et l'Oum er-Rbia élargi par le barrage de Kasba-Zidania ; de l'autre côté sur le Moyen Atlas, dont les sommets restent couverts de neige jusqu'en avril-mai.

Carnet pratique

S'informer

Délégation provinciale du tourisme – *Av. Hassan II - immeuble Chichaoui - ✆ 05 23 48 78 29.*

Adresse utile

Argent – Banques et distributeurs automatiques sur l'avenue principale de Beni Mellal, l'avenue Mohammed V.

Nos adresses

Hébergement/ Restauration

À Beni Mellal

Budget moyen, 400 à 700 DH

Hôtel Al-Bassatine – *À la sortie de la ville en direction de Casablanca (route portant l'indication de Fqih Ben Salah), juste après avoir franchi la route de Fès à Marrakech - ✆ 05 23 48 22 47 - www.hotel-albassatine.com - 90 ch. - à partir de 420 DH -* Il dispose de chambres simples donnant sur la verdure, en face d'une oliveraie. Restaurant convenable (sans alcool) et piscine appréciable lors des grandes chaleurs.

À Afourèr

Pour se faire plaisir, 700 à 1 200 DH

Hôtel Chems le Tazarkount – *À l'entrée d'Afourèr en arrivant de Beni Mellal - ✆ 05 23 44 01 01 - www.hoteltazarkount.com - 135 ch. - à partir de 640 DH -* Cet établissement a pour atout la proximité du lac et des cascades. De plus, il propose de nombreux services en dehors des deux piscines (dont une chauffée) : hammam, salle de gym., parcours de jogging tracés dans un jardin luxuriant, terrain de tennis... Excursions, parties de chasse et de pêche et randonnées pédestres et à VTT.

À Bin el-Ouidane

Pour se faire plaisir, 700 à 1 200 DH

Hôtel Bin el-Ouidane – *Sur la rive nord du lac - ✆ 05 23 44 26 00 - www.hotelbinelouidane.com - 29 ch. - 880 DH -* Ce complexe touristique avec piscine propose des chambres et des appartements confortables avec une belle vue sur le lac. Nombreuses activités et excursions.

Shopping

Souk – *Mar.*

Activités

Pêche dans le lac de Bin el-Ouidane ou dans la retenue. Parties de chasse et de pêche pour les clients de l'hôtel Tazarkount d'Afourèr.

Route du Tizi-n-Test

★★★

Que l'on vienne d'Agadir ou de Marrakech, monter au Tizi-n-Test, c'est quitter les plaines sèches et surchauffées pour aborder la haute montagne, avec son air vif, ses eaux limpides, une végétation plus dense et plus variée. La route du col du Test est, avec celles du Tizi-n-Tichka et de la vallée du Ziz, l'une des trois grandes voies traditionnelles de pénétration vers le Sud marocain; elle escalade le Haut Atlas et fait communiquer le Souss (au sud) et le Haouz (au nord), en utilisant notamment la haute vallée de l'oued Nfiss. Passage difficile que les populations montagnardes pouvaient aisément verrouiller, la route du Tizi-n-Test a joué un rôle important dans l'histoire du Maroc.

Se repérer

18 674 habitants

CARTE P. 296 (A2) – *carte Michelin 742, plis 4, 33 et 50* – Cette route – qui comporte des passages particulièrement étroits et difficiles, notamment dans l'ascension et la descente du col – culmine à une altitude de 2 092 m et traverse des paysages fabuleux.

À ne pas manquer

Les panoramas depuis la route qui franchit le col du Tizi-n-Test; la mosquée de Tinmel. Les plus courageux accèderont au sommet du Toubkal pour admirer le panorama vertigineux qui s'étend jusqu'à Marrakech.

Organiser son temps

Passez au moins une nuit sur la route du Tizi-n-Test, aussi bien pour la beauté du site que pour la qualité des hébergements. Quelques heures suffiront pour sillonner Asni et ses environs en voiture. Compter deux jours de plus si vous tentez l'ascension du Toubkal.

En famille

Une randonnée à dos de mulet.
Une excursion à dos d'âne dans les environs d'Imlil.

Carnet pratique p. 353

Nos adresses p. 354

Route du col Tizi-n-Test, entre Marrakech et Taroudant.
T. Dressler/imageBROKER/age fotostock

Circuit conseillé

CARTE DE RÉGION P. 296

De Marrakech à Taroudant

264 km - compter la journée - voir recommandations dans le carnet pratique en fin de chapitre. Itinéraire tracé en gris sur la carte p. 351.
Sortir de Marrakech par la R 203 vers le sud.

Tahanaoute

Ce typique village berbère s'étage au flanc de la vallée du Reraïa, en bordure de la zone fertile du *dir*.

Gorges de Moulay Brahim

La route pénètre dans les gorges creusées par l'*asif* Reraïa dans les schistes noirs qui lui barrent l'entrée de la plaine du Haouz.
Abrupt et sauvage, ce défilé, que la route franchit par une corniche sinueuse, doit son nom à un gros village groupé autour de la *zaouïa* de Moulay Brahim.
Un kilomètre avant Asni, prendre à droite la route de Moulay Brahim.
Zaouïa de Moulay Brahim – Le tombeau du saint est le but de nombreux pèlerinages, en particulier de femmes aspirant à la maternité. En poursuivant 200 m environ au-delà du village, sur la piste d'Aguergour, jusqu'à l'éperon rocheux qui domine la vallée, belle **vue★** sur l'*asif* Reraïa, l'entrée des gorges de Moulay Brahim et, au loin, sur le *jbel* Toubkal.
Revenir sur la route d'Asni.

Asni et ses environs B2

Cette bourgade du Haut Atlas occupe un joli **site★** à proximité du *jbel* Toubkal, qui ferme l'horizon au sud. Deux rivières se réunissent non loin de là pour former l'*asif* Reraïa, dont la large vallée est cultivée et plantée d'oliviers. Au-dessus de

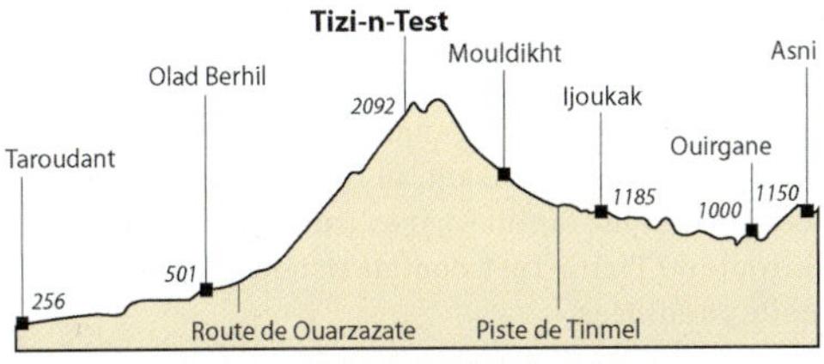

Ascension du Toubkal

Meilleure saison : fin juin-sept. Bivouac sauvage interdit dans le parc national. Pas de difficultés particulières. Il faut cependant être prêt pour un dénivelé de 2400 m entre Imlil et le sommet, et pour une longue descente – c'est la partie la plus difficile – de 11h. L'expédition nécessite deux journées, la première depuis Imlil (ou Armed que l'on peut rejoindre en taxi ce qui économise une heure de marche) jusqu'au refuge du Toubkal ou celui des Mouflons *(voir « Nos adresses »)* où l'on passe la nuit. De là, 5h de marche conduisent au sommet avant d'entreprendre la longue descente de retour vers Imlil.
Quelques impératifs : être en bonne condition physique et s'équiper de façon appropriée : chaussures de marche et chaussettes, lainage, vêtement imperméable, lampe torche ou frontale (l'ascension du gîte au sommet débute avant le lever du soleil), provisions (biscuits, barres énergétiques, fruits secs...), gourde, serviette de toilette, papier hygiénique. Depuis 2018, il est interdit de gravir le Toubkal sans être accompagné d'un **guide agréé**, titulaire d'une carte professionnelle. Avant donc votre expédition, vous devrez réserver les services d'un guide *(voir « Carnet pratique »)* et votre nuitée dans l'un des gîtes (où vous pourrez prendre petit-déjeuner et dîner).

la rivière, un pittoresque village berbère s'étage au pied d'une kasbah rouge, qui commandait le val d'Asni. Un grand **marché** se tient le samedi, en plein centre-ville. Vous y côtoierez la foule des paysans descendus des montagnes, mais quasiment pas de femmes.

Écomusée du Toubkal – *Tamadout, 5 km au sud d'Asni en dir. d'Imlil - 10h-17h.* Si la visite de l'institution est réservée pour l'heure aux groupes scolaires, le bâtiment est le point de départ d'une jolie randonnée en boucle de 6 km sur un sentier aménagé accessible à tous. Une belle façon de découvrir la forêt de montagne.

Imlil B2 – *À 17 km au sud d'Asni (route goudronnée avec quelques nids-de-poule isolés).* Dominant l'*asif* Reraïa puis l'*asif* n'Aït-Mizane, les cultures maraîchères, les oliviers et de grands noyers soulignent l'occupation humaine. Puis la vallée se rétrécit et devient plus sauvage tandis qu'on approche du hameau d'**Imlil**, fief des randonneurs, à 1740 m d'altitude, au pied du Toubkal. Pour ceux qui ne veulent pas marcher, une route asphaltée grimpe jusqu'au village berbère de **Tacheddirt** *(15 km à l'est d'Imlil)* en sillonnant des **reliefs★★** exceptionnels, auxquels s'accrochent villages et cultures en terrasse.

★★ **Autour du jbel Toubkal** B2 – À 4167 m d'altitude, le point culminant de l'Afrique du Nord est le plus haut sommet d'un massif qui ne s'abaisse jamais au-dessous de 3000 m. Il est constitué par des roches granitiques sombres, sans végétation

Un fief goundafa

Dans les siècles qui suivirent, les sultans eurent toujours beaucoup de peine à affirmer leur autorité sur la route du Tizi-n-Test. Ici comme en d'autres régions du Sud marocain l'anarchie des tribus berbères se retourna finalement contre elles en favorisant, au 19e s., l'ascension des **Goundafa**. Vers 1912, cette puissante famille, par ailleurs implantée dans le Souss, contrôlait la route du Tizi-n-Test, comme en témoignent les nombreuses kasbahs qu'elle y a édifiées.

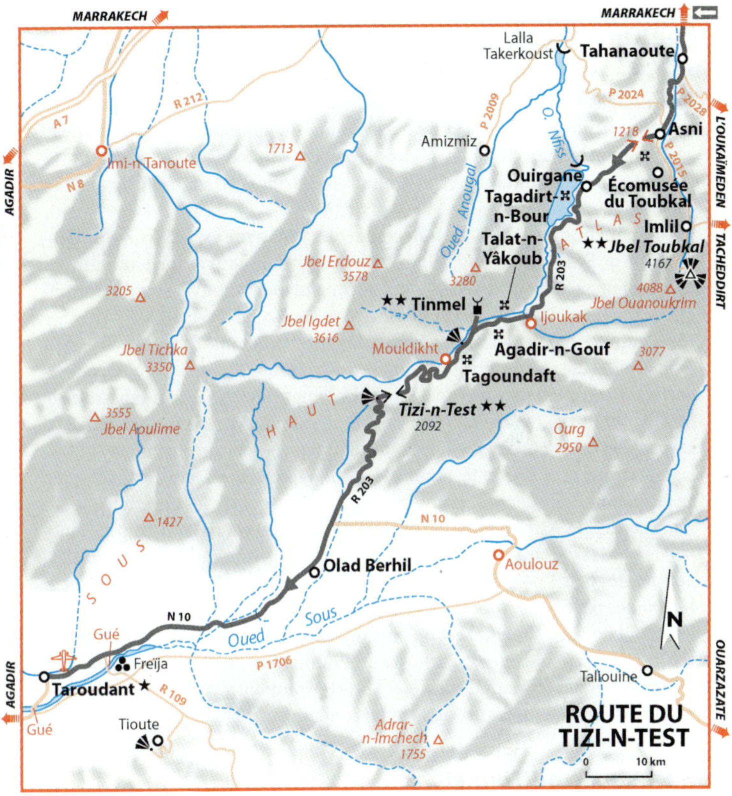

ni glacier : seuls quelques névés subsistent dans les replis. La rudesse de ses grandes murailles est impressionnante.

Ouirgane A2

D'Asni, reprendre la R 203.

À 1000 m d'altitude, le bassin d'Ouirgane se caractérise par un **paysage**★ quasi alpestre dans lequel sont exploités des gisements de sel. Cette localité noyée dans la verdure est un lieu de délassement agréable et frais, fréquenté par les habitants de Marrakech en quête de calme. Le barrage Yacoub Mansour mis en service en 2009 n'est pas venu perturber la quiétude des lieux. Située à 60 km seulement de Marrakech, cette halte est aussi le point de départ de nombreuses excursions à pied, à dos de mulet ou à cheval au cœur des montagnes berbères et de leurs pittoresques villages.

À la sortie d'Ouirgane, un passage encaissé, dominé à droite par **Tagadirt-n-Bour**, une position fortifiée des Goundafa. La route suit la vallée du Nfiss.

Un peu avant Tinmel, à la sortie de la cuvette d'Ijoukak, des kasbahs attirent l'attention : , à droite, au bord de l'oued Nfiss, **Talat-n-Yâkoub**, à gauche, sur un piton, **Agadir-n-Gouf**.

5 km après Talat-n-Yâkoub, prendre à droite une piste qui franchit l'oued Nfiss sur un pont et remonte à travers les vergers (mosquée de Tinmel à 800 m de la route principale).

5

Ibn Toumert, théologien et homme de guerre

Mohammed ibn Toumert est né vers 1080, dans la tribu berbère des Masmoudas établie dans le sud du Maroc actuel. Vers l'âge de 18 ans, il entreprend un long périple à travers le monde musulman à la rencontre des sages de son temps : on le voit à Cordoue, en Égypte, à Bagdad... Lorsqu'il revient dans ses montagnes, Ibn Toumert est armé d'un solide bagage théologique.

Un dieu inconnaissable – Le fondement de sa doctrine est l'affirmation de l'unicité de Dieu – le tawhid. Allah est inconcevable pour l'esprit humain. Il est dépourvu de tout attribut, contrairement à certains versets du Coran qui évoquent son visage, ses mains, le trône sur lequel il est assis. Pour Ibn Toumert, ces versets doivent être interprétés comme des allégories et c'est de sa seule raison, en observant la création, que l'homme acquiert la certitude de l'existence de Dieu. Paradoxalement, cette doctrine abstraite et intellectuelle trouve un écho dans le milieu rustique de sa tribu d'origine.

Le prophète des Berbères – C'est que l'homme possède un charisme exceptionnel et se présente comme le *Mahdi*, l'envoyé de Dieu. Le théologien se fait homme de guerre et proclame le jihad. Non contre les chrétiens, mais contre les Almoravides qui règnent à Marrakech. Ils sont notamment accusés de se détourner du Coran dont ils privilégient une lecture littérale au bénéfice d'une pensée tout entière tournée vers les débats juridiques. À la tête de ses partisans, appelés les Almohades – les Unitaires –, il se lance à l'assaut de Marrakech. C'est un cuisant échec et les rebelles doivent se replier dans les solitudes grandioses de Tinmel. Ibn Toumert y meurt en 1130. C'est à son plus fidèle disciple, **Abd el-Moumen**, qu'il reviendra de prendre Marrakech en 1147 et de fonder l'empire almohade.

★★ Mosquée de Tinmel A3

Visite accompagnée par le gardien - pourboire conseillé.

Pour honorer Ibn Toumert, enterré à Tinmel, Abd el-Moumen fit élever ce sanctuaire en 1153. Contrairement à la Koutoubia de Marrakech, qui lui est contemporaine, la mosquée de Tinmel, délaissée après la chute des Almohades, était tombée en ruine. De la prestigieuse mosquée de jadis, il ne restait que le grand mur d'enceinte, le minaret, la nef de la *qibla* et quelques pans de murs intérieurs. Sous l'impulsion du ministère des Affaires culturelles et de la Fondation ONA, d'importants travaux de restauration ont été réalisés pour rendre toute sa noblesse à la mosquée.

Sa salle, originellement couverte d'un toit en bois de cèdre, est distribuée en neuf nefs de cinq travées, perpendiculaires au mur de la qibla dans lequel se loge un admirable **mihrab★**. Trois travées sont coiffées de coupoles à stalactites, qui sont considérées comme les plus parfaites du genre au Maroc. Sur la chambre du mihrab – fait exceptionnel – se dressait un minaret rectangulaire, semblable à la Koutoubia ; il n'en subsiste que la base, visible de l'extérieur. Les arcs-lobés, polylobés ou à lambrequins – soulignent la pureté toute classique des arcades, la fermeté de leurs lignes et l'élégante sobriété du décor de stuc.

Reprendre la R 203. Le trajet offre un splendide panorama sur l'étroite vallée de l'oued Nfiss. Petits champs en terrasses, vergers d'amandiers et d'oliviers entourent les villages.

Tagoundaft A3

À un détour de la route, apparaît la **kasbah** de Tagoundaft, véritable nid d'aigle perché sur un promontoire dominant la route, sur la gauche, de plus de 100 m.

Mosquée de Tinmel.
DorSteffen/iStock

Construite vers 1865, cette redoutable forteresse aujourd'hui abandonnée a gardé très noble allure dans son cadre sauvage.

★★ Tizi-n-Test A3

Après une série de virages vertigineux, on arrive au col qui offre un **point de vue★★** impressionnant : le scintillement des pentes enneigées du jbel Toubkal d'un côté, la grande plaine du Souss de l'autre, comme effondrée plus de 2000 m plus bas, et limitée à l'horizon par l'Anti-Atlas.

Les flancs des montagnes les plus proches présentent un contraste remarquable de couleurs – tantôt rouges ou mauves, tantôt vert amande, suivant la nature de la roche.

La première partie de la descente est impressionnante. Quelques cafés permettent une halte au milieu de ces longs lacets. La route descend ensuite tranquillement et la végétation évolue des chênes verts du sommet aux arganiers du Souss, en passant par les palmiers nains, les lauriers-roses et les immenses genêts.

Arrivé sur la N 10 (à 36 km du col), tourner à droite pour Taroudant (52 km).

La route est encadrée par le Haut Atlas à droite et l'Anti-Atlas à gauche. Après le village d'**Olad Berhil,** sur la gauche, s'épanouissent de riches plantations d'orangers et de citronniers bordées d'eucalyptus. *Poursuivre jusqu'à Taroudant.*

Carnet pratique

Informations utiles

www.parc-national-toubkal.ma - Le site officiel du parc avec toutes les informations mises à jour.

Bureau des guides – *Imlil - ℘05 24 48 56 26 - www.bureaudesguidesimlil.com.* Pour réserver votre guide *(500 DH)* avant l'ascension. Le bureau propose également des treks de 2 à 5 jours. Comptez environ 70 €/j./pers. avec guide, hébergement et repas.

Indications routières – Si le ciel est couvert, repoussez d'un jour votre déplacement : le sommet risque d'être couvert d'une brume épaisse. Par ailleurs, la route est étroite, la chaussée parfois en mauvais état (trous et cailloux), sans accotements stabilisés, et plutôt vertigineuse (dans l'ascension et la descente du Tizi-n-Test) : conduisez donc prudemment, n'hésitez pas à klaxonner à l'abord des virages et gardez votre sang-froid si d'aventure un grand taxi débouche devant vous, roulant au centre de la route à tombeau ouvert et sans avoir jugé bon de signaler son arrivée!

De la région d'Asni à l'Oukaïmeden –On peut rejoindre la vallée de l'Ourika en empruntant au nord de Tahanaoute, la route qui conduit à Tnine Ourika. De là, vous pourrez rejoindre l'Oukaïmeden vers le sud, en suivant la direction d'Aghbalou.

Nos adresses

Restauration

À Asni

Plusieurs échoppes bordent la route qui traverse le centre d'Asni. On y sert quelques bons tajines et brochettes à des prix imbattables. Pour plus de choix, vous devrez prolonger votre route de quelques kilomètres en direction d'Ouirgane.

Shopping

Souks – *Le sam. à Asni, le mar. à Tahanaoute, le jeu. à Ouirgane.* Très animés.

Activités

SPA de La Roseraie – *Ouirgane - voir « Hébergement » - ✆ 05 24 48 43 88.* Hammam, massages aux huiles essentielles concoctées à partir des plantes cultivées sur le domaine, soins du visage, jacuzzi, et séjours bien-être (yoga, cures détox, etc.). Centre ouvert aux résidents comme aux visiteurs de passage. Service de navette avec l'aéroport de Marrakech assuré pour les clients de l'hôtel.

Hébergement

Adresses de logements dans la région de l'**Oukaïmeden** et dans la **vallée de l'Ourika**, *voir p. 340-341.*

À Ouirgane

Pour se faire plaisir, 700 à 1 200 DH

Chez Momo II – *Au centre de Ouirgane, suivre le panneau et emprunter une piste sur 200 m - ✆ 05 24 48 57 04 - www.aubergemomo.com - 7 ch. et suites -750/910 DH - 980/1190 DH en 1/2P - - réserver pls jours à l'avance, surtout à partir d'avril.* Momo, un enfant du pays, a bâti pierre par pierre cette auberge de charme au pied des montagnes du Haut Atlas. Les chambres, élégamment décorées entre style marocain et occidental, s'ouvrent sur un jardin fleuri, où des transats sont disposés pour admirer la vue exceptionnelle sur les montagnes. Le restaurant propose une cuisine honnête, préparée à partir des produits de la région.

Une folie, plus de 1 200 DH

La Roseraie – *✆ 05 24 48 43 88 - https://laroseraiesparetreat.com - 43 ch. et suites - à partir de 1350 DH - .* Cet hôtel de luxe a été aménagé dans une magnifique plantation de rosiers par un ancien gérant du célèbre hôtel La Mamounia de Marrakech. Les chambres sont aménagées dans des pavillons disposant chacun d'une petite terrasse privée et les hôtes peuvent, à leur guise, flâner ou lire dans le jardin, autour de la piscine, participer à des randonnées à cheval ou à pied ou se rendre au SPA dépendant de l'hôtel.

Entre Asni et Ouirgane

Pour se faire plaisir, 700 à 1 200 DH

Ksar Shama – *À Marigha, entre Asni et Ouirgane - ✆ 06 61 24 02 70 - www.ksarshama.com - P - 17 ch. et 3 suites - 550/1 290 DH selon la catégorie* - ✕. Ce sont surtout le cadre (joli jardin) et la situation qui retiendront l'attention. Un rapport qualité/prix intéressant pour des chambres correctes et décorées dans le style traditionnel marocain.

Une folie, plus de 1 200 DH

Domaine Malika – *Avant Ouirgane, dans le Douar de Maghira, tourner à droite en direction de Amizmiz. Le Domaine Malika se situe 500 m à gauche - ✆ 05 24 48 59 21 - www. domainemalika.com - P - 8 ch. et suites - à partir de 1 360 DH - enf. de moins de 12 ans non acceptés* - ✕. Une maison d'hôtes qui mérite la mention « parfait ». Le domaine (terrasses, jardin, potager...) est superbe, l'accueil attentionné et le cadre magique. Chambres cosy, agencées pour faire de votre séjour un véritable moment de détente. Le restaurant sert une cuisine savoureuse, à base de produits maison. Possibilité d'excursions pédestres, équestres ou muletières.

À Imlil

Refuges

Refuge de Toubkal - *www. refugedetoubkal.com - 80 lits en dortoirs - lit 185 DH (210 DH de nov. à avril) - 32 DH, dîner 76 DH.* Le refuge historique, construit en 1938 et géré par le Club Alpin Français.

Refuge les Mouflons - *✆ 05 24 44 97 67 (réserv.) - www. refugetoubkal.com -180 lits - ch. double 960 DH en 1/2P, lit en dortoir 280 DH en 1/2P.* Cette structure moderne dispose d'une boutique (eau minérale, biscuits, fromage...).

Premier prix, moins de 400 DH

Dar Ait Souka – *✆ 06 68 04 53 10 - www.dar-aitsouka.com - - 3 ch. - 160/260 DH , lit en dortoir 80 DH - ✕ repas 40 DH.* Nichée dans les hauteurs, cette maison d'hôtes bon marché séduira aussi bien les randonneurs que ceux en quête d'authenticité. Les chambres, très simples, sont propres et calmes, certaines avec salle de bains privée. Depuis la terrasse, vue imprenable sur la vallée. Cuisine du terroir, copieuse et savoureuse. Le patron organise des excursions à la demande.

Riad Atlas Toubkal – *✆ 06 61 95 26 19 - www.atlastoubkal.com - - 6 ch. - à partir de 300 DH .* Cette maison, accessible par un sentier, se niche dans les hauteurs. Le personnel se charge d'acheminer les bagages dans des chambres petites mais agréables, meublées dans l'esprit marocain. La salle du petit-déjeuner offre une vue panoramique saisissante sur le décor montagneux alentour.

Une folie, plus de 1 200 DH

Riad Dar Imlil – *✆ 05 24 48 49 17 - www.darimlil.com - - 11 ch.* - à partir de 1 275 DH 153 DH- ✕. Tout est prévu pour le bien-être des hôtes. Chambres spacieuses et décorées avec de goût. Le plus : une terrasse panoramique, très agréable pour se prélasser ou prendre ses repas.

La Kasbah du Toubkal – *Asni - ✆ 05 24 48 56 11 - www. kasbahdutoubkal.com - 17 ch. - 2 000/3 000 DH selon la catégorie.* Au pied du Toubkal, l'ancienne résidence d'été d'un caïd, à 1800 m d'altitude, propose des chambres, suites et appartements aménagés dans une kasbah restaurée avec la participation des habitants.

5

Route du Tizi-n-Tichka ★★★

Réplique du Tizi-n-Test mais en direction du sud-est, le col du Tichka perce le Haut Atlas au début de sa partie centrale, faisant communiquer Marrakech avec la grande dépression sud-atlasique et les percées sahariennes, par l'intermédiaire du carrefour de Ouarzazate. Le contraste est flagrant entre la pente raide, relativement arrosée, du versant nord de l'Atlas et la face sud, qui s'enfouit sous des plateaux arides descendant en douceur vers le Dadès et le Drâa.

Se repérer

CARTE P. 296 (B2) – *carte Michelin 742, plis 5, 34 et 52* – La route nationale N 9 relie Marrakech à Ouarzazate en 253 km par le col du Tizi-n-Tichka. Elle est en très état. Heureusement, car cette route, ouverte en 1936, ne compte, affirme- t-on, pas moins de 803 virages en épingle à cheveux…

À ne pas manquer

Le col du Tizi-n-Tichka, d'où l'on peut admirer le mont Toubkal ; le village d'Aït Benhaddou, et la vallée de l'Ounila.

Organiser son temps

Compter idéalement deux journées avec plusieurs haltes sur la route pour admirer les paysages, visiter Aït Benhaddou et parcourir la vallée de l'Ounila, plus typique et moins fréquentée, que l'itinéraire principal.

En famille

Une visite du ksar d'Aït Benhaddou à dos d'âne.

Carnet pratique p. 361

Nos adresses p. 361

Circuit conseillé

CARTE P. 359

★★★ De Marrakech à Ouarzazate

253 km – prévoir une journée. Itinéraire tracé en orange sur la carte p. 359 et sur la carte de région p. 296.

Après avoir quitté Marrakech par le sud-est, à la limite du *dir* et de la plaine du Haouz, on aperçoit les hautes murailles crénelées de la **kasbah** d'**Aït Ourir** pointer au-dessus des oliviers. On quitte alors l'oued Zate pour Rdat, avant d'atteindre le col d'Aït Imguer. Taddert se profile au loin, à travers la pinède.

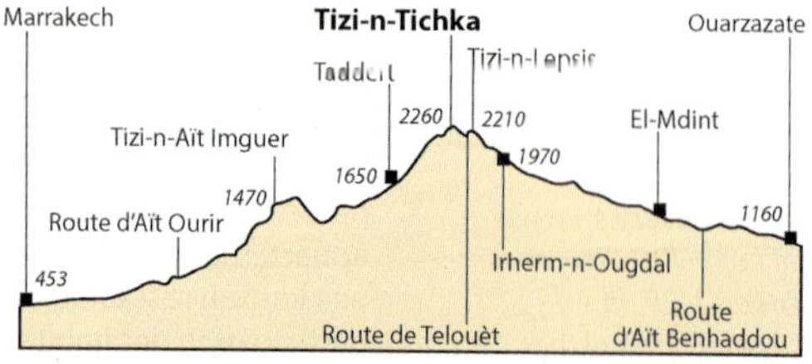

Le Haut Atlas vu de la route du Tizi-n-Tichka.
J. Hiltmann/imageBROKER/age fotostock

Taddert

Ce village alpestre entouré de gros noyers est envahi par les marchands de pierres de la montagne. De grands étals proposent améthystes, lapis-lazuli, agates, manganèse, pyrite de cuivre, etc.
On remarque un grand nombre de villages montagnards caractéristiques du versant nord de l'Atlas : petites maisons de pierre empilées au flanc de la montagne comme des alvéoles, toits plats de terre battue reposant sur rondins et branchages ; au-dessus, les champs d'orge, de blé dur, de maïs, cultivés en terrasses. Au début de l'été, les taches d'or des gerbes de blé mises à sécher sur les toits ou sur des aires de battage contrastent avec la couleur ocre des murs. Des flancs de la montagne dévalent des massifs de lauriers-roses nichés dans les anfractuosités de la roche, révélant la présence, le plus souvent virtuelle, de cascades. Parfois se dresse une sévère kasbah, comme à **Had Zerkten** ou à **Arhbalou** (en contrebas à droite).

Tizi-n-Tichka

La route serpente ensuite jusqu'au col du Tichka (*tichka* veut dire « prairie d'altitude »), qui, à 2260 m d'altitude, est le plus haut col routier du Maroc, toujours balayé par un vent violent. Paysage dénudé de pierre sombre ; **vues★** sur les hauts sommets du *jbel* Bou Ourioul et du *jbel* Tistouit.
Peu après le col du Tichka, tourner à gauche vers Telouèt.

★★ Telouèt

Le village et la **kasbah★** de Telouèt s'étalent sur un plateau au flanc sud du col du même nom. Avant la construction de la route du Tizi-n-Tichka, c'est par le Tizi-n-Telouèt que passaient nécessairement les caravanes allant de Marrakech à Ouarzazate : d'où l'importance de cette position tenue un siècle durant par la famille du Glaoui. La petite kasbah primitive s'était agrandie au cours des ans pour devenir l'ensemble impressionnant qu'on peut voir aujourd'hui, tout à la fois forteresse, château et caravansérail où les éléments urbains le disputent à la tradition berbère.

On pénètre par une porte voûtée dans une cour où on laisse la voiture. Un gardien accompagne le visiteur (entrée 20 DH - pourboire en sus).

C'est la partie de style citadin qu'on visite, celle qui abritait les fastueux **appartements★** familiaux. La salle de réception donne sur la campagne par de belles fenêtres grillagées. Un décor somptueux de stucs et de zelliges tapisse entièrement les murs et le sol ; remarquez la magnifique coupole de cèdre peint qui occupe la partie centrale du palais, les grandes portes peintes aux serrures en argent ciselé. On peut monter à la terrasse, d'où l'on a une **vue** agréable sur la campagne étonnamment verte qui avoisine le village et sur les hautes cimes qui cernent le plateau.

De Telouèt, deux itinéraires sont possibles : poursuivre par la vallée de l'Ounila, moins fréquentée et plus sauvage, ou reprendre la route classique du Tizi-n-Tichka.

★★ De Telouèt à Aït Benhaddou par la vallée de l'Ounila

Une route asphaltée permet de sillonner cette gorge verdoyante, parcourue par l'oued Lounil. Parsemée de **villages-kasbahs** et de cultures en terrasses, elle s'étire sur une quarantaine de kilomètres. Le contraste de la terre ocre, de la roche et des plantations verdoyantes forme des paysages fabuleux, notamment du côté d'**Anemitèr** où Majorelle venait trouver son inspiration. Ighounane conserve des moulins à eau, alimentés par le canal d'irrigation. **Assaka** (on aperçoit dans la

La tribu des Glaoua

Une double transhumance anime le pays : celle des troupeaux fuyant vers le Haouz la rigueur des hivers montagnards, celle du bétail de plaine montant l'été profiter des prairies d'altitude. Un peuplement assez dense de cultivateurs utilise la moindre parcelle de bonne terre au niveau des sources ou dans le fond des vallées : beaucoup sont des **Glaoua**.

L'ascension d'une famille – Depuis longtemps, la tribu des Glaoua occupait, sur le versant nord de l'Atlas, la région qui, du *jbel* Bou Ourioul au plateau de Telouèt, descend vers la plaine de Marrakech par les hautes vallées du Zate et du Rdat. Au milieu du 19ᵉ s., ces montagnards berbères tombent sous la coupe du cheikh El-Mezouari. Le sultan confirme son pouvoir en lui accordant le titre de caïd de tous les Glaoua : c'est le point de départ d'une formidable puissance féodale. Une cinquantaine d'années suffisent au caïd puis à ses fils pour étendre leur autorité sur une bonne partie du Sud marocain, se faire craindre du sultan et obliger les Français à passer par leur collaboration. On ne compte plus les kasbahs qu'ils ont conquises ou édifiées de Demnate à Tinerhir, de Ouarzazate à Zagora.

Si Thami el-Glaoui – Le plus connu de cette puissante famille est Si Thami el-Glaoui, pacha de Marrakech – hors une brève interruption – de 1908 à 1956. Homme de poudre hardi au combat, ami de la France mais aussi et surtout de ses propres intérêts, il ne se contente pas de régner sur 600 000 âmes ; par ses propriétés et ses participations dans les mines et les transports, il édifie une fortune colossale ; il prend une part active à la politique du pays, soutenant ou accablant tour à tour les sultans, reçoit dans son palais de Marrakech ou à Telouèt les plus hautes personnalités du monde politique ou littéraire, et joue un rôle capital dans les dernières années du protectorat. Déchu au retour d'exil du roi Mohammed V, qu'il avait trahi, il meurt quelques mois plus tard.

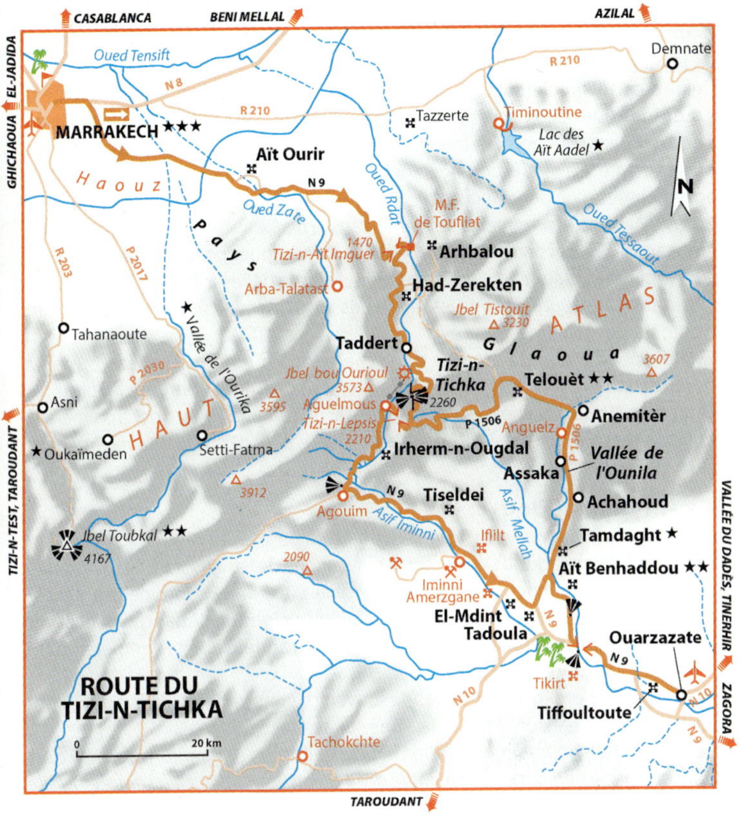

falaise les anciennes habitations semi-troglodytiques) et **Achahoud** témoignent, par leur emplacement et leur architecture, du rôle politique joué par ces villages-forteresses à l'époque où les caravanes empruntaient cet axe.

À **Tamdaght**★ se dresse une belle kasbah hélas en partie ruinée. Construite avant l'arrivée des Glaoua dans la région, elle possédait neuf tours dont cinq subsistent aujourd'hui pour le plus grand profit des cigognes.

★ De Telouèt à Aït Benhaddou par la N 1

Reprendre la route vers le col du Tichka et bifurquer à gauche vers Irherm-n-Ougdal.

Une route goudronnée mène à travers un pays sauvage, piqueté seulement de chênes verts et de genévriers.

Irherm-n-Ougdal – À 1970 m d'altitude, Irherm-n-Ougdal est un village typique du Haut Atlas, avec ses maisons basses, comme écrasées sur les pentes rouges de la montagne. Un **grenier-forteresse**★ le domine.

Arrêter la voiture à la sortie du village et prendre un sentier à gauche en montée (accès signalisé – le grenier-forteresse est en principe ouvert, bien qu'en réalité ce soit beaucoup plus aléatoire. Rémunération au gardien).

Les greniers-forteresses, appelés **irherm**, **tirhermt** ou **agadir** suivant la région, sont de puissantes bâtisses de pierre ou de pisé défendues par des murs épais et des tours d'angle. Autour d'une étroite cour centrale, plusieurs étages de cellules permettent à chaque famille du village d'entreposer son grain et de bénéficier de la surveillance collective.

Celui-ci est un grenier tout simple et de dimensions modestes ; le soubassement est de pierre, le reste du bâtiment est en pisé rouge. Il est encore en usage et l'on peut voir dans la pénombre intérieure les cases familiales (84 en tout), dont les portes peintes de motifs berbères sont fermées par de curieuses serrures de bois agrémentées d'un décor incisé.

Sortir du village et amorcer la descente dans la plaine.

Juste avant d'entrer dans le village d'Agouim, ne manquez pas la large **vue**, à droite, sur les plus hauts sommets de l'Atlas. Puis, entre la belle kasbah de **Tiseldei** et le ksar d'Iflilt, une route, à droite, assure la desserte des mines de l'Imini, important gisement de manganèse.

El-Mdint – Ce village se détache sur la chaîne du Haut Atlas. Arrêtez-vous près de la **kasbah★** rose, dont les tours très finement ouvragées bordent la route.

On aperçoit un peu plus loin le pittoresque ksar de **Tadoula** au bord de sa palmeraie.

Poursuivre la N 9 ; environ 3 km après l'embranchement de la N 10, tourner à gauche vers Aït Benhaddou.

★★ Aït Benhaddou

Laisser la voiture sur le vaste terre-plein au pied du village.

Le ksar d'Aït Benhaddou s'étage sur la rive gauche de l'*asif* Mellah, au flanc d'une colline dominée par des fortifications en ruine. C'est un extraordinaire entassement de constructions en pisé brun-rouge ; les neiges de l'Atlas qui étincellent au loin une grande partie de l'année accusent l'étrangeté du site, tempéré seulement par la verdure de l'oued.

Par une ruelle bordée de boutiques de souvenirs, vous gagnerez la rive de l'oued ; lorsqu'il y a de l'eau, on le traverse à gué sur des sacs de sable.

Le ksar – *10 DH pour la conservation et la restauration du ksar (on ne sait si c'est officiel mais la personne réclamant le droit d'entrée est placée à l'entrée du site et il est impossible de lui échapper) - négocier 20 DH pour une visite guidée.* Un grand classique du tourisme marocain qui a servi de plateau de tournage à de nombreuses productions depuis *Lawrence d'Arabie* en 1962 à la saison 3 de *Game of Thrones* en 2013. On tombe immédiatement sous le charme du **site** et l'harmonie de l'étagement des kasbahs empilées sur une colline, dont les murailles de couleur ocre semblent émerger naturellement de la terre dont elles sont bâties. Le ksar est un dédale de ruelles entre de hauts murs, des terrasses étagées, de belles tours décorées de motifs géométriques aux infinies variations. On peut monter jusqu'à l'ancienne kasbah au donjon ruiné, qui domine l'empilement des terrasses hérissées de tours crénelées.

Inscrit depuis 1987 sur la liste du Patrimoine mondial de l'Unesco, et faisant partie du programme de mise en valeur et de conservation du patrimoine culturel national élaboré par le centre de réhabilitation des kasbahs à Ouarzazate, le ksar d'Aït Benhaddou a fait l'objet d'importants travaux (renforcement des murailles menacées d'effondrement, réfection des ruelles, restauration de l'ancienne mosquée et protection des terres agricoles alentour).

On quitte Aït Benhaddou en prenant la direction de Ouarzazate.

Au franchissement d'un petit col, **point de vue** à droite sur l'oasis et les ksour de Tikirt, au confluent des *asifs* Mellah et Imini ; au fond, la masse volcanique du Siroua.

Après le gué sur l'*asif* Mellah, prenez à gauche pour retrouver la route principale.

On aborde alors la *khéla*, épaisse frange de plateaux arides souvent présente sur le flanc méridional de l'Atlas. On laisse, quelques kilomètres plus loin sur la droite, la route de **Tiffoultoute** *(voir p. 371)*.

Ait Benhaddou.
ugurhan/iStock

Carnet pratique

Informations utiles

Essence – Faites le plein d'essence en partant de Marrakech, car la seule station-service est située au carrefour de la route conduisant à Tazenakht, près d'Aït Benhaddou.

Autobus – Plusieurs bus quotidiens relient Marrakech à Ouarzazate *(voir p. 324)*.

Nos adresses

Restauration

Sur la route Marrakech-Ouarzazate, vous trouverez dans le village de **Taddert**, juste avant d'atteindre le sommet du Tizi-n-Tichka, de nombreuses petites échoppes très simples, où l'on sert d'excellentes brochettes grillées au barbecue ou des tajines copieux. Bon rapport qualité/prix pour un repas que vous partagerez probablement avec les habitants.

À Telouèt

Budget moyen, 100 à 200 DH

Palace de Telouet – *✆ 06 68 37 77 30 - menu 110 DH.* Bonne cuisine, dans un cadre confortable en terrasse avec une jolie vue sur les collines et tout à côté de la Kasbah.Le tajine aux figues est un délice.

À Aït Benhaddou

Budget moyen, 100 à 200 DH

Auberge La Kasbah – *✆ 05 24 89 03 02 - 🏊 - 100 DH.* Elle reçoit les nombreux groupes. La belle terrasse avec piscine et vue imprenable sur le ksar aura votre préférence : y assister, devant un agréable petit-déjeuner, au lever du soleil peut être un grand moment.

Voir aussi les adresses Kasbah Valentine et Bagdad Café dans « Hébergement ».

Petite pause

À **Irherm-n-Ougdal**, vous pourrez vous rafraîchir à la terrasse du café **La Kasbah**, en bord de route.

Shopping

Moult stands et vendeurs à la sauvette, en bordure de la route, surtout à proximité de Taddert : améthystes très colorées d'un ravissant rose violacé, poteries et autres objets de l'artisanat local.

Activités

Excursion dans la vallée de l'Ounila

La route jusqu'à Telouèt étant asphaltée, il n'est pas nécessaire de disposer d'un véhicule tout terrain pour s'y aventurer. Cette vallée est si belle qu'on peut y consacrer la journée, voire y passer la nuit. La randonnée offre la meilleure approche pour découvrir la vie des villages, les mines de sel et la nature somptueuse.

Randonnées à dos de mulet

À la sortie d'Irherm, en face de la poste, la très modeste mais sympathique **auberge Chez Abdou** *(✆ 06 67 59 59 52)* propose des randonnées à dos de mulet dans le Haut Atlas avec bivouac sous la tente et tajine. La formule la plus simple permet de découvrir lors d'une excursion des gravures rupestres et de se baigner dans des cascades *(300 DH/pers.)*.

Autres balades – Pratiquement tous les hôtels d'Aït Benhaddou proposent des balades à dos de dromadaire, notamment à la kasbah Ellouze. Compter 150 DH/1h, 250 DH/demi-journée.

Hébergement

À Telouèt

Premier prix, moins de 400 DH

Tizi – *✆ 06 60 62 41 67* - *4 ch. - 300 DH*. Cette attrayante maison d'hôtes bénéficie d'un joli cadre au bord de l'oued. On vous y recevra dans les plus pures traditions de l'hospitalité berbère. Les chambres sont propres et dotées d'un confort satisfaisant. Repas sur demande.

À Tiseldei

Budget moyen, 400 à 700 DH

Irocha – *À 17 km au sud d'Agouim - ✆ 06 67 73 70 02 - www.irocha.com - 10 ch. - 690/900 DH - menu 150 DH.* Vue magnifique de cette maison en pisé agrippée à la roche. Chambres personnalisées, autour du patio ou sur la terrasse ; atmosphère chic et décontractée. Randonnées à pied, à cheval ou à dos d'âne ; cours de cuisine. Hammam.

À Tamdaght

Pour se faire plaisir, 700 à 1 200 DH

Kasbah Ellouze – *Dans le ksar (accès fléché) - ✆ 05 24 89 04 59 - www.kasbahellouze.com - 10 ch. et suites - à partir de 980 DH pour 2 pers. en 1/2 P (obligatoire)*. Belle maison d'hôtes installée au cœur du ksar avec la palmeraie en contrebas ; chambres intimistes, aménagées avec goût ; salon jazz ouvrant sur le patio central. Panoplie d'excursions dans les environs. Les propriétaires louent également une maison contigue avec 2 ch. pouvant accueillir 5 pers. ; 2000 DH/nuit pour deux pers. en 1/2 P.

Kasbah La Cigogne – *À l'entrée du ksar, près de la kasbah - ✆ 05 24 89 03 71 - www.kasbah-cigogne.com - 6 ch. - à partir de 840 DH pour 2 pers. en 1/2 P (obligatoire)*. Sympathique demeure marocaine dotée d'un beau patio. Depuis la terrasse, vue imprenable sur la kasbah de Tamdaght.

À Anguelz

Budget moyen, 400 à 700 dh

Kasbah Tigmi'N'Oufella – *Près de la mosquée, tourner à gauche* *en venant de Telouèt (indiqué par une pancarte) - ✆ 06 68 45 00 12 - - 4 ch. - 550 DH .* Située dans la vallée de l'Ounila, cette kasbah a été rénovée avec goût pour accueillir des voyageurs. Elle a jadis logé un certain Majorelle, qui affectionnait les paysages alentour. Un cadre superbe et des chambres très bien tenues, avec ce supplément d'âme qui appartient aux demeures familiales. Lahoucine, le maître des lieux, vous contera peut-être l'histoire... Repas, excellents, sur demande. C'est une adresse idéale pour se poser quelques jours. Randonnée possible vers les mines de sel.

À Aït Benhaddou, face au ksar

Budget moyen, 400 à 700 DH

Dar Mouna – *Accès voiture, première rue à droite après la place - ✆ 05 28 84 30 54 - www.darmouna.com - - 12 ch. - à partir de 660 DH , 780 DH pour 2 pers. en 1/2P - .* Jouissant d'une situation exceptionnelle face au ksar, cette maison d'hôtes est installée dans la plus ancienne demeure construite sur la rive de l'oued opposée au site. Chambres agréables donnant sur le ksar ou sur la piscine et superbes suites, dans un dédale de couloirs; salles de bains toutefois un peu rudimentaires. Belle salle à manger où les pensionnaires aiment se retrouver pour écouter quelques musiciens locaux tandis que se mitonne le repas du soir.

À Aït Benhaddou, le long de la route

Premier prix, moins de 400 DH

Kasbah Valentine – *À la sortie du village, le long de la route principale - ✆ 06 68 39 89 91 - www.ait-ben-haddou-kasbah.com - - 10 ch. - 380 DH - .* Ce Bed & Breakfast dispose de chambres personnalisées, dotées de salles de bains en tadelakt. Le restaurant sert tous les classiques de la cuisine marocaine.

Defat Kasbah – *Douar Assfalou, en bordure de l'oued, juste avant le pont, 3 km après Aït Benhaddou - ✆ 06 67 96 55 54 - - 20 ch. 380 DH .* Une belle piscine en forme de poisson. Des chambres simples mais lumineuses, certaines salles de bains avec baignoire et W.C. séparés; un accueil des plus chaleureux : ce sont les atouts de cette halte sympathique à l'écart de l'agitation touristique du ksar. Organisation de randonnées en 4x4 et à dos de dromadaire.

Budget moyen, 400 à 700 DH

Bagdad Café – *Sur la rue principale - ✆ 05 24 88 25 06 - www.hotel-ait-ben-haddou.com - - 5 ch. - 550 DH , 750 DH pour 2 pers. en 1/2P - .* Cette auberge agencée avec goût met à l'honneur l'artisanat du Maroc. L'accueil, chaleureux et attentionné, laisse des souvenirs impérissables. Et pour ne rien gâcher, la cuisine, élaborée par des villageoises, est exquise.

5

Vue sur la chaine de montagnes du Haut Atlas de Midelt.
J. Arnold Images/hemis.fr

6

Ouarzazate et les vallées du Sud

CARTE 2e RABAT DE COUV. C4, D3, D4 – CARTE MICHELIN 742, PLIS 5, 34-36 ET 52

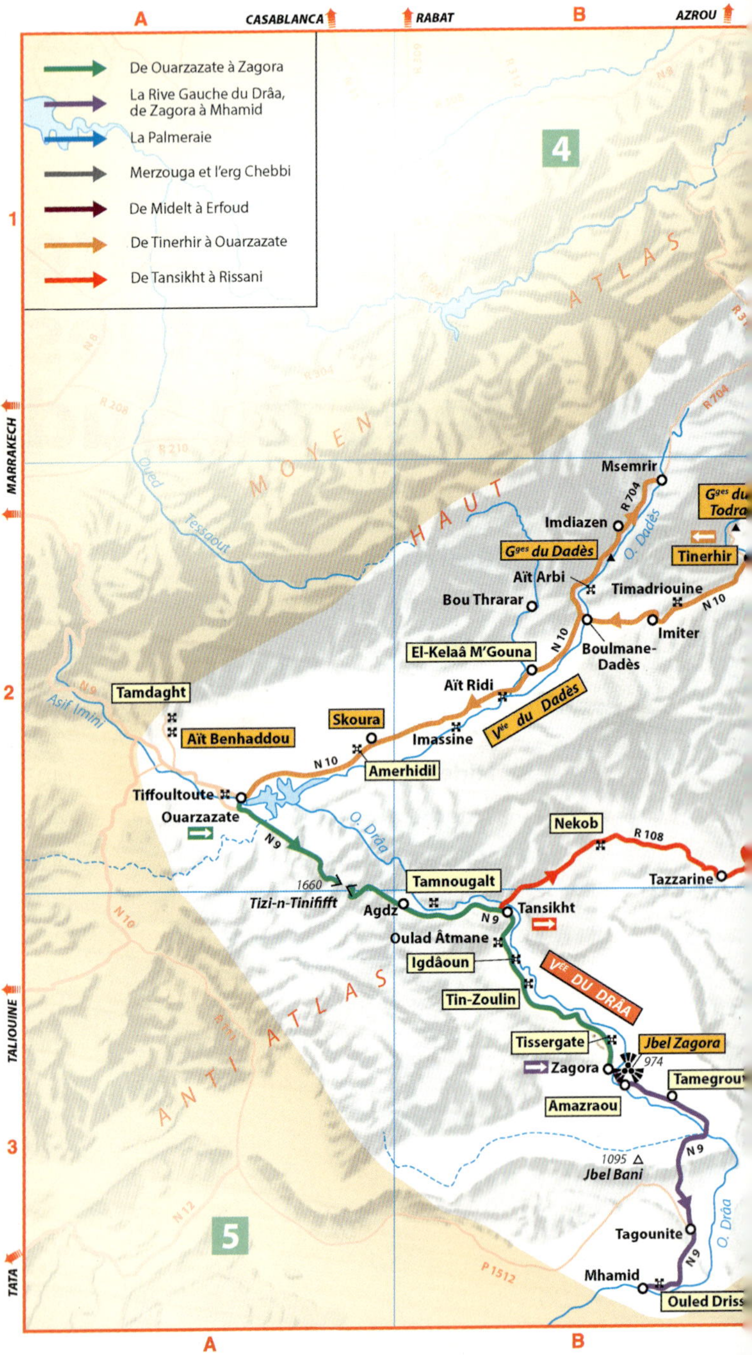

A
CASABLANCA
RABAT
B
AZROU
De Ouarzazate à Zagora
La Rive Gauche du Drâa, de Zagora à Mhamid
La Palmeraie
Merzouga et l'erg Chebbi
De Midelt à Erfoud
De Tinerhir à Ouarzazate
De Tansikht à Rissani
4
1
MARRAKECH
MOYEN ATLAS
HAUT ATLAS
Oued Tessaout
Msemrir
R 704
Imdiazen
O. Dadès
Gges du Todra
Gges du Dadès
Tinerhir
Aït Arbi
Timadriouine
Bou Thrarar
N 10
Imiter
El-Kelaâ M'Gouna
Boulmane-Dadès
Aït Ridi
2
Tamdaght
Asif Imini
Aït Benhaddou
Skoura
Imassine
Vée du Dadès
Amerhidil
Tiffoultoute
Ouarzazate
N 9
O. Drâa
Nekob
R 108
Tazzarine
1660
Tizi-n-Tinififft
Tamnougalt
Agdz
Tansikht
Oulad Âtmane
Igdâoun
Vée DU DRÂA
Tin-Zoulin
TALIOUINE
ANTI ATLAS
Tissergate
Jbel Zagora
974
Zagora
Tamegrout
Amazraou
3
1095
Jbel Bani
Tagounite
5
TATA
Mhamid
Ouled Driss
A
B

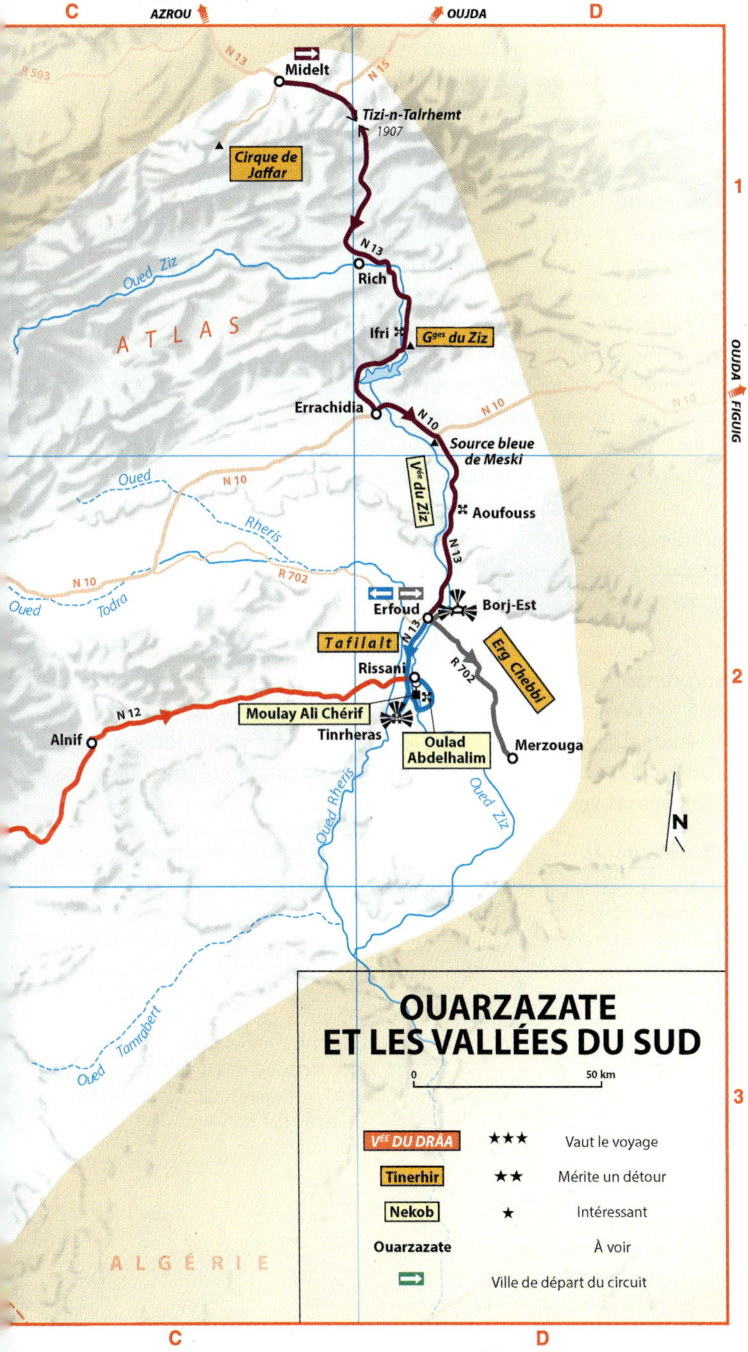
C
AZROU
OUJDA
D
Midelt
N 13
N 15
R 503
Tizi-n-Talrhemt
1907
Cirque de Jaffar
1
N 13
Rich
Oued Ziz
ATLAS
Ifri
Gges du Ziz
OUJDA
FIGUIG
Errachidia
N 10
N 10
N 10
Source bleue de Meski
Vée du Ziz
Oued
N 10
Rheris
Aoufouss
N 13
R 702
N 10
Oued
Todra
Erfoud
Borj-Est
Tafilalt
N 13
Erg Chebbi
R 702
2
Rissani
N 12
Moulay Ali Chérif
Alnif
Tinrheras
Oulad Abdelhalim
Merzouga
Oued Rheris
Oued Ziz
N
Oued
Tamrabert
OUARZAZATE ET LES VALLÉES DU SUD
0
50 km
3
Vée DU DRÂA
★★★
Vaut le voyage
Tinerhir
★★
Mérite un détour
Nekob
★
Intéressant
Ouarzazate
À voir
Ville de départ du circuit
ALGÉRIE
C
D

Ouarzazate et les vallées du Sud

Vous voici dans les grandes vallées du Sud, l'une des régions les plus belles du Maroc ! Au cœur d'un paysage semi-désertique règne Ouarzazate, « la porte du désert », avec sa splendide kasbah de Taourirt et les studios de cinéma dont la réputation n'est plus à faire. À l'est s'étend la vallée du Dadès, baptisée la vallée des « mille kasbahs » en raison de ses surprenants enchevêtrements de maisons en pisé, qui prennent la couleur de l'or lorsque le soleil se couche. La vie s'anime autour des oasis, comme à Tinerhir, où d'innombrables palmiers côtoient des arbres fruitiers et des fleurs aux couleurs éclatantes. Mais la vallée du Dadès vous révélera aussi des champs de roses parfumées à perte de vue et d'étroites gorges aux parois vertigineuses. À l'est s'ouvre la région du Tafilalt, réputée pour les dunes de sable de l'erg Chebbi et les flamants roses que l'on croise à Merzouga.

Au sud de Ouarzazate se dessine la vallée du Drâa, émaillée de ksour, ces surprenants villages fortifiés parcourus de ruelles couvertes. À mesure que l'on s'enfonce vers le sud, la végétation s'amenuise, l'eau se fait rare. À Mhamid, dernière cité avant le désert, il vous faudra louer un 4x4 si vous voulez accéder aux dunes de sable de Chigaga et passer une nuit à la belle étoile.

Se repérer

Ouarzazate est le carrefour de la région. À l'est s'étend la vallée du Dadès et la région du Tafilalt, délimitée au sud par les dunes de sable de Merzouga. Au sud de Ouarzazate, la vallée du Drâa court jusqu'aux dunes de Chigaga, en passant par Zagora.

À ne pas manquer

Le ksar d'Aït Benhaddou (p. 360) ; les gorges du Dadès ; la palmeraie de Skoura ; la kasbah de Taourirt à Ouarzazate ; la palmeraie de Tinerhir ; les gorges du Todra et du Ziz, et, pourquoi pas, une nuit dans le désert.

Organiser son temps

Une semaine au moins sera nécessaire pour découvrir cet immense territoire, riche en paysages et sites grandioses.

En famille

Une nuit dans le désert, une promenade à dos de dromadaire et une visite des studios de cinéma à Ouarzazate.

Ouarzazate

Au pied des reliefs grandioses du Haut Atlas, avec ses kasbahs et sa fraîcheur, le plateau désertique au sein duquel s'élève cette ville de garnison créée en 1928 offre un saisissant contraste. Avec ses maisons au crépi ocre et sa rue centrale démesurément large, la ville peut décevoir. Ce serait pourtant ignorer son atmosphère particulière, qui annonce déjà le Sahara et ses images de bivouacs, de nuits passées en plein désert à observer le ciel et les étoiles ou à écouter le silence, de randonnées en 4x4 ou à dos de chameau à travers dunes de sable et oasis verdoyantes. Ici, on est au seuil du Grand Sud, là où la vie se concentre en un ruban d'oasis et de kasbahs, le long des vallées du Dadès et du Drâa. Ouarzazate, c'est avant tout cela : une porte ouvrant sur le rêve de l'aventure inouïe du désert!

Se repérer

59 352 habitants

CARTE P. 366 (A2) – *carte Michelin 742, plis 5, 34 et 52* – La ville est parcourue par une longue et sinueuse rue, d'une largeur impressionnante, l'avenue Mohammed V, qui est aussi la route de Marrakech à Tinerhir. À hauteur de la kasbah de Taourirt, les avenues Moulay Rachid et Erraha montent vers la « zone hôtelière », où sont regroupés la plupart des grands hôtels et clubs de vacances. Le centre-ville correspond au tronçon de l'avenue compris entre le palais des congrès et la kasbah de Taourirt.

À ne pas manquer

La kasbah de Taourirt.

Organiser son temps

Une journée suffit.

En famille

Les studios de cinéma.

Carnet pratique p. 372

Nos adresses p. 372

Se promener

★★ Kasbah de Taourirt

En bordure de l'av. Mohammed V, sur la droite en allant vers Skoura - 8h-18h - 20 DH - si visite accompagnée (30mn), prévoir un pourboire.

La kasbah de Taourirt est, pour son importance, son architecture et sa décoration, l'une des plus belles du Maroc. Elle fut, parmi tant d'autres, résidence du Glaoui. Dans une large courbe de la route, on la découvre soudain. Véritable ville fortifiée, elle dresse au-dessus de la vallée son extraordinaire entassement de constructions de pisé flanquées de tours carrées, percées de petites ouvertures et dentelées de créneaux.

Des maisons plus basses, imbriquées les unes dans les autres, s'étagent en une masse compacte vers l'oued Ouarzazate, né dans le Haut Atlas, qui s'unit un peu en aval au Dadès et prend alors le nom de Drâa.

Ancienne demeure du Glaoui – Les deux pièces ayant conservé quelque décor sont la chambre de la favorite, dont le haut des murs est orné de stucs peints et dont le plafond est en bois de cèdre, et la salle à manger, où dans des médaillons

sont inscrits des versets du Coran. De la terrasse, **vue★** remarquable sur le village fortifié, la vallée et ses oasis, et les montagnes.
La kasbah de Taourirt abrite le CERKAS (**Centre de conservation et de réhabilitation du patrimoine architectural des zones atlasiques et subatlasiques**). Il a pour rôle d'inventorier les sites et édifices présentant un intérêt particulier du point de vue historique, architectural et environnemental (kasbahs, greniers collectifs, édifices religieux, ksour, etc.), et d'établir des programmes de sauvegarde et de réhabilitation, en tenant compte des normes internationales et des nécessités inhérentes aux conditions et traditions locales. La kasbah de Taourirt est le premier exemple d'ensemble architectural restauré selon ces normes. Le site d'**Aït Benhaddou★★** *(voir p. 360)*, inscrit sur la liste du Patrimoine mondial, fait lui aussi l'objet de travaux de restauration.
Le village – Il compte encore plusieurs centaines de résidents. Prenez le temps de flâner dans ses ruelles mystérieuses, enserrées entre de hauts murs de pisé brun, en particulier en soirée, lorsque les habitants prennent le frais sur le pas de leurs portes.

Au pays du péplum

Musée du Cinéma – *Dans l'ensemble artisanal, face à la kasbah - 8h-18h; (fermé le vend. entre 13h et 14h30) - 30 DH (enfants -7 ans gratuit).* Enchaînement de décors de films plus ou moins bibliques ou religieux. Vous passerez ainsi d'un cloître roman à la salle du Sénat romain, entre autres.
Le plus intéressant se trouve sans doute dans la salle où est exposé du matériel ancien (caméras, tables de montage, vieilles consoles d'enregistrement du son, tourne-disques), ainsi que des costumes qui gagneraient à être présentés sur des mannequins plutôt que sur des cintres.
Atlas Corporation Studios – *À la sortie de la ville sur la route de Marrakech, 3 km après le rond-point, sur la droite- ☎ 05 24 88 22 23 - www.ouarzazatestudios.com - 8h30-17h15 au coucher du soleil - 80 DH, 40 DH pour les studios CLA, billet combiné 110 DH, gratuit moins de 5 ans.* Impossible de rater les studios Atlas lorsqu'on arrive

Ouarzazate, Hollywood du désert

Les **studios Atlas** sont très actifs depuis que les somptueux paysages et les kasbahs ont attiré les cinéastes du monde entier dans la région.
Si Jacques Becker, avec *Ali Baba et les quarante voleurs*, fut en 1954 le pionnier, parmi les plus connus, on citera Pier Paolo Pasolini, qui y tourna les extérieurs de son *Œdipe roi* (1967), Arthur Joffé (*Harem*, 1987), Martin Scorsese (*La Dernière Tentation du Christ*, 1988), Raoul Ruiz (*L'Île au trésor*, 1986) et, bien entendu, Bernardo Bertolucci, pour son fameux *Thé au Sahara* (1989), tourné en partie dans la kasbah de Taourirt.
Pour l'essentiel, les activités des studios sont consacrées à des coproductions italo-américaines sur des thèmes bibliques souvent réalisées par Robert Young (un épisode, *Marie de Nazareth*, fut tourné en 1995 par le cinéaste français vétéran Jean Delannoy – 1908-2008), ainsi qu'à des superproductions internationales : James Bond *Tuer n'est pas jouer* (1986-1987), *Le Diamant du Nil* (1984-1985). C'est toutefois Martin Scorsese qui a le plus marqué les esprits : en 1997, il y réalisa plusieurs séquences de son film *Kundun*, consacré à la vie du dalaï-lama, pour lequel d'authentiques Tibétains, venus spécialement, conférèrent pendant quelques semaines à la ville une surprenante atmosphère orientale.

de Marrakech : les pharaons monumentaux plaqués contre la muraille annoncent que l'on est arrivé dans le royaume du péplum. Après avoir contourné le temple tibétain de Kundun, on découvre un superbe sphinx en polystyrène, le temple de Louxor, celui d'Abou Simbel et une grande place bordée de palais dignes de Thèbes, toutes choses réalisées en « marbre de Ouarzazate » (plâtre sur armature de bois). Un souk rappelle le tournage de *Salomon et la Reine de Saba*, une maison égyptienne, celui de *Moïse* (avec Ben Kingsley), et même notre Astérix national est présent avec les décors de *Mission Cléopâtre*, le film d'Alain Chabat. Des échappées sur l'immensité désertique accentuent le caractère artificiel de cette usine à rêves construite en trompe l'œil.
Studios Cla – *À 7 km sur la route de Marrakech - ✆ 05 44 88 20 53 - www.ouarzazatestudios.com* **-** *8h30 au coucher du soleil - 40 DH (billet en vente aux studios Atlas ; possibilité de billet combiné, voir ci-dessus).* Les derniers studios mis en service à Ouarzazate. Costumes et décors avec notamment la spectaculaire reconstitution de Jérusalem réalisée pour le tournage de *Kingdom of Heaven.*

À proximité

CARTE DE RÉGION P. 366

Tiffoultoute A2

À 8 km à l'ouest de Ouarzazate, par la route de Marrakech, puis au bout de 2,5 km à gauche.
Kasbah – *20 DH. Garer votre véhicule sur le terre-plein devant l'entrée.*
Juchée sur une hauteur aride, elle domine la vallée cultivée de l'oued Ouarzazate, où pointent des palmiers. On aperçoit de loin, se détachant sur le ciel, cette forteresse de pisé, bâtie il y a 250 ans pour sa partie la plus ancienne. À ses pieds, d'humbles maisons s'accrochent à la pente.
Elle fut habitée par un cheikh qui jalousait le caïd de Ouarzazate et entretenait dans la vallée une guerre constante ; plus tard, elle devint la résidence d'un khalifat du Glaoui. Cette riche demeure a depuis lors subi des transformations ; un restaurant occupe ses salles, dépourvues d'intérêt pour le simple visiteur.
De la terrasse panoramique, la **vue**★ est fort belle sur la vallée ; au nord, le Haut Atlas ferme l'horizon.
En raison des risques d'éboulement, on ne peut plus accéder à l'intérieur du vieux village. Il faudra donc se contenter de suivre le sentier escarpé qui longe à l'extérieur le petit mur d'enceinte, jalonné de maisons carrées formant bastions. La pente au pied de laquelle on débouche bientôt, rocailleuse, d'une nudité totale, et dominée par des ruines, offre un spectacle d'une désolation saisissante.

Carnet pratique

S'informer

Délégation du tourisme – *Av. Mohammed V (direction Zagora) - ✆ 05 24 88 24 85.*

Arriver/Partir

Avion

Aéroport – *À 5mn de voiture, depuis le rd-pt marquant la sortie de Ouarzazate, côté Marrakech - ✆ 05 24 88 22 97 - www.onda.ma.* Liaisons quotidiennes avec Casablanca assurées par Royal Air Maroc. La compagnie marocaine propose également des vols directs depuis Paris-Orly en hiver.

Car

Gare routière – *Av. Moulay Abdellah* - Supratours *✆ 05 24 89 07 92* - CTM *✆ 05 24 88 24 27.* ont leurs agences sur l'avenue Mohammed V. Liaisons pour Marrakech, Agadir, Errachidia *via* Boumalne et Tinerhir, Zagora.

Voiture

Se garer – Tous les grands hôtels disposent de leur parking. Vous trouverez par ailleurs de nombreuses places dans les ruelles qui bordent les avenues principales. Éviter les bords de trottoirs peints en rouge et blanc.

Location de voitures

Avis – *À l'aéroport et av. Mohammed V (au niveau de la pl. du 3 Mars) - ✆ 05 24 88 80 00.*

Budget – *À l'aéroport et 4 av. Mohammed V- ✆ 05 24 88 42 02.*

Europcar – *À l'aéroport et pl. du 3 Mars - ✆ 05 24 88 20 35.*

Hertz – *À l'aéroport et 35 av. Mohammed V - ✆ 08 02 00 77 78.*

Nos adresses

Restauration

Budget moyen, 100 à 200 DH

La Kasbah Étoile – *Bd Mohammed V - face à la kasbah de Taourirt - ✆ 05 24 88 20 33.* Architecture et cuisine traditionnelles pour ce restaurant typique où l'on croise aussi bien des touristes que des locaux. L'arrière du bâtiment consiste en un étagement de terrasses, où l'on peut dîner tout en contemplant le jeu de lumières sur la kasbah de Taourirt.

Pour se faire plaisir, 200 à 400 DH

Chez Dimitri – *22 av. Mohammed V - ✆ 05 24 88 73 46 - 🍷 - plats 95/125 DH.* Contemporain de la fondation de la ville, ce fut le premier relais de poste de la cité naissante. Son cadre, agrémenté de photos de vedettes de cinéma, en a conservé un aspect quelque peu « colonial ». Cuisine européenne et marocaine à des prix raisonnables. Une institution.

Le Relais Saint-Exupéry – *13 av. Moulay Abdellah - quartier El-Qods, à la sortie de Ouarzazate en direction de Boumalne - ✆ 05 24 88 77 79 - 🍷 - plats 120/220 DH.* Un choix cornélien d'entrées (la soupe au concombre servie glacée est un délice, en été uniquement) et de plats marocains ou français préparés avec créativité. Du pain aux olives noires ou aux noix, cuit maison, accompagne le repas. Le service comme l'accueil sont absolument charmants !

Le Jardin des Arômes – *69 av. Mohammed V - ✆ 05 24 88 88 02 - 🍷 - comptez 260/300 DH.* Ce temple de la gastronomie exhibe une magnificence qui se déploie aussi bien dans son salon lounge que dans ses espaces en plein air. La carte est une ode au répertoire culinaire marocain, utilisant des produits du terroir dans des recettes traditionnelles revisitées. Une cuisine fine, qui devrait ravir les palais les plus exigeants.

Petite pause

Pâtisserie des Habous – *Pl. Al-Mouahidine - en plein centre-ville - ✆ 05 24 88 26 99 - 7h-23h.* Située dans le quartier du souk, cette pâtisserie plutôt chic propose des gâteaux orientaux et des viennoiseries occidentales. Agréable terrasse équipée d'un brumisateur. On peut y déjeuner sur le pouce : salades, snacks, grillades et glaces.

Shopping

Souk – *Dim.*

Complexe artisanal de Ouarzazate – *Av. Mohammed V - en face de la kasbah de Taourirt - 8h30-12h, 14h30-18h30.* Vous y trouverez des objets en pierre taillée, des poteries berbères, des sculptures en albâtre et en bois et des bijoux. La coopérative de tapis « La Kasbah », qui se visite également, propose des tapis du Moyen et du Haut Atlas.

Activités

Randonnées au départ de Ouarzazate – De multiples randonnées peuvent être effectuées à partir de Ouarzazate : à pied, à VTT, à dos de dromadaire ou de mulet, en 4x4, en quad... D'une durée allant de un à quinze jours, elles permettent de découvrir les vallées du Dadès et du Drâa et d'aborder le désert.

La plupart des hôtels de Ouarzazate organisent des excursions en 4x4 ou à dos de dromadaire, agrémentées ou non de bivouacs, directement ou en liaison avec des organismes locaux.

Désert et Montagne – *Tarmight - Maison d'hôte Kasbah Dar Daïf (voir « Hébergement »). - ✆ 05 24 85 49 49 - www.desert-montagne.ma.* Nombreuses propositions de treks et de randonnées, conçues dans un esprit solidaire et responsable.

Hébergement

Bon à savoir – Les grands hôtels (qui accueillent principalement des groupes) se concentrent dans une zone hôtelière, triangle approximatif délimité par les rues Moulay Rachid et Erraha, partant toutes deux de la grande avenue Mohammed V à hauteur de la kasbah de Taourirt et de l'avenue Maghreb al Arabi.

Dans le centre

Premier prix, moins de 400 DH

Hôtel Marmar – *19 av. Moulay Abdellah - cité Alhizam - ✆ 05 24 88 88 87 - www.hotel-marmar.com - P - 20 ch. - 320 DH* ☕. Dotée de chambres simples et très propres, c'est une adresse parfaite pour les petits budgets.

Budget moyen, 400 à 700 DH

Hôtel Azoul – *Av. Mohammed V- ✆ 05 24 88 30 15 - P - 12 ch. - 440 DH - 30 DH ☕ - ✕.* Le bâtiment imite l'architecture traditionnelle d'une kasbah. Les chambres tout confort se répartissent autour d'un patio. Chacune porte un nom régional, avec une décoration qui met en vedette les spécificités du Sud marocain.

Hôtel La Perle du Sud – *39/40 av. Mohammed V - dans le centre - ✆ 05 24 88 86 40 - www.hotellaperledusud.com - 🍷 P 🏊 - 68 ch. - à partir de 480 DH ☕ - ✕.* Hôtel moderne proposant des chambres inégales, mais convenables. Bon rapport qualité/prix.

Le Petit Riad – *Av. Moulay Abdellah - 1581-1582 Hay Al Wahda - ✆ 05 24 88 59 50 - www.petitriad.com - P 🏊 - 7 ch. - 750/830 DH ☕ selon la saison - ✕ menu 165 DH.* Une

6

maison tenue de main de maître par Fatima, qui réserve à ses hôtes le meilleur accueil. Les chambres, irréprochables, sont décorées dans le style local. Et pour parfaire le tableau : le cadre est paisible à souhait et la cuisine maison généreuse.

Dans la Kasbah

Budget moyen, 400 à 700 DH

Riad Dar el Nath – *Hay Taourirt - ✆ 05 24 88 41 67 - 4 ch. - 440 DH* ☕ - ✕. Dès le seuil franchi, on se sent à la maison ; l'accueil chaleureux des propriétaires y est pour quelque chose. Les chambres sont toute simples, dans l'esprit de cette demeure ancienne. Petit-déjeuner typiquement local.

Maison d'hôte La Rose Noire – *Hay Taourirt, r. de la Mosquée - ✆ 05 24 88 60 67 - www.maisondhoterosenoireouarzazate.com - 8 ch. - 550/650 DH* ☕ *selon la catégorie -* ✕. Cette maison d'hôte, idéalement située en plein cœur de la kasbah, propose des chambres charmantes au décor personnalisé. Le plus : une terrasse panoramique exceptionnelle où est servi un petit-déjeuner copieux et chaque jour différent. Transfert gratuit à l'aéroport.

Pour se faire plaisir, 700 à 1 200 DH

Dar Kamar – *Kasbah Taourirt 45 - prendre sur la gauche de la kasbah vers une placette puis à droite dans la ruelle marquée du n° 37 ; au bout, poursuivre sous le porche à gauche. L'entrée de la demeure se trouve après le premier angle sur la gauche - ✆ 05 24 88 87 33 - www.darkamar.com - ⊠ - 14 ch. - 710/980 DH* ☕ *-* ✕ *menu 150 DH.* « La Maison de la lune » fut le tribunal du Glaoui. Cette belle construction du 17ᵉ s. en pisé, a été entièrement remodelée pour devenir une maison d'hôte de charme, au cœur du seul quartier véritablement marocain de Ouarzazate. Agréable terrasse.

Dans la zone hôtelière

Budget moyen, 400 à 700 DH

Hôtel Kenzi Azghor – *Av. Moulay Rachid - partir après le feu à gauche, à 200 m - ✆ 05 24 88 65 01 - www.kenzi-hotels.com -* 🍷 P 🏊 *- 110 ch. - à partir de 540 DH* ☕ - ✕. Un hôtel de chaîne avec des chambres d'un confort classique sans surprise, mais convenables pour une étape. La piscine occupe un emplacement de choix, au bout du jardin, d'où l'on domine toute la ville.

Une folie, plus de 1 200 DH

Le Berbère Palace – *Quartier Al-Mansour Addahbi, dans le prolongement de l'av. Moulay Rachid - ✆ 05 24 88 31 05 - www.hotel-berberepalace.com -* 🍷 P 🏊 *- 250 ch. et suites - à partir de 2 400 DH -* ☕ *220 DH -* ✕. Chambres cossues, réparties en pavillons dans un vaste jardin verdoyant. Accueil professionnel, d'une exquise courtoisie. Cet oasis de luxe est pourvue de tout le confort souhaitable et de multiples agréments, tels que hammam, Jacuzzi, boutiques, tennis et une bonne table à la carte. Brad Pitt y a résidé lors du tournage de *Babel* !

Aux alentours

Premier prix, moins de 400 DH

Hôtel La Vallée – *Rte de Zagora - km 1, sur la gauche après le pont - ✆ 05 24 85 40 34 -* P 🏊 *- 40 ch. - 400 DH* ☕ - ✕. Une belle piscine, des chambres d'un confort correct, un accueil agréable et un restaurant apprécié : une bonne adresse.

Budget moyen, 400 à 700 DH

Kasbah Zitoune – *Zone touristique de Tiffoultoute - ✆ 06 66 23 17 49 - www.kasbahzitoune.com -* P *- 13 ch. - 620 DH* ☕ *- 800 DH en 1/2P -* ✕. Cette maison d'hôte, reconstitution réussie d'une kasbah, se dresse au bord de l'oued sur un grand terrain arboré. Les chambres, spacieuses et coquettes, enserrent le jardin-patio. La terrasse ménage de belles vues sur les montagnes de l'Atlas. Les repas – cuisine marocaine typique – sont préparés par des cuisinières du village.

Oscar Hôtel – *À 5 km sur la rte de Marrakech - ✆ 05 24 88 22 23 - www.oscarhotelbyatlasstudios.com - 🍷 🅿 🏊 - 63 ch. - à partir de 990 DH ☕ - 🍴.* L'hôtel est installé dans les studios Atlas. Décor un tantinet kitsch (ah, plonger dans la piscine sous le regard du dieu Anubis !), chambres disséminées dans des pavillons. Correct dans l'ensemble. On rencontre parfois sur le parking une cohorte de légionnaires romains ou un pharaon dans l'exercice de ses fonctions. Les résidents bénéficient d'un tarif privilégié pour la visite des studios.

Pour se faire plaisir, 700 à 1 200 DH

Hôtel Les Tourmalines – *Royal Golf, à 20 km de Ouarzazate en direction de la vallée du Dadès - ✆ 05 24 88 71 07 - www.lestourmalines.net - 🍷 🅿 🏊 - 13 ch. - 1100 DH ☕ - 🍴.* Dans une zone résidentielle établie en bordure du lac, vous trouverez cet hôtel élégant, où sont aménagées quelques chambres très confortables et toutes dotées de terrasses privatives. De la piscine à débordement, vue exceptionnelle sur le lac artificiel. Un havre de paix.

Kasbah Dar Daïf – *Douar Talmasla, Tarmight, 6 km au sud-est par la route de Zagora puis à gauche - ✆ 05 24 85 49 49 - www.dardaif.ma - 🅿 🏊 ♿ - 15 ch.et suites - à partir de 920 DH ☕ selon la catégorie - 🍴 menus 15/22/45 €.* Jouant sur le bleu Majorelle et la teinte ocre des murs en pisé, cette confortable maison d'hôte mise sur le tourisme équitable et écologique. Agencée autour d'un patio doté d'une petite piscine, la kasbah constitue un véritable dédale d'escaliers et de salons aux sols recouverts de tapis et aux plafonds en roseaux. Chambres confortables, parfois un peu sombres. Multiples terrasses avec vue sur le lac et, en toile de fond, l'Atlas souvent enneigé.

Vallée du Drâa ★★★

Le Drâa naît, près de Ouarzazate, de la réunion des oueds Dadès et Ouarzazate. Dans l'Antiquité, c'était encore un fleuve permanent et le plus long du Maroc. Mais aujourd'hui ses eaux se perdent dans les sables, après le coude qu'il fait à Mhamid, même s'il lui arrive, lors de crues exceptionnelles, d'atteindre son embouchure, entre Guelmim et Tan-Tan.

Kasbah près de Tamnougalt dans la vallée du Drâa.
StreetFlash/iStock

Se repérer

CARTE P. 366 (B3) – *carte Michelin 742, plis 5 et 34-35* – De Ouarzazate à Agdz, la route traverse un paysage essentiellement minéral et franchit un col, le Tizi-n-Tinififft, à plus de 1600 m d'altitude. Au-delà, c'est le paysage somptueux de l'immense oasis née du fleuve Drâa ; de part et d'autre, le désert.

À ne pas manquer

Le panorama du *jbel* Zagora, les paysages exceptionnels qui longent la route de Zagora à Mhamid, une nuit dans les dunes de sable de Chigaga.

Organiser son temps

Deux jours (trois avec une nuit dans le désert).

En famille

Une promenade à dos de dromadaire et un feu de camp dans le désert en compagnie des bédouins.

Carnet pratique p. 385

Nos adresses p. 385

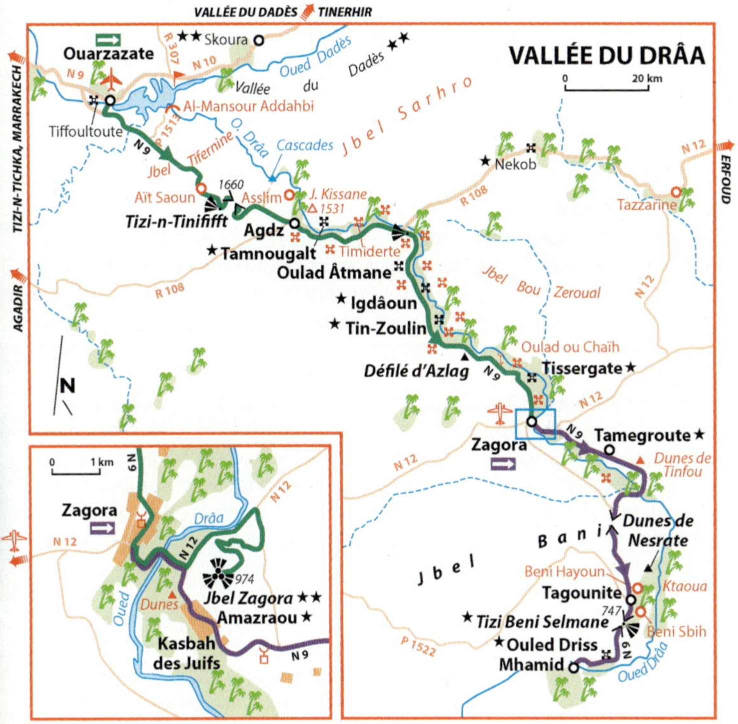

Circuits conseillés

De Ouarzazate à Zagora

Circuit tracé en vert sur la carte ci-dessus - 164 km - environ 3h.

Ouarzazate *(voir chapitre précédent).*

Quitter Ouarzazate au sud par la route de Zagora, à hauteur de la Délégation du tourisme.

La route s'insinue dans le *jbel* Tifernine, extrémité orientale de l'Anti-Atlas.

★★ Le **paysage** presque exclusivement minéral montre d'abord des éboulis de roches noires aux reflets brillants, auxquels succèdent des falaises, aux versants burinés.

Après le col de **Tizi-n-Tinififft** (1660 m), on retrouve encore des éboulis en longs talus, puis des vallées sans eau, très belles. La route - élargie et parfaitement revêtue - livre de larges **vues**★ à l'arrière sur le Haut Atlas. Par une impressionnante descente, elle rejoint la vallée du Drâa.

12 km avant Agdz, à gauche de la N 9, une piste de 10 km mène jusqu'au village de Tizgui ; il suffit d'une courte marche de 10mn pour parvenir aux cascades du Drâa.

Agdz

Précédant une admirable palmeraie, ce bourg se love au pied du *jbel* Kissane, reconnaissable à sa forme évoquant un plat à tajine. Articulée autour d'une grande place où se tient le marché, Agdz ne se résume pas à des rues commerçantes. Son

6

histoire est à chercher du côté du village d'**Asslim** *(au niveau de la grande place, prendre à g. et suivre la route pendant 2 km)* où le caïd Ali se fit construire une kasbah au début du 20e s. qui trône en lisière de la palmeraie (*visite en principe possible, voir sur place*).
Reprendre la route de Zagora. 4 km après Agdz, prendre le pont à gauche et continuer sur 2 km.

★ Tamnougalt

Le ksar de Tamnougalt a été fondé au 16e s. par une famille de caïds appartenant à la tribu des Mezguita. C'est l'un des plus anciens ksour de la vallée, et Bertolucci y a tourné quelques scènes de son film *Un thé au Sahara*.
De par sa position stratégique, le ksar avait pour mission de protéger l'accès de la vallée du Drâa et de pacifier les tribus berbères qui y vivaient en constante rivalité. Quelques familles continuent d'occuper les lieux, mais dans sa partie la plus ancienne, le ksar n'est plus qu'une vaste forteresse fantôme. Quatre portes gardaient l'accès, la principale donnant sur une large place accolée au sanctuaire d'un marabout. Vous pourrez vous enfoncer dans les ruelles couvertes pour parcourir ce dédale en partie ruiné. La spectaculaire kasbah qui domine la palmeraie du haut de sa colline date du début du 20e s. Avec la perte du caïdat et le départ de la communauté juive qui y résidait, Tamnougalt perdit de son importance et se dépeupla.
Reprendre la route vers Zagora.
La route suit désormais la vallée, ménageant de nombreux points de vue sur l'oued envahi de lauriers-roses, les palmeraies et les quelque cinquante ksour qui se succèdent jusqu'à Zagora. Certains sont très ouvragés. D'autres, très simples, atteignent une perfection d'épure : leurs lignes s'inscrivent admirablement dans

Charles de Foucauld

Cet officier de cavalerie, né à Strasbourg en 1858, entreprit en 1883 une aventureuse « Reconnaissance au Maroc », alors mal connu, qui dura onze mois. Déguisé en Juif, muni d'un « cahier de 5 centimètres carrés » et d'un « crayon long de 2 centimètres », il parcourut le Rif, franchit le Haut Atlas et atteignit l'extrême Sud marocain. Les notes et croquis qu'il rapporta enrichirent considérablement les connaissances géographiques et ethnographiques sur le Maroc et lui valurent de se voir décerner en 1885 une médaille d'or par la Société de géographie de Paris : « [...] en onze mois, du 20 juin 1883 au 23 mai 1884, un seul homme, le vicomte de Foucauld, a doublé, pour le moins, la longueur des itinéraires soigneusement levés au Maroc. Il a repris, en les perfectionnant, 689 kilomètres des travaux de ses devanciers, et il y a ajouté 2 250 kilomètres nouveaux... C'est vraiment, vous le comprenez, une ère nouvelle qui s'ouvre, grâce à M. de Foucauld », déclara le rapporteur général, M. Duveyrier.
Devenu prêtre, le père de Foucauld, largement connu comme auteur spirituel, devait mourir assassiné en 1916 à Tamanrasset, dans le Hoggar. L'élan missionnaire qui le poussa à vivre avec les Touaregs, partageant leur habitat, leur nourriture et leur langue, fera des émules, et son exemple sera suivi quelques années plus tard, notamment, par le père **Albert Peyriguère** (1883-1959), qui passera trente et un ans au Maroc, à El-Kebab, non loin de Khenifra, partageant la vie des Berbères, soignant les malades dans son petit dispensaire et œuvrant au rapprochement entre chrétiens et musulmans.

Vallée du Drâa, la palmeraie d'Agdz.
F. Guiziou/hemis.fr

le paysage tabulaire, leurs volumes constituent d'heureux équilibres et jouent subtilement avec l'ombre et la lumière.

Près de chaque village, remarquez les curieux cimetières berbères avec leurs pierres dressées.

Souvent, des aires de battage couvertes d'orge blonde s'étendent sous les murs des nombreuses bourgades qui s'élèvent encore au bord de la route ou au fond de la vallée.

Peu après, la route se poursuit, offrant des **vues★** vers l'arrière sur l'enfilade des palmeraies dominées par le crêt étagé du *jbel* Kissane, et sur le massif désolé du Sarhro.

Oulad Âtmane

La masse imposante de son architecture occupe une position dominante à droite de la route. Cette puissante forteresse du 18e s. est d'un style plus tardif. Une partie de la kasbah a été restaurée (voir « Hébergement ») et peut se visiter.

★ Igdâoun

Ce remarquable ksar (à gauche) attire l'attention par son étendue et la hauteur de ses tours en forme de pyramide tronquée.

★ Tin-Zoulin

(Souk le lundi) L'oasis groupe un grand nombre de villages : Rbat Tin-Zoulin est le plus étendu et comporte une kasbah originale, s'organisant autour d'une vaste cour, bordée de galeries (l'endroit est habité, mais vous pouvez demander à visiter). Elle est surnommée Er-Ribat, parce qu'elle occupe l'emplacement d'un ribat (couvent fortifié) du premier âge musulman.

Passé le **défilé d'Azlag**, aux parois déchiquetées, la vallée s'épanouit à nouveau.

★ Ksar de Tissergate

Accès sur la gauche de la route en suivant la signalisation « musée : petit parking », où le gardien du lieu attend pour vous conduire à la maison abritant le musée.

Les palmiers dans le sable

200 km d'oasis

De la région d'Agdz jusqu'à Mhamid, le Drâa nourrit une étroite oasis presque ininterrompue. « [...] sur ses rives, le fond de la vallée est un jardin enchanteur : figuiers, grenadiers s'y pressent ; ils confondent leur feuillage et répandent sur le sol une ombre épaisse ; au-dessus se balancent les hauts panaches des dattiers. Sous ce dôme, c'est un seul tapis de verdure : pas une place nue, la terre n'est que culture, que semis ; elle est divisée avec un ordre minutieux en une infinité de parcelles, chacune close de murs de pisé ; une foule de canaux la sillonnent, apportant l'eau et la fraîcheur », écrivait Charles de Foucauld voici plus d'un siècle.

Des villages fortifiés

Pour tenter d'échapper aux razzias des nomades du désert, les sédentaires de la vallée se sont groupés dans des **ksour** (singulier : ksar) protégés par de hautes murailles flanquées de tours de guet. Le **ksar** était une petite unité politique à forme démocratique administrée par l'assemblée des chefs de famille, la *jamaa*. Une partie du ksar était propriété collective et comprenait, autour d'une place publique, le grenier, la bergerie, le puits, la salle de réunion, la mosquée, l'école coranique. Desservies par un réseau d'étroites ruelles souvent couvertes, les maisons familiales occupaient le reste de l'espace. Simples gourbis ou maisons à patio central décorées de motifs géométriques, elles étaient de boue séchée et de briques crues ; le ksar abritait même quelquefois la famille et les gens d'un notable, et sa demeure prenait alors une allure de kasbah. De nos jours, certains ksour sont désertés, d'autres ont « éclaté », débordant des remparts devenus inutiles et à demi ruinés : cependant, les traditions restent si fortes qu'on voit peu d'habitations isolées.

Menace dans la palmeraie

Fécondés en avril grâce au vent, les 1,5 million de palmiers disséminés entre Agdz et Mhamid donnent 18 variétés de **dattes**, récoltées à l'automne et exportées dans le reste du Maroc ou en Europe. La variété de la vallée du Drâa la plus réputée est le boufegouz. Jadis prospère, le commerce des dattes est aujourd'hui en berne à cause de la **sécheresse**. Persistante depuis plusieurs années, elle entraîne la désertification de la palmeraie naguère prospère au sud de Zagora, et provoque un exode rural vers les grandes villes comme Casablanca.

Et, de fait, on distingue très bien sous les palmiers les canaux d'irrigation aujourd'hui abandonnés et les limites des champs d'autrefois, gagnés désormais par le sable, derniers vestiges de l'époque où cette partie de la vallée du Drâa était l'immense jardin potager décrit par Charles de Foucauld.

Il est agréable de flâner quelques instants dans ce village cerné d'une belle muraille, et constitué de vieilles kasbahs aux murs de pisé, entre lesquelles se glissent des ruelles, toujours étroites, parfois voûtées ou couvertes de claies, voire souterraines, de façon à préserver les passants des assauts du soleil. De furtives silhouettes voilées évoluent dans ce lieu, plongé aux heures chaudes de la journée dans un profond silence et dans une lumière filtrée, parfois douce, parfois aveuglante, et contribuent à donner l'impression d'un véritable ailleurs, chargé de mystères.

Musée des Arts et Traditions de la vallée du Drâa - ✆ 05 44 84 86 91 - *fermé juil. - 20 DH sans compter la rémunération (méritée) pour le guide, très compétent.* C'est une rue rectiligne et souterraine qui permet d'accéder à ce musée des Arts et Traditions populaires berbères. Exposés dans une maison traditionnelle, les objets – poteries, serrures, portes anciennes, bijoux et instruments de musique – sont éclairés par un puits de lumière central. Parmi les nombreuses salles à visiter, signalons une « chambre des invités » et une curiosité, la « chambre de maternité ». Au dernier étage, une terrasse offre une vue panoramique sur la vallée.

Zagora

Centre administratif bien placé sur le cours moyen du Drâa, cette cité dont l'essor spectaculaire s'est encore accentué depuis que la ville est devenue capitale de province et qu'elle est reliée à Casablanca par des vols directs. C'est un lieu d'étape commode pour le voyageur désireux de poursuivre son périple plus loin vers le sud et le point de départ de **randonnées pédestres** ou **chamelières** – d'une heure à 20 jours.

C'est autour de Zagora que les Saâdiens, *chorfa* (pluriel de *chérif*, mot désignant un prince musulman descendant de Mahomet), originaires d'Arabie, se trouvaient installés au Moyen Âge. C'est de là qu'au 16e s., ils partirent à la conquête du Souss, puis du Maroc tout entier, avant de se lancer dans la grande aventure qui devait les mener jusqu'à Tombouctou... à 52 jours de chameau, comme le proclame le fameux panneau, que les touristes photographient avec un tel enthousiasme... qu'il s'est démultiplié un peu partout en ville.

Celle-ci, constituée d'immeubles modernes et de lotissements, n'a pas grand caractère, du moins jusqu'à l'approche du pont sur le Drâa : elle est constituée pour l'essentiel d'une très large avenue bordée d'immeubles administratifs et d'arcades sous lesquelles prolifèrent agences de voyages et commerces plus ou moins liés au tourisme. Au-delà de l'oued, on retrouve la palmeraie, des dromadaires qui attendent sagement leur cargaison de promeneurs et, à la sortie de la ville, un lavoir où se concentre une bonne partie de l'animation quotidienne, très colorée, de la cité.

★★ Panorama du jbel Zagora

Franchir le Drâa par le pont, au sud-est de la ville. Prendre à gauche la route de Tamegroute. 3 km plus loin, nouvelle bifurcation : prendre à droite. Au bout de 1 km, on trouve à droite la piste qui escalade le jbel Zagora ; étroite, en corniche et à forte pente, elle exige du chauffeur une attention de tous les instants.

Le *jbel* Zagora offre un **panorama★★** très intéressant. Du nord-ouest au sud-est, on devine les méandres du Drâa, presque toujours enfoui dans la verdure des palmes et des jardins, jalonné de ksour.

Le beau ksar entouré de dunes qu'on domine au sud est Amazraou *(voir ci-dessous)* ; au-delà, un reg vient buter sur le *jbel* Bani, qui borne l'horizon. Au nord, derrière le Bou Zeroual, se dresse la masse puissante et nue du *jbel* Sarhro.

★★★ La rive gauche du Drâa, de Zagora à Mhamid

Circuit tracé en violet sur la carte p. 377 - 94 km - environ une demi-journée. Quitter Zagora au sud en direction de Mhamid, comme pour aller au jbel Zagora, mais laisser à droite le chemin d'accès à ce sommet et continuer tout droit. La route court en bordure d'un reg tandis qu'à droite, ksour et palmeraies se succèdent.

★ Amazraou

À 3 km de Zagora sur la route de Mhamid, le village abrite un ksar aussi intéressant que bien conservé. Autrefois, une importante communauté juive habitait le quartier du mellah. Elle a quitté les lieux en 1956, laissant une petite synagogue qu'il est possible de visiter (si la porte est fermée, demander la clé en face). Le travail de l'argent, initié par les Juifs et poursuivi par les Berbères, continue d'être une activité du ksar. Vous pourrez visiter un atelier de fabrication de bijoux, installé dans une très belle maison ancienne (suivre le panneau « Jewelery Manufactur », à l'entrée du ksar).

Le second quartier historique, Ksar Kedim, possède une mosquée en pisé, datée du 15e s. Ici cohabitent Berbères et Draouas, population noire originaire du Mali et du Niger. Une fois sorti du ksar, on gagne, à travers seguias et vergers un magnifique **champ de dunes** piqué de palmiers qui borde l'oued Drâa *(à voir de préférence en fin d'après-midi)*. Au loin se profile l'ancienne tour de guet qui veillait sur les maisons.

★ Tamegroute

Ce bourg de terre rouge, à la population mi-berbère mi-arabe, situé au milieu d'une palmeraie et cerné de remparts crénelés, est le siège de la *zaouïa* Nassiriya. Centre religieux séculaire, la *zaouïa* de Tamegroute fut fondée au 17e s. par un théologien, Mohamed ben Nassir, mort en 1674.

Au cours d'un long périple qui le mena en Algérie, en Tunisie, en Libye puis en Égypte et en Arabie saoudite et lui fit rencontrer nombre de théologiens mais aussi de pèlerins venus d'Iran et de Syrie, il avait acquis de nombreux manuscrits à travers le monde islamique.

Bibliothèque de l'école coranique – *Dans la rue qui s'engage sur la gauche de la route. Laissez la voiture sur la grande place et poursuivre à pied sur 100 m environ - 9h-12h et 14h-18h; fermé sam. - rémunération au gardien.*

Environ 4 000 de ces ouvrages sont aujourd'hui conservés dans cette **bibliothèque**. Vous y découvrirez de précieux **manuscrits★** enluminés du Coran (le plus ancien, en peau de gazelle, écrit d'une encre indélébile faite d'extrait d'écorce de noyer broyée, date du 11e s.) et d'anciens ouvrages d'histoire, de mathématiques et de médecine. De nos jours, la *zaouïa* de Tamegroute, dont la renommée est encore bien établie, dispense des cours de médecine, d'astrologie et de droit coranique aux étudiants.

★ **Rues souterraines** – Il faut parcourir ces étranges ruelles qui vous conduisent de la place au quartier des potiers. Tracées sous les maisons, parfois plongées dans une obscurité totale, débouchant soudain sur un éblouissant puits de lumière, elles préservent une étonnante fraîcheur renforcée par l'odeur de terre humide.

Quartier des potiers – *Sur la gauche de la route de Mhamid.* Des artisans modèlent, gravent et décorent une poterie renommée. Dans la pénombre de minuscules ateliers, vous pourrez voir les potiers travaillant au tour, qu'ils actionnent avec leur pied. Une fois confectionnées, les pièces sont mises à sécher au soleil, avant d'être portées au four traditionnel où elles sont enfournées en piles soigneusement calées. Jusqu'à 800 pièces peuvent être cuites en même temps.

Les dunes de Nesrate

Si vous disposez d'un véhicule tout-terrain (et d'un chauffeur), vous pouvez effectuer une visite plus poussée de la palmeraie de Tagounite – qui ne compte pas moins de 30 000 palmiers dattiers. Parmi les villages traversés, Bni Sbikh, autrefois habité par des Juifs, Adguavil, bourg agricole de 600 habitants, et Nesrate, où vous découvrirez de belles dunes de sable blond aux formes voluptueusement arrondies. Ces dunes peuvent être atteintes avec une voiture de tourisme en prenant, environ 5 km avant le village de Tagounite, une piste à peu près carrossable sur la gauche, signalisée par un panneau indiquant « Camping-bivouaAït-Isfoul/Circuit touristique » ; le suivre jusqu'à un pont, avant lequel on laisse la voiture, et poursuivre au-delà du pont sur 300 m environ.

À la coopérative de poterie, vous pourrez admirer (et acheter) les poteries vernissées, vertes (constituées de manganèse et de cuivre) ou marron (antimoine et cuivre).

Reprendre la route en direction de Mhamid.

À environ 6 km au sud, vers Tagounite, sur la gauche de la route, s'étendent deux **dunes** de sable, hautes comme un immeuble de huit étages : ce sont les dunes de Tinfou, qu'un hôtel dissimule malheureusement en partie à la vue. Difficile de résister au plaisir de cette escalade peu commune !

On franchit la fine arête, tranchante comme une lame, du **jbel Bani**. Surveillant le col, les restes d'une forteresse, aujourd'hui ruinée, évoquent l'importance stratégique (et économique) du lieu, passage obligé des caravanes (de sel, notamment) pour l'Afrique subsaharienne.

Depuis Tagounite, ville neuve bordée d'arcades en ogive, on peut s'enfoncer dans la palmeraie (à g.) pour découvrir le ksar Beni Hayoun et le ksar Beni Sbih, qui témoignent de l'importance commerciale de l'oasis à l'époque des caravanes. En reprenant la route vers Mhamid, on pique vers une nouvelle ligne de crête, que l'on escalade (**vue★** générale en arrière sur l'immense oasis de Tagounite : le Ktaoua). Le Tizi-Beni-Selmane, col de pierre noire, offre un **paysage★** étrange et désolé.

★ Ouled Driss

Le reg laisse ici la place au sable et aux dunes. Arrêtez-vous un instant pour admirer le ksar d'Ouled Driss, que la route traverse, au cœur d'une palmeraie ; des femmes voilées et vêtues de noir passent, parmi les murailles et les tours de pisé, une amphore d'argile sur l'épaule.

★ **Maison traditionnelle** – *Suivre la signalisation. Laisser la voiture dans la rue qui s'engage sur la droite de la route, au niveau de la ruelle voûtée dans laquelle se trouve le musée - de 7h jusqu'au coucher du soleil - visite guidée 20 DH.* Vieille de cinq siècles, cette **kasbah** serait la plus ancienne d'Ouled Driss. On pénètre dans une belle cour intérieure entourée d'arcades sur deux niveaux, qui communique avec une seconde cour identique. Le maître des lieux, ethnologue, y a installé ce qu'il appelle un « musée vivant » de la vallée du Drâa, dans lequel il ne s'agit pas simplement de présenter des objets (four à pain, plat à couscous en cèdre, soupières, métier à tisser, costumes berbères...), mais de les « faire parler » : de leur fabrication, de leur histoire comme de leur utilisation. Le tout, exposé avec passion, fait revivre une civilisation qui conserva jusqu'à peu ses particularismes, la vallée du Drâa ayant longtemps été coupée du reste du Maroc.

Mhamid

Il faut être préparé, à l'arrivée dans la ville, à affronter le comportement agressif des guides et faux guides, qui tentent de stopper votre véhicule par tous les moyens...

À Mhamid, la population est composée à la fois d'Arabes appartenant à des tribus sahariennes comme celle des **Nouaji**, qui autrefois faisaient le commerce du sel entre Mhamid et Taoudenni, de Berbères de la tribu nomade des **Aït Atta** et de gens à peau noire comme les **Draoua** et les **Sidna Bilal**, originaires du Soudan et qui, comme les Nouaji, parlent le hassanya, dialecte arabe utilisé par les Sahraouis. Le lundi, jour de **souk★**, Mhamid offre l'un des marchés les plus colorés du Maroc. Comme à Guelmim, c'est le rendez-vous des sédentaires et des « hommes bleus » du désert. Visiter Mhamid (dont le nom viendrait de ce qu'il y avait beaucoup de gazelles à cet endroit autrefois), c'est se donner la chance de rencontrer la civilisation nomade qui tend à disparaître et lui permettre de vous connaître, car la curiosité est réciproque ! C'est la possibilité de découvrir le « vrai désert » en 4x4 ou à dos de dromadaire : randonnée à Erg Yehudi ou excursion de cinq jours en traversant la petite hamada, l'oasis sacrée et la dune d'El-Bidliya. De l'autre côté du Drâa, la grande palmeraie de Mhamid. Plus loin encore, l'immense hamada.

Retour vers Zagora en remontant le cours du Drâa.

Carnet pratique

Arriver/Partir

Car

Arrêts des bus venant de Ouarzazate, place de la Marche Verte au centre d'**Agdz**; av. Mohammed V à **Zagora**. Compter 5h de trajet entre Ouarzazate et Zagora.

Voiture

Essence – Entre Ouarzazate et Zagora, vous trouverez au minimum une station tous les 50 km. En revanche, si vous prolongez votre route jusqu'à Mhamid, faites le plein avant de quitter Zagora.

État de la route – Bonne jusqu'à Zagora, notamment sur le tronçon entre Ouarzazate et Agdz, mais elle est parfois sinueuse et côtoie des précipices. Très convenable ensuite. Camions relativement nombreux. Méfiez-vous des taxis et autobus en sens inverse qui roulent au milieu de la route (et des gendarmes qui aiment bien verbaliser sur les routes désertes !).

Agenda

Festival international des nomades – *Mars - M'Hamid -www. nomadsfestival.org.* L'art sous toutes ses formes : artisanat, peinture, tissage, poésie ; contes, chants, musiques et danses sont interprétés par des artistes locaux et internationaux.

Sahara Trail Zagora – *Nov.* - 3 courses dont un marathon.

Nos adresses

Restauration

À Agdz

Premier prix, moins de 100 DH

Le Sable d'Or – *Place centrale.* Des plats simples, mais corrects : salades, poulet grillé, tajines...

À Oulad Âtmane

Budget moyen, 200 à 400 DH

La Kasbah Oulad Othmane – *voir « Hébergement » - menu 95 DH.* Elle mérite un arrêt pour sa position exceptionnelle sur une éminence dominant la vallée du Drâa et la palmeraie. De l'une des terrasses, on appréciera le panorama ainsi que la cuisine marocaine traditionnelle.

À Zagora

Premier prix, moins de 100 DH

Le Dromadaire Gourmand – *Av. Mohammed V - à l'entrée de la ville côté Ouarzazate - ✆ 06 61 34 83 94.* Salades, tajines et couscous.

Auberge Chez Ali – *Av. Atlas-Zaouite - non loin de la préfecture - ✆ 05 24 84 62 58 - menu 80 DH.* La carte n'est pas très fournie, mais la cuisine est bonne et on peut la savourer dans un agréable jardin. Quelques chambres.

Shopping

Souks

À Agdz, *le jeu.*
À Tin-Zoulin, *le lun.*
À Zagora, *le dim. et le merc.*
À Tagounite, *le jeu. et le dim.*
À Tamegroute, *le mar.*
À Mhamid, *le lun.*

Poteries

Belles pièces vernissées, vertes ou marron dans la coopérative de poteries de Tamegroute.

Dattes

Vous en trouverez dans les souks... et un peu partout au bord de la route, vendues par les gamins dans des paniers tressés.

Activités

Une nuit dans le désert sera une expérience inoubliable si vous savez choisir votre accompagnateur. Il arrive en effet qu'on puisse avoir la désagréable surprise au petit matin de trouver le désert très peuplé, avec des bivouacs évoquant un camping de bord de mer en plein été. Sans doute est-ce la rançon du succès. Délaissez donc, si vous souhaitez vivre une expérience plus authentique, les agences habituées à traiter le tourisme de masse. Sans préjudice pour d'autres organismes, sans doute aussi recommandables, citons quelques adresses, animées par des gens désireux de faire connaître et aimer leur pays :

Tombouctour – *79 av. Mohammed V - Zagora - ✆ 05 24 43 01 11 - www. tombouctour.com.* À partir de 900 DH/pers. pour une nuit dans le désert.

Kasbah Aladin – *Mhamid, voir « Hébergement ».*

Kasbah Sahara Services – *Mhamid, voir « Hébergement ».*

Randonnées chamelières

La réservation pour ce type de randonnée, avec bivouac et repas sous la tente, peut s'effectuer aux adresses mentionnées ci-dessus et auprès d'autres hôtels de Zagora et M'Hamid.

Un jour avec bivouac – Comptez au minimum 550 DH/pers. (1/2 P) pour une nuit en bivouac, une randonnée à dos de chameau et retour en 4x4.

Randonnées de plusieurs jours

Quelques exemples :

– de Zagora aux dunes de Chigaga (et retour à Mhamid) : 9 jours (dont 1 j. de repos à Chigaga).

– Zagora - Mhamid - Chigaga - lac Iriki-Foum-Zguid : 11 jours.

Comptez 800 DH/j./pers. avec accompagnateur, bivouac et pension complète.

Randonnées en 4x4

Adressez-vous aux hôtels de Zagora. Une nuit dans le désert en demi-pension avec acheminement en 4x4 coûte autour de 900 DH/ pers.

Bains de sable

Ils sont, dit-on, souverains pour lutter contre les douleurs rhumatismales. Après vous être enduit le corps d'huiles essentielles, il suffit de vous plonger dans le sable. Vous prenez ensuite une bonne douche, avant un revigorant massage au hammam. Tout cela n'est pas de tout repos pour le cœur et un accord médical préalable est conseillé. Vous pourrez faire cette expérience à Tinfou, mais aussi dans une dune proche de la palmeraie de Zagora. Renseignements dans les hôtels.

Hébergement

Si vous souhaitez faire une halte dans la vallée du Drâa, vous trouverez ci-après quelques adresses à Agdz, Zagora, Tamegroute ou Mhamid, souvent pleines de charme et de dépaysement, bases de départ idéales pour des randonnées dans le désert. Sachez cependant que, si l'accueil y est des plus chaleureux, et le cadre parfois enchanteur, le confort peut être rudimentaire, en particulier au niveau des sanitaires, pour lesquels il ne sera sans doute pas superflu de se munir des accessoires de base ! Faire abstraction de ses habitudes en terme de confort, c'est parfois le prix à payer pour vivre de façon plus authentique.

À Agdz

Les hébergements conseillés se situent dans le quartier d'Asslim, en lisière de la palmeraie. En venant de Ouarzazate, prendre à gauche sur la place centrale de la ville moderne. Les divers établissements sont signalés par des pancartes.

Budget moyen, 400 à 700 DH

Dar Sofar – *06 44 00 90 06 -www.darsofar.com - - 4 ch. - 660 DH ., dîner 150 DH.* Splendide propriété, pour un séjour intime et confortable. Un accueil tout en discrétion. Les chambres ont ce charme simple et attrayant de l'habitat local. Diverses possibilités de randonnées pédestres alentour.

Pour se faire plaisir, 700 à 1 200 DH

Dar Qamar – *05 24 84 37 84 - www.locsudmaroc.com - - 7 ch. et suites - 800/1 140 DH selon la catégorie - menu 185 DH.* Un endroit paradisiaque, dans lequel on vous réservera le meilleur accueil. C'est une maison largement ouverte sur un beau jardin, embaumant la rose, et dans lequel se promènent des paons. Chambres aussi spacieuses que charmantes ; sur leurs murs, des photographies et des toiles réalisées par le maître du lieu, un authentique amoureux du Maroc.

Kasbah Azul – *05 24 84 39 31 - www.kasbahazul.com - - 7 ch. et suites - 990/1210 DH selon la catégorie - menu 220 DH.* Un paradis ! Cette magnifique construction traditionnelle se niche dans un immense jardin, au milieu des palmiers et des arbres fruitiers. Un ambiance cosy règne dans les deux salons et les chambres douillettes à souhait. Cuisine goûteuse, agrémentée par des légumes et fruits du jardin. Pour les enfants : visite des environs à dos d'âne sur demande.

À Tamnougalt

Budget moyen, 400 à 700 dh

Au Jardin de Tamnougalt – *Prendre sur la gauche et après avoir traversé le Drâa, suivre un chemin empierré sur 700 m environ - 06 38 47 68 74 - www.jardin-tamnougalt-maroc.jimdo.com - - 12 ch. - 550 DH - menu 100 DH.* Des constructions en pisé dans un agréable jardin enfoui dans la palmeraie. Chambres très simples, mais propres qui conviendront aux petits budgets. Vaut surtout pour le cadre et l'accueil sympathique...

Kasbah Itrane – *Un peu plus loin, sur votre droite - 06 66 77 88 20/06 61 73 90 78 - - 25 ch. - 700 DH pour 2 en 1/2 P - .* Dans un beau jardin planté de palmiers, un bâtiment en pisé à l'allure de kasbah abrite des chambres climatisées avec douche et W.C. Repas copieux servis dans une vaste salle de restaurant ou dans le jardin à côté de la piscine.

À Oulad Âtmane

Budget moyen, 400 à 700 DH

Kasbah Oulad Othmane – *06 62 05 82 85 - - 12 ch. - 480 DH - .* Oulad Othmane est certainement la seule kasbah caïdale de cette importance, reconvertie en hôtel, dont la restauration se soit aussi fidèlement conformée aux méthodes de construction d'antan. Son restaurant-terrasse jouit d'une position dominante, qui permet de contempler toute la palmeraie. Pour les chambres, il ne faut pas s'attendre à un cadre luxueux, mais à la simplicité qui sied à ces vieux murs.

Au ksar de Tissergate (Tissargat)

Budget moyen, 400 à 700 DH

Le Sauvage Noble – *En dehors de la kasbah, côté Zagora - 05 24 83 80 72 - www.sauvage-noble.org - - 16 ch. 660/760 DH selon la catégorie - 55 DH - repas 120 DH.* Belle demeure dont la vaste terrasse sur le toit offre de magnifiques vues sur la palmeraie. Chambres toutes différentes, tant dans les couleurs, que dans le

6

mobilier, l'aménagement des salles de bains (certaines très originales). Plaisant hammam dans le jardin potager.

Une folie, plus de 1 200 DH

Azalaï Desert Lodge – *Ternata Douar; depuis le bourg, suivre la route qui s'enfonce dans la palmeraie - 06 61 16 43 94 - www.azalailifeexperience.com - 8 ch. et suites - 1 700/2 150 DH pour 2 pers. en 1/2 P - ouvert de sept. à mai.* Un bijou d'élégance, niché dans un écrin de verdure. Les chambres rendent hommage aux écrivains qui ont fait rêver du désert et de l'Afrique. Un cadre tout simplement magique... L'établissement possède également un campement de tentes de grand luxe *(3 000/6 000 DH en 1/2 P selon la catégorie pour 2 pers.).*

À Zagora

Sachez que les hôtels dans la partie moderne de Zagora (celle que l'on aborde en arrivant de Ouarzazate) sont globalement moins charmants que ceux qui se trouvent à la sortie opposée de la ville, à la lisière de la palmeraie.

Premier prix, moins de 400 DH

Camping Les Jardins de Zagora – *À côté du ksar Tinsouline - 05 24 84 69 71 - 40 pl. sous les palmiers du jardin - 6 ch. en dur et 4 en tente avec sanitaires communs 100 DH - en camping 80 DH/emplacement.* Sympathique camping posé contre la palmeraie. Deux petites chambres sont aménagées dans les tours.

Hôtel Riad Salam – *Av. Mohammed V - rte de Ouarzazate, juste avant la porte de la ville - 05 24 84 74 00 - www.hotel-zagora-riad.com - - 120 ch. - 310 DH - .* Un grand hôtel classique, pour une pause sans surprise. Le cadre n'est plus tout à fait au goût du jour, mais l'accueil y est sympathique.

À la sortie de Zagora (Amezrou)

Premier prix, moins de 400 DH

Hôtel La Petite Kasbah – *Hay Amezrou - 05 24 84 80 43 - www.hotelzagora.com - 6 ch. - - 350 DH - .* Des chambres très propres, une cuisine délicieuse, un accueil chaleureux, des excursions pour tous les goûts et les budgets... Une adresse vraiment conviviale.

Budget moyen, 400 à 700 DH

Chambre d'hôte La Fibule du Drâa – *Rte de Mhamid - 05 24 84 73 18 - https://casbah-la-fibule-du-draa-zagora.business.site - - 24 ch. - 650 DH - .* Construit selon l'architecture traditionnelle de la région, il propose des chambres convenables donnant sur la palmeraie et les jardins luxuriants où les bougainvillées ajoutent une touche de couleur. Une multitude de petits salons ajoutent à l'agrément du cadre. Belle panoplie d'excursions dans le désert.

Pour se faire plaisir, 700 à 1 200 DH

Riad Lamane – *À côté de La Fibule du Drâa, suivre la piste sur 200 m et entrer dans la palmeraie - 06 61 45 64 40 - www.riadlamane.com - - 20 ch. - 925 DH - .* Un coup de cœur! Au milieu de la palmeraie, ce riad de charme dispose de pavillons aménagés avec raffinement et disposés autour d'un somptueux jardin. Plusieurs restaurants, dont un sous une tente caïdale. Un lieu plein de sérénité, à l'écart de la route, ce qui permet de délicieuses flâneries dans la palmeraie.

Riad Dar Sofian – *R. de Nakhla - 05 24 84 73 19 - www.riaddarsofian.com - - 12 ch. - 660/880 DH selon la catégorie - .* Un établissement agréable, qui possède deux patios pour se détendre ou prendre ses repas. Les chambres sont coquettes, celles équipées d'une terrasse privative sont plus exiguës. On apprécie de plonger dans la belle piscine, entourée de palmiers. Accueil courtois et petit-déjeuner gargantuesque.

À Tamegroute

Premier prix, moins de 400 DH

Restaurant-Auberge Jnane Dar Diafa – *06 61 34 81 49 - www.jnane-dardiafa.com - 13 ch. dont 2 avec sanitaires extérieurs - 330 DH* - Voilà un endroit qui séduira les voyageurs à l'âme aventureuse sensibles à l'esprit des lieux. Dans une enceinte de pisé, quelques chambres très sommaires sont aménagées. À moins que vous ne préfériez la tente installée dans le jardin, où sont cultivés les légumes et les herbes nécessaires aux repas. Excursions possibles aux dunes de Chigaga *(600 DH)*.

À Tinfou

Pour se faire plaisir, 700 à 1200 DH

Stargazing Hôtel Sahara Sky – *Sur la rte de Mhamid - petite route d'accès de 500 m - 06 61 17 28 66 - - 20 ch. - 850 DH* - Un hôtel installé tout contre la dune de Tinfou et doté d'une terrasse convertie en observatoire des étoiles. Balades à dos de chameau dans les dunes et excursions bivouac dans le désert.

À Ouled Driss

Pour se faire plaisir, 700 à 1200 DH

Hôtel Chez le Pacha – *Entre Ouled Driss et Mhamid, sur la route principale - 05 24 84 82 07 - www.chezlepacha.com - -- 30 ch. de diverses catégories 425/900 DH* - Un complexe très bien agencé où vous pourrez séjourner dans des bungalows impeccables et joliment décorés, qui disposent de terrasses privatives. Très belle piscine. Une adresse agréable à quelques kilomètres du désert. Bivouacs et méharées à la carte.

À Mhamid

Premier prix, moins de 400 DH

Auberge Kasbah Aladin – *Dans le vieux Mhamid, Elghizlane - 06 66 30 99 80 - www.kasbahaladdin.com - - 10 ch. dont 6 avec sanitaires partagés - 380/490 DH* - La dernière kasbah aux portes du désert : emplacement magique et cadre authentique (une propriété familiale reconvertie en un hôtel simple mais aménagé avec goût). On peut également dormir sous des tentes berbères. Si vous décidez d'expérimenter un bivouac, Ali et son équipe sauront faire partager leur passion du désert *(930 DH en 1/2 P)*

Budget moyen, 400 à 700 DH

Kasbah Sahara Hôtel – *À l'entrée du village, prendre à droite sur 300 m - 05 24 84 80 33 - - 15 ch. et suites et 6 tentes - 600/1200 DH selon la catégorie* - Cette maison traditionnelle possède un grand jardin abondamment fleuri. Un patio s'ouvre sur un salon marocain où sont servis des repas typiquement locaux. La décoration des chambres privilégie les matières traditionnelles, le zellige et le tadelakt. Cet établissement appartient à une agence sérieuse, qui peut organiser un bivouac dans le désert. Nuit en bivouac 850/1 750 DH pour 2 en 1/2 P selon la qualité des équipements du camp.

Nekob ★

Posée au pied du jbel Sarhro, au cœur du pays de la tribu berbère des Aït Baha, la palmeraie de Nekob se trouve à l'écart des circuits touristiques, sur l'axe qui relie la vallée du Drâa au Tafilalt. Cette très belle route se glisse entre les versants plissés de couleur violine du jbel Sarhro, au nord, et du jbel Amou, dans un paysage désertique parsemé de kasbahs et d'oasis, dont les palmiers semblent lutter avec l'énergie du désespoir contre la sécheresse. La région séduit par son authenticité.

Se repérer

CARTE P. 366 (B2) – *carte Michelin 742, pli 35* – La bourgade de Nekob est placée sur la route qui relie la vallée du Drâa (à hauteur de Tansikht, distant de 38 km) au Tafilalt. Nids-de-poule assez nombreux sur l'itinéraire.

À ne pas manquer

La palmeraie, la visite des kasbahs et des *rhettaras*.

Organiser son temps

Compter une bonne demi-journée de Tansikht à Rissani, avec un arrêt à Nekob, où vous pouvez passer la nuit.

Nos adresses p. 392

Circuit conseillé

★ De Tansikht à Rissani (de la vallée du Drâa au Tafilalt)

Circuit tracé en rouge sur la carte de région p. 366-367. Comptez 233 km entre Tansikht et Rissani. La route est en assez bon état sauf les 30 derniers kilomètres, où des nids-de-poule obligent à ralentir. De Zagora, remontez la vallée du Drâa jusqu'à Tansikht (env. 1h de trajet), d'où part la route pour Rissani. Il y a ensuite 38 km jusqu'à Nekob (30mn), où nous vous conseillons de loger ou de faire une étape pour le déjeuner. La lumière rasante de fin d'apr.-midi ou du matin est idéale pour visiter ce splendide village. De plus, vous y trouverez plusieurs établissements de charme (voir « Hébergement »).

En quittant la vallée du Drâa, la végétation disparaît pour faire place à une immense étendue désertique de terre rouge, splendide **paysage★★** encadré par deux massifs : le *jbel* Sarhro, à gauche, et le *jbel* Rhart, à droite. La route file tout droit à travers le reg et les lignes de crête.

Après 30mn de trajet (à partir de Tansikht) surgit **Nekob** (3500 hab.), fief de la tribu des **Aït Baha**, branche cadette des Aït Atta.

★ Nekob

Cet admirable village en pisé se niche au cœur d'une belle oasis alimentée par une rivière souterraine d'où rayonnent nombre de *rhettaras*. Installé sur le versant sud du *jbel* Sarhro, sur l'ancienne route de montagne reliant la vallée du Drâa à celle du Dadès, Nekob abrite une quarantaine de **kasbahs** bien entretenues, dont quelques-unes datent de plus d'un siècle. Leurs murs, épais de 70 cm, permettent de conserver la chaleur en hiver et la fraîcheur en été. Vous pouvez flâner seul

Cueillette dans les arganiers près de Nekob.
G. Rigoulet/hemis.fr

dans le village ou demander une visite guidée des kasbahs et des galeries souterraines d'irrigation auprès de l'hôtel Baha Baha. Le dimanche, ne manquez pas le souk très animé qui attire les paysans et nomades des montagnes environnantes. Nekob vit de l'agriculture : dans l'oasis, irriguée par les oueds venant de l'Atlas, à l'ombre des palmiers, alternent des cultures de maïs, de blé, de fèves et, lorsque l'eau est suffisamment abondante, de tomates. En cas de sécheresse, les habitants creusent des puits pouvant atteindre 40 m de profondeur.

Musée ethnographique – *Dans la kasbah* **Baha Bah***a, voir « Hébergement ». Visite du musée 25 DH.* Aménagé dans une dépendance de la kasbah Baha-Baha, ce petit musée permet de se familiariser avec les différentes tribus des **Aït Atta**. Vous verrez un métier à tisser les tapis (manié par une tisseuse), des outils, armes et instruments de la vie quotidienne (dont une clepsydre, sorte de « sablier à eau », utilisée pour décompter le temps d'irrigation auquel chacun avait droit pour sa parcelle), différents costumes. La pharmacopée traditionnelle de la région est illustrée par des feuilles de henné sec ainsi que différentes plantes médicinales recueillies dans le *jbel* Sarhro. Depuis la terrasse de la kasbah, la **vue** sur la palmeraie et les kasbahs de Nekob est très belle.

Reprenez la route, austère mais très belle, en direction de Rissani.

Quelques palmiers longent l'oued, donnant de la couleur à ce désert de cailloux avec, pour toile de fond, le *jbel* Sarhro. Après 30mn de route apparaît le village de **Tazzarine** (station-service, restaurants, hébergement) et sa vaste palmeraie.

Comptez ensuite env. 2h15 de trajet entre Tazzarine et Rissani.

Vous pourrez faire étape à **Alnif** (station-service, restaurants, hébergement). Les palmiers se font de plus en plus rares et déplumés, quelques villages en pisé montrent encore leur silhouette avant de disparaître dans un paysage aride aux couleurs ocre et beige, austère et grandiose. À une quinzaine de kilomètres de Rissani *(voir p. 395)*, le décor change : à la pierre se mêle le sable rouge.

Nos adresses

Hébergement/Restauration

Budget moyen, 400 à 700 DH

À Nekob

Kasbah Baha Baha – *Nebok, dans le vieux village - ✆ 05 24 30 78 01 - www.kasbahabaha.com - P - 15 ch. - 370/500 DH - 40 DH - menu 110 DH.* Surplombant le village en pisé, cette magnifique kasbah, construite en 1945, a été restaurée et aménagée en hôtel, dans le respect de l'environnement. Doté d'un beau puits, et d'une piscine, le jardin est très agréable et, du haut de la terrasse, la vue sur la palmeraie et les tours des kasbahs de la ville est superbe. La vieille cuisine avec son four à pain et sa bonne odeur de feu de bois est magnifique. Petit musée ethnographique. Restaurant ouvert aux non-résidents.

Kasbah Imdoukal – *Nekob, fléché à l'entrée du village - ✆ 05 24 83 97 98 - www.kasbahimdoukal.com - P - 16 ch. - 770 DH - menu 110 DH.* Cette imposante kasbah, entièrement bâtie en terre cuite, bois de palmier et roseaux, abrite un charmant hôtel de style rustique. Vous apprécierez les lits confortables, le service soigné et discret, ou encore l'excellent petit-déjeuner. Depuis la terrasse où sont installés des transats, on aperçoit la palmeraie et les vieilles kasbahs. Fermez la fenêtre de votre chambre la nuit, si vous ne souhaitez pas être réveillé par l'appel à la prière à 4h30. Restaurant ouvert aux non-résidents.

À Tazzarine

Premier prix, moins de 400 DH

Camping Amasttou – *Palmeraie de Tazzarine, prenez à droite en entrant dans le village (piste de Zagora) puis à gauche dans la palmeraie - ✆ 06 61 76 88 52 -* . Au cœur de la palmeraie, camping fleuri, ombragé, bien tenu et accueillant. Un bassin fait office de piscine. Vous pouvez dormir sous les tentes berbères équipées de matelas, draps et oreillers *(145 DH/pers. en 1/2 P)* ou dans l'une des 2 chambres *(100 DH)*.

Activités

Randonnées

Les environs de Nekob offrent une multitude d'activités : visite nocturne du village des kasbahs et des *rhettaras*, randonnées avec bivouac dans le *jbel* Sarhro, promenade à dos de dromadaire dans l'erg, découverte de peintures rupestres. Les hôtels Kasbah Baha Baha et Kasbah Imdoukal *(voir ci-contre)* organisent ce type d'activités. Pour un bivouac, il faut deux jours au minimum, avec la présence d'un guide et d'un cuisinier.

Shopping

Souk – *Dim.*

Le Tafilalt ★★

Berceau de la dynastie régnante actuelle, le Tafilalt (ou Tafilalet) est une immense palmeraie arrosée par le Rheris et le Ziz. Si la région a perdu, en raison de la sécheresse, la prospérité qui fit sa gloire passée, elle retrouve vie aujourd'hui grâce au désert : en effet, l'attrait des dunes de sable de Merzouga est tel que nombre de visiteurs s'y pressent, au risque de rendre le désert bien peu désertique !

Se repérer

10 124 habitants

CARTE P. 366 (D2) – *carte Michelin 742, plis 5 et 36* – En lisière du désert, le Tafilalt se trouve à une centaine de kilomètres au sud d'Errachidia et à 350 km à l'est de Ouarzazate. Depuis cette cité, on peut l'atteindre par la vallée du Dadès et Tinerhir (Tinghir), ou bien, en passant au sud du *jbel* Sarhro, par Agdz et la vallée du Drâa, puis sur la gauche, la route de Nekob.

À ne pas manquer

Le panorama depuis le *jbel* Erfoud, les dunes de sable de Merzouga et de l'erg Chebbi.

Organiser son temps

Prévoyez une nuit dans l'erg Chebbi pour admirer le coucher du soleil sur les dunes de sable, même si vous ne serez pas seul…

En famille

Un tour à dos de dromadaire le long des dunes de sable.

Carnet pratique p. 397

Nos adresses p. 398

Erfoud

Cerné de tamaris et de palmiers, au bord du Ziz, ce petit centre commercial et administratif sans grand caractère, animé par le marché qui se tient tous les jours à côté de la grande place centrale, est le point de départ d'**excursions** dans le Tafilalt et, au-delà, vers le désert de sable.

Borj-Est

À 3 km du centre d'Erfoud.

Depuis la grande place d'Erfoud, dirigez-vous vers le Ziz. Sortant par Bab el-Oued, vous franchirez la rivière par le gué aménagé ; 500 m plus loin, prenez à gauche la piste qui escalade le flanc du *jbel* Erfoud (altitude 935 m).

Le **panorama**★★ embrasse à l'est et au sud le paysage désolé de la hamada, coupé de molles collines noirâtres, de roches rouges ou de dunes. Du sud-ouest au nord s'étendent les palmeraies du Tafilalt ; en deçà, baignant Erfoud, circule le Ziz ; au-delà, l'œil peut suivre les méandres du Rheris, tandis qu'au loin on distingue la vaste palmeraie du Jorf.

6

Circuits conseillés

Les pistes du Tafilalt ne présentent pas de difficultés particulières, sauf en période d'intempéries, où l'interruption de la circulation peut durer de 2 à 3 jours. Pour réaliser ces deux excursions, un véhicule tout-terrain et un guide sont nécessaires. Renseignez-vous à votre hébergement.

★ La palmeraie

Circuit de 72 km, tracé en bleu sur la carte ci-contre – env. 4h. Sortir d'Erfoud vers le sud (direction Tazzarine, Nekob).

Entre Ziz et Rheris

La route traverse d'abord une zone à peu près dépourvue de végétation, où les dunes font bientôt place au reg. On peut encore voir de petits tertres percés à leur sommet d'un orifice protégé par une murette : il s'agit d'un antique système d'irrigation, la **rhettara**.

On pénètre alors dans la palmeraie du Tafilalt, où grinçaient naguère encore les **puits à delou** traditionnels. Le *delou* est une outre en peau de chèvre pouvant contenir plusieurs dizaines de litres d'eau. Suspendu à deux montants de bois ou de maçonnerie, manœuvré par un jeu de cordes et de poulies, il va chercher l'eau au fond du puits, la remonte et la déverse dans un canal d'irrigation. La traction est assurée par un âne, un dromadaire, voire un homme, le long d'un chemin aménagé pour le va-et-vient de l'attelage.

La mise en valeur du Tafilalt tend à faire disparaître ces anciennes techniques.

20 km après Erfoud, abandonner la route et continuer tout droit par la piste vers Ouirhlane ; à la sortie de cette localité, prendre à droite la piste de Tinrheras.

Tinrheras

Le ksar de Tinrheras est bâti sur un piton d'où l'on a une **vue★** d'ensemble sur toute la palmeraie, le Haut Atlas au loin (nord-ouest), la ligne horizontale de la hamada du Guir à l'est et les crêtes de l'erg Chebbi au sud-est.

Revenir à la fourche de Ouirhlane et prendre à droite la piste en direction d'Irara.

Après avoir passé le Ziz à gué, continuez à travers la palmeraie, ses champs d'orge, ses ksour, ses jardins fertilisés par les seguias.

Une petite Mésopotamie, berceau des Alaouites

Tout comme le Tigre et l'Euphrate, le Rheris et le Ziz se rapprochent ici et coulent parallèlement. Attendues, leurs crues sont toutefois souvent dévastatrices. La sécheresse menace toujours : il peut se passer plusieurs années sans qu'il tombe une goutte de pluie sur le Tafilalt. Aussi l'irrigation est-elle la grande affaire du paysan : seguias, *rhettaras* et puits alimentent en eau une vaste palmeraie de 857 000 palmiers dattiers, qui produisent des fruits dont la plus grande partie est consommée sur place : la datte est la base de l'alimentation du Filali (habitant sédentaire du Tafilalt) comme du nomade ; les champs d'orge et les jardins donnent le complément indispensable. Mais le Tafilalt actuel est peu de chose à côté de ce qu'il fut quand de meilleures conditions climatiques en faisaient une province convoitée : prestigieux passé qui explique sans doute la mélancolie que dégagent aujourd'hui ces arbres trop clairsemés et ces ksour à l'abandon.

La dynastie qui règne sur le Maroc a pris naissance au Tafilalt. Originaires d'Arabie, les *chorfa* alaouites s'installent ici au 13e s. La considération qui entoure les descendants du Prophète leur vaut de jouer un rôle important dans les temps troublés du 17e s. **Moulay Ali Chérif** – dont on vénère le tombeau près de Rissani – se taille un fief dans sa province. Son premier fils se fait proclamer sultan du Tafilalt ; le deuxième, Moulay Rachid, est vainqueur des Saâdiens ; le troisième, le grand Moulay Ismaïl, assoit définitivement la puissance alaouite.

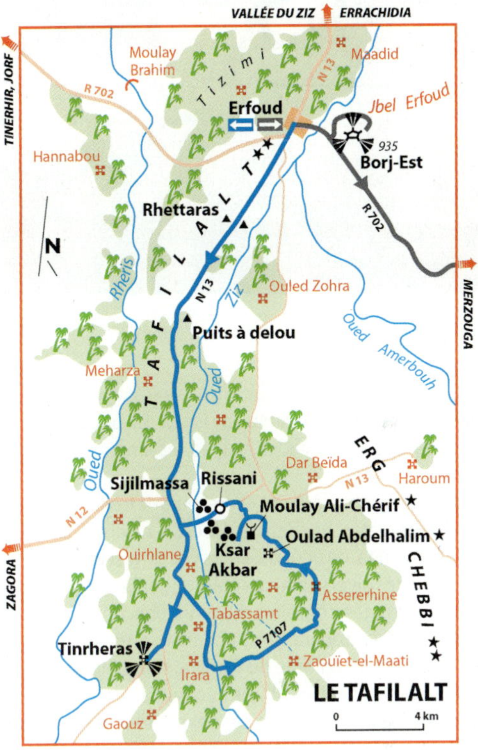

★ Oulad Abdelhalim

Ce ksar est l'un des plus beaux du Tafilalt. L'**entrée monumentale★** surtout retiendra l'attention, avec son décor de brique crue fait d'arcatures aveugles et de motifs en creux. À l'intérieur, autour d'un riad, quelques bâtiments délabrés ont conservé de beaux fragments de plafonds peints.

2 km plus loin, on trouve à gauche une piste qui mène, en face de Ksar Akbar, au tombeau de Moulay Ali Chérif.

Ksar Akbar

Malheureusement très ruinée, cette forteresse construite au début du 19ᵉ s. était une résidence de la famille alaouite et abritait une partie du trésor royal.

★ Moulay Ali Chérif

Seuls les musulmans peuvent visiter.

Cette enceinte sacrée protège le tombeau de l'ancêtre des Alaouites et une mosquée moderne, d'une éclatante blancheur. La cour de la mosquée donne sur un frais patio ; au fond de celui-ci s'ouvre la chambre funéraire, décorée de faïences émaillées.

Revenir jusqu'à la piste principale, que l'on prend à gauche.

Rissani

Cette grosse bourgade fut longtemps la capitale du Tafilalt et le centre d'un trafic caravanier important. On parcourt, sous la conduite d'un guide, les curieuses

6

rues couvertes du ksar construit par Moulay Ismaïl. Un peu plus loin, la vaste place du **souk★** retiendra, sous ses arcades rouges, les amateurs de bijoux du Sud ou d'objets rustiques.
Rissani est devenue le rendez-vous des chercheurs de fossiles qui font le commerce de **pierres fossilisées** ramassées dans le désert. À environ 20 km d'Erfoud, sur la piste qui mène à Merzouga, on peut d'ailleurs voir un gisement de ces pierres dans lesquelles sont incrustés divers animaux marins : goniatites enroulées, orthocères en forme de cônes allongés, trilobites du genre phacops *(verser de l'eau sur les pierres pour mieux les faire apparaître)*. Découpées en dalles plus ou moins larges, ces pierres, qui se polissent comme du marbre, sont utilisées comme panneaux muraux, dessus de table et autres objets décoratifs.
Ruines de Sijilmassa – Quelques centaines de mètres après la sortie de Rissani, de part et d'autre de la route s'élèvent quelques pans de murs à moitié enfouis dans le sable. On a peine à croire qu'il s'agit là des restes de la cité fastueuse de Sijilmassa.
La route traverse ensuite le Ziz par un gué bien aménagé et ramène à Erfoud.

Les roses pourpres de Sijilmassa

De ce paradis perdu témoignaient hier encore les mélopées des femmes de Fès : « Ô la joue de la rose, rose rouge de Sijilmassa ! » **Sijilmassa** fut en effet la première grande cité du Maroc. Fondée sans doute aux premiers temps de l'islam, tout près de l'actuelle Rissani, elle rayonna bien avant Fès et Marrakech sur l'Afrique occidentale. Réputée pour ses dattes, ses fleurs et les fruits de ses jardins, elle l'était aussi pour son or. Car c'est dans cette ville fastueuse que se croisaient les pistes du sud vers Tombouctou et le Soudan, de l'est vers l'Égypte, du nord vers Tlemcen et Fès ; on y trouvait la poudre d'or, l'ébène, l'ivoire et les esclaves. Son déclin fut brutal au 14e s. Supplantée par Rissani, elle fut entièrement détruite au 19e s.
Des fouilles archéologiques ont été effectuées sur le site de **Sijilmassa** afin de tenter de mieux connaître son mode de vie et son environnement à l'époque de sa splendeur.
Ces recherches, menées conjointement par des organismes marocains et américains regroupant des archéologues, des historiens et des géographes des deux pays, ont permis de découvrir que la ville avait conçu autour de l'oasis un système savant de murs pour protéger ses précieuses ressources en eau contre les pilleurs.

Dunes de Merzouga et désert de l'erg Chebbi.
T. Dressler/age fotostock

★★ Merzouga et l'erg Chebbi

Circuit de 51 km au sud-est d'Erfoud, tracé en gris sur la carte p. 395 – compter une demi-journée. Sortir d'Erfoud par la route du Borj-Est mais continuer tout droit par la route, qui se transforme bientôt en piste.

Cette excursion, qu'il faut effectuer, si on le peut, au lever ou au coucher du soleil (nombre d'hôtels proposent à leurs hôtes leurs services pour la réaliser), permet de découvrir le vrai désert de sable. Après des kilomètres de désert de cailloux conférant au paysage une certaine âpreté, on est saisi par une impression de volupté lorsque apparaissent, roses et blondes, les dunes de sable de l'**erg Chebbi★★**. Il s'agit du seul erg (champ de dunes) du Sahara marocain. Il s'étend du nord au sud sur environ 40 km, à l'ouest des palmeraies de l'oued Ziz, sa masse de sable atteignant par endroits 170 m de hauteur.

Aux premières caresses du soleil, ces dunes, dont certaines atteignent plus de 100 m de haut, offrent en effet un dégradé de tons d'une infinie douceur allant du beige à l'abricot. Non loin du village de **Merzouga** aux maisons plates en pisé, halte possible dans les nombreuses « auberges de sable » ou sous une tente nomade pour un bivouac à la belle étoile au pied des dunes, avant de reprendre la route vers Erfoud ou Rissani.

À l'approche des dunes, vous ne manquerez pas d'être saisi par l'apparition saugrenue d'un lac. Un mirage ? Non, il s'agit du **Dayèt Srij** où, parmi les roseaux, se retrouvent flamants roses et oiseaux migrateurs.

Carnet pratique

Informations utiles

Orientation – Pour rejoindre les dunes de Merzouga, empruntez la route de gauche à la fourche située à la sortie de Rissani (direction opposée de Moulay Ali Chérif).

Agenda

Fête des dattes d'Erfoud – *Oct.* Nombreuses manifestations : rassemblement de tribus berbères lors du grand souk, course de dromadaires, spectacles de groupes folkloriques de la région d'Errachidia, élection de la « reine des Dattes » et du meilleur agriculteur, etc.

Nos adresses

Hébergement/ Restauration

À Erfoud

Premier prix, moins de 400 DH

Hôtel Tafilalet – *Av. Moulay Ismaïl - BP 44 - 05 35 57 65 35 - www.hoteltafilaleterfoud.e-monsite.com - - 64 ch. - 350 DH - 34 DH - menu 110 DH.* De style quelque peu colonial et vieillot, ce qui n'ôte rien à son charme, c'est à Erfoud une véritable institution. Organisation de bivouacs et d'excursions en 4x4.

Budget moyen, 400 à 700 DH

Hôtel Erfoud le Riad – *Av. Moulay Ismaïl - en direction de Rissani - 05 35 57 66 65 - www.hotel-erfoud-riad.com - - 138 ch. - à partir de 500 DH -* . Beau jardin, piscine et confort classique. Le plus proche de la ville.

Hôtel Kasbah Tizimi – *Rte de Jorf - 05 35 57 73 74 - - 72 ch. - 650/980 DH selon la catégorie -* . Situé à l'extérieur de la ville; décor typiquement marocain, ambiance feutrée, chambres réparties autour de patios et piscine. Les dernières chambres, aménagées autour d'un riad fleuri, sont particulièrement réussies.

Pour se faire plaisir, 700 à 1 200 DH

Kasbah Hôtel Xaluca Erfoud – *À 5 km, sur la rte d'Errachidia - BP 205 - 05 35 57 84 50 - www.xaluca.com - - 144 ch. et suites - à partir de 900 DH , 1500 DH en 1/2 P-* . Un ensemble de bâtiments imitant les kasbahs entoure la piscine ombragée avec bar intégré. Les chambres, alliant les styles méditerranéeen et marocain dans des tons ensoleillés, sont vastes et jolies; un lavabo en pierre fossilifère orne les salles de bains.

Hôtel Belere – *Rte de Rissani - 05 35 57 81 90 - - 159 ch. - 1100 DH - menu 180 DH.* Les confortables chambres de cet établissement sont disposées autour d'une belle piscine dans un jardin très fleuri. Une des meilleures adresses parmi ces grands hôtels sur la route d'Erfoud.

À Rissani

Budget moyen, 400 à 700 DH

Kasbah Ennasra – *Ksar Labtarni, juste avant d'arriver à Rissani, depuis Erfoud - 05 35 77 44 03 - www.ennasra.com - - 15 ch. dont 2 suites - à partir de 550 DH - menu 120 DH.* Deux amis italien et marocain ont fait bâtir cette élégante kasbah. L'intérieur accueillant et confortable est entièrement aménagé dans le style traditionnel. Les chambres sobres et charmantes disposent chacune d'un petit patio, d'où vous pourrez contempler le ciel étoilé la nuit. Une très bonne adresse!

Une nuit dans les dunes à Merzouga et autour de l'erg Chebbi

Rarement on aura vu désert si peuplé : dès la sortie d'Erfoud, auberges et bivouacs se succèdent en effet en rangs serrés au pied des dunes de l'erg Chebbi : kasbahs de charme, gîtes délabrés, villages de tentes, il y en a pour tous les goûts! Une route goudronnée relie Rissani à Merzouga. Toutefois, pour rejoindre les hôtels qui bordent les dunes de sable de l'erg Chebbi, vous devrez emprunter une piste, qui peut s'étirer sur 15 km. La plupart sont praticables en voiture. Inutile de louer un 4x4 pour venir jusque-là.

Budget moyen, 400 à 700 DH

Auberge La Belle Étoile – *Au panneau, suivre la piste qui part de la route goudronnée, sur 12 km - 06 61 23 69 05 - www.xaluca.*

com - P - 25 ch. - 900 DH pour 2 en 1/2 P - ✕. Gérée par le groupe Xaluca, l'auberge propose des chambres décorées et meublées (en bois et rotin) très simplement. Restaurant sous tente – ou en salle en cas de tempête de sable – servant du vin. L'établissement propose également des tentes de tout confort au pied des dunes. Possibilité de promenade dans les dunes à dos de dromadaire au coucher du soleil et excursions en 4x4.

Kasbah Hôtel Saïd – *Première auberge lorsqu'on vient d'Erfoud (balisage par poteaux bleus jusqu'au pied des dunes de l'erg Chebbi) - ✆ 06 61 70 30 82 - www.kasbah-hotel-said.biz - P - 20 ch. et 3 suites - à partir de 880 DH en 1/2 P.* Cette auberge dispose de chambres agencées autour d'un jardin (des tentes y sont disposées pour ceux qui souhaitent). Tons chauds, plafonds en style tataoui. Les lavabos sont constitués de pierres fossilisées. Une piscine est entourée d'une soixantaine de palmiers. Organisation de randonnées chamelières autour de l'erg Chebbi.

Pour se faire plaisir, 700 à 1 200 DH

Kasbah-Hôtel Tombouctou – *Au panneau, suivre sur 8 km la piste qui part de la route goudronnée - ✆ 05 35 57 70 91 - www.xaluca.com - P - 77 ch. (douches et clim.) - 1100 DH pour 2 en 1/2 P.* Une kasbah hollywoodienne gérée par le groupe Xaluca. Les chambres sont installées dans deux constructions de terre réparties autour d'étroits jardins ombragés. Le grand luxe.

Activités

Excursions à dos de dromadaires, en 4x4

Tous les hôtels au pied des dunes de Merzouga et de l'erg Chebbi proposent les mêmes excursions à des prix comparables : balade à dos de dromadaire au coucher du soleil, randonnée en 4x4, bivouac dans les dunes. Sachez toutefois que cette partie du désert est très fréquentée et certains bivouacs évoquent plus un camping de bord de mer à l'approche du 15 août que la solitude des espaces infinis...

Shopping

Souk – *Sam. à Erfoud; dim., mar. et jeu. à Rissani.*
La grande spécialité de la région, ce sont les **pierres fossilisées** (ou« fossiles de marbre »). Les étals qui en proposent (authentiques ou non) aux visiteurs de passage sur le bord des routes et des pistes sont innombrables.

6

Vallée du Ziz ★

La vallée du Ziz est une voie historique de pénétration vers le Tafilalt. En tout temps, les sultans se sont efforcés de contrôler l'accès à cette province, dont la richesse et le prestige étaient considérables (voir à Erfoud). De Meknès par le col du Zad ou de Fès par Enjil, le « trik es-soltan » - le chemin du sultan - passait à l'est de Midelt pour rejoindre le Ziz près de Rich. De là, il longeait le cours de l'oued jusqu'aux « ports sahariens » de Sijilmassa ou Rissani.

Dans les gorges du Ziz.
N.Thibaut/Photononstop

Se repérer

CARTE P. 367 (D2) – *carte Michelin 742, plis 5, 23 et 36* – La vallée suit la route historique qui, depuis Fès et Meknès, puis Azrou, joint Midelt et Errachidia.

À ne pas manquer

Les gorges du Ziz et sa palmeraie.

Organiser son temps

Prévoir une journée.

Nos adresses p. 402

Une rivière saharienne

Descendu du Haut Atlas, le Ziz fait un coude aux environs de Rich, pique soudain vers le Sud et arrose le Tafilalt, avant de se perdre dans les sables du côté de Taouz. La large vallée dans laquelle il coule et les gorges impressionnantes qu'il a creusées montrent que, le sud de l'Atlas connaissait un climat beaucoup moins sec que celui qui règne aujourd'hui.

Circuit conseillé

De Midelt à Erfoud

Circuit de 235 km, tracé en violet sur la carte ci-dessous - Environ 4h.

En quittant **Midelt** *(voir p. 403)*, on s'élève par une route en lacet qui offre de belles **vues** sur le *jbel* Ayachi, le bassin de la haute Moulouya et, au loin, sur le Moyen Atlas. Dès qu'on a franchi le **Tizi-n-Talrhemt** (« col de la Chamelle », 1907 m), le paysage présaharien apparaît et la végétation se réfugie dans de petits bassins. Peu après le défilé de N'zala, on aperçoit au loin la vallée du Ziz, dont on se rapproche en laissant **Rich** sur la droite. Plusieurs **kasbahs** se dressent, après Rich, dominant les méandres encaissés de l'oued.

★★ Gorges du Ziz

Peu avant le « tunnel du Légionnaire », taillé dans le calcaire, la vallée se resserre davantage et la route pénètre en corniche dans un long corridor, dont les parois nues encadrent un cordon d'étroites palmeraies dominées par des ksour et la kasbah d'**Ifri**. La sauvage âpreté de ce paysage frappe l'imagination. Dans un virage, on débouche brusquement sur le barrage d'Hassan Addakhil, mis en service pour régulariser le débit du Ziz et irriguer la région. La route contourne les rives sinueuses du **lac de retenue**, dont les parois très rouges plongent dans une eau vert émeraude ; on parvient ensuite en vue d'**Errachidia** (l'ancien Ksar es-Souk).

Errachidia

Délégation provinciale du tourisme – *Bd Moulay Ali Cheri - Errachidia - 05 35 57 09 44.*

La ville moderne, centre administratif de la province, peut constituer une étape commode, bien que sans grand charme, sur les longues routes du Sud, car de là, on peut filer soit sur Tinerhir et le Dadès *via* Goulmima, soit sur Erfoud et le Tafilalt. Du pont qui franchit le Ziz à l'est de la ville, jolie **vue**★, à gauche, sur l'oued, la série de ksour qui en domine les rives et l'abondante palmeraie qui le borde.

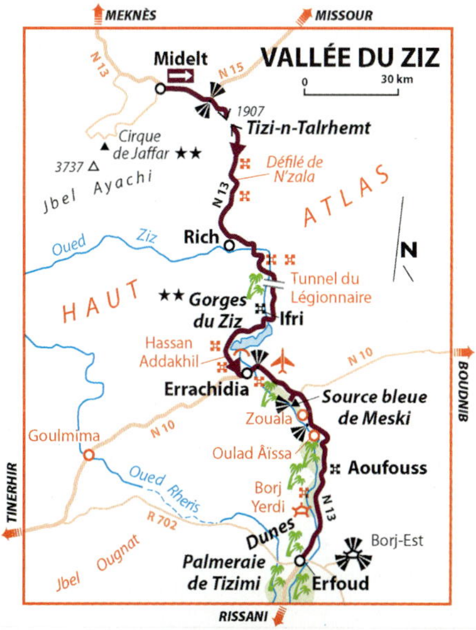

Peu après ce pont, une petite piste à gauche circule à travers la **palmeraie**, donnant de pittoresques aperçus des **ksour** voisins.

Revenir à la route d'Erfoud.

À 20 km d'Errachidia, on peut faire une pause pour voir la **source bleue de Meski** *(indiquée sur la droite, 5 DH)* ; celle-ci naît dans une cavité rocheuse et alimente une piscine dans un cadre luxuriant de palmeraie (terrain de camping). De la falaise qui surplombe la source, beau **point de vue** sur l'oasis, le Ziz et, au-delà, sur le vieux ksar abandonné de Meski.

Reprendre la N 13 en direction d'Erfoud.

Lorsqu'on retrouve la vallée du Ziz, une quinzaine de kilomètres plus loin, elle apparaît comme un ruban de verdure. Le contraste est total entre l'aspect désertique du relief tabulaire, encadrant la vallée de ses roches roses, et le vert sombre des palmeraies, soudain révélées par une échancrure du terrain, et des jardins qui tapissent les abords immédiats de l'oued. La meilleure **vue★** de ce paysage présaharien se trouve à un coude de la route, entre les villages de Zouala et d'Oulad Aïssa situés en contrebas. Dès lors, **ksour** et **kasbahs** se succèdent sur une trentaine de kilomètres, débordant parfois sur la route, comme la kasbah d'**Aoufouss**. Au-delà de Borj Yerdi, de belles **dunes** de sable d'un roux doré recouvrent la hamada, donnant un avant-goût du désert ; on atteint bientôt la vaste palmeraie de **Tizimi**, toute bruissante du pépiement d'une multitude d'oiseaux, qui annonce Erfoud.

Erfoud *(voir p. 393).*

Nos adresses

Petite pause

Le « rond-point de Ouarzazate », comme l'appellent les habitants d'Errachidia, est bordé de plusieurs cafés-terrasses. Un lieu convivial et populaire où vous pourrez faire de nombreuses rencontres.

Shopping

Souk – *Errachidia, dim., mar. et jeu.*

Hébergement/ Restauration

À Errachidia

Budget moyen, 400 à 700 DH

Auberge Tinit – *Rte de Goulmima - à la sortie de la ville en direction de Ouarzazate - ✆ 05 35 79 17 59 - www.auberge-tinit.info - P ≋ - 17 ch. - 560 DH ☕ - ✕ menus 80/100 DH.* Cette grande kasbah, bâtie autour d'un jardin parfumé, dispose de chambres sobres mais charmantes, avec air conditionné. Une bonne adresse, d'autant plus que l'accueil est soigné.

Hôtel Kenzi Rissani – *✆ 05 35 57 25 84 - www.kenzi-hotels.com - 🍷 ≋ - 61 ch. - à partir de 600 DH ☕ - ✕.* Un grand hôtel sans charme particulier mais de bon confort. Parfait pour une étape.

Pour se faire plaisir, 700 à 1 200 DH

Hôtel Le Riad – *À la sortie de la ville en direction de Ouarzazate - ✆ 05 35 79 10 06 - www.hotelleriad.com - P ≋ - 30 ch. - à partir de 800 DH ☕ - ✕* Hôtel de luxe, aménagé avec goût dans un style mélant tradition et modernité. Jardin coloré, plafond peint dans un style hispano-mauresque à l'accueil, salons marocains et vastes chambres. Vous pouvez y aller en toute confiance !

Midelt

Cité montagnarde installée à 1488 m d'altitude, Midelt est une ville d'étape entre le Moyen et le Haut Atlas, sur la route du Sud marocain, et une base pour de belles randonnées dans la région. La ville se compose d'un quartier d'aspect très européen et, de l'autre côté d'un vallon, un ancien ksar.

Midelt de nuit.
Blend Images/hemis.fr

Se repérer

46458 habitants

CARTE P. 367 (C1) – *carte Michelin 742, plis 5, 23 et 50* – À 125 km au sud d'Azrou et à 141 km au nord d'Errachidia, que l'on atteint en traversant les gorges du Ziz. Midelt est placée sur la route qui, depuis Fès ou Meknès, puis Azrou, permet d'atteindre le Tafilalt à travers le Moyen Atlas et le Haut Atlas.

À ne pas manquer

Le cirque de Jaffar.

Organiser son temps

Pour une courte étape ou un séjour, selon votre inspiration et vos aspirations...

Nos adresses p. 405

Se promener

Midelt offre son remarquable **site** au pied du **jbel Ayachi** (3737 m). Été comme hiver, c'est une base de départ idéale pour des randonnées plus ou moins longues, à pied, à cheval ou en 4x4, pour rayonner dans la région ou effectuer des circuits en montagne.

En été, il est possible, par exemple, de faire le tour du *jbel* Ayachi, au départ de Midelt ou de Tattiouine, à travers une forêt mixte de genévriers et de chênes verts. En hiver, la longue et sévère muraille de l'Ayachi, enneigée une grande partie de l'année, se parcourt également à skis.

Anciennes mines de plomb d'Aouli

Au nord-est de Midelt, d'importants gisements de plomb furent exploités jusqu'en 1975 à **Mibladen** et **Aouli** (ce dernier était connu pour la variété de ses échantillons minéralogiques).

Bien qu'ayant cessé toute activité, les **mines**, à environ 25 km de Midelt, demeurent un agréable but d'excursion dans un **paysage de gorges★**, le long de l'oued Moulouya bordé de larges massifs de lauriers-roses *(route étroite et par endroits en mauvais état)*. Si le site est beau, il s'en dégage une certaine mélancolie, qu'accentuent les modestes habitations des mineurs disséminées dans les rochers, la petite mosquée rose tout aussi abandonnée surplombant l'oued et les rails à flanc de colline sur lesquels sont encore accrochés quelques wagonnets. Au-delà de la mine, il est possible de poursuivre jusqu'au village d'Aouli, en longeant l'oued.

Circuit conseillé

CARTE DE RÉGION P. 367

★★ Cirque de Jaffar C1

Circuit de 79 km - compter une journée. Les 54 km de pistes très mauvaises et praticables seulement par temps sec ne permettent de l'entreprendre que de mai à novembre. Se renseigner à Midelt sur l'état des pistes, et ne pas oublier d'emporter un pique-nique.

Quittez Midelt par la route de Meknès, de loin en loin jalonnée de kasbahs ; elle traverse le plateau de l'Arid, dont la terre caillouteuse porte quelques touffes d'alfa.

Au bout de 15 km, prendre à gauche une piste en direction d'Aït ben Ali Mitkane et suivre la signalisation pour Mitkane (piste 3426).

On passe auprès de kasbahs ou de simples villages, dispersés dans un paysage de steppe et composés de quelques maisons basses, carrées, en pisé d'un ocre blond, refermées sur elles-mêmes derrière leurs rares ouvertures.

À mesure qu'on s'élève apparaissent les chênes verts, puis les thuyas. Le *jbel* Ayachi, tout proche, ferme complètement ce paysage, sur lequel règnent quelques beaux cèdres. Cet arbre, que l'on trouve fréquemment au-dessus de 1500 m dans le Rif et le Moyen Atlas, ne se rencontre guère dans le Haut Atlas que dans les régions situées au sud-ouest de Midelt.

À la maison forestière de Mitkane, prendre la piste à gauche ; rouler au pas.

Le cirque de Jaffar se creuse au pied de la montagne. Des abords du col, qu'emprunte la piste de retour vers Midelt, une **vue★★** superbe s'offre sur l'amphithéâtre boisé et rocheux dominé par les crêtes de l'Ayachi couvertes de neige jusqu'en mai.

On revient à Midelt en continuant à suivre toujours la même piste, sinueuse, partiellement mauvaise et coupée de cassis.

Après le col, la descente sur la ville offre des vues très étendues sur la plaine de la Haute Moulouya et le Moyen Atlas.

Nos adresses

Shopping

Souk – *Dim.*

Activités

Le **tour du jbel Ayachi** *(3 à 6 jours)* s'effectue de préférence en été, entre juin et octobre. Une autre randonnée, toujours en été, permet d'aller en 4x4 jusqu'au **cirque de Jaffar**, puis de marcher vers les crêtes de l'Ayachi.

La **traversée nord-sud du Haut Atlas oriental**, de Midelt à Tinerhir, dure 9 jours (pour marcheurs confirmés).

Si vous souhaitez explorer les environs, vous trouverez les meilleures propositions et les guides les plus compétents à l'hôtel Ksar Timnay *(voir ci-contre)*.

Hébergement

Budget moyen, 400 à 700 DH

Kasbah Asmaa – *À la sortie de Midelt, à 3 km sur la rte d'Errachidia - 05 35 58 04 08 - - 45 ch. - 460 DH - menu 145 DH.* Installé dans une construction évoquant une kasbah, c'est un agréable lieu de séjour, d'autant que certaines des chambres offrent une jolie vue sur la montagne et qu'il dispose d'un jardin.

À Zeïda

Budget moyen, 400 à 700 DH

Hôtel Ksar Timnay – *À Zeïda - à 20 km au nord de Midelt par la rte d'Azrou - 05 35 36 01 88 - www.ksar-timnay.com - - 28 ch. - 520 DH - menu 100 DH.* Chambres vastes et confortables et excellent accueil dans cette maison très impliquée dans la vie locale. On vous proposera des excursions payantes (d'un à plusieurs jours avec logement dans des villages berbères), ainsi que des balades à pied gratuites (2 à 4h) dans les environs de l'hôtel.

Tinerhir ★★

Tinghir

À l'endroit où l'oued Todra, descendu du Haut Atlas, oblique brusquement vers l'est s'étend l'oasis de Tinerhir, célèbre pour sa palmeraie et sa myriade de ksour et de kasbahs. C'est l'une des plus belles et des plus vastes du Maroc ; l'une des plus denses aussi en végétation. Bourgade animée et prospère, Tinerhir est connue pour ses bijoux berbères en argent ou autres métaux moins nobles.

Oasis et palmeraie de Tinerhir.
H. Hugues/hemis.fr

Se repérer

38150 habitants

CARTE P. 367 (B2) – *carte Michelin 742, plis 3 et 35* – La ville, ancien poste militaire sur la route de Ouarzazate à Errachidia, est bâtie en terrasses au débouché des gorges du Todra, autour d'une butte, que dominent l'hôtel Saghro et un ancien château du Glaoui tombé en ruine.

À ne pas manquer

La palmeraie et les gorges du Todra.

Organiser son temps

Une journée pour visiter tranquillement les gorges du Todra.

Carnet pratique p. 408

Nos adresses p. 408

Les poissons sacrés de Tinerhir

Selon la légende, un saint homme se serait aventuré sur la route conduisant vers les gorges du Todra. Frappant un rocher de son bâton, il en aurait fait jaillir une source, celle que nous connaissons aujourd'hui. Le frappant à nouveau, il aurait peuplé celle-ci de poissons. Depuis lors, nul ne se risquerait à pêcher ces derniers, qui, à l'abri de tout asticot tentateur, évoluent dans les eaux du bassin et atteignent des tailles impressionnantes.

Se promener

★ Point de vue sur l'oasis de Tinerhir

Vue de la terrasse de l'hôtel Saghro, l'oasis déploie sa vaste étendue cultivée, morcelée en petits jardins, en vergers, en minuscules champs ; au-delà, c'est la ligne plus grise des palmiers ; enfin, ceinturant la palmeraie et dressée en arc de cercle à la limite des plateaux désertiques, la longue suite des ksour ferme l'horizon.

★★ Promenade dans la palmeraie

Durée : environ 1h30, en voiture (guide conseillé). Ce petit circuit – pour lequel il ne peut être recommandé d'itinéraire précis – se déroule au sud-est de Tinerhir dans la direction de Tagoumast et emprunte des pistes praticables seulement lorsque le sol est sec ; on regagnera la ville par la route P 32 venant d'Errachidia.

C'est en fin d'après-midi qu'il faut circuler dans la palmeraie. C'est l'heure où les murs blonds ou ocre des **kasbahs**, les fragiles murettes de pisé séparant les jardins, les palmiers, les arbres fruitiers et les fleurs prennent le plus de relief et d'éclat. C'est aussi l'heure où l'oasis s'anime : dans les ksour, les hommes assis par terre en longues rangées contre les maisons conversent en regardant tomber le soir ; les femmes, qui se sont attardées dans les champs, rentrent vers le village, très droites dans leurs drapés noirs ou leurs robes aux lumineuses couleurs, une large corbeille ronde posée sur la tête, et parées comme pour une fête ; d'autres se coulent, silhouettes effarouchées et fugitives, dans les vergers.

On peut visiter au passage un petit village de potiers.

À proximité

CARTE DE RÉGION P. 367

★★ Gorges du Todra B2

Au nord-ouest de Tinerhir – 15 km. Avant de partir, se renseigner à Tinerhir sur le niveau de l'eau dans les gorges. En sortant de l'agglomération (direction d'Errachidia), prendre une petite route qui s'amorce à gauche, juste avant de franchir le radier sur l'oued Todra.

Le Todra a dû, pour s'échapper de la montagne et arriver jusqu'aux plateaux, se frayer un passage à travers des massifs calcaires, dessinant des gorges d'une exceptionnelle beauté.

La route longe la rive droite de l'oued, dont le lit est occupé par une immense palmeraie ; elle s'élève ensuite et procure de beaux points de vue. Sur l'autre rive, des **kasbahs** montent la

Balade ombragée

L'hôtel-restaurant Amazir est le point de départ d'une agréable balade, qui, en empruntant un sentier longeant l'oued Todra, vous permettra de découvrir un village abandonné de la palmeraie, **Aït Snane,** avant de redescendre vers la **source des poissons sacrés.**

6

garde au pied de falaises arides. Après la source « des poissons sacrés » *(à une dizaine de km de Tinerhir)*, la route pénètre dans les gorges, et la vallée se resserre jusqu'à n'être plus qu'un défilé extrêmement étroit, d'une impressionnante hauteur. En saison humide, le Todra doit être traversé à gué au niveau de l'auberge Étoile des Gorges.

Au bout de la route carrossable, on peut, en période sèche, continuer à pied *(environ 15mn AR)* jusqu'à l'élargissement du canyon, en remontant le lit caillouteux de l'oued, qu'animent les populations locales et qu'empruntent une partie de l'année les montagnards pour se rendre à Tinerhir.

Carnet pratique

Informations utiles

Tinerhir (souvent orthographié « Tinghir » sur les panneaux de signalisation) est avant tout une base de départ pour randonnées pédestres ou en 4x4, principalement dans les gorges du Todra.

Nos adresses

Restauration

En ville

Budget moyen, 100 à 200 DH

Hôtel Tomboctou – *Voir « Hébergement » - 🍷 - menu 125 DH.* Carte marocaine et internationale (pizzas). Menu enfant 80 DH.

Restaurant de l'hôtel Saghro – *Voir « Hébergement » - menus 80/150 DH.* Pour la vue panoramique sur la palmeraie.

Kasbah Lamrani – *Voir « Hébergement » - 🍷 - menu 120 DH.* Cuisine marocaine ou internationale servie dans l'un des deux restaurants répartis autour du patio central.

Dans les gorges du Todra

Tout au long de la route, de nombreux petits restaurants permettent de se rafraîchir ou de déjeuner à la bonne franquette.

Budget moyen, 100 à 200 DH

Kasbah Restaurant Amazir – *Voir « Hébergement » - tajine 90/120 DH - salade 25/35 DH.* Pour déjeuner aux abords des gorges dans une grande salle donnant sur la palmeraie ou, mieux encore, sur la terrasse dominant la rivière.

Plus loin sur la route des gorges, les modestes auberges **La Vallée** et **Étoile des Gorges** sont des haltes bienvenues pour un rafraîchissement ou une collation avant l'exploration des gorges.

Shopping

Supermarché Chez Michèle – *Sur la rte de Ouarzazate, à gauche - fermé vend. et pdt le Ramadan.* Alimentation, produits ménagers et d'hygiène, cigarettes, boissons, alcoolisées ou non : bref, l'essentiel pour ne pas s'embarquer sans biscuits...

Souk – *Lun.*

Activités

L'hôtel **Kasbah Lamrani** organise des excursions en véhicule tout-terrain avec chauffeur dans les gorges du Dadès, du Todra et de Rissani ainsi que des bivouacs. Importante documentation (cartes, topo-guides) en vente à la réception de l'**Hôtel Tomboctou**.

Hébergement

Vous trouverez plusieurs formules d'hébergement à Tinerhir, des hôtels plutôt simples du centre-ville aux établissements plus luxueux de la périphérie.

En ville

Premier prix, moins de 400 DH

Camping Ourti – *Rte de Ouarzazate - sur la gauche - ✆ 05 24 83 32 05 - emplacement de camping-car 55 DH - menus 40/70 DH.* Agréable piscine ombragée.

Budget moyen, 400 à 700 DH

Hôtel Saghro – *✆ 05 24 83 41 81 - www.hotel-saghro-tinghir.business.site - 70 ch. dont 2 suites - à partir de 610 DH - menus 80/120 DH.* L'hôtel bénéficie d'une situation exceptionnelle, en surplomb de la palmeraie, mais, d'architecture moderne, il manque de charme. Chambres climatisées dotées de balcons. Belle terrasse avec piscine et bar dominant la ville et la palmeraie.

Hôtel Tomboctou – *126 av. Bir Anzarane - sur la rue principale vers Ouarzazate, prendre la 1re rue à gauche après la grande place en suivant le fléchage - ✆ 05 24 83 51 91 - www.hoteltomboctou.com - 16 ch. - 550 DH, 750 DH en 1/2 P -* Il est installé dans une magnifique kasbah datant de 1944 joliment rénovée. L'hôtel dispose d'un restaurant et d'une petite piscine. L'accueil est chaleureux.

Hôtel Kasbah Lamrani – *Rte de Ouarzazate - ✆ 05 24 83 50 17 - www.kasbahlamrani.com - 22 ch. - 660 DH 780 DH en 1/2P..* Chambres spacieuses (certaines triples, d'autres quadruples) donnant sur une grande terrasse communicante. Six d'entre elles sont dotées d'une baignoire. L'hôtel, confortable et plutôt bien décoré, dispose de deux restaurants, d'une tente berbère, réservée aux animations, et d'un coin cheminée. Location de VTT *(200 DH/j)*.

Sur la route des gorges

Premier prix, moins de 400 DH

Camping-Auberge Le Lac Gate of Eden – *✆ 06 99 94 71 91 - 7 ch. -250 DH - menu 70 DH.* Organisation d'excursions en Land Rover, VTT et mulet.

Hôtel Les Roches – *✆ 05 24 89 51 34 -www.hotel-roches-todra.com - 18 ch. - 300 DH - menu 90 DH-* Simple et sympathique.

Auberge-Camping Atlas – *À 9 km de Tinerhir, en bordure de l'oued - ✆ 05 24 89 50 46 - www.auberge-camping-atlas.com - 12 ch. - 350 DH -* Chambres simples mais convenables, dans une ambiance très conviviale. L'auberge dispose également d'emplacements de camping.

Budget moyen, 400 à 700 DH

Kasbah Restaurant Amazir – *Rte des gorges - km 10 - ✆ 05 24 89 51 09 - 20 ch. - 700 DH -* Un petit hôtel-restaurant dont la terrasse donne directement sur l'oued Todra. Demandez les chambres disposant de balcons : vous y serez à la hauteur des feuillages de la palmeraie et pourrez entamer un dialogue direct avec les oiseaux. Accueil sympathique dans cet établissement bien tenu. Le restaurant est ouvert aux visiteurs de passage.

Vallée du Dadès ★★

De Tinerhir à Ouarzazate, d'oasis en oasis, la route s'inscrit dans des paysages magnifiques, sauvages et solitaires, âpres ici, doux plus loin, souvent tourmentés, parfois apaisés, entourés de montagnes composant une symphonie de couleurs, et que ponctuent de nombreuses kasbahs, à la beauté si particulière, qui se confondent avec la terre d'où elles sont nées. Du reste, n'a-t-on pas surnommé cette région la « vallée des mille kasbahs » ?

Se repérer

CARTE P. 366 (B2) – *carte Michelin 742, plis 34 et 35* – Cette vallée est parcourue sur une longueur de 169 km par une route, tronçon de la grande rocade qui, de Ksar es-Souk à Agadir, profite d'une enfilade discontinue de plateaux et de plaines pour s'insérer entre la redoutable barrière de l'Atlas au nord et, au sud, de l'Anti-Atlas et ses prolongements orientaux, le *jbel* Sarhro et l'Ougnat.

À ne pas manquer

La route entre Tinerhir et Boumalne-Dadès, les gorges du Dadès, Skoura et sa splendide palmeraie.

Organiser son temps

Deux jours, en passant une nuit dans les gorges.

En famille

Une promenade dans la palmeraie de Skoura.

Carnet pratique p. 414

Nos adresses p. 414

Circuit conseillé

CARTE DE RÉGION P. 366 ET CARTE CI-CONTRE

★★ De Tinerhir à Ouarzazate AB2

Circuit de 226 km, tracé en orange sur la carte ci-contre – une journée.

★★ Tinerhir *(voir chapitre précédent)*
Sur les 53 km qui séparent Tinerhir de la vallée du Dadès, la route serre de près puis traverse la *khéla*, plateau désertique découpé en lanières par les oueds. Sur la gauche, tel un énorme bastion en ruine, le *jbel* Sarhro profile ses sommets noirâtres et déchiquetés sur la pureté du ciel. Après la kasbah de **Timadriouine**, le plateau se relève quelque peu aux abords du seuil d'Imiter, où passe la ligne de partage des eaux entre le Drâa, vers le sud-ouest, le Rheris et le Ziz, vers le sud-est. Là se dressent les belles kasbahs d'**Imiter** entourées de jardins.
Au-delà, on retrouve la morne *khéla* où des troupeaux de dromadaires errent à la recherche d'une maigre nourriture.

Boumalne-Dadès
Cette ville apparaît en contrebas, peu après le virage qui contourne le quartier militaire et administratif installé sur le plateau ; la **vue★** est remarquable sur la kasbah hérissée de tours, l'oued verdoyant, tandis qu'au nord s'annoncent les gorges du Dadès.
Quitter la N 10 et prendre à droite la R 704 en direction de Msemrir.

Gorges du Dadès.
N. Thibaut/Photononstop

★★ Gorges du Dadès, de Boumalne à Msemrir

115 km AR – 4h environ. Dans Boumalne, prendre sur la droite la route signalisée « Msemrir ».

Le Dadès, qui naît sur le versant sud du Haut Atlas, tranche en « coup de sabre » la montagne à travers d'épaisses assises calcaires. Ces gorges magnifiques sont accessibles aux voitures de tourisme. On peut les admirer en s'enfonçant, au nord de Boumalne-Dadès, dans la vallée du Haut Dadès.

La vallée est très peuplée et, dominant les villages, de nombreux châteaux forts se dressent au-dessus des jardins qu'ombragent bouleaux aux feuillages argentés,

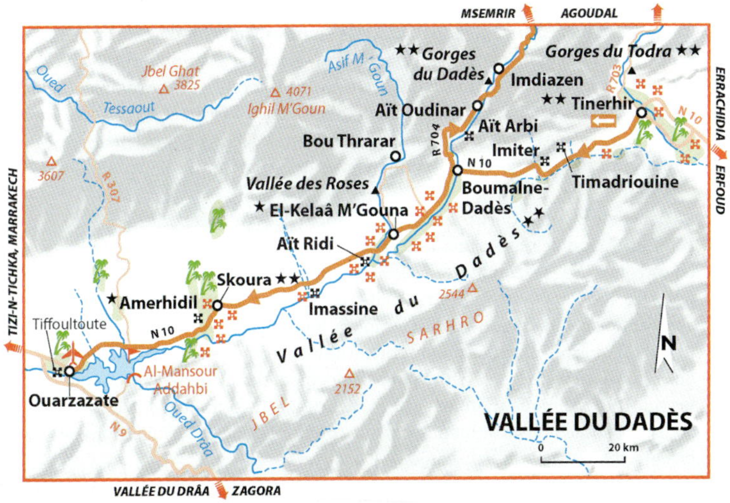

noyers et peupliers; les palmiers sont absents de ces oasis en raison du climat montagnard. Après une dizaine de kilomètres, le versant opposé est recouvert de rochers rouges aux formes voluptueuses, évoquant une coulée solidifiée : ce sont les **doigts de singe**.
Remarquez ensuite les belles kasbahs d'**Aït Arbi**.
À la sortie d'**Aït Oudinar**, un pont franchit le Dadès et permet d'atteindre les gorges. La vallée se resserre rapidement entre les parois vertigineuses de calcaire massif qui marquent l'entrée des gorges proprement dites, particulièrement étroites et sombres. La route s'élève ensuite brusquement en lacets spectaculaires, pour atteindre un plateau, profondément entaillé par le Dadès, qui coule au bas des parois verticales, bordé par un filet de végétation qui en souligne le cours. Plusieurs espaces aménagés en bordure de la route permettent de garer la voiture pour contempler ce **paysage★★** grandiose.
Puis la route redescend au bord de la rivière et longe le Dadès parmi les lauriers-roses, traversant un étroit et spectaculaire défilé aux parois de couleur rouge ou orangée, avant de brusquement s'évaser à hauteur de l'hôtel-restaurant Berbère de la Montagne.
On atteint alors le village d'**Imdiazen**, avec ses toits plats, posé au cœur d'une région fertile. Les bouleaux font à nouveau leur apparition parmi les champs de blé, généreusement irrigués par l'oued. À la saison des récoltes, au début de

Une architecture de terre crue

Les **kasbahs** du Dadès sont des citadelles élevées jadis par des chefs locaux et qui perpétuent le souvenir des luttes d'influence dans une zone qui est un carrefour de communication. Châteaux désormais sans seigneurs, elles sont occupées, quand elles ne tombent pas en ruine, par des notables, ou partagées par des paysans.
À la différence des grandes forteresses inspirées de l'art citadin et construites par les sultans (Mehdiya, Kasba-Tadla, Boulâouane...), elles ne doivent rien à l'art hispano-mauresque, et encore moins à l'art d'Occident; elles relèvent d'un art autochtone, berbère, à caractère rural. Les kasbahs sont construites suivant un modèle simple, que la juxtaposition d'éléments vient parfois rendre plus complexe. Ce sont des quadrilatères d'épaisses murailles de pisé dont la partie haute est souvent faite de briques crues, couronnées de merlons en épis. À chaque angle, une tour qui va s'amincissant vers le sommet confère un peu de légèreté à ces ensembles massifs aux rares ouvertures : des meurtrières, quelques fenêtres étroites et grillagées. Une seule porte monumentale donne accès, par un dédale de couloirs voûtés et de cours, à la demeure du chef de famille et de ses serviteurs.
La pauvreté de la matière première est compensée par la décoration. Damiers, triangles, chevrons, losanges, croix, roues solaires quelquefois : on retrouve là des éléments de ce décor berbère connu pour les tapis, les poteries, les bijoux – et qui bannit toute forme de vie, même végétale. Cette abstraction géométrique envahit les murs, monte à l'assaut des tours avec une profusion qui exclut la monotonie. Il s'agit presque toujours d'un décor en creux, obtenu par incision ou par l'agencement des briques crues, auquel les éclairages obliques donnent une espèce de vie. Le sommet des tours, souvent badigeonnées de blanc, porte des merlons dont les formes digitées ou cornues sont destinées à conjurer le mauvais sort.

l'été, les gerbes de blé illuminent d'or les aires où elles sont entreposées pour le séchage, tandis que les troncs de bouleaux attestent une activité forestière. Paysage bucolique et agreste qu'anime l'incessant va-et-vient des femmes ployant sous des gerbes énormes, qu'elles sont chargées de rapporter au village. Par endroits, de modestes passerelles de bois enjambent le Dadès dans ce qui semble un immense jardin.

Après 44 km, on franchit à nouveau de petites gorges, puis la route grimpe en lacet serré sur le flanc de la montagne, dans un paysage désormais désolé (hors le ruban de verdure de l'oued qui coule au fond, entaillant la montagne pelée en de spectaculaires méandres), mais toujours aussi grandiose *(km 50)*.

Au bout de 57 km, on arrive à **Msemrir**, village isolé, où la route s'achève pour laisser la place à une piste.

Au-delà de Msemrir, un véhicule tout-terrain sera nécessaire. Après avoir franchi le Tizi-n-Ouano, la piste conduit à Agoudal, d'où l'on peut rejoindre la vallée du Todra (voir à Tinerhir) par le Tizi-Tinerhouzine (alt. 2700 m).

Revenir sur ses pas jusqu'à Boumalne, et reprendre la route vers Ouarzazate.

En aval de Boumalne, le Dadès parcourt une large **vallée** dont les versants désertiques contrastent avec le ruban de verdure qui serpente au voisinage de la rivière et de ses nombreux affluents. La route offre de belles vues sur les kasbahs.

★ El-Kelaâ M'Gouna

Située dans la vallée du M'Goun, patrie des M'gouna, El-Kelaâ est le pays des roses. Dans ses deux usines, on fabrique l'eau de rose dont les Marocains font une grande consommation : car si la rose est appréciée pour son parfum et ses vertus en cosmétologie, elle fait également partie, en décoction, de la pharmacopée traditionnelle. Il y a là en outre un ensemble ruiné de **kasbahs** remarquables par l'ampleur et la richesse de leur décoration ; l'une d'elles se dresse fièrement sur un éperon. Important carrefour commercial, El-Kelaâ est aussi le point de départ de randonnées pédestres vers Azilal, au nord.

★★ Skoura

Après avoir remarqué au passage la kasbah des **Aït Ridi** et celle d'**Imassine**, on atteint la belle **palmeraie de Skoura**.

Cette oasis séduit par sa végétation (les palmiers réapparaissent dans le paysage), ses merveilleuses et nobles kasbahs, enfouies dans la verdure ou se détachant sur un fond étincelant de haute montagne. Ne manquez pas de vous faire indiquer la kasbah magnifiquement ouvragée d'**Amerhidil★**.

Au-delà de Skoura, la route s'approche du lac de retenue (4500 ha) du barrage **Al-Mansour Addahbi**, construit sur l'oued Drâa.

Mis en eau en 1972, cet ouvrage à voûte mince, large de 285 m et haut de 63 m, offre une capacité de retenue de 530 millions de m^3, permettant l'irrigation de 14000 ha de culture et de quelque 800 0000 palmiers le long de la vallée du Drâa, créant ainsi une oasis presque ininterrompue jusqu'à Mhamid.

À une vingtaine de kilomètres avant Ouarzazate, on aperçoit à gauche au bord du lac un ensemble d'élégantes kasbahs de villégiature construites près du Golf royal.

Ouarzazate *(voir p. 369)*.

Excursion dans la vallée des roses

Cette piste, qu'il vaut mieux parcourir au printemps, en 4x4 et en étant accompagné d'un guide expérimenté, longe l'oued M'Goun et conduit aux villages de **Tourbist** et de **Bou Thrarar** à travers les rosiers.

Carnet pratique

Arriver/Partir

Voiture

La route de Tinerhir à Ouarzazate, bien revêtue et suffisamment large, ne pose pas de problèmes particuliers, tout comme celle des gorges du Dadès.

Agenda

Fête des roses – Chaque année en mai à El-Kelaâ : expositions, manifestations folkloriques.

Nos adresses

Restauration

Dans les gorges du Dadès

Premier prix, moins de 100 DH

Le Berbère de la Montagne – *Voir « Hébergement » - au débouché des gorges, avant Imdiazen.* Accueil charmant. Salades et kalia (viande en petits morceaux, légumes, épices de la vallée et œufs), la spécialité locale.

Shopping

Souks

Souk Boumalne – *Merc.*

Souk Msemrir – *Le vend. et le sam.*

Souk El-Kelaâ M'Gouna – *Le mercr.*

Eau de rose

Vous en trouverez, à l'état pur ou déclinée sous forme de produits dérivés, à **El-Kelaâ M'Gouna,** dans les innombrables boutiques, installées tant au bord de la route que le long de la rue principale.

Activités

La vallée du Dadès est le point de départ d'**excursions** en montagne, à effectuer à pied ou en voiture accompagné par un guide :

- excursion à pied dans le canyon jusqu'au village d'Imdiazen ;
- excursion à pied ou en voiture dans la vallée des Roses ;
- excursion à pied *(5 j.)* ou en 4x4 *(1 j.)* pour effectuer la boucle vallée du Dadès-gorges du Todra.

Hébergement

À Boumalne-Dadès

Premier prix, moins de 400 DH

Hôtel Kasbah de Dadès – *Bd Mohammed V - centre de Boumalne - ✆ 05 24 83 00 41 - www.kasbahdedades.com - 30 ch. - 400 DH - 600 DH pour 2 en 1/2 P -* L'hôtel est situé dans le virage qui relie la partie haute à la partie basse de la ville. Cette vaste bâtisse, qui ménage une belle vue sur la vallée, présente des chambres simples dotées de balcon.

Dans les gorges du Dadès

On trouve de nombreuses auberges, au confort plus ou moins rudimentaire. Elles proposent toutes des excursions dans les gorges et les vallées environnantes.

Premier prix, moins de 400 DH

Hôtel-Camping Le Berbère de la Montagne – *Au débouché des gorges, avant Imdiazen en direction de Msemrir - ✆ 05 24 83 02 28 - www.berbere-montagne.com - - 10 ch. - 400 DH - 1/2 P 620 DH.* Dans un site superbe, au débouché des gorges, précédé d'un jardin où poussent roses trémières et lauriers-roses, jasmin et chèvrefeuille, c'est une petite auberge au confort douillet, où vous recevrez un accueil charmant.

La Fibule du Dadès – *Le long de la rte des gorges, à 27 km de*

Boumalne - ✆ 06 70 71 14 91 - www.la-fibule-du-dades.business.site - 4 ch. - 350 DH - ✕. Une charmante auberge tenue par des habitants de la vallée, où vous trouverez des chambres très bien tenues, à des prix raisonnables.

Pour se faire plaisir, 700 à 1200 DH

Chez Pierre – *Douar Aït Oufi, juste avant la Kasbah de la Vallée, le long de la route - ✆ 05 24 83 02 67 - www.chezpierre.org - - 8 ch. et une suite - 760/980 DH - ✕ dîner 240 DH.* Bâtie sur plusieurs étages le long de la roche, cette demeure élégante abrite des chambres charmantes décorées dans le style traditionnel. L'ensemble est à la fois joli et confortable, et d'autant plus agréable qu'on y prépare une excellente cuisine. Assurément une très bonne adresse.

À El-Kelaâ M'Gouna

Budget moyen, 400 à 700 DH

Kasbah Itran – *À 4 km de El-Kelaâ M'Gouna par la rte de Tourbist - ✆ 05 24 83 71 03 - www.kasbahitran.com - - 9 ch. - 450 DH - 600 DH pour 2 en 1/2 P.* Perchée, l'auberge domine la plaine de Kelaâ M'Gouna, avec ses kasbahs en ruine et ses cultures irriguées par la rivière M'Goun. Construite en pisé, elle dispose de chambres rustiques et pleines de charme, dont 6 avec salle de bains, ainsi que de plusieurs terrasses. L'ambiance y est familiale, l'accueil des plus chaleureux et la cuisine savoureuse. À défaut d'y séjourner, posez-vous au moins le temps d'un déjeuner.

À Skoura

Deux établissements distincts se partagent le même nom à la sortie de la ville en direction de Ouarzazate.

Premier prix, moins de 400 DH

Auberge Famille Ben Moro – *Le premier en venant de Skoura - ✆ 06 68 76 35 21 - 16 ch. - 300 DH .* La famille Ben Moro tient cette auberge sans prétention mais charmante, où l'on sert une excellente cuisine locale. Accueil chaleureux.

Pour se faire plaisir, 700 à 1200 DH

Kasbah Ait Ben Moro – *Juste après la précédente adresse - ✆ 05 24 85 21 16 - www.kasbahaitbenmoro.com - 9 ch. 770/1 100 DH selon la catégorie - ✕ menu 160 DH.* Driss Ben Moro vous accueillera dans cette belle kasbah familiale datant du 18e s. et entièrement rénovée par un architecte espagnol.

Écolodge Sawadi – *Suivre le panneau au centre de Skoura et prendre la piste sur 7 km pour atteindre la palmeraie - ✆ 05 24 85 23 41 - www.sawadi.ma - - - 19 ch. et suites - à partir de 840 DH - ✕ dîner 175 DH.* Ce grand domaine aménagé dans un lieu paisible à 1300 m d'altitude dispose de cinq kasbahs bâties dans le style traditionnel. L'ensemble comprend également un terrain ombragé de quatre ha, une piscine sécurisée et une aire de jeux. Prônant le tourisme responsable, il propose une nourriture à base de produits bio venant directement de la ferme. Possibilité d'organiser des randonnées. Bel endroit pour se ressourcer quelques jours.

Les remparts de Taroudant.
J. Arnold Images/hemis.fr

7

Agadir et l'Anti-Atlas

CARTE 2e RABAT DE COUV. A4, B4, A5, B5 – CARTE MICHELIN 742, PLIS 4, 32 ET 33

ESSAOUIRA
A
B
MARRAKECH
Plage de Tafalda
Tamanar
Imsouane
N 1
HAUT-ATLAS
Gges de l'Asif n'Tarhat
Cascades
Tamri
Cap Rhir
Aghroud
Imouzzèr-des-Ida-Outanane
A3
5
Taghazoute
Tamrhakt
Aourir
Agadir
Aghroud Ben Sergaou
Taroudant
Freïja
Oued Souss
Oued
P 1706
OCÉAN ATLANTIQUE
Inezgane
N 10
Tioute
R 109
Tifnite
R 105
P.N. de Souss-Massa
Imechguiguelm
Sidi Rabat
Aït Baha
Igherm
Ksar de Tizourgane
Oued Massa
Iguiouz
Timkite
R 106
Issafèn
Oumesnat
Tiouayou
Vée des Ameln
Tizi-n-Tarakatine 1500
Tafraoute
Tizgui-Ida-ou-Balo
Adaï
TAFRAOUTE
R 104
Agard-Oudad
Gges d'Aït Mansour
8
BOUIZAKARNE
BOUIZAKARNE
1
2

C
D
AGADIR ET L'ANTI-ATLAS
N
0
25 km
TAFRAOUTE
★★★
Vaut le voyage
Adaï
★★
Mérite un détour
Agadir
★
Intéressant
Igherm
À voir
Ville de départ du circuit
1
2
MARRAKECH
MHAMID
6
Taliouine
Tazenakht
N 10
R 106
R 108
1880
Tizi-n-Taghatine
Asif n'Aït Douchène
ANTI-ATLAS
R 111
Foum-Zguid
O. Tata
Tissint
Tghit
Kasbat
Akka-Igurn
Tata
R 109
N 12
Imiteq
Le pays des Ida Outanane
Tifnite et le Sous Massa
D'Agadir à la plage de Tafalda
De Tafraoute à Aït Baha
De Tafraoute à Igherm par le Tizi-n-Tarakatine
De Tafraoute aux gorges d'Aït Mansour
La route du safran
De Tata à Igherm
Au pied de l'Anti-Atlas, de Tata à Foum-Zguid

Dans cette région entre mer et montagnes, vous découvrirez des paysages parmi les plus beaux du pays ! Après les derniers contreforts du Haut Atlas, à hauteur du cap Rhir, c'est Agadir et sa baie de sable fin où le soleil brille plus de trois cents jours par an ; ses innombrables bars et discothèques en font l'une des villes les plus fréquentées du bord de mer. L'Anti-Atlas s'étend au sud-est avec le site grandiose de Tafraoute et sa palmeraie dense et colorée, tapie au creux d'un imposant cirque montagneux. De là une route file vers les gorges d'Aït Mansour, où des rochers aux formes étranges se détachent sur un surprenant paysage rougeoyant, une autre rejoint la vallée des Ameln, aux villages perchés à flanc de montagne. À l'est, on arrive dans la plaine du Souss en direction de Taroudant, dont les souks recèlent de très beaux bijoux, et Taliouine, où l'on cultive le safran. En ces lieux préservés, là où les montagnes se fondent dans le désert, des coopératives perpétuent la fabrication traditionnelle de la fameuse huile d'argan.

Se repérer

Agadir est à 176 km au sud d'Essaouira. En sortant d'Agadir vers le sud, on s'avance dans l'Anti-Atlas vers Tafraoute.

À ne pas manquer

Une excursion à Immouzèr, au pays des Ida Outanane, les paysages magnifiques le long du site de Tafraoute, la vallée des Ameln, les gorges d'Aït Mansour et une visite de la coopérative de safran de Taliouine.

Organiser son temps

Une semaine, le temps de musarder un peu à la plage et de savourer les paysages de l'Anti-Atlas.

En famille

La vallée des Oiseaux à Agadir ou visiter en famille la coopérative féminine de Tioute.

Agadir ★

Une baie – superbe – de 6 km de sable fin, trois cents jours d'ensoleillement par an, une considérable infrastructure hôtelière... Plus de soixante ans après le terrible séisme qui semblait l'avoir frappée à mort, la capitale de la région du Souss Massa Drâa est devenue l'une des principales cités touristiques du royaume. Grâce à son rôle d'ouverture sur les provinces sahariennes, Agadir a pris aussi beaucoup d'importance économiquement.

Se repérer

739161 habitants

CARTE P. 418 (A1) – *carte Michelin 742, plis 4 et 32* – Agadir s'ordonne autour de trois artères parallèles que relient quelques rues transversales. La plus proche de la mer est le boulevard du 20 Août, bordé d'hôtels, de clubs et de restaurants. Au centre, le boulevard Mohammed V est l'axe principal de la cité. Vient ensuite le boulevard Hassan II, qui sépare la ville proprement dite du « secteur balnéaire ».

À ne pas manquer

La vue sur la ville depuis l'ancienne kasbah, les 6 km de plage.

Organiser son temps

Deux jours, le temps de profiter de la plage.

En famille

La vallée des Oiseaux et toutes les activités nautiques de bord de mer.

Carnet pratique p. 430

Nos adresses p. 431

Se promener

Ancienne kasbah PLAN I P. 424

Circuit 1 tracé sur le plan I. Visite : 45mn. Partir de la Délégation du tourisme, boulevard Mohammed V.

La route s'élève en corniche au flanc de la colline, dont les terrains portent encore les traces d'un grand bouleversement. Elle se termine par une esplanade, où l'on gare la voiture (altitude 200 m).

« Crains Dieu et honore ton roi », tel est le conseil (prémonitoire) que nous donne une sentence gravée en néerlandais en 1746 (les Pays-Bas possédaient en effet ici un comptoir sous l'autorité du sultan), au-dessus de la porte de la **kasbah**. Difficile aujourd'hui, dans cette immense nécropole insérée dans des remparts reconstruits après le sinistre, d'échapper à l'émotion.

Sous la porte, un escalier permet d'accéder aux remparts. De là, **vue**★★ sur le port et la ville blanche trouée de grands espaces verts et ourlée par le ruban blond de la plage ; au-delà s'étend la plaine du Souss, bornée au loin par la masse grise de l'Anti-Atlas ; au nord, le Haut Atlas s'annonce par ses contreforts piquetés d'arganiers.

Le centre-ville d'Agadir PLAN II P. 425

Circuit 2 tracé sur le plan II. Visite : 1h. Partir de la Délégation du tourisme boulevard Mohammed V et suivre le circuit indiqué sur le plan.

Contournant d'abord le quartier des délégations ministérielles groupées autour du bâtiment de la Province, vous atteindrez le **tribunal**, en grande partie dissimulé

La capitale du soleil

Si l'origine de la ville est assez obscure, son nom ne l'est guère : mot berbère, probablement d'origine phénicienne, *agadir* désigne un grenier fortifié.

Des débuts prometteurs

Au début du 16e s., les Portugais avaient établi, entre la colline de la kasbah et la mer, un comptoir et une forteresse, qu'ils appelèrent Santa Cruz do Cabo de Gué ; ils en furent chassés en 1541 par Mohammed ech-Cheikh, le fondateur de la dynastie saâdienne. Trente ans plus tard, son successeur édifiait la kasbah pour s'opposer à un retour éventuel des chrétiens. Tout semblait désigner alors Agadir pour un destin brillant : rade naturelle bien protégée, heureuse situation au débouché de la plaine du Souss, relations faciles avec le Sud-Ouest marocain. De fait, la ville et le port occupaient une position de premier plan sous les Saâdiens. Mais, au 18e s., le sultan Mohammed ben Abdallah provoqua leur déclin en favorisant Essaouira *(voir ce nom)*.

Le « coup d'Agadir »

Guillaume II choisit Agadir pour une manœuvre d'intimidation restée dans les annales. En 1911, l'empereur d'Allemagne envoya un navire de guerre, le *Panther*, mouiller dans la baie « pour prêter, en cas de besoin, aide et secours à ses sujets ainsi qu'aux considérables intérêts allemands engagés dans lesdites contrées » : c'était un épisode de la rivalité franco-allemande au Maroc. En France, l'émotion fut grande ; la guerre semblait sur le point d'éclater. En fait, le Kaiser cherchait essentiellement à imposer à la France un marchandage, qui aboutit à la « convention du 4 novembre » par laquelle, en échange d'une partie du Congo, elle gardait les mains libres au Maroc.

De l'essor... à la catastrophe

Le développement de l'agriculture et de la pêche, l'exploitation minière de l'arrière-pays entraînent l'essor d'Agadir entre les deux guerres mondiales. Le port, qui comprend le port de pêche le plus actif du pays et un port de commerce, est aménagé. Une cimenterie et de nombreuses industries de conserves s'implantent autour de la ville. Les touristes affluent dans cette station balnéaire en plein développement... Jusqu'au 29 février 1960 vers 23h45, lorsqu'un séisme fait disparaître la ville sous les décombres : 15 000 morts, 20 000 sans-abri, 3 650 immeubles détruits, tel était le bilan de la catastrophe. Dans la **kasbah**, rien ne put être sauvé.

Une métropole touristique

Dès 1961, le roi Hassan II décide de reconstruire les remparts, puis de faire naître une ville nouvelle un peu plus loin. La création de l'aéroport d'Agadir-Al Massira, puis la multiplication des clubs de vacances et des hôtels confirment le destin de cet ancien comptoir portugais, devenu destination privilégiée des touristes qui cherchent le soleil et la mer à prix doux. Afin d'entretenir cet afflux touristique, la ville prend aujourd'hui soin de son infrastructure : *lifting* du quartier du Nouveau Talborj, construction de la promenade piétonne de la Nouvelle Corniche et mise en service de la marina grâce à laquelle Agadir, pionnière au Maroc, a accueilli en 2008 une étape de la « Transat Classique », conduisant les navigateurs de Douarnenez à St-Barth.

par les arbres. L'avenue des Forces Armées Royales mène à la **mosquée Loubnane**, dont les lignes pures soulignent la blancheur ; elle s'emboîte en coin sur une place réservée aux piétons, autour de laquelle s'ordonnent boutiques et cafés.

Jardin d'Olhao et mémorial d'Agadir PLAN II D3

Prendre à droite l'avenue du Président Kennedy, et s'arrêter quelques instants au **jardin d'Olhao,** appelé autrefois **jardin du Portugal** *(14h30-18h30)*. Agréablement aménagé, il commémore la signature de l'accord de coopération et de fraternité signé entre la ville d'Agadir et la cité portugaise d'Olhão. Deux pavillons, situés au coin de l'avenue des F.A.R., abritent une émouvante exposition de documents retraçant la catastrophe de 1960 : outre des photos de la cité disparue, et d'autres – impressionnantes – prises au lendemain de la catastrophe, on y reconnaît certains immeubles ayant survécu, en partie ou en totalité, au sinistre *(9h30-12h30, 14h30-18h30 - 20 DH)*.
Après avoir traversé le quartier dense et vivant du **Nouveau Talborj** (heureusement remis en valeur) qui, avec ses petites maisons blanches et cubiques et son animation, est le seul quartier d'Agadir dont l'ambiance soit véritablement marocaine, on aperçoit, à l'angle de la rue du 29 Février et de l'avenue du Président Kennedy, la silhouette ocre et blanc de la **mosquée Mohammed V**.
Poursuivre l'avenue jusqu'à la rue du 18 Novembre (que l'on prend sur la droite). Elle longe le jardin Ibn Zidoun, vaste espace vert des plus agréables.
De l'autre côté de la rue, la **caserne de pompiers** – œuvre de Jean-François Zevaco – se signale par sa couronne de béton, qui abrite engins et bureaux, et son allègre campanile.
Poursuivre par l'avenue du Prince Moulay Abdallah et gagner la place Administrative.
La **poste centrale** est également due à Zevaco. On a qualifié sa façade de béton de « boîte aux lettres traitée comme une sculpture monumentale ». L'aménagement intérieur fait une large place au cèdre pour les cloisons ajourées, les cabines, les écritoires, les sièges.
L'**hôtel de ville**, conçu par l'architecte **Georges Candelis,** élève de Le Corbusier, est de facture plus classique ; sa masse cubique enferme un vaste patio ombragé sur lequel s'ouvrent couloirs et bureaux. Au nord-ouest de ce bâtiment, légèrement en contrebas, s'étend la **place Al Amal**, vaste espace réservé aux piétons, qui s'anime quelque peu à la tombée de la nuit lorsque la jeunesse locale s'y retrouve.
Emprunter sur la gauche le boulevard Hassan II jusqu'à la chambre de commerce. À droite s'ouvre le large passage piétonnier Aït Souss, bordé de commerces, de cafés et de restaurants et conduisant au boulevard Mohammed V, à hauteur du théâtre municipal.

★ Musée du Patrimoine amazighe PLAN II D4

✆ 05 28 82 16 32 - tlj sf dim. et fêtes religieuses 9h-13h, 15h-19h - 10 DH - ☺ visite commentée (recommandée) : les explications, passionnantes et passionnées des guides, remédieront avec bonheur au laconisme des panneaux explicatifs.
Installé dans un petit bâtiment ocre et blanc précédé d'une réplique d'une porte de kasbah, ce musée, agréable et aéré, présente, outre des expositions thématiques temporaires, une introduction à la vie des Amazighes du Sud marocain. Parmi les collections exposées, remarquez de superbes bijoux (colliers, bracelets et, surtout, un frontal *tawnza*, constitué de plaques de métal émaillées assemblées par des anneaux et des boucles), des vêtements brodés, des tapis dans les tons orange, de magnifiques portes et des objets et outils en bois.
Une belle bibliothèque, à l'étage, abrite une centaine de livres en français sur l'art marocain.

Des expositions temporaires d'art contemporain permettent en outre de découvrir régulièrement les artistes les plus prometteurs de l'école gadirie de peinture qui, si elle n'a pas encore atteint la renommée de certaines de ses consœurs, a révélé cependant quelques vrais talents tels **Oggo**, **El Iman Djimi, Abdallah Aourik, Hafid Marbou** et **Rachid Fassih**, pour ne citer que quelques noms.

À voir aussi

PLAN I ET II

★ La plage PLAN II C4

300 jours de soleil par an et une température particulièrement clémente ont fait la réputation de la plage d'Agadir, bordée d'un épais rideau d'eucalyptus, de pins et de tamaris fixant les dunes, ainsi que d'une large et longue promenade piétonne, baptisée la **Nouvelle Corniche** et tracée entre la marina et l'estuaire de l'oued Souss. Ce sont 6 km de sable fin qui permettent de se livrer toute l'année aux joies de la baignade, de la voile, du surf, de la pêche, du cheval et de bien d'autres distractions dans cette superbe baie aux eaux calmes.

Vallée des Oiseaux PLAN II C3

Entrée sur le bd du 20 Août, face au chemin d'accès à la plage ou sur le bd Hassan II - 11h-18h - entrée libre.

Remontant jusqu'au boulevard Hassan II en passant sous le boulevard Mohammed V, ce havre de verdure, étroit et soigné, est peuplé de bananiers,

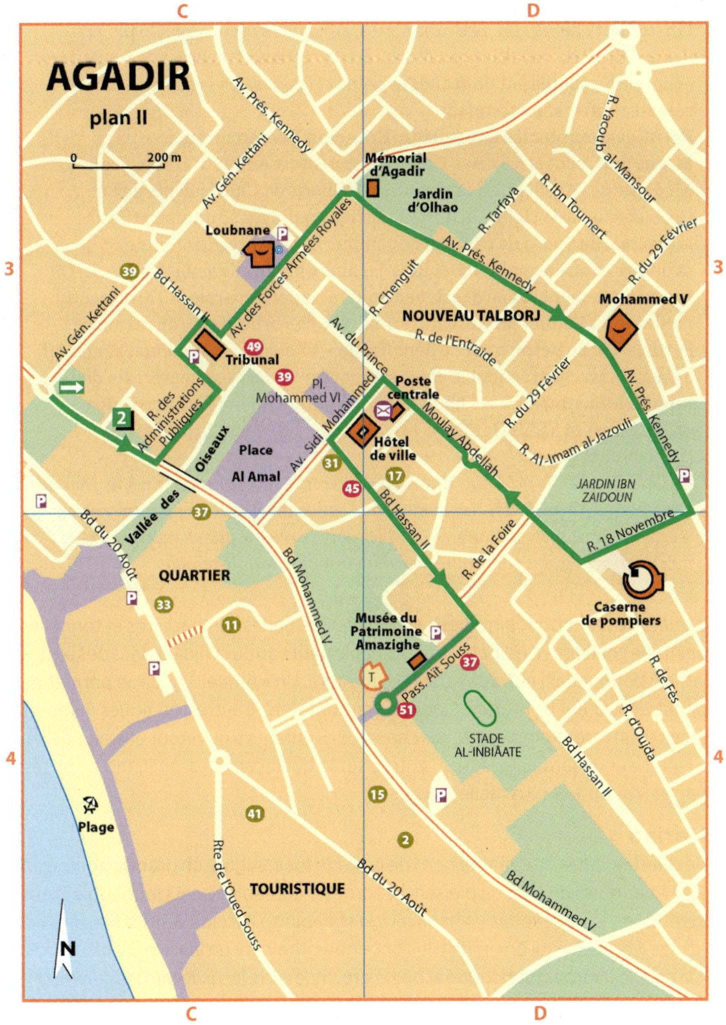

SE RESTAURER
- La Tour de Babel 37
- Le Dôme 39
- Le Scampi 45
- Pizza La Siciliana 49
- Romi Café 51

SE LOGER
- Hôtel Adrar 2
- Anezi Tower Hôtel 11
- Hôtel Argana 15
- Atlantic Hôtel 17
- Hôtel Kamal 31
- Hôtel Kenzi Europa 33
- Odyssée Park Hôtel 37
- Hôtel Petite Suède 39
- Allegro Agadir 41

L'architecture « brutaliste »

Fallait-il abandonner le site d'Agadir après la catastrophe de 1960 ? Étude faite, on décida d'éloigner la nouvelle ville de la zone dangereuse en l'installant plus au sud. Les urbanistes, auxquels s'associèrent la plupart des architectes travaillant au Maroc à cette époque, tracèrent des quartiers cohérents, séparés par de grands espaces verts, desservis par un double réseau, routier et piétonnier.
Parmi ces architectes figure **Jean-François Zevaco**, architecte né au Maroc (qui reçut le prix Aga Khan d'architecture en 1980 *(1)* et la Grande Médaille de l'Académie d'architecture de Paris en 1985), adepte de Le Corbusier et de Wright. On lui doit plusieurs édifices administratifs de la capitale du Souss : la caserne de pompiers, la poste centrale, une école primaire et un ensemble de « villas-jardins » près de l'avenue des F.A.R. On trouve également la marque de celui qui fut le porte-parole de l'architecture moderne au Maroc – architecture qualifiée de « brutaliste » en raison de l'utilisation du **béton brut de décoffrage** – à Rabat, avec le complexe sportif, à Casablanca, où il conçut le dôme surmontant le passage souterrain de la place Mohammed V et l'hôtel Sheraton (en collaboration avec d'autres architectes), et à Sidi Harazem, près de Fès, où il réalisa la piscine de l'ensemble thermal.
(1) Créé en 1977, le prix Aga Khan d'architecture fut le premier programme du Réseau Aga Khan de développement à se concentrer sur l'architecture et sur les formes de construction susceptibles de répondre le mieux aux besoins et aux aspirations des communautés musulmanes dans le monde.

lauriers-roses et bougainvilliers, et parsemé de bancs, lampadaires et tonnelles peints de couleurs vives. Il abrite un agréable **petit zoo** où évoluent dans des enclos lamas, bouquetins, autruches, singes magots. Un « tunnel » grillagé permet de pénétrer au cœur de la grande volière, qui abrite, entre autres, quelques flamants roses et un rare exemplaire d'ibis chauve. Les enfants trouveront une aire de jeu à l'intérieur du jardin. Préférez l'entrée sur le boulevard Hassan II, moins prisée par les visiteurs et plus facile d'accès.

Marina PLAN II C3

Ce quartier bâti à l'extrémité nord de la plage fut inauguré en grande pompe en 2007. Les quais du port de plaisance, bordés d'agréables petits immeubles tous identiques, sont devenus un haut lieu du shopping à l'occidentale, si l'on en juge par les « griffes » qui ont investi les boutiques, drainant un large public.
Au-delà, le **quartier touristique et balnéaire**, situé entre le boulevard Mohammed V et la mer, a fait l'objet d'un aménagement plutôt heureux, même si par endroits pizzérias, magasins de cuir et autres bazars s'alignent en rangs un peu trop serrés. Le résultat, un quartier où la culture marocaine est quasiment inexistante, mais où l'on pourra apercevoir quelques exemples d'architecture réussis (hôtel Mogador Al-Madina, hôtel Allegro).

À proximité

CARTE DE RÉGION P. 418

Nouvelle médina à Aghroud Ben Sergao A1

À 4,5 km au sud. Quitter Agadir par l'avenue Mohammed V en direction d'Inezgane et Tiznit. Laisser à droite le supermarché Marjane et l'accès au palais royal. 1,4 km

Plage de Taghazout.
X. Richer - J. Bravo/Photononstop

après celui-ci, prendre à droite une petite route (signalisation) que l'on suit sur 900 m environ. ✆ 05 28 28 02 53 - 9h-18-30 - 40 DH.
C'est un architecte italien, **Coco Polizzi,** qui a conçu à l'intérieur d'une muraille cette « médina » miniature, petit dédale de ruelles qui couvre une superficie de 12 000 m². Constructions de pisé, plafonds de style tataoui, enduits y sont réalisés selon les méthodes de construction traditionnelle. Au hasard des ruelles, vous découvrirez quelques ateliers d'artisans et pourrez déguster un thé à la menthe dans un café maure. Si l'endroit, pour qui a arpenté les médinas de Fès ou de Marrakech, a quelque chose de factice, il est agréable et propre à donner un premier aperçu de la culture marocaine aux estivants d'Agadir.

Circuits conseillés

CARTE DE RÉGION P. 418

★ Le pays des Ida Outanane A1

64 km au nord-est, puis 15mn à pied AR. Itinéraire tracé en vert sur la carte p. 418.
Les Ida Outanane sont une confédération de tribus berbères occupant, à l'extrême ouest du Haut Atlas, une zone tourmentée de hauts plateaux calcaires, qui plongent dans l'Atlantique aux environs du cap Rhir. Nichés sur les pentes et dans les profondes vallées, ils vécurent longtemps en marge du pouvoir central et échappèrent à l'emprise des grands féodaux voisins. Il ne rallièrent le *makhzen* (gouvernement central) qu'en 1927.
Sortir d'Agadir par la route côtière au nord. Abandonner 12 km plus loin la route d'Essaouira pour prendre, à droite, dans le village d'Aourir, la route signalisée « Imouzzèr ».
On s'enfonce rapidement dans la montagne, striée de bancs calcaires impressionnants, piquetée d'arganiers, d'eucalyptus et de doums (palmiers nains). Au-delà d'Oulma, on franchit un petit col qui débouche sur une vaste palmeraie

entourée de pittoresques villages aux maisons en pierres sèches, dénommée « la vallée du Paradis ».

★ Gorges de l'Asif n'Tarhat

Après avoir traversé l'*asif* Tamrhakht, la route s'encaisse brusquement entre les hautes murailles d'une vallée affluente, où règnent l'ombre et la fraîcheur. On longe la rivière, dont les eaux vertes et limpides courent parmi les roches et les bouquets de palmiers.

Quittant le fond des gorges, la route les domine un moment avant d'atteindre un plateau bien arrosé, où les palmeraies se succèdent. Accrochés aux pentes, un grand nombre de villages présentent leurs coulées de maisons à toit plat ; ce sont des maisons de pierre, dont le niveau inférieur est occupé par l'étable, la famille vivant à l'étage. Souvent, une galerie peinte en rouge, supportée par des pieux de bois blanchi, vient égayer la sévérité des formes.

Imouzzèr-des-Ida-Outanane

Les maisons blanches de ce village, centre de la confédération des Ida Outanane, dominent une large dépression occupée par une palmeraie (souk pittoresque le jeudi).

Devant la caserne, tourner à gauche pour emprunter la petite route goudronnée qui descend en lacet vers la palmeraie. Après 4 km, on arrive à un gué, près duquel on laisse la voiture. Continuer à pied (15mn AR) vers les cascades en suivant la rive droite de la rivière.

★ Cascades

Après avoir parcouru un chemin ombragé qui serpente à travers les champs d'orge irrigués, les oliviers et les amandiers, où nichent des tourterelles, vous pourrez vous avancer jusqu'au pied des cascades qui jaillissent – de temps en temps après les grandes pluies – à plusieurs niveaux et s'écoulent le long des parois abruptes et lisses blanchies par les dépôts de tuf, qui lui valent son surnom de « voile de la mariée ».

Tifnite et le Souss-Massa

32 km au sud par la route d'Inezgane (N 10) puis de Tiznit (N 1). Sortir d'Agadir en direction d'Aït Melloul. Itinéraire tracé en violet sur la carte p. 418.

On traverse **Inezgane**, localité sans charme, mais nœud routier important (vaste gare où sont regroupés les grands taxis).

Poursuivre jusqu'à Aït Melloul, où l'on prend sur la droite la route de Tiznit.

À Inchadèn, prendre, à droite, la petite route étroite et en mauvais état qui parcourt un paysage particulièrement pelé, en direction de Tifnite.

★ Tifnite A2

Ce petit village de pêcheurs situé le long d'une belle plage abritée dans une anse est l'une des excursions favorites des touristes séjournant à Agadir. Mieux vaut arriver tôt en ces lieux paisibles, où les pêcheurs, tantôt sur leurs barques, tantôt installés sur les rochers, munis de leur longue canne à pêche, attrapent ombrines, sars, calamars, tandis que les femmes ramassent des moules avant de les trier sur les rochers.

Revenir sur la route d'Agadir et prendre à droite la direction de Tiznit. À hauteur de Had Belfa, prendre à droite la direction de Sidi Rabat. À Massa, tourner à droite au carrefour (direction « Centre balnéaire, plage de Sidi Rabat, parc national Souss »). Au bout de 1,8 km, la route (barrée par des rochers) se transforme en piste de sable – quelque peu défoncée – et longe l'oued Massa.

★ Parc national de Souss-Massa A2

Halte migratoire privilégiée de nombreuses espèces d'oiseaux (grands échassiers comme les flamants roses et les hérons, sarcelles et balbuzards pêcheurs, l'une des dernières colonies d'ibis chauves, etc.), cette réserve naturelle plantée de roseaux et, vers l'intérieur, d'euphorbes, longe l'oued Massa jusqu'à son embouchure, où une belle plage bordée d'un large cordon de dunes permet une balade sans fin, à moins que vous ne choisissiez de prendre un café face à la mer, au complexe touristique de **Sidi Rabat**, animé pendant la saison estivale.

D'Agadir à la plage de Tafalda

Quitter Agadir au nord par la N 1 en direction d'Essaouira. Itinéraire tracé en rose sur la carte p. 418.

D'Agadir à **Tamri**, la route, tracée entre montagne et mer, longe la côte, traversant les villages de **Tamrhakt**, de **Taghazout** et d'**Aghroud**, où de belles plages s'offrent aux baigneurs et aux surfeurs.

Taghazout A1

Entre Agadir et Taghazout se dresse l'immense complexe de **Taghazout Bay**, un ensemble touristique haut de gamme couvrant 620 ha et offrant quelque 7 500 lits. Un peu plus au nord, le village pittoresque de **Taghazout** est un spot réputé chez les amateurs de surf et de bodyboard. Il présente une belle plage, dévolue à marée basse aux footballeurs aux pieds nus et sur laquelle s'alignent des barques colorées. À l'aube, les pêcheurs les hissent sur leurs épaules pour les porter au bord de l'eau, guettant la vague qui leur permettra d'embarquer à destination de leur lieu de pêche.

À hauteur du **cap Rhir★** et jusqu'à Tamri, la route bordée d'euphorbes cactoïdes longe des rochers contre lesquels les vagues d'une mer souvent forte à cet endroit viennent se fracasser.

★ Imsouane A1

6 km après **Tamri** (célèbre pour ses bananeraies), une petite route sur la gauche, étroite mais bien revêtue, conduit au petit port de pêche d'Imsouane à travers un paysage vallonné. Au bout de quelques kilomètres, la route, tracée en corniche, domine la mer à environ 300 m d'altitude, offrant au regard l'Océan et la côte entre la pointe Imsouane et le **cap Rhir★**. De là, on a une très jolie **vue★** sur la baie et les flots tumultueux de l'Atlantique. Au débouché de l'étroite vallée d'Imoucha se profilent les marabouts de Tildi ; sur l'autre versant, on aperçoit le gouffre d'Agadir Imoucha.

À l'arrière se pressent les premiers contreforts de l'Atlas, couverts d'une forêt claire d'arganiers.

Au bout de la route, le petit village de pêcheurs d'**Imsouane★**, est devenue une destination appréciée des surfeurs. Les barques bleues tirées sur la plage côtoient les planches des amateurs de glisse pour qui se sont ouverts de modestes pensions et des petits restaurants. On y trouve également plusieurs boutiques de location de matériel de surf.

Revenir à la route nationale par le même chemin et la reprendre en direction d'Essaouira.

Tamanar A1

Ce gros bourg, posé parmi les arganiers que les chèvres aiment prendre d'assaut, abrite une intéressante coopérative d'huile d'argan.

Coopérative féminine Al-Amal★ – *Sur la gauche de la route à l'entrée du village - ✆ 05 24 78 81 41 - 8h-18h - gratuit.*

Cette coopérative féminine, pionnière en la matière, est ouverte depuis 1996 sous l'égide de l'université Mohammed V de Rabat et du Centre de recherche et de développement international du Canada. Ses buts : préserver un savoir-faire ancestral tout en assurant un salaire et une couverture sociale aux femmes adhérentes. Vous pourrez y suivre les différentes étapes de l'extraction de l'huile d'argan et vous procurer quelques-unes des spécialités qu'elle produit : huile d'argan (Arganati), produits de beauté de la ligne Targanine et le délicieux *amou beldi*, pâte à tartiner à base d'huile d'argan, de miel et d'amandes : un régal pour les gourmands, doué qui plus est de vertus aphrodisiaques... si l'on en croit l'étiquette !

★ Plage de Tafalda A1

À 4 km au nord de Tamanar, prendre sur la gauche une route étroite, qui parcourt un paysage vallonné avant de déboucher face à l'Océan et de descendre en lacet serré sur l'immense **plage de Tafalda★ (Tafedna)** : là, devant quelques bâtiments blancs, des barques bleues tirées sur le sable attestent le dur labeur des pêcheurs travaillant dans cet endroit isolé, qui a tout d'un « bout du monde ». Quelques hébergements permettent d'y passer la nuit face à l'océan.

Revenant à la route nationale, retourner à Agadir, ou poursuivre vers Essaouira, à une cinquantaine de kilomètres.

Carnet pratique

S'informer

Délégation régionale du tourisme – *Bd Mohammed V, presque à la sortie nord de la ville, bâtiment bleu en face du panneau « La Plage » - ✆ 05 28 84 63 77.* Consultez également le site *www. visitagadir.*com.

Arriver/Partir

Avion

Aéroport Agadir Al-Massira – *À 25 km au sud-est de la ville, sur la voie express en direction de Taroudant - ✆ 05 28 83 91 02.* Vols réguliers en provenance des principales villes européennes : au moins deux liaisons par jour de Paris, plusieurs par semaine avec Marseille, Lyon, Nantes et Lille. Liaisons quotidiennes avec Casablanca, Marrakech et Tanger assurés par la RAM. Trajet aéroport-Agadir en taxi *(200 DH environ).*

Royal Air Maroc – *Av. du Général Kettani - ✆ 05 28 82 91 38 - www. royalairmaroc.com.*

Car

Gare routière – *Accès par le bd Mo***hammed Cheikh Saâdi El-Massira** *(derrière le marché de poissons).* Cars **CTM** pour Essaouira et Casablanca au nord, Tiznit au sud.

Supratours – *À la gare routière - ✆ 05 28 22 80 58 - www. supratours.ma. Env.* 20 liaisons quotidiennes pour Marrakech-gare ferroviaire (avec correspondances ferroviaires pour les principales villes du Nord). Le trajet dure 3h30, prenez vos billets à l'avance.

Voiture

Se garer – La plupart des grands hôtels disposent de leur propre parking, en général gratuit pour les résidents. Ne laissez toutefois rien dans votre voiture, certains parkings d'hôtels n'étant pas gardés la nuit. Par ailleurs, on trouve facilement des parkings sur les places qui bordent l'avenue du Prince Moulay Abdallah et le boulevard Hassan II. Éviter les parties de trottoir au rebord peint en rouge et blanc.

Se déplacer

Petits taxis – De couleur orange. Solution idéale – et économique – pour se déplacer dans Agadir. Vérifiez que le chauffeur met en marche le compteur. Sinon, négociez le prix avant le départ.

Location – Si vous n'avez pas réservé, vous aurez du mal à louer une voiture à la dernière minute pendant la haute saison (avril-mai). En ville, la plupart des agences de location de voiture sont regroupées sur le boulevard Mohammed V, dans le pâté de maisons précédant le boulevard du Général Kettani.

Hertz – *À l'aéroport et bd Mohammed V - ✆ 08 02 00 77 78.*

Avis – *À l'aéroport et bd Mohammed V - ✆ 05 28 82 14 14.*

Europcar – *À l'aéroport et bd Mohammed V - ✆ 05 28 84 02 03.*

Budget – *À l'aéroport et bd. Mohammed V - ✆ 05 28 83 91 01.*

Adresses utiles

Hôpital Hassan II – *Rte de Marrakech - ✆ 05 28 84 14 77.*

Petit train touristique – *Dép. devant l'entrée de la vallée aux Oiseaux, bd du 20 Août - 18 DH - durée du trajet 45mn.* Pour avoir un premier aperçu de la ville.

Consulats

Belgique – *Les Jardins du Souss, Hay Mohamedi, Immeuble 31 - ✆ 05 28 84 74 30.*

France – *Bd Mohammed Cheikh Saâdi - ✆ 05 28 29 91 50.*

Agenda

Festival Timitar Signes et Cultures – *Juil. - www. festivaltimitar.ma.* Un hommage rendu aux origines amazighes d'Agadir : concerts de musique berbère, exposition et lectures de textes littéraires.

Festival Cinéma et Migrations – *Nov.* Un pays invité d'honneur chaque année.

Nos adresses

Restauration

Agadir est la ville toute indiquée pour manger du poisson. Près du port de pêche, un minuscule **marché aux poissons** (malheureusement aujourd'hui bordé par un échangeur routier) permet d'apprécier la pêche du jour. Pour accéder au marché, il faut traverser un quadrilatère autour duquel sont disposées des **guinguettes** organisées autour de minuscules cuisines proposant des poissons grillés et des fruits de mer à petits prix, identiques d'un établissement à l'autre car fixés par la municipalité. Difficile, donc, de choisir entre ces estaminets : sans doute est-ce pour cela qu'ils ont chargé des employés de solliciter les passants.

Vous trouverez également de nombreux **petits restaurants** sans prétention le long de la plage, sur la promenade Tawada entre la marina et le club Al Moggar ; il en va de même dans l'ensemble de la « zone balnéaire ».

Pour déguster du poisson dans une ambiance plus sereine, empruntez au nord la route d'Essaouira ; vous pourrez vous poser dans le **village d'Aourir** ou le long de la plage de **Tamrhakt**.

Notez que goûter à la cuisine marocaine à Agadir relève de la gageure (encore que les grands hôtels disposent tous d'un restaurant marocain) et que, si vous n'aimez pas le poisson et que vous décidez de bouder les tristes buffets proposés par les hôtels, vous aurez le choix entre les pizzérias, qui connaissent dans cette ville une vogue certaine, et différents restaurants, le long du boulevard du 20 Août, proposant des cuisines mexicaine, libanaise, voire indienne... et même allemande !

Premier prix, moins de 100 DH

49 **Pizza La Siciliana** – C3 - *67 bd Hassan II - ✆ 05 28 82 09 73.* Ses pizzas au feu de bois, à consommer sur place ou à emporter, font la réputation de cet établissement.

39 **Le Dôme** – C3 - *Bd Hassan II - face à la vallée des Oiseaux, au pied du marché central - ✆ 05 28 84 45 03.* Cet établissement moderne, évoquant un navire et jouant sur l'harmonie du bleu et du blanc, propose des salades ou des toasts au fromage propres à satisfaire une petite faim salée ou sucrée. Plusieurs formules de petits-déjeuners servies entre 6h et 10h. Le complexe fait également discothèque et cabaret.

37 **La Tour de Babel** – D4 - *Bd Hassan II - complexe Aït Souss - ✆ 05 28 82 23 00.* Internationale ou marocaine, la cuisine de cet établissement est servie dans deux grandes salles circulaires où vous pouvez déjeuner légèrement avec un assortiment de briouates accompagné d'une salade mechouïa (tomates et poivrons grillés) ou zaàlok (caviar d'aubergines et tomates à l'ail doux), mais rien ne vous interdit de commander un tajine ou un couscous... Service diligent et efficace.

Budget moyen, 100 à 200 DH

45 **Le Scampi** – C3 - *Bd Hassan II - à côté de l'hôtel Kamal - ✆ 05 28 84 40 54.* Cuisine internationale et poissons grillés.

47 **Chez Mimi la brochette** – A1 - *✆ 05 28 84 03 87 - Promenade Tawada, en front de mer - fermé vend. soir et sam. midi. - réserv. conseillée.* Cuisine copieuse et goûteuse : poissons, cuisses de grenouille, langoustes, brochettes et excellentes salades font de cette adresse une institution.

Pour se faire plaisir, 200 à 400 DH

41 **Le Flore** – AB1 - *9 promenade Tawada, face à la plage - ✆ 05 28 84 88 39.* Un restaurant couru doté d'une agréable terrasse face à la plage. Cuisine à dominante française et marocaine où poissons et fruits de mer sont à l'honneur. La maison s'enorgueillit de ses escargots de Bourgogne à l'alsacienne ou de ses raviolis frais au saumon.

35 **La Scala** – B2 - *R. de l'Oued Souss - complexe Tamlelt - ✆ 05 28 82 75 02.* Dans un bâtiment de briques à l'allure de grosse tour, plusieurs niveaux de terrasses et une salle très agréable où les amateurs viennent déguster, mais pas exclusivement, une cuisine de la mer (huîtres de Oualidia, langoustes grillées, poissons frais bien accommodés). Service impeccable. Réservez.

51 **Romi Café** – D4 - *Passage Aït Souss, face au théâtre de verdure - ✆ 06 50 39 77 82.* Cadre moderne et soigné ; cuisine internationale d'inspiration plutôt méditerranéenne (filets de rouget à la compote de courges, seiches farcies a la plancha, etc.).

Petite pause

La Fontaine – *Passage Aït Souss, au coin du bd Hassan II - ✆ 05 28 84 83 41.* Dotée d'une terrasse à l'étage, cette boulangerie pâtisserie-salon de thé propose autant de spécialités locales que de viennoiseries.

Tafarnout – *Bd Hassan II - au coin de la rue de la Foire à hauteur du passage Aït Souss - ✆ 05 28 84 44 50.* Grand choix de délicieuses pâtisseries internationales et locales. Vous pouvez également prendre un thé ou un copieux petit-déjeuner à la marocaine.

Shopping

Targanine – *38 r. de Marrakech - ✆ 05 28 21 16 55 - www.targanine-shop.com.* Tous les produits cosmétiques et alimentaires dérivés de l'huile d'argan, importés des coopératives féminines du Sud marocain.

Supermarché Marjane – *Rte d'Inezgane - dans le prolongement du bd Mohammed V, sur la droite, à un rond-point.*

Culture

Librairie

Al Mouggar livres – *Av. Moulay Abdallah - immeuble G, n°17 (au niveau de la r. du 29 Février)- ✆ 07 72 99 33 63 - www.almouggar.com.*

La Lecture pour tous – *Passage Aït Souss, n° 11 - face au musée du Patrimoine Amazigh - ✆ 05 28 84 34 27.* Bon choix de littérature en livre de poche et de beaux livres sur le Maroc.

Institut français – *R. Chenguit - Nouveau Talborj - ✆ 05 28 84 20 01 - www.if-maroc.org/agadir.* Importante programmation d'événements culturels : expositions, théâtre, concerts, débats, signatures de livres, photos, etc.

En soirée

Sorties culturelles

Théâtre de verdure – *Passage Aït Souss, au coin du bd Mohammed V.* Concerts devariétés et spectacles divers dans son arène en plein air.

Discothèques

La plupart des hôtels disposent d'un *night-club* accessible aux non-résidents.

Le Papagayo – *Chemin des Dunes contre l'hôtel Riu Tikida Beach - ✆ 05 28 84 54 00 - 1h-5h.* Le plus beau dancefloor de la ville, vous diront les spécialistes !

Le So Lounge – *Cité Founty P 4 Baie des Palmiers - au Sofitel Agadir - ✆ 06 20 06 19 54 - 17h-5h.* Groupes et DJ animent ce night-club élégant où l'on croise tous les people en résidence à Agadir.

Actor's – *Bd du 20 Août - à l'hôtel Royal Atlas - ✆ 06 61 26 89 00 -* 23h-5h. Les amateurs gadiris de techno doivent être nombreux car ils envahissent littéralement ce lieu pourtant vaste, et animé par des DJ réputés.

Casinos

Les amateurs de roulette, de machines à sous et de poker n'auront que l'embarras du choix. Pour ne citer que deux établissements :

Shem's Casino – *Bd Mohammed V - ✆ 05 28 82 11 11 - www.casinoshems.ma - 16h-6h.*

Casino Le Mirage – *Secteur touristique et balnéaire le Jardin d'Agadir - ✆ 05 28 84 87 77 - 12h-5h.*

Activités

Marina d'Agadir – *✆ 05 28 82 86 86.* Au nord de la baie d'Agadir, ce port de plaisance est conçu pour accueillir 300 bateaux (jusqu'à 4 m de tirant d'eau) de 6 à 30 m. Places à la journée, à la semaine, au mois ou à l'année.

Royal Club Équestre – *Ben Sergao, rte d'Inezgane km 7 - ✆ 05 28 33 30 93.*

Golf Les Dunes – Chemin Oued Souss - *✆ 05 28 83 46 90 - 27 trous (3 x 9 trous - 9 420 m).*

Royal Golf Club – *Rte d'Aït Melloul, 12 km - ✆ 05 28 24 85 51 - www.royalgolfagadir.com.*

Golf du Soleil – *Rte de Bensergo, km 7 - Tikida Golf Palace - ✆ 05 28 83 27 27 - www.tikidagolfpalace.com - Réduction pour les résidents de l'hôtel.* Deux parcours (36 trous) aux fairways ombragés tracés parmi les eucalyptus, club-house avec restaurant.

RTCA (Royal tennis Club d'Agadir) – *Bd Hassan II - ✆ 05 28 84 77 54 - de 7h au coucher du soleil.*

Atlantic Tennis Académie – *Hôtel Sahara - Bd du 20 Août - ✆ 05 28 84 06 60.*

Thalassothérapie

Signalons le centre de thalassothérapie de l'**Atlantic Hôtel** *(voir « Hébergement »)* et celui de l'hôtel **Palais des Roses**, *(City Founty, ✆ 05 28 84 94 84 - www.palaisdesroses.com).*

Hébergement

« Pourquoi aller à l'extérieur lorsque tout vous est proposé à l'intérieur ? » Cette devise affichée dans le hall d'un hôtel d'Agadir pourrait être adoptée par la plupart de ses confrères, puisque les établissements disposent généralement d'une ou plusieurs piscines, de deux restaurants ou plus, d'un centre de remise en forme, d'activités sportives multiples, d'un hammam, d'un *night-club*, d'un bureau de change et de boutiques. En somme, le paradis pour ceux qui souhaitent vivre en autarcie. La plupart des hôtels et clubs de vacances sont situés en bordure de plage (boulevard du 20 Août, rue Oued Souss et chemin des Dunes) ou bien légèrement en retrait, sur le boulevard Mohammed V, d'où leurs terrasses dominent la mer.

Premier prix, moins de 400 DH

39 **Hôtel Petite Suède** – C3 - *Bd* *ssan II - ✆ 05 28 84 07 79 - w.petitesuede.com - P - 21 ch. 320/350 DH ☕ selon la saison.* Sur la partie du boulevard qui, au-delà de l'avenue du Général Kettani, présente la particularité de ne pas être dans l'alignement, c'est un hôtel modeste et sympathique, proche de la plage. Terrasse panoramique. Location de voiture.

Budget moyen, 400 à 700 DH

2 **Hôtel Adrar** – D4 - *✆ 05 28 84 04 17 - P 🏊 - 175 ch. - 560 DH ☕.* Bâtiment en « L » enserrant un beau jardin abondamment fleuri et une piscine dotée d'une « île » où s'active à certaines heures le DJ.

17 **Atlantic Hôtel** – D3 - *Bd Hassan II - dans une impasse sur la gauche après le carrefour avec l'avenue du Prince Héritier - ✆ 05 28 84 36 61 - www.atlantichotelagadir.com - P 🏊 - 49 ch. - à partir de 680 DH ☕.* Un peu en retrait du boulevard, cet hôtel à taille humaine offre tout le confort des grands hôtels à un prix plus abordable et présente un certain charme. Il dispose en outre d'un petit jardin entourant une piscine décorée de motifs berbères.

31 **Hôtel Kamal** – C3 - *Bd Hassan II - ✆ 05 28 84 28 17 - P 🏊 - 128 ch. - 400 DH ☕.* Cet établissement bien équipé possède une agréable piscine. Les groupes composent une part importante de la clientèle. Des étages les plus élevés, on aperçoit la mer…

55 **Hôtel Le Tivoli** – B2 - *Bd du 20 Août - dans la partie du boulevard qui descend sur la r. de l'Oued Souss - ✆ 05 28 84 76 41 - www.hotel-tivoli-agadir.com - P 🏊 - 280 ch. (dont 24 suites) - à partir de 500 DH ☕ ✕.* Une belle piscine dotée de plusieurs restaurants dont un marocain, un snack, une boutique, un miniclub et de belles chambres confortables à quelques dizaines de mètres de la plage.

37 **Odyssée Park Hôtel** – C3-4 - *Bd Mohammed V - ✆ 05 28 84 33 26 - www.odysseepark.com -*

- 140 ch. - *à partir de 660 DH* - . Hall évoquant avec sobriété l'architecture berbère (découpe des galeries, moucharabiehs, dessins géométriques de pierres brunes et beiges) et égayé de peintures d'artistes locaux. Beau jardin avec piscine ; chambres confortables.

Pour se faire plaisir, 700 à 1 200 DH

15 **Hôtel Argana** – D4 - *Bd Mohammed V - 05 28 84 83 04 - www.argana-hotel.com - - 238 ch. - à partir de 720 DH* - . Jardin, piscine, terrasse, climatisation, restaurants et vue sur la mer, le tout à deux pas du théâtre de verdure.

9 **Amadil Beach Hotel** – B2 - *Rte de l'Oued Souss - 05 28 82 93 00 - www.hotelsatlas.com - - 326 ch. - à partir de 770 DH* - . Il évoque certaines piscines couvertes, avec son hall immense entouré de plusieurs étages de galeries sur lesquelles ouvrent les chambres, mais les piscines, certaines avec toboggans, sont à l'extérieur !

11 **Anezi Tower Hotel** – C4 - *Bd Mohammed V - 05 28 84 09 40 - www.anezitowerhotel.com - - 253 ch. - à partir de 750 DH* - . Ses 10 étages se repèrent de loin. Trois piscines, deux courts de tennis, une salle de remise en forme, un Spa, plusieurs restaurants, deux bars : une véritable petite ville à une minute à pied de la plage.

41 **Allegro Agadir** – C4 - *Av. du 20 Août - 05 28 84 02 33 - www.barcelo.com - - 320 ch. - à partir de 720 DH* - . Dans un joli jardin, au centre de la zone balnéaire, des bungalows à deux pas de la plage. Belle piscine circulaire.

33 **Hôtel Kenzi Europa** – C4 - *Bd du 20-Août - 05 28 82 12 12 - www.kenzi-hotels.com - - 236 ch. - à partir de 700 DH* - . En plus d'un Spa hypermoderne, vous trouverez, dans cet établissement, trois restaurants, un court de tennis, et une équipe d'animation.

Une folie, plus de 1 200 DH

43 **Hôtel Riu Palace Tikida Agadir** – B2 - *Chemin des Dunes - 05 28 38 84 84 - www.riu.com - - 251 ch. - à partir de 2000 DH en formule all-inclusive - 3 nuits mini. selon la période - . Pas d'enfants de moins de 16 ans.* Nombreuses activités, plusieurs bars et restaurants : on en oublierait presque la plage sur laquelle est posé l'établissement. L'hôtel possède également un centre de thalasso.

À Immouzèr-des-Ida-Outanane

Budget moyen, 400 à 700 DH

Hôtel des Cascades – *Immouzèr des Ida-Outanane - 05 28 21 88 08 - www.cascades-hotel.net - - 27 ch. - 450 DH* - *menu 130/180 DH.* Cadre idyllique. Situé au milieu d'un ravissant jardin tout en fleurs, ce petit hôtel familial, tenu avec soin, ne manque pas de charme. Les chambres, simples, sont toutes dotées d'un balcon. Vous apprécierez le coucher du soleil sur les sommets et les vallées, le réveil au chant des oiseaux, et le petit-déjeuner sur la terrasse.

Taroudant ★

Mystérieuse et farouche, secrète et austère, cette ville colorée semble sommeiller derrière un double écran de hautes frondaisons et de lourdes murailles de pisé. Au pied des monts (le Haut Atlas au nord, les sommets brûlés du Sud) dont elle commanda jadis l'accès, indifférente, dirait-on, à l'essor des cultures de primeurs et d'agrumes de la plaine du Souss, cette cité chargée d'histoire semble entretenir la nostalgie d'un passé glorieux. Mais peut-être ne s'agit-il là que d'une coquetterie ? Quoi qu'il en soit, ici, il ne vous faudra guère de temps pour tomber sous le charme des sortilèges du Sud marocain !

Se repérer

76 342 habitants (les Roudanis)
CARTE P. 418 (B1) – *carte Michelin 742, plis 4 et 32* – Taroudant est posée dans une plaine fertile, à 81 km seulement à l'est d'Agadir et à 223 km à l'ouest de Marrakech dont la sépare le terrible Tizi-n-Test.

À ne pas manquer

Flâner dans la ville en passant par le souk des bijoutiers.

Organiser son temps

Avec une promenade dans la palmeraie de Tioute, compter une journée.

Carnet pratique p. 440

Nos adresses p. 440

Se promener

★ Promenade dans la ville

2h environ à pied. Entrer dans la cité par Bab al-Kasbah, en empruntant une avenue à double voie qui longe le mur sud de la kasbah.
(On voit parfois des murs peints, expositions d'artistes roudanis ou non : en effet, les murs de Taroudant servent de cimaises improvisées pour des expositions dont la durée est soumise aux caprices du temps.)
On traverse une place où se dresse, au fond à gauche, **Dar el-Baroud**, palais des pachas de Taroudant construit en 1909 *(ne se visite pas)*. Continuez tout droit pendant 300 m, puis tournez à gauche en direction de la place An-Nasr.
Partout des rues étroites au tracé capricieux, courant entre de modestes bâtisses dont les étages ou les terrasses débordent parfois en encorbellement. Par-dessus les murs de pisé, des palmiers balancent leur feuillage, car la ville est aérée et les jardins y tiennent plus de place que les maisons. Si le costume des hommes est ici varié, celui des femmes est le plus souvent uniforme : vêtues de noir, elles mettent leur élégance discrète dans de savants drapés.
En suivant les panneaux indiquant l'hôtel Saâdien, vous arriverez au cœur de la médina ; le marché aux poissons ne manque pas de cachet. Non loin, observez les livreurs : regroupés, ils attendent, assis par terre à côté de leur diable ou de leur carriole, que quelque commerçant fasse appel à leurs services.
Revenir sur ses pas et prendre, à droite, la ruelle très animée qui se prolonge par la rue Bir Anzarane, en longeant le souk arabe.

Marché au bétail, Taroudant.
Ch. Boisvieux/hemis.fr

Souk arabe

Il est peu étendu, en partie ombragé par des claies, et étrangement calme. Passé une petite place carrée, sur la droite, qui regorge de marchandises (cuivres, peaux de mouton, tapis, sacoches berbères, babouches, sculptures sur pierre), on atteint le **souk des Bijoutiers★**.

Ici, comme à Tiznit, c'est le domaine des bijoux d'argent. Mais à côté de la production actuelle, de facture un peu fruste, on pourra voir de très belles pièces anciennes (bracelets en particulier) beaucoup plus élaborées. Toutes sortes d'objets anciens sont vendus dans ce quartier : certains sont d'un prix élevé, comme ces fusils dont les crosses sont de véritables œuvres d'art, mais il en est de plus abordables comme les lampes à huile juives en bronze ou les candélabres en cuivre. On remarquera une production spéciale du pays : de petits objets en **« pierre de Taroudant »**. Il s'agit d'un calcaire assez tendre, gris et rose, provenant des montagnes voisines, et qui se prête à la décoration au poinçon.

Revenant sur la rue Bir Anzarane, on arrive bientôt à la **place An-Nasr** (anciennement place Talmoklate), où se concentre toute la journée une intense activité. En face s'ouvre le **souk berbère**, plus large que le précédent, recouvert de tôle ondulée, et où règne une grande animation, en particulier dans la grande allée centrale où se regroupent bazars et drogueries.

Au-delà, échoppes vendant des poteries, des babouches et autres bijoux berbères, vers lesquelles des rabatteurs tenteront de vous entraîner en vous promettant monts et merveilles.

Revenir à la place An-Nasr et prendre sur la gauche.

Place El-Alaouyine (ex-Assarag)

Cette vaste place est le lieu de rendez-vous des habitants au crépuscule. Musiciens, conteurs, bateleurs lui donnent alors des allures de petite place Jemâa el-Fna. Les terrasses des cafés qui la bordent sur sa partie nord, souvent bondées, constituent d'excellents points d'observation.

Belle et rebelle

C'est son éloignement qui a permis à Taroudant de devenir le refuge des princes rebelles désireux de défier le pouvoir, tout en étant une proie convoitée par les tribus du Sud. Son âge d'or survint au 16e s. avec l'avènement des **Saâdiens**, qui en firent pour un temps leur capitale ; grande productrice de canne à sucre, de coton, de riz, d'indigo, elle attire alors les caravaniers. Toujours frondeuse, elle prend parti en 1687 pour un rival du terrible Moulay Ismaïl : grave erreur que ses habitants paieront d'un massacre. À la fin du siècle suivant, elle voit le règne éphémère d'un fils de Moulay Abdallah, qui y fut proclamé sultan. Au 19e s., incorrigible, elle reste un foyer d'agitation contre le pouvoir central ; c'est de Taroudant qu'**El-Hiba**, le « sultan bleu », mène la lutte après son échec à Marrakech.

En revenant sur vos pas, puis en continuant au-delà de la place An-Nasr, vous découvrirez au passage la Grande Mosquée, dont le **minaret** ocre est sculpté en nid-d'abeilles et décoré de panneaux de céramiques.

★ Le long des remparts

Partir de Bab al-Kasbah et suivre l'enceinte à pied jusqu'à souk el-Khemis.
Il faut faire cette promenade de préférence le soir, lorsque la muraille rougeâtre s'anime au soleil couchant, ou même au clair de lune, à moins que l'on ne préfère une promenade en calèche tôt le matin. Le long du mur nord, près de Bab el-Khemis, une esplanade est réservée aux souks.
Les remparts de Taroudant sont d'épais murs de pisé crénelés et abondamment bastionnés. La partie la plus ancienne, due aux Saâdiens, entoure la kasbah ; tout le reste date du 18e s. Ils bénéficient en plusieurs secteurs d'un environnement de verdure remarquable qui contribue à les mettre en valeur : oliviers géants, magnifiques eucalyptus, bouquets de palmiers, grenadiers.

À proximité

CARTE DE RÉGION P. 418

Tioute B1

37 km au sud-est par la route de Marrakech. À 8 km, dans le village d'Aït Yazza, prendre à droite, juste avant la station-service, l'étroite route en direction d'Igherm et de Tata (aucune indication sur place ; il s'agit de la seule route goudronnée).
Après 3 km, traversez à gué l'immense lit de l'oued Souss (presque à sec une grande partie de l'année).
Sur la rive opposée se dressent les ruines de la **kasbah de Freïja** qui commandait ce passage, et que dissimule aujourd'hui en partie l'établissement hôtelier qui s'est installé dans l'ancienne demeure caïdale.
Après avoir croisé la route de Ouarzazate à Agadir, on traverse une forêt maigre d'arganiers où paissent chèvres et chameaux, avant d'atteindre, 4 km plus loin, la route goudronnée de Tioute *(plaque indicatrice)*. Elle se dirige vers les premières pentes de l'Anti-Atlas, au pied desquelles la grande **palmeraie de Tioute** groupe plusieurs villages dominés par une kasbah, dont les ruines ont encore fière allure.
Coopérative Taïtmatine – *À l'entrée du village, la première maison sur la gauche - ✆ 05 28 85 25 51 - www.cooptaitmatine.com - 8h-18h.* Cette coopérative féminine fait partie d'une association du sud du Maroc qui œuvre pour le développement durable avec l'aide de la principauté de Monaco. Vous pourrez assister à toutes

les étapes de la fabrication de l'huile d'argan, depuis le concassage, à la main, jusqu'au pressage, en passant par l'extraction et la torréfaction. Dans la petite boutique, vous trouverez tous les produits alimentaires et cosmétiques fabriqués à partir de l'huile d'argan, ainsi que du *amou beldi*, la pâte à tartiner à base de miel, d'amandes et d'huile d'argan.

Traversez le village qui se trouve face à vous, sans vous soucier des embouteillages d'ânes : ceux-ci attendent de pied ferme les cars qui leur amèneront des cargaisons de touristes à balader dans la vaste palmeraie qui s'étend devant Tioute. Des cyclistes se chargeront de vous rabattre devant l'une des officines où, si le cœur vous en dit, vous n'aurez plus qu'à vous jucher sur le dos de l'un de ces sympathiques équidés, après avoir convenu de la durée de la promenade (et de son prix) avec l'accompagnateur.

Peu après, sur une sorte de place, une route signalisée monte vers la kasbah qu'on aperçoit juchée sur un contrefort de la montagne. Dans un virage, une piste sur la droite conduit à une terrasse qui longe une ancienne kasbah très remaniée et transformée en un restaurant (la **Kasbah Tioute**) dont l'essentiel du charme réside dans sa situation.

De là, on appréciera la **vue★** : au premier plan sur les villages de terre rouge noyés dans la verdure et sur le marabout de Sidi Abdelkader, puis sur la palmeraie à l'intérieur de laquelle il est agréable de se promener à pied ou à dos de mulet ; au-delà s'étend la plaine du Souss (sur la gauche, entre deux buttes, on distingue Taroudant), et par temps clair on aperçoit le Haut Atlas.

Revenir sur ses pas. À 500 m, une piste à gauche descend vers les villages.

En empruntant cette piste on traversera deux villages *(souk le mercredi)* avant de rejoindre Taroudant par l'itinéraire de l'aller.

★ Excursion à Taliouine C1

Suivant le temps dont on dispose, il est possible, en reprenant la route en direction de Taroudant, d'effectuer une excursion à **Taliouine★** *(voir chapitre suivant)*. Dans ce cas, prenez à droite la route en direction de Ouarzazate *(comptez 91 km entre ce carrefour et Taliouine)*.

Cette route étroite qu'encadrent les montagnes de l'Anti-Atlas traverse tantôt de larges zones de cultures (pastèques, en particulier) parsemées de villages en pisé surplombant l'oued Assaki, tantôt de vastes étendues désertiques balayées par le vent.

Carnet pratique

S'informer

Conseil provincial du tourisme – *Immeuble Ben Chams, Soussia Mhaita - ✆ 05 28 55 17 23.*

Adresses utiles

Banques – Les principales banques sont regroupées autour de la place Al-Alaouyine – ou à proximité immédiate – et disposent de distributeurs automatiques de billets.

Arriver/Partir

Avion

Taroudant n'est qu'à 60 km de l'**aéroport d'Agadir-Al Massira** *(voir p. 430)*, auquel elle est reliée par une route en très bon état.

Voiture

La plupart des rues ne sont pas accessibles en voiture. Vous pourrez vous garer au pied des remparts av. Moulay Ismail.

Se déplacer

Calèches

Intra-muros, les calèches sont utilisées par les Roudanis en guise de petits taxis, sans compteur naturellement *(le tarif pour une course est de 10 DH).*

Mais si vous voulez profiter de cette étape de charme pour faire une balade en amoureux autour des remparts, il faut compter entre 80 et 150 DH ou plus suivant la durée. Se mettre d'accord au préalable avec le cocher.

Vélos

Le profil plat incite nombre de Roudanis à se déplacer à vélo : suivez leur exemple! Prudence toutefois : toutes proportions gardées, la circulation à Taroudant vaut bien celle de Marrakech.

Location Hicham - *av. Brahim Roudani - ✆ 05 46 17 56 25.*

Comptez 150 DH par jour pour un vélo, 400/500 DH pour un cyclomoteur.

Nos adresses

Restauration

Premier prix, moins de 100 DH

Chez Nada – *Dans le centre, à côté de l'hôpital - ✆ 05 28 85 17 26 - menu 70 DH.* Cet établissement plutôt touristique propose une cuisine marocaine très correcte. Son intérêt principal tient à sa terrasse fleurie et ombragée, qui offre une vue sur toute la ville.

Budget moyen, 100 à 200 DH

Jnane Soussia – *Av. Mohammed V - hors les murs, près de Bab Zorgane - ✆ 05 28 85 49 80 - 210 DH.* Spécialités régionales. Piscine et grand jardin constituent l'agréable cadre de ce qui est sans doute le meilleur restaurant de la ville.

Petite pause

Ne manquez pas de vous installer en terrasse des cafés de la **place Al-Alaouyine** pour déguster de délicieux jus de fruits frais.

Place An-Nasr, à l'entrée du souk berbère, vous trouverez de petites charrettes chargées d'oranges que l'on vous pressera en quelques secondes. Il en est de même sur la grande place située derrière Bab al-Kasbah.

Shopping

Souk – *Jeu. et dim.*

Activités

À Tioute

Promenade à dos d'âne – Des habitants proposent de vous conduire jusqu'à la kasbah à dos d'âne *(40 DH).*

Hébergement

À Taroudant

Premier prix, moins de 400 DH

Taroudant Hôtel – *Pl. Al-Alaouyine - ✆ 05 28 85 24 16 - 200 DH - pas de ☕.* Un minuscule patio, des chambres qui fleurent bon l'hôtel de province tel qu'on le concevait il y a quelques décennies : ce fut jadis le grand hôtel de la ville. Il en reste une sorte de solennité un peu empesée et un air d'indéfinissable nostalgie dans le regard d'un personnel - stylé - de haute époque lui aussi. Bar fort animé.

À Freïja

Budget moyen, 400 à 700 DH

Riad Freija – *À 8 km de Taroudant par la rte de Tioute, sur la droite de la rte - ✆ 06 68 19 18 67 - - 32 ch. et suites - à partir de 330 DH ☕ - ✕.* Installé dans une ancienne demeure caïdale, l'établissement est agencé autour d'un patio fleuri orné d'une fontaine de style arabo-andalou. Il propose des chambres de tailles diverses, installées à l'étage sur une terrasse enserrant le riad. Salons marocains au décor soigné, confort, grande piscine et restaurant de spécialités locales.

À Aït Lazza

Budget moyen, 400 à 700 DH

Riad Hôtel L'Arganier d'Or – *À Aït Lazza sur la rte de Taliouine, à 19 km de Taroudant, chemin à gauche sur 250 m env. - ✆ 05 28 55 02 11 - www.riadhotellarganierdor.com - - 15 ch. - à partir de 770 DH ☕ - ✕.* À l'orée d'une vaste orangeraie, cette demeure, aux tons brun foncé enserrant un agréable patio d'allure arabo-andalouse, propose des chambres impeccables, dotées de salles de bains intérieures ou extérieures. Restaurant installé sous une grande tente caïdale ; vaste terrasse sur le toit avec vue sur la chaîne du Haut Atlas ; espace jeux pour les enfants avec balançoire. Sur demande, organisation d'ateliers (confection de pain berbère, fabrication d'huile d'argan) et animation folklorique.

Taliouine ★

Traversée par l'oued Zagmouzen, qui sépare la kasbah des nouvelles constructions, cette petite ville située dans un cadre désertique grandiose de montagnes plissées où l'ocre de la terre se confond avec celle des bâtisses, et où la silhouette de l'ancienne demeure du Glaoui se dresse fièrement dans le bleu intense du ciel, est connue pour son safran, de la meilleure variété.

Se repérer

6 209 habitants

CARTE P. 419 (C1) – *carte Michelin 742, plis 4 et 33* – Taliouine est située sur un plateau fertile peuplé d'arganiers, prolongeant vers le désert la plaine du Haouz, à 120 km à l'est de Taroudant. De là, on peut rejoindre Ouarzazate en franchissant le Tizi-n-Taghatine (alt. 1886 m).

Organiser son temps

Compter une demi-journée pour découvrir Taliouine.

Nos adresses p. 444

Circuit conseillé

CARTE DE RÉGION P. 419

La route du safran

Circuit de 85 km - itinéraire tracé en vert clair sur la carte p. 419 - 2h environ.

Coopérative Souktana de safran de Taliouine

Sur la gauche de la route, en allant vers Tazenakht - ✆ 05 28 53 44 52 - 8h30-19h30. Conditionné en sachets ou en boîtes, le safran est vendu en filaments entiers, au gramme (le prix de commercialisation, affiché à l'entrée, est extrêmement variable en fonction de la production de l'année et la conjoncture du marché).

La région de Taliouine (entre Tagouyamt et Aït Assine notamment) et de Tazhenakht est renommée pour ses cultures de safran. Elle produit près de 90 % du safran marocain et fait vivre une vingtaine de coopératives et 1500 familles de producteurs. Le safran de Taliouine est le seul à benéficier d'une AOP. L'épice la plus chère du monde se récolte entre octobre et novembre. Outre les conditions (particulièrement pénibles et minutieuses) de sa récolte, on vous apprendra comment reconnaître le véritable safran des *ersatz*, qui sont légion, confectionnés à base de maïs ou de filaments de viande de bœuf bouillie !

Quitter Taliouine par la route de Ouarzazate.

La route s'élève et part à l'assaut du **Tizi-n-Taghatine**, col situé à 1886 m d'altitude. De-ci de-là, des buvettes proposent du « safran naturel ». On atteint alors un plateau particulièrement pelé où errent quelques troupeaux.

Après 56 km, au Tizi-n-Ikhsane, s'amorce une descente dans une plaine désertique. Seul signe de vie, des stands proposant fossiles et minéraux. L'un d'entre eux, dans un élan de sincérité ingénue, n'hésite pas à s'affirmer comme « atelier de fabrication de fossiles » !

Tazenakht D1

Aux confins du massif du Siroua, ce bourg sans caractère, écrasé de chaleur et de poussière, est posé au carrefour de la route de Ouarzazate à Agadir et de la route

Taliouine.
Monique Pouzet/iStock

de Ouarzazate à Tata par Foum-Zguid. Il est surtout connu pour ses **tapis**, dont la couleur dominante, orange, provient du safran, utilisé comme teinture. Tous les vendredis, c'est jour de marché. On y vient de loin pour acheter ou vendre des tapis, tissés par les femmes des petits villages accrochés aux pentes du Siroua. Au centre du village, sur la droite, une route permet de rejoindre **Agdz** et la **vallée du Drâa** *(voir ce nom)* en 93 km. D'abord difficile car étroite et sinueuse dans la montagne, elle s'élargit à partir de Bou-Azer pour déboucher dans la vallée de l'oued Tamsift. Elle parcourt alors un paysage minéral d'une grande beauté, ponctué de temps à autre de quelques oasis.

Le safran

Plante bulbeuse appartenant à la famille des iridacées, le *Crocus sativus* est constitué d'un bulbe au sommet duquel partent des feuilles et deux ou trois pédoncules floraux. La fleur, hermaphrodite, de couleur violette, comporte dans la partie allongée du pistil trois stigmates rouges et odorants, le safran. La récolte consiste en la cueillette des fleurs une par une, tôt le matin, avant que le soleil ne risque de les flétrir. Les stigmates sont ensuite détachés de chaque fleur et mis à sécher. Pour obtenir 1 kg de safran sec, il faut environ 140 000 fleurs, car si le séchage des stigmates permet de développer l'arôme de cette épice à la saveur un peu piquante, il entraîne la perte des quatre cinquièmes du poids frais cueilli. On calcule que la production moyenne à l'hectare représente environ 4 kg de safran. Outre son utilisation bien connue comme condiment dans diverses préparations culinaires, le safran entre dans la composition de nombreux remèdes utilisés dans la pharmacopée traditionnelle marocaine (vertus antispasmodiques, analgésiques, voire aphrodisiaques). Il sert aussi comme colorant pour les tissus et les fleurs artificielles. Dans le commerce, vous le trouverez en poudre (il lui arrive bien souvent d'être coupé dans les souks), parfois en filaments coupés en morceaux, et parfois (à la coopérative de Taliouine en particulier) en filaments entiers.

Nos adresses

Restauration

Premier prix, moins de 100 DH

Auberge Souktana – *05 28 53 40 75 - menu 85/110 DH.* Le restaurant de cet hôtel (voir « Hébergement ») sert une cuisine marocaine raffinée, aussi bien aux résidents qu'aux voyageurs de passage.

Shopping

Souk – *Merc.*

Tapis teints au safran –*À Tazenakht*, notamment à la **coopérative Siroua.**

Activités

Randonnées – Les propriétaires de l'auberge Souktana *(voir ci-dessous)* et guides de montagne, organisent des randonnées pédestres, à dos de mule ou en 4x4 au départ de Taliounine ou dans le massif du Siroua.

Hébergement

Premier prix, moins de 400 DH

Auberge Souktana – *05 28 53 40 75 -www.auberge-souktana.business.site - 4 ch. - 226 DH - 4 bungalows - 166 DH - 25 DH.* Cette sympathique auberge abrite des chambres avec salle de bains et des bungalows au confort sommaire (toilettes et douches communes avec le camping). Dans son jardin se trouve le bureau des guides de Taliouine. Ambiance conviviale.

Auberge Le Safran – *Sur la droite de la route en direction de Ouarzazate, 200 m après la coopérative de safran - 05 28 53 40 46 - www.auberge-safran-taliouine-sud-maroc.com - - 16 ch. et suites - à partir de 260 DH , suite 440 DH - utilisation de la clim. (ou du chauffage) payante - plats 40/60 DH.* Sympathique petite auberge aux chambres colorées. L'accueil est charmant. Au menu, le safran est roi et se retrouve même dans le thé ! Un guide de montagne officiel, Mahfoud, passionné par le safran (petite boutique), organise des balades dans les montagnes et dans les oasis de l'Anti-Atlas.

À proximité

Auberge Targa – *À 5 km de Taliouine sur la route de Taroudant, puis 800 m sur un chemin empierré - 06 63 52 89 78 -www.aubergetarga.business.site - - 30 ch. - 250 DH - .* Auberge sur deux étages et bordant une piscine ombragée d'oliviers. Chambres propres, longue terrasse sur le toit ménageant de belles vues sur la vallée de l'oued qu'occupe une petite palmeraie.

À Tazenakht

Premier prix, moins de 400 DH

Hôtel Taghadout – *Sur la droite de la route (av. Hassan II) en venant de Taliouine - 05 24 84 13 93 - - 24 ch. - 150 DH - menu 70 DH.* Très modeste hôtel (seules les chambres du 2e étage ont une salle de bains privée) qui peut néanmoins constituer une halte bien utile si vous souhaitez vous poser après une longue route.

Région de Tafraoute ★★★

Il faut passer au moins une nuit à Tafraoute. Très tôt le matin, et mieux encore au coucher du soleil, ce site - l'un des plus extraordinaires du Maroc - prend toute sa valeur. Au cœur de l'Anti-Atlas, à 1000 m d'altitude, le bassin de Tafraoute est creusé dans les granits roses qui forment l'ossature de la chaîne. Il est peuplé, de même que la vallée voisine, par la tribu des Ameln.

Se repérer

5128 habitants

CARTE DE RÉGION B2 (P. 418) – *carte Michelin 742, plis 4 et 32* – Nichée dans un superbe cirque de montagnes, « Tafraoute » (généralement orthographié Tafraout sur les panneaux) est à 130 km au sud-est d'Agadir (par la route d'Aït Baha) et à 107 km à l'est de Tiznit, par le col du Kerdous. Une fois celui-ci franchi, à Jemaa Ida Oussemila, deux options s'offrent à vous : la route traditionnelle (étroite, mais au revêtement très convenable), par Tizourhane et Adaï ; ou bien une route plus récente, par Izerbi. Le bourg lui-même se compose d'une rue principale franchissant un oued et conduisant à un rond-point où s'embranchent les routes d'Agadir (à gauche) et de Tiznit, par Agard-Oudad (à droite).

À ne pas manquer

Les paysages splendides qui entourent Tafraoute, le village d'Adaï, la vallée des Ameln et les gorges d'Aït Mansour.

Organiser son temps

Deux jours, le temps de rallier les différents sites naturels.

En famille

Une promenade à vélo à la découverte des paysages somptueux qui bordent le village de Tafraoute.

Carnet pratique p. 450

Nos adresses p. 450

Se promener

★★★ Site de Tafraoute

Le bourg de Tafraoute ne présente pas en lui-même un très grand intérêt : ses larges rues tracées au cordeau, l'alignement de ses boutiques n'offrent guère de surprise. Mais la petite ville s'inscrit dans un **cirque montagneux** étrange et grandiose. Une palmeraie clairsemée en occupe le fond, où les dattiers voisinent avec de petits champs d'orge, des arganiers, des amandiers et des caroubiers. Au-dessus de cette verdure, à part quelques villages, ce ne sont que montagnes de granit rose : leurs pains de sucre ou leurs arêtes aiguisées par l'érosion disparaissent en partie sous d'énormes éboulis aux formes bizarres. Dominant les villages d'Asgaour et de Tandelt, la roche qu'un soleil matinal réchauffe n'évoque-t-elle pas pour le spectateur attentif une tête de lion veillant sur la vallée ?

À proximité

★★ Adaï

À 3 km à l'ouest de Tafraoute.

Sur la route de Tiznit, là où la palmeraie devient plus dense, le village d'Adaï, serré autour de son minaret d'un rose agressif, grimpe à l'assaut d'un invraisemblable chaos rocheux.

On se plaît à escalader ses ruelles étroites à l'ombre de pittoresques maisons plantées dans le roc. Et peut-être aura-t-on la chance de rencontrer encore le costume du pays : jeunes filles vêtues de bleu, femmes mariées, de noir, un large galon de couleur vive et de lourds bijoux égayant leurs sobres drapés.

Circuits conseillés

CARTE DE RÉGION P. 418

★ De Tafraoute à Aït Baha B2

105 km - itinéraire tracé en jaune sur la carte p. 418 - 3h environ.
Quitter Tafraoute au nord par la route d'Agadir.

★★ Vallée des Ameln

Le rideau rocheux qui ferme le site de Tafraoute cache la vallée des Ameln, qui s'incurve sur une vingtaine de kilomètres au pied du *jbel* Lekst.

Au km 3,5, la route amorce un grand coude à gauche pour contourner un piton rocheux, découvrant bientôt une **vue générale★★** de la verte vallée des Ameln dominée par les croupes abruptes du *jbel* Lekst (2374 m). Incroyablement peuplée, cette vaste oasis de montagne ne compte pas moins de 27 villages accrochés aux pentes de granit et de grès, au bord de torrents qui permettent l'irrigation des champs et des vergers. Le spectacle est inoubliable en février lorsque les amandiers sont en fleur.

Laisser à gauche la route de Taguenza et prendre la direction signalisée « Agadir » ; 2 km plus loin, emprunter la piste située à gauche (signalisation : « Maison traditionnelle »). La suivre sur 1 km environ jusqu'à une petite place, où on laisse la voiture.

★ Oumesnat

Après avoir emprunté une petite rue devant vous, puis longé le cimetière, traversez des jardins ombragés, où, parmi les figuiers, les amandiers et les palmiers, s'affairent des paysannes vêtues du costume traditionnel. Au-delà, les maisons traditionnelles s'élèvent d'un joli mouvement vers la falaise rose.

Le génie du commerce

Les **Ameln** sont des Chleuhs qui pratiquent une culture irriguée où dominent l'orge et l'amandier. Agriculture moins pauvre que dans la plupart des régions de l'Anti-Atlas, mais qui ne saurait justifier à elle seule l'aisance manifeste de la population. Le complément des ressources vient des profits de l'émigration : dans les grandes cités du Maroc – et aussi d'Europe – les Ameln tiennent commerce, comme épiciers surtout. Ils laissent au village leur famille, s'enrichissent à la ville et reviennent de temps en temps, au volant d'une grosse voiture, signe de leur réussite. Ils se font construire une belle demeure et s'y retirent, fortune faite.

Tafraoute et sa mosquée rouge.
Pavliha/iStock

★ **Maison traditionnelle des Ameln** – *✆ 06 61 51 37 93 - www.maison traditionnelle.ma. Visite guidée de 8h au coucher du soleil - 25 DH. Dispose également de quelques chambres d'hôtes (250 DH/pers. en 1/2 P).*
Cette demeure, vieille de quatre siècles, est construite sur plusieurs niveaux en pierre, argile et cailloux ; son plafond est constitué de roseaux et les poutres qui soutiennent l'édifice sont en bois d'arganier et de palmier. Au rez-de-chaussée se trouvait l'étable. À l'étage, la partie de la maison où vivait la famille, dans des couloirs et de petites pièces réparties autour de la cuisine centrale. Le niveau supérieur, avec son entrée indépendante, plus confortable et richement décoré, était quant à lui réservé aux invités. À l'intérieur, le maître des lieux (ou son fils) – leurs explications sont passionnantes – vous montrera divers objets, représentatifs de la vie quotidienne de la région : moulins de pierre (les *raha*) dont on se sert pour extraire l'huile d'argan, pour moudre le café, le henné ou encore l'orge, dont la farine sert pour le pain et le couscous ; ustensiles de cuisine (tajines, couscoussiers) et jarres en argile dans lesquelles sont conservés le beurre, le miel ou le raisin ; sacs en peau de bœuf et aux anses en poil de chèvre, outres, etc. Si l'occasion se présente, les visiteuses ne devront pas manquer de se draper (jusqu'aux yeux) du costume traditionnel des paysannes berbères, dont la robe noire ne compte pas moins de 5 m de tissu brodé de motifs dorés !
Chaque coin de rue offre des **vues**★ sur le village voisin de Tamalout, qui se signale par une grande mosquée blanche, sur la montagne et sur la vallée.
10 km après Oumesnat ; au carrefour, délaisser la direction de Tata pour prendre à gauche vers Aït Baha et Agadir.

★ Ksar de Tizourgane (Tioulit)

À 33 km du carrefour. Sur la gauche de la route, peu après l'entrée dans la commune rurale de Sidi Khemis-des Ida-ou-Gnidif, vous ne manquerez pas de remarquer ce village fortifié berbère, juché sur un piton rocheux. Elle abrite aujourd'hui une maison d'hôte d'une dizaine de chambres *(www.tizourgane-kasbah.com - ✆ 06 61 94 13 50).*

Une maison originale

La maison traditionnelle diffère ici notablement de celles que l'on rencontre dans le reste du Maroc.
C'est un bâtiment carré de deux ou trois étages avec une cour centrale très étroite et une tour d'angle crénelée de faible hauteur. Sur la terrasse légèrement débordante, on remarque des pierres dressées à intervalles réguliers, protection contre les influences maléfiques. Les murs sont faits de grosses pierres du pays recouvertes d'un enduit épais coloré d'ocre ou plus souvent de rose. Rares et étroites – de véritables meurtrières parfois –, les fenêtres sont cernées de blanc. La façade comporte deux saillants, qui s'élèvent sur toute la hauteur de la maison et encadrent la porte d'entrée et les fenêtres de la salle de réception au deuxième étage, et une arcature couronnant le tout. Là se concentre toute la décoration extérieure de l'édifice ; sur un fond blanchi à la chaux se détachent des motifs géométriques composés de petites pierres plates de schiste verdâtre placées de chant.
Les demeures bâties aujourd'hui par les Ameln perpétuent la tradition ; dans la décoration, mosaïques et carreaux de faïence prennent toutefois le relais des schistes verts.

Piste d'accès à gauche et parking, puis long escalier aménagé jusqu'à l'imposante porte d'entrée fortifiée.
Datant du 13e s., cette véritable forteresse circulaire, plus ou moins restaurée abrite encore de rares familles de la tribu des Ida-ou-Gnidif. En vous promenant dans les ruelles, vous apercevrez quelques hautes maisons dotées de belles portes en bois, sculptées de motifs géométriques, ainsi que des demeures édifiées en pierre et où « l'âne logeait en bas et le Berbère en haut », pour reprendre l'expression du guide improvisé qui se charge de vous accompagner lors de votre visite.
Jusqu'à Aït Baha, à 36 km de là, la **route ★★** toute en virages et assez étroite (n'hésitez pas à jouer de l'avertisseur) parcourt à flanc de montagne un paysage minéral de schiste et de grès où seuls quelques cactus et des amandiers donnent une touche végétale aux lieux. De-ci de-là, vous distinguerez des hameaux aux maisons accrochées au versant presque vertical de ces montagnes de l'Anti-Atlas avec lesquelles elles se confondent et dont les murs ocre semblent jaillir de terre, le tout d'une grande beauté. Après le barrage d'Had Aït Mzal, la route rejoint la fertile plaine du Souss et contourne **Aït Baha**, une petite ville sans grand caractère.

Les agadirs

Construits en pierres sèches par les habitants d'un village ou d'une région, les *agadirs*, qui ont donné leur nom à la ville d'Agadir, sont des greniers fortifiés de grandes dimensions et de trois ou quatre étages. À l'intérieur, chaque famille possédait un compartiment individuel, fermé par une belle porte en bois d'arganier sculpté et peint de divers motifs berbères traditionnels. On accédait à ces casiers par un « escalier » de marches en pierres plates encastrées dans les murs. Construit autour d'une allée centrale, l'*agadir* pouvait contenir un très grand nombre de casiers individuels où chaque famille mettait à l'abri ses biens précieux : bijoux, armes, caftans et djellabas de fête, mais aussi différentes poteries contenant les réserves de grains et toutes sortes d'aliments.
Pour en savoir plus, voir le beau livre de Salima Naji, Greniers collectifs de l'Atlas, *paru chez Édisud.*

Imechguiguelm

4 km plus loin. Suivre une route empierrée vers le centre du village puis à gauche un chemin signalisé. Ouvert lorsque le gardien est là. Cet **« agadir »** ou « igherm », grenier fortifié construit en pierres sèches assemblées sans mortier ni autre liant autour d'une allée centrale, témoigne de la vie communautaire traditionnelle de la région autrefois.

★ De Tafraoute à Igherm par le Tizi-n-Tarakatine CARTE DE RÉGION

98 km - itinéraire tracé en rouge sur la carte p. 418 - comptez 2h. Quitter Tafraoute en direction d'Agadir. Attention : pas d'essence avant Igherm.

À 21 km environ, sur la droite, une route – étroite mais en parfait état – s'ouvre en direction d'Igherm. Franchissant le **col du Tizi-n-Tarakatine** (alt. 1500 m), elle traverse des paysages désolés mais superbes, presque entièrement minéraux, si l'on excepte des touffes de verdure ponctuant le lit de l'oued profondément encaissé. Çà et là, les ruines d'un village abandonné ou d'un fort témoignent d'une présence humaine. Quelques faméliques troupeaux de caprins errent à la recherche d'une touffe d'herbe. Puis le paysage change : parmi les arganiers apparaissent de petits lopins cultivés en terrasses. À proximité des quelques villages, on aperçoit des enclos de pierres sèches et des aires de battage pour le blé. Posé parmi les roches, le village fortifié de Tagardite Nait Ali précède de peu la petite cité commerçante d'**Igherm**, d'où l'on peut rejoindre Taroudant (au nord) ou Tata (au sud).

De Tafraoute aux gorges d'Aït Mansour CARTE DE RÉGION

62 km AR - itinéraire tracé en orange sur la carte p. 418 - comptez 3h. Quitter Tafraoute en empruntant la route de Tiznit par Izerbi (à droite au rond-point).

★ Agard-Oudad B2

3 km au sud de Tafraoute sur la R 107. Le gros village d'Agard-Oudad est blotti contre une énorme pyramide rocheuse à la pointe arrondie que les gens du pays appellent « le doigt ».

Site des rochers peints

À 4 km d'Agard, une piste, à droite *(accès signalisé, laisser la voiture à proximité du panneau et poursuivre à pied)*, mène aux rochers – aux formes voluptueusement arrondies – colorés dans les années 1980 par le Belge **Jean Vérame**. Incongru

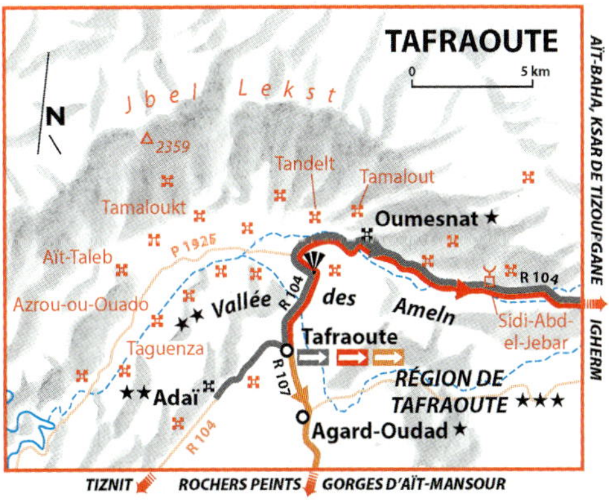

7

dans ce site superbe, quelque peu délavé aujourd'hui par l'action du temps et des intempéries, cet ensemble se rattache aux recherches du *land art* qui, en intervenant sur des sites naturels, en propose une vision nouvelle.
Face aux rochers peints, prendre la petite route signalisée « Afella ».
Étroite, sinueuse et défoncée par endroits, la route s'élève rapidement dans un paysage minéral d'une austère grandeur, avant de parvenir sur un plateau et de traverser le village montagnard de Tasrite, ou Tasrit.
Six kilomètres plus loin apparaissent devant vous d'impressionnantes parois rocheuses tabulaires, déclinant une somptueuse palette de rouges, ocre et orange. En contrebas, on aperçoit le lit de l'oued Sidi Mansour qui, bordé de magnifiques lauriers-roses, s'engage dans un étroit canyon.

★★ Gorges d'Aït Mansour B2

La route descend abruptement en de spectaculaires lacets jusqu'au fond du canyon et s'engage dans celui-ci en suivant le cours de l'oued. Chaos de rochers aux formes improbables, éboulis, sommets abrupts, murs verticaux de plusieurs dizaines de mètres de hauteur composent un étrange paysage, grandiose et rougeoyant. La sensation de solitude qu'il procure est impressionnante.
Soudain, à un détour de la route, une **palmeraie** totalement inattendue, encastrée dans l'étroit corridor creusé par la rivière entre les vertigineuses parois des gorges, apparaît. Spectacle étonnant d'une nature devenue soudain généreuse. Végétation exubérante, miracle né de l'eau, dont le chant cristallin continu vous accompagne dans ce qui apparaît alors comme un véritable paradis terrestre.
Si vous disposez d'un véhicule tout-terrain, vous pourrez continuer, en franchissant plusieurs gués, jusqu'à la sortie des gorges et au village de Souk-el-Had-d'Afella-Irhir, du moins si quelque palmier n'est pas venu entraver la piste. Dans le cas contraire, faire demi-tour et rentrer à Tafraoute par le même chemin.
De Tazenakht, vous pouvez rejoindre Ouarzazate en une heure environ, en franchissant le jbel Siroua par le Tizi-n-Bachkoum (alt. 1700 m).

Carnet pratique

Informations utiles

Pays d'accueil touristique de Tafraoute – *www.tafraout.info.* Ce site fournit de nombreuses informations pour organiser son périple à Tafraoute et dans sa région.

Nos adresses

Restauration

Premier prix, moins de 100 DH

Marrakech – *128 r. Ennahda - dans le centre - ✆ 06 63 22 92 50 - 55 DH.* Un restaurant fréquenté surtout par des Marocains, où l'on sert une cuisine copieuse et bon marché.

L'Étoile du Sud – *Face à la poste - ✆ 05 28 80 00 38 - menu 90 DH.* Une belle terrasse ombragée et une tente nomade : décors d'une pause agréable pour un repas sans prétention. On y croise un certain nombre de groupes.

Les Amandiers – *voir « Hébergement » -* 🍷. Le vaste restaurant de l'hôtel du même nom sert une cuisine (internationale et marocaine) souvent délicieuse et subtilement relevée comme dans le cas du tajine de kefta à l'œuf par exemple. Ajoutons deux mérites supplémentaires : on y sert du vin et la vue panoramique est vraiment superbe.

Shopping

Souk – *Merc.* Que vous soyez en voiture ou à pied, vous n'échapperez pas aux rabatteurs qui cherchent à vous entraîner dans les boutiques d'artisanat de Tafraoute. Plutôt que de vous faire dérouler d'innombrables tapis, dont on vous jurera devant le thé à la menthe servi en gage d'« hospitalité berbère » qu'ils arrivent directement (par caravane) de chez le producteur, vous pourrez vous procurer des babouches berbères : celles-ci, de couleurs vives, sont munies de talons, contrairement aux babouches arabes (60/70 DH environ). Vous trouverez aussi à Tafraoute les produits (huile alimentaire, cosmétique...) à base d'huile d'argan.

Artisanat du coin – *482 pl. des P.T.T. - ☎ 05 28 80 10 45.* Cette petite boutique propose quelques objets de fabrication artisanale.

Hébergement

La plupart des établissements de Tafraoute sont implantés dans un cadre exceptionnel face aux montagnes.

Premier prix, moins de 400 DH

Camping Tazka – *À 1 km de la ville sur la route en provenance du col du Kerdous - ☎ 05 28 80 14 28 - www.campingtazka.com.* Ce petit camping, situé à l'écart de la ville, a l'avantage d'être aménagé au cœur d'un site naturel exceptionnel. L'intérieur est bien tenu et les sanitaires sont propres. Malheureusement les zones d'ombre sont rares.

Hôtel Salama – *Au centre-ville, près de la mosquée - ☎ 08 08 51 84 92 - www.hotelsalama.com -* 💳̸ *- 35 ch. - 350 DH -* ☕ *33 DH -* 🍴. Ce beau bâtiment entièrement rénové dans le style d'un riad ancien abrite un hôtel très confortable. Vous y trouverez une grande terrasse, des salons pour vous détendre, un restaurant marocain. Une des meilleures adresses !

Hôtel Saint-Antoine – *Av. Mokhtar Soussi - ☎ 05 28 80 14 97 -* 🏊 *- 24 ch. - 414 DH -* ☕ *38 DH -* 🍴 *menu 80 DH.* Hôtel moderne, pimpant et confortable, doté d'une belle piscine posée dans un sympathique jardin. La salle à manger donne sur une terrasse. Les chambres, pour certaines munies de balcons, possèdent toutes douche, climatisation et télévision. Une bonne adresse.

Budget moyen, 400 à 700 DH

Hôtel Les Amandiers – *☎ 05 28 80 00 08 -www.lesamandiers-hotel.com -* 🏊 *- 60 ch. - 450 DH -* ☕ *30 DH -* 🍴 *menu 120 DH.* Juché sur une colline dominant Tafraoute, cet hôtel confortable propose des chambres immenses au décor un peu vieille France. Mais il ménage de belles vues sur le site (demandez les chambres côté piscine), et prendre le petit-déjeuner près de la piscine avec le cirque montagneux en toile de fond est particulièrement agréable.

Tata

Tata est réputée comme étant la ville la plus chaude du Maroc... et cette réputation n'est pas usurpée : ici, même l'eau froide est chaude! Posée dans une belle palmeraie, qui apparaît soudain dans un paysage jusque-là minéral, à l'écart des circuits touristiques, Tata est une petite cité moderne et commerçante en pleine expansion, connue pour ses poteries, comme pour les gravures préhistoriques qui décorent les grottes des environs.

Aux alentours de Tissint.
JulianSchaldach/iStock

Se repérer

16 246 habitants

CARTE P. 419 (C2) – *carte Michelin 742, plis 4 et 33* – Adossée au *jbel* Tabarount, arrosée épisodiquement par l'oued qui porte son nom, la petite cité de Tata est située dans une belle palmeraie, au sud-est de Taroudant (par Igherm) et au sud-ouest de Ouarzazate (par Tazenakht et Foum-Zguid).

À ne pas manquer

La palmeraie lorsque le soleil se couche.

Organiser son temps

Une demi-journée suffit.

Carnet pratique p. 455

Se promener

Petite cité de garnison posée dans une palmeraie au milieu de paysages désertiques, Tata fait penser à un Ouarzazate miniature. En tout et pour tout, la ville se compose d'une rue centrale démesurément large et entourée de petites maisons rouges à arcades, sous lesquelles s'abritent d'innombrables boutiques. Aux heures fraîches du jour (le terme étant ici tout relatif), il y règne une certaine animation, des plus sympathiques, lorsque les habitants de la palmeraie (les femmes portent ici des jupes d'un bleu superbe) viennent faire leurs courses ou, tout simplement, se promener.
Pour effectuer une agréable promenade à pied dans la **palmeraie**, traversez l'oued Tata et longez-le vers le nord jusqu'au hameau d'**Agadir-Lehne**. Vous pouvez également la parcourir en voiture en traversant la ville par sa rue principale et en poursuivant sur 3 km en direction de Souk-Tleta-de-Tagmoute.

Circuits conseillés

CARTE DE RÉGION

De Tata à Igherm BC2

119 km - itinéraire tracé en bleu sur la carte p. 418-419 - 1h30 environ. Quitter Tata par la route d'Agadir.
On traverse la palmeraie de Tata et les maisons en pisé du village de Tigezmirt.
À la sortie de Tigezmirt, prendre à droite la route d'Igherm et Taroudant.
À la sortie de la palmeraie, on franchit l'oued Tata. Dès lors, la route parcourt des plateaux désolés, ponctués çà et là de rares palmeraies. Austère, ce paysage n'en est pas moins d'une beauté saisissante : les montagnes qui l'encadrent, parfois couvertes de stries qui dessinent des formes inattendues, révèlent une éblouissante palette de couleurs, sans cesse variables, à l'unisson de la lumière du jour : parfois noires voire violettes, parfois d'un vert un peu terne (à gauche de la route), c'est une infinie variation d'orange et de roses qui domine de l'autre côté. Spectacle lumineux, majestueux et sans cesse renouvelé qui coupe d'autant plus le souffle que vous le découvrirez dans une solitude absolue, à peine troublée par la présence épisodique d'un troupeau de chèvres en quête désabusée de quelque brin d'herbe à se mettre sous la dent, ou d'un passant, le plus souvent à califourchon sur son âne, semblant surgir de nulle part et empruntant un sentier invisible conduisant vers son *douar.*
On traverse **Imiteq**, ksar dominé par son minaret sur le flanc de la montagne, dans une maigre palmeraie (km 38). Plus loin, une longue palmeraie abrite des jardins et des champs ; tout au long s'égrènent des villages fortifiés aux maisons de pisé : **Tizgui-Ida-ou-Baloul** (km 71), posé au bord de l'oued, **Tiouayou** (km 82), qui se signale par un marabout, **Issafèn** (km 85), aux vieilles demeures de pisé s'étageant au-dessus de l'oued dans une palmeraie donnant naissance à de beaux jardins, **Timkite** (km 93), que domine une imposante kasbah, et **Iguiouz** (km 96), avec sa grande mosquée couleur sable et son fort ruiné qui domine le village.
Igherm est une bourgade sans charme mais animée le jour du souk (le mercredi), et qui a surtout l'incontestable mérite d'être pourvue d'une station-service (sur la place) et de quelques gargotes, où vous pourrez prendre un rafraîchissement bienvenu.
Arrivé à Igherm, trois possibilités s'offrent au voyageur : poursuivre sur la route vers Tioute et **Taroudant** dans un paysage qui peu à peu se couvre d'arganiers

Des dattes aux herbes

Tissint était autrefois réputée pour ses dattes et fut un important comptoir sur la route caravanière conduisant au Soudan. Si ces deux activités relèvent désormais d'un passé révolu, les Tissintis ont relancé leur économie locale grâce au négoce de plantes médicinales, très appréciées dans la pharmacopée traditionnelle marocaine, et qu'ils exportent dans tout le pays.

(88 km) ; prendre à droite une route, étroite et montagneuse, qui vous conduira sur la route Agadir-Ouarzazate **entre Aoulouz et Taliouine★** en traversant des zones de cultures en terrasses, et des villages constitués de maisons aux toits plats, dotés d'aires de battage des céréales (100 km jusqu'à Taliouine) ; ou bien prendre à gauche la route du Tizi-n-Tarakatine vers Agadir et **Tafraoute**.

Au pied de l'Anti-Atlas, de Tata à Foum-Zguid CD2

136 km - itinéraire tracé en violet foncé sur la carte p. 419 - 2h environ. Quitter Tata par la route de Ouarzazate (N 12).

Après le village d'**Akka-Igurn** (ou Iguirèn, km 28), qui répartit ses maisons de pisé dans une petite palmeraie au pied d'un fort en partie ruiné, la route (excellente) court sur un étroit plateau désertique encadré de montagnes, l'Anti-Atlas à gauche, le *jbel* Bani à droite. On laisse sur la gauche **Kasbat** (km 53), étagé au-dessus d'une minuscule palmeraie, avant d'atteindre le ksar de **Tghit**, où le minaret blanc de la mosquée semble jaillir des murs ocre d'une kasbah.

Au-delà de la palmeraie, sur la gauche de la route, la terre blanchâtre, curieusement plissée, constitue un étonnant paysage lunaire dans lequel l'oued Tissint s'est frayé un chemin encaissé.

La route court, parallèle aux gorges de l'oued, le plus souvent à sec, que l'on aperçoit par endroits.

Tissint

Dans cette bourgade posée dans une belle oasis, **Charles de Foucauld** séjourna quelque temps lors de sa « Reconnaissance au Maroc », en 1883.

À l'entrée du village, sur la gauche de la route, s'élève un fort aux murailles de pisé (domaine militaire). Au rond-point, une pancarte signale sur la gauche les **cascades d'Attiq**.

Suivre la rue sur 200 m environ jusqu'au petit café, devant lequel on laisse la voiture pour se rendre sur le terre-plein situé en face.

L'oued aux eaux jaunâtres dévale de cette cascade, tombant au passage dans des cuvettes composant des piscines naturelles, qui font la joie des gamins du village.

À la sortie de Tissint, on traverse la jolie **palmeraie** qui dresse ses palmiers élancés sur le fond montagneux sombre, et abrite des jardinets verdoyants, séparés les uns des autres par des murets de terre et sillonnés par des canaux d'irrigation. Cette soudaine fertilité est complètement inattendue dans une région aussi désertique.

Après avoir franchi à gué l'oued El-Maleh (km 88), le plateau, parsemé de maigres arbustes, s'évase. Bien que désertique, le paysage, barré de montagnes, est étonnamment serein. Quelques dromadaires y déambulent pensivement, mâchonnant sans conviction une improbable brindille.

Foum-Zguid

Cette bourgade n'a été longtemps accessible qu'en camion (ou à dos de dromadaire) par des pistes aléatoires. Si la route risque d'éveiller le village de sa torpeur, pour l'heure rien ne semble avoir changé depuis des siècles dans ces rues de terre battue. La place centrale, circulaire, est entourée de quelques gargotes aux terrasses abritées du soleil par des claies de canisses. D'invraisemblables camionnettes y sont garées dans un joyeux désordre, tandis qu'une foule de femmes aux vêtements de couleurs vives vaquent à leurs affaires avec une apparente indolence. À partir de Foum-Zguid, vous pourrez rallier Ouarzazate ou Taliouine par la route *via* Tazenakht, en traversant parmi les palmiers le *jbel* Bani, puis en franchissant le Tizi-n-Taguergoust (alt. 1640 m). Avec un 4x4, vous pourrez atteindre, par des pistes, Mhamid (par le lac Iriki), ou Zagora (par Bou-Rbia).

Carnet pratique

S'informer

Délégation du tourisme – *Av. Mohammed V - ✆ 05 28 80 20 75.*

Arriver/Partir

Voiture

Les routes conduisant à Tata sont excellentes (hors quelques passages d'oueds à gué) – et d'autant plus roulantes que vous pourrez y parcourir de longues distances sans croiser le moindre véhicule.

Stations-service – Elles sont rares : outre celles de Tata, vous n'en rencontrerez pas avant Igherm, à la distance respectable de 120 km. Dans l'autre sens : il vous faudra parcourir 142 km avant d'arriver à Foum-Zguid (et la station n'est pas toujours ouverte). Vérifiez donc les niveaux avant de vous lancer sur la route et, au cas où vous tomberiez en panne, n'escomptez pas attendre les secours à l'ombre : munissez-vous d'un chapeau et d'une provision d'eau !

Adresse utile

Souk – *Jeu. et dim. à Tata ; merc. à Igherm ; lun. à Foum-Zguid.*

La plage de Legzira.
F. Guiziou/hemis.fr

8

Le Grand Sud

CARTE 1er RABAT DE COUV. B3-C3 – CARTE MICHELIN 742, PLIS 15-17 ET 41-44

Le Grand Sud

C'est ici que commence le pays du grand désert. Sous un ciel immense s'étendent à perte de vue de véritables mers de sable ou de cailloux, parfois âpres, parfois plus douces, lorsque le soleil couchant vient les illuminer. Dans cet infini que nulle végétation ne vient égayer, la solitude n'est pas un vain mot : vous parcourrez parfois des kilomètres sans rencontrer âme qui vive, si ce n'est de temps en temps un dromadaire esseulé plongé dans une méditation dédaigneuse ou un âne oublié mâchonnant quelque chardon.

Mais le Grand Sud, c'est aussi plusieurs centaines de kilomètres de littoral jusqu'ici préservé des assauts du tourisme. C'est la petite ville de Tiznit, avec ses remparts de sable, c'est Sidi Ifni et ses édifices coloniaux espagnols, c'est Tan-Tan, qui émerge du sable avec une frénésie de construction. C'est aussi le rappel de fabuleuses aventures d'un passé pas si ancien, celle de Michel Vieuchange à la recherche de Smara, la bibliothèque des Sables, celle du chef d'escale Antoine de Saint-Exupéry, veillant sur la ligne de l'Aéropostale à Tarfaya, ou encore celle de Le Clézio allant à la rencontre des hommes du désert.

En somme, en parcourant les routes et les pistes du Sud, les voyageurs quittent une fois pour toutes les chemins trop balisés. L'expérience peut être rude, mais elle sera toujours passionnante.

Se repérer

La région du Grand Sud s'étend sur les 1500 kilomètres qui séparent Agadir de la frontière mauritanienne. À proximité de la côte se trouvent les villes de Tiznit, Guelmim, Tan-Tan et Laâyoune. L'intérieur des terres est occupé par un vaste désert, entre Tata et la vallée du Drâa.

À ne pas manquer

Le souk aux chameaux de Guelmim, l'oasis d'Aït Bekkou et le musée de la Mémoire nomade à Tighmert, le bord de mer préservé entre Tiznit et Sidi Ifni, ou encore entre Tan-Tan et Tarfaya.

Organiser son temps

Les distances pour traverser le désert sont importantes et le voyage peut se révéler éprouvant. Si vous décidez de ne pas aller au-delà de Guelmim, cinq jours suffiront.

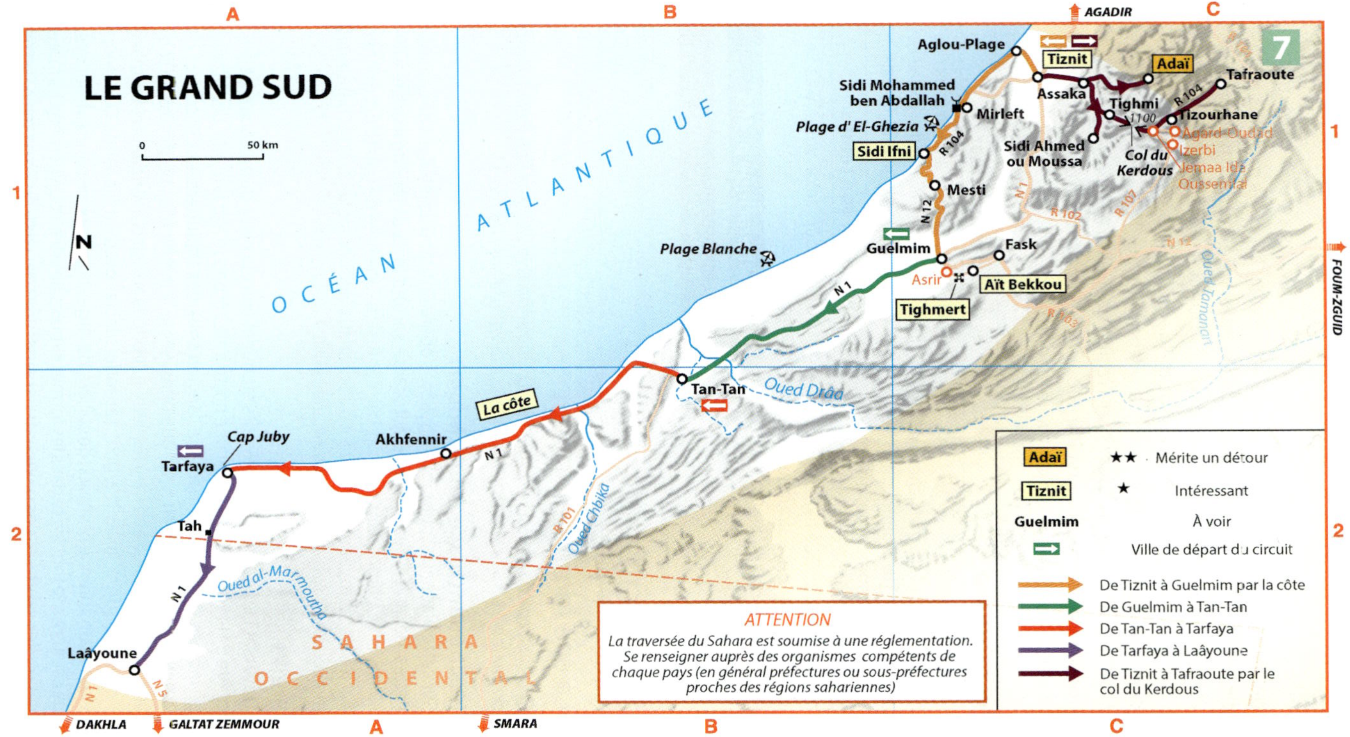
LE GRAND SUD
0
50 km
N
OCÉAN ATLANTIQUE
7
AGADIR
FOUM-ZGUID
DAKHLA
GALTAT ZEMMOUR
SMARA
Aglou-Plage
Tiznit
Adaï
Tafraoute
Sidi Mohammed ben Abdallah
Mirleft
Assaka
Tighmi
Tizourhane
1100
Agard-Oudad
Izerbi
Jemaa Ida Oussemlal
Col du Kerdous
Plage d' El-Ghezia
Sidi Ifni
Sidi Ahmed ou Moussa
R 104
Mesti
N 12
N 1
R 102
R 107
Fask
Guelmim
Asrir
Aït Bekkou
Tighmert
R 103
Oued Tamanart
Plage Blanche
Tan-Tan
Oued Drâa
La côte
Akhfennir
Cap Juby
Tarfaya
Tah
R 101
Oued Chbika
Oued al-Marmoutha
Laâyoune
N 5
SAHARA OCCIDENTAL
ATTENTION
La traversée du Sahara est soumise à une réglementation. Se renseigner auprès des organismes compétents de chaque pays (en général préfectures ou sous-préfectures proches des régions sahariennes)
Adaï ★★ Mérite un détour
Tiznit ★ Intéressant
Guelmim À voir
Ville de départ du circuit
De Tiznit à Guelmim par la côte
De Guelmim à Tan-Tan
De Tan-Tan à Tarfaya
De Tarfaya à Laâyoune
De Tiznit à Tafraoute par le col du Kerdous
A
B
C
1
2

Tiznit ★

Insérée dans le coin aride que la plaine du Souss enfonce à l'extrémité de l'Anti-Atlas, Tiznit est déjà présaharienne, avec ses maisons de pisé dispersées parmi les palmiers. Elle est enfermée dans 6 km de murailles roses, dont il faut faire le tour le soir, à la lumière des réverbères, quand tout est calme. Lorsque, venant d'Agadir, on l'aperçoit de loin, l'enceinte semble si neuve qu'on la prendrait pour le décor de quelque gigantesque théâtre. C'est que Tiznit n'est pas si ancienne : on doit sa construction, en 1881, au sultan Moulay Hassan, soucieux d'affirmer son autorité dans une région difficile à contrôler.

Se repérer

59 567 habitants

CARTE P. 459 (C1) – *carte Michelin n° 742, plis 4 et 31* – « Tiznit Junction » : c'est ainsi que l'on nomme aujourd'hui ce grand carrefour où convergent les routes d'Agadir, Guelmim, Tafraoute et Aglou-Plage, et autour duquel se regroupent les principaux hôtels de la ville.

À ne pas manquer

La plage de Sidi Ifni, l'ancien souk des bijoutiers à Tiznit, la vue de la falaise qui surplombe la plage d'El-Ghezia.

Organiser son temps

Un ou deux jours selon vos envies de plage.

Carnet pratique p. 465

Nos adresses p. 465

Se promener

La cité fortifiée PLAN DE VILLE P. 462

Circuit tracé sur le plan p. 462 - 1h30. Entrer dans la ville par Bab Oulad Jarrar ou par les Trois Portes, après avoir laissé la voiture hors les murs.

Méchouar (place Almachouar)

Sur cette place aux contours irréguliers s'opère un grand va-et-vient de camionnettes, de mules, de voitures, d'autocars – surtout le jeudi, jour de marché – circulant et se garant dans une joyeuse confusion. Une note de gaieté est donnée par les stores rayés qui s'efforcent d'abriter du soleil des ateliers et des boutiques minuscules disposés sous des arcades autour de la place.

Souks

Traversant les rues à échoppes qui s'étendent entre la place du *méchouar* et l'enceinte de la ville on accède, par une porte à arc surbaissé *(sur la droite, une dizaine de mètres après la pharmacie)*, à l'**ancien souk des Bijoutiers**. Les bijoutiers de Tiznit sont réputés : il en reste quelques-uns ici – même si les boutiques de souvenirs ont tendance à envahir les lieux –, groupés autour d'une cour rectangulaire à arcades, qui travaillent l'argent, reproduisant les gestes millénaires. Dans leurs vitrines, une grande profusion de colliers, de larges bracelets, de parures frontales, de ceintures, le tout traité dans les formes simples de la tradition berbère. La fabrication des sabres et des poignards est aussi une spécialité de Tiznit mais l'on ne trouve plus beaucoup de leurs somptueux fourreaux décorés au filigrane d'argent.

Parapente sur la côte de Sidi Ifni.
N. Thibaut/Photononstop

Du Méchouar à Bab Targua

De la place du Méchouar, gagner la place du Pacha et emprunter la rue qui traverse le cimetière.

Arrêtez-vous un instant devant la Grande Mosquée, où El-Hiba fut proclamé sultan. Le **minaret** a quelque chose de barbare, mais les perches qui le hérissent sont là pour que puissent s'y reposer les âmes des trépassés.

Cent mètres plus loin à gauche se trouve une **source** aménagée en bassin. D'après la légende, Lalla Tiznit, pécheresse repentie, vivait, dans un lointain passé, près de cette source et aurait donné son nom à la première agglomération fondée sur ces lieux. Poursuivez jusqu'à **Bab Targua,** qui s'ouvre dans la partie nord de l'enceinte.

À l'extérieur de l'enceinte subsistent de hauts murs de pisé à moitié ruinés et envahis de figuiers de Barbarie. Des masures de terre dans leur petit champ d'orge et des bouquets de palmiers se détachent sur le fond ocre de la ville. De l'autre côté s'étendait autrefois une vaste olivette, aujourd'hui disparue suite à une grave sécheresse.

Circuits conseillés

CARTE DE RÉGION

De Tiznit à Guelmim par la côte

138 km - itinéraire tracé en orange sur la carte p. 459 - 3h environ. Quitter Tiznit par l'avenue Hassan II, qui longe les remparts.

Aglou-Plage C1

La route traverse des paysages désertiques avant d'arriver à Aglou. Face à la mer, on aperçoit, à droite des habitations troglodytiques de pêcheurs – que l'on peut rejoindre par la plage –, à gauche des récifs à fleur d'eau, qui ne permettent pas de se baigner sans danger. Peu avant le camping, une piste permet d'accéder en voiture au « village » de pêcheurs. Ces derniers habitent des grottes creusées

dans la roche sur une profondeur de 5 à 6 m, de manière à pouvoir y loger leur longue canne à pêche. Certaines ont été aménagées en gîte : idéal pour un séjour dépaysant face à la mer.

Quant au village d'Aglou, il connaît un développement certain, notamment depuis qu'une route goudronnée permet de rejoindre Sidi Ifni en suivant la côte : un front de mer a été aménagé, et des petites maisons blanches aux portes bleues et vertes ont été édifiées aux côtés de quelques hôtels.

Prendre la route côtière en direction de Sidi Ifni.

Jusqu'au carrefour avec la route de Tiznit à Ifni, la **route**★ court entre Océan et collines dans un paysage rocailleux ponctué de hameaux aux maisons blanches et cubiques.

Un peu avant Sidi Bou Fdayl, un vaste complexe touristique trône face à l'Océan. Constitué, entre autres, de plus d'une centaine de villas à l'architecture marocaine et de jardins luxuriants, il tranche avec les abords immédiats dépouillés et caillouteux de cette partie de la côte essentiellement plantée d'euphorbes.

Avant d'arriver à Mirleft, on peut distinguer en contrebas, dans la coulée de l'oued, une oasis verdoyante où s'activent tôt le matin des femmes cultivant la terre.

Mirleft C1

Posé sur une falaise dominant l'Océan, c'est un village blanc en plein essor. Il possède une plage accessible par une piste, sur la droite de la route, qui longe l'oued jusqu'à son embouchure, à l'entrée du village. De nouveaux hébergements pleins de charme ont vu le jour un peu partout dans le village.

Sidi Mohammed ben Abdallah C1

2 km après Mirleft, la route descend dans cette crique occupée par une plage, très fréquentée, devant laquelle s'élève une mosquée. Mais c'est l'énorme rocher troué, posé dans les flots à quelques encablures du rivage et sur lequel viennent se briser les rouleaux de l'Océan, qui retient l'attention.

Plage d'El-Ghezia

À l'approche d'Ifni, emprunter sur la droite une piste caillouteuse sur une distance de 800 m. Deux embranchements : l'un conduit à un espace plus ou moins aménagé en parking d'où l'on domine la mer, ponctuée d'îlots rocheux (du haut de la falaise, la **vue★** est superbe) ; le second, sur la gauche, conduit à la plage. Attention aux courants !

★ Sidi Ifni C1

De son passé espagnol (la ville et sa région ont été restituées au Maroc en 1969), Ifni a conservé quelques bâtiments coloniaux et un centre-ville d'aspect très hispanique.
C'est aujourd'hui une station balnéaire possédant une grande plage de sable fin, plus propice à la pratique de la planche à voile et du char à voile qu'à la baignade, car les rouleaux de l'Atlantique la rendent dangereuse mais qui, plus sauvage qu'Agadir, attire de nombreux amateurs de glisse désireux de s'écarter des sentiers battus.
Il faut prendre le temps de flâner dans cette ville, toute blanc et bleu, subtilement délabrée, dont émane un charme prenant et vaguement nostalgique. Autour de la **place Hassan II** (autrefois Plaza de España), ombragée de palmiers et bordée d'immeubles jadis prestigieux, s'élève le quartier colonial dont les bâtiments semblent menacer ruine. En bordure de falaise, la promenade du front de mer, autrefois monumentale, paraît s'effriter sous l'action conjuguée des vagues, du vent et du sel, et menacer à tout instant de s'effondrer dans l'Océan. Plus loin, le **marché central**, enfermé dans une muraille crénelée d'une blancheur immaculée, est à parcourir. Tout autour sont installés d'innombrables petits cafés aux parois tapissées de carreaux. En fin d'après-midi, la ville s'anime et les terrasses sont envahies : c'est l'heure du *paseo*, la promenade traditionnelle du soir. Le brouhaha

La ville du « sultan bleu »

C'est à Tiznit qu'a commencé l'aventure d'**El-Hiba**, fils de **Ma el-Aïnine**, chérif idrisside (descendant du Prophète par Idriss Ier) fondateur de la ville de Smara, dans le Sahara occidental, en 1896, et qui vécut à Tiznit ses derniers mois avant de mourir en 1910. En 1912, El-Hiba a 35 ans. C'est un chef intelligent, à l'aspect imposant ; à la manière des nomades, il porte une longue chevelure tressée en nattes sur un vêtement de coton bleu, son visage est voilé ; de son père, il a hérité la « baraka », on lui prête le pouvoir de faire des miracles et de disperser les infidèles.
Dès la signature du traité de Fès, il lance des appels enflammés à la résistance et, le 10 avril 1912, il se fait proclamer sultan à la mosquée de Tiznit. En juillet de la même année, tout le Souss lui est acquis ; des partisans ne cessent de le rejoindre : beaucoup sont des « hommes bleus », venus de son pays d'origine. Quelque temps maître de Marrakech, El-Hiba doit promptement renoncer à sa conquête et se replier sur Taroudant, puis dans l'Anti-Atlas. Il poursuivra une lutte de plus en plus difficile jusqu'à sa mort, survenue à Kerdous en 1919.

des conversations, où reviennent parfois des mots espagnols, semble étouffé par la brume qui descend alors souvent, portée par les vents venus des Canaries, et vient créer une atmosphère étrange, vaguement irréelle, qui contribue au bien-être inexplicable qui s'empare du promeneur.

Quitter Sidi Ifni par la route de Guelmim.

En quittant Sidi Ifni, jetez un coup d'œil vers l'arrière : surgissant d'une échancrure de la montagne, quelques maisons blanches et cubiques posées près d'un bouquet de palmiers évoquent les affiches de voyage d'autrefois !

La route monte de façon assez abrupte vers un plateau aux terres rouges plantées d'arganiers.

Mesti C1

Ce village tire l'essentiel de ses ressources de la production d'**huile d'argan**.

Reprendre la route de Guelmim.

Pendant plusieurs kilomètres, la route parcourt un plateau où les paysans s'adonnent à des activités pastorales et agricoles. De-ci de-là apparaissent de minuscules palmeraies, tandis que les versants des montagnes sont couverts de magnifiques figuiers de Barbarie.

Puis, après avoir franchi un col, on descend dans la plaine de Guelmim, dans un paysage désertique.

Guelmim *(voir p. 468).*

De Tiznit à Tafraoute par le col du Kerdous C1

104 km - itinéraire tracé en violet foncé sur la carte p. 459. Quitter Tiznit par la R 104.

Étroite et constellée de dos-d'âne dans ses débuts, cette route traverse de superbes paysages de montagne, où la couleur ocre de la terre prédomine, avant d'atteindre **Assaka** et ses palmiers dressés au bord de l'oued. Vient ensuite une succession de défilés et de petits villages accrochés au flanc de la montagne, au-dessus de champs de céréales en terrasses. Juste avant **Tighmi** et ses boutiques de tajines, une route à droite mène à la **zaouïa de Sidi Ahmed ou Moussa** *(11 km)*, où a lieu chaque année fin août un pèlerinage. Ce *moussem*, qui revêt un caractère à la fois mystique et économique, connaît l'afflux de nombreux visiteurs venant de toutes les régions du Maroc. De là, il est possible d'atteindre par une piste *(4 km)* le village abandonné d'Iligh, ancienne capitale du Tazeroualt.

L'huile d'argan

Pour élaborer de façon traditionnelle cette huile aux multiples vertus, les fruits de l'**arganier** sont d'abord concassés afin d'en enlever la pulpe, puis la noix l'est à son tour afin de dégager l'« amandon ». De celui-ci, on extrait une pâte épaisse à l'aide du *raha*, sorte de grand moulin de pierre. L'extraction de l'huile se fait ensuite par pression manuelle et ajout d'eau. Quant au résidu, une fois séché, il forme une sorte de grosse galette, très appréciée des bovins, qui constitue un complément alimentaire de choix. Si une partie de la chaîne de production est aujourd'hui mécanisée, le concassage de la noix (à l'aide d'une pierre) reste manuel. Il faut une journée à une personne bien entraînée pour concasser les noix de façon à obtenir 1 kg d'amandons... et il faut 2 kg d'amandons pour faire un litre d'huile appelée *arganinou* lorsqu'elle sert pour la cuisine et *arganour* quand elle est utilisée pour les soins corporels. L'*amlouze* est une pâte à tartiner composée d'huile d'argan, d'amandes et de miel.

Après Tighmi, la route grimpe dans la montagne jusqu'au **col du Kerdous** (1100 m d'altitude), contournant le piton rocheux sur lequel a été construit un hôtel dans le style des kasbahs. L'endroit mérite une halte car la **vue★★** que l'on a sur toute la chaîne de montagnes de l'Anti-Atlas et ses villages nichés dans les vallées (nombreux sentiers muletiers) est vraiment splendide.
À hauteur de Jemaa Ida Oussemlal, il existe deux itinéraires possibles pour rejoindre Tafraoute : poursuivre sur la belle route qui serpente à travers les vallées, traversant **Tizourhane,** où poussent de nombreux amandiers, Souk-El-Had-de-Tahala ou bien prendre la route qui passe par Izerbi et **Agard-Oudad**. Plus longue, cette route qui traverse des paysages désertiques est en meilleur état que la précédente.

Carnet pratique

Arriver/Partir

Voiture

Pour visiter Tiznit, laissez la voiture sur le boulevard Hassan II ou dans les rues avoisinantes.

Adresses utiles

Tiznit

Banques – La rue du 20 Août, est très commerçante (ainsi que l'avenue Hassan II), c'est la que vous trouverez la plupart des banques et des distributeurs automatiques.

Nos adresses

Restauration

À Tiznit

Nombreux petits restaurants sur la place Almachouar. Pour un repas plus consistant, vous disposez du restaurant de l'hôtel Idou *(voir « Hébergement »).*

À Aglou-Plage

Vous pourrez déguster du poisson en regardant la mer dans le restaurant du sympathique **Aglou Beach** *(voir « Hébergement »).*

Petite pause

Vous trouverez à Sidi Ifni de nombreux **petits bars** aux murs couverts d'azulejos bleu et blanc, tout autour du marché : le thé à la menthe et le café y ont remplacé le *fino* et les tapas de jadis, mais à l'heure du *paseo*, l'ambiance, elle, n'a guère changé.

Shopping

Souk – *Jeu.*

Bijoux

Tiznit est la ville des bijoutiers et nombre de jeunes gens à cyclomoteur, rôdant autour du carrefour central à la recherche de touristes, ne manqueront pas de vous le rappeler, en tentant de vous attirer dans telle ou telle boutique. Certains sont particulièrement opiniâtres et capables de vous attendre des heures à la porte de votre hôtel !
Outre le souk des bijoutiers, vous pourrez découvrir en toute quiétude la production locale à **l'ensemble artisanal**, situé en face

de la poste, dans la rue du 20 Août, qui, hors les murs, fait face aux « Trois Portes ».

La Perle du Sud – *R. Kasbah Abdouh - dans la médina de Tiznit - ✆ 05 28 60 01 01.* Parmi les nombreux bijoutiers de la médina, celui-ci s'ouvre sur un atelier de fabrication. L'intérieur s'apparente à un véritable petit musée de bijoux artisanaux. Les spécialités sont le travail en filigrane et les bijoux émaillés. Vous y trouverez les incontournables bagues, bracelets et colliers, ainsi que quelques curiosités locales, comme la fibule émaillée en forme de triangle, symbole de fécondité chez les Berbères. N'hésitez pas à discuter jusqu'à 15 % les tarifs affichés.

Bijouterie de la Joie – *Pl. du Méchouar - 35 kissariat Louban - ✆ 05 28 86 22 77.* Boutique de l'un des plus anciens artisans bijoutiers de Tiznit.

Activités

Mirleft

Aftas Trip – *À l'entrée de la ville sur la route qui vient d'Aglou-Plage - ✆ 06 66 02 65 37 - www.aftas-trip.com.* Location de matériel (surf 14 €/j) et activités (2h de cours de surf, 25 €, pêche à la ligne 20 € la journée). La base nautique dispose également de logements agréables (à partir de 750 DH) et d'un restaurant.

Hébergement

À Tiznit

À la croisée des chemins entre Agadir, Guelmim et Tafraoute, Tiznit la Rose est une halte agréable avant de partir vers le Grand Sud. Les hébergements bon marché sont assez nombreux *intra-muros* (autour de la place Almachouar et rue des Bains Maures), mais pour la plupart très rudimentaires. Pour un peu plus de confort, mieux vaut choisir les hôtels qui se répartissent autour du grand carrefour de Tiznit.

Premier prix, moins de 400 DH

4 Hôtel de Paris – B1 - *Av. Hassan II - carrefour de Tiznit (rte de Guelmim, sur la droite) - ✆ 05 28 86 28 65 - 20 ch. - 200 DH - 26 DH.* Simple, mais propre et doté du confort de base. Restaurant (sans alcool).

Budget moyen, 400 à 700 DH

1 Hôtel Idou-Tiznit – B1 - *Av Hassan II - carrefour de Tiznit (rte d'Aglou-Plage, sur la droite) - ✆ 05 28 60 03 33 - www.idoutiznit.net - 93 ch. - 660 DH - menu touristique 120 DH.* Un hôtel confortable et dont toutes les chambres sont équipées d'air conditionné. Restaurant, coffee-shop et snack et piscine. Organisation d'excursions vers la mer (Aglou-Plage, Mirleft, Sidi Ifni), la montagne (Tafraoute) et le désert (Tata).

À Aglou-Plage

Budget moyen, 400 à 700 DH

Aglou Beach – *Posé sur la plage, à droite de la route venant de Tiznit - ✆ 06 62 19 42 27 - www.agloubeach.com - 20 ch. - 400 DH - menu 80 DH.* Face à la mer, un agréable et sympathique hôtel moderne disposant d'une terrasse donnant sur la plage. Restaurants marocain et international (spécialités de poissons) où vous pourrez savourer une excellente cuisine, installé sur la terrasse ouverte sur la mer. Une bonne adresse !

Maison d'hôte Le Chant du Chameau – *2 km sur la route de Mirleft - ✆ 06 67 90 49 91 - www.chantduchameau.com - 6 ch. et une tente berbère- 550 DH - 770 DH pour2 pers. en 1/2 P -* Cette maison rose qui domine la mer à la sortie d'Aglou offre des chambres simples. L'ambiance est conviviale et décontractée. Des soirées animées improvisées avec chants et danses.

À Mirleft

Pour se faire plaisir, 700 à 1 200 DH

Maison d'hôte Les Trois Chameaux – *Au cœur du village, prendre sur la gauche et continuer sur 1,2 km (l'établissement se situe sur les hauteurs) - ☎ 05 28 71 91 87 - www.3chameaux.com - 🏊 🍷 - 20 ch. et suites - 1100 DH, suite 1400 DH - ☕ 80 DH - ✕ menu 250 DH.* Dominant le village et la côte (vue superbe), cet ancien fort construit en 1935 a été transformé en maison d'hôte où l'espace est privilégié. Chambres et suites sont aménagées avec goût autour de différentes terrasses, ainsi que dans les anciens bâtiments (bureau du caïd, école communale, poste, etc.). Piscine, hammam, espace de remise en forme et restaurant de cuisine régionale. Organisation de randonnées équestres, chamelières et en quad, et de stages (cuisine, décoration en tadelakt, etc.).

Une folie, plus de 1 200 DH

Kasbah Tabelkoukt – *Sur la rte de Sidi Ifni, à 4 km de Mirleft - ☎ 05 28 71 93 95 - www.kasbah-tabelkoukt.com - 🚭 🏊 - 7 ch. - à partir de 1450 DH ☕ - ✕.* Sur un promontoire dominant la mer et une immense plage sauvage, cette villa de rêve allie modernité et simplicité de lignes à une discrète touche marocaine. Grande salle à manger avec baies vitrées et cheminée, et chambres ouvertes sur la mer, tout ici est raffinement et confort, jusqu'à la piscine qui semble ne faire qu'un avec la mer et les murs en tadelakt.

À Sidi Ifni

Premier prix, moins de 400 DH

Camping El Barco – *Sur la plage - ☎ 05 28 78 07 07 - www.complexe-elbarco.com - 25 bungalows - 300 DH - ✕.* Ce camping idéalement situé fait face à la mer. En plus d'emplacements très courus des camping-caristes, il propose de confortables petits bungalows.

Hôtel Suerte Loca – *Au bout de l'av. Moulay Youssef, à côté de la gendarmerie (que l'on prend depuis la place Hassan II) - ☎ 05 28 87 53 50 - 🍷 🚭 - 16 ch. 270 DH - ☕ 27 DH - ✕.* L'illusion est parfaite : on dirait une posada mexicaine. Ne manquent que les chevaux sellés attachés devant la terrasse ! Si l'on n'y logera qu'en dernière extrémité (le confort des chambres est rudimentaire – même si celles donnant sur la mer ne manquent pas de charme), il faut absolument aller y prendre un verre, y jouer au billard, ou y dîner d'un tajine de poissons ou de fruits de mer. Atmosphère conviviale et détendue.

Guelmim

En bordure des dernières pentes arides de l'Anti-Atlas, à 62 km de l'Océan, Guelmim, grosse bourgade construite en désordre au pied d'une vieille kasbah en ruine, est l'une des « portes du désert » qui jalonnent le Sud marocain, ouvrant sur un infini de pierre et de sable : c'est pour le voyageur un spectacle, auquel s'ajoute, à quelques kilomètres, celui des premières oasis sahariennes.

Se repérer

105 301 habitants

CARTE P. 459 (C1) – *carte Michelin 742, plis 4 et 44* – Ancienne halte caravanière, Guelmim est située à 108 km au sud de Tiznit, à 286 km à l'ouest de Tata et à 166 km au nord-ouest de Tan-Tan.

À ne pas manquer

Une randonnée dans le désert, le souk aux chameaux et une visite du musée de la Mémoire nomade à Tighmert.

Organiser son temps

Deux journées suffisent si vous descendez jusqu'aux plages blanches ou à la palmeraie de Tighmert.

Carnet pratique p. 476

Nos adresses p. 477

Se promener

★ Souk aux chameaux

Il se tient dans un très vaste enclos au sud-ouest de la ville sur la route de Tan-Tan tous les samedis du lever du soleil jusqu'à 14h ; il est recommandé d'arriver à Guelmim tôt le matin ou, mieux, la veille au soir.

Ce marché hebdomadaire est la grande attraction de Guelmim. Le jour se lève sur un grouillement d'hommes et de bêtes arrivés là au cours de la nuit (dont certains « hommes bleus », ces nomades des confins mauritaniens à la tête couverte d'un long tissu noir ou bleu). Une partie de l'enclos est réservée aux chèvres, aux ânes et aux moutons. Dans l'autre, plusieurs centaines de dromadaires foulent le sable de leur pas mou, tandis qu'à l'écart se tiennent d'interminables palabres où se joue leur sort. Les chamelons achetés ici seront revendus, une fois parvenus à l'âge adulte, aux Chleuhs ou aux sédentaires du Nord, pour un destin oscillant entre la boucherie et la charrue. Vous êtes intéressé ? Pensez à examiner les dents de votre future acquisition, vérification indispensable pour déterminer l'âge de la bête ! Sachez en tout cas que les marchés se concluent sur parole et les versements se font en espèces ; après quoi l'acquéreur coupe à la bête une touffe de poils, qui symbolise sa prise de possession, puis l'entrave en lui liant une patte repliée. Les hommes bleus vendent aussi des bijoux ; ici aussi la circonspection s'impose et, avant toute transaction, vous devrez apprendre à distinguer la pièce authentique du bijou de pacotille.

Excursion à Plage Blanche

Quitter Guelmim en direction d'Ifni. À la sortie de la ville, au rond-point, prendre à gauche l'étroite route signalisée « Laksabi, Plage Blanche ». Assez étroite, la

Marché aux chèvres et chameaux, Guelmim.
Ch. Heeb/hemis.fr

route est toutefois globalement goudronnée et permet d'atteindre les vastes étendues sauvages de **Plage Blanche**, à 65 km de Guelmim.

À proximité

CARTE DE RÉGION P. 459

★ Aït Bekkou C1

À 17 km au sud-est de Guelmim par Asrir – environ 1h30. Route goudronnée jusqu'à Asrir. Des guides peuvent proposer leurs services.

Sortez de Guelmim par l'est et prenez la direction d'Assa. Au bout de 4 km, prenez à droite la direction d'Asrir. Après avoir franchi à gué l'oued Sayad, en vue du ksar d'**Asrir**, faites une petite halte : c'est là, à l'emplacement actuel du village, que se trouvait au 10e s., d'après les historiens arabes, la ville de Noul Lamta, fief des grands nomades lamta et point de rencontre des caravanes chamelières qui traversaient le désert.

Filez ensuite au nord-est, en passant par Tighmert, en direction de la palmeraie que l'on aperçoit au loin : c'est **Aït Bekkou**.

Laissez la voiture en bordure de l'**oasis★** et descendez à pied vers les sources qui arrosent champs de maïs et jardins, au pied des palmiers, des oliviers et des grenadiers. De l'autre côté s'étend le village saharien, agréable à parcourir.

★ Tighmert – Musée de la Mémoire nomade C1

Palmeraie de Tighmert - s'annoncer à l'avance au ✆ 06 73 80 61 15 - participation souhaitée (25 DH/pers.)

Cette collection exceptionnelle est conservée dans une kasbah de plus de trois cents ans, rénovée à l'ancienne avec des planches en fibres de palmiers. Une plongée dans le quotidien des hommes du désert : gourdes, sandales pour les bergers, peignes, pinces à linge en bois, soutien-gorge pour chamelles, boîtes à bijoux décorées d'os de dromadaire, collection de pierres du désert…

Le roi du désert

C'est au 4e s., venant d'Arabie et d'Égypte, que le **dromadaire** a pénétré au Maghreb. Plus sûrement que le nez de Cléopâtre, son implantation a changé le cours de l'histoire : il a rendu possibles les échanges commerciaux à travers l'immense désert du Sahara, qui isolait l'Afrique noire de la Méditerranée, de l'Europe et de l'Orient. Sans lui le désert n'aurait sans doute pu être exploré, encore moins habité.

Un cadeau du ciel

Le dromadaire est surtout connu pour sa sobriété et son endurance. Au plus fort de l'été, on doit en principe l'abreuver tous les trois ou quatre jours... Mais s'il ne travaille pas trop durement et dispose de bons pâturages, il peut rester plusieurs semaines sans boire, car il puise dans sa nourriture l'eau nécessaire pour s'abreuver grâce aux cellules aquifères qui garnissent la panse de son estomac. Celui-ci, d'une grande capacité, doit également être très résistant car l'animal dévore tout sur son passage : graminées poussant dans le désert, feuilles d'acacia séchées par le soleil... et, lorsqu'il a très faim, tout lui convient, aussi bien la toiture d'une paillote que du fil de cuivre ! Si les camions s'enlisent dans le sable, lui, jamais, grâce à ses pieds garnis de coussinets larges et ronds ; son lait, beaucoup plus riche que le lait de vache, est souvent la nourriture essentielle des nomades, et sa chair fait le délice des amateurs ; au moment de sa mue annuelle, son poil fournit de quoi fabriquer vêtements, tapis et couvertures, et jusqu'à son crottin qui est recherché pour ses qualités de combustible, sans parler de son urine, shampoing apprécié et remède souverain contre les morsures d'insectes.

Une bonne tête et un fichu caractère

Le malheureux n'est pas très beau : haut de presque 2 m, long de 3, avec sa bosse, son ventre en tonneau, sa lèvre épaisse, l'écume qui lui coule parfois de la bouche, ses longues pattes aux genoux cagneux qui s'entrechoquent quand il marche, ses yeux bordés d'une lourde frange de cils épais, il a dans ses déplacements quelque chose de disgracieux, de ridiculement solennel, qu'accentue son air dédaigneux... Cette démarche particulière est d'ailleurs, pour le cavalier non averti, un véritable supplice, car il va l'amble, ce qui lui donne un balancement inusité. Les cas de « mal de mer » sont assez répandus parmi les passagers néophytes du « vaisseau du désert », sans parler de la désagréable surprise de se voir projeté brutalement en avant, puis en arrière, lorsque l'animal, initialement accroupi, se redresse soudain !

Mais pour l'homme des villes qui a goûté à l'aventure d'une randonnée à dos de chameau à travers le désert, il reste le souvenir fabuleux de cette marche lente, quasi inexorable, progression magique dans le silence des pas qui foulent le sable, et l'impression d'absolu qui étreint le voyageur.

Courses de dromadaires

Au Sahara marocain, des courses sont organisées lors des fêtes et des *moussems*, par les tribus sahraouies. Dans ces épreuves de vitesse et d'endurance où les femelles *(méhara)* se montrent les plus performantes, les méharistes sont pour la plupart de jeunes garçons âgés de 8 à 12 ans. Un incontournable !

Cascades de Fask C1

20mn de voiture depuis Guelmim en empruntant la N 12. Dépasser Aït Bekkou.

Ce charmant village berbère est bâti dans un paysage désertique le long d'un canyon. La partie inférieure de ces grandes parois rocheuses est bordée de cascades étagées où s'écoule une eau limpide. De petits bassins naturels permettent aux voyageurs abattus par la chaleur de se rafraîchir dans un cadre somptueux, où la végétation se compose essentiellement de splendides lauriers-roses.

Circuits conseillés

CARTE DE RÉGION P. 459

De Guelmim à Tan-Tan

125 km par une route en bon état et suffisamment large pour que deux véhicules puissent se croiser sans mordre sur les bas-côtés - itinéraire tracé en vert sur la carte p. 459.

Sur cette route qui traverse des paysages désertiques, puis montagneux après Rass Oumlil, on croise essentiellement des camions lourdement chargés. Premier contrôle de police avant de traverser l'oued Drâa, 18 km avant d'arriver à Tan-Tan. À l'entrée de la ville, deux chameaux de pierre encadrent la route en une sorte d'arc de triomphe.

Tan-Tan B2

Construite non loin de l'océan Atlantique, aux confins d'un vaste désert de pierres, Tan-Tan dispose d'un aéroport, d'un port – l'un des plus importants de la côte saharienne, aménagé pour la pêche et le trafic de marchandises, et auquel sont rattachés plusieurs usines de traitement du poisson (dont les fumées obscurcissent parfois l'horizon) et l'Institut de technologie des pêches maritimes – et d'un camping. Dans cette cité administrative sans intérêt particulier, il est possible de se restaurer et de faire le plein d'essence (station-service à la bifurcation entre Tan-Tan et Tan-Tan-Plage).

Quitter la ville et poursuivre en direction d'El-Ouatia (Tan-Tan-Plage). Au bout de 7 km, une route à gauche mène à Smara.

De Tan-Tan à Tarfaya

236 km - itinéraire tracé en rouge sur la carte p. 459. Quelques commerces et cafés dans le village d'Akhfennir.

La route est bonne et longe la mer, dont la vision fait du bien au milieu de cet univers désertique. La **côte★** déchiquetée, superbe dans la brume, offre par endroits des petites criques de sable fin auxquelles cependant il est pratiquement impossible d'accéder. Au bord des falaises, des pêcheurs jettent leurs échelles de corde et leurs paniers, que d'autres hommes, en bas, remplissent de courbines, de sars, de loups et surtout de pousse-pieds, ramassés sur les rochers à marée basse.

Disséminées le long de la côte, on aperçoit les tentes rudimentaires des pêcheurs ; à l'intérieur des terres, quelques dromadaires paissent tranquillement chardons et feuilles d'euphorbe. La route traverse ensuite plusieurs oueds : l'oued Chbika, dont l'embouchure cernée de dunes forme une lagune, paradis des flamants roses, et l'oued Oumafatma, qu'enjambe un pont de pierre. Après le village d'**Akhfennir**, les dunes de sable surgissent de part et d'autre de la route (qui peut être dangereuse lors des tempêtes de sable, fréquentes de janvier à mars), alors que l'on s'éloigne de la côte et qu'apparaissent des salines faisant irrésistiblement penser à des mirages… En se rapprochant de Tarfaya, la côte s'adoucit, les falaises

La civilisation du grand désert

Au sud de Guelmim, c'est le pays du grand désert. Le ciel y est immense, l'horizon n'a pas de fin car il n'y a rien qui arrête la vue, à part quelques broussailles, quelques arbustes secs, quelques chameaux, des lacs de sel et des lagunes, les crêtes mouvantes des dunes qui avancent au fur et à mesure que l'on marche vers elles, et de l'autre côté, passé le bord des hautes falaises, l'immensité de l'Océan.
Les caravanes aux cargaisons d'or, de sel et de cotonnades ne naviguent plus sur cet océan asséché qu'est le désert, et la population du Sahara marocain est passée peu à peu du nomadisme à la sédentarité, bien que l'on assiste, généralement en octobre et en mai, à des migrations de populations vers l'est et le sud-est, certains Sahraouis (ceux qui sont liés à une activité d'élevage) regagnant le désert dès les premiers jours de pluie. Reste cependant la « civilisation du désert », où les traditions, notamment les chants et les poésies, se transmettent par voie orale. Cette culture originale se retrouve par exemple pendant la pause du **thé**, qui peut durer plusieurs heures et au cours de laquelle les hommes récitent en **hassainya** des poésies apprises dès l'enfance, échangent des informations sur les zones où il y a de l'eau ou de l'herbe, sur les familles qui se déplacent, sur les dromadaires égarés. Dans le désert en effet, les nomades connaissent le point de passage dans les dunes où le sable reste ferme ; ils savent toutes les traces des animaux et reconnaissent celles de leur propre dromadaire, le moment de son passage, s'il s'agit d'un mâle ou d'une femelle, rien qu'aux empreintes laissées dans le sable. La musique sahraouie, un peu triste, utilise la flûte et d'anciens instruments comme le **tbal** (sorte de grand tam-tam), qui accompagne une danse locale du même nom exécutée par les femmes, ou parfois l'**imzad**, petit violon monocorde joué surtout par les Touaregs.

disparaissent, mais la mer reste forte (on aperçoit plusieurs navires échoués sur la grève).

Tarfaya A2

Situé à plus de 500 km d'Agadir, Tarfaya, près du **cap Juby**, fut le point de rassemblement et de campement de la **Marche verte** en 1975.
Ce petit port de pêche (sardines) est aussi, pour les passionnés d'aviation, l'étape du souvenir de l'**Aéropostale**. Au bord de la plage, un monument de taille réduite la commémore : un avion Breguet (quelque peu stylisé) décolle en direction de l'Atlantique, surmonté de quatre flèches représentant les points cardinaux, la flèche orientée vers l'est symbolisant la direction de La Mecque, elle-même représentée par les trois boules que l'on retrouve sur le *jamour* des mosquées.
Sur la plage, on aperçoit, entourée d'eau et battue par les vagues à marée haute, la « maison de la mer », **Casamar**, petit fortin construit en 1882 par un Anglais du nom de McKenzie, avec des pierres provenant de Smara et transportées à dos de dromadaire.

De Tarfaya à Laâyoune

115 km - itinéraire tracé en violet sur la carte p. 459. Aucun poste d'essence ou de ravitaillement entre les deux villes. Ne jamais rouler trop vite, bien que la route soit bonne, car il peut y avoir des risques d'ensablement par endroits. Paysages désertiques avec, pour seule compagnie, des dromadaires et quelques camions lourdement chargés. À 65 km de Laâyoune, le monument commémoratif de **Tah**, au bord de la route, évoque la visite en ces lieux (considérés autrefois comme la frontière entre le Sahara espagnol et le Maroc), du sultan Hassan Ier le 12 mai 1886 et celle de Hassan II le 3 mars 1985.

Laâyoune A2

Fondée par les Espagnols en 1932, Laâyoune fut à l'origine une grande oasis sur l'oued Sakia al-Hamra, qui traverse le Sahara marocain d'est en ouest. C'est aujourd'hui l'une des capitales provinciales du Sahara occidental et un important centre administratif et minier.
Le Front Polisario revendique pour Laâyoune le statut de capitale de la République arabe saharouie démocratique (voir « La Marche verte », *p. 526*).
De cette ville-étape, on peut se lancer à la découverte du désert, dont les dunes de sable s'étendent sur une distance de 300 km au sud. Dans la ville même, les rues sont larges et bordées d'habitations de style saharien, de couleur ocre ou jaune et surmontées de coupoles. À quelques constructions de prestige comme la **mosquée Moulay Abdelaziz**, le **palais des Congrès**, place de l'Allégeance (qu'il faut voir dans la lumière du soir), et l'**ensemble artisanal**, s'ajoutent la **Colline aux oiseaux**, parc ornithologique planté d'hibiscus, et le **Musée des arts sahraouis**, arts représentatifs de la culture hassainya.

Tarfaya, une escale mythique

En 1918, **Pierre-Georges Latécoère**, un industriel toulousain passionné d'aviation, présente au gouvernement français son projet de ligne aérienne Toulouse-Dakar. En 1919 naissent les Lignes aériennes Latécoère, avec, pour « cheval de bataille », un avion conçu par **Breguet** et construit par **Michelin** entre 1914 et 1918 dans les ateliers de Clermont-Ferrand, afin d'équiper l'armée française d'appareils de bombardement. Plusieurs modèles Breguet-Michelin successifs contribuèrent à la victoire finale, en particulier le biplan Breguet XIVB2, dont quelques exemplaires furent rachetés par Latécoère pour « transporter le courrier en reliant hommes et continents ». Une épopée commence...
Naviguant à vue et sans radio, menacés par les pannes comme par les pillards du désert ou la disparition en mer, des dizaines d'héroïques pilotes, tels Daurat, Mermoz, Saint-Exupéry et **Henri Guillaumet**, font avancer la « Ligne », d'abord de Toulouse à Rabat (1919), puis à St-Louis-du-Sénégal (1926), enfin, après avoir sauté l'Atlantique, au-delà de la cordillère des Andes. En 1927, Latécoère cède ses lignes à une nouvelle compagnie, l'**Aéropostale**, absorbée en 1933 par Air France.
En 1983, les équipages du **rallye Toulouse-St-Louis-du-Sénégal** volant sur les traces des pionniers de l'Aéropostale célébrèrent le cinquantenaire de la mort de Latécoère. En 1994, la 12e édition de ce rallye a été l'occasion de rendre hommage au pilote-écrivain **Antoine de Saint-Exupéry**, cinquante ans après sa disparition. Chargé des vols postaux depuis Toulouse vers l'Espagne et le Maroc, puis chef d'escale au cap Juby à partir de 1927, Saint-Exupéry approfondira jusqu'à l'extrême sa recherche de la fraternité humaine, de la lumière enfouie au cœur de l'homme, et de l'infini – infini du ciel, du désert, des limites à dépasser au-delà de soi-même –, quête d'absolu que l'on retrouvera dans *Courrier sud* (rédigé lors des longues heures d'attente au cap Juby), puis dans *Vol de nuit*, *Terre des hommes* et *Pilote de guerre*, sans oublier *Le Petit Prince*, traduit en de nombreuses langues, et dont la version en berbère du Hoggar a valeur de symbole.

Les longues plages de sable de **Foum el-Oued** (point de départ de parties de pêche sportive) et **Laâyoune-Plage**, à 25 km au sud, sont bordées de villas (et de nombreuses tentes en été), et propices à la baignade, car la mer y est propre et en pente douce.
À la sortie de Laâyoune, sur la route de Boujdour, une piste à droite permet d'atteindre en 4x4 à travers les dunes le **canyon de la Saquia al-Hamra**. Lorsqu'on descend au fond de cette immensité vide et palpitante de chaleur, il règne un silence tel qu'on a l'impression d'entendre les battements de son propre cœur...
Les passionnés de déserts côtiers pourront continuer vers **Boujdour**, ville côtière créée autour d'un phare construit par les Portugais, escale de Magellan sur la route du safran, et **Dakhla**, l'ancienne « Villa Cisneros », située à 544 km de Laâyoune sur une presqu'île s'étirant sur une quarantaine de kilomètres et formant une vaste baie, immense vivier où les bancs de poissons se succèdent et où les pêcheurs trouveront de nombreuses espèces tropicales de la côte africaine.

De Laâyoune à Smara B2 EN DIR.

240 km. Route goudronnée pas toujours en bon état ; nombreux nids-de-poule. Avant de partir, faire le plein d'essence (et de provisions) et prévoir de rallier Tan-Tan car la ville de Smara n'est pour l'heure guère équipée en hébergement adéquat.
13 km après avoir quitté la ville de Laâyoune, on aperçoit sur la gauche l'**oasis de Lemsid**, miracle de fraîcheur et de verdure dans le lit desséché de l'oued Saquia al Hamra.

Smara

Ville historique, culturelle et religieuse du Sahara, Smara fut construite sur ordre du sultan Moulay Hassan Ier par le cheikh **Ma el-Aïnine**. Entourée à l'origine d'un rempart de boue autour duquel chaque jour de nouveaux campements s'installaient, la ville fut le point de rassemblement de différentes tribus nomades (comme les Reguibat, au visage voilé de noir) venues du sud et du nord. Capitale de province, Smara est aujourd'hui une étape sur l'axe routier transsaharien. Son développement autour de la *zaouïa*, dans la partie basse de la ville, tend à en faire la principale cité du désert, sans qu'elle ait retrouvé pour autant son importance et sa notoriété légendaires.
Regagner Guelmim en empruntant la route qui, sur des kilomètres et des kilomètres, n'est qu'un large ruban goudronné coupant l'immensité, pour rejoindre Tan-Tan, avec pour seule animation des tourbillons jaunâtres de sable et de poussière dansant sur la pierraille du sol.

Smara

L'Eau des yeux

Né en 1838, Moulay Ahmed ben Mohammed el-Fadel – celui qu'on appelait **Ma el-Aïnine**, « l'Eau des yeux » –, fils d'un marabout de la tribu des Sanhaja, mena d'abord une vie de nomade puis s'installa à Smara, où il écrivit des ouvrages de théologie et de musique. Il fit construire, grâce aux matériaux envoyés d'Essaouira et de Safi et débarqués à Tarfaya, une vaste kasbah qui comprenait une mosquée (jamais achevée), une *zaouïa,* dont la célèbre bibliothèque conservait les écrits du cheikh et de ses disciples, des logements et des lieux de stockage pour les céréales. Il créa ainsi vers 1896 un centre caravanier depuis lequel, avec ses hommes bleus, il fit régner l'ordre sur les routes du Sahara, du Souss à la Saquia al-Hamra, jouant un rôle décisif pendant près d'un demi-siècle dans la lutte entre les tribus du Sahara et les étrangers de l'époque coloniale. Il mourut en octobre 1910 à Tiznit, toujours vénéré mais vaincu, n'ayant pu atteindre Marrakech, où se trouvaient le sultan Moulay Hafid et l'un de ses fils, Moulay Hiba.

L'odyssée de Michel Vieuchange

En 1930, un jeune Français, **Michel Vieuchange**, partit à la découverte de la ville sainte de Smara, parcourant à pied et à dos de chameau des centaines de kilomètres à travers le désert du Sahara avant d'atteindre cette ville jusque-là inexplorée par les Européens. Mais la mystérieuse Smara n'était déjà plus, lorsque Vieuchange la découvrit le 1er novembre 1930, qu'un champ de ruines, abandonné après la mort de Ma el-Aïnine, et mis à sac par des troupes françaises lancées en 1913 à la poursuite de rebelles. Michel Vieuchange mourut un mois plus tard terrassé par la dysenterie, ayant réalisé son rêve et laissant derrière lui ses carnets de route, publiés à sa mort par son frère et réédités. Il est aujourd'hui inhumé au cimetière européen d'Agadir.

Un fou du désert

« [...] je me suis lancé jusqu'à Smara à travers 300 kilomètres de désert...
J'ai vu tes deux kasbahs et ta mosquée en ruine. Je t'ai vue tout entière posée sur ton socle, face au désert, déserte, dans le silence, sous l'ardent soleil.
Tu es bien l'œuvre d'un homme, de Ma el-Aïnine au sommet de sa puissance...
Comme s'il eût voulu étonner les nomades par une chose miraculeuse, il s'établit sur un piédestal face au couchant, comptant sur cela pour leur donner une idée de sa grandeur : lui seul dans les pierres, fort entre les murs de solide appareil de ses kasbahs, ses sujets tout autour sous la toile des guitounes.
Il donna une mosquée à ces hommes qui errant dans le Sahara n'avaient jusqu'à ce jour prié que dans le vent du matin et du soir, se prosternant au hasard de leur route sur le roc ou le sable. Et ces hommes n'ayant jamais vu de ville durent voir s'élever avec ébahissement ces murs, ces kasbahs, ces coupoles. »
M. Vieuchange, *Smara, Carnets de route d'un fou du désert* (1932), Éd. Phébus, 1990.

Carnet pratique

S'informer

Délégation du tourisme de Guelmin - *17 r. Lahbab - ☎ 05 28 87 29 11.*

Délégation du tourisme de Laâyoune – *Av. de l'Islam - ☎ 05 28 89 16 94*.

Délégation du tourisme de Dakhla – *1 r. Tiris - ☎ 05 48 89 83 89.*

Arriver/Partir

Avion

Aéroport de Guelmim - *À 4 km du centre - www.onda.ma* - Liaison quotidienne avec Casablanca.

Aéroport de Tan Tan- *À 9 km du centre-ville -* ☎ 05 28 87 70 43 - Liaison quotidienne avec Casablanca.

Aéroport Laâyoune Hassan Ier – *À 3 km du centre-ville - ☎ 05 28 89 38 63.* Liaison quotidienne avec Casablanca.

Aéroport de Dakhla – *☎ 05 28 89 72 56 - À 5 km du centre-ville* - Liaison quotidienne avec Casablanca.

En route vers le Grand Sud

Si l'on excepte l'avion, il n'y a qu'une seule façon de se rendre dans les provinces sahariennes : aller à Guelmim *(à 199 km au sud d'Agadir et 286 km au sud-ouest de Tata)* et prendre la route de Tan-Tan *(à 243 km)*. De là, la route côtière permettra de descendre jusqu'à Laâyoune *(304 km)* puis Dakhla *(503 km plus loin)*, tandis qu'une autre route, à l'intérieur des terres, conduit à Smara, qui n'est qu'à 245 km de Tan-Tan : la porte à côté en somme, à l'échelle de cette région !

Réseau routier – Le Maroc a prodigué d'énormes efforts pour développer le réseau routier saharien. Des centaines de kilomètres de routes ont été construites ou refaites, sillonnant la région et reliant les localités entre elles. Cependant, en raison de la traversée, la plupart du temps, de grands espaces désertiques sans habitations ou postes d'essence, il faut prendre quelques précautions : prévoir des bouteilles d'**eau**, **remplir le réservoir d'essence**, toujours garder ses papiers à portée de main car les contrôles sont fréquents, ne pas rouler trop vite afin de pouvoir s'arrêter de manière inopinée ; et en aucun cas ne s'aventurer hors de la route (présence de mines).

Informations utiles

Provinces sahariennes

De Tah à la frontière mauritanienne, 900 km plus au sud, s'étendent les provinces sahariennes, autrement appelées Sahara Occidental depuis le retrait de l'Espagne en 1976. Cette zone de 220 000 km², entre l'Océan et la frontière algérienne fait depuis l'objet d'un contentieux entre le Maroc qui considère ce territoire comme faisant partie intégrante du royaume tandis que le Front Polisario y revendique la création d'un État sahraoui indépendant. En 1991, les deux belligérants conviennent d'un cessez-le-feu. Depuis, règne une paix armée, sur laquelle veillent des observateurs de l'ONU. En attendant l'éventuelle résolution du conflit, la région n'est pas une destination propice au tourisme, en dépit d'indéniables atouts, entre désert et plages vierges.

Climat

Généralement très chaud et sec dans la **province de Tan-Tan**, où de fréquentes tempêtes de sable obligent à désensabler régulièrement les rues. Sur la façade maritime, la température, modérée, varie entre 20° et 30°. Dans la **région de Dakhla**, le climat est sahélien ; un peu frais parfois du fait des alizés opportuns pour les *windsurfers* ; nuits toujours froides.

Nos adresses

Hébergement

À Guelmim

Pour se faire plaisir, 700 à 1 200 DH

Oasis Palm Hotel - *Rte d'Agadir, à 7 km du centre-ville - ✆ 05 28 77 55 55 - www.oasispalmhotel.com - 117 ch. - à partir de 900 DH*. Un grand complexe moderne avec deux restaurants, piscine, spa... pour une étape de bon confort.

À Tighmert

Premier prix, moins de 400 DH

La Maison Sahraouie – *Palmeraie de Tighmert, à 17 km de Guelmim par la rte d'Assa - ✆ 05 28 87 07 06 - https://lamaisonsaharaouie.wixsite.com - 6 ch. - 450 DH 1/2 P.* Maison traditionnelle réaménagée en maison d'hôte. Le confort est assez rudimentaire, mais on y vient essentiellement pour se ressourcer. Dans une palmeraie, aux portes du désert, la maison comprend quelques chambres aux murs de terre et de paille, une salle à manger où l'on s'installe à même le sol sur des tapis brodés, un hammam traditionnel, et des espaces sous la tente pour lire et se prélasser. Vous n'y trouverez pas de salle de bains, la toilette se fait au seau. Une adresse pleine de charme et de convivialité, classée « Accueil paysan ».

Groupe de chanteurs Gnaoua.
D. H. Wells/age fotostock

COMPRENDRE LE MAROC

Le Maroc aujourd'hui

Les premières décisions de Mohammed VI en matière de droits de l'homme, comme ses préoccupations sociales et l'intérêt qu'il montre pour l'enseignement, l'emploi et le droit des femmes, ont soulevé un immense espoir dans le royaume. Si le souverain a manifesté sa volonté de moderniser le pays, de nombreux problèmes persistent, liés à la pauvreté, sans oublier la question du Sahara occidental. Le Maroc semble s'acheminer vers un devenir meilleur : les chantiers émaillent le paysage, les projets touristiques sont légion et une conscience citoyenne semble naître chez les jeunes. Cette société en pleine mutation doit maintenant relever le défi de la croissance et de l'ouverture sur le monde.

Les Marocains

Environ 6,5 millions en 1935, 12,5 millions en 1964, les Marocains sont plus de 35 millions aujourd'hui. Plus de deux sur trois vivent dans des villes : c'est trois fois plus qu'au début des années 1970.

Une population jeune

Depuis l'indépendance, le Maroc a connu une mutation démographique spectaculaire. De 7 enfants par femme en 1962, la fécondité est passée à 2,13 en 2018. Dans le même temps, l'espérance de vie a évolué de 47 ans en 1962 à 74,6 ans pour les hommes et 78 ans pour les femmes en 2018.

En dépit de ces évolutions, la population marocaine se caractérise encore par sa jeunesse. Les moins de 15 ans représentent 27,1 % de la population quand les plus de 60 ans sont 11,1 %. La jeunesse de cette population n'est pas sans conséquence dans les domaines de l'éducation, de la santé et de l'emploi. Le problème du chômage des jeunes diplômés est devenu un fait récurrent.

Si la jeunesse est un atout indéniable pour un pays engagé dans un programme de modernisation ambitieux, le vieillissement qui s'amorce est aussi porteur d'une problématique nouvelle. Selon les projections, la part des plus de 60 ans représentera près de 23 % de la population marocaine en 2050. Un défi pour le système de santé et les caisses de retraite. D'autant qu'avec la tendance à la nucléarisation de la cellule familiale, les solidarités traditionnelles entre générations peuvent s'estomper.

De plus en plus citadine

Autre tendance lourde : l'urbanisation du pays. Alors qu'à l'indépendance, 90 % des Marocains, vivaient à la campagne, ils sont aujourd'hui plus de 62 % à habiter en ville. Ils devraient être près de 75 % en 2050. Fait notable, ce mouvement concerne l'ensemble du territoire : si l'axe urbain Casablanca-Rabat-Kénitra réunit un Marocain sur trois, on constate un accroissement significatif de la population des villes de l'intérieur, Tetouan, Fès, Meknès,

Le port de Casablanca.
SeanPavonePhoto/iStock

Oujda... Chaque année des centaines de milliers de ruraux quittent leur village pour aller grossir la population urbaine, le plus souvent dans des conditions précaires qui contribuent à alimenter l'émigration vers l'Europe.

Nomades ou sédentaires

La vie rurale se caractérise par des genres de vie variés. Les véritables **nomades**, tirant toutes leurs ressources de l'exploitation de leurs troupeaux et des échanges avec les populations paysannes, ne se rencontrent plus guère que dans l'extrême Sud (les « hommes bleus ») et dans les steppes orientales, où certaines tribus nomadisent de Figuig à Aïn Benimathar.

En revanche, les Chleuhs du Haut Atlas occidental et de l'Anti-Atlas sont des **sédentaires**, tout comme les montagnards d'une grande partie du Rif; il en va de même des habitants des zones irriguées du Sud, cultivant de minuscules parcelles autour de leur ksar, et des maraîchers des plaines atlantiques.

Entre ces deux extrêmes, il existe un genre de vie mixte, comme le pratiquent les Beni Mguild du Moyen Atlas.

Femmes du Maroc

À la campagne, elles sont partout : « poutres maîtresses de la tente », elles aident à la moisson, transportent la récolte, vont chercher l'herbe et le fourrage, les branchages pour le feu, puisent l'eau, pilent le grain, tissent les tapis, les couvertures, les vêtements, tournent les poteries, s'occupent des enfants et, bien sûr, de la maison. Pour elles, nulle tâche ne semble trop dure. On les rencontre au bord des routes, toujours affairées, ployant sous d'énormes charges. Par leur inlassable travail de fourmi, elles font vivre les villages, tandis que les hommes assis en cercle débattent gravement...

Cependant, la situation des femmes au Maroc, toujours pleine d'ambiguïté, n'est pas aussi archaïque qu'il y paraît : rien, aujourd'hui, n'empêche théoriquement une femme marocaine d'accéder à quelque fonction que ce soit. Certaines, des pionnières, ont courageusement ouvert la voie : elles sont championnes d'athlétisme, artistes, actrices, étudiantes, médecins, universitaires, pilotes de ligne, ingénieurs... et répandent par leur exemple et leur dynamisme l'idée de l'émancipation féminine, surtout perceptible en ville et dans un certain milieu social. (*Voir aussi p. 489, « La réforme du code de la famille ».*)

En dépit d'une lente évolution des esprits, il y a le poids des usages et les traditions. Ainsi, peu d'entre elles occupent par exemple des charges électives, l'analphabétisme demeure plus répandu que chez les hommes et, si la polygamie a à peu près disparu, les mariages ne sont encore parfois que des arrangements entre familles.

Les MRE

Si l'émigration marocaine vers l'Europe a été plutôt tardive par rapport à d'autres pays du Sud, la population des Marocains résidant à l'étranger (MRE) est en constante augmentation depuis cinquante ans. En 2018, elle compte près de 5 millions d'individus, la plupart établis en Europe. Cette population constitue une diaspora active et dynamique qui contribue pleinement à l'économie du Maroc. En effet, l'épargne qu'elle envoie chaque année dans son pays représente l'une des principales sources de devises du pays, la deuxième après le tourisme et avant le phosphate et ses dérivés.

Les grands moments de la vie familiale

Séparée de la vie publique, la vie familiale juxtapose deux mondes vivant de façon cloisonnée : celui des hommes et des grands adolescents d'une part, celui des femmes et des jeunes enfants de l'autre.

Au quotidien, si l'homme est chargé d'affronter le monde extérieur, la femme sort, reçoit, règne sur la maison et possède le droit de vote ; mais, même si une évolution se fait sentir dans les grandes villes, le poids des décisions du chef de famille reste déterminant – sans négliger pour autant un certain matriarcat, perceptible dans la vie domestique. Cependant, quels que soient les milieux socioculturels, la vie familiale est ponctuée de grands moments.

La naissance

Dans les campagnes, traditionnellement, la naissance s'accomplit à la maison, dans un grand concours de présences féminines. À peine né, tandis que les youyous retentissent, on appose sur la ligature du cordon ombilical du nouveau-né un baume composé de farine et de henné, avant de le ceindre d'une amulette préparée par un lettré pour chasser le mauvais œil et l'action des esprits maléfiques.

Au septième jour de sa vie, bébé fait, dans les bras de son père, le tour des pièces de la maison pour prendre possession de son territoire, tandis que les femmes jettent du sel afin d'éloigner les démons. On chuchote à l'oreille de l'enfant le nom qui a été choisi pour lui et l'appel à la prière, ainsi est-il admis dans la communauté des croyants. Puis l'on égorge le mouton, avant les agapes, où famille, voisins et amis sont conviés.

La circoncision

Il s'agit – en référence au prophète Ibrahim (ou Abraham) – de la confirmation de l'entrée du jeune garçon dans la communauté musulmane.

La circoncision se pratique entre l'âge de 2 mois et de 7 ans et est effectuée au domicile familial ou en milieu hospitalier.

Des rites, différents selon les régions, accompagnent la cérémonie. Revêtu du costume traditionnel – djellaba, burnous et tarbouche –, l'enfant est conduit par les hommes dans une pièce où officie le barbier – tandis qu'au-dehors retentissent les youyous et les chants recouvrant les cris de douleur de l'impétrant. Celui-ci est alors conduit au lit maternel, où nombre de friandises viendront lui faire oublier, durant une semaine de convalescence, ses malheurs...

Le mariage

Le mariage est, avec la naissance, l'événement familial célébré de la façon la plus spectaculaire. On se marie souvent jeune ; l'époux apporte une dot, et les conditions du mariage ont fréquemment été négociées, devant un « clerc testamentaire », entre le futur époux et le père de la jeune fille.

Suivant les régions ou les tribus, les festivités célébrant le mariage diffèrent, mais elles se déroulent toujours sur plusieurs jours, selon un cérémonial fastueux.

Des femmes (les *neggafat*) accompagnent la jeune mariée dans ses allées et venues, se rendent avec elle au hammam, où elle est lavée et épilée, la fardent, dessinent sur ses mains et ses pieds de savants entrelacs au henné, l'aident à revêtir ses différents costumes, ponctuent de leurs youyous les diverses phases de la fête. On ne se contente pas de présenter les cadeaux faits aux époux, on expose aussi la mariée elle-même, parée comme une divinité, sur une *aânmaria* – chaise à mariée (sorte de palanquin).

Les cheveux de la mariée sont enserrés dans un anneau d'argent, symbole de pureté. La *hennaya* casse ensuite sur sa tête un œuf, symbole de fécondité. Enfin, elle introduit dans la chevelure deux dattes enduites de miel qui symbolisent quant à elles le bonheur.

La mort

Le défunt enveloppé dans son linceul est conduit au cimetière par les hommes de la famille et du voisinage – les femmes étant exclues de la cérémonie. Là, il est enterré à même la terre, couché sur le côté, le visage tourné vers la *qibla*, la direction de La Mecque. S'ouvre alors une période de deuil qui dure quarante jours.

Les langues

Quatre languessont utilisées au Maroc : la darija, le dialecte populaire compris par tous ; l'amazigh, la langue berbère ; l'arabe classique, utilisé dans l'administration et l'enseignement, mais que tous les Marocains sont loind e comprendre ; le français, héritage de l'histoire coloniale. L'amazigh et l'arabe classique ont statut de langues officielles.

Le berbère

Le **berbère** s'est maintenu largement, surtout en montagne (à l'exception de la région montagneuse du pays Jebala au nord-ouest du pays, totalement arabophone). Divisé en dialectes locaux dont la prononciation et la syntaxe diffèrent d'une région à l'autre, le berbère (ou **amazigh**) se compose essentiellement du **tamazight**, parler berbère du Haut Atlas central et oriental qu'utilisent les berbères Sanhadja ; du **tachelhit**, parler berbère des Chleuhs du Haut Atlas occidental et du Sous ; du **tarifit**, parler berbère du Rif.

Édicté en 2001, un *dahir* a créé l'Institut royal de culture amazighe *(www.ircam.ma)* afin de sauvegarder et de promouvoir la culture berbère et de permettre l'introduction de la langue dans le système éducatif. Une chaîne de télévision berbère

(Tamazight) a ainsi vu le jour en 2010. La nouvelle Constitution marocaine, adoptée en juillet 2011, lui emboîta le pas en officialisant la langue amazighe. C'est dans ce contexte qu'un projet longuement mûri a vu le jour dans le jardin Majorelle à Marrakech, sous forme d'un musée consacré à la culture berbère.

Arabes dialectal et classique

L'**arabe dialectal** (la **darija**) est surtout l'affaire des villes, des plaines atlantiques, du Rif occidental et des steppes orientales. Mais les Berbères sont souvent bilingues et les parlers arabes gagnent de plus en plus. C'est une langue pleine d'images et de symboles, capable d'exprimer l'imaginaire populaire si riche en légendes et en mythes, et qu'utilisent notamment les conteurs autour desquels on fait cercle sur tous les souks du Maroc.

Longtemps méprisée par l'élite et confinée à son rôle oral parce que considérée comme une langue de la rue et identifiée à l'analphabétisme, la *darija* commence à devenir un support de la création artistique et littéraire. Elle est omniprésente dans la chanson, le théâtre et le cinéma. La *darija* possède depuis 2006 son prix littéraire : Bladi Bladna. Il existe deux périodiques en *darija* : *Khbar Bladna* et *Al Amal*. Enfin, la *darija* s'est emparée des nouvelles technologies avec des millions de messages et de SMS libellés dans ce dialecte, transcrit en graphie latine !

L'**arabe classique**, la langue du Coran – connu jadis des seuls lettrés –, s'installe par le biais de la scolarisation et des moyens modernes de diffusion.

Le **hassainya**, dialecte arabe que parlent les Sahraouis, est constitué d'un fond arabe d'origine classique auquel s'ajoutent des mots empruntés au tachelhit du Sous.

Français et espagnol

La pratique de l'**espagnol** se limite aux anciennes possessions espagnoles. Quant au **français**, il est compris par une grande partie des Marocains. La présence de ces deux langues est notamment assurée par les réseaux de l'**Institut français** et de l'**Institut Cervantès**, présents à travers tout le pays.

L'islam

Islam est le nom donné par les musulmans à leur religion ; il signifie « soumission à la volonté de Dieu » ; ce dieu, c'est Allah, « et Mohammed est son Prophète ». La Constitution marocaine proclame l'islam religion de l'État.

Le culte musulman et les rites

Code religieux, civil et social, le **Coran** régit la vie des croyants. Il est enseigné dans les écoles « coraniques » ; les musulmans apprennent à le psalmodier dès l'enfance. La **sunna**, ou « tradition », série de récits – parfois légendaires – de la vie de Mohammed, précise certains points obscurs du Coran, complète les préceptes contenus dans celui-ci, traite des questions de la vie courante.

La religion musulmane proscrit les boissons alcoolisées, la viande de porc et celle des animaux non vidés de leur sang (donc le gibier) ; elle réprouve les jeux de hasard, l'usure et le meurtre. L'islam comporte en outre des exigences, quant à la charité et au caractère méprisable de certains biens, ainsi qu'un code des usages quotidiens concernant notamment la nourriture et la boisson ; il est recommandé, par exemple, de manger ou de toucher la nourriture de la main droite (la main gauche étant utilisée pour la toilette intime) et de ne pas boire dans un vase d'or ou d'argent.

Les « cinq piliers »

Le Coran prévoit cinq obligations essentielles. Ce sont : la **shahada**, profession de foi ; la **salat**, prière rituelle, qui consiste en la récitation de formules invariables, cinq fois par jour et à des heures déterminées (la première, *As-Sobh*, a lieu au lever du soleil, la dernière, *Al-Ichaâ*, deux heures après le coucher du soleil) ; le **jeûne du ramadan** ; la **zakat**, l'aumône légale ; enfin, le pèlerinage à La Mecque, que tout fidèle qui le peut doit effectuer au moins une fois dans sa vie, et qui lui confère le titre de **hadj**.

La **prière** consiste à réciter les versets du Coran. Elle peut être dite n'importe où, pourvu que l'on soit tourné vers La Mecque. Il est précisé cependant que « la prière en assemblée est supérieure de vingt-cinq degrés à celle faite isolément ».

La mosquée se compose d'une cour intérieure à ciel ouvert et d'une vaste salle de prière, **haram**, divisée en plusieurs travées, où les hommes peuvent venir dialoguer avec Dieu. Cinq fois par jour, du haut du minaret, le **muezzin** (souvent un disque dans les villes) lance son chant monocorde invitant à prier. Cet appel public à la prière, *l'adhan*, rappelle chaque fois au croyant que Dieu est universel (*« Allah akbar »*, « Dieu est grand »). Pour les sourds qui ne pourraient percevoir cet appel, un drapeau blanc (ou le soir une lumière) apparaît au même moment au sommet du minaret.

La prière solennelle du vendredi comporte un prône ; les musulmans s'y rendent nombreux.

L'islam ne connaît ni clergé ni sacrements. Un fidèle particulièrement savant, l'**imam**, dirige la psalmodie du Coran ; les fidèles, debout, assis sur les talons ou prosternés, font face au **mihrab**, niche indiquant la direction de La Mecque ; pas de musique ni de chants liturgiques : on n'entend que les murmures des oraisons et la parole scandée des lectures coraniques. La prière doit être dite en état de pureté. Ainsi s'expliquent le geste de se déchausser à l'entrée de la mosquée, la présence d'une vasque ou d'une fontaine à ablutions dans la cour : la propreté corporelle reflète celle de l'âme.

La lettre et l'esprit

Dans les villes, les conditions actuelles de la vie ne permettent pas toujours d'interrompre toute activité à heures fixes ; néanmoins, les rites sont assez fidèlement respectés.

Dans les campagnes, en revanche, il n'est pas rare de voir, en plein champ, un homme agenouillé sur un tapis, accomplissant les exercices du culte. Le ramadan, malgré les difficultés qu'il entraîne, est toujours scrupuleusement observé. Nombreux sont les pèlerins qui font le voyage de La Mecque, la ville sainte de l'islam.

En revanche, dans les tribus berbères – surtout en montagne –, le culte n'est pas partout pratiqué avec la même rigueur. Des croyances populaires viennent s'adjoindre à la religion ; pour la plupart d'origine préislamique, elles sont condamnées par l'islam, qui interdit, par exemple, la pratique d'offrandes aux génies, ou *jnoun*, qui peuplent des lieux mystérieux.

Le culte des saints

Même si en tant que musulmans les Marocains croient en un seul Dieu, ce monothéisme se trouve mêlé, dans les milieux populaires, d'une vénération particulière pour les saints et les chefs de confréries, dont le pouvoir est parfois confondu avec celui de Dieu. Porteurs de la *baraka* (bénédiction), ceux-ci continuent après leur mort à exercer une influence bénéfique, et leur tombeau, ou **marabout** (ce terme désigne à la

fois l'édifice et le personnage), est le but de grands pèlerinages.
Détenteur d'un savoir ancestral, le marabout est considéré par les gens de la campagne comme un médecin et un sage, à qui l'on verse une *wouada*, un droit de visite, s'il guérit ou donne satisfaction. Parfois, des communautés religieuses se sont formées autour du marabout. Ces confréries ont pour siège une **zaouïa**, mot qui désigne à la fois un lieu d'enseignement et le sanctuaire où est enterré un marabout. Ces confréries sont encore nombreuses, et certaines ont joué un rôle notable dans l'histoire du pays. Parmi les plus connues on peut citer : les **Aïssaoua**, confrérie religieuse fondée par Sidi Mohammed ben Aïssa, saint patron de Meknès, mort vers 1526, dont on trouve des adeptes non seulement au Maroc, mais aussi en Tunisie et en Syrie *(voir p. 247)*; les **Gnaoua**, dont la *zaouïa* se trouve à Essaouira; les **Hamadcha**, dont le fondateur, Sidi Ali ben Hamdouch (17e s.), enterré à Zerhoun, fait l'objet, en juillet, d'un *moussem* à Essaouira; les **Taïbia**, dont la *zaouïa* fut fondée en 1727 à Ouezzane par le chérif idrisside Moulay Abdallah, descendant d'Idriss II; les **Regraga** enfin, dont les adeptes des 13 *zaouïas* accomplissent chaque année au printemps - sous la conduite d'un *moqqadem* (chef spirituel) chevauchant une jument blanche - un *daour* (tournée) des 40 sanctuaires de leurs ancêtres, sur les terres des tribus Chiadma, au nord d'Essaouira.
Les **chorfa** (au singulier **chérif**), descendants de Mohammed, sont considérés comme des « sages » et - puissants ou pauvres - font l'objet d'une vénération particulière. La dynastie alaouite est une dynastie chérifienne.

L'administration et l'économie

La vie politique du Maroc connaît un certain renouveau depuis 1999, année où Mohammed VI, fils d'Hassan II, monte sur le trône.

La cité des saints

Moulay Ismaïl, qui avait choisi Meknès pour capitale, institua à Marrakech (pour se faire pardonner les destructions qu'il y avait commises) un pèlerinage *(zyâra)* dont les jalons étaient les tombes de sept hommes.
Ces hommes, les sept saints patrons locaux de Marrakech, rapprochés au-delà des siècles par le lieu de leur sépulture (et qui, selon la croyance populaire, ne sont pas morts mais simplement endormis), valurent à la ville d'être appelée « la cité des saints » ou « la Bagdad du Maroc ». Il s'agissait de **Sidi Bel-Abbès** (né à Ceuta en 1130), grand patron de la ville, vénéré des marchands, des paysans et des aveugles; **Sidi Youssef**, sorte de Job marocain, protecteur des lépreux, enterré dans la *zaouïa* près de Bab Aghmat et dont la coupole date des Saâdiens; **Cadi Ayyad**, le juste; **Sidi ben Slimane el-Djazouli**, le grand mystique du 15e s., qui repose dans la *zaouïa* non loin de celle de Sidi Bel-Abbès; **Sidi Abd el-Aziz**, mort en 1508; **Sidi Abdallah el-Ghezouani**, l'ascète qui mourut en 1528 après avoir prophétisé la décadence de Fès; et l'**imam Assouheili**, vieil érudit ramené d'Espagne par Abou Yacoub Youssef, enterré près de Bab er-Rob.
Aujourd'hui encore, le pèlerinage qu'effectuent les fidèles, partant du sud-est de la ville pour rejoindre le sud-ouest (la dernière halte étant la tombe d'Assouheili), est l'occasion d'autant de rassemblements autour de ces mausolées, perpétuant ainsi le culte des saints.

Mosquée Karaouiyne à Fès.
saiko3p/iStock

Le système politique

Le Maroc est une monarchie constitutionnelle de droit divin. La Constitution s'appuie sur la souveraineté du peuple déléguée à un roi héréditaire, un régime représentatif, la séparation des pouvoirs, une religion d'État – l'islam – et la tolérance des autres cultes. Le roi est le « **Commandeur des croyants** » (« Amir al-Mouminine »). Mohammed VI, en tant que membre de la dynastie alaouite, est un descendant direct du Prophète. Les Alaouites, en effet, descendent de Hassan, fils de Fatima, elle-même fille du prophète Mohammed.

Le roi est aussi le représentant suprême de la nation. Garant de la Constitution, il peut exercer la totalité du pouvoir. Il nomme et révoque les ministres, peut dissoudre le Parlement et consulter le peuple par référendum.

Responsables devant le roi, les ministres le sont aussi devant la Chambre des représentants.

La Constitution de septembre 1992 a confirmé le régime marocain de monarchie constitutionnelle démocratique et parlementaire, en conférant au Parlement des pouvoirs accrus et en instituant un Conseil constitutionnel autonome. C'est depuis 2011 la Cour constitutionnelle, composée de six membres désignés par le roi pour une durée de neuf ans et de six membres désignés par moitié et pour la même durée par les deux chambres du Parlement.

En 1996, un référendum a été organisé afin d'entériner la décision d'Hassan II de séparer en deux le Parlement, et de créer une seconde Chambre, ou Chambre des conseillers, destinée à renforcer la représentation régionale.

Suite à l'arrivée sur le trône de Mohammed VI, le débat sur la révision de la Constitution et la nature de l'institution monarchique a pris de l'ampleur au sein des partis politiques. Mais c'est la société civile qui a forcé le gouvernement, par la pression de la rue au printemps 2011, à entreprendre des réformes pour tendre vers une monarchie parlementaire, en obligeant notamment le roi à choisir son Premier ministre parmi la formation arrivée en tête aux élections. Le texte de cette nouvelle constitution a été approuvée par un référendum populaire en 2011.

La décentralisation

Le Maroc compte aujourd'hui 12 régions : Tanger-Tetouan, Oriental, Fès-Meknès, Rabat-Salé-Kénitra, Beni Mellal-Khenifra, Casablanca-Settat, Marrakech-Safi, Drâa-Tafilalt, Souss-Massa, Guelmin-Oued Noun, Lâayoune-Sakia El-Hamra, Dakhla-Oued Ed-Dahab. Le territoire est ensuite découpé en 75 provinces (et préfectures) et 1503 communes. En vertu des lois de décentralisation, les collectivités territoriales sont gérées à chaque échelon par un conseil élu au suffrage universel. L'État central est également représenté à chaque niveau ; wali (région), gouverneur (province), pacha (municipalité), caïd (regroupement de plusieurs communes rurales.

Économie

En dépit de certains handicaps, le Maroc dispose, dans le domaine économique, d'incontestables points forts.

L'**agriculture** représente environ 20 % des exportations du pays. Les productions traditionnelles comme les dattes ou la canne à sucre sont en net recul au profit des agrumes et des primeurs, qui sont cultivés dans le Souss et sur la côte atlantique, puis vendus en Europe et notamment en France. Les produits bio connaissent une forte progression depuis 2012. L'agriculture marocaine souffre néanmoins des aléas climatiques : aux longues années de sécheresse succèdent brusquement des pluies torrentielles qui provoquent des inondations catastrophiques. Le plan Maroc Vert, lancé en 2008, dessine sur le long terme une nouvelle politique agricole, avec notamment l'injection de fonds pour mettre à niveau les petites exploitations et vivre la transition de l'agriculture traditionnelle à l'agriculture moderne.

Autres activités très importantes, la **pêche** et les industries liées (conserveries de poisson) représentent plus de 40 % des exportations du secteur agro-alimentaire. Safi est un des premiers ports sardiniers du monde.

Avec une production annuelle en continuelle augmentation (44 millions de tonnes en 2018) de **phosphates,** le Maroc est le 2e producteur mondial, derrière la Chine ; le pays posséderait 85 % des réserves mondiales. La construction d'usines de transformation a permis au Maroc de valoriser ses gisements miniers en devenant exportateur d'engrais phosphatés. Le phosphate et ses dérivés représentent environ 20 % du total des exportations.

L'**industrie** est également un secteur en pleine croissance qui concourt à hauteur de 30 % à la formation de la richesse nationale et représente plus de la moitié des exportations. Principaux secteurs, l'automobile et le textile.

Dans le **domaine énergétique**, le Maroc est en pleine mutation. Pour réduire sa dépendance aux produits pétroliers et lutter contre le réchauffement climatique, le gouvernement a mis en place un ambitieux programme d'énergies renouvelables. C'est ainsi que, du côté de Tarfaya, d'Essaouira, comme sur la corniche rifaine, lieux particulièrement exposés aux vents, vous pourrez découvrir de véritables forêts d'éoliennes. L'objectif est d'atteindre à l'horizon 2030 une production électrique issue à 50 % de technologies durables. En 2020, était franchi le cap des 30 %. Déjà, le Maroc est le 3e producteur africain d'énergie éolienne et la gigantesque centrale solaire Noor, près de Ouarzazate, permet d'alimenter deux villes de la taille de Marrakech.

Grâce au programme d'extension et de modernisation de ses aéroports, le pays se donne les moyens d'être une **plaque tournante entre l'Europe et l'Afrique**. Environ 1h de vol de Madrid, 2h de Paris et de Londres et 3h de Bruxelles font du Maroc le pays non-européen le plus proche de l'Union européenne. Le développement du port de Tanger Med place également le Maroc au centre des échanges commerciaux méditerranéens.

Le gouvernement a fait du **tourisme** sa priorité nationale. Depuis les années 2000, d'ambitieux plans de développement en matière d'infrastructures, de formation, de diversification de l'offre ont permis au Maroc d'atteindre le record de 13 millions de touristes en 2019. Au tourisme traditionnel s'ajoutent un tourisme sportif (randonnées, circuits à VTT, activités nautiques...), qui connaît un grand succès et l'accueil des bateaux de croisière à Tanger, Casablanca et Agadir. Le développement des transports aériens a permis à des villes comme Fès, Marrakech, Tanger de devenir des destinations prisées pour de courts séjours.

Le Maroc des réformes

Depuis son accession au trône en 1999, Mohammed VI s'est engagé dans un programme ambitieux de réformes et a pris des initiatives audacieuses qui témoignent de sa volonté de moderniser son pays et de tourner la page avec un certain passé.

Le statut des femmes et le code de la famille

Depuis les années 1980 s'était engagée au sein de la société marocaine, notamment sous l'action d'associations de femmes, une réflexion pour réviser le code du statut personnel, très contraignant pour les femmes. Mais il faut attendre 1999 pour que le débat soit relancé au niveau politique avec la proposition gouvernementale d'un « plan d'intégration de la femme au développement ». Cette **réforme** provoque des manifestations hostiles, notamment à Casablanca, le 12 mars 2000. Le projet est retiré. Le roi nomme, l'année suivante, une première commission pour préparer une révision de la *moudawana* (code de la famille). Mais c'est un nouvel échec. Le 10 octobre 2003, il prononce un discours devant le Parlement pour promouvoir un statut de la famille plus moderne et équitable. Quelques mois plus tard, en février 2004, le nouveau texte entre en vigueur. Cette réforme particulièrement novatrice et l'une des plus avancées dans le monde musulman représente une étape déterminante dans le processus de démocratisation marocain, même si certains sujets épineux ont été laissés de côté, comme l'obligation pour les héritières de partager la succession avec les hommes de la famille. L'application de ce code de la famille commence à faire sentir ses effets dans la société marocaine. En 2019, un manifeste initié par les écrivaines Leïla Slimani et Sonia Terrab et relayé par la revue *Tel Quel* dénonce les lois liberticides et réclame un débat national sur les libertés individuelles. Ses milliers de cosignatrices affirment s'être mises hors la loi en ayant eu des relations sexuelles hors mariage et en ayant pratiqué ou favorisé l'avortement. L'initiative fait suite à l'arrestation et la mise en détention de la journaliste Hajar Raissouni accusée de relations sexuelles hors mariage et d'avortement. En 2018, plus de 14 000 personnes avaient été poursuivies pour relations sexuelles hors mariage et plus de 3 000 avaient été incarcérées.

Équité et réconciliation

Le 6 janvier 2006, Mohammed VI est venu clore les travaux de l'**Instance équité et réconciliation** (IER), la Commission nationale pour la vérité, l'équité et la réconciliation mise en place deux ans plus tôt. L'IER avait pour mission de faire la lumière notamment sur les « années de plomb » qui ont marqué le règne d'Hassan II et terni l'image du Maroc sur le plan international.

L'IER a enquêté sur les violations graves des droits de l'homme, au caractère systématique et/ou massif : disparition forcée, détention arbitraire, torture, violences sexuelles, atteintes au droit à la vie et exil forcé. À cette fin, elle a procédé à des investigations, au recueil de témoignages, à des audiences publiques des victimes, à celles à huis clos des témoins et d'anciens responsables, à l'examen des archives officielles et à la collecte de toutes les informations disponibles. Elle a également instruit et statué sur les demandes de réparation reçues de la part des victimes ou de leurs ayants droit. Sur plus de 16 800 demandes, près de 9 800 ont reçu une réponse positive. L'IER a également préconisé de mener des actions de développement à destination des communautés et des régions touchées plus particulièrement par les atteintes aux droits de l'homme durant cette période : Casablanca, le Rif, la région de Figuig, Tazmamart et Agdz-Zagora en particulier.

Aux termes de ses travaux, l'IER a rendu public son rapport final. Cette initiative, qui n'est pas sans rappeler le processus engagé en Afrique du Sud après la fin de l'apartheid, n'en reste pas moins limitée quant à ses résultats et à leurs implications judiciaires. Elle a toutefois souligné la volonté de rupture du jeune souverain avec la période précédente.

Développement humain

Lors du même discours, en janvier 2006, où il concluait les travaux de l'IER, le roi présentait les résultats d'une étude sur le développement humain au Maroc, qui en dressait un bilan depuis l'indépendance et en esquissait les perspectives d'avenir. Ce rapport, intitulé *50 ans de développement humain et perspectives 2025*, s'inscrivait dans le cadre de l'Initiative nationale du développement humain (INDH), lancée en mai 2005. Elle devait en inspirer les grandes orientations. L'INDH vise avant

Les onze points qui changent tout

1 - La famille n'est plus placée sous l'unique responsabilité du mari.
2 - Une femme majeure n'a plus besoin d'un tuteur pour se marier.
3 - L'âge du mariage de la femme est fixé à 18 ans comme pour l'homme et non plus à 15 ans.
4 - Les règles fixées à la polygamie la rendent presque inapplicable.
5 - Les mariages civils à l'étranger sont reconnus.
6 - Le mari ne peut plus répudier verbalement sa femme. Il doit avoir l'autorisation préalable du tribunal.
7 - Les conditions de divorce sont assouplies.
8 - En cas de divorce, la mère peut obtenir la garde de ses enfants.
9 - L'enfant hors mariage peut être reconnu par son père.
10 - Les enfants peuvent hériter de leur grand-père maternel.
11 - Les époux peuvent établir un contrat avant le mariage pour répartir les biens.

tout à lutter contre la pauvreté et l'exclusion en soutenant les activités rémunératrices, en améliorant les conditions d'accès aux services et infrastructures de base et en venant en aide aux personnes les plus vulnérables. Pour répondre aux besoins des 1,6 million de personnes qui vivent au Maroc en dessous du seuil de pauvreté, (contre 4 millions en 2000), presque 10 milliards de DH ont été consacrés à des projets économiques, sociaux et culturels. En 2011 par exemple, un programme d'un montant de près de 1 milliard de DH a été élaboré pour encourager les cultures de substitution au cannabis dans les communes rurales du Rif. La Phase III du programme a été lancée en septembre 2018. Elle se donne notamment pour objectif la lutte contre la précarité et l'inclusion économique des jeunes : le chômage touche le quart des 15-24 ans alors que le taux national avoisine les 10 %. *www.indh.ma.*

Le Maroc en chantier

Pour qui visite le Maroc depuis le milieu des années 2000, un constat s'impose très vite : celui d'un pays en plein travaux. Aux grands chantiers d'infrastructures s'ajoutent de vastes programmes d'ouverture sur le monde.

Grands travaux d'infrastructures

À peine 15 km séparent le Maroc de l'Europe au niveau du détroit de Gibraltar. Un projet grandiose pour la réalisation d'un tunnel entre le Maroc et l'Espagne est à l'étude depuis le début des années 2000. S'il se réalise, il s'agirait d'un maillon important du réseau Europe-Afrique. En attendant l'aboutissement de ce projet incertain, le gigantesque port de Tanger-Méditerrannée, avec les zones franches et les infrastructures qui lui sont attachées, fait d'ores et déjà office de trait d'union avec l'Europe. La rive nord du détroit est déjà reliée au réseau routier européen. Sur la rive sud, l'autoroute Tanger-Casablanca est achevée, tandis que Meknès et Fès sont reliées à la capitale depuis 1999. Longue de 555 km, la « rocade méditerranéenne » entre Tanger et Saïdia, permet de désenclaver le Rif et d'aménager toute la côte méditerranéenne.

Une ligne TGV entre Tanger et Casablanca a été inaugurée en 2018.

Ouverture sur le monde

L'économie libérale et ouverte au marché mondial permet une association de plus en plus étroite avec l'Union européenne (actuellement, 66 % des exportations marocaines sont destinées à l'UE dont proviennent 54 % des importations). Le Maroc est également très attractif pour les investisseurs. Il est même le 4e pays africain bénéficiaire des investissements directs étrangers (IDE). La France se taille la part du lion avec plus de 62 % des stocks d'IDE. Elle est le second partenaire commercial du Maroc après l'Espagne.

Traditions et art de vivre

Voyager au Maroc, c'est découvrir un pays d'une extrême richesse quant à ses traditions musicales en constant renouvellement, quant à son art culinaire, qui place la cuisine marocaine parmi les meilleures du monde, quant à son artisanat, dont vous aurez tout le loisir d'apprécier la qualité et la variété en vous promenant dans les souks – « pour le plaisir des yeux ! ». Voyager au Maroc, c'est aussi vivre au rythme des très nombreux moussems, fantasias, fêtes profanes et sacrées qui ponctuent l'année et soulignent la vitalité des folklores locaux et des sentiments religieux.

La musique et la danse

La musique marocaine, que nos oreilles d'Occidentaux ont tendance à confondre avec les autres musiques orientales, a son caractère propre. Elle ignore la polyphonie (voix et instruments s'expriment à l'unisson) et le rythme y joue un rôle essentiel. Mais ne devrait-on pas plutôt parler des musiques marocaines, si l'on songe que, de la musique andalouse au **malhoun** en passant par les musiques berbères et gnaoua, une cinquantaine de genres musicaux ont été répertoriés et que nombre d'entre eux se subdivisent en innombrables variantes régionales ?

La musique « andalouse »

D'origine persane, la musique « andalouse » s'est introduite au Maroc après le 10e s. et s'y est implantée à la faveur de la reconquête de l'Espagne par les chrétiens. Alors que la musique occidentale a ramené à deux (majeur et mineur) le nombre de modes, la musique andalouse en compte encore onze. Elle a retenu plusieurs gammes grégoriennes. C'est une musique raffinée, réservée à un milieu cultivé, généralement chantée dans un arabe littéraire très pur. Sa forme la plus noble est la **nouba**, constituée d'une succession invariable de morceaux

Quelques maîtres

Parmi les grands maîtres de la musique andalouse et du *malhoun*, citons les Fassis **Haj Abdelkrim Raïs** et **Haj Abdelkrim Guennoun**, **Jilali Chebabi**, poète et chanteur du *malhoun* de Salé, **Mohammed Larbi Temsamani**, directeur de la grande école de Tetouan, **Haj Ahmed Souhoum**, **Haj Mohamed Bouzoubaâ**, ou encore Cheikh **Abdelaziz el-Maghraoui**, poète du Tafilalt.

Musiciens Gnaoua à Merzouga.
C.O. Cecil/age fotostock

soumis chacun à un rythme donné ; à des moments déterminés correspondent des thèmes précis : la *nouba* célèbre à telle heure l'humanité, à telle autre la nature, le lever du soleil. Codifiée au 18e s. par le maître andalou El-Haïk, établi à Tetouan, cette musique s'est transmise jusqu'à nous de façon purement orale. Les centres en sont Fès, Rabat, Chefchaouèn et surtout Tetouan, dont le conservatoire, ouvert en 1947, a rassemblé des interprètes prestigieux comme Abdessadeq Cheqara ou Mohammed el-Berdaï.

Les instruments, pour la plupart à cordes (frottées ou pincées), sont assez limités : violons, altos, luths, *rebab* (la viole médiévale), le plus souvent à deux cordes et dont l'archet est recourbé comme un arc. Le *tar* – très semblable au tambour basque – et la derbouka (cylindre renflé et tendu de peau à l'une de ses extrémités), sur lequel on tape des deux mains, sont les seuls instruments de percussion utilisés par les orchestres andalous.

Le malhoun

Le *malhoun* ou **griha**, poésie chantée en arabe dialectal (et associée par la suite à la musique andalouse), est l'une des composantes de l'identité culturelle des vieilles médinas du Maroc. Cette poésie populaire des Bédouins, qui, à l'origine, animait les soirées des chameliers dans le Tafilalt, s'est propagée vers les villes de Fès, Marrakech, Meknès – où une école de *malhoun* fut fondée en 1206 – et Salé. Lorsque les derniers musulmans d'Espagne vinrent au Maroc, s'établit un échange entre leurs musiciens et les poètes du *malhoun*. Poésie purement marocaine, la *qasida* s'est vu découper en strophes entre lesquelles est venue s'intercaler la musique, alors qu'à l'origine les gens du Sahara rythmaient leur *qasida* uniquement en battant des mains ou en tapant des pieds.

Aujourd'hui, le *malhoun* est toujours enseigné au conservatoire de Meknès et le souci de sa préservation a conduit à créer à Fès un festival. L'un de ses plus grands interprètes, le joueur de luth et chanteur **Houcine**

Toulali (1924-1998), originaire d'Hay Toulal près de Meknès et dont le premier enregistrement remonte aux années 1950 avec la chanson *Ya Luft Allah el-Khafi* – désormais un classique –, s'est fréquemment produit en France.

La musique berbère

Elle est étroitement liée à la danse. Les instruments sont très simples : flûte de roseau ou *awada* ; *rebab* caractéristique du Souss, à corde unique et à caisse ronde et plate, recouverte de peau et barrée d'un faisceau de cordes ; la populaire *guembri*, minuscule guitare ronde à long manche et ne comportant souvent que deux cordes ; le *bendir*, tambourin dont la peau tendue sur une seule face prend à proximité d'un feu une résonance plus grande, marque le rythme par sa sonorité et par les mouvements que lui imprime le musicien. Tous ces instruments sont utilisés pour chanter et jouer l'*amerg*, chant populaire des tribus berbères.

À côté de la musique des villageois, il existe aussi une musique de professionnels. C'est celle des *raïs*, chanteurs et instrumentistes virtuoses, poètes et compositeurs, qui vont avec leur troupe de village en village, pratiquant l'art ancestral du Souss. Leurs chants sont toujours en tachelhit (langue chleuh). Autour du *raïs*, la formation classique du Souss comporte un ou deux joueurs de *rebab*, plusieurs joueurs de *lotar*, et un percussionniste qui marque continuellement les rythmes sur un *naqous*, étrange instrument ressemblant à un moyeu de roue de camion sur lequel on frappe avec des baguettes de fer. À ces musiciens s'ajoutent parfois des chanteuses, les *raïssats*, dont le chant, comme celui des hommes, se tient dans un registre aigu, avec des cris entrecoupés de grands intervalles mélodiques.

Nouvelle génération de musiciens

Ces dernières décennies, bien des musiciens ont cherché des deux côtés de la Méditerranée à approfondir les clés communes des musiques orientale et occidentale. Des groupes comme **Nass el-Ghiwane** ou **Jil Jilala** ont ouvert la voie à une nouvelle génération de musiciens marocains, se réappropriant une musique ancestrale, habillée de sonorités actuelles. Dans leur répertoire se mêlent des éléments empruntés aussi bien aux musiques religieuses qu'à la chanson populaire profane, au *malhoun* ou aux Gnaoua. Les Jil Jilala chantent en arabe littéraire mais s'accompagnent depuis longtemps d'instruments berbères. Le groupe Nass el-Ghiwane, chez qui l'inspiration gnaoui est importante, a subi l'influence du mouvement hippie et du Living Theatre. Il se consacra d'abord à la *halka*, théâtre populaire de rue, avant d'investir, en les revisitant, les traditions musicales marocaines, berbères ou arabo-andalouses, sous l'influence de son principal musicien, le joueur de luth **Allal**. Tentant d'exprimer les aspirations et la révolte de la jeunesse, le groupe utilise nombre de métaphores dans les paroles de ses chansons, permettant ainsi à chacun de les interpréter selon ses propres sentiments. Signalons également **Samy el-Maghriby**, qui donne une interprétation renouvelée du genre andalou, **Najat Aatabou**, dite « la lionne de l'Atlas », ou encore le groupe féminin de Marrakech **B'net Houariyat**, qui fit un tabac lors de ses prestations parisiennes de 1999.

Dans le même temps, nombre d'artistes internationaux ont été influencés par la richesse de la musique arabo-méditerranéenne. Certains grands noms du jazz ont trouvé dans le désert, son espace

Petit lexique musical

el-âla : musique savante arabo-andalouse
chaâbi : musique populaire répétitive, issue du Moyen-Orient
griha (ou *malhoun*) : poème chanté en arabe dialectal
harba : refrain
qasida : poème du *malhoun*
tarab : émotion musicale proche de l'extase
INSTRUMENTS :
bendir : tambourin de grande taille
derbouka : percussions
guembri : guitare berbère à deux cordes
kanoun : cithare
lira : flûte
oud : luth arabe
raïta : hautbois
rebab : viole
taârija : petit tambourin d'argile
tar : tambourin

et ses silences matière à inspiration. Il n'est que d'écouter Miles Davis par exemple, dont la musique aux sonorités voilées, embrumées dans le grave, participe de ce silence. Certains, comme Ornette Coleman ou, plus près de nous, Henri Agnel et Marc Loopuyt ont joué avec des musiciens traditionnels marocains ou, comme Randy Weston, ont poussé plus loin leur quête des racines africaines de la musique noire américaine en mélangeant leur musique à celle des Gnaoua. D'autres, comme Brian Jones en 1968 (et plus tard Mick Jagger), des Rolling Stones, recueillirent à **Jajouka**, petit village du Rif, les sonorités musicales répétitives des *rhaïtas* et des *bendirs* utilisés par les maîtres musiciens du lieu, tandis que Jimi Hendrix et d'autres musiciens séjournaient à Essaouira.

Dans la vague suivante du folk marocain, la culture berbère va également se manifester, avec à la fois des instruments traditionnels et des instruments modernes, mais aussi avec des chansons amazighes, en assurant une création continue à partir de la tradition. Une nouvelle génération d'interprètes nés dans les années 1980 rassemble aujourd'hui les faveurs du public. Les uns (Redouane Berhil, Zina Daoudia, Asma Lmnawar…) s'inscrivent dans la tradition de la variété arabe où les rythmes électroniques soulignent les mélopées orientales, d'autres (Jamila el-Badaoui, Hatim Ammor…) s'inspirent du pop, de l'electro ou du R & B.

Les danses traditionnelles

Exécutées dans les villes par des danseuses professionnelles, les danses sont à la campagne la manifestation d'une authentique tradition, et c'est un spectacle de choix que de pouvoir assister à l'une d'entre elles. C'est une façon privilégiée de rencontrer les villageois, de partager leur joie, et – pour peu que l'on se laisse gagner par le rythme et la musique – d'entrer dans une autre peau. L'âcreté des voix, le fracas des tambourins, la lente mais inexorable accélération du rythme, la somptuosité des costumes, la spontanéité des gens, tout concourt à transmettre aux spectateurs une forte émotion. Leur caractère de réjouissance se double d'une valeur incantatoire ; elles sont pratiquées à l'occasion des *moussems*, des fêtes familiales, marquent une pause dans les besognes quotidiennes, appellent la pluie ou rendent grâce après une bonne récolte.

L'ahouache

Danse collective des femmes et des hommes du pays chleuh, l'*ahouache* appartient au Haut Atlas et à la vallée du Dadès *(voir illustration p. 549)*. Elle a lieu de nuit à la lueur de grands feux, souvent dans la cour d'une *kasbah* – parée pour la circonstance de tapis berbères –, et peut durer jusqu'à l'aube. Elle est exécutée par les femmes vêtues de robes chatoyantes et bariolées, qui font tout d'abord cercle autour des hommes rassemblés auprès du feu ; ceux-ci, après avoir donné le *tazerart,* ou thème musical, commandent le rythme et scandent la mélopée à l'aide de leurs *bendirs* ; les danseuses se disposent ensuite sur deux files qui se renvoient les phrases mélodiques.

L'ahidous

Propre au Moyen Atlas (tribu des Imazighen, régions d'Oulmès, de Khenifra...), mais aussi au Haut Atlas (tribus des Aït Haddidou, des Aït Bouguemez), l'*ahidous* est une danse chantée à laquelle hommes et femmes participent. Les danseurs disposés en cercle exécutent, avec un léger balancement, des mouvements d'avant en arrière ou de côté. Dans le Moyen Atlas, des femmes sont parées de robes très claires.

La guedra

Dansée dans le Souss et dans l'extrême Sud – en particulier par les « femmes bleues » de Guelmim –, la *guedra* est une manifestation qui s'adresse surtout à des initiés ; la principale exécutante, couverte de voiles dont elle se défait peu à peu, accomplit à genoux des mouvements compliqués de la tête, du buste et des mains ; le rythme – d'abord très lent et qui va s'exaltant jusqu'à la frénésie – est donné par un tambour de terre cuite, en forme de marmite *(guedra)*, tendu d'une peau décorée.

Les rythmes et rituels des gnaoua

Les Gnaoua, dont l'histoire se perd dans la nuit des temps, seraient d'une part des descendants d'esclaves soudanais venus travailler dans les plantations du Souss, du Haouz de Marrakech et dans les sucreries d'Essaouira, sous le règne du sultan Ahmed el-Mansour, et d'autre part des Guinéens qui constituèrent au 17e s. la garde noire de Moulay Ismaïl.
Ils descendaient aussi des centaines de Noirs que le sultan Mohammed ben Abdallah fit venir du Soudan (qui à l'époque englobait les actuels Mauritanie, Sénégal, Guinée, Mali et Niger) pour la construction de la ville d'Essaouira.
Ils se produisent surtout à Marrakech, sur la place Jemâa el-Fna, et dans les festivals. Utilisant tambours et **crotales**, ou *qarakeb* (sortes de castagnettes en fer, faites d'une tige renflée en forme de coque à chaque extrémité), leur numéro se situe à la limite de l'acrobatie. L'intensité des rythmes, le talent des danseurs s'expriment dans des sauts

Danse du ventre

On pourra assister, dans nombre de restaurants marocains et dans les complexes touristiques, à des spectacles de **danse orientale**, ou « danse du ventre ». Cette danse millénaire, importée d'Égypte, et dont les gestes et les figures répondent aux complexités de la musique arabo-andalouse ou égyptienne, constitue un jeu de séduction ludique et ritualisé avec le public.

et sonnailles exécutés pour attirer les spectateurs.
Il y manque l'une des phases essentielles de la *derdeba* gnaoui : l'état de transe (qu'on appelle le *hal*, quête mystique du divin) et les danses de possession, ces deux éléments constituant la phase finale du rituel, ou *m'louk*.
Qui veut connaître ces rituels authentiques que n'ont pas altérés les flux touristiques ou les influences étrangères se doit d'aller à Essaouira, ville des Gnaoua par excellence, où se tient chaque année en juin depuis 1998 le Festival de la culture gnaoui, auquel s'associent des musiciens de jazz. Musique et rituels gnaoua ont été inscrits en 2019 sur la liste du Patrimoine immatériel de l'Unesco.

Saveurs marocaines

Si les Marocains sont généralement très sobres dans leur nourriture quotidienne, la cuisine marocaine (que d'aucuns considèrent comme l'une des meilleures du monde) est savoureuse et raffinée.
L'art culinaire marocain, tel que vous pourrez le découvrir dans les meilleurs restaurants de Fès ou de Marrakech, réside dans l'union subtile de saveurs sucrées et salées et dans l'utilisation d'épices et d'herbes aromatiques variées.

Les mets

Ceux-ci sont à base de légumes, de semoule de couscous, de poulet, de mouton, de fruits (oranges, dattes...), de lait. Près des côtes, le poisson entre également dans bon nombre de préparations culinaires (tajine de poissons, sardines grillées ou présentées en boulettes, accompagnées de sauce tomate, *briouates* aux crevettes, pastilla farcie aux fruits de mer, congre aux raisins secs, etc.). Dans le Grand Sud, la nourriture est souvent composée de viande de chameau, de couscous, de lait de chamelle et de thé ; chez les nomades, le lait et les dattes tiennent une place importante.

La kessra

Pain rond et plat comme une galette fait de blé dur, d'orge ou de seigle, suivant les régions, et souvent pétri à la maison, il est partout présent et constitue l'un des éléments essentiels de la nourriture marocaine. On voit à travers tout le pays, dans les petites villes et les villages, des enfants ou des femmes porter sur la tête ou sous le bras un plateau de bois recouvert d'un linge : ils apportent au four du quartier *(farn)* le pain pétri à la maison, ou rapportent chez eux le pain croustillant et doré tout juste sorti de ce même four.

La harira

C'est une soupe substantielle à base de bouillon de viande auquel on ajoute pois chiches, fèves, lentilles, légumes frais, oignons, œuf, farine, gingembre, coriandre, safran, poivre, beurre... Elle est servie partout et en tout temps, mais surtout pendant le mois du ramadan, où elle sert à rompre le jeûne quotidien. On la sert alors accompagnée de **dattes**, que l'on consomme en grande quantité à cette époque-là. Toute aussi nourrissante, mais plus légère, la **chorba** est la soupe de légumes traditionnelle.

La pastilla

La *b'stila*, sorte de gâteau mi-salé, mi-sucré, fait d'une savante pâte feuilletée fourrée de pigeon haché, d'œuf, de raisins, d'amandes, d'épices, et saupoudré de sucre et de cannelle, est le fleuron de la cuisine marocaine ; elle demande des heures de préparation et beaucoup d'art, surtout si l'on songe qu'elle peut parfois compter plus d'une vingtaine de feuilles ou couches de pâte fine.

Les salades

Elles tiennent une place importante dans les repas; l'habitude voulant qu'on en propose plusieurs à la fois, qu'elles soient servies seules en entrée ou pour accompagner un plat. Il en existe de toutes sortes : salade aux poivrons et aux tomates, agrémentée de piments, de persil, d'ail et de coriandre; salade d'aubergines ou de courgettes frites; salade de fèves parfumée au gingembre et décorée de lamelles de citron confit; salade de carottes à l'orange; salade à base de foie de mouton, etc.

Le méchoui

En plat de résistance, c'est le mouton qui est le plus consommé : en brochettes, rôti en **méchoui** ou en ragoût, il est de toutes les réjouissances. Le poulet fait l'objet de maintes préparations : farci de semoule, de miel, d'amandes, de raisins secs ou en ragoût, accommodé avec du citron, des olives, des pruneaux.

Le tajine

Les recettes de *touajen* (au singulier **tajine**) de poulet, de mouton, de pigeon, de légumes varient à l'infini. Elles associent dans leurs différentes préparations du miel, du citron, des coings et des pommes, des raisins secs ou des pruneaux, donnant aux mets une saveur aigre-douce. Le tajine est mijoté dans un plat rond en terre vernissée surmonté d'un couvercle conique, qui lui a donné son nom.

Le couscous

Le **couscous** (qui n'est pas à l'origine un plat marocain, mais l'est devenu) accompagne toutes les solennités de l'année. Les recettes varient d'une famille à l'autre, et l'on offre parfois du lait caillé en guise de boisson. Peu relevé, on l'accompagne d'un bouillon aromatisé; il est servi au moins une fois par semaine, après la prière collective du vendredi, dans un grand plat en terre cuite, large et peu profond, autour duquel les convives s'assoient.

Il existe un précepte arabe qui recommande de laisser le milieu, car la bénédiction du ciel y descendra… Le couscous a aussi reçu l'onction de l'Unesco qui l'a inscrit sur la liste du Patrimoine immatériel de l'humanité en 2020.

La tanjia marrakchia

Signalons également la **tanjia marrakchia**, surnommé « le plat des célibataires » : ce ragoût composé de morceaux de bœuf ou d'agneau aromatisé avec ail, cumin, safran, citron, ras el-hanout, sel, etc. est placé dans une jarre (la *tanjia*) que l'on enterre sous les cendres d'un hammam ou du four à pain du quartier : il doit y cuire au moins quatre heures.

Les pâtisseries

Les pâtisseries – les **griouchs**, **l'amlou**, pâte d'amandes grillées moulues avec de l'huile d'argan et mélangées avec du miel, les **briouates** (petits chaussons

Les olives

Les **olives** (on en trouve de différentes couleurs dans tous les souks, entassées dans des jarres ventrues) sont proposées en maintes occasions. Les vertes, que l'on cueille à l'automne avant maturité et que l'on rince afin d'enlever toute amertume, avant de les mettre en saumure; les noires, cueillies en pleine maturité, en hiver, confites dans le sel, puis lavées et séchées au soleil, et que l'on conserve dans l'huile pour les servir à l'apéritif, notamment; les violettes, appelées « olives tournantes », tailladées et laissées dans l'eau pendant plusieurs jours, puis confites dans un mélange d'eau et de jus d'orange ou de citron.

fourrés de miel et d'amandes), sans oublier les **beghrir**, crêpes plus ou moins épaisses arrosées de beurre fondu et de miel, les **ghoriba dial janjlane**, petits-fours au sésame et les fameuses **cornes de gazelle** *(kaab el-ghzal)*, où domine la pâte d'amandes – parachèvent la réussite de tout bon repas. Les fruits confits sont une spécialité de Marrakech.

Les vins du Maroc

Avec 50 millions de bouteilles par an, le Maroc est le second producteur de vins d'Afrique, loin derrière l'Afrique du Sud. Après de longues années de stagnation et de qualités médiocres, le vignoble marocain connaît depuis les années 1990 une montée en gamme remarquable, grâce notamment à la modernisation des techniques (généralisation des cuves inox thermo-régulées) et au recours à des œnologues de renom.

Les Celliers de Meknès – Avec plus de 80 % de la production marocaine, c'est le mastodonte du secteur. Parmi la nombreuse gamme de la maison, vous pourrez vous tourner sans hésiter vers la marque **Ksar Bahia**, qui se décline en rouge (appellation Beni M'Tir) et blanc (sauvignon), les guerrouanes **Trois Domaines**, ou encore le **Beauvallon**, un rouge aux tannins puissants qui en font l'un des rares vins de garde marocain. Le groupe possède également le Château Roslane, une cuvée d'exception issue d'une des trois AOC marocaines, les Coteaux de l'Atlas. Vous pourrez passer la nuit à l'hôtel le **Château Roslane**, planté au milieu des vignes et y déguster une cuisine gastronomique arrosée des meilleurs cuvées de l'appellation. Les Celliers de Meknès proposent aussi un Crémant de l'Atlas, bénéficiant également d'une AOC. www.dianaholding.com et www.roslaneboutiquehotel.com.

Thalvin – Cette vénérable maison fondée en 1927 – et aujourd'hui intégrée au groupe des Celliers de Meknès –, est connue pour sa **Cuvée du Président**, présente sur les tables marocaines depuis plus de 50 ans. Depuis, la maison a diversifié sa gamme avec une cuvée phare, **Tandem**, élaborée par Alain Graillot, bien connu des amoureux des côtes du Rhône septentrionale.

Castel – Ce géant international de la viticulture (propriétaire notamment du réseau de cavistes Nicolas) exploite le fameux **Boulâouane**, sans doute le vin marocain le plus connu à l'étranger.

La Ferme Rouge – Ce domaine au sud-est de Rabat existe depuis le début du 20ᵉ s. et a été entièrement modernisé en 1998. Il exploite notamment des parcelles de **Côtes de Rommani**, la 3ᵉ AOC marocaine. À déguster : les cuvées Ithaque et Terres Rouges, un assemblage de syrah et de tempranillo. La maison produit également le Gris, idéal pour accompagner un couscous. www.lafermerouge.com.

Le Domaine du Val d'Argan – Planté en 1994, ce domaine aux portes d'Essaouira a visé le haut de gamme dès sa création. Mission accomplie avec, par exemple, la **cuvée Orian**, un assemblage de syrah, grenache et mourvèdre, les cépages emblématiques des châteauneuf-du-pape dont est originaire le maître des lieux, Charles Mélia. Le domaine possède également un restaurant gastronomique et des chambres d'hôtes. www.valdargan.com.

L'art de recevoir

Les diffas

Les grands repas, ou *diffas*, comportent toujours le même cérémonial. Les plats sont apportés et gardés chauds dans de grands récipients ronds en vannerie, en cuir clouté, en cuivre ou en argent, montés sur trois pieds sculptés, et coiffés d'un couvercle conique. Les serveurs passent une aiguière et un bassin de cuivre et versent de l'eau sur les doigts des convives, qui puiseront à tour de rôle dans le plat commun posé sur une table basse. Les Marocains se servent de la « fourchette d'Adam » avec dextérité, n'utilisant que le pouce, l'index et le médius, s'aidant souvent de gros morceaux de pain pour saucer ou prendre viande et légumes dans le plat commun. Les convives se rincent à nouveau les mains avant de déguster le thé à la menthe, conclusion obligatoire de toute *diffa*.

Le thé, symbole d'hospitalité

Le **thé à la menthe** (thé vert et menthe fraîche) fait partie intégrante de la vie marocaine; pourtant son usage ne s'est guère généralisé qu'au 19e s. Il est de tous les milieux, de toutes les heures, de toutes les circonstances. On le sert bouillant et déjà sucré avec toutes sortes de biscuits *(dwaz d'atai)* ou de petits pains ronds parfumés à l'anis *(batbout)*. Sa préparation devant les convives selon des rites immuables est un moment de grâce où l'on fête le plaisir d'être ensemble. Les pains de sucre sont cassés en petits morceaux à l'aide d'un marteau à sucre *(mdaqqa)*. Ensuite, les gestes s'enchaînent : rincer la théière, y verser un peu d'eau bouillante puis la jeter; mettre le thé et mouiller d'eau, ajouter une poignée de menthe fraîche et quelques morceaux de sucre; remplir la théière à ras bord, goûter, réchauffer, goûter et sucrer à nouveau. Quand tout est accompli au cœur de la théière, verser en tenant la théière au bec incurvé de plus en plus haut car il faut, comme le disent les Sahraouis, qu'il y ait de la mousse pour faire honneur aux invités. Les doigts très écartés parce que le verre brûle, aspirer alors de petites gorgées. Cette pause peut durer plusieurs heures, le temps d'échanger informations et paroles d'amitié, et parce que l'usage veut que l'on ne parte pas avant d'avoir bu le troisième verre, comme le veut l'adage : « Le premier fort comme la vie, le deuxième sucré comme l'amour, le troisième suave comme la mort. » Chez les Berbères, la bouilloire de cuivre est posée sur un brasier de terre *(qanoun)*, dont le feu est attisé par un soufflet *(rabouz)*. En ville, la théière, en argent, métal blanc ou cuivre jaune suivant la fortune de chacun, et les verres sont présentés sur un plateau ciselé.

L'artisanat

Métiers, techniques, savoir-faire passant de génération en génération par l'intermédiaire des *maâlems* (« celui qui sait » mais aussi « celui qui transmet »), l'artisanat marocain ne cesse de séduire les visiteurs. Potiers, dinandiers, ébénistes, marqueteurs, orfèvres, les artisans

Les règles de savoir-vivre

Lorsque l'on est invité pour un repas, il est de coutume de se déchausser avant de pénétrer dans la pièce principale, dont le sol est recouvert de tapis; de se laver les mains avant et après le repas. Après avoir pris place sur la grande banquette qui entoure la pièce de réception décorée jusqu'à mi-hauteur de zelliges, la tradition veut que l'on accepte, avant le repas, du thé à la menthe accompagné de quelques pâtisseries. Parfois, des pétales de rose sont dispersés sur la nappe en signe de bienvenue. Les dattes et le lait sont aussi souvent offerts en signe d'accueil; leur dégustation est paraît-il de règle dans toutes les réceptions officielles. L'usage veut que l'on prononce *« Bismillah »* (au nom de Dieu) avant de porter la main au plat, et *« Hamdou lillah »* (Dieu soit loué!) à la fin du repas.

marocains sont dépositaires d'un savoir ancestral.

Un travail d'artistes

Héritiers de métiers transmis depuis des générations, les **maâlems** (maîtres artisans) sculptent, moulent, façonnent la matière et la calligraphient, mais font également passer leur savoir auprès de leurs apprentis. Étonnants créateurs d'un art non figuratif, ils jouent en virtuose de la combinaison des lignes et de la répétition des motifs, et de cet art du tracé naît une myriade de combinaisons où l'artiste peut donner libre cours à son imagination. Témoignage d'un savoir et d'un art toujours vivant, l'artisanat est régi par des corporations (tailleurs de zelliges, tourneurs sur bois, potiers, etc.) qui fonctionnent selon des règles ancestrales, et si les artisans citadins ont réalisé par le passé des chefs-d'œuvre dans les monuments des villes impériales, certains perpétuent encore aujourd'hui une tradition digne de leurs prédécesseurs.

L'artisanat berbère

Purement utilitaire, il a pour objet le mobilier du cultivateur ou du nomade, les quelques ustensiles et outils indispensables à sa vie, les articles composant sa parure, notamment lors d'événements exceptionnels tels que les mariages. Soumis à des codes répondant aux croyances religieuses, il n'utilise, dans la décoration de ses réalisations, que des motifs géométriques répondant à un symbolisme complexe, celui-là même utilisé pour les tatouages, permettant aux experts d'identifier le lieu d'origine, voire la tribu qui a réalisé l'objet. Ce sont les femmes qui tissent les tapis, façonnent et décorent les poteries, laissant aux hommes le travail du bois, la décoration des ustensiles en métal et l'édification de l'habitat en terre. Intégrés à la vie de la tribu, les artisans ont à faire face aux exigences de la vie pastorale et aux impératifs de la transhumance, qui les empêchent de se regrouper dans des corporations. Malgré tout, on retrouve, dans chaque région, ville ou tribu, la même fierté quant à leur savoir-faire.

Les « arts mobiliers » citadins

Ils font quant à eux largement appel à la décoration florale.
Les procédés, plus évolués, permettent un plus grand raffinement. Après s'être nourri, jusqu'au 16e s., d'apports andalous, l'artisanat urbain accuse, depuis, un caractère local très net. Les traditions se sont maintenues dans les arts de la céramique, du métal, du bois et du cuir, mais les tapis, les étoffes, les broderies ont subi une influence orientale. De nos jours, les motifs comme les couleurs des broderies se sont affinés et compliqués à la fois, introduisant toutes sortes de motifs propres à l'artisanat marocain, comme les arabesques, les entrelacs et les motifs floraux. De plus, dans les médinas aujourd'hui, les matières synthétiques font véritablement exploser la couleur.

Un rôle économique de première importance

L'artisanat joue un rôle économique très important et représente dans le Maroc d'aujourd'hui l'un des principaux secteurs générateurs d'emploi, avec 1,2 million d'actifs à travers tout le pays. Rien d'étonnant, donc, si le gouvernement chérifien s'efforce, par l'action de la Direction de l'artisanat, à Rabat, de promouvoir les « arts populaires ». Des écoles spécialisées forment les futurs artisans ; des musées font connaître les techniques et les productions de chaque ville ou région.
Dans les villes, les médinas forment des noyaux d'économie

traditionnelle. Une foule de petits métiers y perpétue un artisanat qui répond aux besoins quotidiens de la population, attire les touristes, travaille même pour l'exportation.

Nombre de musées marocains sont consacrés à l'artisanat traditionnel. Parmi les principaux : à Marrakech, le musée Dar Si Saïd, mais aussi la Fondation Bert Flint, installée dans la maison Tiskiwin ; à Fès, le musée des Arts et Métiers du bois de l'ancien *fondouk* Nejjarine ; enfin, près de Rabat, il ne faut pas manquer les admirables collections du musée Dar Belghazi...

L'art du tapis

Objet de première utilité sous la tente du nomade, parure de la demeure citadine, le tapis joue un rôle essentiel dans l'habitation marocaine. Il est fait de laine, symbole – comme le soulignent certaines coutumes – de protection et de bonheur.

Le poil de chèvre ou de chameau entre parfois dans la composition des tissages. Exécutés sur des métiers rudimentaires de haute lisse (verticaux), tapis ruraux et tapis citadins sont à points noués. Des teintures chimiques ont remplacé pour les tons de rouge la garance et la cochenille (carmin), pour les jaunes la gaude, pour les bleus l'indigo.

La valeur d'un tapis relève de nombreux critères : région de production, ancienneté, qualité et durée du travail de l'artisan, coloris d'origine végétale faits pour durer des siècles, finesse du dessin. Le format n'a pas toujours de rapport avec le prix.

Le tapis de Rabat

C'est le seul tapis marocain d'origine citadine. Selon la légende, il serait dû à une cigogne qui – de retour d'Orient – aurait laissé choir dans le patio d'une maison de Rabat un fragment de tapis : des femmes l'auraient ramassé et reproduit. En fait, on ignore comment ce type de tapis d'inspiration orientale est apparu au Maroc ; il est, de toute manière, de création beaucoup plus récente que les tapis berbères. Comme ceux de Kairouan, il rappelle certains tapis d'Asie Mineure.

Le « Rabat » se caractérise par son fond uni – rouge ou rose pour le type traditionnel, de couleurs variables (souvent bleue) pour le tapis moderne « genre Rabat » – décoré en son centre d'un motif en forme d'étoile et bordé de bandes, toutes de couleurs différentes, aux dessins géométriques et floraux. Aux deux extrémités du champ central,

Ensembles et coopératives artisanaux

Chapeautés par le ministère de l'Artisanat, les **ensembles artisanaux** (il en existe plus de 80, répartis à travers tout le royaume) sont des lieux où les artisans disposent de boutiques dans lesquelles ils exercent leur métier et vendent leurs productions. Propriété de l'État marocain, ces ensembles sont destinés à faciliter les emplettes des visiteurs par le regroupement des différents produits artisanaux de la région. S'ajoute l'intérêt de regarder les artisans pratiquer leur métier : menuisier sculptant un panneau décoratif à l'étonnant entrelacs géométrique, homme tissant des couvertures sur un métier à tisser traditionnel, artisan céramiste composant un puzzle complexe de zelliges... Les **coopératives artisanales** sont des associations d'artisans exerçant le même métier. Sous contrôle de l'État, elles sont dispensées d'impôts, mesure destinée à encourager les artisans indépendants à se regrouper pour mieux associer leurs efforts. Le produit des ventes est réparti entre eux au prorata des actions qu'ils détiennent.

Quartier des teinturiers, Marrakech.
T. et B. Morandi/hemis.fr

un motif rappelle l'arc du mihrab figurant sur les anciens tapis de prière. Noué sur chaîne de laine, ou de coton, le tapis de Rabat se présente sous plusieurs qualités, tributaires du nombre de nœuds au mètre carré : 72 900 pour la qualité moyenne, 90 000 pour la supérieure ; plus remarquables encore sont les pièces (entièrement en laine) qui en comptent 160 000.

Les tapis berbères

La confection des tapis ruraux est une activité familiale très ancienne ; dans les écoles et les coopératives spécialisées, les traditions du tissage sont scrupuleusement respectées. Les tapis berbères sont de haute laine, à telle enseigne que le dessin disparaît parfois dans l'enchevêtrement des brins et ne devient visible que lorsque le tapis est à demi-usé.

Moyen Atlas – La plus grande variété de tapis berbères se trouve dans le Moyen Atlas, où la tradition du tissage se perpétue, notamment à Azrou. Destinés à protéger, sous la tente, de l'humidité et du froid, tenant lieu de matelas, ils sont pour la plupart grands et très épais. Leur fond est généralement blanc dans le centre du Moyen Atlas, coloré à l'ouest. Se rattachent à la tradition du Moyen Atlas les :

– **Beni Mguild** : à l'intérieur de bandes horizontales ou de quadrillages, motifs et nuances sont très variés ;

– **Zaïane** (Tarmilate-Khenifra) : sombres, ornés de grands losanges, ils sont réputés, mais leur tissage est en régression ;

– **Zemmour** (Meknès-Rabat) : leur fond est généralement rouge ;

– **Zaër** (sud de Rabat) : tissés ou noués, ils sont souvent utilisés comme tapis de selle ;

– **Marmoucha** (est de Boumalne) : sur les fonds blancs s'inscrit un décor chargé, dans des tons sombres, bruns ou fauves ;

– **Aït Yakoub** (région de Taza) : fonds rouges, dessins blancs, bleus, orange et noirs ;

– **Beni Ouarraïn** (sud de Taza) : de rares taches noires tranchent seules sur la laine blanche.

Tous ces tapis sont également tissés dans les grandes villes.

Haut Atlas et région de Ouarzazate – Tissés par des sédentaires, ils ont une vocation plus décorative qu'utilitaire. Plus petits que les précédents, ils sont d'un tissage plus fin ; leur laine est plus courte, leur aspect moins mat. Ils présentent généralement des tons assez vifs : orange, rouge, jaune... Les **Aït Ouaouzghit** et les **Glaoua** (Tazenakht, Ouarzazate, région de Marrakech) comptent parmi les plus connus. Leur fond est habituellement noir.

Haouz (à l'ouest de Marrakech) – La tradition du tissage des tapis a été introduite dans cette région au 17e s. par des nomades sahariens, les Bou Sbaâ.

Les tapis **Chichaoua** sont célèbres pour leurs fonds aux chaudes colorations allant du rouge foncé au bois de rose. Ils portent souvent un motif en zigzag à chaque extrémité ; d'autres sont unis, ou entièrement ornés de dessins géométriques ; certains d'entre eux, anciens, offrent la particularité d'être parsemés de personnages, d'animaux, d'objets usuels ou bien de signes mystérieux.

Maroc oriental (région de Taourirt-Oujda) – Les **Beni Bouyahia** et les **Beni Bou-Zeggou** présentent, sur un vaste champ rouge, des dessins à dominantes vertes et bleues.

Les motifs décoratifs (losanges, rectangles, chevrons) sont souvent disposés par bandes transversales. À l'inverse des tapis citadins, les tapis berbères ne sont que rarement ornés d'un encadrement. Les tons, peu nombreux, sont juxtaposés, jamais fondus.

Tentures et étoffes

Les couvertures et les tentures berbères, tissées sur les mêmes métiers que les tapis, sont faites de laine, parfois de poil de chèvre ou de chameau ; elles présentent des figures géométriques (losanges, chevrons, rectangles imbriqués) aux coloris très soutenus, répartis en compartiments à l'intérieur de bandes transversales parallèles, sur des fonds unis. Les femmes des montagnes tissent aussi la rude toile noire dont sont faites les tentes, des tapis de selle, et de lourdes étoffes rayées.

Dans le **Moyen Atlas**, les préférences vont aux tons bruns, ocre, rouges, violets, bleus. On y trouve les célèbres **hanbel**, qui garnissent – à l'intérieur – le bas de la tente et sont utilisées comme couvertures : longues et étroites, à tissage ras, elles sont formées de bandes de largeurs différentes, pour certaines décorées de motifs dont la polychromie s'inscrit sur un fond noir.

Généralement blanches, les **handiras** – pièces d'étoffe rectangulaires au tissage serré que les montagnardes jettent sur leurs épaules en guise de manteau – sont coupées transversalement par quelques larges raies ornées de motifs de couleur, auxquelles correspondent, sur l'autre face du tissu, des lignes de franges. Dans le **Haut Atlas**, les *hanbel*, tissées sur chaîne en poil de chèvre, présentent des bandes noires, rouges et jaunes avec quelques motifs brodés ; on peut les trouver à **Ouarzazate**, ou sur les souks de la vallée du Dadès. La *hendira* du Haut Atlas se caractérise par ses rayures blanches et noires, ces dernières rehaussées de pointillés blancs ou de couleur.

On fabrique aussi des *hanbel* à **Marrakech** ; mais les plus connues sont celles de **Salé**, à tissage ras et traversées de bandes rouges à points noués décorées de dessins géométriques bariolés. Les artisans d'**Ouezzane** produisent des tissus pour djellabas. Les couvertures bigarrées de **Boujaâd**, ou **bizarra**, à rayures serrées, sont célèbres pour leurs couleurs très vives.

On trouve en **pays zaïane** une couverture blanche rayée de noir et d'écru.

La confection des soieries, à **Fès**, est un peu tombée en désuétude, bien que les femmes portent encore, pour les grandes fêtes surtout, d'épaisses ceintures de soie, à larges rayures ou à motifs polychromes.
Quelques artisans perpétuent la tradition du tissage des brocarts.

La broderie

Utilisée dans la confection de nappes, de coussins, d'écharpes, de ceintures, de caftans..., la broderie, essentiellement citadine, entre dans le cadre d'un commerce de luxe, dans lequel certaines villes marocaines s'enorgueillissent de points, de motifs, de couleurs qui leur sont propres.
Celle de **Fès**, réputée pour sa finesse, la plupart du temps monochrome, reproduit des motifs « arborescents » aux éléments géométriques.
Celle de **Meknès** s'en distingue par ses vives couleurs et sa disposition en semis qui rappelle par sa polychromie les mosaïques vernissées des monuments.
Dans la broderie de **Rabat**, un simple point plat comble les motifs disposés en bouquets ou en guirlandes.
À **Salé**, points nattés et points de croix s'allient dans des dessins clairs.
Azemmour et Tetouan ont aussi un nom dans cet artisanat.

La céramique

Que ce soient des tajines au couvercle conique, des poteries berbères aux dessins géométriques rappelant les motifs de leurs tapis, des céramiques vernissées comme celles, polychromes, de Safi, celles de Fès à décor bleu sur fond émaillé blanc, ou encore de Meknès, ornées de palmes et de rinceaux, le choix est infini.

Les poteries berbères

On les a comparées aux poteries égéennes du 3e millénaire av. J.-C. Généralement modelées par les femmes, sans l'aide d'un tour, ces poteries sont polies à la pierre, puis séchées au soleil; certaines sont décorées au pinceau avant d'être cuites en plein air sur des feux de broussailles ou de branches.
Marmites ou pots ventrus, coupes montées sur un pied étroit, cruches, jarres, vases en forme d'amphores, toutes sont galbées avec gaucherie.
Le décor (chevrons, losanges, damiers, pointillés, arcades accusant la ligne de renflement) est appliqué sur l'argile claire ou ocre, ou sur un enduit blanc. Les plus belles sont fabriquées chez les **Tsoul** au nord de Taza, dans le **Zerhoun** et dans le **Rif** (Oued Laou, près de Tetouan).
Les poteries du Haut Atlas (région au sud de Marrakech) se caractérisent par leur couleur ocre; celles d'**Amizmiz** ont belle allure, avec leur simple feston noir.
Dans le Sud (Anti-Atlas, *jbel* Bani), les hommes façonnent l'argile en se servant d'un tour sommaire actionné avec le pied; les objets sont rarement décorés. Aux environs de Zagora **(Tamegroute)**, on fabrique des poteries vernissées vertes.
À **Ouarzazate**, sur la pâte blanchâtre, sont exécutés quelques dessins marron.

Les céramiques citadines

Un peu partout, les potiers confectionnent des objets d'usage courant : pots, cruches, écuelles, plats à couscous, tajines (Salé), sans ornements ou tachetés de quelques dessins faits au goudron (Fès, Tetouan). À Fès et à Meknès sont fabriquées les tuiles rondes vernissées, de couleur verte, qui couvrent la plupart des monuments.
Les céramiques citadines sont surtout ornementales. Outre les plaques qui servent à confectionner les zelliges, l'artisanat urbain produit de très belles poteries, qui utilisent dans leur ornementation des motifs floraux d'inspiration orientale.
Plusieurs villes sont réputées pour

la fabrication des céramiques vernissées. **Fès** en est le berceau et la capitale. Vases, pots à couvercle, plats ronds, jattes sont de formes simples et peu variées; leur décor, en croix ou rayonnant, est, en revanche, d'une composition recherchée : motifs végétaux, géométriques et épigraphiques s'y rencontrent; mais aussi des plumes, et même des bateaux. Fès triomphe avec ses céramiques à décor bleu sur émail blanc. Les céramiques de **Meknès** se reconnaissent aux palmes sur rinceaux et aux feuilles dentelées et nervurées. Les poteries de **Safi** sont blanches et décorées de bleu; la cité produit aussi des faïences à reflets métalliques.

Dans le même temps, de jeunes céramistes issus d'écoles des beaux-arts proposent dans certains magasins des grandes villes des poteries modernes, sans rompre pour autant avec la tradition.

La ferronnerie

Le travail du fer n'est pas pratiqué par les Berbères.

Les belles grilles en fer forgé qui tiennent lieu de portes sont l'œuvre d'artisans citadins attachés à la tradition andalouse. Dans le souk des forgerons à **Marrakech** se fabriquent des lustres, des lanternes, des cadres de miroirs, des supports de plateaux, des devants de feu, des ferrures, des grilles... **Tetouan**, **Salé**, **Fès**, **Azrou** doivent également être citées. **Meknès** est spécialisée dans la production des objets en fer noirci, damasquiné d'argent.

La dinanderie

Le grand centre en est **Marrakech**.

La technique du cuivre fondu et tourné a été remplacée par celle du coulage. La **ciselure**, toujours superficielle, est effectuée au burin.

Le **damasquinage**, art délicat venu de Damas, consiste à incruster dans le métal des fils lisses ou torsadés en cuivre, en argent, en or; il est utilisé dans la décoration d'éperons, d'étriers, de gardes de sabres, mais aussi de plateaux magnifiquement décorés d'entrelacs et de palmettes.

Martelé et **repoussé**, le cuivre – à partir du 15e s. – revêt les portes extérieures de larges plaques décorées d'arabesques et d'inscriptions.

Le travail du **maillechort** (alliage de cuivre, de zinc et de nickel, dont l'éclat blanc rappelle celui de l'argent) est une spécialité de **Marrakech** et de **Fès**.

Le plateau rond qui, monté sur pieds ou posé sur un trépied de fer, atteint les dimensions d'une table (tables à thé, à *diffas*), s'accompagne de vases, aiguières, théières, bouilloires, braseros, boîtes à thé ou à sucre, lanternes (au décor ajouré, rehaussé de verres de couleur), chandeliers, brûle-parfums...

Les bijoux

Ils furent longtemps l'œuvre d'artisans juifs, émigrés d'Espagne. Certains colliers, parures de tête ou ceintures, sont faits de minces plaques découpées et assemblées par des chaînettes, ou soudées. De nombreuses pièces sont obtenues par moulage, puis gravées ou ciselées.

Le **filigrane** (fils de métal torsadés, aplatis et enroulés en de fins motifs ajourés) est employé par les bijoutiers d'Essaouira et de Tiznit.

La **nielle** (incrustation d'émail noir), fréquente dans les pièces anciennes, se perpétue sur le versant sud de l'Anti-Atlas.

La technique du **cloisonné**, importée d'Andalousie (motifs en émail ou en pâte de verre de couleur, sertis de minces parois de métal), s'est conservée dans le Souss.

Bijoux citadins

Ils sont généralement en or finement ciselé de motifs, floraux pour la plupart, très légèrement creusés; rehaussés de pierres précieuses souvent en cabochons (émeraudes, diamants, grenats, rubis très clairs dits « de Fès »), ils peuvent atteindre une grande magnificence.

Ceux de **Fès**, d'**Essaouira**, de **Marrakech** et de **Meknès** sont renommés.

Les **fibules** (simples ou formées de deux éléments reliés par une chaîne), les grands pendentifs d'oreilles que l'on accroche dans les cheveux, les ornements frontaux rappelant les ferronnières de la Renaissance, les bijoux « de poitrine » (plaques d'or enchâssées de pierres ou larges colliers en dégradé formés de rosaces assemblées par des boules en or) sont portés seulement dans les grandes fêtes.

Portée en pendentif, la **khamsa**, que l'on appelle aussi « main de Fatma », est très répandue.

Figurant une main ouverte (geste magique censé protéger contre le mauvais œil), la *khamsa*, mot qui signifie cinq, comme les cinq doigts de la main, peut être de dimensions variables et présenter diverses décorations. Il en est de fort belles, délicatement ciselées et ornées de racines d'émeraude ou d'un décor en émail cloisonné, ou bien encore agrémentées de motifs en zigzag rappelant les tatouages, ou de petits animaux comme la colombe ou la salamandre.

La **lebba** (collier très ancien fait de longs pendants couvrant la poitrine) et le **taj** (diadème composé de plaques décorées s'articulant sur des chaînettes ou des charnières, ou bien posées sur un bandeau enrichi de perles) parent l'épousée dans les grands mariages.

Bijoux « berbères »

À la campagne, dans le Sud surtout, le goût pour la parure est très vif, et les bijoux berbères ont eux aussi leur somptuosité. Les plus beaux sont en argent, d'autres sont en bronze ; mais, si humble soit le métal, et malgré la profusion des breloques, ils gardent toujours une grande noblesse. Ils sont d'une exceptionnelle pureté de lignes, avec leurs dessins géométriques et parfois quelques motifs floraux. La verroterie et la cire de couleur y remplacent souvent les gemmes et l'émail.

Dans la région de Tafraoute, les parures très colorées des femmes berbères sont composées d'un pendentif central ovoïde en émail cloisonné, appelé *taguemmout*, et de pièces de monnaie *(hassanis)* sur lesquelles sont sertis des cabochons de verre taillé.

La **fibule** fixe le drapé sur l'épaule ou retient le rectangle de tissu servant de manteau ; c'est un triangle massif, ciselé et orné de grenats et de cabochons de verroterie souvent carrés.

Pendants d'oreilles, frontaux, bijoux de tête ou de poitrine envahissent le front, le cou, le buste : triangles ciselés, perles de métal lisse ou filigrané, chaînes, pièces de monnaie anciennes, boules d'ambre ou de corail se mêlent à des bandes de tissu ou à des cordelières de laine.

Le simple collier d'ambre, aux vertus bénéfiques, est porté très couramment.

Dans l'extrême Sud, on trouve un type de boucle d'oreille faite d'un immense cercle ; on ne porte plus guère les anneaux de cheville.

Les bracelets, contrastant avec les autres bijoux par leur sévérité, sont larges et épais, décorés de côtes bombées ou garnis de pointes pyramidales ; la *nbala* de l'Anti-Atlas, à charnières, présente des motifs colorés cloisonnés en filigrane.

Cet art du bijou d'argent s'est concentré dans le Souss : **Tiznit**, **Inezgane**. **Taroudant** est connue pour son souk des bijoutiers, où sont vendues de belles pièces anciennes. On trouve à Guelmim des bijoux sahariens, notamment des pendentifs.

Les armes

Les artisans de **Tiznit**, **Marrakech**, **Fès** et **Meknès** exercent leur habileté sur la décoration des armes. La plus typique est la **koumiya** (que les Berbères appellent souvent *jénoui*), poignard à lame recourbée que, les jours de fête ou de souk, paysans et montagnards portent en bandoulière par-dessus la djellaba ; son manche et son fourreau en cuivre ou en argent ciselé en font un véritable bijou. Les vieux fusils à pierre – ou **moukkahlas** –, avec leur crosse ouvragée et leur canon parfois bagué de cuivre ou d'argent, apparaissent encore dans les fantasias. Les boîtes à poudre, rondes, triangulaires ou en forme de poire, portent un décor très fouillé.

Le cuir

Les objets de cuir viennent en tête dans l'exportation des produits de l'artisanat marocain après les tapis. C'est une tradition ancienne qu'exploitent surtout Fès, Marrakech, Rabat, Meknès, Tetouan, Tanger. **Fès**, qui assure à peu près la moitié de la production, fournissait déjà en peaux de chèvre l'Europe du Moyen Âge. Plusieurs villes possèdent encore leur quartier des tanneurs avec son enclos pavé de cuves colorées et nauséabondes creusées dans le sol. Des hommes, jambes nues, pataugent dans ces cuves et brassent des peaux lourdes d'un indescriptible liquide à l'odeur étouffante. Une fois séchées, on utilise ces peaux pour les sacs, les poufs, les reliures ou les babouches. Les babouches, fines mules sans quartier ni talon, jaunes ou blanches pour les hommes, de couleurs variées et brodées de fils de soie, d'or ou d'argent, ou en cuir naturel brodé de motifs multicolores pour les femmes, sont à bout pointu chez les citadins, à bout carré pour les paysans ; dans le Moyen Atlas, et surtout dans les pays zemmour et zaïane, elles s'ornent de rondelles en feutre. La *chekkara*, sacoche à franges, est portée en bandoulière par les hommes de la campagne et fait pendant au poignard. On trouve des selles de chameau à Marrakech, Casablanca, Rabat et Fès ; des soufflets à Fès et à Marrakech. Les poufs, les liseuses, portefeuilles, sacs, coffrets sont surtout destinés à l'exportation. Le cuir peut être repoussé **(Rabat)**, ou encore excisé **(Marrakech)** ; souvent, il s'orne de broderies en soie, ou d'incrustations de lanières de couleurs **(Tetouan)**.

Dans les régions sahariennes, le travail sur cuir a un caractère très particulier et devient parfois le support d'un art véritable. On y applique des techniques aussi diverses que la teinture, l'incision, le découpage et la superposition. Des motifs géométriques sont juxtaposés à des dessins en arabesque, formant un véritable langage visuel.

Le bois

Sculpture sur bois

On retrouve un peu partout, dans les échoppes et les entrepôts des médinas, l'odeur délicieuse du bois de cèdre utilisé dans les auvents des *medersas* et des mosquées, les portes de maisons – humbles ou majestueuses – les moucharabiehs, les *fondouks*, et les magnifiques plafonds peints. Outre le cèdre à

Maroquin

Le mot « **maroquin** », par lequel on a désigné à partir du 16e s. le cuir provenant du Maroc (peau de chèvre ou de mouton tannée avec des produits d'origine végétale comme le sumac ou la noix de galle), a donné naissance au terme maroquinerie.

l'odeur caractéristique, on travaille le thuya (ou arar), le chêne et – en incrustation – le citronnier, le noyer, l'ébène du Souss, l'acajou (ce dernier est généralement importé du Gabon et de la Côte d'Ivoire). Dans les souks, des tourneurs sur bois font naître en un tournemain des manches de brochettes, des pieds de table, des flacons à khôl… La sculpture sur bois, mise à l'honneur par les Mérinides dans les parements muraux, corniches, consoles, linteaux, plafonds de cèdre, est un art dont la pratique se raréfie.

À **Tetouan**, **Salé**, **Essaouira**, **Meknès**, on confectionne toutefois des arcs de porte ou d'alcôve, des lustres de mosquée, et on perpétue la tradition de la stalactite ; on peint de grands panneaux destinés à parer les portes intérieures et les plafonds. Les motifs, généralement floraux, qui ornent les armoires, les étagères, les miroirs et certains coffres, prennent – légèrement soulignés de blanc ou de noir – plus de relief.

À Fès, Meknès et Tetouan, la fabrication de moucharabiehs est encore importante.

Les coffres

Les coffres sont l'une des pièces essentielles du mobilier : coffres de Fès, très sobres, en thuya et aux ferrures ouvragées ; coffres de Meknès – qui ont inspiré ceux de Rabat et de Salé –, très sculptés, sans ferrures, en cèdre prenant une belle patine rose doré ; coffres de Marrakech, au couvercle parfois en dos d'âne, peints dans des tons légers ou tapissés de cuir ; coffres de Tetouan, aux motifs de couleurs vives peints sur fond rouge. À Taza sont réalisés des plateaux de table ainsi que le mobilier pour chambre à coucher, où le bois tourné entre pour une large part.

La marqueterie

Les forêts du Moyen Atlas fournissent aux artisans d'**Azrou** le cèdre, dans la masse duquel ils taillent des animaux, des coupes, des vases. Les incrustations sur bois et la marqueterie d'**Essaouira** sont très connues.

Les boîtes, coupes et autres récipients, réalisés en thuya sans incrustations, mais dont le polissage met en valeur la loupe, sont également très prisés.

La vannerie

On tresse le roseau, le jonc, le raphia, l'alfa, le doum ; on tisse sur des métiers horizontaux les nattes de jonc, de doum ou de raphia qui recouvrent le sol sous la tente, dans les maisons et les mosquées. **Salé** est le centre de cet artisanat. Couffins géants, immenses hottes, chapeaux rifains, chapeaux de Khémisset (portés par les vendeurs d'eau), corbeilles à couvercle conique – ou **tbika** –, dans lesquelles on entrepose les dattes, le pain, les gâteaux, corbeilles rondes et plates que les femmes du Sud posent sur leur tête pour transporter le linge, les herbes et les dattes sont parmi les objets les plus originaux.

Le vêtement et la parure

Le vêtement marocain varie selon les régions, en fonction de traditions locales plus que d'un genre de vie ; il n'est tributaire d'aucune mode. Dans les villes modernes, l'habillement « à l'européenne » gagne du terrain, mais on y porte encore beaucoup les costumes traditionnels.

Djellaba, tarbouche, gandoura et caftan

Les types de vêtements

Le plus courant est la **djellaba**, adoptée par les femmes comme par les hommes ; c'est un vêtement long, à manches, ample mais droit, un « couvre-tout » ; les hommes le passent sur une chemise de

laine ou sur leur costume et en rabattent souvent la capuche sur le **tarbouche**, coiffure tronconique que les Européens ont appelée « fez ».
La djellaba, en tissu lourd ou en gabardine légère, est toujours de couleur discrète. La **gandoura** est une sorte de tunique sans manches, généralement blanche. Le **litham**, blanc ou couleur de la djellaba, voile encore fréquemment le bas du visage féminin et ne laisse voir que les yeux ; dans le nord du pays, il se réduit souvent à un simple mouchoir plié en triangle et noué derrière la tête par-dessus la capuche. Moins pratique que la djellaba, le **haïk** – blanc dans le Nord, sombre dans le Sud – fait d'une longue pièce de tissu savamment drapée dont un pan voile le visage, a tendance à être abandonné, sauf dans la région d'Essaouira, où toutes les femmes en sont drapées.
Le **caftan**, qu'une mode a importé en Europe, est la toilette des citadines ; boutonné devant, tout du long, par de petites boules serrées, fendu sur les côtés, il peut être fait – pour les grandes occasions – dans un riche tissu (velours, soie, brocart...) et gansé de doré ou d'argent. Les Marocaines le portent avec une ceinture brodée.
Les paysans et les hommes des montagnes se vêtent d'une tunique claire en laine, serrée par une ceinture. Par-dessus, ils portent la djellaba, chinée ou rayée, écrue ou brune selon la saison et, plus rarement, le **burnous**, sorte de cape très large, au capuchon pointu.
Les nomades que l'on rencontre aux confins du désert (plus particulièrement à Guelmim) sont revêtus d'une pièce de cotonnade indigo qui, en déteignant, colore la peau en bleu, d'où leur surnom d'« hommes bleus » ; ils portent un turban, bleu ou noir, dont les pans enveloppent le cou et forment un *litham*, qui les protège contre les vents de sable.

Spécificités régionales

Les drapés noirs des femmes des oasis (Tafilalt, vallée du Drâa) les dissimulent au point de ne laisser entrevoir qu'un œil. Légèrement plus au nord (Ziz, région du Dadès), elles mêlent au noir des rouges, des oranges, des jaunes, des violets profonds ; le morceau de tissu de couleur vive dont elles ramènent les pans au-dessus de leur tête, et qu'elles maintiennent par un bandeau ceignant le front, fait un peu penser aux anciennes coiffures égyptiennes.
Le costume de certaines tribus du Haut Atlas atteint une rare noblesse : la rigide *hendira* et la coiffe de tissu noir maintenue par des torsades de laine multicolores dessinent la silhouette des femmes Aït Haddidou, qui vivent sur les hauts plateaux. Les montagnardes du Moyen Atlas affectionnent les tissus brochés ou les imprimés fleuris et bariolés.
Le costume des femmes du Rif ne ressemble à aucun autre ; l'élément principal en est la **fouta**, rectangle de coton à rayures rouges, blanches, bleues, qu'elles s'enroulent autour des hanches ou des épaules ; emmitouflées – même au gros de l'été – dans de grandes serviettes-éponges sur lesquelles elles posent leur immense chapeau de paille à cordelières et pompons bleus, énormes sous leur *fouta* qui recouvre une épaisseur impressionnante de jupes et de ceintures, les jambes prises dans des guêtres de chiffons ou de cuir brun que maintient un laçage croisé et qui les protègent des herbes coupantes, elles ont, à défaut de grâce, une allure des plus pittoresques.

Se faire belles

Les femmes berbères gardent généralement le visage découvert. Les bijoux marquent la condition des femmes. Dans le Sud, elles

Tatouages

Tracés le temps d'une fête, d'une célébration, les tatouages de couleur brune brodent et parent le corps des femmes de savants dessins au henné, qui s'effacent avec le temps. Les tatouages de couleur noire, qui marquent un statut social et l'appartenance à un clan ou une tribu, sont, eux, définitifs. Le henné, poudre colorante utilisée pour la teinture des cheveux, des mains et des pieds, est réputé avoir des vertus bénéfiques, notamment de porte-bonheur, aussi participe-t-il à toutes les cérémonies de réjouissances. « Si tu désires sort plus brillant, utilise henné et onguents », dit un proverbe marocain.

les gardent pour vaquer à leurs occupations ; elles les accumulent ou revêtent les plus beaux lors d'une grande occasion.

Le maquillage est très à l'honneur. Pour se colorer le teint, les sourcils, les cheveux, les ongles, les paumes des mains, on utilise le **henné**, auquel on accorde volontiers un pouvoir bénéfique.

À cause de sa valeur prophylactique et de la « baraka » dont il est empreint dans la culture populaire, on met ainsi du henné à la mariée, à l'accouchée, au nouveau-né et aux enfants circoncis, mais aussi aux malades et aux animaux, car il guérit, embellit, purifie et écarte les *jnoun* (génies). Le **khôl**, pommade à base d'antimoine, avive l'éclat des yeux. Les femmes berbères se dessinent sur le front et sur le menton des traits noirs ou de fins dessins géométriques, sur les joues de grosses taches rouges ou des pointillés ; elles utilisent pour cela le henné, la suie, le safran, du miel coloré de rouge. Ces motifs sont parfois exécutés en tatouages.

Autrefois signe magique obéissant à une symbolique complexe, le **tatouage** est devenu purement ornemental. À côté du tatouage ethnique de nature autochtone, le tatouage de fantaisie fait partie de l'esthétique ; c'est une forme d'expression dont les nombreux motifs ne respectent aucune règle précise et sont proposés par celui ou celle qui les fait.

Moussems et fantasias

À côté des grandes fêtes religieuses ou civiles qui marquent la vie du pays tout entier, de nombreuses manifestations locales, parfois très courues, mêlent le sacré et le profane.

Les moussems

Les fêtes religieuses

Ce sont de grands rassemblements populaires autour du tombeau d'un saint personnage, ou marabout. Ils coïncident avec une fête religieuse (le *Mouloud* en particulier) ou avec une fête agricole. Un *moussem* dure généralement trois jours ; on y vient parfois de très loin. Il voit surgir un véritable village de tentes, dont certaines sont de vraies tentes d'apparat, avec leur toit conique de toile claire et leur décoration de figures géométriques noires disposées en frises concentriques.

Le *moussem* est une fête totale, qui tient à la fois du pèlerinage, du spectacle folklorique et de la foire agricole. Les manifestations d'ordre religieux y occupent une place importante ; on récite en commun des prières, les *fqihs* (lettrés) commentent le Coran ; les sacrifices auxquels on procédait autrefois en l'honneur du marabout sont en voie de disparition. Une large part est également faite aux réjouissances : les conteurs publics charment l'auditoire, la musique et la danse s'y donnent libre cours, on festoie sous les tentes. L'activité commerciale est intense.

Parmi les *moussems* les plus connus, on peut citer ceux de Moulay Idriss al-Azhar à Fès, des Regraga à Essaouira, de Sidi Ahmed ou Moussa, près de Tiznit, de Moulay Abdellah près d'El-Jadida, de Sidi Aïssa à Meknès *(voir p. 247)*, ou celui de Moulay Idriss, sans doute le plus important du pays.

Pour connaître les dates et lieux de ces grands rassemblements, consulter dans le chapitre « Organiser son voyage » la rubrique « Agenda », p. 594.

Le moussem des fiancés à Imilchil

Sur le site du plateau d'Agdoud, dans le Haut Atlas, se déroule chaque année le *moussem* d'**Imilchil**, la Fête des fiancés de la tribu des **Aït Hadiddou**. Ces habitants des villages situés dans la haute vallée de l'Assif Melloul, à près de 2000 m d'altitude, appartiennent à la grande famille des Sanhaja, semi-nomades qui peuplent les vallées des chaînes montagneuses et les oasis présahariennes du Haut et de l'Anti-Atlas. Ils se divisent en deux groupes : les **Aït Yazza**, habitants d'Imilchil, village ouvert, centre administratif, où les fonctionnaires venus des villes apportent leur mode de vie et de pensée, et les **Aït Brahim**, habitants d'Agoudal, village farouche et conservateur, qui se considèrent comme issus de la branche la plus noble de la tribu.

Les jeunes filles, lors du *moussem*, portent leurs plus beaux habits, leurs plus riches bijoux. Vêtues du *haïk* noir strié de blanc, elles ont les joues maquillées de rouge vermillon, le nez, le front et le menton tatoués de délicats motifs et les yeux soulignés au khôl. La population participe à l'union des jeunes gens, en organisant des festins de viande grillée et de pain cuit au feu de bois, et en dansant jusque tard dans la nuit le fameux *ahidous*.

La fantasia

La fantasia, l'un des hauts moments de la fête, a lieu sur une vaste place. C'est la scène classique et spectaculaire des cavaliers lancés à bride abattue, tirant en l'air avec leurs vieux *moukkahlas,* qu'ils brandissent ou font tournoyer au-dessus de leur tête, se succédant par vagues dans un nuage de poudre et de poussière ; les chevaux arborent, ce jour-là, de superbes harnachements dorés ou argentés qui rutilent au soleil.

De ce spectacle attrayant (et éminemment touristique), on ne voit bien souvent que l'écorce brillante : les nombreux cavaliers armés de longs fusils, les chevaux et leur course folle dans la poussière, le bruit et la fumée des coups de fusil. Ce serait ignorer l'adresse des cavaliers, la coordination de leurs gestes lorsqu'ils chargent ensemble dans un enclos traditionnellement

La légende d'Isli et de Tislit

La légende rapporte que deux jeunes gens qui voulaient se marier en furent empêchés parce que leurs familles appartenaient respectivement aux Aït Yazza et aux Aït Brahim, entre qui tout mariage était proscrit. Désespérés, les jeunes gens se jetèrent dans chacun des lacs qui portent désormais leur nom : le fiancé Isli, la fiancée Tislit. Depuis la noyade des deux amoureux, les Aït Hadiddou décidèrent d'accorder la totale liberté à leurs enfants quant au choix de leur conjoint, et c'est pourquoi chaque année, à la fin du mois de septembre, jeunes gens et jeunes filles viennent consacrer leur union, en dehors de toute influence familiale, au sanctuaire de Sidi Ahmed el-Mgheni.

Fantasia dans le Haut Atlas.
yavuzsariyildiz/iStock

réservé à cette « course », tenant leur fusil à bout de bras. Tout l'art de la fantasia consiste en effet à ce que toutes les détonations se produisent simultanément.

Les grandes dates de la vie religieuse

En plus du mois de ramadan, quelques grandes fêtes jalonnent l'année musulmane.

Le calendrier musulman

La vie civile est régie au Maroc par le calendrier grégorien, mais la vie religieuse se règle sur le calendrier musulman. Celui-ci a son point de départ le 16 juillet 622. L'année hégirienne, qui est une année lunaire, est plus courte que l'année solaire et progresse sur celle-ci d'une dizaine de jours par an. Ainsi, le mois du ramadan et les grandes fêtes religieuses sont-ils mobiles par rapport à notre calendrier.

Les Arabes font usage d'un calendrier lunaire de 12 mois, qui sont alternativement de 29 ou 30 jours.

Le premier jour de chaque mois, déterminé par les astronomes, est celui où les centres de la Terre, du Soleil et de la Lune sont alignés dans cet ordre (conjonction Lune-Soleil), ce qui correspond à la nouvelle Lune ; le croissant de la nouvelle Lune n'est visible dans le ciel que le lendemain. La valeur moyenne d'une lunaison est de 29,5 jours environ.

Le calendrier solaire compte environ 365,25 jours ; l'année de l'hégire est plus courte avec, en moyenne, 354,5 jours. Il en résulte une différence de 10,75 jours.

Le ramadan

L'obligation du jeûne

La manifestation la plus spectaculaire de la vie religieuse est le ramadan, ou mois du jeûne *(as-siyam)*, l'un des cinq piliers de l'islam.

Pendant le 9e mois de l'année lunaire musulmane, c'est l'obligation du jeûne pour chaque musulman adulte – responsable et capable de supporter le jeûne –, ce qui exclut les malades, les femmes enceintes et ceux qui effectuent un long voyage. Les personnes dispensées pourront prendre à leur charge le repas d'un pauvre pour chaque jour de rupture du jeûne. On s'abstient de manger, de boire, de fumer et d'avoir des relations sexuelles dès la naissance de l'aube jusqu'au coucher du soleil. Aucune restriction précise n'existe pendant la nuit. Toute la vie du pays se trouve réglée au rythme de ce mois de prière et de dévotion qui est aussi une fête, et, paradoxalement, une période où l'on mange beaucoup.

La rupture du jeûne

Chaque soir en effet, lorsque du haut du minaret le muezzin annonce la rupture du jeûne, on partage lors de veillées familiales et de visites amicales des mets particulièrement nourrissants, comme la **harira**, soupe épaisse et onctueuse composée de pois chiches, de légumes frais, de feuilles de coriandre, d'oignon... Plus tard, un repas plus complet sera servi, avec un plat de viande, des dattes, des fruits secs et des gâteaux au miel comme l'**amlou** (gâteau à base d'amandes, de cannelle et de miel), le tout dans une ambiance chaleureuse.

La Nuit du destin

Le 27e jour du mois de ramadan, les enfants observent leur premier jeûne ; les fillettes sont, pour la circonstance, maquillées et parées de leurs plus beaux vêtements ; la nuit précédente, appelée **« Nuit du destin »** *(Laylat al-Qadr)*, ou « Nuit sublime », on illumine toutes les mosquées. C'est au cours de la Nuit du destin que la première sourate du Coran fut révélée au prophète Mohammed.

Les principales fêtes religieuses

Elles sont, dans la plupart des foyers, célébrées avec beaucoup de ferveur. Toutes donnent lieu à des manifestations traditionnelles.

Le 1er Moharram

C'est le nouvel an musulman (*Moharram* est le nom du 1er mois de l'année hégirienne).

L'Achoura (10 Moharram)

Journée de l'aumône, c'est à la fois une occasion de réjouissances (carnavals, mascarades, bûchers rituels) et – pour certains – une tradition de deuil (en souvenir de l'assassinat d'Hussein, petit-fils du Prophète, on se rend dans les cimetières). Les grandes places des villes se couvrent d'étals où sont proposés fruits secs et toutes sortes d'encens, à côté de jouets que l'on offre aux enfants, pour qui *l'Achoura* est un jour d'allégresse.

Le Mouloud

Instauré au 6e s. de l'**hégire**, le *Mouloud* commémore la naissance de Mohammed ; c'est donc aussi un peu la fête des enfants. On sert des fruits secs et, dans certaines familles, on déguste l'*assida*, bouillie de semoule agrémentée de beurre et de miel. La nuit précédente se passe en festivités ; dans les mosquées illuminées et embaumées d'encens, les fidèles s'adonnent à la lecture solennelle du Coran. Dans certaines villes anciennes comme Salé, une grande procession mène la population jusqu'au marabout du saint patron de la ville, portant de grands cierges de toutes les couleurs et psalmodiant des chants religieux. Le *Mouloud* est marqué par une grande ferveur populaire ; les confréries Aïssaoua et Hamadcha célèbrent la fête de leurs saints patrons et plusieurs grands *moussems* ont lieu à cette époque, à Meknès et à Salé notamment.

La Chabana

C'est la veille du 1er jour de ramadan, qui lui-même correspond à l'apparition de la Lune nouvelle.

Cette fête tient son nom du mois à la fin duquel elle a lieu (8e mois : *Chaâbane*).

Sept coups de canon saluent la nouvelle Lune. Pétards et feux de Bengale animent la soirée jusque tard dans la nuit. Cette nuit, appelée **« Nuit du doute »,** ouvre le mois de jeûne et de prières.

L'Aïd al-Fitr

La « petite fête » marque la fin du ramadan. La veille, les murs sont reblanchis. On reprend les habitudes normales de vie et en particulier, si on le peut, un substantiel petit-déjeuner (soupe à base de semoule parfumée d'anis, accompagnée de gâteaux au miel). Ce jour est l'occasion de réjouissances domestiques, dans lesquelles la nourriture tient une large place. Une prière solennelle est dite. L'aumône fait partie des obligations de la fête.

L'Aïd el-Kebir

La « grande fête » commémore le sacrifice d'Abraham (Ibrahim). Chaque famille égorge traditionnellement un mouton, dont la viande est partagée en trois portions : une partie composera bien sûr les repas de la journée et du lendemain ; la deuxième est offerte ; la troisième sert d'aumône pour les pauvres. La peau de l'animal est offerte. Pour fêter dignement l'*Aïd*, qui peut être comparée, en importance et en ferveur, au Noël des chrétiens, d'aucuns n'hésitent pas à s'endetter pour l'année, voire à recourir aux services d'un prêteur sur gages, afin de se procurer l'indispensable ovin qu'exige la tradition. C'est ainsi que, les jours qui précèdent l'*Aïd*, tant à la campagne qu'en ville, sur les routes comme dans les rues, on peut voir un peu partout des moutons promis au sacrifice : portés dans des carrioles, dans le coffre entrouvert des voitures, à bout de bras, sur des ânes, par des cyclistes en équilibre instable, voire tenus en laisse dans les ruelles des médinas, jusqu'au domicile familial où ils passeront leurs derniers jours avant que le chef de famille n'accomplisse symboliquement le geste d'Abraham.

L'Aïd el-Kebir marque aussi l'époque du pèlerinage à La Mecque.

Voir le calendrier des fêtes musulmanes dans « Organiser son voyage », p. 588.

Histoire

« L'île du Couchant » (Jzirat el-Maghreb) : c'est ainsi que les géographes arabes désignaient les hautes terres constituant l'Afrique du Nord. Tout au bout de cette « île », entourée par la Méditerranée, l'Atlantique et par cette immense mer de sable qu'est le Sahara, se trouvait le Maghreb el- Aqsa, l'Extrême Occident : le Maroc. Mais ce n'est pas aux Arabes que le Maroc doit son nom européen. Si grand était le prestige de Marrakech au temps des Saâdiens que les Européens donnèrent au pays le nom de « royaume de Marrakech », devenu par déformation « royaume de Maroc ».

Avant les conquêtes arabes

Le Maroc n'a pas toujours été une terre d'islam et ses premiers habitants furent les Berbères. Mais bien avant les invasions arabes qui commencèrent au 7e s. apr. J.-C., ce pays avait déjà connu des influences extérieures.

La préhistoire

Au paléolithique moyen (début il y a environ 150 000 ans), le Sahara constitue une vaste savane fréquentée par les grands fauves, les éléphants, les hippopotames. Les hommes circulent alors facilement de l'Atlas au Niger, se livrant à la cueillette et à la chasse.

Au 3e millénaire av. J.-C., un assèchement progressif fait du Sahara un désert, isolant le Maroc, et incitant ses habitants à se tourner vers la mer Méditerranée.

Les premiers habitants connus sont des **Berbères**.

Gravures rupestres dans l'Anti-Atlas et la région de l'Oukaïmeden; cromlech de M'Soura près d'Asilah.

L'héritage phénicien

Vers 1100 av. J.-C., les Phéniciens, navigateurs et commerçants entreprenants, créent des comptoirs au Maroc, notamment Lixus, près de Larache.

Puis, au 5e s., Carthage prend leur relève. Elle fonde à son tour des comptoirs sur les côtes et s'établit à Rusaddir (Melilla), Tingis (Tanger), Zilis (Asilah), Lixus... Tout le pays compris entre l'Aurès (massif montagneux de l'Algérie orientale) et l'embouchure du Drâa s'imprègne de l'influence carthaginoise : on l'appelle **Maurétanie**.

Cependant, en dépit du rôle qu'ils y ont joué, il reste peu de traces du passage des Phéniciens et des Carthaginois au Maroc.

Après la chute de Carthage en 146 av. J.-C., la Maurétanie entre en contact avec la civilisation romaine.

Le siècle de Juba II (25 av. J.-C. – 24 apr. J.-C.)

Au Maroc, l'attraction de Rome devint décisive lorsque l'empereur Auguste fit de la Maurétanie un protectorat confié à **Juba II.** Fils du roi Juba de Numidie – adversaire malheureux de Jules César – et d'une

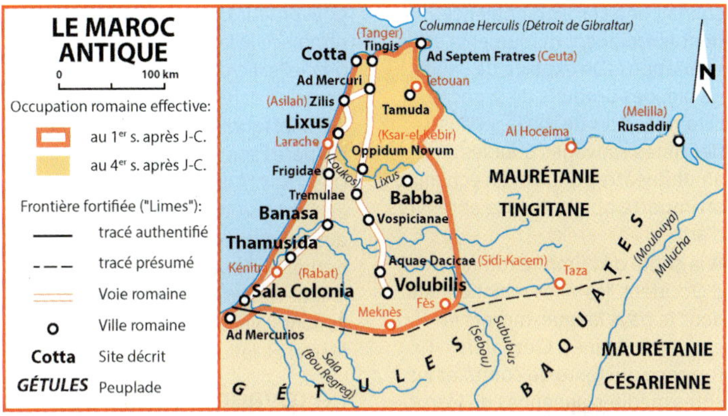

princesse maurétanienne, le jeune Berbère avait connu à Rome une captivité dorée : élevé par la propre sœur d'Auguste, on lui fit épouser Cléopâtre Séléné, fille de la grande Cléopâtre et de Marc Antoine. Curieux personnage que ce souverain lettré qui présida, près de cinquante ans, aux destinées de la Maurétanie. Parlant couramment le latin, le grec et le punique, il se piquait de sciences, et les auteurs anciens ont lu ses énormes compilations. Grand voyageur, il parcourut l'Atlas et le Sud marocain, organisa une expédition aux îles Fortunées (Canaries). Il développa l'industrie de la pourpre sur le site de l'actuelle Essaouira. Constructeur et grand amateur d'art, il embellit et enrichit de ses collections non seulement sa capitale orientale, Cæsarea (Césarée actuellement Cherchell, en Algérie), mais aussi Volubilis et les autres cités de la Maurétanie occidentale.

Site archéologique de Volubilis; musées de Rabat, Tetouan et Tanger pour la statuaire.

La maurétanie tingitane

Limites de la pénétration romaine

Fils de Juba II, Ptolémée (24-40 apr. J.-C.) marcha sur les traces de son père. Mal lui en prit : la prospérité de son pays et sa propre opulence suscitèrent la convoitise de Caligula, qui le fit assassiner à Lyon. Il fallut près de quatre ans aux légions romaines pour venir à bout de la révolte animée par un affranchi du roi défunt et vite transformée en résistance de toutes les tribus. En **l'an 42**, l'empereur Claude partagea l'ancien royaume en deux provinces : la **Maurétanie Césarienne** et la **Maurétanie Tingitane**, à qui échoit tout le territoire à l'ouest de la Moulouya. La pénétration romaine n'y fut jamais bien profonde. La province, dont la capitale est fixée à Tingis (Tanger), est gouvernée par un procurateur résidant à Volubilis. Rome adopte le principe de l'occupation restreinte confortée par des alliances avec les tribus locales.

Essor urbain

Des villes se développent, d'autres se créent; la plupart ont acquis le droit de s'administrer elles-mêmes et calquent leurs institutions sur celles de Rome. Les dieux latins rejoignent le panthéon des divinités berbères, puniques, grecques, tandis que s'affirme le culte de l'empereur. Le **christianisme** n'apparaîtra qu'au 3e s., surtout dans les villes. Les cités s'urbanisent à la romaine avec chacune son capitole, son forum, sa basilique, ses thermes, son arc de triomphe. La bourgeoisie connaît une certaine opulence, dont témoignent monuments et habitations. On exporte de l'huile, du blé, des produits de la pêche, l'ivoire, le bois de thuya, et aussi des bêtes sauvages pour les amphithéâtres d'Italie. En échange, on importe objets de luxe et œuvres d'art.

À la chute de l'Empire romain d'Occident, les villes maintiennent dans le pays langue, mœurs et croyances latines. C'est alors Byzance qui tente de contrôler les côtes méditerranéennes du Maroc, jusqu'à la conquête arabe.

Sites archéologiques de Lixus et Volubilis, musées de Rabat, Tetouan et Tanger.

L'islamisation

622 marque le début de l'ère musulmane avec l'Hégire, c'est-à-dire la retraite de Mohammed à Médine. Attirés par la réputation de richesse de l'Afrique du Nord, les Arabes franchissent l'isthme de Suez peu après la mort de Mohammed.

La conquête arabe

En 670, la fondation de Kairouan leur assure une solide position. Dès 681, une chevauchée de **Sidi Oqba** au Maghreb extrême l'aurait amené jusqu'aux rivages de l'Atlantique : succès qui provoque un soulèvement général des Berbères.

La résistance s'était cristallisée autour de la **Kahina**, princesse de l'Aurès, personnage plus ou moins légendaire qui passait pour détenir un pouvoir surnaturel. Elle tint tête pendant cinq ans aux guerriers arabes ; finalement vaincue, elle se tua (702).

De nombreux Berbères s'étaient déjà ralliés aux conquérants et avaient embrassé la religion musulmane.

Le Maroc, passé sous la souveraineté des califes de Damas puis de Bagdad, est administré par des gouverneurs locaux. L'**arabe** remplace le latin comme langue officielle. Le christianisme, mal enraciné dans les masses berbères, décline, tandis que les fils de chefs berbères sont éduqués dans l'islam. Dès 710-713, les Arabes s'implantent en Espagne, entraînant avec eux des troupes berbères. L'un des chefs berbères, **Tarik**, donnera son nom au *jbel* al-Tarik (Gibraltar). Mais en 732, ils sont vaincus à Poitiers par Charles Martel et refluent en Espagne.

Le royaume idrisside

Les vexations des gouverneurs arabes provoquent, au milieu du 8e s., une nouvelle révolte des Berbères. Dès lors, le Maghreb échappe à l'autorité de Bagdad et se fractionne en royaumes indépendants.

L'un de ceux-ci fut fondé à Fès en 789 par le chérif **Idriss Ier**, contemporain de Charlemagne. Modeste principauté, élargie par son fils **Idriss II** jusqu'à couvrir tout le Maroc du Nord et de l'Est, le royaume idrisside a constitué la première tentative d'unification du Maroc de l'ère musulmane.

Il a contribué à la diffusion de l'islam dans le pays. Disloqué aux 9e et 10e s., il laisse la place à des principautés vivant dans l'orbite des musulmans d'Espagne.

Quartiers des Andalous et des Kairouanais à Fès.

Les grandes dynasties berbères

Après plusieurs décennies d'anarchie et de troubles, le Maroc, jusque-là divisé en petits royaumes rivaux, va connaître des périodes de relative unité, d'abord sous l'égide des Almoravides, puis des Almohades et des Mérinides.

La Maison d'Orphée, Volubilis.
T. Balaguer/age fotostock

Les Almoravides (1062-1147)

Youssef ben Tachfine

Au 11e s., une tribu berbère venue du Sahara occidental jette ses guerriers voilés sur le Maroc. Ils apportent avec eux une foi musulmane renforcée par un long séjour en *ribat*, sorte de couvent militaire : ce sont les Almoravides (Al-Morabitoun : les gens du *ribat*). Après s'être emparés de Sijilmassa *(voir à Tafilalt)*, clé du commerce caravanier, ils débouchent dans le Souss en 1056. Quelques années plus tard, le commandement unique est aux mains de **Youssef ben Tachfine**, qui fonde une dynastie et crée sa propre capitale, **Marrakech** (1062). De proche en proche, l'invasion gagne Fès et les rives de la Méditerranée ; puis, poussant à l'est, les Almoravides se rendent maîtres en quelques années de la moitié du Maghreb. Youssef ben Tachfine a pu rassembler, le premier, toutes les terres marocaines. Au même moment, l'Espagne musulmane, divisée et de plus en plus menacée par la pression chrétienne, appelait à l'aide les Almoravides, qui en profitèrent pour annexer les principautés espagnoles.

Andalousie musulmane

Dans ce vaste empire ibéro-marocain, l'impulsion politique et militaire venait d'Afrique ; mais les valeurs culturelles et les modes étaient andalouses. Les princes

Les Berbères

Ils peuplèrent initialement tout le nord de l'Afrique (Algérie, Tunisie, Libye et Maroc actuels), l'archipel des Canaries et l'Afrique noire sahélienne. De ce vaste royaume sont issus les **Chleuhs**, Berbères du Maroc, les **Kabyles**, Berbères de l'Atlas algérien ou Kabylie, et les **Touaregs**, Berbères nomades du désert saharien, dont l'aire de migration couvre l'Algérie, le Niger et le Mali.

almoravides encouragèrent un art directement inspiré de l'Espagne musulmane, et en matière religieuse, le puritanisme des fondateurs de la dynastie ne résista pas longtemps aux conceptions et aux mœurs moins rigides de la péninsule Ibérique. Cette période inspira une architecture monumentale, mais aussi un art de vivre raffiné, né à l'occident de l'Islam, et qui rayonna au Maroc. De l'héritage andalou, outre l'architecture et les riads – jardins andalous à la végétation luxuriante –, le Maroc, et Fès en particulier, ont conservé une grande tradition musicale, celle des noubas andalouses, qui chantent les beautés de la nature, l'amour courtois ou l'embrasement spirituel, suivant en cela l'exemple des poètes et des musiciens juifs et arabes qui collaborèrent dans une parfaite complémentarité à l'époque de « l'âge d'or andalou ».

Mosquée Karaouiyne à Fès et koubba Ba'Adiyn à Marrakech.

Les Almohades (1147-1269)

Ibn Toumert et Abd el-Moumen

C'est une réforme religieuse qui marque l'origine du soulèvement des Berbères dans le Haut Atlas : la prédication d'**Ibn Toumert** et, entre 1140 et 1160, l'action militaire d'**Abd el-Moumen** (*voir « Route du Tizi-n-Test », p. 348*), aboutirent à l'instauration de la nouvelle dynastie des Almohades. Mais c'est aussi la revanche d'une population sédentaire sur les Almoravides, restés des nomades sahariens. Maître du Maroc, Abd el-Moumen porta la guerre sainte en Espagne et intervint dans le Maghreb tout entier : trente ans d'action ininterrompue lui valurent de régner sur tous les Berbères, et de la Castille à Tripoli.

Cet empire ibéro-maghrébin fut défendu à la pointe de l'épée par ses deux successeurs : **Youssef**, puis **Yacoub al-Mansour** (1184-1199). Mais loin de briller seulement par l'éclat des armes, le règne des trois premiers souverains almohades constitua l'un des sommets de l'histoire du Maroc. La prospérité économique et la tranquillité intérieure étaient assurées ; les courants d'échanges se multiplièrent tant à l'intérieur qu'avec l'Afrique noire ou les ports espagnols, italiens, français.

Grandeur des Almohades

La civilisation citadine, imprégnée elle aussi d'influences andalouses, s'épanouit. Constructeurs acharnés, les Almohades ont laissé de nombreux témoignages d'un art en pleine maturité : à Marrakech (la Koutoubia), à Tinmel, à Rabat (tour Hassan), à Séville (Giralda)...

Le temps de cette grandeur ne dépassa guère le 12e s. Les Almohades devaient, à la bataille de Las Navas de Tolosa (1212), perdre la partie en Espagne. Dès lors, leur empire africain mal commandé et miné de l'intérieur commença de se désagréger, l'autorité réelle passant aux gouverneurs de provinces.

Mosquée de Tinmel ; celles de la Kasbah et de la Koutoubia, avec son minaret, à Marrakech ; celle d'Hassan – inachevée – à Rabat ; porte des Oudaïas et Bab er-Rouah à Rabat ; Bab Agnaou à Marrakech.

Les Mérinides (1269-1465)

Venus des steppes orientales, les Beni Merin furent bientôt assez puissants pour installer à Fès – où ils avaient fondé en 1248 le nouveau quartier de Fès-Jdid – leur dynastie, les Mérinides, tandis qu'à la chute de Marrakech (1269) périssait le dernier souverain almohade.

Cependant, les nouveaux maîtres du Maroc ne parvinrent pas à soumettre de façon permanente la totalité du pays. Certes, **Abou el-Hassan** reconstitua en 1347 un empire berbère, de l'Atlantique à Gabès ;

mais ce fut un édifice fragile que son fils **Abou Inan** dut reconquérir... avant de le perdre à nouveau. Après la mort de ce dernier (1358) commença un lent déclin pour la dynastie : les grandes familles se partagèrent le pouvoir, des tribus se rendirent indépendantes, tandis que les Portugais prenaient pied à Ceuta. La dynastie a pourtant connu un réel prestige aux 13e et 14e s. Les sultans mérinides sont surtout célèbres pour le faste avec lequel ils ont repris la tradition du mécénat, dont les arts et les lettres ont largement profité. C'est l'époque d'**Ibn Battouta** *(voir à Tanger)* et surtout d'**Ibn Khaldoun** : cet homme politique et diplomate est l'auteur d'une œuvre historique qui dépasse le cadre de la chronique en cherchant à assigner « aux événements politiques leurs causes et leurs origines ».

Medersas à Fès et à Salé; nécropole du Chellah à Rabat.

Les empires chérifiens

Au 15e s. s'ouvre une nouvelle période d'anarchie intérieure sous l'effet notamment des confréries religieuses, qui s'élèvent en véritables seigneuries. La chute du royaume musulman de Grenade (1492) ruine les derniers espoirs d'un empire ibéro-marocain. Portugais et Espagnols s'installent sur les côtes marocaines, tandis que les Turcs, maîtres d'Alger, menacent le Maroc. C'est autour de personnages de souche arabe et descendants du Prophète – Saâdiens puis Alaouites – qu'un renouveau et l'unité du Maroc s'opèrent.

L'aventure saâdienne (1554-1659)

Guerre sainte contre le Portugal

Nouveaux candidats au pouvoir, les **chorfa** (pluriel de *chérif*) **saâdiens** ont su capter à leur profit l'exaspération du sentiment religieux et un début de conscience nationale résultant des ingérences étrangères et de l'anarchie intérieure. Originaires du Drâa, ils rallièrent les populations des oasis marocaines et du Souss pour lutter contre l'envahisseur portugais. Cette guerre sainte fut couronnée par la prise d'Agadir, permettant à **Mohammed ech-Cheikh** de s'imposer bientôt comme sultan du pays tout entier (Fès fut occupée définitivement en 1554). La guerre prit fin en 1578 avec la « **bataille des Trois Rois** », qui mettait un terme aux ambitions portugaises au Maroc et allait voir l'avènement d'Ahmed al-Mansour.

Ahmed al-Mansour

Contemporain d'Henri IV, **Ahmed al-Mansour** (1578-1603), le plus connu des princes saâdiens, est aussi appelé « Ahmed le Doré », à cause de l'or qu'il fit affluer. Son règne est marqué par une prospérité liée aux échanges avec l'Europe et l'Afrique noire. En 1590, une audacieuse campagne sur les rives du Niger établit pour quelques décennies la souveraineté marocaine sur Gao et Tombouctou; du même coup, un énorme butin, des esclaves noirs, des tributs payés en or par le Soudan vinrent enrichir le Maroc. Profitant des largesses de la dynastie, un art remarquable s'est développé sous les Saâdiens.

Medersa Ben Youssef; palais d'El Badii; tombeaux saâdiens à Marrakech.

Les Alaouites (depuis 1659)

Succès en trois phases

L'anarchie marqua la fin de la période saâdienne, favorisant l'avènement des Alaouites, qui règnent encore aujourd'hui sur le Maroc. Le succès durable de cette dynastie fut assuré en trois phases : préparation au

La bataille des Trois Rois

Le 4 août 1578, l'armée marocaine, commandée par **Moulay Abdelmalek es-Saâdi**, oncle du roi **Moulay Mohammed** à qui il avait pris le pouvoir, livrait bataille sur la rive gauche de l'oued Makhazen à l'armée portugaise commandée par le jeune roi du Portugal, **Sébastien Ier**. Ce dernier, sous prétexte d'aider Moulay Mohammed à retrouver son trône, cherchait surtout à reconquérir les villes autrefois investies par les Portugais (Agadir, Mogador, Safi, Azemmour, etc.), qui n'avaient conservé que trois places fortes au Maroc, Mazagan (l'actuelle El-Jadida), Tanger et Ceuta. Le destin voulut que les trois souverains périssent dans la bataille, d'où le nom de « bataille des Trois Rois » sous lequel elle est passée à la postérité.
Cette bataille, l'une des plus meurtrières de l'histoire militaire du 16e s., eut pour conséquence, pour le Maroc, l'avènement du frère d'Abdelmalek, **Abou el-Abbas Ahmed**, qui monta sur le trône le soir même du combat, se voyant octroyer en cette occasion le surnom d'**Ahmed al-Mansour,** c'est-à-dire le Victorieux.
Au Portugal, le roi Sébastien n'ayant pas de successeur, la bataille entraîna l'annexion du pays par l'Espagne de Philippe II et la naissance d'un mythe vivace, le « **sébastianisme** », selon lequel le jeune roi reviendrait un jour retrouver son trône...

Tafilalt par **Moulay Ali Chérif**, au début du 17e s. ; instauration par **Moulay Rachid** qui, à partir de Taza, sa capitale provisoire, contrôla peu à peu tout le pays et établit la capitale à Fès (1666) ; consolidation par le fameux **Moulay Ismaïl** (1672-1727), le plus célèbre des sultans marocains. Appuyé sur une solide armée, ce dernier tint tête aux Turcs d'Alger, chassa les Anglais de Tanger, les Espagnols de Larache et d'Asilah. Il assura l'ordre et la prospérité à son pays : des garnisons permanentes occupèrent un dense réseau de kasbahs, construites par ses soins aux portes des grandes villes, aux points de passage importants et au contact des tribus les plus turbulentes.

Des sultans énergiques

Après son règne, long de cinquante ans, le Maroc a bénéficié de quelques autres sultans énergiques, comme **Mohammed ben Abdallah** (1757-1790), qui fit reconstruire Mogador (Essaouira), développa la marine, chassa les Portugais d'El-Jadida. Sous son règne, Marrakech retrouva son rang de capitale.
C'est à Mohammed ben Abdallah que le Maroc doit ses relations longtemps privilégiées avec les États-Unis d'Amérique : le sultan fut en effet le premier chef d'État étranger à reconnaître la jeune République.
Au siècle suivant, **Moulay Abderrahmane** (1822-1859) est connu pour sa politique courageuse mais un peu brouillonne, et son échec devant Bugeaud, près de la frontière algérienne, à la bataille de l'Isly (1844). Plus tard, **Moulay Hassan** (1873-1894) conduisit le pays avec sagesse, mais dut souvent faire campagne dans son propre royaume.

Un pouvoir en crise

Cependant se manifestaient les symptômes d'une crise sans précédent dans un pays paralysé par le retard économique et les difficultés intérieures que l'action des puissances européennes n'allait bientôt faire qu'aggraver. Des pouvoirs féodaux locaux (les Glaoua, les Goundafa...) apparurent. Ces potentats, jouant souvent un double jeu, contribuèrent à

l'affaiblissement du sultanat, déjà en proie à des querelles de succession.
Meknès.

Sous le protectorat (1912-1956)

Miné de l'intérieur, le Maroc devient peu à peu le champ clos des rivalités européennes. Cette situation va aboutir, en 1912, à l'établissement d'un double protectorat sur le pays.

Entre la France et l'Espagne

Conférence d'Algésiras (1906)

En 1902, l'Italie reconnaissait le Maroc comme zone d'influence française, en échange de la Tripolitaine (actuelle Libye) ; en 1904, l'Angleterre abandonnait

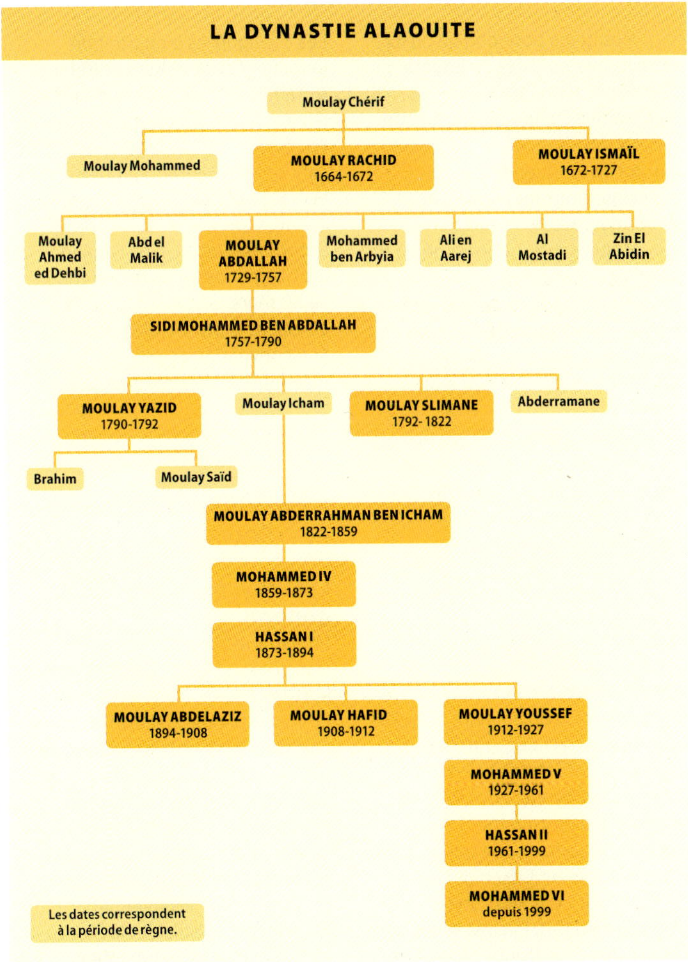

Un prétendant éconduit

Moulay Ismaïl souhaitait voir se multiplier les échanges commerciaux entre le Maroc et la France (comme avec l'Angleterre); il avait, de plus, beaucoup d'admiration pour la gloire et la puissance de Louis XIV, son contemporain. À plusieurs reprises, il envoya auprès de lui des ambassadeurs chargés de cadeaux: lions, tigres, autruches, etc. En retour, il reçut des montres, des armes précieuses, des étoffes brochées d'or.
En 1699, l'une de ses ambassades obtint à la cour de Versailles un vif succès. Son chef, comme on lui demandait pourquoi dans son pays on épousait plusieurs femmes, répondit: « C'est afin de trouver réunies en plusieurs les qualités que chaque Française possède à elle seule. » Revenu à Meknès, l'envoyé fit part au sultan de l'émerveillement que lui avait causé la princesse de Conti, fille de Louis XIV et de Louise de La Vallière. Aussitôt, Moulay Ismaïl demanda la main de la princesse. Mais le Roi-Soleil fit la sourde oreille.

ses prétentions pour peu qu'on lui laisse les mains libres en Égypte. L'Espagne, enfin, reconnaissait l'hégémonie française en échange de deux zones qu'elle considérait comme historiquement siennes : la côte méditerranéenne au nord, autour de Ceuta et Melilla; et, sur l'Atlantique, un territoire situé au sud d'Agadir.

Ces arrangements eurent le don d'irriter l'empereur d'Allemagne Guillaume II. En reconnaissant à Tanger, en 1905, le principe de la souveraineté du sultan, il déclencha une crise qui finit par déboucher sur la conférence d'Algésiras, dont l'acte final reconnaissait entre autres à la France et à l'Espagne des droits particuliers au Maroc.

Le traité de Fès (1912)

Mais ces deux pays sont décidés à avancer leurs pions plus avant à la moindre occasion. Un incident survenu à Marrakech sert de prétexte à une intervention militaire française avec la prise d'Oujda (1907), puis la conquête du Maroc oriental (1908). Une révolte à Casablanca entraîne le débarquement d'une force hispano-française qui occupe progressivement Casablanca et la Chaouïa. Survient alors une révolte à Fès en avril 1911. Elle est suivie par l'occupation des troupes françaises. Les Espagnols s'emparent de Larache, Asilah et Ksar el-Kebir. Autant d'entorses aux engagements signés, qui conduisent l'Allemagne à envoyer en 1911 au large d'Agadir la cannonière *Panther*. La guerre entre la France et l'Allemagne n'a jamais été aussi proche depuis 1870. Un accord est trouvé avec l'abandon par les Allemands de leurs prétentions. Le 30 mars 1912, le traité de Fès consacre le protectorat français; une convention annexe institue en novembre le protectorat espagnol, tout en maintenant le principe de l'unité du pays sous la souveraineté théorique du sultan.

« Pacification » et colonisation

Lyautey, premier résident général

Principal artisan de la présence française au Maroc, le **futur maréchal Lyautey** (1854-1934) devient le premier **résident général au Maroc**. Fort de l'expérience sanglante de Fès, il transfère la capitale à Rabat. Il entreprend la pacification du pays en s'appuyant sur les divisions locales entre caïds, les interventions militaires (le « Maroc utile » fut soumis en 1914, le Moyen Atlas en 1920, le Rif, le Tafilalt et le Sarhro en 1934) et le développement économique. Quant aux Espagnols, ils doivent faire face à la révolte du Rif menée par Abd el-Krim et subir le désastre d'Anoual (1918), avant de réduire la résistance avec l'aide des Français en 1926. Mais Lyautey en est la « première victime » puisqu'il quitte son poste en 1925.

Colonialisme contre nationalisme

La période du protectorat vit, certes, la réalisation de progrès économiques : création d'infrastructures routières et ferroviaires, édifications de villes selon un urbanisme européen, construction de barrages pour la production d'électricité et l'irrigation, fondation de cliniques, d'hôpitaux, creusement du port de Casablanca, prospection et exploitation des richesses minières, essor de l'agriculture.
Mais la logique de cet essor demeurait coloniale, et le sentiment national, d'abord perceptible dans le *bled*, gagnait peu à peu la bourgeoisie, dont les enfants, formés dans les écoles françaises, contestaient les méthodes de la Résidence et acheminèrent le pays vers l'indépendance, revendiquée dès 1943 par le **parti de l'Istiqlal**.

Vers l'indépendance

Au mois de juin 1943, **Mohammed V** amorce, par une entrevue secrète avec le président Roosevelt, une diplomatie qui le rapproche des partis nationalistes. Dès le début de la Seconde Guerre mondiale, il avait invité son peuple à apporter tout son appui aux Alliés ; aussi, après le débarquement américain près de Casablanca (1942), de nombreux Marocains servirent-ils en Tunisie puis en Europe.
Après la guerre, Mohammed V réclame au gouvernement français l'abolition du protectorat et revendique ouvertement l'indépendance dans un discours fameux prononcé à Tanger (1947).
En 1953, un complot animé par **le Glaoui**, pacha de Marrakech, aboutit à la déposition du sultan, à son remplacement par **Mohammed ben Arafa** et à son exil à Madagascar. Mais l'agitation gagne bientôt tout le pays, et Mohammed V retrouve son trône dès 1955.

Le Maroc indépendant

Parvenu à l'indépendance sous le règne de Mohammed V, c'est sous celui de son fils, Hassan II, sur le trône dès 1961, que le Maroc moderne s'est édifié, non sans zones d'ombre.

Mohammed V (1927-1961)

Le 2 mars 1956, la convention proclamant l'indépendance du Maroc est signée. Le 7 avril, l'Espagne met fin à son protectorat dans le Nord et, le 29 octobre, le

Frères d'armes

Rappelé avec force dans le film *Indigènes* de Rachid Bouchareb, en sélection officielle au Festival de Cannes 2006, le rôle des troupes issues d'Afrique du Nord (Algérie, Maroc, Tunisie) dans la libération de la France lors de la Seconde Guerre mondiale a été décisif.
Pour le seul Maroc et pour les deux guerres mondiales, ce sacrifice a représenté l'engagement de 130 000 soldats marocains aux côtés des troupes françaises : 40 000 tirailleurs et spahis essentiellement en 1914-1918, dont un quart furent tués, blessés ou faits prisonniers ; 90 000 entre 1943 et 1945, dont de nombreux goumiers, soldats de goum (régiment).

statut international de Tanger est à son tour abrogé. Outre son rôle sur la scène internationale, Mohammed V (1909-1961) a incarné, en trente-quatre ans de règne, l'éveil de son pays à la souveraineté nationale. En évitant les obstacles, qui eussent compromis le franchissement des étapes décisives dans la voie du progrès, tels que l'exode des Européens ou l'ajournement de la reconnaissance des droits civiques aux Marocains, il a assuré l'avenir. Par son autorité, il a rendu le prestige à la monarchie (il prit en 1957 le titre de roi), et préservé l'unité territoriale du pays. Dans le domaine des institutions, c'est lui qui lança le processus visant à doter le royaume d'une Constitution. Mais celle-ci – la première d'une longue série – ne fut adoptée qu'après sa mort, avec le référendum du 7 décembre 1962.

Hassan II (1961-1999)

Le seul exemple de la Constitution, dont l'élaboration suscita des tensions entre le jeune roi et les forces politiques, souligne bien les enjeux et les difficultés qui l'attendirent lors de sa montée sur le trône, le 3 mars 1961. À peine âgé de 32 ans, **Hassan II** prit la tête d'un royaume où tout était à construire ou presque. Les défis et les attentes furent immenses.

En 1963, un complot contre la personne du roi fut, semble-t-il, déjoué. Bien instrumentalisé par le pouvoir, cet épisode permit de démanteler une partie de la gauche. En fuite, l'un de ses dirigeants les plus emblématiques, **Mehdi Ben Barka,** fut condamné par contumace. Commença alors pour lui un exil qui devait s'achever tragiquement et mystérieusement à Paris en 1965, devant la brasserie Lipp, avec son enlèvement et sa disparition. Ce qui n'alla pas sans créer un refroidissement entre la France gaullienne et le jeune royaume.

Toujours en 1963, ce fut « la guerre des sables » avec l'Algérie voisine, nouvellement indépendante, à propos des frontières entre les deux pays. Un cessez-le-feu permit de stabiliser la frontière orientale du Maroc pour dix ans.

À ces menaces extérieures et intérieures s'ajouta une période de difficultés économiques et sociales sans précédent. Des émeutes éclatèrent à Casablanca en mars 1965. Elles furent à l'origine de l'instauration de l'état d'exception, qui prit fin avec la ratification d'une nouvelle Constitution en 1972. Mais entre-temps, deux coups d'État survinrent, en 1971 et 1972. Tous les deux impliquèrent une partie de l'armée. L'initiative du second revint au **général Oufkir**, l'un des plus proches collaborateurs d'Hassan II. La vengeance du roi n'en fut que plus cruelle : le général félon « suicidé » et sa famille (son épouse et ses six enfants) emprisonnée sans procès pendant plus de dix-neuf ans. Le sort des autres comploteurs ne fut guère plus enviable. Nombre d'entre eux croupirent pendant des années dans le bagne de Tazmamart. En dépit de la répression, le régime resta fragile.

La Marche verte

En 1975, la « Marche verte » consacra la reconquête par le Maroc de ses « provinces du Sud », autrement dit le **Sahara occidental**, jusque-là sous domination espagnole. 350 000 marcheurs, encadrés par l'armée marocaine, reprirent possession pacifiquement de ce territoire. Un accord sur le sort du Sahara occidental fut conclu entre l'Espagne, le Maroc et la Mauritanie. Au grand dam de l'Algérie et de son allié, le **Front Polisario**, qui revendiquent l'indépendance du Sahara. Ce fut le début d'un conflit dont le règlement sous l'égide des Nations unies n'a pas encore trouvé son terme. Pour Hassan II, la Marche verte présenta un double

Esplanade de la mosquée de Yacoub al-Mansour, Rabat.
E. Luider/hemis.fr

intérêt politique : elle lui permit de rassembler le pays autour d'un consensus patriotique et d'occuper l'armée, moins tentée dès lors de le renverser à nouveau.

Réformes économiques et alternance politique

Mais cette guerre a un coût, qui brisa net le semblant de croissance économique due aux **phosphates**, dont le Maroc est le premier exportateur mondial. Et ce d'autant plus qu'au même moment, les prix du phosphate s'effondrèrent et qu'au début des années 1980, le pays connut une vague de sécheresse. Des émeutes éclatèrent en 1981, encore une fois à Casablanca. Une vague de répression s'ensuivit. Le pays, très endetté, s'engagea à partir de 1983 dans une politique économique d'ajustement structurel inspirée par le FMI. L'année suivante, de nouvelles émeutes enflammèrent des grandes villes mais ne remirent pas en cause en profondeur les nouveaux choix économiques.
À partir de 1992, Hassan II entama une timide libéralisation du régime avec l'adoption l'année suivante d'une nouvelle Constitution, la quatrième du royaume. Pour la première fois y figurait le concept de « droits de l'homme ». En 1996, une nouvelle réforme constitutionnelle permit de débloquer la situation politique avec l'opposition. Les élections de 1997 traduisirent ce nouveau climat politique. En 1998, **Abderrahmane el-Youssoufi**, l'un des principaux opposants au roi depuis les années 1960, est nommé à la tête du gouvernement. Hassan II, affaibli par la maladie, meurt le 23 juillet 1999.

Mohammed VI (depuis 1999)

La montée sur le trône de **Mohammed VI** fut accueillie avec beaucoup d'espoir. Le « roi des pauvres » sembla d'emblée en phase avec les aspirations du pays. Il prit plusieurs initiatives, dans les premiers mois de son règne, qui traduisirent bien cette nouvelle donne : création d'une commission en charge d'indemniser les anciens prisonniers politiques, retour des exilés, voyage dans le Rif, ignoré par son père, révocation du ministre de l'Intérieur, Driss Basri, symbole à lui seul de la politique de répression. Le roi engagea également une série de réformes dont l'une des plus emblématiques fut celle de la **moudawana** (code de la famille), adoptée en 2004. Son mariage avec Lalla Salma en 2002 marqua aussi une rupture avec le règne précédent puisqu'il intervint bien après l'accession au trône et, fait encore plus exceptionnel, fut rendu public. Le 16 mai 2003, le pays est frappé par une série d'attentats à Casablanca liés à l'islam politique radical, auxquels succéderont deux attentats en 2007 dans la même ville. La situation économique et sociale reste tendue, jusqu'aux élections législatives de 2007, remportées par le parti de l'Istiqlal. En 2009, la crise financière internationale frappe de plein fouet l'économie marocaine, ce qui accentue les tensions. En 2011, des milliers de jeunes descendent dans la rue, suite à l'appel du « Mouvement du 20 février », et réclament justice sociale et démocratie. Le roi prononce, le 9 mars 2011, un discours où il annonce une réforme constitutionnelle, qui est loin d'apaiser les esprits échauffés. Un attentat à Marrakech en avril 2011 relance les débats sur la politique antiterroriste du pays et sur la poursuite des réformes annoncées par Mohammed VI. Dans la foulée du référendum de juillet 2011, avalisant la réforme de la Constitution, des élections législatives anticipées s'organisèrent en novembre 2011. Elles furent remportées par les islamistes du PJD, cantonnés dans l'opposition pendant des décennies. Ne disposant pas de la majorité, ils durent former un gouvernement de coalition avec d'autres partis : l'Istiqlal, le Mouvement populaire (MP) et le Parti du progrès et du socialisme (PPS). Engagé dans une sorte de cohabitation plus ou moins sereine avec le Palais, le nouveau gouvernement dut affronter, sur fond de sécheresse et de chômage des jeunes, un contexte social agité, marqué notamment par les violents affrontements de Taza (février 2012) et une manifestation de grande ampleur à Casablanca (mai 2012). Malgré un solide taux de croissance, les grandes réformes sociales (retraites, subvention de produits de grande consommation) se font attendre. En 2016, les élections législatives reconduisent le parti islamiste au pouvoir pour un second mandat. Premier parti à la Chambre des représentants, avec 125 sièges sur 395 (28 % des suffrages), il est cependant contraint de former une large coalition avec des formations centristes, libérales et l'USFP, un parti social-démocrate. Le PAM, Parti Authenticité et Modernité (centre-gauche) est le principal parti d'opposition après avoir obtenu près de 21 % des suffrages aux élections législatives. Le PAM passe pour bénéficier des faveurs du Palais.

Dates clés

- **Vers 1100 av. J.-C.** – Premiers comptoirs phéniciens au Maroc, notamment Lixus, près de Larache.
- **42** – Partage du royaume de Maurétanie en deux provinces : la Maurétanie Césarienne et la Maurétanie Tingitane.
- **789** – Fondation à Fès du royaume des Idrissides.
- **1062** – Youssef ben Tachfine fonde la dynastie des Almoravides et crée sa propre capitale, Marrakech.
- **1269** – Chute de Marrakech et mort du dernier souverain almohade.
- **1578** – La bataille des Trois Rois met un point final aux ambitions portugaises au Maroc. Avènement d'Ahmed al-Mansour.
- **1590** – Ahmed al-Mansour étend la souveraineté marocaine à Goa et Tombouctou.
- **1666** – Moulay Rachid établit la capitale des Alaouites à Fès.
- **1844** – Défaite de Moulay Abderrahmane devant Bugeaud lors de la bataille d'Isly.
- **1912** – Début des protectorats français et espagnol au Maroc. Maréchal Lyautey, premier résident général.
- **1943** – Création du parti de l'Istiqlal.
- **1956** – Quelques mois après le retour d'exil de Mohammed V, le Maroc accède à l'indépendance.
- **1961** – Hassan II monte sur la trône après la disparition brutale de son père.
- **1971-1972** – Échec coup sur coup de deux tentatives d'assassinat d'Hassan II par des éléments de l'armée.
- **1975** – Marche verte. Le Maroc affirme ses droits sur l'ex-Sahara espagnol. Début du conflit avec le Front Polisario, qui revendique l'indépendance de cette région.
- **1999** – À la mort d'Hassan II, son fils, Mohammed VI, devient le 18e souverain alaouite. En 2003, ce dernier donne naissance à un fils (Hassan III).
- **2004** – Réforme du code de la famille, une démarche emblématique vers la modernisation du pays.
- **2011** – Vague de manifestations dans les grandes villes du pays, suite au Printemps arabe. Réforme de la Constitution.
- **2016** – Réunion de la COP22 à Marrakech.
- **2017** – Le Maroc affirme sa vocation continentale en réintégrant l'Union africaine qu'elle avait quittée en 1984
- **2020** – L'administration américaine reconnaît la souveraineté du Maroc sur le Sahara occidental.

Nature et paysages

Des montagnes du Rif, du Moyen Atlas ou du Haut Atlas aux plaines du Haouz, du Saïs ou du Rharb, sans oublier la meseta et les terres arides du Sud et de l'Oriental, le Maroc offre une très grande variété de paysages à la beauté éblouissante. À cette richesse de la géographie s'ajoutent celles de la flore et de la faune, qui font de plus en plus l'objet de mesures de protection. Mais que peut-on face à la sécheresse, qui représente une menace permanente pour le pays et fait de la gestion des ressources en eau un enjeu majeur ?

Une palette de paysages

La meseta

Le nom de *meseta* désigne la région centrale, largement ouverte sur l'Atlantique, comprise entre le bassin du Sebou, les Atlas et l'Océan.

Une série de **plaines côtières**, étroites (entre Rabat et Mohammedia, vers Essaouira) ou plus épanouies (plaines de la **Chaouïa** dans l'arrière-pays de Casablanca, des **Doukkala** autour d'El-Jadida, des **Abda** au sud de Safi), constitue la partie la plus basse de la *meseta*.

Ces plaines sont parmi les plus riches et les plus peuplées du Maroc. Les gros marchés agricoles abondent à l'intérieur. Les ports sont souvent des villes industrielles, des centres économiques ou politiques (Casablanca, Safi, Mohammedia, Rabat). La côte, fréquemment rocheuse, offre cependant, dans certains secteurs, de belles plages, comme celles d'El-Jadida, Oualidia, Essaouira, ainsi qu'entre Rabat et Casablanca.

Passé l'escarpement qui domine les plaines atlantiques, le socle primaire affleure sur de grandes surfaces.

Le **plateau central**, très accidenté, doit à son altitude et à ses terrains souvent imperméables une humidité favorable à la forêt (thuya, chêne vert, chêne-liège) et aux pâturages, dans les parties les plus élevées ; ailleurs, l'agriculture progresse et les tribus jadis nomades de Zemmour et de Zaër se sédentarisent. Plus au sud, le **plateau des Phosphates** et le **Ganntour** sont faits de couches calcaires superposées dont les plus récentes renferment les phosphates de Khouribga et de Youssoufia.

Les terrains primaires apparaissent à nouveau dans le massif des **Rehamna** et dans celui des **Jbilet** : c'est un pays sec, vivant de l'élevage des chèvres et de maigres récoltes d'orge.

Vallées et bassins

Les oueds descendus de l'Atlas ont ouvert, à la naissance des plateaux, des vallées alluviales et des bassins.

Mise en valeur grâce aux barrages construits sur l'Oum er-Rbia et ses affluents, la **plaine du Tadla** représente le tiers de la production marocaine de betterave sucrière et une part importante de la production laitière, des cultures maraîchères et des agrumes.

La vaste **plaine du Haouz** n'autorise qu'une agriculture rudimentaire en dehors des zones irriguées par les eaux descendues du Haut Atlas. Les eaux sont distribuées par un réseau de *seguias* et de *rhettaras*. Au centre, Marrakech ajoute à ses fonctions administratives, commerciales et artisanales son attrait touristique.

Le bassin du sebou

Entre la *meseta* et le Rif s'allonge une zone de plaines et de collines formant le bassin du Sebou, région vitale par sa fertilité, sa population, son importance comme voie de passage et son rôle historique.

Trouée de Taza et collines prérifaines

À l'est, entre le Rif et le Moyen Atlas, la plaine se réduit à un couloir qui assura de tout temps les communications avec le bassin de la Moulouya et l'Algérie. Dans un encadrement de versants partiellement boisés, les terrasses alluviales portent jardins et vergers. La ville de Taza commande le passage. À l'ouest de Taza, les collines prérifaines s'avancent jusqu'à proximité de Fès (*jbel* Zalagh) et de Meknès (*jbel* Zerhoun). C'est un pays céréalier où l'arboriculture est aussi une activité importante (oliviers).

Autour de Fès et Meknès : la plaine du Saïs

Ancien lac tertiaire, cette plaine centrale est couverte de sols généralement riches. Les grandes exploitations y disposent de moyens mécaniques modernes permettant de bons rendements de céréales. Le vignoble tient une place considérable, surtout aux environs de Meknès, grande ville commerçante.

Fès, vieille capitale religieuse et intellectuelle, reste un centre d'artisanat, une ville de négoce, et devient une ville industrielle. D'autres cités comme Sefrou ou Moulay Idriss animent la région.

La plaine du Rharb

Au nord de la forêt de la Mamora, connue pour ses chênes-lièges et ses eucalyptus, le Rharb – « pays de l'Ouest » – s'étend largement vers l'Atlantique, de l'embouchure du Sebou à celle du Loukos. La terre assainie et mise en valeur en fait une région agricole de première importance. Les céréales, la vigne, la betterave à sucre, les cultures maraîchères, le riz et le coton accompagnent les agrumes, dont l'exploitation a pris un essor spectaculaire. On y a trouvé du pétrole, raffiné à Sidi Kacem. Nombreux sont les gros marchés et les petites villes, dont la principale est Kénitra, port fluvial sur le Sebou.

Les ensembles montagneux

Le Rif

Prolongement géologique de la chaîne Bétique au sud de la péninsule Ibérique, les montagnes du Rif dessinent un arc tendu sur 250 km du détroit de Gibraltar au cap des Trois-Fourches, étroite aux extrémités, plus épaisse dans sa partie centrale. L'altitude – 2448 m au *jbel* **Tidiquin** – en fait un obstacle à la circulation, surtout du côté méditerranéen, où elle prend l'allure d'une muraille plongeant dans la mer. Au contraire, ses versants ouest et sud s'inclinent vers le bassin du Sebou.

Nourrissant une population assez dense, le Rif est parsemé de hameaux et de gros villages. Surtout dans l'Ouest et le Centre, les maisons

sont de pierre avec un toit à double pente, de chaume ou de tuiles. L'élevage est traditionnellement associé aux champs et à la culture de l'olivier.
Parmi les marchés intérieurs, Ouazzane et Chefchaouèn sont les plus importants. Les villes côtières aux environs de Tetouan et d'Al Hoceima voient se développer leur aménagement touristique. Tanger, industrielle, reste un port de voyageurs actif.

Le Moyen Atlas

Avec le Haut Atlas, il forme un bastion difficile à franchir, traversant le Maroc en écharpe du sud-ouest au nord-est. Les deux chaînes des Atlas s'articulent autour du bassin de la haute Moulouya, à l'ouest de Midelt.
On a souvent comparé le Moyen Atlas au Jura qui, comme lui, présente une zone tabulaire adossée à une zone plissée. Côté atlantique, la zone tabulaire s'étend jusqu'aux plateaux de la *meseta* et aux collines prérifaines : elle est faite surtout d'assises de calcaire, mais des cassures ont provoqué de larges épanchements volcaniques, comme dans la région d'Azrou et d'Ifrane. La zone plissée domine assez brusquement le Maroc oriental, et son altitude, toujours importante, dépasse 3000 m dans le *jbel* **Bou Iblane** et le *jbel* **Bou Naceur**. Pays humide et forestier, le Moyen Atlas a reçu un peuplement de Berbères, principalement des éleveurs, dont certains, comme les **Beni Mguild**, pratiquent encore le semi-nomadisme.

Le Haut Atlas

Plus puissant encore, il s'allonge sur 700 km de l'Atlantique aux confins orientaux du pays. Visible depuis Marrakech, le massif occidental, avec ses vallées profondes et ses hauts sommets, dont le **Toubkal** (4167 m), a une allure plus alpine que le Haut Atlas central. Ce dernier, fait de hauts plateaux et de crêtes arrondies, est entaillé de gorges et de canyons ; c'est le Haut Atlas de la région d'Azilal et de Demnate ; il culmine au **M'Goun** (4071 m).
Le massif oriental du Haut Atlas, celui de Midelt et d'Imilchil, culmine au *jbel* **Ayachi** (3737 m). Un parc national à mouflons y a été créé, cerné par les villages d'Agoudim, Amouguer, Imilchil et Outerbate.
L'activité pastorale, importante dans la partie orientale de la chaîne, contraste avec l'agriculture qui – à l'ouest du Tizi-n-Tichka – exploite la moindre parcelle de terrain utilisable.

L'Anti-Atlas

Au sud et parallèle au Haut Atlas, l'Anti-Atlas s'élève à plus de 2500 m (Aklim). Il est doublé au sud par l'arête vive du *jbel* **Bani**, et prolongé à l'est par le **Sarhro** (2712 m) et l'**Ougnat**, qui s'incline vers le Tafilalt. Les versants tournés vers l'ouest reçoivent suffisamment de pluie pour entretenir l'arganeraie et permettre la culture aux paysans chleuhs ; on y rencontre même des vallées humides et des bassins privilégiés comme la cuvette de Tafraout. Le versant méridional est une steppe d'armoise et de thym interrompue par des oasis au débouché de la montagne âpre et pelée.

Les terres arides

Au-delà de l'écran montagneux formé par les Atlas et le Rif, le pays est de plus en plus aride, ne facilitant pas l'installation des hommes.

Autour d'Oujda, le Maroc oriental

Dans l'Est, les **hauts plateaux** forment un grand domaine de plus de 1000 m d'altitude, continuation des plateaux sud-oranais. Le climat est déjà saharien et la sécheresse règne sur ces mornes étendues parcourues, de Figuig à Moulouya, par les éleveurs de chèvres, de moutons et de chameaux. Le **bassin de la Moulouya** s'allonge du

Lagune Naila, Sahara occidental.
Pavliha/iStock

sud-ouest au nord-est, au pied du Moyen Atlas et à l'est du Rif. On n'y rencontre guère qu'une steppe à alfas, en dehors des oasis (Missour, Guercif, Taourirt) auxquelles le fleuve et ses affluents donnent vie. Au nord, la **frange méditerranéenne** comporte de petites plaines isolées comme celles des Triffa, au nord de Berkane, et du Gareb, au sud de Nador. L'irrigation et la construction de barrages y ont permis de riches cultures : céréales, vigne, primeurs, coton, entre autres.

La ville d'**Oujda** commande toute la région, tirant parti de l'activité agricole et des ressources minières.

Le Sud marocain

Il est délimité par la grande ligne de fracture qui court **d'Agadir à Figuig** et que longe la dépression « sud-atlasique ». Ce long couloir, qui se creuse entre le Haut Atlas et l'Anti-Atlas, est interrompu par le massif volcanique du **Siroua**, qui isole le Sous du reste du corridor.

Le **Souss** forme une cuvette largement ouverte sur l'Atlantique, soumise à un climat saharien atténué par la proximité de la mer ; il présente l'apparence semi-désertique d'une steppe à arganiers, où la vie se réfugie le long de l'oued. L'irrigation y a permis le développement de l'arboriculture et la production de primeurs entre Taroudant et Agadir. À l'est du massif du Siroua, les pays du Dadès, du Todra, du Ferkla, du Rheris, du Ziz, du Guir sont autant de relais par où se poursuit la dépression. Tous ces oueds alimentent de belles oasis de Ouarzazate à Boudenib.

Plus au sud, ce ne sont plus qu'immensités désertes. La plus grande partie est formée d'*hamadas*, ces plateaux secs, nus, rocailleux et balayés par les vents qui sont parfois découpés en buttes plates appelées *gour* (pluriel de *gara*) ; ils peuvent aussi parfois être des ergs, des champs de dunes dont les dimensions restent ici cependant modestes. Les oueds, par évaporation et infiltration, ont perdu leur eau et ne coulent qu'après d'aléatoires pluies d'orage. Les oasis se font rares, mais la **haute vallée du Drâa**, d'Agdz à Zagora et à Mhamid, et la **vallée du Ziz**, d'Errachidia au Tafilalt, nourrissent une succession de palmeraies. Là commence le domaine des grands nomades chameliers.

Le Sahara

La **vallée du Drâa** est généralement considérée comme la limite entre le Sud marocain et le Sahara marocain proprement dit, aux immenses *hamadas*, couvertes de bancs de silice. Les *hamadas* du Guir, à l'est, et du Drâa, au sud, sont à peine échancrées de rares dépressions, les *daya*s, ou accidentées de quelques pointements bas, les *adrars* ; à leur surface nue de regs rocheux s'allongent des alignements de dunes. Les *hamadas* de Zemmour et de Tiris, plus au sud, sont presque circonscrites de dunes ; à l'ouest de cette dernière, au sud du pays, l'*adrar* Souttouf est un massif dont les sommets atteignent 500 m d'altitude ; il joue le rôle de château d'eau et porte des pâturages.

La désolation du paysage est quelque peu atténuée par le voisinage de l'**Atlantique**, qui entretient des brouillards souvent persistants et des rosées assez abondantes, si bien qu'en bordure du littoral, les oueds, même à sec, sont moins exceptionnels.

La côte elle-même, constituée de Tarfaya à Nouadhibou, sur plus de 1100 km, de falaises et de dunes de sable, est inhospitalière et très dangereuse : les rouleaux de mer y déferlent sur plusieurs kilomètres de largeur. Des établissements que Portugais, Espagnols, Hollandais, Français et Anglais, attirés par le mirage de l'or de Tombouctou, ont créés depuis le 15e s., il ne reste rien. Dakhla et Laâyoune leur ont succédé ; cette dernière vit de l'élevage et des salines, des pêcheries favorisées par la présence au large du courant des Canaries, et de l'exportation du phosphate de Boukrâa dans le Zemmour.

Faune et flore

Le Maroc possédait jadis une faune très riche, comme en témoignent les gravures rupestres et les récits antiques, qui décrivent des savanes peuplées d'éléphants, de rhinocéros, d'hippopotames et de crocodiles. La sécheresse, l'augmentation de la population, l'extension des cultures ont eu raison de nombre de ces animaux... Quant à la végétation naturelle, elle se compose de plus de 4000 espèces, pour la plupart méditerranéennes.

Une faune à protéger

Des refuges de montagne

Les animaux sauvages demeurent cependant assez nombreux dans les forêts montagnardes. Des massifs de l'Atlas et du Rif aux grandes plaines cultivées, les **sangliers** abondent. Les **cerfs de Barbarie**, disparus au début du siècle, ont été réintroduits dans les cédraies de la région d'Azrou, où vivent également les **magots** (ou macaques de Barbarie), seuls singes d'Afrique du Nord, qui s'activent dans les clairières ou les gorges sauvages. Leurs prédatrices, en revanche, les panthères, ont été décimées et ont pratiquement disparu. Volontiers noctambules, les **genettes** et les **porcs-épics** se montrent rarement. Vous aurez plus de chances d'apercevoir des **écureuils de Barbarie** ainsi que nombre d'oiseaux, dont les effectifs augmentent en hiver avec l'arrivée des migrateurs européens. Les multiples **passereaux** sont relayés en haute montagne par quelques rapaces : **circaètes jean-le-blanc** amateurs de reptiles, **gypaètes barbus**, **aigles bottés** et **aigles royaux**. Les **mouflons à manchettes**, remarquables grimpeurs, partagent avec eux les plus hauts sommets.

Un désert très vivant

Les animaux des steppes et du désert ont su s'adapter à des

Magot ou macaque de barbarie (Macaca sylvana)
Gazelle dorcas (Gazella dorcas)
Rollier d'Europe (Coracias garrulus)
Fennec (Fennecus zerda)
Cigogne blanche (Ciconia ciconia)
Héron garde-bœuf (Bulbulcus ibis)
R.Corbel/MICHELIN

Réserves naturelles et sites protégés

Preuves de la volonté des autorités de préserver la nature, plusieurs espaces protégés (parcs nationaux, parcs naturels, réserves biologiques ou botaniques) existent au Maroc. Le pays compte 10 parcs nationaux parmi lesquels :
Toubkal (au sud de Marrakech), Haut Atlas oriental, Iriqui (basse vallée du Drâa), Ifrane, Al Hoceima, Talassemtane (Chefchaouèn), Tazekka (au sud-ouest de Taza) et Souss-Massa (au sud d'Agadir).

conditions de vie extrême, mais leurs effectifs diminuent dramatiquement à cause de la chasse. Dans les régions les plus peuplées, évoluent, outre les **dromadaires** domestiqués, bon nombre de **chacals dorés**, redoutés tant des troupeaux que des villageois. Quelques rares **hyènes rayées** fréquentent les mêmes milieux, ainsi que les **hérissons du désert**, qui paient un lourd tribut au trafic automobile, et les petites **gerbilles,** assidues auprès des réserves de céréales.

Aux portes du Sahara, les **gazelles de Cuvier** fréquentent en petit nombre quelques zones montagneuses. Leurs cousines, les **gazelles dorcas**, préfèrent, quant à elles, galoper sur les dunes. Les **fennecs** s'aperçoivent fréquemment la nuit, chassant dans le désert, et, tandis que les petites **gerboises** s'enfuient par bonds prodigieux, les **chats de Marguerite** (ou chats des sables) guettent les serpents dans le Tafilalt. Ceux-ci, nombreux, peuvent être venimeux, comme la **vipère à cornes** ou le **naja**. Nombreux aussi sont les **lézards** : **varans du désert**, **tarentes** et **geckos** aux doigts-ventouses, ou encore **agames** à queue épineuse comme le **lézard fouette-queue**, friand de criquets ; mais il est pourchassé par de fins gastronomes qui apprécient sa chair ou, plus tristement, pour être vendu aux touristes.

Notez une curiosité, le **scinque**, un lézard à qui son habileté à se mouvoir au sein des dunes a valu le surnom de « poisson des sables ». Le désert est aussi le domaine des moins sympathiques **scorpions**, qui sortent la nuit de leur cachette. Parmi les oiseaux, **traques**, **courvites** et **perdrix gambras** ont adopté des tenues de camouflage, de même que les **outardes houbaras**, menacées d'extinction. Aux heures fraîches, les **gangas** se rassemblent en grand nombre autour des points d'eau. Quant aux **faucons laniers**, ils font depuis longtemps la fierté des fauconniers de la province des Doukkala.

Le Nord et le littoral : au paradis des oiseaux

Les plaines septentrionales et les régions côtières hébergent des **renards roux**, des **mangoustes ichneumon**, fréquentes au crépuscule, et les rois du camouflage, les **caméléons**, utiles dans les jardins, où ils attrapent les insectes. Les **tortues grecques** parcourent la garrigue, tandis que les **tortues d'eau** préfèrent les lacs et les rivières ; malgré une loi internationale censée assurer leur protection, le commerce d'animaux de compagnie en réduit sérieusement l'effectif.

Les plaines cultivées accueillent surtout de multiples oiseaux, à commencer par les bandes de **hérons garde-bœufs**, qui curent le dos du bétail. Nombreuses aussi, bien que menacées par l'assèchement des marais, les **cigognes blanches** séjournent au Maroc de décembre à août, dans d'énormes nids juchés sur les murs et les minarets. Ces esthètes semblent avoir une prédilection pour les

Figuier de Barbarie
(Opuntia ficus-indica)

Laurier-rose
(Nerium oleander)

Cèdre de l'Atlas
(Cedrus atlantica)

Bougainvillée
(Bougainvillea)

Arganier
(Sideroxylon argania)

Palmier-dattier commun
(Phœnix dactylifera)

R.Corbel/MICHELIN

L'arbre aux chèvres

L'**arganier** est certainement l'arbre le plus original du Maroc. Cette « relique » de l'ère tertiaire, qui occupe une partie du sud-ouest du pays, fait une timide apparition dans les parages de l'oued Tensift ; à l'est et au sud d'Essaouira, il couvre de grandes surfaces ; on le voit partout dans le Souss ; dans l'Anti-Atlas, il est présent jusqu'aux confins du désert.
C'est un arbre de dimensions comparables à celles de l'olivier ; son tronc multiple est court et tourmenté, sa couronne dense est ronde, son feuillage épineux. Son bois servait autrefois à fabriquer des tablettes à écrire, lorsque la pâte à papier n'existait pas et que l'encre elle-même était faite d'un mélange d'eau et de cendre de laine.
Aujourd'hui, l'arganier fournit du bois d'œuvre et de chauffage, mais il constitue surtout un « pâturage suspendu ». Son fruit, l'argan, une baie verte de la taille d'une grosse olive, est apprécié par les bestiaux qui, délicats, en rejettent les noyaux : une aubaine pour l'homme, qui en tire une huile couramment consommée, que ce soit pour la cuisine ou pour les soins du corps. Quant à son feuillage, c'est un régal pour les petites chèvres noires, qui n'hésitent pas à grimper aux plus hautes branches pour brouter les jeunes pousses.

sites enchanteurs comme les ruines de Volubilis, le cadre romantique du Chellah, près de Rabat, ou les minarets de Marrakech !
Mais c'est surtout dans les marais, les estuaires et les lagunes, le long des côtes, que se rassemblent les oiseaux. Les réserves de Merja Zerga (près de Moulay Bousselham) et des îles d'Essaouira, le parc national de Souss-Massa, sont animés en hiver lorsque arrivent les migrateurs par centaines de milliers. Au côté des **canards, bécassines, flamants roses, ibis falcinelles, hérons, cormorans, pélicans, balbuzards pêcheurs, mouettes** et **goélands**, deux oiseaux font la renommée, l'un des îles d'Essaouira, le **faucon d'Éléonore**, qui niche sur les falaises, l'autre du Souss-Massa, l'**ibis chauve**, aujourd'hui menacé de disparition dans le monde entier.

De forêts en oasis

Entre la sécheresse et la chaleur estivale et, en hiver, le froid (dans les montagnes, du moins), qui limitent sérieusement les périodes de croissance, la flore naturelle a bien du mérite à se développer ! Dans ces conditions, seules survivront les espèces les mieux adaptées à la sécheresse grâce à une forte densité de racines, à des épines ou de petites feuilles vernissées qui limitent l'évaporation. Partout, cependant, le couvert végétal d'origine est en régression, en raison du déboisement, naturel ou dû à l'activité humaine.

Le matorral gagne du terrain

Des plaines et plateaux du littoral atlantique aux contreforts du Moyen Atlas s'étendaient jadis des forêts claires de chênes verts ou de chênes-lièges. De nos jours, la plus importante est celle de la Mamora, à l'est de Rabat, qui associe de magnifiques futaies de **chênes-lièges** et de **poiriers sauvages**, menacées cependant par un pâturage intensif.
Ailleurs, la forêt a cédé la place au matorral : paysages de maquis où **lentisques** et **genévriers rouges** côtoient **arbousiers, myrtes, bruyères, genêts, thuyas de Barbarie**, quelques **chênes-lièges, oliviers sauvages** et **pins d'Alep**, ou bien de garrigue, où les buissons s'associent à des

plantes aromatiques (**thym, romarin, lavande**), des **graminées éphémères**, des **cytises** et de rares **chênes verts**. À un stade de dégradation encore plus avancé, on trouvera d'immenses landes à cistes et palmiers nains *(doums)*, ou encore des pelouses herbacées, totalement desséchées l'été mais fleuries au printemps et en automne par des **asphodèles**, des scilles ou des **colchiques**.

Une montagne à trois étages

Dans le Rif central et l'Atlas, des précipitations importantes (plus de 500 mm), principalement sur les versants nord et ouest exposés aux vents humides, permettent le développement d'un dense couvert forestier à étagement altitudinal. Au niveau de la basse montagne, on rencontre des futaies de **chênes** et de **pins maritimes**. Entre 1500 et 2300 m d'altitude, elles cèdent peu à peu la place à de belles forêts de **sapins du Maroc**, comme autour de Chefchaouèn, ou de **cèdres de l'Atlas**.

Celles-ci se répartissent entre le Haut Atlas au sud de Midelt, le mont Tidiquin dans le Rif, et surtout le Moyen Atlas, à l'est d'Azrou, où, sur 75000 ha, se déploie la plus vaste cédraie du Maroc. Sous les frondaisons odorantes des cèdres et des sapins poussent des arbres plus modestes (**érables, frênes, ifs, sorbiers, houx**) et de nombreuses fleurs, dont les **pivoines sauvages**, qui, en avril, couvrent le sol d'un tapis rouge éclatant.

À partir de 2300 m d'altitude, dans le Moyen et surtout le Haut Atlas, commence le royaume de la haute montagne, enneigée une bonne partie de l'année et où le froid et le vent limitent la pousse des arbres : c'est le domaine de la steppe, piquetée de **genévriers thurifères**.

Plus haut, les conditions de vie toujours plus rigoureuses ne laissent subsister que des **xérophytes épineux**, petites plantes isolées sous forme de touffes « en coussinets », et de rares pelouses herbacées qui se parent de fleurs saisonnières vivement colorées (**saxifrages** et **chrysanthèmes**).

Steppes et savanes du Sud

À l'est de l'oued Moulouya, sur les hautes plaines et plateaux, le climat aride (moins de 300 mm de précipitation) ne favorise guère la végétation! C'est le royaume de la steppe à **armoises** et à **alfas**. Sur les hauteurs, de nombreux **jujubiers** forment une brousse épineuse, tandis que dans les lits des oueds et des *daias*, une savane à **pistachiers térébinthes** et à **bétoums** est le dernier vestige de la forêt originelle.

Dans les régions arides du Sud-Ouest, de l'oued Tensift à l'Anti-Atlas, l'atmosphère, humidifiée par les brumes maritimes, permet

Le bois de cèdre

Le bois de cèdre des forêts de l'Atlas est le bois le plus couramment employé dans la fabrication de meubles et d'éléments divers, tels que les linteaux de portes et de fenêtres, ou de mobilier liturgique, comme les minbars, chaires à prêcher magnifiquement sculptées et colorées. Les nombreux artisans spécialisés dans le travail du bois, lequel relève bien souvent d'un art à part entière, lui associent parfois d'autres matériaux comme la nacre ou l'ivoire, utilisés en incrustation, mais aussi la peinture, essentiellement d'origine végétale, qui vient orner de couleurs vives armoires, coffres, encadrements de miroirs. De l'odeur entêtante du bois de cèdre dans les souks, il reste une subtile fragrance que l'on a plaisir à retrouver plus tard, chez soi, comme parfum d'ambiance.

Les villes et les vallées, havres de verdure

Tout comme les oasis, les gorges et les vallées abritent, un peu partout dans le pays, une végétation luxuriante avec, aux côtés des plantations d'arbres fruitiers, des **saules** et des **peupliers**, de superbes massifs de **tamaris** et **lauriers-roses**. À l'est de Ouarzazate, les vallées du Dadès et du M'Goun recèlent, parmi les oueds et les seguias, de nombreux **rosiers de Damas,** cultivés pour la fabrication de l'eau de rose.
Les villes, enfin, concentrent une multitude d'espèces végétales, souvent importées (**eucalyptus, jacarandas** à Marrakech, **araucarias** à Essaouira) et qui, comme les **bougainvillées** rose vif qui courent sur les murs, se parent souvent de fleurs multicolores.

l'apparition de plantes originales : **caroubiers, figuiers de Barbarie, séneçons, euphorbes cactoïdes** parsèment la savane jusqu'aux confins du désert, partageant l'espace avec d'immenses forêts d'**arganiers**, arbres endémiques au Maroc, indispensables aux hommes comme aux animaux.
À l'extrême Sud, au-delà du Haut et de l'Anti-Atlas, les régions présahariennes (moins de 150 mm de précipitations) n'abritent plus qu'une steppe buissonnante, agrémentée de rares **gommiers** et autres **acacias**.
Enfin, on ne saurait ignorer les **palmiers dattiers**. Ces arbres poussent en grand nombre, notamment dans la plaine du Tafilalt et la vallée du Drâa. Dans les oasis, où leurs tiges sont utilisées pour confectionner les plafonds des maisons, ils parviennent à créer un microclimat favorable aux cultures traditionnelles. Outre leur rôle de rempart contre l'avancée du désert, les palmiers sont appréciés pour leurs dattes : riche en potassium, en fer, en vitamines B1 et PP, il ne lui manque, pour être un aliment complet, que la vitamine C, ce que la population compense en le consommant accompagné de petit-lait. Parmi les variétés les plus réputées : mejhoul, boufegous, bousserdoune, bouslikhene et autres khalts. Ces magnifiques palmeraies sont, hélas, aujourd'hui en partie décimées par une affection parasitaire (le *bayoud*, dû à un champignon).

Paysages urbains

L'islam a multiplié les créations urbaines, qui favorisaient le développement du commerce et l'épanouissement de la vie spirituelle et intellectuelle. De nos jours, la plupart des villes du Maroc comptent deux parties distinctes : la médina et le quartier moderne.

La médina

Une **médina** se serre autour de ses mosquées, ou de ses *medersas*, du marché, du hammam, des fontaines. Elle se cloisonne en quartiers selon la fortune, l'activité, l'origine de ses habitants ; c'est ainsi que l'on trouve dans les villes une zone commerçante, les souks – organisés par métiers –, et le *mellah*, ancien quartier juif.
La visite d'une médina offre un spectacle étonnant.
Devant soi, un enchevêtrement de venelles étroites, tortueuses, voûtées, tour à tour désertes ou animées, dans lesquelles on hésite parfois à s'engager de peur de s'y perdre ; des places que sillonnent en agitant leur clochette les porteurs d'eau, où le conteur public voisine avec l'arracheur de dents, et où le sol constitue souvent le plus rudimentaire des étals.

Dans les médinas, les maisons sont adossées les unes aux autres et leurs terrasses communiquent en un seul espace, recouvrant même parfois les ruelles. Parties intégrantes de la vie des femmes et des enfants, à la fois protégées et ouvertes sur la ville, ces terrasses imbriquées sont des lieux animés où bon nombre de gestes quotidiens s'accomplissent. Elles sont notamment utilisées comme cuisines lorsque certaines nourritures nécessitent un feu de bois, ou qu'il s'agit de préparer le mouton de l'*Aïd* après l'avoir égorgé.

Emplis à toute heure du jour d'un flot de piétons, dans lequel – au cri répété de « *balek* » (attention !) – portefaix, âniers, cyclistes se fraient un passage, les **souks** constituent la grande attraction des villes marocaines. Le long des ruelles souvent couvertes de claies qui tamisent le soleil, des boutiques uniformes se succèdent : échoppes closes par un simple volet, exiguës, encombrées de marchandises, et où l'acheteur ne pénètre pas. À l'intérieur, accroupi sur un tapis ou une peau de mouton, l'artisan se livre à son métier.

À chaque spécialité correspond une rue, un quartier. Il y a le souk aux tapis ; le souk des potiers, celui des forgerons, celui des teinturiers, tendu d'écheveaux bariolés ; celui des menuisiers qui sent bon le citronnier, le thuya et le cèdre ; celui du cuir, celui des babouchiers ; celui de la viande, des épices, des olives entassées dans des jarres ventrues ; celui des herbes, embaumant la menthe fraîche, qui servira à préparer le thé ; le souk au henné où, à côté des fioles contenant les ingrédients destinés à la confection domestique de produits de maquillage, sont vendues les feuilles sèches qui fournissent une poudre avec laquelle femmes et fillettes se teignent les cheveux et l'intérieur des mains.

Dans ce déballage hétéroclite, il est parfois malaisé de distinguer le meilleur du pire. On pourra en tout cas difficilement se soustraire à la loi du marchandage, qui est ici un rite et qui, manié avec art et délicatesse, vous attirera la considération de votre interlocuteur. Il se fait parfois devant un thé à la menthe obligeamment offert.

La ville moderne

Le 20e s. a donné naissance à un type de villes, élevées à l'écart des médinas, où, le long de larges avenues à angle droit, les bâtiments officiels, souvent de style néo-mauresque, alternent avec des maisons de commerce, des banques. Derrière, au milieu des jardins, s'élèvent les villas. Certaines sont d'incontestables réussites, comme celles situées dans le quartier du Guéliz à Marrakech, dans les villes modernes de Fès et surtout de Rabat, conçue par l'architecte et urbaniste français **Henri Prost**. Quant à Casablanca, c'est devenu un véritable conservatoire des écoles architecturales du 20e s. !

Cependant, dans ces villes, qui continuent à subir de profondes transformations, des conditions nouvelles d'existence, liées tant à l'urbanisme qu'aux activités modernes, ont tendance à se

Kissaria et fondouks

La **kissaria**, domaine des étoffes, des vêtements, de la passementerie, était originellement une halle fermée où l'on vendait les marchandises importées, en particulier les tissus.

Les **fondouks**, inspirés des caravansérails orientaux qui assuraient l'hébergement des voyageurs et de leur monture, servent aujourd'hui d'entrepôts et abritent quelques artisans.

substituer aux modes de vie traditionnels.

La maison

Palais ou modeste logis, la maison ne révèle à l'extérieur qu'un mur percé de minuscules fenêtres grillagées ou une « façade », dont la largeur ne dépasse parfois guère celle de la ruelle qui la dessert.
'organise autour d'une cour intérieure (ou, pour les demeures plus modestes, d'une pièce centrale dans laquelle est aménagé un puits de lumière), autour de laquelle sont disposées les pièces d'habitation.
Dans les riches demeures, une belle porte de bois s'ouvre sur un long couloir sombre, précédé d'une entrée en chicane et conduisant au salon de réception. Celui-ci s'ouvre sur un jardin *(riad)* à la végétation luxuriante, ou bien sur un patio, carrelé de céramiques vernissées, au centre duquel trône une fontaine.

Habitat rural

L'habitation du paysan et du montagnard est généralement humble et exiguë. Si l'on excepte – dans le Sud – les **kasbahs**, les parties fortifiées des **ksour** et les hautes maisons décorées de Tafraoute et de la vallée des Ameln, elle est presque toujours très basse. On y retrouve souvent le plan carré avec cour centrale. Construite avec des matériaux pris sur place, elle se fond dans le paysage.

Habitations à toit incliné

En chaume, en jonc ou en écorces, parfois en tuiles, le toit incliné se rencontre surtout dans le Nord.
Dans les régions atlantiques, on trouve fréquemment, sur les terres riches, des maisons bâties en pierre.
La *nouala* est une hutte conique ou rectangulaire de roseaux ou de branchages entrecroisés formant une double paroi comblée de torchis ; elle est couverte de chaume ; à l'intérieur, une seule pièce au sol de terre battue revêtu d'une natte. Les *noualas* se groupent à l'abri d'une haie de jujubiers (buissons épineux), afin d'éviter que la basse-cour ne se disperse dans la campagne.
La maison rifaine, en pierres grossières, est souvent fermée sur une cour où sont parquées les bêtes ; en haute montagne, elle est rectangulaire, étroite, couverte d'un toit de planches et de chaume, abritée par des branchages du côté le plus exposé aux intempéries.

Habitations à toit plat

Elles couvrent à peu près tout le reste du pays. Dans le Maroc central et sur les versants nord du Haut Atlas, on trouve de pauvres maisons en pierre, couvertes de terre battue, qui semblent à demi enfouies dans le sol.
Les villages **chleuhs**, bâtis en terrasses, strient les flancs montagneux ; leurs maisons à étage (le rez-de-chaussée est réservé aux animaux, la pièce la plus élevée est celle où l'on reçoit) sont surmontées d'une galerie ouverte où sèchent les récoltes.
On rencontre dans la région de Bin el-Ouidane (Moyen Atlas) des fermes fortifiées qui annoncent les *irherms* du Sud. Du versant sud du Haut Atlas aux confins sahariens se succèdent les ksour et les kasbahs.

La tente ou khaïma

Seule habitation des véritables nomades, « hommes bleus » de l'extrême Sud et pasteurs du Maroc oriental, elle double chez les semi-nomades une maison très rudimentaire.
Deux poteaux portent une perche transversale sur laquelle est disposée une pièce d'étoffe brune ou noire, aux longues bandes tissées le plus souvent avec des poils de chèvre ou de chameau. La tente est tendue par des piquets ; le vide laissé

entre le sol et le tissu, pour éviter que celui-ci ne s'abîme, est comblé par des broussailles.
À signaler, enfin, les **tazotas**, type d'architecture unique au Maroc et propre à la région des Doukkala. Constituées de pierres assemblées sans mortier, de façon circulaire, ces constructions autrefois utilisées comme habitations servent aujourd'hui au stockage de la paille. On en voit sur la route d'El-Jadida à Settat, ou bien le long de la bretelle reliant Azemmour à Jorf-Lasfar.
L'habitat rural est peu dispersé. Groupées en cercle, les maisons ou les tentes forment des *douars*.

L'enjeu de l'eau

Riche en eaux, le Maroc est cependant soumis à des sécheresses parfois dramatiques. Souvent bénéfique, parfois destructrice, l'eau est l'objet de toutes les attentions : seguias et *rhettaras* hier, barrages aujourd'hui contribuent à l'irrigation des terres, tandis que dans les villes, les fontaines des médinas, les bassins des mosquées et *medersas*, les jets d'eau des jardins la rendent omniprésente.

« Gouverner, c'est pleuvoir ! »

« Gouverner, c'est pleuvoir ! » : cette boutade prêtée à Lyautey pourrait être reprise par les gouvernants d'aujourd'hui alors que le Maroc est confronté depuis plusieurs années à une sécheresse persistante. Elle met en exergue l'un des principaux obstacles au développement du pays. Les lacs de barrage asséchés, les cultures abandonnées faute d'irrigation ont pour conséquence un exode rural qui vient grossir les bidonvilles des alentours de Casablanca et le nombre de candidats à l'émigration.
Certes, en principe, une bonne partie du Maroc reçoit annuellement les 400 mm de pluies qui permettent la culture permanente. Les pluies d'automne (pointe en novembre) et de printemps (pointe en mars) sont même abondantes sur le relief. Mais, au-delà de l'écran montagneux, elles sont faibles (Oujda ne reçoit que 342 mm par an, la vallée du Drâa moins de 100). Et surtout, les précipitations au Maroc souffrent d'une grande irrégularité d'une année à l'autre.
Des trois pays du Maghreb, le Maroc est le plus riche en eaux ; mais le régime de ses **oueds** est typiquement méditerranéen, avec un écoulement irrégulier, des crues brutales et des étiages d'été très prononcés. Sur le versant méditerranéen, seule la **Moulouya**, longue de 520 km, fait figure de fleuve. Les autres oueds ne sont que de courts torrents dont l'action érosive est redoutable.
Les oueds du versant saharien se perdent pour la plupart dans le désert. Ainsi en va-t-il du **Guir**, du **Ziz** et du **Rheris**, qui alimentent cependant de belles oasis de **Ouarzazate** à **Boudenib**.
Le **Drâa** n'atteint l'Océan qu'exceptionnellement. Plus au sud se rencontrent des oueds temporaires (qui ne coulent qu'après d'aléatoires pluies d'orage) et des marécages salés.
Alimenté par les eaux des montagnes environnantes, l'oued **Fès**, qui traverse la ville du même nom avant de suivre son cours dans la plaine du Saïs, fut un élément déterminant dans le choix du site de la ville au 9e s.
Les cours d'eau du versant atlantique sont mieux alimentés. L'**Oum er-Rbia**, le plus long et le plus abondant des fleuves marocains, se jette dans l'Atlantique à Azemmour ; on ne lui connaît pas moins de 40 sources dans le Moyen Atlas.
Le **Sebou**, qui draine un bassin

considérable entre le Rif et l'Atlas, termine son cours par de larges méandres.

Enfin, de nombreux petits lacs permanents se rencontrent au nord de l'Atlas sous le nom d'*aguelmame* ou de *dayèt*.

Apprivoiser l'eau

Drainant vers les oasis l'eau des sources et des nappes phréatiques, les **rhettaras** sont des canaux souterrains dont le parcours est jalonné, tous les 10 m environ, de puits, qui permettent leur aération et leur entretien.

En aval, des bassins d'accumulation donnent naissance à tout un réseau de **seguias** (rigoles à ciel ouvert) qui distribuent l'eau vers les champs et les jardins. Cet ingénieux système fut créé au 11e s. par un Arabe d'Orient, **Abdellah ibn Youness**, à qui Youssef ben Tachfine avait fait appel pour alimenter en eau le site de Marrakech, où il avait établi son camp.

Si ce système d'irrigation reste d'un intérêt primordial, surtout dans le Haouz, l'urbanisation croissante et la diversification des techniques entraînent l'abandon progressif de ces ouvrages, au grand dam des historiens, pour qui cette « science hydraulique » vieille de neuf siècles fait partie du patrimoine national.

De nos jours, un système de puits collectifs permet à de plus en plus de villageois de disposer d'eau potable, tandis que l'État s'efforce d'étendre les surfaces irriguées et d'atténuer les effets dévastateurs des inondations en construisant de nombreux barrages.

Une ressource capricieuse

Comme la plupart des pays méditerranéens, le Maroc souffre souvent de la sécheresse, qui fait sentir ses effets tant sur le plan de l'approvisionnement en eau des villes et des villages que sur le plan de l'agriculture.

La pluie que l'on attend, l'eau qui purifie et abreuve tous les rites de la vie quotidienne, alimentant fontaines et jardins magnifiques et donnant encore plus de gaieté à ces riads où s'ordonnent des plantes luxuriantes... Génie bienfaisant lorsqu'elle fait sortir de terre des oasis paradisiaques et tourner les meules des moulins à blé, l'eau peut être aussi, lors de la crue des oueds et les inondations, source de pertes humaines et de dégâts matériels importants. L'eau, si rare et si précieuse, devient un fléau alors même que ces pluies diluviennes revivifient et ont par la suite des répercussions positives sur la campagne, la constitution de réserves, sur l'amélioration du couvert végétal, contribuant ainsi à une meilleure qualité de la vie.

Le roi de la pluie

On raconte qu'un roi nommé Anzar était tombé sous le charme d'une jeune fille d'une grande beauté qui aimait se baigner nue dans une rivière. Las, la belle refusait de céder aux avances du monarque qui, pour parvenir à ses fins, décida de tarir la rivière.

Telle est sans doute l'origine de ce personnage, l'Anzar, poupée de roseaux revêtue d'étoffe noire, qui, dans le Haut Atlas, est lancée dans la rivière en même temps que Tislit n unzar (« la fiancée de la pluie »), dont les bras et la tête sont représentés par des *taghounja*, cuillères en bois destinées à recevoir l'eau, lors de cérémonies de rogations de l'eau organisées par les villageois lorsque la sécheresse commence à faire sentir trop durement ses effets.

Côte atlantique, Legzira près de Sidi Ifni.
Mik122/iStock

L'eau omniprésente

Présente dans la cour des mosquées comme dans celle des *medersas* (les vasques ou fontaines à ablutions permettent aux fidèles de dire la prière en état de pureté, la propreté corporelle reflétant celle de l'âme), l'eau joue un rôle essentiel dans la vie quotidienne des cités marocaines.

Les fontaines marocaines

Dans les villes, et plus particulièrement les médinas, elles sont partout. Monumentales ou minuscules, somptueusement décorées d'arcs à stalactites et de zelliges, revêtues de mosaïques où domine parfois le bleu, parfois le vert, coiffées d'un auvent de tuiles vernissées, ornées de colonnes et d'arcs outrepassés, en plein cintre ou brisés, situées sur des places, au détour des rues, au fond des souks, à la porte des mosquées, elles sont innombrables (la médina de Fès, à elle seule, en compte plus de 60!), identiques, dirait-on, et pourtant toujours différentes. Points d'eau, les fontaines sont aussi, et surtout, des points de rencontre.

Les riads

Lors de votre découverte du Maroc, vous visiterez certains palais, aménagés en musées qui vous permettront de découvrir de superbes riads, ces jardins intérieurs à la végétation exubérante : c'est le cas à Marrakech (palais de la Bahia, Jardin secret), Rabat (jardin de la kasbah des Oudaïas) ou Fès (Dar Batha). Ici, l'eau est partout : jaillissant de vasques en un ruissellement cristallin, courant le long de rigoles, étale dans des bassins. Nourricière des arbres (palmiers, orangers, citronniers...), arbustes (lauriers-roses, bougainvillées) et fleurs, élément de décoration de l'espace domestique où intérieur et extérieur s'interpénètrent, elle fait entendre discrètement mais de façon continue son chant, qui se mêlant à celui des oiseaux, compose une délicate sonate, indissociable de l'art de vivre marocain.

Le hammam

Les lieux de sociabilité sont les cafés, fréquentés essentiellement par les

Les lauriers-roses

Au printemps et au début de l'été, dans les paysages les plus désolés, les plus minéraux, les lauriers-roses jaillissent au fond des vallées des oueds asséchés ; dans les montagnes, ils dévalent les pentes, tels des cascades, illuminant de rose les versants : bien qu'absente, l'eau s'y rappelle au bon souvenir de tous en donnant naissance à cette floraison exubérante...

hommes, les terrasses des maisons, domaine des femmes, la mosquée et le **hammam** (bain), réservé aux hommes ou aux femmes, selon les heures.

Aller au hammam est un plaisir auquel il serait dommage de ne pas goûter, car ces heures passées loin du bruit et de la poussière, dans la semi-pénombre et la chaleur humide des lieux, permettent non seulement de se relaxer et de faire peau neuve sous les mains expertes d'un masseur (ou d'une masseuse), mais aussi d'appréhender l'un des rites importants de la vie quotidienne au Maroc.

C'est pourquoi, si la plupart des grands hôtels disposent d'installations souvent luxueuses, les visiteurs en quête d'authenticité s'aventureront dans les bains publics. Ils ne présentent aucun luxe particulier ni aucun confort. Ils sont constitués d'une enfilade de pièces assez vastes que l'on traverse successivement : salle de déshabillage ou de repos située près de l'entrée, salle froide ou *el-barrani*, salle tiède ou *el-ousti*, et enfin *el-dakli*. Dans cette salle sombre, à température élevée, on s'installe sur une natte, sur un siège carrelé ou à même le sol, avec auprès de soi le nécessaire à toilette et plusieurs seaux, que l'on a pris soin de remplir au préalable à la fontaine.

Art et culture

De sa très longue et riche histoire, le Maroc a su conserver l'empreinte à travers ses arts et sa culture : des gravures rupestres du néolithique aux ruines gréco-romaines, sans oublier l'art hispano-mauresque, dont les plus belles expressions sont à admirer dans les « cités impériales », Rabat, Meknès, Fès et Marrakech. Le Maroc a été et reste une source d'inspiration pour de très nombreux artistes locaux et étrangers. Il est aujourd'hui un vivier de création artistique très vivante et éclectique, que ce soit en littérature, en peinture ou en cinéma.

Les arts préislamiques

Lorsqu'on pense à l'art marocain, les ciselures raffinées de l'art hispano-mauresque viennent aussitôt à l'esprit. Pour autant, il serait injuste de négliger les autres formes d'art présentes au Maroc, qu'elles soient autochtones (comme l'art préhistorique ou l'art berbère), ou héritées de la civilisation gréco-romaine.

Mégalithes et gravures rupestres

Les plus anciennes manifestations artistiques connues au Maroc remontent à la fin du néolithique (environ 3000 ans av. J.-C.). L'ensemble mégalithique le plus célèbre est le cromlech de M'Soura *(voir à Asilah)*. Des gravures rupestres jalonnent certains parcours ancestraux de transhumance ou les grands itinéraires sahariens : Haut Atlas (l'Oukaïmeden, *jbel* Yagour ou *jbel* Rat), Anti-Atlas (région de Tafraoute, Foum Lahcen, Assa), Tafilalt, région de Figuig.

Le Maroc romain

Les ruines de villes et les œuvres d'art romaines, retrouvées depuis la fin du 19e s., ont permis de dégager les traits essentiels du « Maroc antique ». Ces villes sont le plus souvent construites en terrain plat, sur le plan en damier caractéristique des cités romaines ; mais plusieurs se sont développées sur des agglomérations déjà existantes : le terrain est alors plus accidenté, les rues plus étroites, le plan irrégulier, comme à Lixus ou dans certains quartiers de Volubilis.
Leurs édifices publics témoignent d'une vie urbaine semblable à celle que pratiquait Rome : forum, capitole, basiliques, temples, thermes, théâtre, acropole, arc de triomphe...
Des trois ordres architecturaux utilisés par les Romains, c'est le corinthien qui connut ici la plus grande faveur. L'ornementation est abondante, la décoration florale des chapiteaux fouillée ; mais, effet d'une technique rudimentaire, une certaine rigidité affecte le modelé.
Les mosaïques exécutées sur place sont d'une facture simple, de couleurs sobres ; leurs motifs

géométriques s'apparentent aux décors berbères. D'autres, reproduisant des scènes mythologiques, arrivaient sans doute – déjà composées – de Rome. D'admirables bronzes, pour la plupart de tradition hellénistique (statuettes, bustes, statues), sont des œuvres d'artistes grecs ou égyptiens, introduites en Maurétanie Tingitane par de riches collectionneurs, parmi lesquels le souverain Juba II. Le petit éphèbe, le cavalier, le chien, l'éphèbe couronné de lierre, la tête d'Éros, le buste de Juba, visibles au Musée archéologique de Rabat, comptent parmi les plus beaux.

Cette civilisation gréco-romaine d'Afrique a marqué de façon durable le plan des maisons : ainsi, les demeures à patio des villes ou les constructions fortifiées de l'Atlas et des oasis présentent toujours à l'extérieur des murs aveugles et s'ordonnent autour d'une cour sur laquelle s'ouvrent les pièces.

L'art berbère

Une double tradition caractérise les arts marocains : l'art berbère, rural, aux procédés simples et à l'application domestique, se distingue de l'art hispano-mauresque, citadin, auquel on doit les magnifiques monuments des villes.

Depuis des millénaires, l'art berbère s'est conservé avec une étonnante immuabilité ; aucune des civilisations importées au Maghreb – pas même la civilisation musulmane – n'a réussi à l'influencer. Les Berbères ont édifié dans l'Atlas et dans les palmeraies du Sud leurs curieuses architectures répondant à la nécessité de se loger, d'abriter les récoltes, de se défendre.

Constructions fortifiées

L'**irherm**, encore appelé *tirhremt* ou *agadir*, est un grenier collectif, souvent fortifié, que l'on rencontre dans le Haut Atlas, l'Anti-Atlas (région de Taroudant, de Tafraoute) et le Souss.

Les **kasbahs**, demeures seigneuriales construites en terre battue recouverte de pisé, et à l'ombre desquelles se serre le village, hérissent les vallées du Ziz, du Todra et du Dadès. Celles de Skoura, d'El-Kelâa M'Gouna, de Taourirt et de Tiffoultoute sont parmi les plus célèbres.

Les **ksour**, villages fortifiés dont l'exemple le plus connu est Aït Benhaddou, peuplent les vallées du Todra, du Moyen Drâa, du Ziz.

Caractéristiques communes

En dépit de leur nature différente, ces constructions sont des ouvrages fortifiés de conception assez semblable : même austérité architecturale, même unité dans la décoration, même rudesse du matériau, même plan quadrangulaire ; tours d'angle carrées s'amenuisant vers le haut et dominant un bâtiment couvert en terrasse, murs épais et – jusqu'à une hauteur élevée – absolument nus, fenêtres perchées et étroites, absence quasi totale d'arcs et de voûtes.

Le **décor berbère**, rigide et sévère, est rigoureusement abstrait : rien, dans ses combinaisons de lignes géométriques, ne rappelle la nature ; la représentation de toute vie, même végétale, est exclue.

Les **motifs en creux** qui égratignent les murs en une sorte de frise ceignant le haut de l'édifice ou encadrant les ouvertures présentent dans le détail une grande variété ; toutefois, tributaire d'une technique rudimentaire, ce décor reste sobre ; l'utilisation d'un nombre très limité de thèmes, où la ligne courbe entre rarement, lui confère un caractère d'uniformité et accroît l'impression de force qui se dégage de l'architecture.

Mais la friabilité du **pisé**, employé dans la partie inférieure de la bâtisse, et de la **brique crue**, dans les parties hautes, donne à ces constructions

L'Ahouache, de Jacques Majorelle, exposé à la Wilaya, place Mohammed V à Casablanca.

une grande fragilité. L'impression de puissance qui s'en dégage est illusoire, et nombre de kasbahs sont aujourd'hui en grande partie ruinées.

L'art hispano-mauresque

Le premier art islamique naquit en Syrie et en Perse. Il s'inspira des traditions des pays conquis, héritières de la civilisation hellénistique ou de l'art iranien. Cependant, ce n'est pas de l'Orient que le Maroc allait s'inspirer, mais d'un art musulman original venu d'Andalousie.

Un siècle après l'Hégire, la religion musulmane couvrait un territoire qui s'étendait des frontières de la Chine à l'Afrique du Nord et à Poitiers, et l'art islamique avait affirmé sa personnalité. Pourtant, il fallut trois siècles, occupés par la résistance des Berbères à la domination religieuse des Arabes, pour que la civilisation apportée par ces derniers s'étendît vraiment à l'ensemble du Maghreb. Alors que le Maghreb de l'Est fut influencé par la civilisation orientale, c'est d'Espagne que le Maroc reçut ses nouvelles formules esthétiques. Dès le 9e s. en effet, les musulmans établis en Andalousie avaient créé un art islamique d'Occident, distinct de celui des musulmans d'Orient et qui trouvait son expression dans la mosquée de Cordoue, rivale de celle de Kairouan. C'est à lui que le Maroc doit ses monuments les plus admirables.

Cet art, dit « hispano-mauresque », s'est développé dans l'ouest du Maghreb aux 10e et 11e s. ; il s'est épanoui au nord et au sud du détroit de Gibraltar jusqu'au terme de la reconquête de l'Espagne par les Rois Catholiques (fin du 15e s.). Puis, il s'est perpétué au Maroc, replié sur ses traditions. C'est un art urbain : rares en effet sont les monuments qui, comme la mosquée de Tinmel, s'élèvent à l'écart des cités.

Les grandes villes dont les dynasties régnantes firent successivement leur capitale reçurent des embellissements et virent surgir plus d'un chef-d'œuvre. Ces **cités impériales** sont au nombre de quatre : Fès, Marrakech, Rabat et Meknès. Aucun nom d'architecte ne s'attache aux édifices, même les plus prestigieux. On peut y lire en revanche les ambitions des souverains qui en ordonnèrent la construction, recherche d'austérité ou volonté de faste.

L'architecture

Simplicité de l'architecture

L'uniformité et la simplicité des formes architecturales révèlent l'intérêt secondaire que leur accordaient les bâtisseurs.

Contrairement aux cathédrales gothiques ou à certaines mosquées orientales, les monuments marocains ne sont jamais le résultat de savantes combinaisons ou de prouesses techniques. Extérieurement, les lignes sont nettes, les volumes simples. La voûte est pratiquement absente de cette architecture. La coupole, largement répandue en Orient, est au Maroc d'un usage des plus restreints ; employée dans les mosquées où elle marque les principales articulations de l'édifice (nef médiane, mur du fond ou niche indiquant la direction de La Mecque), elle se réduit souvent à un dôme que masque un toit pyramidal.

L'allure générale des monuments n'est jamais très élancée. Qu'il s'agisse des minarets qui dominent les édifices religieux ou des portes percées dans les remparts des villes, toujours se dégage de la construction une impression de grande force, presque massive, et d'équilibre.

À l'emploi de la pierre de taille succéda très tôt, sous l'influence de l'Orient, celui de la brique, puis, au 12e s., celui d'une sorte de béton. La pauvreté des matériaux se cache souvent sous un enduit.

Éléments caractéristiques

Parmi les éléments qui caractérisent l'architecture du Maghreb, l'**arc outrepassé**, apport oriental, est le plus représentatif. D'un tracé supérieur au demi-cercle, il peut être en plein cintre ou brisé. Son intrados (surface concave) s'orne souvent de **stalactites**.

Des **lambrequins** découpent parfois la ligne de l'arc en une succession de petits décrochements.

Les **arcs polylobés** auréolent nombre d'arcatures, s'entrecroisent sur les faces des minarets en un très heureux motif de décoration.

Tous ces arcs reposent sur des **colonnes** graciles. Ils surmontent les fenêtres, pour la plupart géminées, encadrent les portes, se déploient le long des galeries, dont l'architecture hispano-mauresque fait un ample usage.

Les **chapiteaux**, d'abord inspirés du corinthien (caractérisé par l'utilisation de la feuille d'acanthe) et du composite (ordre architectural de création romaine puisant ses éléments à la fois dans l'ionique et le corinthien), révèlent, à partir du 11e s., un goût marqué pour les reliefs peu contrastés, qui s'affirme jusqu'au 14e s., sous les Mérinides. Les *medersas* de Fès en possèdent de très beaux. Un parallélépipède largement débordant et décoré de palmes se superpose à un élément cylindrique prolongeant la colonne, orné d'un galon sinueux s'évasant dans la partie supérieure.

Un **auvent monumental**, reposant sur des consoles, abrite les portes principales des édifices religieux et des palais. Il est en bois de cèdre sculpté et recouvert de tuiles vernissées. La **console**, élément typique de l'architecture du Maroc, entre également dans la composition des **corniches**, qui constituent l'une des plus belles parures des cours de *medersas* (celle de Marrakech en est un très bel exemple).

Les mosquées

C'est le monument type de l'art islamique. Les grandes

villes en possèdent un nombre considérable. Fès compterait environ 230 sanctuaires, plus ou moins importants.

Les mosquées hispano-mauresques ont pour ancêtres (et, souvent, modèle) la grande mosquée de Cordoue et celle de Kairouan, édifiées aux 8e et 9e s.

L'aspect extérieur des mosquées marocaines est modeste; seuls leur minaret et leur grande porte d'entrée - souvent très ornée - les signalent à l'attention. Elles sont couvertes d'un simple toit de tuiles.

Une mosquée comprend une cour ou *sahn*, au centre de laquelle se trouve une pièce d'eau ou une vasque destinée aux ablutions rituelles; une salle de prière divisée en plusieurs nefs longe la cour sur tout un côté. Dans le mur du fond est creusé le mihrab, niche parfois admirablement décorée indiquant la direction de La Mecque ou *qibla*, vers laquelle se tournent les fidèles pour prier; on peut voir celui de la mosquée de Tinmel, avec son arc en plein cintre outrepassé s'inscrivant dans un encadrement rectangulaire et surmonté de trois fenêtres formant une frise.

Le **minaret** est aux édifices religieux musulmans ce que le clocher est aux églises. Ceux du Maroc sont pour la plupart bâtis sur plan carré. D'allure massive (leur hauteur représente généralement quatre fois leur largeur), ils se terminent par une plate-forme ceinturée de créneaux en dents de scie et portant un lanternon. De là, cinq fois dans la journée, le muezzin appelle les croyants à la prière.

Avec les grands minarets almohades des 12e et 13e s. - Giralda de Séville, tour Hassan de Rabat, Koutoubia de Marrakech -, le minaret hispano-mauresque prend sa forme définitive. Sur les faces de ces tours se développe en plusieurs registres une très belle décoration essentiellement composée de baies géminées, d'arcs de tous types, d'arcatures aveugles souvent entrecroisées, de réseaux d'entrelacs.

Accès interdit aux non-musulmans

À l'exception de la mosquée Hassan II de Casablanca et de la mosquée de Tinmel, l'accès des mosquées est, au Maroc, interdit aux non-musulmans. Cette disposition remonte à l'époque du protectorat et fut décidée par Lyautey pour préserver la culture autochtone. En 2019, un député a déposé un projet de loi visant à autoriser les non-musulmans à entrer dans les mosquées. D'autant que rien ne l'interdit formellement dans l'islam. Affaire à suivre.

Les medersas

Les *medersas*, sortes d'universités religieuses d'origine iranienne, sont apparues en Occident au 13e s. La plupart d'entre elles peuvent être visitées. Leur plan s'inspire de celui des mosquées.

Créations d'un art raffiné qui utilise toutes les ressources de la décoration, elles firent la gloire du 14e s. hispano-mauresque. Les plus belles d'entre elles se trouvent à Fès. Salé et Meknès en possèdent également de charmantes. La *medersa* Ben Youssef de Marrakech, fondée au 16e s. par les Saâdiens et bâtie sur le modèle classique fourni par ses aînées, fut la plus grande école coranique du Maghreb. Aujourd'hui restaurée dans toute sa splendeur, elle constitue un des points forts de la visite de la ville.

Les koubbas

Dans tout le Maghreb, on rencontre des mausolées appelés familièrement **marabouts** ou *koubbas*, du nom de la coupole qui les surmonte.

L'ARCHITECTURE

LA MOSQUÉE MAGHRÉBINE

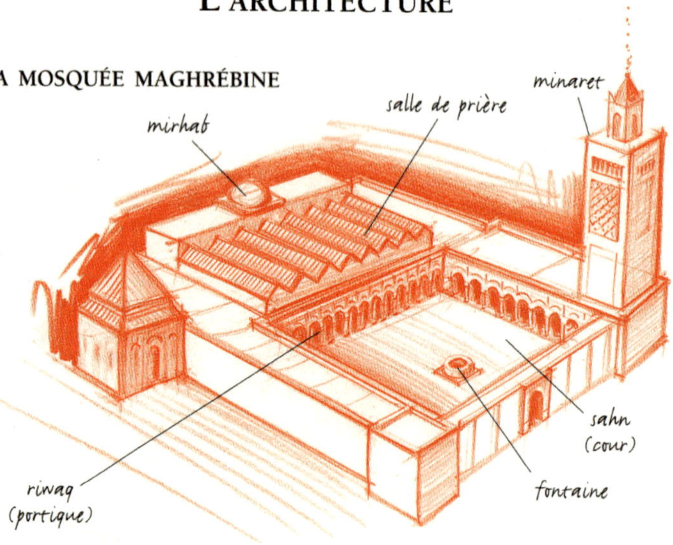

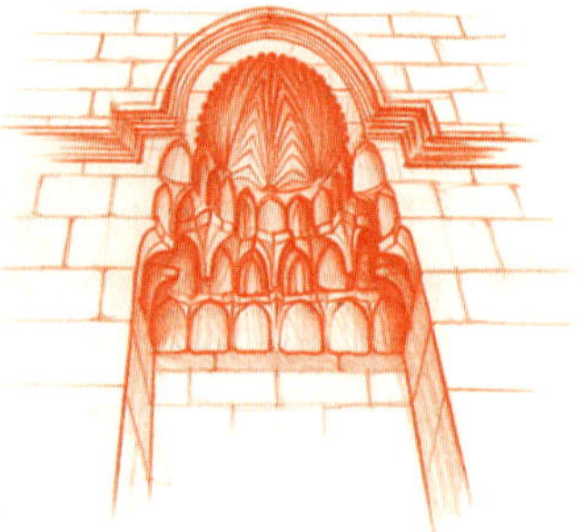

MOUKARNAS « STALACTITES »

LE MIHRAB

LE MINBAR
(CHAIRE)

MINARET ALMOHADE

H. Choimet/MICHELIN

ISLAMIQUE

La porte monumentale

La fontaine

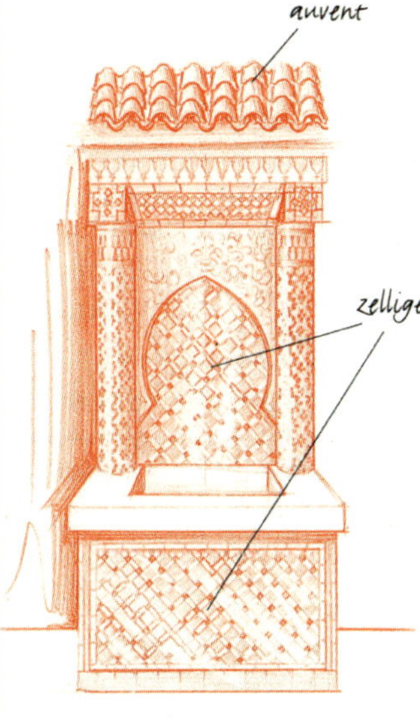

Les arcs

EN PLEIN CINTRE

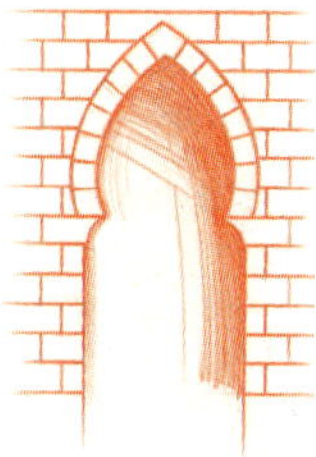

EN OGIVE OUTREPASSÉ

EN PLEIN CINTRE OUTREPASSÉ

POLYLOBÉ

Des écoles religieuses

Les *medersas* ont joué un rôle important dans l'ancien Maroc. Essentiellement urbains, ces édifices avaient pour fonction de loger les étudiants étrangers à la ville, de leur assurer un isolement propice au travail et d'entretenir leur piété. La *medersa* était le complément naturel d'une grande mosquée voisine où les étudiants allaient écouter les leçons dispensées par les maîtres. L'enseignement préparait aux fonctions politiques, judiciaires et religieuses.
Toujours due à la munificence d'un souverain, une *medersa* était une fondation pieuse entretenue par les revenus des *habous* (biens du culte) et la générosité des particuliers. Bâtie autour d'une cour centrale, elle comportait une salle de prière faisant parfois office de mosquée de quartier (dans ce cas, elle était dotée d'un minaret) ; souvent une ou plusieurs salles de travail ainsi qu'une salle d'ablutions occupaient une partie du rez-de-chaussée ; de petites chambres ouvraient sur le patio ou des courettes annexes. Une maigre ration alimentaire était allouée aux étudiants qui, pour le reste, vivaient aux dépens de leur famille ou du profit de quelques travaux.

À l'intérieur sont ensevelis de grands personnages ou de pieux musulmans morts en odeur de sainteté. Petites constructions cubiques aux murs lisses blanchis à la chaux, elles émaillent les paysages marocains. Dans les villes, les mausolées, d'une architecture plus recherchée, sont couverts d'un toit de tuiles à quatre pans et parfois dotés d'une cour à galeries ; la chambre funéraire peut prendre les proportions d'une salle à multiples colonnes, somptueusement décorée, comme les tombeaux saâdiens à Marrakech.

Portes et remparts

Les villes marocaines sont généralement entourées d'enceintes fortifiées, construites en pisé, coupées de loin en loin par des tours et parcourues par un chemin de ronde que protège un mur crénelé. Le 12e s. vit s'élever, sous les sultans almohades, l'immense enceinte de Rabat ; sous les Mérinides furent édifiées au 13e s. celle de Fès-Jdid, au 14e s. celle du Chellah.

Plus intéressantes par leur valeur esthétique que pour leurs qualités défensives, des **portes monumentales** s'ouvrent dans ces remparts. Elles sont en pierre taillée, et généralement encadrées de bastions couronnés de merlons. Au 13e s., l'entrée se complique de chicanes. La baie livrant passage est un arc outrepassé, en plein cintre ou brisé, à claveaux rayonnants. Un ou plusieurs arcs polylobés surmontent cette ouverture qu'enserre un encadrement rectangulaire où se déploie une décoration florale sculptée ; une frise d'arcatures entrecroisées ou à décor épigraphique complète la décoration qui, aux 17e et 18e s., use largement – comme on peut le voir à Meknès – de la faïence de couleur.

Palais et riads

Les demeures privées disposent leurs pièces en carré autour d'un patio occupé par un jardin (riad) entouré de galeries.

Le plus ancien **palais** qui soit parvenu jusqu'à nous – encore n'en reste-t-il que des ruines – est celui d'el-Badii de Marrakech, construit à la fin du 16e s.

La ville impériale de Marrakech et la Meknès de Moulay Ismaïl donnent une idée de ce que furent ces palais édifiés un peu à l'extérieur des villes, aux dimensions de véritables cités : nombreux bâtiments d'habitation, cours d'apparat ou *méchouars*, corps administratifs, écuries, entrepôts,

casernes, entre lesquels s'étendent de vastes espaces *(agdals)* enrichis de pavillons et de pièces d'eau, et plantés de vergers.
Plusieurs palais plus récents ont été convertis en édifices publics ou en musées; celui de la Bahia, à Marrakech, est l'un des plus intéressants.

La décoration

L'abondance de la décoration dissimule souvent la pauvreté du matériau. Le décor, d'abord présent surtout à l'extérieur des édifices, a fini par envahir les surfaces intérieures. Son évolution est due pour l'essentiel à l'apparition du stuc et à l'abandon de la mosaïque traditionnelle au profit de la céramique au 12e s. et à l'importance prise par la terre émaillée et le bois sculpté au 14e s. Il allie la souple exubérance de l'art arabe à la netteté rigide des lignes berbères. La sculpture hispano-mauresque ignore la ronde-bosse; la décoration des monuments, généralement méplate, est riche en couleurs; le goût des artistes andalous ou maghrébins pour la polychromie et la dorure n'a fait que s'affirmer au cours des siècles.
Le trait le plus marquant du décor hispano-mauresque est son caractère abstrait, dicté par la religion, qui interdit toute représentation d'êtres vivants.
En dehors de la décoration monumentale et des arts domestiques, il n'existe aucune œuvre peinte ou sculptée. L'artiste ne puise pas son inspiration dans l'observation du réel; il joue en virtuose de la combinaison des lignes et de la répétition des motifs, charmant le regard sans le fixer, et favorisant la méditation.

Éléments géométriques

La figure de base est le **polygone**. Au 18e s., octogones, triangles, losanges et étoiles se côtoient et se superposent dans des compositions complexes, ornant les panneaux de bois peint ou les revêtements de **céramique**.
Les **entrelacs**, typiquement arabes, utilisent la ligne droite, les festons et les lobes, en un treillis de baguettes ou de galons s'entrecroisant à l'infini; leurs réseaux losangés constituent, aux 12e et 13e s., l'une des plus belles parures des minarets.
L'**arabesque**, figure fondée sur les sinuosités de la ligne, se déploie dans les décors floraux, formant la tige dont elle représente une extrême stylisation.
Les **stalactites**, formées d'une série de petits prismes savamment assemblés et disposés en encorbellement, tapissent les coupoles, les pendentifs, les arcs, les chapiteaux, les linteaux, les consoles.

Éléments floraux

L'art hispano-mauresque utilise avec une extraordinaire profusion les éléments floraux stylisés, dont il tapisse les écoinçons des arcs, les frises, et des panneaux qui finissent par s'étendre aux dimensions mêmes des murs.
La **palme** – motif le plus employé –, née d'une sorte de calice, s'allonge en une feuille recourbée ou se divise en deux lobes.
La **palmette** grecque, qui bien souvent se détache sur les écoinçons des arcs, affecte la forme d'une coquille.
La **pomme de pin** est fréquemment utilisée aux 13e et 14e s.
Ce décor végétal se développe peu à peu en réseaux touffus, se mêle aux compositions géométriques, et comble les vides laissés par le dessin.

Éléments épigraphiques

L'écriture arabe fournit à la décoration musulmane l'un de ses éléments les plus esthétiques et les plus originaux.

L'**écriture coufique** se caractérise par ses hampes verticales, l'épaisseur uniforme de ses lettres, ses angles droits.

D'abord employées exclusivement pour la valeur édifiante du texte, ces inscriptions ont – dès le 11e s. – perdu de leur sobriété originelle ; les caractères s'embellissent d'éléments végétaux (coufique fleuri) ; les hampes se compliquent de nœuds (coufique tressé).

Le **cursif** vient, vers le milieu du 12e s., concurrencer le coufique, qu'il supplante à partir du 16e s., sous les Saâdiens. Il est caractérisé par la souplesse et la finesse de ses lettres, dessinées en pleins et déliés.

Les supports de la décoration

Dès les débuts de l'art hispano-mauresque, la plupart des éléments de la décoration apparaissent dans la **pierre** sculptée des grandes portes. En ce qui concerne la confection des entrelacs qui ornent les minarets, on tire de la **brique** le meilleur parti.

La **mosaïque de terre émaillée**, importée d'Orient, apporte le chatoiement de sa polychromie dans les minarets almohades.

Elle devient, à partir du 14e s., l'un des matériaux essentiels du décor. Ces mosaïques sont exécutées selon deux techniques.

Les **zelliges** sont constitués de petits fragments de céramique de diverses couleurs découpés dans des plaques de ton uni, puis juxtaposés pour former des figures décoratives, et fixés avec du mortier ; on les rencontre surtout dans les compositions géométriques.

La **céramique excisée** ou **champlevée** est employée dans la décoration épigraphique : sur une plaque sombre, le motif est mis en valeur par grattage, puis masticage de la surface qui l'entoure.

Dans le **stuc**, importé de Mésopotamie, et dont l'art hispano-mauresque a poussé la technique à la perfection, le plâtre est appliqué sur des surfaces hérissées de clous. Encore frais, il est sculpté à la gouge ou au ciseau. À partir du 13e s., la « dentelle » de stuc est présente partout. Les stalactites sont, pour la plupart, sculptées dans le plâtre.

Le **bois** aussi entre dans la confection des stalactites.

Le cèdre, imputrescible, sculpté avec raffinement et, à partir du 13e s., rehaussé de peinture, recouvre les parties hautes des murs et contraste avec la blancheur des stucs ; il constitue les corniches, les auvents, les plafonds. Les **moucharabiehs** – grilles placées devant les fenêtres ou servant de clôture, ou encore sortes de balcons à claire-voie entièrement fermés – sont en bois tourné.

L'architecture contemporaine

L'époque du protectorat s'est caractérisée par l'introduction au Maroc d'un nouvel urbanisme (sous l'influence notamment de l'architecte **Henri Prost**) et de styles architecturaux oscillant entre les tendances de l'époque (Art nouveau, Art déco) et un style inspiré de la tradition et qualifié de néo-mauresque. Depuis lors, les grandes réalisations architecturales du Maroc ont toujours balancé entre la modernité et un respect des normes architecturales hispano-mauresques.

Parmi les principaux maîtres d'œuvre, il faut citer **Jean-François Zevaco**, disciple de Le Corbusier et de Wright, à qui l'on doit plusieurs édifices administratifs d'Agadir, considérés comme particulièrement audacieux à l'époque de leur construction.

Architecte préféré d'Hassan II, **Michel Pinseau**, décédé en 1999, est l'auteur de réalisations d'envergure comme la grande mosquée Hassan II et la préfecture de Ben

M'Sick à Casablanca, l'université Al-Akhawayne à Ifrane, ou l'aéroport Al-Massira à Agadir.

L'on doit à **Charles Boccara** le très bel hôtel Tichka et le théâtre-opéra à Marrakech (actuel Théâtre royal), ainsi que plusieurs villas de la cité Amelkis, site enchanteur aménagé à 12 km de la capitale du Sud.

Élie Mouyal, créateur de plusieurs résidences privées à Marrakech, s'est inspiré de l'architecture de terre crue des superbes kasbahs du Sud, architecture traditionnelle utilisant brique artisanale, tadelakt et pisé, pour concevoir un ensemble résidentiel dans la station balnéaire de **Oualidia**, et, en compagnie du Catalan **Ricardo Bofill**, le Casablanca Twin Center.

C'est à un architecte d'origine vietnamienne, **Éric Vo Toan**, qu'a été confiée la réalisation du mausolée de Mohammed V à Rabat, de plusieurs mosquées dont celles de Safi, de Tan-Tan et de Sefrou, et du complexe culturel d'El-Jadida.

Enfin, on doit à **Aziz Lazrak** cette architecture du secteur tertiaire qui tend à devenir une sorte de « vitrine » pour les entreprises qu'elle abrite. C'est le cas de certains immeubles de bureaux de Casablanca faits de courbes, de volumes doux et de larges parois vitrées réfléchissant la lumière, qui tous accrochent le regard (sièges de l'ONA, de la Banque commerciale du Maroc et de Wafabank, de la chaîne de télévision 2M, ministère des Affaires Étrangères à Rabat).

De l'écriture à la calligraphie

L'écriture arabe est belle. La lire, c'est d'abord la regarder comme une infinité de dessins, notamment lorsqu'elle est utilisée pour décorer les monuments. Les mots, même si l'on n'en comprend pas le sens, donnent l'impression de se rencontrer, de se chevaucher, de s'unir en une composition harmonieuse qui, d'une certaine façon, va au-delà de l'écriture proprement dite, pour devenir un double du dessin.

Plusieurs styles

Le pouvoir qu'exerce alors son tracé, qui ressemble à une portée musicale, la force rythmique contenue dans un simple trait, la qualité plastique de ses arabesques formées de courbes et de droites enlacées font de l'écriture une véritable **calligraphie**, où les mots sont écrits (initialement à l'aide d'un calame fait de roseau) de différentes façons et selon plusieurs styles. Ces styles sont nombreux mais six surtout sont utilisés : *diwani*, *thoulthi*, *roqa*, *farsi*, *naskhi* et *koufi*. Le traitement de l'écriture courante sous ces formes diverses devient alors, comme l'ornementation épigraphique des mosquées, un art véritable.

Une vocation picturale

Le calligraphe, au lieu de tracer les mots en ligne, peut les agencer

L'arabe

L'arabe s'écrit de droite à gauche, à l'exception des nombres. Il y a 28 lettres dans l'alphabet, dont trois voyelles (a, i, u) ; les majuscules n'existent pas et la plupart des lettres changent de forme suivant qu'elles sont placées au début, au milieu, à la fin du mot ou isolées. Certaines lettres ne se différencient que par des points diacritiques placés au-dessus ou en dessous. D'autres signes diacritiques (figurant des voyelles brèves) permettent de déterminer le sens des mots. Pour lire un livre, on commence par ce qui, dans les ouvrages occidentaux, est la dernière page.

d'une autre façon et en faire une composition dont les formes ont une vocation picturale faisant appel à l'imagination de celui qui regarde. L'écriture est faite alors autant pour être regardée que pour être lue, et devient un véritable tableau où se révèle la parenté entre le geste du calligraphe et celui du peintre abstrait.

Ce passage de l'écriture à la calligraphie s'est ainsi poursuivi dans la peinture, où certains artistes marocains contemporains ou certains peintres cubistes, fascinés par cette graphie dansante, se sont emparés des lettres et des mots pour les introduire dans leurs œuvres, sans pour autant nuire à l'autonomie de chacun de ces arts.

Tayeb Saddiki, peintre-calligraphe

Homme de théâtre renommé dans le monde arabe, mais aussi peintre-calligraphe, Tayeb Saddiki s'est ainsi intéressé aux infinies possibilités esthétiques de la lettre arabe, comme en témoignent les envolées de son pinceau, qui explorent l'opposition du vide et du plein, du clair et de l'obscur, permettant à sa peinture d'échapper à la contrainte de la figuration, tout en renouant avec les fondements de l'art pictural (composition, tracé, harmonie) par l'importance accordée au geste.

Le Maroc et les peintres

L'art se nourrit depuis toujours d'échanges entre les cultures. Depuis Delacroix, le Maroc, par sa lumière, ses paysages mais aussi sa calligraphie, a contribué à enrichir la création européenne. À leur tour, des artistes marocains sont apparus qui, sans renier leur culture et leurs traditions, ont su puiser aux meilleures sources. De cet échange passionnant est né un mouvement artistique vivant, de plus en plus présent, tant à l'intérieur du royaume qu'au-delà de ses frontières.

La lumière inspiratrice

Eugène Delacroix, le précurseur

« Il y a là des tableaux tout faits qui feraient la fortune et la gloire de vingt générations de peintres ! » s'écria **Eugène Delacroix** lorsqu'il découvrit le Maroc en 1832, en compagnie du comte Charles de Mornay, envoyé par Louis-Philippe pour une mission diplomatique qui dura six mois. Les annotations et croquis réalisés sur le vif au cours de son voyage – et réunis dans ses fameux *Carnets* – possèdent une inestimable valeur de témoignage sur la vie marocaine de l'époque. Ébloui par la « précieuse et rare influence du soleil qui donne à toute chose une vie pénétrante », et libéré des contraintes de l'atelier, Delacroix porta une attention aiguë à la lumière du pays et à ses habitants, s'attachant à saisir en de multiples esquisses rehaussées d'aquarelle les détails d'un costume, d'une architecture, d'un décor de mosaïque, d'une scène de la vie quotidienne ou d'une fantasia. Cette découverte intuitive du pays, qui lui fit rencontrer « le sublime vivant qui court les rues », lui inspira quelques dizaines de toiles, qui marquèrent l'entrée du Maroc dans la peinture occidentale.

L'orientalisme

Son œuvre, annonçant les mutations que la peinture connaîtra dans la seconde moitié du siècle, contribua en effet à lancer en Europe la vogue de l'**orientalisme**. Dès lors, le voyage au Maroc devint pour plusieurs générations d'artistes le passage obligé, comme l'était autrefois le voyage en Italie, surtout dans les années 1920, lorsque le gouvernement français invita – à l'initiative du maréchal Lyautey – les

artistes à s'établir dans le pays.
Parmi ces peintres, évoquons tout d'abord les artistes espagnols qui débarquèrent à Tanger vers 1860 et eurent pour chef de file **Mariano Fortuny y Marsal**. De ses voyages au Maroc en 1862 et 1871, il rapporta des toiles pleines d'une chatoyante virtuosité. Nombreux furent ceux dont l'intérêt pour le style orientaliste naquit du souvenir de Fortuny et des voyages qu'ils firent au Maroc. Ainsi, son ami d'enfance **José Tapiró Baró**, qui s'établira définitivement à Tanger, réalisant des portraits à l'aquarelle d'une grande maîtrise ; **Francisco Lameyer Berenguer** et **Ricardo Madrazo Garreta**, qui rencontrèrent Fortuny au Maroc en 1863 ; José Gallegos Arnosa et José Benlliure Gil, dont les thèmes favoris furent des scènes de la vie ordinaire à Tanger.
Dans le même registre, citons aussi le portraitiste impressionniste américain **John Singer Sargent** et son compatriote **Edwin Weeks** ; les Belges **Jean-François Portaels** et **Théo Van Rysselberghe**, membre de la délégation chargée de saluer le sultan du Maroc Moulay Hassan (dont il fit le portrait) au nom du roi Léopold II ; les Britanniques **Edmund Hunt**, **Frank Brangwyn** et **Arthur Melville**, tout aussi marqués par l'extraordinaire luminosité du pays, et, au détour du siècle, le symboliste **Lucien Lévy-Dhurmer**, qui visita le Maroc en 1901 sous l'influence de Pierre Loti et exécuta des pastels aux tons subtils de bleu et de mauve, s'attachant à rendre une vision poétique des paysages.

Henri Matisse au Maroc

Ayant découvert l'art islamique avec son ami Marquet lors de l'exposition de Munich en 1910, **Matisse** passa deux hivers au Maroc, essentiellement à Tanger, qu'il surnomma « le paradis des peintres », entre 1911 et 1913. La pluie ininterrompue à son arrivée faillit l'inciter à rembarquer aussitôt, et peut-être n'aurions-nous jamais connu le grand Matisse si le temps ne s'était pas levé ! Car la douceur de la lumière, l'exubérance de la nature, l'architecture maghrébine, la variété des couleurs guidèrent sa recherche d'harmonie et furent pour l'artiste, qui se cherchait encore, une révélation. Son style subit une profonde mutation, qui s'affirma dans une vingtaine de toiles parmi les plus importantes de son œuvre *(Une fenêtre à Tanger, Zohra sur la terrasse, La Porte de la casbah, Le Rifain debout* et le fameux triptyque *Les Acanthes, Les Pervenches, La Palme)*, d'où allait naître le Matisse maître des couleurs et de la lumière que nous connaissons.

Une riche source d'inspiration

Albert Marquet, dans une suite d'aquarelles, sut rendre l'enchevêtrement des ruelles et des impasses des villes marocaines. **Raoul Dufy**, « peintre de l'éphémère », découvrit le Maroc en 1926 au cours d'un voyage qui le mena, en compagnie du couturier Paul Poiret, à Fès, Meknès, Casablanca et Marrakech ; il s'attacha dans des aquarelles où dominent le vert et le bleu tendre à rendre la fraîcheur et la quiétude des intérieurs mauresques richement décorés, et à donner la primauté à la couleur-lumière en jouant de tonalités légères sur lesquelles il dessinait en surimpression *(Intérieur mauresque)*. **Kees Van Dongen**, arrivé à Tanger en 1910, trouva dans l'éclairage violent du soleil les effets qu'il cherchait à créer artificiellement en atelier. **Bernard Boutet de Monvel**, peintre mais aussi décorateur et portraitiste à succès, choisit de donner aux sujets de ses toiles des formes géométriques, adoucies parfois par de tendres coloris. Il fut, avec **Gabriel Rousseau**, membre de la « Kasbah », association des peintres français du Maroc fondée en 1924. **Jean Besancenot**, enfin, qui parcourut le Haut Atlas à dos de mulet (à l'instar de **Jacques Majorelle** et d'**Édouard Edy-Legrand**), pour y saisir, avec talent et minutie, la richesse et la variété des costumes traditionnels des différentes ethnies marocaines. C'est à lui que l'on doit d'ailleurs le superbe ouvrage *Costumes du Maroc*, qui a valeur à la fois d'œuvre d'art et de document ethnographique.

Authenticité et modernité

Mêlant dans leurs œuvres le patrimoine artistique exceptionnel de plusieurs générations d'artisans, zelligeurs, mosaïstes, potiers, *zwwaqa* (peintres sur bois), enlumineurs, et les techniques occidentales de la peinture, souvent apprises à l'étranger, les artistes marocains ont cherché à être modernes sans perdre de leur authenticité. Utilisant des formes et des couleurs dans des constructions complexes entre la figuration et l'abstraction, ils mêlent souvent l'art ancien de la calligraphie – où écrire était presque peindre – à d'autres graphismes décoratifs et créent des œuvres qui parfois dérangent ou proposent au regard plusieurs lectures possibles.

Les pionniers

Parmi les artistes les plus représentatifs de la peinture marocaine contemporaine (certains exposent dans un cadre international), il faut citer tout d'abord les pionniers, **Ahmed Cherkaoui** et **Jilali Gharbaoui**, tous deux aujourd'hui disparus et dont les œuvres ont fait l'objet d'expositions à l'Institut du monde arabe à Paris, respectivement en 1993 et 1996.

Cherkaoui fut l'un des peintres marocains les plus importants. Dans ses compositions aux couleurs vives et dans ses encres sur papier émergèrent les prémices de la modernité, les triangles et les cercles prolongeant, d'une certaine façon, le graphisme des tatouages, des broderies ou des tapis anciens (surtout lorsqu'il utilise de la toile de jute – irrégulièrement découpée et collée – comme support de sa passion du signe).

Gharbaoui, décédé à Paris en 1971 à l'âge de 41 ans, fut le précurseur de la peinture abstraite au Maroc. Ami du poète Michaux, il fut séduit par Mondrian et plus tard par Karel Appel, dont la violence des couleurs le fascina. Sa peinture – où la présence physique de l'artiste s'impose comme une lutte contre la matière – est avant tout recherche de la lumière. Les couleurs qu'il utilise sont celles de la terre marocaine, associées à des blancs entre neige et aube ou des bleus marins, et souvent séparées par des courbes noires qui les exaltent.

Foisonnement de la scène artistique

D'autres peintres ont suivi leurs traces, et parmi eux **Mohamed Melehi** (1936-2020), qui suivit les cours de l'Accademia delle Belli Arti de Rome, aux côtés de Gharbaoui ;

Hassan El-Glaoui (1923-2018), qui participa, entre autres, à l'exposition de la galerie Bab Rouah à Rabat aux côtés de **Mohamed Chebaâ** (1935-2013) et **Miloud Labied** (1939-2008).

Mohamed Kacimi (1942-2003), peintre et poète originaire de Meknès, dont les tableaux firent l'objet de plusieurs expositions en Europe ;

Bouchaïb Habbouli (né en 1945), artiste peintre natif d'Azemmour qui utilisa dans ses premières œuvres le brou de noix, avant de passer à l'encre puis à l'huile ;

Mahjoubi Aherdane (1921-2020), poète autant que peintre et dessinateur ;

Mohammed Serghini, qui depuis les années 1940 jusqu'à sa mort

Album d'un voyage au Maroc, E. Delacroix.
D.R.

en 1991 ne cessa de contribuer à la promotion des arts plastiques, et dont les œuvres reflètent divers aspects de la quotidienneté marocaine, où l'artiste puisait son inspiration ;
Abdallah Sadouk (né en 1947), d'origine berbère, dont les compositions aux formes géométriques font référence au cubisme ; **Farid Belkahia** (1934-2014), qui étudia à l'École des beaux-arts de Paris avant d'être directeur pendant plusieurs années de celle de Casablanca. Utilisant divers matériaux (cuivre, peaux teintées au henné, au safran, au sumac), il étudia et travailla des thèmes aussi différents que celui de l'arbre, ou celui de la transe chez les Gnaoua, créant de véritables peintures-sculptures ;
Abdellatif Zine (1940-2016), un autre peintre, s'intéressant au phénomène de la transe, s'efforça, lors d'une exhibition intitulée « Transe Art », de laisser le champ libre à l'inconscient en recourant à des personnes en transe pour véhiculer les couleurs dont il les avait auparavant aspergées et devenir en quelque sorte les pinceaux de sa toile, placée contre un mur (faisant penser d'une certaine manière aux « femmes pinceaux » d'Yves Klein ou aux peintres du mouvement Action Painting).
Parmi les plus jeunes, issus de l'École des beaux-arts de Casablanca, **Mohammed Azouzi** (né en 1946), dans la lignée picturale de Cherkaoui mais aussi de Paul Klee, tire son inspiration des paysages de son Tafilalt natal.

Les peintres d'Essaouira

Essaouira a donné naissance à une génération d'artistes autodidactes, créateurs d'un « art brut » imprégné de mysticisme gnaoua et de traditions populaires, *voir « Une Terre d'artistes » p. 196.*
Des femmes marocaines s'imposent également sur la scène artistique. Des individualités fortes émergent, parmi elles **Fatima Ettalbi,** originaire d'Essaouira et **Chaïbia Talal** (1929-2004), artiste autodidacte qui puise ses images dans la vie quotidienne et transmet sa sensibilité à travers la couleur pure et la simplification des

formes, dans des œuvres oscillant entre le naïf et l'art brut.

Pour découvrir la création contemporaine

Musée d'Art moderne et contemporain de Rabat : vitrine de la création marocaine.

Musée Bank al-Maghrib à Rabat : la section Beaux-Arts présente les œuvres des artistes marocains d'aujourd'hui.

Musée de la Fondation Adberrahman Slaoui à Casablanca : œuvres d'artistes contemporains montrées lors d'expositions temporaires.

On trouve par ailleurs des **galeries d'art** professionnelles dans les grandes villes, en particulier à Marrakech et Essaouira.

Cinéma

Longtemps simple cadre des fictions imaginées par des artistes étrangers, le Maroc semblait limiter sa créativité au domaine oral, celui des conteurs des rues. Cependant, petit à petit, les Marocains se sont emparés des nouveaux moyens d'expression. Au cinéma, on assiste à l'éclosion d'une nouvelle vague de réalisateurs, dont **Nabil Ayouch** est le porte-drapeau.

Émergence d'un cinéma national

Parmi les films du jeune cinéma marocain, d'inspiration résolument sociale et ethnologique, on peut citer *Les Mille et Une Mains* (1972) et *Noces de sang* (1977), de **Souheil Ben Barka**, devenu directeur général du Centre du cinéma marocain et qui, le premier, fit entrer le cinéma marocain dans l'arène internationale ; *El Chergui ou le silence violent* (1975) et *Chroniques marocaines* (1999), de **Moumen Smihi** ; *Un amour à Casablanca* (1991), d'**Abdelkader Lagtâa** ; *Le Grand Voyage* (1982), *Badis* (1989) et *À la recherche du mari de ma femme* (1993), comédie pleine de bonne humeur de **Mohamed Abderrahman Tazi**, qui connut beaucoup de succès au Maroc avant de représenter le pays au Festival international de l'humour à Chamrousse ; *Un Américain à Tanger* (1993), de **Mohamed Ulad-Mohand**, qui obtint le prix de la première œuvre au festival « Images du monde arabe », à Paris, et au Festival du court métrage de Clermont-Ferrand ; *L'Enfance volée* (1994), d'**Hakim Noury**, film présenté au Festival international du film francophone à Namur et en 1996 au Festival d'Amiens ; *Retrouver Oulad Moumen*, d'**Izza Genini**, qui remporta en 1995 le premier prix du documentaire historique du Festival international de Pessac ; *Une porte sur le ciel* (1988) et *Bab Assama Maftouh*, de **Farida Benlyazid**, qui représenta le Maroc au Mois du cinéma arabe à Washington en 1996, dans le cadre du Filmfest D. C.

En décembre 1995, à Tanger, au

Marock de la discorde

Marock, le premier film de la réalisatrice **Laïla Marrakchi**, a été l'objet d'un débat passionné voire d'une polémique au moment de sa sortie au Maroc, en mai 2006, un an après sa projection au Festival de Cannes – certains, proches d'un islam politique, n'hésitant pas à réclamer son interdiction au nom du respect de leur conviction religieuse.

Ce film raconte l'histoire de jeunes issus de la bourgeoisie casablancaise, leur « quête de liberté » et leur « soif d'interdits », pour reprendre les termes de l'affiche du film. Cette quête et cette soif s'expriment notamment à travers la relation amoureuse entre Youri, le juif, et Ghita, la musulmane, et une distance à l'égard de la religion (prière, ramadan et alcool).

4e Festival national du film, ont été présentés tous les films marocains de longs et courts métrages réalisés depuis 1991, date du précédent festival (Meknès). Le grand prix de ce festival a été décerné à **Jilali Ferhati** pour son film *Chevaux de fortune*. C'est à lui que l'on doit également *La Plage des enfants perdus*, primé dans plusieurs festivals autour de la Méditerranée, et *Tresses*.
Depuis lors, *Mektoub*, du cinéaste **Nabil Ayouch**, que son auteur définit comme un *road-movie* marocain, fut élu meilleur film marocain de l'année 1997 par l'Association des critiques de cinéma du Maroc. Cette même année, **Fatima Jebli Ouzzani** réalisait *Dans la maison de mon père*, qui, entre documentaire et fiction, traite de la condition des femmes marocaines et a obtenu de nombreuses distinctions dans les festivals internationaux. **Saâd Chraibi** rend un hommage courageux aux femmes dans *Femmes… et femmes* (1999) et *Femmes en miroirs* (2011). *Et après*, du Tetouanais **Mohamed Ismaël** (déjà auteur en 1996 d'*Aouchtam*), tourné durant l'été 2000 à Fnideq, Chefchaouèn, Tetouan et Marina Smir, évoque les problèmes (émigration, contrebande, kif) du nord du Maroc.
La même année, Nabil Ayouch réalisait *Ali Zaoua, prince de la rue*, un film consacré aux enfants des rues de Casablanca qui obtint le grand prix au 6e Festival du film marocain de Marrakech en 2001. Trois gamins évoluent dans un monde urbain d'une impitoyable dureté que viennent éclairer la tendresse du regard du réalisateur et l'humanité bourrue du personnage du pêcheur, incarné avec sobriété par Mohammed Majd, que l'on retrouvera plus tard dans *Le Cheval de vent*. Peu après, Nabil Ayouch plantait sa caméra à Tanger pour y tourner *Une minute de soleil en moins*, retrouvant l'ambiance thriller de son premier film. Son long métrage *Les Chevaux de Dieu* (2012) s'est distingué dans les festivals internationaux. Plus récemment, ses films *Muched Love* (2015) sur la vie des prostituées au Maroc et *Razzia* (2017) sur le thème des libertés individuelles et de la résistance ont reçu des prix et scucité de nombreuses réactions.
En 2002, est sorti *Le Cheval de vent* (grand prix Hassan II du cinéma 2002) de **Daoud Aoulad Syad**, cinéaste mais aussi photographe, qui réalise ici une sorte de *road-movie* sur le thème de la quête, d'après un scénario de son ami poète Ahmed Bouanani. Il sera suivi en 2007 d'*En attendant Pasolini*, un film sur la mémoire.
Le **Festival international du film de Marrakech**, qui permet, depuis 2001, des confrontations entre le cinéma national et celui d'autres pays, vient conforter l'ambitieuse politique d'investissement et de subventions du ministère marocain de la Culture en faveur du cinéma et de ses créateurs, parmi lesquels il faut également citer **Fatima Benlyazid** *(Ruses de femmes, Une porte sur le ciel)*, **Jamal Belmejdioub** *(Yacout)*, **Faouzi Bensaïdi**, auteur de deux courts métrages qui ont fait sensation (*Le Mur* et *Trajets*), ou **Fyzal Boulifa** dont le court métrage *(The Curse)* a été primé à Cannes et à Mons. L'édition 2019 du Festival de Cannes a consacré deux nouveaux talents : **Maryam Touzani** avec *Adam*, qui traite de la condition des femmes célibataires au Maroc, et **Alaa Eddin Aljem** avec *Le Miracle du saint inconnu*, une fable burlesque présentée à la Semaine de la Critique.
Depuis les Révolutions arabes de 2011, le public marocain s'est pris de passion pour les films documentaires dont la production a explosé. Le festival d'Agadir leur est consacré. Parmi les dernières révélations, **Hind Bensari** (née en 1987) et son *We could be*

Conseils de lecture sur les artistes marocains

– *Kacimi, peintures & écrits*, éd. Revue Noire.
– *Fulgurances Gharbaoui*, par Yasmina Filali, Fondation ONA.
– *Ahmed Cherkaoui, la passion du signe, peintures et dessins*, coéd. Revue Noire/Institut du monde arabe, Paris.
– *L'Art contemporain au Maroc*, par Mohamed Sijelmassi, éd. ACR.
– *La Peinture naïve au Maroc*, par Abdeslam Boutaleb, éd. du Jaguar.
– *Regard sur la peinture contemporaine au Maroc*, par A. Flamand, éd. Al Madariss, Casablanca.
À lire également, *Écrits sur l'art, choix de textes, Maroc 1967-1989*, par Toni Maraini, éd. Al Kalam, coll. Zellige.

heroes (2018), un portrait émouvant et poétique de deux athlètes handisport marocains. Elle s'était fait connaître en 2013 avec *475 : Break the silence*, un court métrage sur un fait divers sordide qui avait remué l'opinion marocaine : le suicide d'une jeune fille de 16 ans contrainte d'épouser l'homme qui l'avait violée. Diffusé en prime-time sur le 2e chaîne de télévision, le film avait réuni près de 2 millions de téléspectateurs.

Ouarzazate, capitale du septième art

La lumière, la beauté des paysages, le pittoresque de la vie quotidienne et les coûts réduits de production ont attiré depuis longtemps au Maroc nombre de cinéastes du monde entier, qu'ils aient pris le pays comme cadre de leurs créations ou que celles-ci soient censées se dérouler ailleurs. La création et le développement des **studios de Ouarzazate** n'ont fait qu'amplifier ce mouvement et un nombre considérable de films, longs ou courts métrages, fictions, documentaires et spots de publicité sont tournés chaque année dans le pays *(p. 370)*.

Le Maroc en toutes lettres

Le roman a vu d'emblée apparaître des auteurs importants, qu'ils s'expriment en arabe ou en français, parmi lesquels Mohamed Choukri et Tahar Ben Jelloun sont sûrement les plus connus.

Le regard des autres

Nés au Maroc ou ayant décidé d'y vivre, ou tout simplement d'y effectuer un voyage, bien des écrivains étrangers ont pris le royaume chérifien pour sujet ou pour cadre de certains de leurs romans. L'exemple sans doute le plus connu est celui de l'Américain **Paul Bowles**, devenu au fil des années une véritable institution à Tanger, où nombre d'auteurs de la Beat Generation, tels que William Burroughs, vinrent le rejoindre.
Parmi les écrivains français, on citera **Joseph Kessel**, qui prit également Tanger pour cadre *(Au grand Socco)*, Paul Morand, Pierre Loti, et surtout **Claude Ollier** *(La Mise en scène)*.
Enfin, on retiendra l'écrivain espagnol **Juan Goytisolo**, fixé à Marrakech, qu'il évoque en particulier dans deux ouvrages (*Makbara* et *Barzakh*) ; il a fortement contribué à la sauvegarde de la place Jemâa el-Fna en la faisant inscrire sur la liste du Patrimoine oral de l'humanité de l'Unesco.

Littérature marocaine

C'est justement cette tradition orale, et les conteurs parfois légendaires de la place Jemâa el-Fna et d'ailleurs, qui constituent la première manifestation

Studio Atlas à Ouarzazate.
Pavel Mora/iStock

d'une littérature proprement marocaine. Depuis la nuit des temps, ils se transmettent oralement de génération en génération un patrimoine de contes d'une richesse infinie, puisant dans un répertoire sans cesse enrichi et enjolivé, qu'une foule rassemblée en cercle autour d'eux écoute avec ferveur.

Les « pères fondateurs »

Le véritable « père » de la littérature marocaine est **Ahmed Sefrioui** (1915-2004), qui se vit décerner le grand prix littéraire du Maroc en 1949 avec un recueil de nouvelles écrites en français, *Le Chapelet d'ambre*, inspirées justement par la tradition du conte.

Cependant, c'est **Driss Chraïbi** (1926-2007) qui est considéré comme « le commenceur », avec son premier ouvrage, *Le Passé simple*, livre de révolte contre le père, mais aussi contre les hypocrisies de la société traditionnelle en général. Paru en 1954, ce roman fit alors grand bruit – voire scandale. Au fil de son œuvre, la violence de la dénonciation a laissé peu à peu la place à une sérénité nouvelle. Parmi ses nombreux romans, *Succession ouverte*, la suite du *Passé simple*, raconte le retour au pays du personnage de ce premier ouvrage, Driss Ferdi, quinze ans après. Citons aussi *La Civilisation, ma mère !...*, livre empreint d'humour et de tendresse, *La Mère du printemps*, *Naissance à l'aube*, *L'Homme du Livre* (consacré au prophète Mohammed et qu'il dédiera à son père, signe de réconciliation et d'apaisement du révolté d'autrefois), *Lu, vu, entendu*, évocation du Maroc des années 1926 à 1947, et enfin, *Le Monde à côté*, qui dit l'espoir d'un monde meilleur...

Parmi les pères fondateurs, il faut également citer **Edmond Amran El-Maleh** (1917-2010), né à Safi dans une famille juive originaire d'Essaouira, auteur d'une œuvre empreinte d'une certaine nostalgie pour le Maroc d'autrefois (encore avivée par des années d'exil). On lira avec intérêt *Le Café bleu Zrirek*, évocations, dans un café d'Asilah, des amitiés littéraires de l'écrivain.

Tahar Ben Jelloun

Né à Fès en 1944, **Tahar Ben Jelloun** est sans doute l'un des écrivains marocains les plus connus du grand public. Il a publié plusieurs recueils de poésie, dont *Les amandiers sont morts de leurs blessures,* et de nombreux romans, parmi lesquels *L'Enfant de sable* (1985) et *La Nuit sacrée*, prix Goncourt 1987 (romans dont s'inspira Nicolas Klotz lorsqu'il réalisa son film *La Nuit sacrée* en 1993), *Jour de silence à Tanger* (1990), *Les Yeux baissés* (1991) et *La Soudure fraternelle* (1994), qui parle de l'amitié comme d'un état idéal de l'existence, un lien nécessaire, avec ses joies mais aussi ses déboires. En 2006, il soulève avec *Partir* la question dramatique de l'immigration clandestine, dans les années 1990, d'une jeunesse marocaine de « diplômés chômeurs » prête à tout pour passer le détroit de Gibraltar. Souvent controversé, Tahar Ben Jelloun, par la reconnaissance internationale que son œuvre apporte à la littérature marocaine, a défriché des voies que les jeunes auteurs peuvent explorer.

Une littérature vivante

Parmi ceux-ci, **Mohamed Berrada**, né à Rabat en 1938, est connu pour son œuvre critique et pour ses traductions d'auteurs marocains. Dans son livre *Le Jeu de l'oubli* (1987), tandis qu'il raconte l'histoire d'une famille de la médina de Fès, il se fait l'écho des métamorphoses de la société et des désarrois identitaires du Maroc au seuil de la modernité.

Citons également **Khireddine Mourad**, poète *(Le Chant d'Adapa)*, dont le premier roman, *Les Dunes vives*, paru en 1997, restitue l'histoire d'une famille dans les premières années de l'indépendance.

Tout à la fois peintre et écrivain, **Mahi Binebine** est l'auteur du *Sommeil de l'esclave* et des *Funérailles du lait*, récit coloré qui brosse le portrait d'une femme simple, Mamaya, qui entreprend un ultime voyage vers le tombeau familial pour donner à son fils aîné disparu (l'Absent) ces funérailles du lait après lesquelles elle pourra quitter ce monde.

Abdelkébir Khatibi, né en 1938 à El-Jadida, également sociologue et dramaturge, mêle dans *La Mémoire tatouée* (1971) des souvenirs d'enfance et d'adolescence, à Essaouira et Marrakech.

Enfin, le populaire **Mohammed Zefzaf** s'est spécialisé dans la description pleine de verve, à la fois violente et tendre des bas-fonds peuplés de marginaux de toute sorte *(L'Œuf du coq)*. Une nouvelle génération de romanciers interroge sans concession les problématiques contemporaines, sociales, religieuses, sexuelles : **Driss Ksikes** *(Au Détroit d'Averroès*, 2019), **Fouad Laroui** (*L'Insoumise de la porte de Flandre,* 2017), **Abdellah Taïa** (*La Vie lente*, 2019).

Signalons également l'apparition de femmes dans le paysage littéraire marocain : **Yasmine Chami** évoque dans *Cérémonie* le destin d'une jeune divorcée, Khadija, de retour dans sa famille à l'occasion du mariage de son frère, et qui se trouve confrontée à la nostalgie de l'enfance mais aussi au regard des autres ; **Touria Oulehri** aborde elle aussi un sujet douloureux dans *La Répudiée*, tandis qu'**Houria Boussejra** *(Le Corps dérobé)* se

Le grand poète marocain

Né à Tafraoute, dans le Sud marocain, **Mohammed Khaïr-Eddine** (1941-1995) est considéré comme l'un des plus grands poètes marocains francophones. Il publia une vingtaine de recueils et de romans, devenus des classiques, dont *Résurrection des fleurs sauvages (1981)*, *Agadir* (1967) – son œuvre maîtresse – *Ce Maroc !* (1975), *Une odeur de mantèque* (1976) et *Légende et vie d'Agoun'chich* (1984), redécouverte de ce Sud tant aimé.

Mohamed Choukri (1935-2003)

Personnage haut en couleur, l'écrivain tangérois **Mohamed Choukri** fut un ami de **Genet**, de **Tennessee Williams** et de **Paul Bowles**. Il se fit connaître grâce à ce dernier, qui l'incita à publier *Le Pain nu* (écrit en 1952), œuvre autobiographique relatant une jeunesse perdue, passée entre alcool et kif, sur fond de famine, de violence et de sexualité. *Le Pain nu* est la première œuvre d'importance de la littérature contemporaine marocaine écrite en arabe.

penche sur la relation mère-fille. **Fatéma Mernissi**, sociologue, étudie avec un humour parfois décapant la société marocaine *(Rêves de femmes, Les Aït Débrouille, Êtes-vous vacciné contre le harem ?)*. **Rajae Benchemsi** s'interroge sur sa double identité culturelle, marocaine et française (*Marrakech lumière d'exil, La Controverse des temps*). Sans oublier **Leïla Slimani**, bien connue des lecteurs français depuis l'obtention de son prix Goncourt en 2016 pour *Chanson Douce*.

Poètes marocains

Outre Khaïr-Eddine, il convient de citer le Fassi **Abdellatif Laâbi**, écrivain et philosophe, fondateur en 1962 de la revue *Souffles*, qui a publié un ouvrage sur son enfance dans la médina *(Le Fond de la jarre)*, **Mohammed Loakira** (auteur en 1975 du recueil *Marrakech*), **Mostapha Nissabouri** (né en 1943), animateur de la Maison de la poésie de Rabat, avec **Mohammed Bennis** (*Le Don du vide*, 1993 ; *Vin*, 1999).

Festival de la culture gnaoua à Essaouira.
TRAVEL Collection/hemis.fr

ORGANISER SON VOYAGE

Types de séjour

Histoire et patrimoine	
Volubilis et Lixus	Les sites antiques les plus intéressants du Maroc. Il vaut mieux les visiter tôt le matin ou en fin d'après-midi.
Fès, Marrakech, Rabat, Meknès	Les villes impériales offrent des joyaux artistiques et culturels : architecture ancienne, monuments, musées et artisanat exceptionnels. Fès, la plus ancienne cité impériale, à visiter de préférence au printemps et à l'automne.
Casablanca	Les amateurs d'architecture de la première moitié du 20e s. apprécieront les nombreux bâtiments de style Art déco, néoclassique, néomauresque et fonctionnaliste, un ensemble métissé unique, résultat d'une fusion créative entre les courants architecturaux marocains et européens.
Tanger	Point de rencontre entre l'Atlantique et la Méditerranée, ville cosmopolite, Tanger a conservé intacte sa belle médina avec ses maisons blanches et bleutées et son palais (Dar el Makhzen).
Séjour balnéaire	
Agadir	Cette station balnéaire est agréable en famille avec de jeunes enfants : superbe plage protégée des vents et climat doux en toute saison. Agadir abrite de nombreux hôtels et plusieurs centres de thalassothérapie.
Essaouira	Terre d'artistes, Essaouira offre un séjour à la fois balnéaire et culturel. La grande plage balayée par les vents est idéale pour la voile et le surf, les alizés apportent de la fraîcheur en été.
Oualidia	Centre d'ostréiculture réputé, Oualidia est aussi une station balnéaire familiale à l'ambiance marocaine, très fréquentée en été. Sa vaste lagune protégée des vents est idéale avec des enfants.
Nature et sport	
Montagnes du Moyen, de l'Anti et du Haut Atlas	Les randonneurs de tout niveau auront l'embarras du choix dans les montagnes marocaines, les plus aguerris tenteront l'ascension du Toubkal (obligatoirement avec un guide).
Ifrane	Selon la saison, on pratique la randonnée, le ski ou le VTT dans cette petite station d'altitude.
Anti-Atlas et Haut Atlas, littoral atlantique, désert du Sahara	La douceur du climat marocain permet de faire des randonnées équestres toute l'année.
Cuisine	
À travers tout le Maroc	La cuisine marocaine offre de nombreux plats aussi raffinés que savoureux. Le Maroc compte d'inoubliables restaurants gastronomiques blottis dans de superbes demeures ou installés sur des terrasses panoramiques, à Fès et Marrakech en particulier. Chaque ville et village possède son souk hebdomadaire d'où rapporter épices, pâtisseries et autres délicieuses spécialités locales. Les rôtisseries au coin des rues, les stands sur les marchés ou les gargotes de poissons à Essaouira ou El-Jadida par exemple, proposent une cuisine populaire, fraîche et bon marché.

Aller au Maroc

Nom officiel : royaume du Maroc
Capitale : Rabat

Superficie : 446 550 km^2, 710 850 km^2 (Sahara occidental compris)
Population : 34 millions d'hab.
Monnaie : dirham (DH)

En avion

Aéroports

Les **aéroports internationaux** sont ceux de Tanger, Fès, Oujda, Rabat, Casablanca, Marrakech et Agadir Information sur le site de l'Office national des aéroports, *www.onda.ma*.
Royal Air Maroc, Air France et plusieurs compagnies *low cost* (EasyJet, Ryanair, Transavia) assurent des liaisons régulières vers les principales villes marocaines, depuis Paris mais aussi Bordeaux, Lyon, Lille, Marseille, Montpellier, Nice, Strasbourg et Toulouse.
Au moment de réserver son vol, à moins de tenir à voyager avec une compagnie spécifique, le mieux est de consulter les sites des courtiers en ligne et ceux des comparateurs, pour trouver le meilleur prix. Quitte à réserver ensuite sur le site de la compagnie.
Pour un Paris-Marrakech en vol direct (3h30), comptez autour de 100/200 € A/R.

Compagnies

Royal Air Maroc (RAM) – www.royalairmaroc.com.
En France : 38 av. de l'Opéra - 75002 Paris - ✆ 01 44 94 13 00.
En Belgique : 134 bd Jacqmain - 1000 Bruxelles - ✆ 02 219 19 92.
En Suisse : r. Chantepoulet 4 - Genève - ✆ 022 731 77 54.
Au Canada : 75 Sherbrooke Ouest - Montréal - ✆ 1 800 361 75 08.
Air France – ✆ 09 69 39 36 54 (appel non surtaxé) - www.airfrance.fr.
EasyJet – ✆ 08 06 14 11 41 (appel non surtaxé)- www.easyjet.com.
Ryanair – *France* ✆ 0 892 562 150 (0,80 €/mn, plafonné à 3 €) - www.ryanair.com.
Transavia – ✆ 0 892 05 88 88 (0,50 €/mn) - www.transavia.com. Filiale d'Air France.
Air Arabia Maroc – ✆ 0 890 002 353 (0,50 €/mn) - www.airarabia.com.

Billets en ligne et comparateurs

Pour obtenir les offres les plus avantageuses, comparez les prix sur plusieurs sites, sans oublier bien sûr ceux des compagnies aériennes. Vérifiez que les prix annoncés ne dissimulent pas des suppléments (bagages, frais de gestion, etc.).
Il existe deux types de sites : les **comparateurs** (www.bourse-des-vols.com, www.liligo.fr, www.kayak.fr, www.skyscanner.fr), dont le moteur de recherche fournit un choix de prestataires proposant le même produit. Une fois le produit sélectionné, vous êtes redirigé vers le site prestataire, agent de voyage.
Les **agences de voyage** en ligne proposent également un choix, mais le règlement de la prestation s'effectue directement sur leur site :
www.ebookers.fr
www.expedia.fr
www.fr.lastminute.com
www.govoyages.com

En voiture

Pour gagner le Maroc en voiture, il faut rallier en France le port de Sète, ou, en Espagne, l'Andalousie, puis prendre le bateau.

Cartes et guides

Au départ de Paris, comptez environ quatre jours.

Pour la traversée de l'Espagne, utilisez la carte Michelin n° **734** ou **794** au 1/1000000, ou bien les cartes n^os **571, 574, 575, 576, 577** et **578** au 1/400000, les Guides Verts Espagne (notamment le Guide Vert Andalousie), ainsi que le Guide Michelin España Portugal de l'année (sélection d'hôtels, restaurants, plans de villes).

Une fois arrivé au Maroc, utilisez la carte routière Michelin n° **742** au 1/1000000. Cette carte comporte des agrandissements au 1/600000 des régions Casablanca-Rabat, le Rif-Meknès-Fès, le Moyen Atlas, les environs de Marrakech.

Internet

Pour le voyage, vous obtiendrez des « feuilles de route » personnalisées, des adresses d'hôtels et de restaurants et des informations pratiques et touristiques en consultant : **www.viamichelin.fr.**

En train

Le trajet est long et coûteux mais pouvez vous rendre dans le sud de l'Espagne en train, puis faire la traversée en bateau. Au départ de Paris, un train de nuit vers Madrid, puis correspondance vers Algésiras (16h de trajet). Également cinq trains quotidiens entre Paris et Sète.

SNCF – France - ✆ 09 77 43 16 16 (appel non surtaxé) - www.oui.sncf.

RENFE – Espagne - ✆ 91 232 0320 - www.renfe.com.

En bateau

Plusieurs compagnies permettent la traversée – avec passage des voitures – entre la France, l'Espagne ou l'Italie et le Maroc. Il n'est pas nécessaire de réserver pour les traversées Algésiras-Ceuta et Algésiras-Tanger Med ; pour les autres liaisons, il faut réserver plusieurs mois à l'avance.

Renseignements

Pour organiser votre voyage, vous obtiendrez toutes les informations nécessaires sur les trajets, les compagnies et les prix sur le site : www.directferries.fr.

Lignes

Départs de France

Sète-Tanger (avec GNV, Grandi Navi Veloci, durée 40h).

Départs d'Italie

Gênes -Tanger (avec GNV, Grandi Navi Veloci, 51h) et Savone-Tanger (avec Grimaldi Lines, 48h).

Départs d'Espagne

Barcelone-Tanger Med (31h, avec Grandi Navi Veloci, ou avec Grimaldi Line).

Algésiras-Tanger (1h30, nombreuses compagnies).

Tarifa-Tanger (1h, compagnie FRS).

Principales compagnies

GNV – France : ✆ 01 86 26 10 18 - www.gnv.it.

Compagnie Ferrys Rápidos del Sur (FRS)

- à Tarifa : Estación Marítima - ✆ (+ 34) 956 68 18 30 - www.frs.es.
- à Tanger : Port Tanger-Ville - ✆ 06 73 07 44 82.

Grimaldi Lines – ✆ (039) 081 496 444 - www.grimadli-lines.com - à Tanger, 27 r. Beethoven - ✆ 05 31 11 11 11.

Avant de partir

Météo

Dans le « pays des quatre saisons », toutes les périodes ont leur charme, selon les régions visitées et votre type d'activité préféré. Plus d'un voyageur a vérifié à ses dépens que « le Maroc est un pays froid où le soleil est chaud ». La plus grande partie du pays, montagneuse ou continentale, présente des écarts très marqués entre l'hiver et l'été, entre le jour et la nuit. Les températures ne sont modérées que sur la côte atlantique.

Au **printemps**, en mai notamment, les hautes pressions d'air tropical s'installent sur le Maroc, assurant un temps chaud et sec. Les hautes cimes conservent leur parure neigeuse, mais pistes et cols redeviennent praticables.

L'**été**, surtout quand souffle le *chergui* (vent d'est), n'est agréable que le long des côtes et sur les hauteurs de l'Atlas. Dans le reste du pays, on ne peut guère circuler que tôt le matin ou en fin d'après-midi.

En **automne**, septembre et octobre – malgré quelques averses – offrent également beaucoup d'attraits. Cette courte période représente, pour l'ensemble du pays, la délicieuse prolongation d'un été dont les rigueurs se sont adoucies.

L'**hiver** est la grande saison du Sud marocain. L'air sec permet de supporter sans gêne des nuits souvent glaciales et, dans la journée, un soleil éclatant réchauffe rapidement l'atmosphère. Alors qu'on se baigne à Agadir, c'est la saison des pluies dans la partie nord du Maroc, qui dure jusqu'en avril.

À emporter

Un chapeau, des lunettes de soleil et une crème solaire sont indispensables au printemps et en été. Le temps pouvant subitement varier, munissez-vous d'un pull-over. Un maillot de bain n'est jamais de trop, quelle que soit la saison. D'octobre à mai, prenez de quoi vous couvrir la nuit : certaines maisons d'hôte ne sont pas chauffées. Pour les excursions en montagne, emportez des chaussures de randonnée, ainsi qu'une bonne « polaire » et un duvet. N'oubliez pas votre lampe électrique ; elle vous sera utile dans le désert et dans certaines auberges qui n'ont pas, ou plus, l'électricité à partir d'une certaine heure. Si vous prévoyez d'effectuer de longs trajets dans le Grand Sud, emportez une bouteille Thermos pour avoir de l'eau fraîche en réserve.

On trouve la plupart des **médicaments** courants dans les pharmacies des grandes villes marocaines, où est assuré un service de nuit. En revanche, si vous partez dans une région rurale, assurez-vous que votre trousse de pharmacie est bien complète. Elle doit contenir les médicaments suivants : antibiotiques, antalgiques, un antiseptique intestinal, un antidiarrhéique, un antihistaminique, une lotion antimoustique, une pommade contre les piqûres d'insectes, un purificateur d'eau, une protection solaire à fort coefficient et de la Biafine pour soulager les coups de soleil.

Adresses utiles

Offices de tourisme

France – 161 r. St-Honoré - 75001 Paris - ✆ 01 42 60 63 50 - www.visitmorocco.com.

Belgique - Av. Louise 402 - 1050 Bruxelles - ✆ 02 646 63 20.

Centre culturel et librairie

Institut du monde arabe (IMA) - *1 r. des Fossés St-Bernard - 75005 Paris - www.imarabe.org* - L'institut sert de cadre à de nombreux colloques, festivals et expositions sur les différents pays du monde arabe; la **bibliothèque** rassemble l'essentiel de ce qui se publie aujourd'hui à son propos et la **librairie** *(tlj sf lun., 10h-19h)* offre un large choix d'ouvrages touchant la littérature, l'histoire, la philosophie, les arts, le tourisme.

Agences de voyages

Tourisme responsable

Voyageons autrement, portail d'informations sur le tourisme responsable, fournit sur son site Internet des renseignements sur le Maroc, en particulier sur les voyagistes.

www.voyageons-autrement.com.

Tourisme solidaire

www.tourismesolidaire.org : ce site recense par destination les propositions des associations et agences impliquées dans le tourisme équitable et solidaire.

Croq'Nature - 20 r. de l'Alaric - 65200 Ordizan - ✆ 05 62 97 01 00 - www.croqnature.com. Randonnées et séjours à la rencontre des peuples de l'Atlas. L'association participe à des projets à usage collectif (puits, dispensaires, écoles) et offre des formations au tourisme rural, sur les lieux de randonnées.

Arvel Voyages - ✆ 04 72 44 95 50 - www.arvel-voyages.com. Cette association propose des séjours chez l'habitant à Marrakech, Essaouira, Fès, Meknès ou dans un village de la vallée des Aït Bouguemez avec randonnées quotidiennes (accessible aux enfants).

Vision du Monde - 1 pl. du Château - 38300 Bourgoin-Jallieu - ✆ 04 74 43 91 82 - www.visiondumonde.org. Voyages solidaires au Maroc dans les montagnes de l'Atlas, les villages berbères, le désert ou les vallées.

Agences généralistes

Fram - ✆ 0 892 232 650 - www.fram.fr. Séjours en hôtel ou en club.

TUI - ✆ 08 25 00 08 25 - www.tui.fr. Circuit classique et en 4x4 dans le grand Sud sous la marque Nouvelles Frontières, séjours en club sous la marque Marmara.

Spécialistes du Maroc

Comptoir des Voyages - 2 au 18 r. St-Victor - 75005 Paris - ✆ 01 53 10 30 15 - www.comptoir.fr. Labellisé « Agir pour un tourisme responsable ». Courts séjours, circuits individuels, hébergements de charme.

Voyageurs du Monde - 55 r. Ste-Anne - 75002 Paris - ✆ 01 42 86 16 00 - www.voyageursdumonde.fr. Labellisé « Agir pour un tourisme responsable ». Autres agences dans différentes villes de France. Séjours et circuits individuels personnalisés.

Voyages culturels

Arts et Vie - 251 r. de Vaugirard - 75015 Paris - ✆ 01 40 43 20 21 - www.artsetvie.com. Autres agences en France. Circuits de 5 à 14 jours dans les villes impériales, l'Atlas et le Grand Sud; itinéraire culturel de 12 jours conduisant du Maroc à l'Andalousie à la découverte des merveilles de l'art arabo-andalou : Meknès, Fès, Chefchaouen, Tetouan, Ronda, Grenade, Cordoue et Séville.

Clio - 34 r. du Hameau - 75015 Paris - ✆ 01 53 68 82 82 - www.clio.fr. Circuit de 13 jours par l'agence référence dans le domaine des voyages culturels.

Intermèdes – 10 r. de Mézières - 75006 Paris - ✆ 01 45 61 90 90 - www.intermedes.com. Une dizaine de circuits thématiques avec conférencier, partout au Maroc ainsi qu'un circuit Maroc-Andalousie de 10 jours.

Organisateurs de randonnées

Allibert Trekking – 37 bd Beaumarchais - 75003 Paris - ✆ 01 44 59 35 35 - Belgique ✆ 02 32 18 32 02 - Suisse ✆ 022 519 03 23 - www.allibert-trekking.com. Labellisé « Agir pour un tourisme responsable ». Un grand spécialiste des randonnées pédestres.

Atalante – 36 quai Arloing - 69009 Lyon - ✆ 04 72 53 24 80 - à Paris, ✆ 01 55 42 81 00 - www.atalante.fr. Une trentaine de circuits, de 8 à 22 jours, avec randonnées pédestres, muletières ou chamelières, certaines spécialement conçues pour les familles. Tourisme responsable notamment en matière de compensation carbone.

Huwans – 18 r. Séguier -75006 - ✆ 01 44 32 09 30 - agences à Lyon et Marseille - www.huwans.com. Des randonnées pédestres de 8 à 15 jours partout au Maroc du sommet du Toubkal aux dunes d'Essaouira. Un programme adapté à chaque mois de l'année. Engagé dans une démarche environnementale et solidaire.

La Balaguère – Rte du Val-d'Azun, 65403 Arrens-Marsous - ✆ 05 62 97 46 46 - à Paris, 12 rue des Halles, ✆ 01 45 87 45 86 - www.labalaguere.com. Labellisé « Agir pour un tourisme responsable ».Randonnées dans la vallée du Drâa, le massif du Toubkal, le *jbel* Sarhro, à la rencontre du désert... Programmes famille à partir de 5 ans. Une marque de l'association UCPA.

Nomade Aventure – 40 r. de la Montagne-Ste-Geneviève - 75005 Paris - ✆ 01 46 33 71 71 - www.nomade-aventure.com - autres agences en France. Labellisé « Agir pour un tourisme responsable ». *Treks* et randonnées chamelières ainsi qu'un sympathique Désert à mobylette de Ouarzazate à Zagora.

Tamera – 26 r. du Bœuf - 69005 Lyon - ✆ 04 78 37 88 88 - www.tamera.fr. Randonnées chamelières, *treks*, ascension des plus hauts sommets du Maroc, transhumance en compagnie d'une famille de nomades...

Terres d'Aventure – 30 r. St-Augustin - 75002 Paris - ✆ 01 70 82 90 00 - www.terdav.com - 10 agences en France, ainsi qu'à Bruxelles et Genève. Labellisé « Agir pour un tourisme responsable ». Nombreuses randonnées pédestres, de 8 à 22 jours.

Tourisme rural/ écotourisme

Informations sur le tourisme rural au Maroc, conseils pratiques, idées de randonnées, adresses de gîtes et d'hôtels..., voir le site : www.marocecotourisme.com.

Accueil paysan – ✆ 04 76 43 44 83 - www.accueil-paysan.com. Un moyen de découvrir, sans intermédiaire, les communautés villageoises. Vous vivez au rythme de la ferme, des balades à pied ou à dos de mule. Hébergement dans le massif du M'Goun (Haut Atlas, au nord-est de Marrakech), ainsi qu'à Azrou et Mrirt (Moyen Atlas au sud de Meknès).

Centre d'échanges et de voyages internationaux pour études de développement (Cevied) – ✆ 04 78 42 95 33 - www.cevied.org. Cette association propose des séjours alliant le culturel et l'écotourisme. Découverte des villes impériales souvent couplée à celle de fermes « agro-écologiques »

dans l'arrière-pays (apiculture dans le Rif, fermes berbères dans le Sud). L'hébergement se fait la plupart du temps dans des familles.

Maroc chez l'habitant - www.marocchezlhabitant.com. Logement chez l'habitant dans tout le pays. Association partenaire du Cevied.

Ambassades du Maroc à l'étranger

France

Ambassade du Maroc – 5 r. Le Tasse - 75016 Paris - ✆ 01 45 20 69 35 - www.amb-maroc.fr.

Belgique

Ambassade du Maroc – 29 bd St-Michel- 1040 Bruxelles - ✆ 02 736 11 00.

Suisse

Ambassade du Maroc – 42 Helvetiastrasse - 3005 Berne - ✆ 031 351 03 62.

Canada

Ambassade du Maroc – 1730 St Laurent Bldv - Ottawa - ✆ 613 236 73 91.

Sites Internet

Tourisme et transports

- *www.visitmorocco.com* (office du tourisme du Maroc)
- *www.riads.fr* (sélection de riads dans différentes villes marocaines)
- *www.oncf-voyages.ma* (Office national des chemins de fer du Maroc)

Actualités et informations

- *www.lopinion.ma*
- *www.lematin.ma*
- *www.telquel.ma*
- *www.mincom.gov.ma* (ministère de la Communication du Maroc)

Ambassade de France au Maroc www.ambafrance-ma.org (renseignements pratiques, actualités culturelles, activités des consulats, liens vers des sites spécialisés)

Formalités

Les formalités administratives et douanières risquant d'être modifiées dans leurs détails, nous conseillons à nos lecteurs de se renseigner peu de temps avant le départ. Actuellement, les pièces exigées et les formalités sont les suivantes :

Pièces d'identité, visa

Aucun visa n'est exigé pour les ressortissants français, canadiens, belges, suisses. En revanche, le passeport en cours de validité (3 mois minimum) est obligatoire. La durée du séjour est limitée à trois mois. La carte nationale d'identité n'est pas reconnue pour pénétrer sur le territoire marocain.

Santé, assurances

Si pour le Maroc aucune vaccination n'est normalement exigée, il est prudent d'être prémuni contre la typhoïde, le tétanos et la poliomyélite. Consulter le site www.astrium.com.

Services d'assistance

Pensez à vous assurer avant de partir. Si vous passez par un voyagiste, l'assurance assistance-rapatriement est en général incluse dans le prix du voyage. Si vous organisez seul votre voyage, contractez une assurance auprès d'un organisme spécialisé ou renseignez-vous auprès de votre banque : de nombreuses cartes incluent dans leur contrat une assurance voyage.

Ava – ✆ 01 53 20 44 20 - www.ava.fr.

Europ Assistance – ✆ 01 41 85 93 65 - www.europ-assistance.com.

Allianz Travel – ✆ 01 84 78 40 87 - www. allianz-voyage.fr.

Douane

Principales restrictions douanières à l'entrée : 1 l de vin ou d'alcool fort, 200 cigarettes (soit une cartouche) ou 25 cigares ou 200 g de tabac. Pour plus de précisions, notamment sur les objets que les non-résidents peuvent importer, consulter le site Internet de l'administration des Douanes et Impôts directs du Maroc : *www.douane.gov.ma.*
Pour connaître le montant de la franchise pour l'importation de marchandises en France consulter le site : www.douane.gouv.fr.
En 2021, la franchise était de 430 € pour un adulte et 150 € pour les moins de 15 ans.

Téléphoner au Maroc

Pour appeler de France au Maroc, composer le 00 + **212** + le numéro du correspondant sans le zéro initial.

Budget

Si vous comptez dormir dans une auberge de jeunesse, vous restaurer sur le pouce et emprunter les transports en commun, comptez 50 € (env. 550 DH) par jour pour deux. En logeant dans un petit hôtel (douches sur le palier), en faisant des pauses gourmandes dans des gargotes et en empruntant les transports en commun, votre budget quotidien pour deux ne devrait pas dépasser 80 € (env. 880 DH).
Avec un budget moyen de 200 € (env. 2200 DH) pour deux, vous pourrez dormir dans un hôtel confortable, faire de bons repas au restaurant et vous déplacer en voiture de location.
Et enfin, comptez plus de 300 € (env. 3300 DH) par jour pour deux pour dormir dans un riad chic, se restaurer dans des établissements gastronomiques et louer une voiture.
Voir « Argent », p. 586.

Hébergement

Différentes taxes de séjour de quelques dirhams sont perçues par les hôtels et autres lieux d'hébergement. Selon les cas, ces taxes sont comprises ou non dans le prix de la chambre.
Durant la basse saison, les hôtels consentent des rabais parfois très intéressants.
C'est le cas en particulier en novembre-décembre, avant les fêtes de fin d'année, ou en été (à l'exception bien entendu des côtes), notamment durant le mois d'août. Mais, revers de la médaille, certains établissements peuvent être fermés ou n'assurer qu'un service réduit à sa plus simple expression.

Nos catégories de prix

Les renseignements concernant les établissements que nous indiquons dans les carnets pratiques sont donnés sous toutes réserves, car susceptibles de changements rapides.
En ce qui concerne les **hôtels**, et sauf autre précision, les prix que nous indiquons sont ceux qui nous ont été communiqués par les établissements pour une chambre double standart en haute saison (si deux prix sont mentionnés, ils correspondent à la basse/haute saison). Ils sont susceptibles d'aménagements, parfois importants, aux périodes où la fréquentation touristique est moindre. Lorsque le prix du petit-déjeuner n'est pas compris dans celui de la chambre, il est indiqué à la suite du symbole ☕.
Ces établissements sont classés par catégories de prix selon l'échelle de prix indiquée dans le tableau du rabat de couverture et ci-dessous.

Les différents types d'hébergement

Hôtels

Les hôtels au Maroc sont classés de 1 à 5 étoiles : chambres confortables à partir de 3 étoiles et luxueuses à 5 étoiles. Si le choix est assez large dans le Nord, dans les grandes villes et le long des côtes, le nombre de chambres reste limité dans le Sud qui, en outre, est une zone très fréquentée par les groupes. Dans cette région, plus qu'ailleurs, il est vivement recommandé de réserver longtemps à l'avance.

Les **délégations du ministère du Tourisme marocain** distribuent une liste des hôtels, indiquant la catégorie, le nombre de chambres, le confort, l'équipement, les prix des établissements classés (à moins de ne pouvoir faire autrement, évitez les hôtels non classés). Sachez que des établissements récents, de catégorie modeste, offrent parfois un rapport qualité/prix nettement supérieur avec un meilleur accueil et un plus grand confort, en particulier au niveau de l'équipement sanitaire.

Il faut savoir également que certaines adresses, en particulier dans le Sud, indiquées en raison de leur charme ou de leur commodité, doivent être considérées comme des haltes de dépannage, et n'offrent pas forcément les conditions de confort auxquelles le visiteur occidental est accoutumé.

Chaînes hôtelières

Plusieurs groupes internationaux disposent d'établissements au Maroc. Une formule rapide pour ceux qui n'ont pas le temps d'organiser leur voyage.

Hôtels du groupe Accor (Sofitel, Novotel, Pullman, Mercure, Ibis Mövenpick, Fairmont) – ✆ 0825 88 00 00 - www.all.accor.com.

Riads et chambres d'hôte

Les riads sont de belles demeures traditionnelles installées dans la médina, dont les chambres s'ordonnent autour d'un patio de style andalous. C'est une formule d'hébergement très prisée, qui a commencé à **Marrakech** lorsque ces demeures, ont été transformées en maisons d'hôte, le plus souvent par des propriétaires européens. On trouve aujourd'hui des riads à Fès, Meknès, Rabat, Tanger, Essaouira... Cet engouement, qui a l'avantage de permettre la restauration et la révélation au public de palais insoupçonnés, entraîne aussi l'éviction de la population locale vers des cités de banlieue.

Bon à savoir – Comptez un minimum de 65 € (env. 710 DH) la chambre double dans une de ces maisons de charme. Il est également possible de louer l'ensemble du riad à la nuit : si l'on voyage avec un groupe d'amis, cette solution peut se révéler (relativement) économique.

Nos catégories de prix

	Hébergement (une chambre double en haute saison avec petit-déjeuner)	**Restauration** (un repas complet sans boisson)
Premier prix	moins de 400 DH	moins de 100 DH
Budget moyen	de 400 à 700 DH	de 100 à 200 DH
Pour se faire plaisir	de 700 à 1200 DH	de 200 à 400 DH
Une folie	plus de 1200 DH	plus de 400 DH

Prix indicatifs de base de quelques services ou articles	Prix moyen en dirhams	Prix moyen en euros
Une chambre double dans un hôtel simple	350	32
Une chambre double dans un hôtel de catégorie supérieure ou dans un riad	500/900	45/82
Un repas dans la rue (marché, rôtisserie, gargote de poissons)	50	4,5
Un tajine dans un petit restaurant	60/80	5,5/7,5
Un repas dans un restaurant gastronomique	300/450	27,5/42
Une location de voiture (catégorie A) pour une semaine	1100	100
Un litre d'essence sans plomb/super	9,5	0,85
Un billet de train Rabat-Fès en seconde classe	à partir de 50	4,5
Un billet de train Fès-Marrakech en 2e classe	à partir de 200	18
Un trajet de bus Marrakech-Essaouira	80	7,5
Trajet aéroport de Marrakech/centre en taxi	80/120	7,5/11
Un jus d'oranges pressées	10	0,9
Une grande bouteille d'eau minérale	6/10	0,5/0,9
Service d'un guide pour la visite d'une ville impériale une demi-journée	250	23

Clubs et villages vacances

Club Méditerranée – ✆ 01 73 15 96 28 - www.clubmed.fr. Villages à Marrakech au cœur de la Palmeraie, à Agadir et sur la côte rifaine (Yasmina).

Clubs Framissima (FRAM) – ✆ 0 892 232 650 (0,40 €/mn) - www.fram.fr. À Marrakech et Agadir.

Campings

Le camping sauvage est interdit. La délégation nationale du ministère du Tourisme marocain, à Paris, et les bureaux de tourisme, au Maroc, fournissent des précisions sur les différents terrains de camping ; certains ne sont ouverts qu'une partie de l'année. Si certains campings sont bien équipés et disposent de l'espace suffisant, ils ne sont pas toujours bien entretenus, notamment au niveau des sanitaires. Par ailleurs, en dehors de la période de haute saison (juil.-août), la plupart sont laissés à l'abandon.

Bivouacs

Nombre d'organismes et d'agences, en France ou au Maroc, proposent ce genre de prestation, soit dans le cadre d'une randonnée pédestre dans l'Atlas, soit dans celui d'une balade à dos de chameau ou à bord d'un véhicule 4x4 dans le désert. Pour que l'expérience soit véritablement magique, essayez d'organiser vos bivouacs hors des sentiers battus en faisant appel

à une petite structure engagée dans un tourisme responsable.
« Tourisme solidaire », p. 575 et « Tourisme rural/écotourisme », p. 576.

Auberges de jeunesse

Fuaj - 01 44 89 87 27 - www.fuaj.org - www.hihostels.com. Il existe une douzaine d'auberges affiliées à l'Association internationale des auberges de jeunesse (Hostelling International, Fuaj en France) : à Asni, Azrou, Casablanca, Chefchaouèn, Essaouira, Fès, Laâyoune, Marrakech, Meknès, Ouarzazate, Rabat et Tetouan. Env. 77 DH/pers. (7 €) pour un lit dans un dortoir et 200 DH/nuit, (18 €) pour une chambre double. Les auberges sont accessibles sans condition d'âge ; un supplément est demandé si l'on n'est pas titulaire de la carte internationale des auberges de jeunesse.

Restauration

Dans les carnets pratiques situés à la fin de chaque ville ou site, nous indiquons une sélection d'établissements classés par ordre de prix *(voir tableau des catégories de prix dans le rabat de couverture et p. 580).*

Grandes villes

Dans la plupart des grandes villes touristiques, vous aurez le choix entre plusieurs types de restauration. Pour un repas léger à prix doux, installez-vous dans un établissement modeste et dégustez salade, soupe ou brochette. Fréquentés à midi par les groupes, mais souvent délaissés le soir, les restaurants de spécialités marocaines proposent des menus touristiques ou gastronomiques, aussi délicieux que pantagruéliques, ainsi qu'une animation musicale. Il est prudent de prévenir de son arrivée. Réservation indispensable pour dîner dans un riad/chambre d'hôte, où l'on cuisine sur demande. Les restaurants de cuisine européenne (qui servent pour la plupart de l'alcool) offrent une alternative aux tajines et couscous des restaurants marocains. À ne pas confondre avec les buffets généralement insipides des grands hôtels.

Hors des grandes villes

Dans les agglomérations de moindre importance et dans le sud en particulier, la seule possibilité de restauration se limite au menu ou à la carte de l'hôtel local, qui propose soit une cuisine « internationale », soit des spécialités marocainesw (en général une « salade marocaine » - tomates, concombres et olives -, tajine et fruits frais en dessert).
Lorsqu'on part en **excursion** pour la journée, il faudra souvent se contenter de fruits, de pain et d'amandes grillées que l'on trouve partout, ou bien, si le souk du village possède boucheries et cafés, l'usage veut que l'on achète un morceau de viande et que l'on se fasse préparer des **brochettes**.
Enfin, dans les **villages berbères**, on se voit souvent offrir, après le thé, des pommes de terre colorées au safran, entourant quelques morceaux de viande de mouton disposés au centre du tajine. Pour peu que la viande servie soit assez cuite, c'est là un superbe repas après une longue randonnée.
Les fruits - pastèques, melons, jus d'orange fraîchement pressées - sont particulièrement appréciables lorsque règne la canicule.

Sur place de A à Z

Activités sportives et loisirs

Baignade

Nombreuses et variées, les plages possèdent encore le rare privilège de pouvoir offrir une relative solitude.

Le **littoral méditerranéen** est ponctué de quelques stations balnéaires, dont celles de Tanger, face au détroit de Gibraltar, et d'Al Hoceima, qui allie anses rocheuses et plages de sable.

Les **rivages de l'Atlantique** présentent – dans le nord du pays – une suite à peu près ininterrompue de plages de sable et de stations balnéaires, dont Lixus (près de Larache), et les environs de Rabat et Casablanca. Plus au sud, on trouve les plages d'El-Jadida, Oualidia, Essaouira et Agadir.

Restez prudent lors des baignades, même sur les plages surveillées, en raison de la force des courants.

Les hôtels confortables ont généralement leur propre **piscine**.

Golf

Le Maroc compte plus d'une quarantaine de terrains de golf, et attire chaque année de nombreux passionnés de ce sport, notamment lors du Trophée Hassan II, événement majeur de la saison golfique internationale.

Les parcours incontournables du pays sont situés à Agadir, Ben Slimane (entre Casablanca et Rabat), Cabo Negro, Casablanca, El-Jadida, Fès, Marrakech, Meknès (dans l'enceinte de la ville impériale), Mohammedia, Ouarzazate, Rabat, Settat et Tanger. Certains grands hôtels proposent dans leurs prestations des forfaits golf.

Fédération royale marocaine de golf – 32 Lotissement Soumia-Rabat - ✆ 05 37 75 56 36 - www.frmg.ma.

Pêche

Longue de 3 500 km, la côte marocaine est très poissonneuse.

Les endroits les plus propices à la **pêche en mer** se trouvent à Agadir, au nord (Nador, Al Hoceima, Cabo Negro) et sur la côte saharienne (Dakhla, Lâayoune). Vous n'avez besoin d'aucune autorisation.

La **pêche en eau douce** est pratiquée dans le Moyen Atlas, notamment à Ifrane et dans la réserve de Bin-el-Ouidane, à proximité de Beni-Mellal.

Les brochets qui peuplent les lacs naturels sont parmi les plus gros du monde, ils pèsent jusqu'à 20 kg!

Les rivières du Haut Atlas regorgent de truites. Contrairement à la pêche en mer, un permis est exigé; il est délivré par la Direction des eaux et forêts et de la conservation des sols.

Haut commissariat des eaux et forêts – ✆ 05 37 76 26 94 - www.eauxetforets.gov.ma.

Randonnée à dos de chameau

Même une courte balade d'initiation à dos de chameau est une expérience à tenter, ne serait-ce que pour goûter à la surprise que réserve le départ! Les vraies randonnées, qui se font dans le sud du pays, notamment dans la vallée du Drâa, peuvent durer plusieurs jours, avec bivouac et repas sous la tente.

Randonnée équestre

Nombreux clubs équestres à travers le pays, en particulier dans le Moyen et le Haut Atlas. *Voir les carnets d'adresses de Meknès,*

Tizin-n-Test, Tizi-n-Tichka, ainsi que Tetouan, El-Jadida, Agadir.

Fédération royale marocaine des sports équestres – www.frmse.ma/fr

Randonnée pédestre

Les possibilités de randonnées se multiplient chaque année, au fil des nouveaux sentiers tracés. Renseignez-vous auprès des offices de tourisme pour connaître l'état des chemins, obtenir une liste d'agences spécialisées ou une liste de guides officiels. Veillez à bien vous mettre d'accord sur les prix avant le départ. Pour les randonnées de plusieurs jours telles que la grande traversée de l'Atlas ou l'ascension du Toubkal, il vaut mieux s'adresser à des agences de voyages spécialisées.

Office national marocain du tourisme – *R. Zallaqa, angle r. Oued al-Makhazine, Agdal - Rabat - ✆ 05 37 27 83 00 - www.visitmorocco.com.* Il édite un guide de renseignements pratiques, *La Grande Traversée des Atlas marocains*, qui fournit de nombreuses adresses utiles et informations sur l'accès aux différents massifs, sur l'hébergement et sur les guides et accompagnateurs de chaque province.

« Organisateurs de randonnées », p. 576.

Ski

On peut skier de fin novembre à fin mars dans le Moyen Atlas, jusqu'à fin avril dans le Haut Atlas. Plusieurs stations équipées : l'**Oukaïmeden** dans le Haut Atlas, le **Mischliffen-jbel Hebri** et le **Bou Iblane** dans le Moyen Atlas. Pour les randonnées en montagne et les itinéraires d'escalade, il est fortement conseillé de s'adjoindre les services d'un accompagnateur breveté.

Club Alpin Français – 50 bd Sidi Abderrahman - quartier Beauséjour - Casablanca - ✆ 05 22 99 01 41 - www.cafmaroc.ffcam.fr. Toutes les activités liées à la montagne. Organisation de sorties. Refuges et chalets gérés par le Club alpin français dans le massif du Toubkal. Le CAF publie aussi une revue, *Montagnes marocaines*.

Fédération royale marocaine de ski et montagne – Av. Moulay Abdelllah - Marrakech - ✆ 05 22 47 49 79 - www.frmssm.ma.

Renseignements météorologiques – www.meteomaroc.ma.

Sports nautiques

La **voile** est très pratiquée et les villes de Cabo Negro, Casablanca, Ceuta, El-Jadida, Essaouira, M'diq, Melilla, Mohammedia, Smir-Restinga et Tanger disposent d'un club de voile affilié à une fédération.

Fédération royale marocaine de voile – 51 av. Ibn Sina - Bellevue, Agdal, Rabat - ✆ 05 37 67 09 56.

Les amateurs (confirmés) de **planche à voile**, de **surf** et de **kite surf** se retrouvent autour des *spots* de la côte atlantique battue par les vents, dont Essaouira, Agadir, Imsouane et Oualidia.

Fédération royale marocaine de surf – www.fedesurfmaroc.com.

Thalassothérapie

Plusieurs centres de thalassothérapie côté atlantique, en particulier à Essaouira, Agadir, et Casablanca.

Thalassa Sea and Spa (groupe Accor) – ✆ 01 72 95 00 33 - www.thalassa.com. Centres de thalassothérapie à Essaouira et Agadir.

www.visitmorocco.com, rubrique « Bien être ».

Thermalisme

Thermes de Moulay Yaâcoub – Près de Fès. Cures ORL et séances de détente et de remise en forme.

Vol en montgolfière

Ces vols se déroulent généralement dans la région de Marrakech et dans le Grand Sud marocain, alternant 4×4 et montgolfière.

Renseignements : **Ciel d'Afrique** – angle bd Abdelkrim el-Khattabi et bd de Safi - Marrakech - ✆ 05 24 43 28 43 - www.cieldafrique.info. Comptez 2050 DH/pers. minimum pour un vol d'une heure au-dessus de la région de Marrakech.

Achats

Au cours de votre voyage, vous serez maintes fois tenté par divers objets : l'artisanat est très riche et varié. Tapis berbères (Moyen et Haut Atlas), tapis citadins (Rabat, Salé et Médiouna, aux environs de Casablanca), couvertures en laine ou coton et autres tentures, broderies, céramiques, babouches, ferronneries, bijoux... Sans oublier les fameuses pâtisseries.

Artisanat p. 500 et pâtisseries p. 498.

Marchandage

Le marchandage obéit à des codes, même si chacun, commerçant et client, use de ses propres astuces. D'une manière générale, un marchandage est « réussi » lorsque les deux parties sont satisfaites de leur transaction. Une bonne technique consiste à se renseigner auparavant sur la valeur de l'objet, à décider de la somme qu'on est prêt à dépenser pour l'obtenir et à s'y tenir. Vous êtes content de votre achat ? Ne cherchez pas à savoir, une fois l'affaire conclue, si vous vous êtes fait « arnaquer » : vous trouverez toujours quelqu'un pour vous l'affirmer, même si c'est faux ! Attention également à ne pas sous-évaluer le travail des Marocains par un marchandage à outrance ; renseignez-vous auparavant sur la valeur des choses. Si le marchandage est fortement recommandé dans les souks, même nécessaire, il peut être malvenu dans les boutiques affichant des prix fixes. Il existe en effet dans la plupart des villes un **ensemble artisanal** ou une **coopérative artisanale**, où les prix sont fixes.

Expédier ses achats

La plupart des colis inférieurs à 20 kg peuvent être expédiés par la poste. Les expéditions par voie terrestre coûtent beaucoup moins cher que par voie aérienne, mais sont très lentes. Vous trouverez dans la majorité des postes un service rapide qui assure un délai inférieur à 24h. Comptez 200 DH pour un colis de moins de 1 kg.

www.chronopost.ma.

Adresses utiles

Représentations diplomatiques

France – Ambassade – 1 r. Ibn Hajar, Rabat Agdal - ✆ 05 37 68 97 00 - www.ma.ambafrance.org.
Consulat – 1 r. Aguelmane Sidi Ali, Rabat Agdal - ✆ 05 37 67 87 00 - www.ma.consulfrance.org.
Belgique – Ambassade – 6 av. Mohammed el-Fassi (av. de Marrakech) - Rabat - ✆ 05 37 26 80 60 - www.morocco.diplomatie.belgium.be.
Suisse – Ambassade – Square de Berkane - Rabat - ✆ 05 37 26 80 30 - www.eda.admin.ch.
Canada – Ambassade – 66 av. Mehdi ben Barka - ✆ 05 37 54 49 49 - www.canadainternational.gc.ca.

Offices de tourisme

Dans la plupart des villes marocaines, il existe une délégation du ministère du Tourisme (ONMT) ou un bureau de syndicat d'initiative, parfois les deux ; ils sont désignés sur les plans de ce guide par la lettre ❶ et leurs adresses sont données au début des carnets pratiques des villes concernées. L'information peut s'y avérer rudimentaire, n'hésitez pas alors à vous renseigner auprès des agences de voyages ou directement à l'Office national marocain du tourisme.

Office national marocain du tourisme - R. Zallaqa, angle r. Oued al-Makhazine,Agdal - Rabat - ✆ 05 37 27 83 00 - www.visitmorocco.com.

Alcool

Bien que l'alcool soit prohibé par l'islam, le Maroc est producteur de vin et de bière. Pour les restaurants, la licence est plus ou moins difficile à obtenir selon les endroits. Dans les villes touristiques, de nombreux restaurants servent du vin; nous le précisons quand c'est le cas à l'aide du pictogramme 🍷. En revanche, dans les régions rurales, il faudra le plus souvent vous contenter d'un verre de « whisky marocain », thé à la menthe sucré.

Argent

Si vous voyagez en dehors des grandes villes, vous aurez souvent du mal à payer en carte bleue. La plupart des paiements s'effectuent en effet en liquide. Assurez-vous avant de partir, auprès de votre banque, que vous disposez d'une autorisation de retrait suffisante pour faire face à d'éventuels imprévus.

Monnaie

Devises et taux de change

Le **dirham (DH)** est l'unité monétaire officielle; il est divisé en 100 centimes. Les dirhams ne peuvent être ni importés ni exportés; les devises doivent donc être changées au Maroc : à l'arrivée à l'aéroport ou à la gare maritime, dans les banques des grandes villes marocaines, et dans certains hôtels. À l'heure où nous imprimons ce guide, 1 € équivaut à environ 11 DH.

En entrant au Maroc : l'importation de dirhams est tolérée dans la limite d'un montant de 2000 DH. *www.douane.gov.ma.*

À la sortie du pays : les dirhams non dépensés peuvent être reconvertis sans problème en devises étrangères (en € essentiellement), dans les bureaux de change des aéroports en particulier. Conservez toutefois à tout hasard vos bordereaux de change et facturettes de retrait.

Cartes bancaires

On trouve des distributeurs automatiques partout dans le pays, même dans les localités modestes. La plupart des hôtels de bonne catégorie et restaurants et des boutiques des villes touristiques acceptent les cartes bancaires. C'est moins vrai dans les riads tenus par des familles.

Décalage horaire

Le Maroc pratiquant le passage à l'heure d'été, il y a toute l'année une heure de différence avec la France. Lorsqu'il est midi à Rabat, il est 13h en France.

Eau potable

Dans les grandes villes, l'eau du robinet est potable, mais il est plus prudent de s'en tenir à l'eau en bouteille et d'éviter les glaçons en dehors des établissements touristiques.

Électricité

Le courant électrique est partout à 220 V. Aujourd'hui, à l'exception de quelques gîtes de montagne, tous les sites touristiques du Maroc disposent de l'électricité.

Femme seule

Pas de problème particulier pour voyager seule au Maroc. Il faut toutefois savoir qu'une femme seule intrigue et attire les regards et l'attention des hommes. Les tentatives d'approche verbale seront fréquentes, parfois insistantes. Pour demeurer tranquille, ignorez les sollicitations et refusez d'emblée, poliment et fermement, les avances. Faites preuve de bons sens : observez et montrez-vous respectueuse des habitudes et des usages locaux, habillez-vous de manière sobre et évitez les lieux peu fréquentés.

Guides

Les sollicitations pressantes, voire le harcèlement dont les touristes faisaient l'objet à l'entrée des médinas de la part d'une nuée de guides, vrais ou faux, sont en régression. Cela résulte de l'action répressive menée par les « brigades du tourisme », composées de policiers en civil, qui ont été mises en place lorsque les autorités ont pris conscience de ce véritable fléau. Ces pratiques, parfois exaspérantes, n'ont toutefois pas tout à fait disparu, en particulier aux portes d'accès des médinas (Marrakech, Fès, etc.), devant certains hôtels, voire sur les rocades d'entrée dans la ville de la part de « guides » motorisés qui n'hésitent pas à aborder les automobilistes pour proposer leurs services. Le phénomène est aussi présent aux abords des sites naturels (sur la route du Tizi-n-Tichka, les cascades d'Ouzoud, la vallée de l'Ourika, etc.).
Si l'on souhaite se faire accompagner dans une médina, il convient de faire appel aux services d'un **guide officiel**, agréé par le syndicat d'initiative ou la délégation du tourisme (avec plaque et licence, et toujours revêtu d'une djellaba), en ayant soin de lui imposer l'ordre de visite que nous conseillons.

Hammam

Vous pourrez effectuer des séances dans les hammams que mettent à votre disposition un certain nombre d'hôtels et de riads. Ils sont souvent intégrés dans des Spas, assez haut de gamme.
Rien ne vaut cependant, pour plonger au cœur de la vie marocaine, la fréquentation des hammams publics (non mixtes), que vous trouverez dans la plupart des villes (demandez des conseils sur votre lieu d'hébergement). Pensez à apporter savon noir et serviette.
Voir aussi p. 546.

Handicap

Malheureusement, fort peu d'aménagements existent pour les personnes à mobilité réduite ; à l'exception de rares hôtels, ce type d'infrastructure est inexistant.

Horaires d'ouverture

La semaine de travail des Marocains est identique à celle des Occidentaux, avec une pause plus longue en milieu de journée le vendredi, jour saint de l'islam (prière collective). Les entreprises, administrations et magasins se trouvant hors de la médina ferment le samedi et le dimanche. Les bureaux sont fermés le week-end et les jours de grandes fêtes religieuses. Pendant le ramadan, les journées de travail sont plus courtes.

Internet

La plupart des hôtels, même modestes, disposent d'un réseau wifi gratuit.

Journaux

Vous trouverez dans la plupart des grandes villes touristiques la presse quotidienne européenne, le plus souvent datée de la veille.

La presse marocaine possède des éditions en français (et parfois en espagnol). Les principaux titres sont *Le Matin*, *Libération* et *L'Opinion*.
Citons aussi l'hebdomadaire *Tel Quel (www.telquel.ma)*.

Jours fériés et fêtes

Sont fériés les jours de grandes fêtes religieuses ainsi que les :
1er janvier - Nouvel An;
11 janvier – célébration du manifeste de l'Indépendance;
1er Mai – fête du Travail;
30 juillet – fête du Trône, célébrant l'anniversaire de l'avènement du roi Mohammed VI;
14 août – réunification Oued Eddahab;
20 août – fête de la Révolution du roi et du peuple, commémorant le départ de Mohammed V en exil en 1953;
21 août – fête de la Jeunesse;
6 novembre – anniversaire de la Marche verte;
18 novembre – commémoration du retour de Mohammed V (1955), fête de l'Indépendance.

Mosquées

L'entrée des mosquées est interdite aux non-musulmans (à l'exception de la mosquée Hassan II, à Casablanca, qui fait l'objet de visites guidées, et de la mosquée de Tinmel). Il est possible, en revanche, de pénétrer dans les *medersas*, écoles coraniques édifiées selon les mêmes règles architecturales.

Poste

Vous trouverez des timbres dans les grands kiosques à journaux, ainsi que dans nombre de boutiques vendant des cartes postales et, bien entendu, à la poste. Les postes principales des grandes villes sont ouvertes à l'heure du déjeuner, où l'affluence est moindre.
Le courrier du Maroc parvient généralement à ses destinataires européens en quelques jours, du moins s'il est posté dans une boîte aux lettres (jaune) d'une grande ville.

Pourboires

Il est de bon ton de laisser un pourboire au **café** et au **restaurant** (5 à 10 % de la note).
Pour les **gardiens de voitures**, les **pompistes**, **bagagistes**... le pourboire est indispensable (minimum 5 DH) : il complète leur maigre salaire.
Dans les **riads** et autres hébergements, il convient de laisser

Calendrier des fêtes musulmanes
Les dates peuvent varier d'un jour ou deux

ANNÉE GRÉGORIENNE	2021	2022	2023
Début du ramadan	13/04 (année de l'hégire 1442)	3/04 (année de l'hégire 1443)	23/03 (année de l'hégire 1444)
Aïd al-Fitr	13/05 (1442)	3/05 (1443)	22/04 (1444)
Aïd el-Kebir	20/07 (1442)	10/07 (1443)	29/06 (1444)
1er Moharram	10/08 (année de l'hégire 1443)	30/07 (1444)	19/07 (1445)
Achoura	19/08 (1443)	9/08 (1444)	29/07 (1445)
Mouloud	19/10(1443)	8/10 (1444)	27/09 (1445)

10 DH par jour et par personne à chaque employé (femme de ménage, cuisinier, gardien).
Pour une course urbaine en **« petit taxi »**, si le compteur est mis en route, il est d'usage d'arrondir le prix de la course de quelques dirhams.
Vous pourrez donner de 10 à 15 % de gratification, en plus du tarif officiel, au guide agréé si vous êtes satisfait.

Ramadan

Durant le mois sacré du **ramadan**, les horaires sont aménagés : ministères, administrations publiques et banques ouvrent de 9h à 15h. Par ailleurs, toute l'activité commerciale du jour étant reportée au soir, beaucoup de commerces ouvrent leurs portes après la rupture du jeûne et jusque tard dans la nuit.
Les horaires des trains et des autocars ainsi que les horaires de visite des monuments et des musées peuvent être modifiés.

Santé

Urgences

- Police secours – *✆ 19* (interventions d'urgences, pompiers, services de santé).
- Protection civile – *✆ 15.*
- Gendarmerie royale – *✆ 177* (accidents de la route).

Services médicaux

Pharmacie – Dans toutes les villes, vous trouverez des pharmacies très bien fournies. Les noms des médicaments étant parfois différents, pensez à vérifier sur l'emballage le nom des molécules que vous cherchez.
Médecins et hôpitaux – L'infrastructure médicale des villes marocaines s'est considérablement développée. En cas d'hospitalisation grave, préférez le rapatriement.
Vous trouverez sur le site Internet du consulat général de France à Rabat une liste d'hôpitaux et de cliniques.
https://ma.consulfrance.org.

Savoir-vivre

Politesse – Apprenez quelques mots en arabe, notamment des salutations courantes *(voir lexique à l'intérieur du dernier rabat de couverture)*. Cela sera toujours apprécié même si de nombreux Marocains sont francophones.
Thé à la menthe – Il est offert en signe d'hospitalité. Il est malvenu de le refuser, même si on vous en propose à plusieurs reprises.
Ramadan – Durant cette période,abstenez-vous de manger, de boire ou de fumer en public avant la rupture du jeûne.
Alcool – Évitez de proposer de l'alcool à quelqu'un que vous ne connaissez pas ; vous êtes en pays musulman.
Conversations – Si les Marocains sont tolérants et ouverts, quelques sujets demeurent sensibles ou tabous. Nul ne critique ouvertement la monarchie, l'intégrité territoriale (Sahara occidental) ou l'islam, qui sont les principaux symboles de la cohésion nationale. Vous risqueriez de provoquer un grand malaise en abordant ces sujets.
Photo – Si vous souhaitez prendre des personnes en photo, demandez leur autorisation.
Vêtements – Dans les grandes villes, tous les types de vêtements sont portés et se côtoient naturellement. Aussi, habillez-vous comme bon vous semble, tout en respectant les usages locaux et en évitant les tenues trop découvertes qui pourraient être jugées provocantes. Préférez les pantalons ou bermudas aux shorts courts, les pulls ou tee-shirts aux débardeurs et bustiers. À la plage, oubliez le monokini.

Téléphone

Appeler de l'étranger vers le Maroc

Voir p. 579.

Du Maroc vers l'étranger

Composer le 00 + l'indicatif du pays (33 pour la France, 32 pour la Belgique, 41 pour la Suisse, 1 pour le Canada) + le numéro de votre correspondant (sans le 0 pour la France).

À l'intérieur du Maroc

Tout appel (local ou interurbain) se compose de **10 chiffres**. Le numéro commence par **0**, puis vient le **5** (pour les postes fixes) ou le **6** pour les portables.

Pour les villes de Ceuta et Melilla, qui font partie du territoire espagnol, composer le 00 + **34** + 956 (Ceuta) ou 952 (Melilla) + le numéro à 6 chiffres du correspondant.

Téléphone portable

Le Maroc est couvert par trois réseaux de téléphonie mobile, **Maroc Telecom (IAM)**, **Orange** et **Inwi** qui ont des accords avec la majorité des opérateurs étrangers. Les opérateurs français proposent diverses options internationales, selon votre forfait habituel, mais attention, les appels hors forfait sont souvent très chers. Il est généralement plus économique de se procurer une carte SIM locale auprès de l'un des opérateurs (autour de 50 DH), à condition que son téléphone portable soit débloqué. Vous introduisez la puce dans votre appareil qui vous donnera accès au réseau marocain. Vous disposerez alors d'un numéro local et vous pourrez recharger votre crédit grâce à des cartes prépayées de différents montants (à partir de 5 DH). Les cartes et puces sont en vente dans les boutiques ou stands Maroc Telecom, Orange, Inwi (présents notamment dans les aéroports) et dans de nombreux commerces. Une formule intéressante si vous devez téléphoner souvent au Maroc.

Maroc Telecom – www.iam.ma.
Orange – www.orange.ma.
Inwi – www.inwi.ma.

Télévision

Le service public possède deux chaînes généralistes : **Al Aoula** qui émet autant de programmes en arabe qu'en français, et **2 M**. qui diffuse des films dans les deux langues. À ce pannel s'ajoute une dizaine de chaînes thématiques, dont Aflam TV, la chaîne du cinéma, et Tamazight, une chaîne dédiée à la culture berbère. La chaîne francophone par satellite TV5 Monde propose des programmes français, belges, suisses et canadiens.

Transports

Vols intérieurs

Le noyau du réseau aérien est Casablanca. La compagnie **Royal Air Maroc** exerce un quasi-monopole des vols intérieurs vers les principales villes du pays, assurant la correspondance avec les lignes internationales : Agadir, Al Hoceima, Dakhla, Errachidia, Essaouira, Fès, Laâyoune, Marrakech, Ouarzazate, Oujda, Rabat, Tanger, Tetouan.

Office national des aéroports – *☏ 080 1000 224 - www.onda.ma.*

Royal Air Maroc Casablanca – *44 av. des F.A.R. - ☏ 05 22 46 41 10 - centrale de réservation ☏ 08 90 00 08 00 - www. royalairmaroc.com.*

En train

Le réseau **ONCF** (Office national des chemins de fer) de voies ferrées n'est pas très dense, mais se révèle relativement ponctuel et très pratique pour relier (avec ou sans correspondances) un certain nombre de grandes villes marocaines, telles que Tanger, Casablanca, Rabat, El-Jadida, Marrakech, Fès, Meknès et Oujda. Compter 6h30 de train entre Fès et Marrakech, 2h30 entre Marrakech et Casa, un peu plus de 1h entre Casa-Voyageurs et Rabat-Ville. Une ligne à grande vitesse (Al-Boraq) relie Tanger à Casablanca en 2h10. La plupart des trains sont climatisés, et certains disposent de couchettes. Vous pouvez opter pour la 1re classe, 40 % plus chère que la 2de. En outre, l'ONCF, via sa filiale **Supratours** assure des liaisons par autocar rapide entre Tanger et Tetouan, Marrakech et Dakhla (*via* Essaouira, Agadir et Laâyoune), Taourirt et Nador.

ONCF – *✆ 2255 - www.oncf-voyages.ma.* Achat et réservation en ligne, aux guichets ou aux distributeurs automatiques en gare.

En autocar

Il existe de nombreuses compagnies de transport au Maroc Les plus fiables sont la CTM et Supratours, filiale d'ONCF, dont les bus partent le plus souvent de la gare de chemin de fer. Les billets s'achètent à la gare et dans les agences de ces compagnies. Les billets CTM peuvent aussi être achetés en ligne par carte bancaire (avec choix du siège) sur le site Internet de la compagnie.

La plupart des autocars sont climatisés. Certains longs trajets s'effectuent de nuit.

D'une façon générale, évitez les autres compagnies : leurs cars sont le plus souvent bondés, le confort y est aléatoire, les horaires élastiques et le matériel roulant, pour le moins vieillot, est réputé causer nombre d'accidents.

CTM – *✆ 08 00 09 00 30 - www.ctm.ma.*

Supratours – *✆ 05 37 73 10 61-www.supratours.ma.*

En grand taxi

C'est certainement la façon la plus conviviale de se déplacer au Maroc ! Les grands taxis sont généralement des Mercedes de couleur beige (ou bleu ciel) et peuvent contenir de 6 à 8 passagers. Vous les trouverez aux abords des gares routières et des aéroports, et pourrez y réserver votre place. Un conseil : toujours fixer le prix à l'avance. Sachez qu'ils ne partent que lorsqu'ils sont complets et que le prix de la course est partagé à parts égales entre les passagers. Vous pouvez également « louer » un grand taxi, solution utile si vous vous rendez (à plusieurs) dans une zone non desservie.

Ce moyen de transport comporte son lot d'émotions, d'autant que les chauffeurs de grands taxis, plus encore que les autres conducteurs marocains, n'ont pour le code de la route qu'un respect des plus relatifs... Tout finit (en général) bien, mais nul doute qu'un trajet effectué dans ces conditions vous laissera un souvenir inoubliable !

En petit taxi

Un moyen très commode pour circuler en ville. On les repère à leur couleur (beige à Marrakech, bleu à Essaouira, rouge à Casablanca...). Le chauffeur est tenu de mettre son compteur en marche (ce dernier doit afficher 1,70 DH au départ, 2,55 DH la nuit). S'il refuse de le faire, ou vous assure qu'il ne marche pas, changez simplement de taxi ou fixez le prix à l'avance (entre 5 et 20 DH en général). Le prix minimal d'une course est de 5 DH. Les prix affichés au compteur sont majorés de 50 % entre 20h et 6h (21h-5h en été). Les petits taxis prennent 3 personnes au maximum. Dans certaines villes, les taxis manquent, surtout à la sortie du bureau et le samedi. Vous pouvez alors héler un taxi même s'il y a déjà un passager et indiquer votre destination : s'il va dans la même direction, montez et vérifiez que le compteur est en marche.

Voiture

Location de véhicule

Elle se pratique beaucoup au Maroc. Pour louer une voiture, vous devez être âgé d'au moins 21 ans, posséder votre permis depuis plus d'un an et laisser une empreinte de carte bleue. Le permis de conduire français suffit. Inutile de se faire établir un permis international. Pour une semaine de location, il faut compter autour de 100 € pour un véhicule de catégorie A, 200 à 250 € pour un SUV et 400 € pour un 4x4, assurance comprise (avec franchise) et kilométrage illimité.

Avis – ☎ *05 22 97 40 00 - www.avis.ma.*

Budget – ☎ *05 20 15 08 280- www.budget.ma.*

Europcar – *www.europcar.ma.*

Hertz – ☎ *08 02 00 77 78 - www.hertz.ma.*

Contrôlez avant le départ les niveaux d'eau, d'huile et d'essence, ainsi que le matériel nécessaire en cas de crevaison.

Code de la route

Le Code de la route est le même qu'en France, à l'exception cependant des ronds-points, où la priorité est toujours à droite. Hors quelques panneaux spécifiques, le Maroc a adopté la signalisation internationale ; celle-ci est faite en arabe et en français. La vitesse est limitée à 120 km/h sur les autoroutes, entre 80 et 110 km/h sur les routes et entre 20 et 60 km/h dans les bourgs et agglomérations. Le port de la ceinture de sécurité est obligatoire même si cela n'est pas toujours respecté. Les radars sont fréquents.

Circulation

Quelques conseils sur la route

– ne pas hésiter à klaxonner pour prévenir les populations, les chèvres, les ânes, etc., de votre passage ;
– éviter de rouler de nuit ;
– respecter les 40 km/h à l'entrée des villages ;
– d'une manière générale, ne pas rouler trop vite, car la largeur des routes asphaltées ne permet pas toujours à deux véhicules de se croiser sans que l'un des deux ait à rouler sur le bas-côté non stabilisé.
– faites également attention aux projections de gravillons et autres cailloux lors des croisements ;
– méfiez-vous des charrettes, des cyclistes (que ne signale aucun éclairage), des piétons, et surtout des enfants qui jouent sur la voie.

Enfin, les pierres blanchies à la chaux que l'on voit parfois au bord des routes servent à délimiter un terrain ou, plus souvent, à signaler un danger : bordure de route affaissée, pont étroit, surplomb d'un ravin, etc.

Les pistes – Régulièrement entretenues, elles constituent des voies de circulation acceptables pendant la saison sèche.

Une règle d'or, avant d'entreprendre ce genre de parcours : toujours se renseigner localement sur l'état des pistes et ne jamais s'y engager par temps douteux (et sans ravitaillement en vivres, en eau potable et en essence).

Stationnement

Dans les villes, des employés revêtus d'une blouse de couleur se chargent de surveiller votre véhicule (bien utile la nuit). Leur donner quelques dirhams en partant.

Contrôles

Ils sont assez fréquents : veillez donc à conserver les papiers du véhicule et vos documents d'identité à portée de la main.

En cas d'accident

Les procès se compliquent lorsque la voiture est à immatriculation étrangère ou de location. Prévenez votre ambassade.

Assistance automobile

En cas de besoin, vous pourrez joindre la gendarmerie royale au 177. Par ailleurs, n'hésitez pas à attirer l'attention des automobilistes marocains, qui vous aideront volontiers.

Carburant

Un litre de sans-plomb coûte environ 9,5 DH. Vous trouverez sans problème les principaux types de carburants dans les stations-service. Dans les campagnes, en particulier dans le Sud, vous pourrez parcourir de longues distances avant d'en rencontrer une : veillez donc à faire le plein dès que vous le pouvez.

Pneus

Assurez-vous, avant d'entreprendre votre voyage, que vos pneus sont en parfait état.

QUELQUES DISTANCES	Agadir	Casablanca	Essaouira	Fès	Marrakech	Ouarzazate	Rabat	Safi	Tanger	Taroudant
Agadir		518	172	796	273	377	614	320	898	85
Casablanca	518		351	201	241	439	99	256	370	467
Essaouira	172	351		642	171	370	444	147	721	268
Fès	796	201	642		485	661	198	547	303	727
Marrakech	273	241	171	485		198	334	157	611	225
Ouarzazate	377	439	370	661	198		496	313	809	297
Rabat	614	99	444	198	334	496		349	247	546
Safi	320	256	147	547	157	313	349		626	377
Tanger	898	370	721	303	611	809	247	626		827
Taroudant	85	467	268	727	225	297	546	377	827	

Mémo

Agenda

Aux nombreuses manifestations s'ajoutent les **moussem** (près de 650 par an) : à l'occasion du pèlerinage des fidèles sur le tombeau d'un saint ou des remerciements à Dieu pour la récolte de l'année, danses, jeux et fantasias animent la région concernée. Pour connaître les dates exactes, se renseigner dans les bureaux officiels de tourisme.

Janvier

Marathon international – Marrakech - www.marathon-marrakech.com.

Février

Salon international de l'édition et du livre (SIEL) – Casablanca - www.salonlivrecasa.ma.

Mars

Festival de la musique andalouse – Fès. Mars-avr.
Festival international des Nomades – Zagora et Mhamid - www.nomadsfestival.org.
Festival international du cinéma méditerranéen – Tetouan - www.festivaltetouan.org. Mars-avril.
Moussem culturel féminin – Asilah- *Mars-avr.*
Rallye Aïcha des Gazelles – www.rallyeaichadesgazelles.com. Raid hors pistes réservé à la gent féminine : près de 2500 km à parcourir.
Festival international du cinéma d'animation – Meknès - www.ficam.com.
Festival national du film – Tanger - www.ccm.ma.
Moussem des Regraga – Essaouira. À l'équinoxe de printemps et pendant 40 jours.

Avril

Festival international de théâtre jeune public – Taza.
Printemps musical des Alizés – Essaouira.
Festival musical des Raid de l'Amitié – www.raiddelamitié.com - Une semaine, au départ d'Agadir.

Mai

Festival international de la bande-dessinée – Tetouan.
Festival international de luth – Tetouan.
Festival international du cheval – Meknès.
Fête des roses – El-Kelaâ M'Gouna.

Juin

Marrakech du Rire - www.marrakechdurire.com.
Festival des musiques sacrées du monde – Fès - www.fesfestival.com.
Fête des cerises – Sefrou.
Festival de la culture gnaoua – Essaouira - www.festival-gnaoua.net.
Fête de la musique andalouse – Chefchaouèn. En juin ou juillet.
Festival de poésie amazighe du Dayèt Âaoua – Ifrane.
Festival Mawazine. Rythmes du Monde – Rabat - www.festivalmawazine.ma.
Moussem culturel international – Asilah. www.c-asilah.com. Juin-juil.

Juillet

Casa Festival – Casablanca - www.wecasablanca.com
Jazzablanca Festival – Casablanca - www.jazzablanca.com.
Festival national des arts populaires – Marrakech.

À la période du Mouloud

Date variable, voir « Calendrier des fêtes musulmanes », p. 588.
Moussem de Sidi Aïssa – Grand rassemblement de la confrérie des Aïssaoua ; processions, illuminations des monuments. Meknès.
Procession des cires (veille du Mouloud) – Salé.
Moussem de Sidi Abdallah (6e jour du Mouloud) – Salé.

Festival Cèdre universel du court métrage - Azrou/Ifrane. Juil.-août.
Festival international d'Ifrane -
Festival de l'art du malhoun - Fès.
Festival Timitar Signes et Cultures - Agadir - www.festivaltimitar.ma.
Moussem de Moulay Abdallah Amghar - Près d'El-Jadida - www.moulayabdellah.ma. Juil.-août.

Août

Moussem de Moulay Idriss - Moulay Idriss. *À partir du dernier jeu. d'août.*
Festival international des musiques du monde - Volubilis.

Septembre

Festival du court-métrage méditerranéen - Tanger - www.ccm.ma. Sept.-oct.
Festival des musiques urbaines, L'Boulevard - Casablanca - www.boultex.ma.
Festival international des cultures urbaines - Meknès.
Moussem de Moulay Idriss Al Azhar - Fès.
Tanjazz - Tanger - www.tanjazz.org.
Jazz au Chellah - Rabat - www.jazzauchellah.ma.

Octobre

Fête des dattes - Erfoud.
Festival international du cinéma d'auteur - Rabat - www.festivalrabat.ma. Oct.-nov.
Festival des Cordes pincées - Rabat - www.lescordespincees.ma.
Festival de la culture soufie - Fès - www.festivalculturesoufie.com.

Novembre

Festival international du film - Marrakech - www.festivalmarrakech.info.
Les Andalousies Atlantiques - Essaouira.
Festival international du théâtre - Meknès. Nov.-déc.

Décembre

Festival Jazz sous l'arganier - Essaouira. Fin déc.

Bibliographie

Histoire, société

Michel ABITBOL, *Histoire du Maroc*, Perrin.
Ahmed AYDOUN *Musiques du Maroc*, la Croisée des chemins.
Anne-Marie DELCAMBRE *Mahomet, la parole d'Allah*,. Gallimard- Découvertes.
Rita EL KHAYAT, *Le Maghreb des femmes*, Eddif. Une somme par une des figures du féminisme arabe.
Daniel RIVET, *Histoire du Maroc*, Fayard.
Leïla SLIMANI, *Sexe et mensonges, la vie sexuelle au Maroc*, les Arènes. Un portrait sans tabou du Maroc du 21e s.
Haïm ZAFRANI, *Le judaïsme maghrébin. Le Maroc*, Marsam.

Beaux livres

Maurice ARAMA, *le Maroc des peintres*, Non Lieu. Une rétrospective splendidement illustrée sur les peintres que le Maroc a inspiré. Du même auteur : *Eugène Delacroix au Maroc : Les heures juives*, Non Lieu.

Frédéric DAMGAARD, *Couleurs berbères, d'Essaouira à Agadir* et *Tapis et tissages, l'art des femmes berbères du Maroc*, La Croisée des Chemins.
ELZBIETA et Hassan JOUAD, *Marrakech, culture populaire de la médina*, éd. du Rouergue.
Mohammed KACIMI,
Peintures & Écrits, Revue Noire Bleu Outremer
Abdelkébir KHATIBI et Mohammed SIJELMASS *L'Art calligraphique de l'Islam*, Gallimard.
Titouan LAMAZOU et Karine HUET, *Onze Lunes au Maroc, chez les Berbères du Haut Atlas*, Gallimard.
Fouad LAROUI, *Lumières marocaines, Langages du Sud.* Un splendide album consacré à la scène artistique contemporaine au travers d'une soixantaine de créateurs.
Abderkader MANA *Essaouira, perle de l'Atlantique*, La Croisée des Chemins.
Félix MARCILHAC,*Jacques Majorelle*, NORMA.
Samuel PICKENS, *Maroc, Les Cités impériales*, ACR.
Marie-Pascale RAUZIER *100 ans sur les routes du Maroc*, Langages du Sud. Images d'archives, croquis saisis sur le vif... Un bel album hors du commun.

Littérature

Rajae BENCHEMSI, *La Controverse des temps*, Sabine Wespieser. La rencontre amoureuse entre une intellectuelle occidentalisée et un maître soufi.
Mohamed BERRADA, *Vies voisines*, Actes Sud. Les destins croisés de trois personnages que tout opposent et qui sont pourtant acteurs du Maroc contemporain. Par l'un des maîtres du roman arabophone marocain.
Tahar BEN JELLOUN, *La Nuit sacrée, Points.* Le prix Goncourt 1987 par le plus parisien des auteurs marocains. Lire aussi *Jour de silence à Tanger; L'Écrivain public; L'Enfant de sable; Haut Atlas, l'exil de pierre; La Nuit de l'erreur; L'Ange aveugle*...
Mahi BINEDINE, *le Fou du roi*, Stock. La vie à la cour d'Hassan II au travers du destin d'un courtisan qui n'était autre que le père de l'auteur. Lire également *les Étoiles de Sidi Moussem*, une plongée sans concession dans les bas fonds de Casablanca.
Yasmine CHAMI, *Médée chérie*, Actes Sud. Puissant portrait d'une femme face à l'abandon et qui trouve le salut dans la création. Lire également, *Mourir est un enchantement*.
Mohamed CHOUKRI, *Le Pain nu*, Points. L'autobiographie coup de poing d'un écrivain majeur.
Driss CHRAÏBI, *Le Passé simple*, Folio. Un portrait sans concession des dernières années du Protectorat. Également *La Mère du printemps*; *L'Homme du Livre, La Civilisation, ma mère!* Chraïbi est également le père de l'inspecteur Ali (*Une Enquête au pays*), dont les aventures sont des prétextes à une critique ironique de la société marocaine.
Dris KSIKES, *Au Détroit d'Averroès*, Fayard. Un professeur du 21e s. tente de faire revivre le message du philosophe médiéval. Un contre-feu salutaire aux obscurantismes.
Abdellatif LAÂBI, *Le Fond de la jarre*, Folio. Un foisonnant portrait du petit peuple fassi à la veille de l'indépendance. Opposé résolu au régime d'Hassan II, sous lequel il a connu la prison, Laâbi est également l'auteur d'une importante œuvre poétique et théatrale.
Fouad LAROUI, *L'Étrange affaire du pantalon de Dassoukine*, Julliard. Un recueil de nouvelles (prix Goncourt de la Nouvelle 2013)où la verve, la cocasserie, le goût de la farce servent d'adjuvants à un regard sans

concession sur le Maroc contemporain. Lire également *La Vieille dame du Riad* et *L'Insoumise de la porte de Flandre.*

Fatéma MERNISS*I, Rêves de femmes*, Livre de Poche. L'histoire d'une jeune fille née dans un harem où la réalité se mêle au merveilleux à la manière des *Mille et une nuits*. Fatéma Mernissi, figure du féminisme marocain, est également l'autrice de nombreux essais (*Le Harem politique, Sultanes oubliées, Islam et démocratie*).

Mohamed NEDALI, *La Bouteille au cafard*, l'Aube. Une fable philosophique dans un village marocain.

Abdelhak SERHANE, *Les Enfants des rues étroites*, Folio. Une critique sans concession du Maroc d'après l'indépendance.

Leïla SLIMANI, *Le Pays des autres*, Gallimard. Premier volet d'une trilogie autour d'un couple franco-marocain par l'auteur de *Chanson douce*, prix Goncourt 2016.

Abdellah TAÏA, *Le Jour du roi*, Points. L'histoire de deux garçons de Salé, l'un riche, l'autre pas. A. Taïa s'affronte au tabou de l'homosexualité.

Pour les plus jeunes

Tahar BEN JELLOUN, L'Islam expliqué aux enfants, Gallimard.

Philippe FIX, *Contes populaires du Maroc, Hoebeke.* Avec de somptueuses illustrations.

Caryl FEREY, *Alice au Maroc*, Syros. Une intrigue policière dans les souks de Marrakech. Dès 9 ans.

Fouad LAROUI, *Une année chez les Français*, Pocket. Un « Petit Chose » marocain au lycée français de Casablanca. À partir de 12 ans.

Mostafa OGHNIA, *Les légendes de Casablanca*. Derrière la ville moderne se cachent de mystérieuses histoires dont cinq sont racontées et illustrées ici. Dès 9 ans.

Littérature étrangère

Paul BOWLES, *Un Thé au Sahara*, L'Imaginaire, Gallimard. Le plus célèbre roman du romancier américain établi à Tanger. Lire également *Réveillon à Tanger; Mémoires d'un nomade; La Maison de l'araignée; Journal tangérois 1987-1989*,

Elias CANETTI, *les Voix de Marrakech*, Biblio. La capitale impériale entraîne le futur prix Nobel de littérature dans une méditation philosophique.

René EULOGE, Les Derniers fils de l'ombre, l'Harmattan. La réédition d'un recueil de contes écrits dans les années 1930 et mettant en scène les populations montagnardes du Maroc.

John HOPKINS, *Les Mouches de Tanger*, Gallimard. Un Américain à Tanger. Par un proche de Paul Bowles et de William Burroughs.

Simonne JACQUEMARD*, Le Mariage berbère*, Points. Une jeune française s'éprend du désert.

Joseph KESSEL, *Au Grand Socco*, L'Imaginaire Gallimard. Tanger dans les années 1950.

J.-M.-G. LE CLÉZIO, *Désert*, Folio. Une jeune femme à la vie cabossée ne peut oublier ses ancêtres touaregs.

Daniel RONDEAU, *Tanger et autres Marocs*, Folio. Portrait nostalgique du Tanger d'hier.

Discographie

Najat AATABOU, *Best of.* Les titres emblématiques de la célèbre chanteuse de musique populaire (chaabi) berbère.

Bachir ATTAR, Elliot SHARP, *Jajouka/New York*. La fascinante rencontre entre les arabesques soufis et la musique contemporaine.

B'NET HOUARIYAT, *Love poems of the women of southern Morocco.* Cette formation de cinq femmes de Marrakech sublime la musique traditionnelle berbère.

JIL JILALA, *Laayoune Aaniya*. Sur cet album figure *al-Chamaa*, un des titres phares de ce groupe fondé dans les années 1970, et que l'on a qualifié de Beatles arabes.
NASS EL GHIWANE, *Double Best*. Une compilation d'un groupe fondé en 1970 et toujours en activité qui allie instruments traditionnels et critiques sociales. Martin Scorsese l'a convié sur la bande-son de la Dernière Tentation du Christ.
Festival des musiques sacrées du monde de Fès. La captation de l'édition 2002, un dialogue envoûtant entre des formations traditionnelles et des interprètes occidentaux parmi lesquels Jordi Savall.
Samy EL MAGHRIBI, *El Kawi*. Le chantre moderne de la musique arabo-andalouse.
MASTER MUSICIANS OF JAJOUKA, *Apocalypse across the sky*, Musiques soufies du Rif interprétées par une confrérie de musiciens vieille de plusieurs siècles. Réédité en vinyle en 2020.

Notes

Fès : villes, curiosités et régions touristiques.
El-Mansour, Ahmed : noms historiques ou termes faisant l'objet d'une explication.
Les sites isolés (cascades, grottes, gorges...) sont répertoriés à leur propre nom.

A

G

H

N

O

Carte générale

Premier rabat de couverture

Cartes des régions

Plans de villes

Plans de monuments et sites archéologiques

Cartes thématiques

Cartes des circuits

LÉGENDE DES CARTES ET PLANS

Curiosités et repères

- Itinéraire décrit, départ de la visite
- Église
- Mosquée
- Synagogue
- Temple
- Temple : bouddhique - hindou
- Bâtiment
- Monastère - Phare
- Fontaine
- Point de vue
- Château - Ruine ou site archéologique
- Barrage - Grotte
- Monument mégalithique
- Tour génoise - Moulin
- Temple - Vestiges gréco-romains
- Autre lieu d'intérêt, sommet
- Distillerie
- Palais, villa, habitation
- Cimetière : chrétien - musulman - israélite
- Oliveraie - Orangeraie
- Mangrove
- Auberge de jeunesse
- Gravure rupestre
- Pierre runique
- Église en bois
- Église en bois debout
- Parc ou réserve national
- Bastide

Sports et loisirs

- Piscine : de plein air - couverte
- Plage - Stade
- Port de plaisance - Voile
- Plongée - Surf
- Refuge - Promenade à pied
- Randonnée équestre
- Golf - Base de loisirs
- Parc d'attractions
- Parc animalier, zoo
- Parc floral, arboretum
- Parc ornithologique réserve d'oiseaux
- Planche à voile, kitesurf
- Pêche en mer ou sportive
- Canyoning, rafting
- Aire de camping - Auberge
- Arènes
- Base de loisirs, base nautique ou canoë-kayak
- Canoë-kayak
- Promenade en bateau

Informations pratiques

- Information touristique
- Parking - Parking - relais
- Gare : ferroviaire - routière
- Voie ferrée
- Ligne de tramway
- Départ de fiacre
- Métro - RER - Tramway
- Station de métro (Calgary, ...) (Montréal)
- Téléphérique, télécabine
- Funiculaire, voie à crémaillère
- Chemin de fer touristique
- Transport de voitures et passagers
- Transport de passagers
- File d'attente
- Observatoire
- Station-service - Magasin
- Poste - Téléphone
- Internet
- H Hôtel de ville
- B Banque, bureau de change
- J POL Palais de justice - Police
- GNR Gendarmerie
- T M Théâtre - Musée
- U Université
- Musée de plein air
- Hôpital
- Marché couvert
- Aéroport
- Parador, Pousada (Établissement hôtelier géré par l'État)
- A Chambre d'agriculture
- D Conseil provincial
- G Gouvernement du district, Délégation du Gouvernement Police cantonale
- L Gouvernement provincial (Landhaus)
- P Chef-lieu de province
- Station thermale
- Source thermale

Axes routiers, voirie

- Autoroute ou assimilée
- Échangeur : complet - partiel
- Route
- Rue piétonne
- Escalier - Sentier, piste

Topographie, limites

- Volcan actif - Récif corallien
- Marais - Désert
- Frontière - Parc naturel